Weiterbauen

Das Lebendige
in der Architektur

Hans Schmalscheidt

Weiterbauen

Das Lebendige
in der Architektur

Geymüller | Verlag für Architektur

Umschlagbild:
Osthaus Museum und Emil Schumacher Museum, Hagen. Umzeichnung von Hans Schmalscheidt. Die Zeichnung zeigt die drei Bauphasen von rechts nach links: Paul Gérard (1902); Krug & van der Minde (1974); Lindemann Architekten (2009).

© 2021 Geymüller | Verlag für Architektur, Aachen – Berlin
ISBN 978-3-943164-49-5
Bibliografische Informationen der Deutschen Bibliothek
Die Deutsche Bibliothek verzeichnet diese Publikation in der Deutschen Nationalbibliografie; detaillierte bibliografische Daten sind im Internet abrufbar unter
http://dnb.ddb.de.
Alle Rechte vorbehalten.

Das Werk ist urheberrechtlich geschützt. Jede Verwertung außerhalb der Freigrenzen des Urheberrechtes ist ohne die Zustimmung des Verlages unzulässig und strafbar. Das gilt insbesondere für Vervielfältigungen, Übersetzungen, Mikroverfilmungen und die Einspeicherung und Verarbeitung in elektronischen Systemen.

Satz: [**syn**these], Aachen
Redaktion: Kamila Gnacek, Julia Lentz, Franziska Schötten
Druck und Bindung: GRASPO CZ, a.s., Zlín (CZ)
Printed in Czech Republic

Inhalt

5   **Einleitung: Lebendige Architektur**

9   **1. Verbinden**

Neu aus Alt – Alt mit neu 11 – Vom Ziegel zum Container 13 – Exkurs Strukturalsismus 15 – Doppelhäuser 23

41   **2. Zusammenfassen**

Einheitlich gestaltete Straßen- und Platzfassaden 43 – Lauben, Arkaden, Kreuzgänge, Hofumbauungen 50

63   **3. Gruppieren**

Offen und geschlossen zugleich: Haus-Hoftyp 65 – Gruppenbildung im Gebäude 71 – Durch Gruppen zur städtischen Einheit 75 – Exkurs: Gebäudegruppen bei H. Scharoun 88

95   **4. Erweitern und Anlagern**

Erweitern, Anlagern – parallel zur Hauptachse 97 – Axiales Erweitern in die Tiefe 103 – Erweitern, Anlagern – quer zur Hauptachse 113 – Anlagern im Winkel 115

123   **5. Parasitäres**

141   **6. Durchdringen und Verbinden**

Durchdringen 143 – Haus im Haus 147 – Verbinden von Räumen durch Erhöhen und Vertiefen 173 – Verbinden von Oben + Unten 185 – Innenplätze – Innenstraßen: Palladio und die Folgen 191 – Verbinden durch Treppen 198

209   **7. Städtebau**

Baublock und Quartier 211 – Block im Block 215 – Stadt-TEILE zu Stadt 225

239   **8. Grün, lebendiger Baustein der Architektur**

249   **Fazit: Der Dom zu Aachen**

257   **Nachweise**

Literatur 259 – Register 265 – Bildnachweis 270

Einleitung:
Lebendige Architektur

Lebendige Architektur

Lebendige Architektur?

Das klingt zunächst nach einem Paradox, nach einem Widerspruch in sich. Bauwerke sind ja an sich stabil gebaut, an einen Ort gebunden, scheinbar fertig.
    Aber das äußere Bild, das wir sehen, ändert sich ständig schon unter dem Einfluss der Umwelt, des Klimas. Der Wechsel des Lichts, Sonne, Schnees, Regens, des Mondscheins erzeugen ständig neue Bilder. Dies alles gewissermaßen passiv.

Und wie wird ein Bauwerk selbst durch planen lebendig?

    Meine These dafür ist: Architektur, ein Gebäude ist immer fertig und unfertig zugleich. Deshalb kann es ständig weitergebaut und weitergeplant werden. Da Bauwerke langlebig sind, müssen sie sich im Laufe der Zeit anpassen können, Raum geben für neue Bedürfnisse, Funktionen, also lebendig sein. Fertig, ein ganz zu Ende gedacht, „perfekt" gestaltete Hüllen sind letztlich tot.
    „Fertig" sind die berühmten Wohntürme von Mies van der Rohe in Chicago in einer bewundernswürdigen Perfektion. Aber das ist in meinen Augen auch ihre Schwäche, denn wo ist bei dieser ausgefeilten Konzeption die Möglichkeit, sich irgendwie zu ändern, sich neuen Bedürfnissen anzupassen? Welche Chancen für eigene Initiativen haben die Bewohner, die Nutzer? Das fragt man sich heute auch bei den vielen sterilen Neubauten, die häufig nach recht kurzer Nutzungsdauer abgerissen werden.
    Konkret wird die oben genannte Offenheit durch einen nachfolgenden Katalog von Anforderungen an Gebäuden und Planung, natürlich mit unterschiedlichen Wichtungen. Darum aber vorher das berühmte Gedicht von Kurt Tucholsky unter dem Pseudonym Theobald Tiger:

Das Ideal

Ja, das möchste:
Eine Villa im Grünen mit großer Terrasse,
vorn die Ostsee, hinten die Friedrichstraße;
mit schöner Aussicht, ländlich-mondän,
vom Badezimmer ist die Zugspitze zu sehn –
aber abends zum Kino hast dus nicht weit.
Das Ganze schlicht, voller Bescheidenheit:
Neun Zimmer, – nein, doch lieber zehn!
Ein Dachgarten, wo die Eichen drauf stehn,
…
eine Bibliothek und drumherum
Einsamkeit und Hummelgesumm.
…
Wir möchten so viel: Haben. Sein. Und gelten.
Das einer alles hat:
das ist selten.

Theobald Tiger (1927)

Dieses „Ideal" setze ich nun um in konkrete Forderungen an die Architektur und Planung:

- Raum geben für das Nebeneinander von Neu und Alt (etwa Erweiterungen aller Art)
- Raum geben für das Nebeneinander von Formen in aller Strenge und freien Formen (Coop Himmelblau, …)
- Funktionsänderungen, Mischungen möglich machen (offene Grundrisse)
- Großformen und Kleinteiligkeit zugleich (Fassaden von Anbauten hinter Baublock)
- Geschlossenheit und Durchlässigkeit in einem (Haus – Hoftyp, Arkaden)
- Neues aus Altem fördern (Recycling, Upcycling)

- Bindungen setzten, aber auch Freiheit geben für Spontanes (Architektenplanung und Bewohnerwünschen gemeinsam)
- Teile zum Ganzen zusammenbinden (Haus wie Stadt, Stadt wie Haus)
- Räumlichen Kontrast schaffenund betonen (Enge und Weite – Kreuzgang und Quadrum; Oben und Unten – St. Hedwig, Berlin)
- Steine und Grün (Garten – Hochhaus)

Die Formel für lebendige Architektur könnte auf dieser Grundlage dann lauten: $1 + x = 1$
1 bezeichnet zunächst das ursprüngliche Gebäude fertig und unfertig wie beschrieben,
x die Veränderungen in Laufe der Zeit,
1 als Ergebnis das so entstandene „neue" Bauwerk, ebenfalls wieder fertig und unfertig.

Theoretisch ist das ein andauernder Kreislauf. Aber jedes Gebäude kommt ja einmal an sein Ende: Ideal gesehen als eindrucksvolle, ja romantische Ruine, unter Umständen noch mit einem langem Leben. Auch dieses Paradox ist ein Merkmal lebendiger Architektur: *„In Würde sterben können."* Aber romantische Ruinen sind heute selten geworden. Dagegen besinnen wir uns wieder auf das Material, auf die Bau- und Einrichtungsdetails abgängiger Architekturen. Sie werden zunehmend wiederverwendet unter den Stichworten „recyceln und upgraden": Auferstehen aus Ruinen. Damit ist der Kreislauf tatsächlich geschlossen.

Den Tendenzen des Zusammensetzens, des Ergänzens, des Wachsen, des Recycelns, der Idee, Teile zum (unvollständigen) Ganzen zu fügen geht dieses Buch in Beispielen mit unterschiedlichen Schwerpunkten nach. Dabei verstehe ich unter „fertig und unfertig" in keinen Fall formale Willkür, sondern immer eine angemessene Gestalt der jeweiligen Zwischenstufen. Das beweisen etwa zahlreiche der nach und nach erfolgten Kirchenerweiterungen. Dabei ist jeder Abschnitt fertig, aber offen für Weiteres.

Bei meiner Skepsis gegenüber „zu Ende" gedachten, makellos ausgeformten Bauwerken muss ich allerdings differenzieren: Das zeigt die Architektur Andrea Palladios. Sie ist tatsächlich perfekt aber trotzdem lebendig. Dabei reizt die modellhafte Anordnung der in sich unabhängigen Bauteile um den Innenplatz nach dem Motto „Haus wie Stadt, Stadt wie Haus" unzählige Architekten zur Variation dieses Vorbilds. Auch das ist lebendige Architektur.

In den einzelnen Kapiteln versuche ich also in einem (natürlich beschränkten) Katalog von Beispielen, die Teile eines (unvollständigen) Ganzen als eine Grundlage lebendiger Architektur deutlich zu machen. Die Addition der Kapitel ergibt trotzdem – so hoffe ich – einen Überblick über das weite Feld lebendiger Architektur.

Dabei stellt sich noch eine Frage: Warum so viele Beispiele von Kirchen? Die Antwort liegt in der Natur des Gebäudetyps: Das Kirchengebäude ist durch feststehenden Kulthandlungen, die an grundsätzliche Bauformen gebunden sind, zu einem definitiven Typus geworden: Vorhalle, Schiff, Chor mit Altar. Trotzdem unterscheiden sich die einzelnen Beispiele stark voneinander. So werden Abweichungen, Ergänzungen, Besonderheiten besonders deutlich.

Die Chiffre $1 + x = 1$ beschreibt in Kurzform das Thema: Eine vorhandene Einheit ergänzt durch einen weiteren Baustein, ergibt (häufig) eine noch größere Einheit, fertig und unfertig. Vor dem Hintergrund der „lebendigen Architektur" ergeben sich bei den Beispielen aber auch manchmal widersprüchliche Inkonsequenzen oder Wiederholungen: So ist es eben im Leben.

Aachen im September 2019

Hans Schmalscheidt

1. Verbinden

Neu aus Alt – Alt mit Neu

Der Gedanke des Kreislaufes beim Bauen ist von zentraler Bedeutung, da er die Idee der lebendigen Architektur besonders deutlich werden lässt. Schon seit Urzeiten, seit gebaut wird, haben die meisten Menschen beim Rückbau (dieses Wort ist wohl treffender als Abbruch) die Materialien abgängiger Gebäude weitgehend wiederverwendet.

Daneben spielten aber auch bei wichtigen Bauaufgaben wie der Herrschaftsarchitektur der Gedanke des Bedeutungswandels eine entscheidende Rolle: Bei großen Umwälzungen oder Machtverschiebungen wurde der Bevölkerung und den Untertanen vor Augen geführt, wie etwas Neues das Alte überwunden, ja besiegt hat: Tempelreste etwa werden in Kirchen, in Dome, in öffentlichen Gebäuden demonstrativ eingebaut, ja regelrecht zur Schau gestellt, siehe etwa in diesem Buch den Dom zu Syrakus, das Marcellustheater in Rom, die Porta Nigra in Trier. Besonders eindrucksvoll geschieht das beim Dom in Aachen: Die antiken Säulen des zentralen Oktogons, mühsam über die Alpen in den unwirklichen Norden geschafft, sollen einerseits den Sieg des christlichen Kaisertums über die antike Götter und Cäsarenwelt sichtbar machen, andererseits die Kontinuität des Kaisertums verdeutlichen. Archäologen und Restauratoren können ein Lied davon singen, wie viele wertvolle historische Bauelemente in Form von Spolien in den großen Bauten des Mittelalters eingearbeitet sind.

Ab dem 19. Jahrhundert, im Zuge der raschen Industrialisierung und der Massenfertigung sowie der Entwicklung des Transportwesens, ist die Tugend des Sparens, des Recyceln weitgehend vergessen worden. Einen Wandel gibt es dann zum Ende des Zweiten Weltkrieges: Bittere Not und riesige Trümmerberge zwingen gemeinschaftlich zum mühsamen Wiederverwenden des überall vorhandenen Ruinenmaterials, Stichwort: „Trümmerfrauen". In der Euphorie des Wirtschaftswunders werden diese Praktiken aber wieder weitgehend vergessen.

In jüngster Zeit jedoch, mit Blick auf Klimawandel, Energiesparen, aber auch mit der wachsenden Wertschätzung traditioneller Materialien und Details, hat ein Bewusstsein eingesetzt und Altes wird – wenn auch noch zögerlich – wieder eingebaut. Dabei geht es heute um mehr als nur eine einfache Mauer und Dachziegel. Es gilt auch große, maßstäbliche Baudetails wie Wandvertäfelungen, Trennwände, wertvolle Decken- und Fassadenverkleidungen zu sichern und wieder einzubauen.

Eine wichtige Grundlage dafür ist der Ansatz, neutrale Geschossdecken als kostengünstige „Baugrundstücke" zu stapeln (mit entsprechender Vorplanung für Installationen, Treppen, Aufzüge), die dann je nach Wunsch und Programm der zukünftigen Nutzung gefüllt werden können. Dieses Einlagern zwischen Geschossdecken zeigen mehrere Beispiele im Kapitel Parasitäres „geplant", allerdings ohne den direkten Schwerpunkt Wiederverwenden, Recyceln von Altmaterial. Für diesen Ansatz steht ein vorbildliches Beispiel von Werner Sobek und Dirk Hebel unter dem

1. Südost-Ansicht des NEST mit der neuen Unit UMAREN.

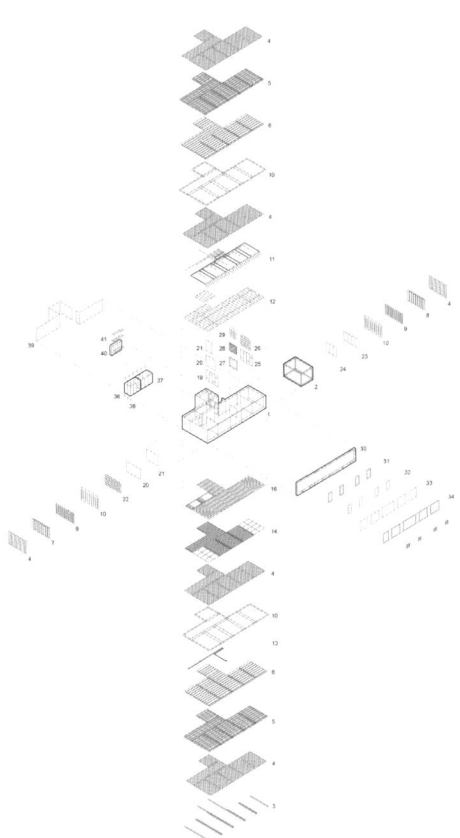

2. Schema UMAR-Unit. Der Entwurf von UMAR basiert auf der Vorgabe, dass alle für den Bau eines Gebäudes benötigten Ressourcen vollständig wiederverwendbar, oder kompostierbar sein müssen.

[1] Medienmitteilung vom 8.2.2018 http://nest-umar.net/press-kit/
[2] Bauwelt 11/2018, S. 11.
[3] Bauwelt 11/2018, S. 11.
[4] Dabei muss klar geregelt sein, wem die Daten gehören und wer hierauf Zugriff haben darf.
[5] Siehe hierzu auch: Schultz 2020.

Namen Urban Mining and Recycling (UMAR) in Dübendorf in der Schweiz. Es handelt sich um das größte Schweizer Forschungsprogramm für das Bauwesen. Verschiedene Forschungseinrichtungen, Universitäten und die Bauindustrie arbeiten hier in Form eines Reallabors zusammen. Übereinander gestapelte Betonplattformen ergeben eine „vertikale Infrastruktur", die mit unterschiedlichen Forschungsmodulen gefüllt wird. Beim Objekt von Sobek und Hebel geht es also um das Bauen mit Recyceln. Dazu die Definition: *„Recyceln bedeutet für uns „Verwendung" und „Verwertung". Weiter muss unterschieden werden zwischen einem „Wiederverwenden" und dem „Weiterverwenden". Beim Weiterverwenden bleibt die Geometrie des Bauteils erhalten. Bei Wiederverwenden verwendet man das Bauteil genauso wie zuvor. Das Weiterverwenden bezieht sich auf eine andere Nutzungskategorie. Das Wiederverwenden hingegen bedingt die Auflösung der geometrischen Erscheinung, also das Zertrümmern, Aufschmelzen usw. Alle diese Formen kommen bei unserem Projekt zum Einsatz. Ein Beispiel für eine direkte Weiterverwendung sind die gebrauchten Türgriffe, die früher in einer Bank in Brüssel verwendet wurden. Ein Beispiel für das Wiederverwenden sind auch die Kupferbleche in der Fassade, die sehr sorgfältig hinsichtlich ihrer farblichen Erscheinung sortiert wurden. Sie stammen zum Teil aus einer Kirche, zum Teil aus anderen Gebäuden."*[1]

Einmal soll dieses Beispiel zeigen, dass Recycling im großen Stil tatsächlich funktionieren kann „und zweitens, weil man damit jene Unkenrufe zum Verstummen bringen kann, es handle sich bei Recyclingbauten um eine Art Entsorgungsästhetik. Das Gegenteil ist der Fall. Es handelt sich nicht um das Wohnen in einem Abfallhaufen, sondern es ist neues Wohnen in einem hochwertigen Stoffensemble, das früher mal ein Haus oder ein Auto oder eine Dose war."[2]

Dahinter steht die faszinierende Idee der „Kreislaufwirtschaft". Voraussetzungen: „Wir brauchen eine gesetzlich vorgeschriebene Recyclingquote mit einer ganz klaren Quotierung: Was muss als Weiterverwendung, was als Verwendung kategorisiert werden."[3] Darüber hinaus braucht es eine digitale Kennzeichnung der Baustoffe[4] mit einer Datenbank zu jedem Bauwerk, in der die Verwendung der Materialien dokumentiert ist.

Im diesem Abschnitt sollten noch einige Sonderformen mit formalem oder historischem Hintergrund zumindest erwähnt werden:
– Translozierte oder naturgetreu wiedererrichtete Gebäude in den zahlreichen Freilichtmuseen, die die Geschichte vom Handwerk, Technik, Landwirtschaft, typische Bau- und Wohnformen dokumentieren, also einen kulturhistorischen Hintergrund haben.
– Wichtige historische Gebäude, wiederaufgebaut oder sogar völlig rekonstruiert (z.B. das Goethehaus in Frankfurt)
– Mit historischer Fassadenarchitektur neugebauten Plastikwände, ja, ganze Stadtteile wie etwa die als „nationales Erbe" bezeichneten Altstädte von Danzig und Warschau.
– Aus rein formalen und nicht zuletzt wirtschaftlichen Gründen (Tourismus) allen Vorbildern locker nachempfundene Ensembles, als jüngstes Beispiel die Rekonstruktion der Altstadt Frankfurt am Main.
– Der Nachbau, die Kopie historischer Vorbilder „irgendwo" (besonders beliebt in den USA und in China)[5]
– Nicht zuletzt ergänzte oder teilweise bis vollständig rekonstruierte Bauten, Ensembles in Ausgrabungen, um die Vergangenheit anschaulich zu machen, wie die Stoa des Attalos in Athen.

Bis auf die „echten" translozierten Gebäude in den Freilichtmuseen ist meines Erachtens das neue Leben der anderen Beispiele mehr oder weniger künstlich, kein lebendiger Kreislauf wie beim Recyceln, sondern im Grunde eine Kulissenwelt.

Vom Ziegel zum Container

Die Mauerziegel – wohl die ältesten Fertigteile – sind in jedem Exemplar fertig und ausgereift (trotz unterschiedlicher Dimensionen, Verarbeitung, Farben etc.). In der Addition ergeben die Ziegel wiederum eine neue Einheit, sie sind gewissermaßen das Ideal von 1 + 1 = 1, genauer von 1 + x =1. So betrachtet ergibt sich hier eine Analogie für das Zusammenfügen gleichartiger, in sich unabhängiger (Bau-)Elemente zu einem größeren Ganzen. Zum Thema Wohnen exemplarisch folgende Beispiele:

- Zelte zu Zeltstädten
- (Wohn)wagen zu Wagenburgen
- Mönchzellen zu Kreuzgängen
- Ganghäuser zu Innenquartieren (Lübeck)
- Buden zu Kanzelhäusern (Danzig)
- Altenwohnungen zu Wohnhöfen
- Arbeiterhäuser zu Stadtquartieren
- Wohnmobile, Mobilheime zu Vorstadtquartieren

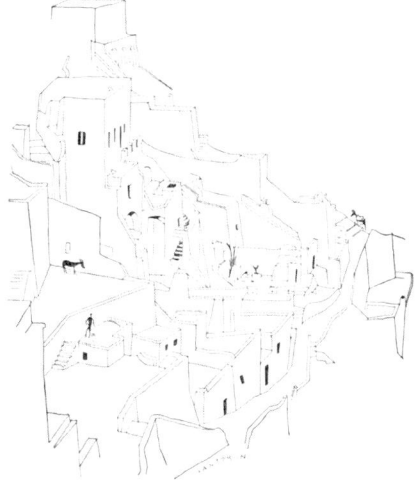

3. Santorin: Von der Wohnhöhle zur Hangstadt.

Die angeführten Beispiele zeigen: diese mehr oder weniger spontanen Zusammenordnungen von Kleinarchitekturen geschahen und geschehen im Allgemeinen ebenerdig, in der Fläche. Aber gibt es heute mit der notwendigen Geschosshäufung (Flächensparen, Versorgen mit Infrastruktur …) auch die Möglichkeit, „spontan" zu bauen? Wir werden sehen.

Münchner Herbergen
Dazu als Annäherung ein frühes Beispiel des „individuellen" Stockwerkbaues: Die Münchener Herbergen wurden ab dem 17. Jahrhundert für kleine Leute, Bauhandwerker oder Tagelöhner auf billigem Baugrund im Schwemmland der Isar und in der Nachbarschaft zu den dort ansässigen Gewerbebetrieben und Mühlen etc. gebaut. Wachsende Raumnot erzwang eine dichte Bauweise, auch die Hänge wurden mit zusammenhängenden verschachtelten Wohnungen bebaut. Die Beispiele zeigen eine dicht gepackte, gestapelte, aber doch individuelle, weitgehend unabhängige Wohnform. Leider ist davon fast nichts erhalten. Charakteristisch sind:

4. Mobilhomesiedlung in den USA.

- vorwiegend Holzbauten mit zum Teil steilen Dächern, die bis ins letzte genutzt wurden, so dass bis zu vier Geschosse entstanden.
- unabhängige, zum Teil offene Erschließung der meist kleinen Wohnschachteln.
- Hinsichtlich der Besitzverhältnisse herrschte schon früh das Herbergssystem vor. Es handelte sich dabei um einen Vorläufer des heutigen Wohnungseigentums. Dieses Herbergssystem bestand im Alleineigentum an einem waagerecht ausgeschiedenen Gebäudeteil. Das Grundstück war Miteigentum aller Herbergsbesitzer. Gemeinschaftlicher Besitz waren ferner das Dach, die Umfassungswände und anderes. Die Herbergsanteile konnten eine ganze Wohnung, aber auch nur einen einzelnen Raum umfassen. Der häufigste Fall war der Besitz einer abgeschlossenen Wohnung als Teil eines Stockwerks. Jeder einzelne Herbergsbesitzer konnte seinen Anteil beliebig verändern und unterhalten. So kam es, dass man vielfach schon am verschiedenen Farbanstrich der äußeren Gebäudeflächen die Zahl der Herbergseigentümer ablesen konnte.

5. Klassische Münchener Herberge.

Charakteristisch weiter natürlich auch die schlechten hygienischen Verhältnisse. Hier haben wir also eine dicht gepackte, gestapelte, aber doch individuelle, weitgehend unabhängige Wohnform. Leider ist davon fast nichts erhalten.

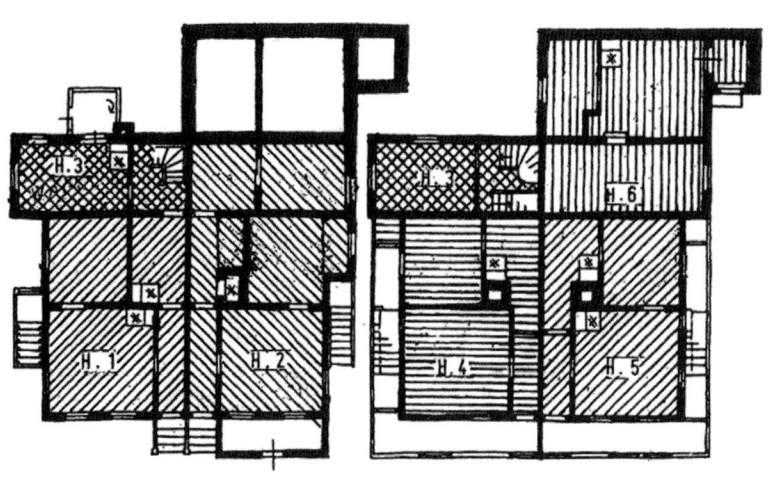

6. München, Lohstraße 21.

7. München, Paulanerstr. 6 u. 7.

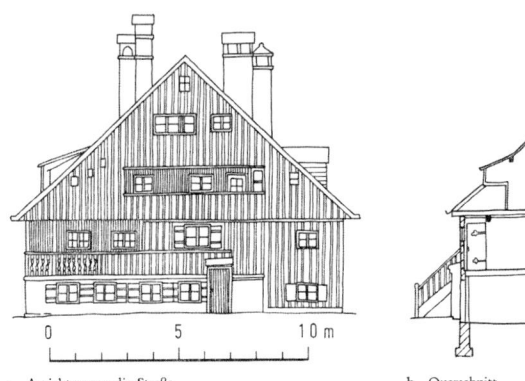

a Ansicht gegen die Straße

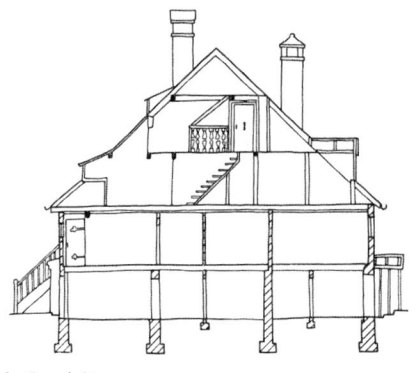

b Querschnitt

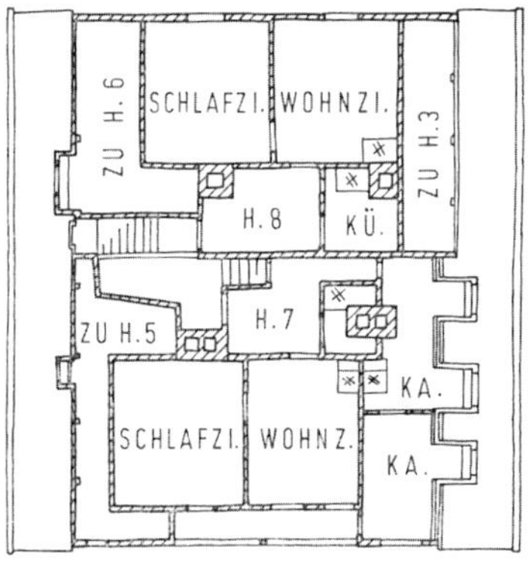

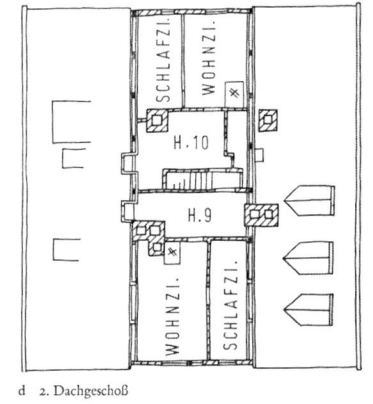

c 1. Dachgeschoß

d 2. Dachgeschoß

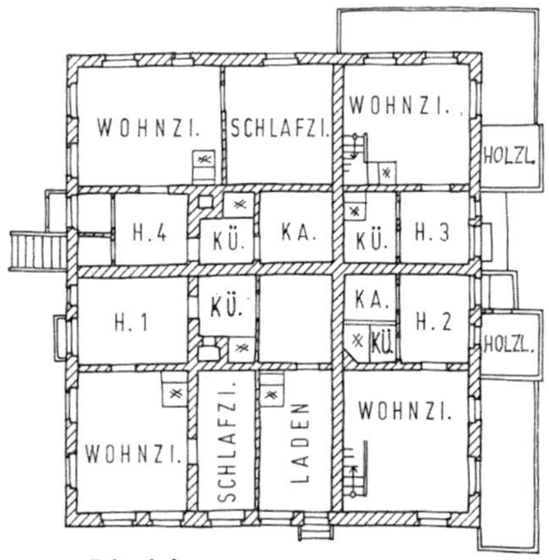

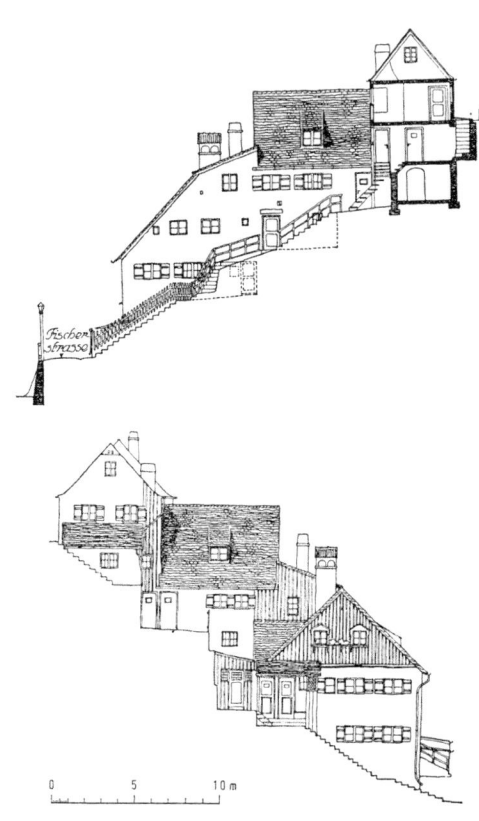

9. München, Hangbebauung am Franziskanerberg.

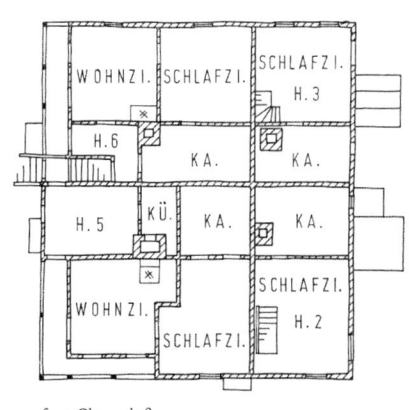

e Erdgeschoß

f 1. Obergeschoß

8. München, Das Paschihaus, Krämerstr. 21.

10. München, Paulanerplatz 12.

Exkurs Strukturalismus

Von den Münchener Herbergen führt der Weg zu Strukturalismus. Dieser ist in der Architektur im Sinne von 1 + x = 1 zu verstehen als eine Struktur, basierend auf dem Zusammenfügen von (im Idealfall) gleichen Grundelementen. Diese Einzelbausteine sind zunächst meist nutzungsneutral, sie können dem jeweiligen Bedarf angepasst werden, sie sind kombinierbar, die Gesamtstruktur kann erweitert werden. Strukturalismus bedeutet auch Leben trotz und innerhalb einer strengen Grundordnung.

Es entstehen also, wie bei den Münchener Herbergen, Baukörper ohne eindeutige formale Begrenzung, gebaute „Hügellandschaften", deren Umriss sich bei Bedarf ändern kann. Im Vergleich zu unstrukturierten „wilden" Siedlungen (die ja für den unvoreingenommenen Betrachter durchaus ihren Reiz haben), gewährleisten hier die strengen übereinstimmend ablesbaren Grundelemente den formalen Zusammenhang. Sie verhindern Willkür und geben (optische) Ordnung. Vor allem in den Niederlanden wurden etwa ab 1970 zahlreiche Projekte des Strukturalismus realisiert: Wohnungen aber auch öffentliche und Verwaltungsbauten. Führende Architekten waren Aldo van Eyck, Herman Hertzberger und Piet Blom.

Kasbah in Hengelo, 1972–73
Die „genormten", unabhängigen aufgeständerten Einfamilienhäuser nach einem Entwurf von Piet Blom ergeben in der Addition ein dichtes, erweiterbares Quartier von hoher Eigenart mit oben liegenden ungestörten Wohnwegen. Strukturalismus bedeutet hier Wachstumsmöglichkeit und die Möglichkeit eines Lebens trotz strenger Grundordnung.h

11. Hengelo, Kasba, Luftbild.

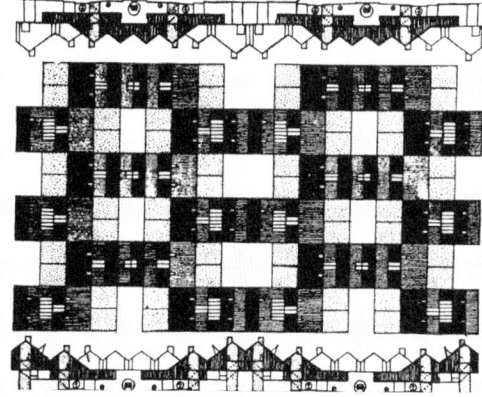

12. Hengelo, Kasbah, Lageplanausschnitt.

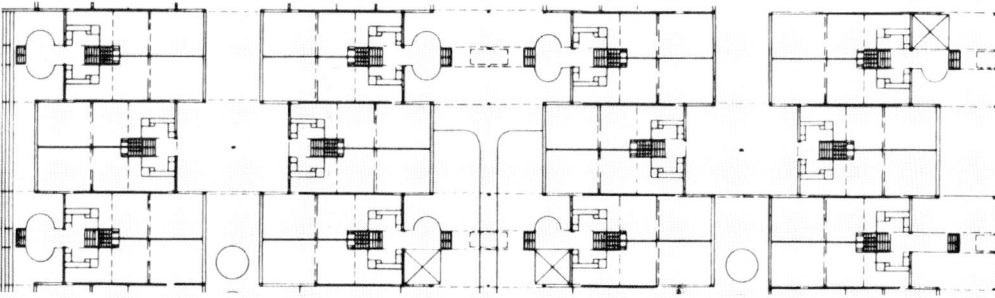

13. Hengelo, Kasbah, Grundriss.

Baumhäuser 1972–79, Helmond, Niederlande, Arch.: Piet Blom
Ebenfalls von Piet Blom stammen die sehr charakteristischen Baumhäuser in Helmond aus den Jahren 1972 bis 79. Es handelt sich um hoch gestellte und auf die Spitze gesetzte Kuben mit interessant belichteten Innenräumen. Durch die ringförmige Anordnung ist eine Erweiterung unbegrenzt möglich.

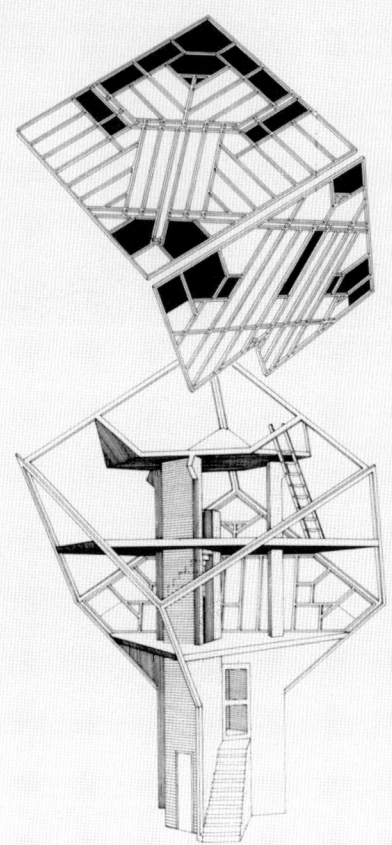

14. Helmond, Baumhäuser „Auf- und Einblick", Isometrie.

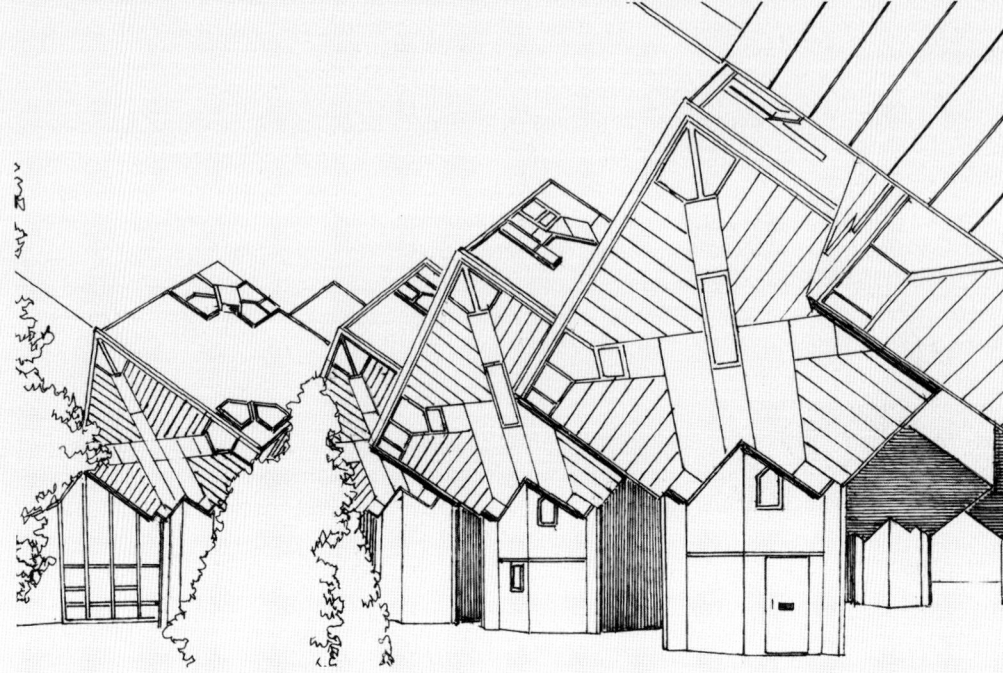

15. Helmond, Baumhäuser, Perspektive.

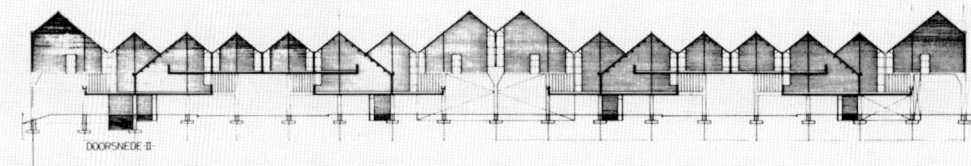

16. Helmond, Baumhäuser, Schnittansicht.

Apeldoorn, Verwaltungsgebäude Centraal Beheer 1970–72
Herman Herzberger hat mit dem aus über 60 drei- bis fünfgeschossigen Türmen bestehenden Bürogebäude ein Hauptwerk des Strukturalismus geschaffen. Das Innere der Türme besteht aus frei bespielbaren Stahlbetonkonstruktionen in Systembauweise. Die Türme sind in vier radialen Clustern um ein Achsenkreuz angeordnet.

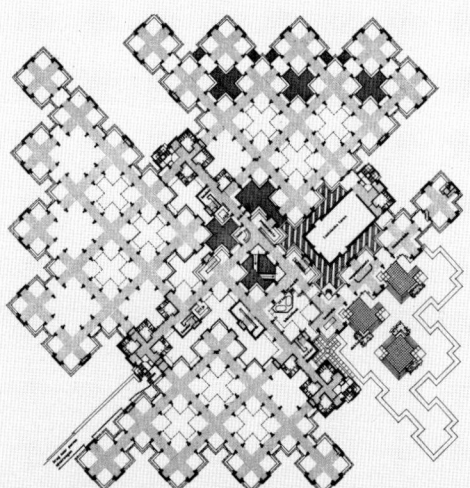

17. Apeldoorn, Verwaltungsgebäude Centraal Beheer, Grundriss.

18. Apeldoorn, Verwaltungsgebäude Centraal Beheer, Luftbild.

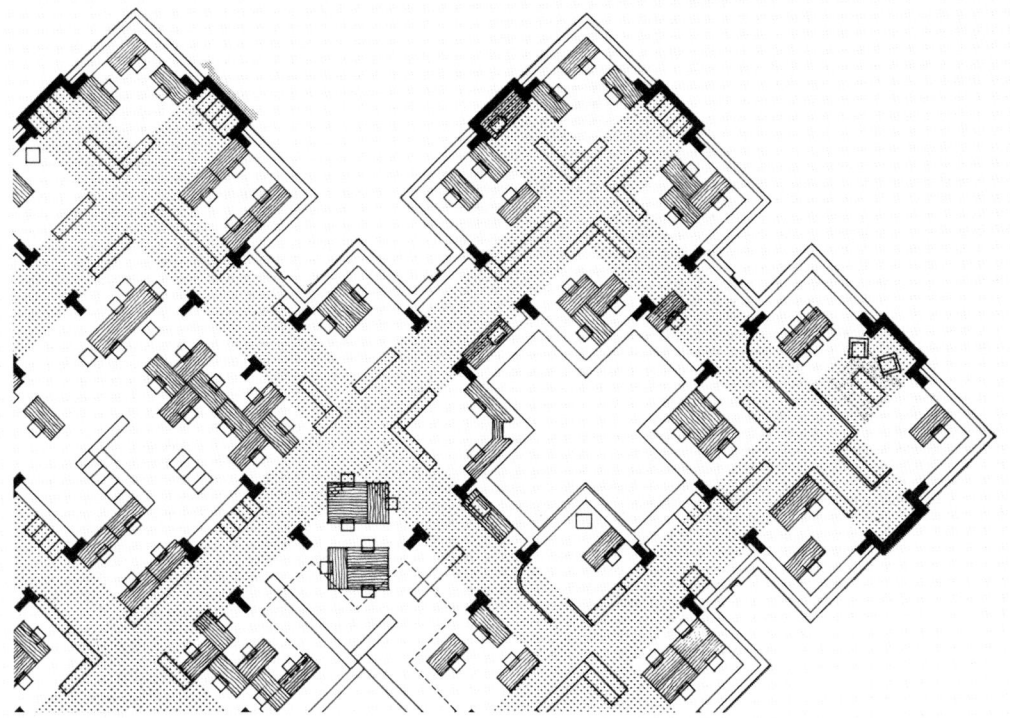

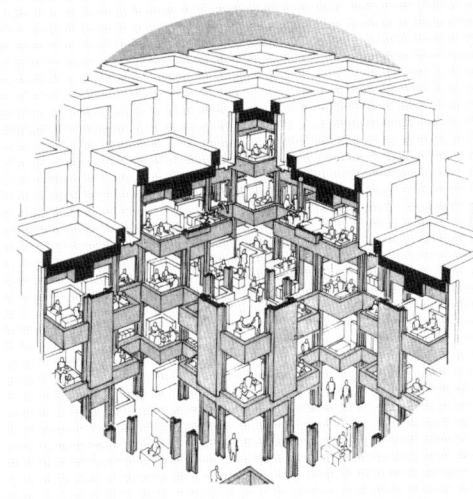

20. Apeldoorn, Verwaltungsgebäude Centraal Beheer, Isometriesches Schema.

19. Apeldoorn, Verwaltungsgebäude Centraal Beheer, Grundrissdetail.

Montreal, Habitat 67

Im Rahmen der Weltausstellung 1967 in Montreal wurde von Moshe Safdie eine dreidimensionale Raumstruktur aus 365 vorfabrizierten Modulen geplant. Habitat besteht aus 158 Häusern, die in 15 Haustypen aufgeteilt sind. Diese enthalten jeweils 1- bis 4-Zimmer-Wohnungen.

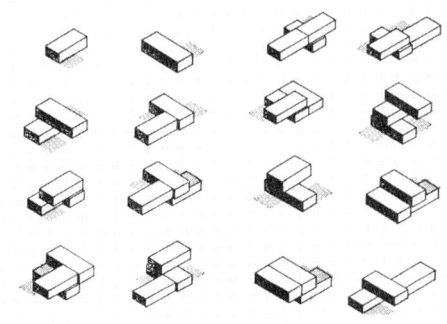

22. Montreal, Habitat 67, Möglichkeiten zur Addition der einzelnen Kuben.

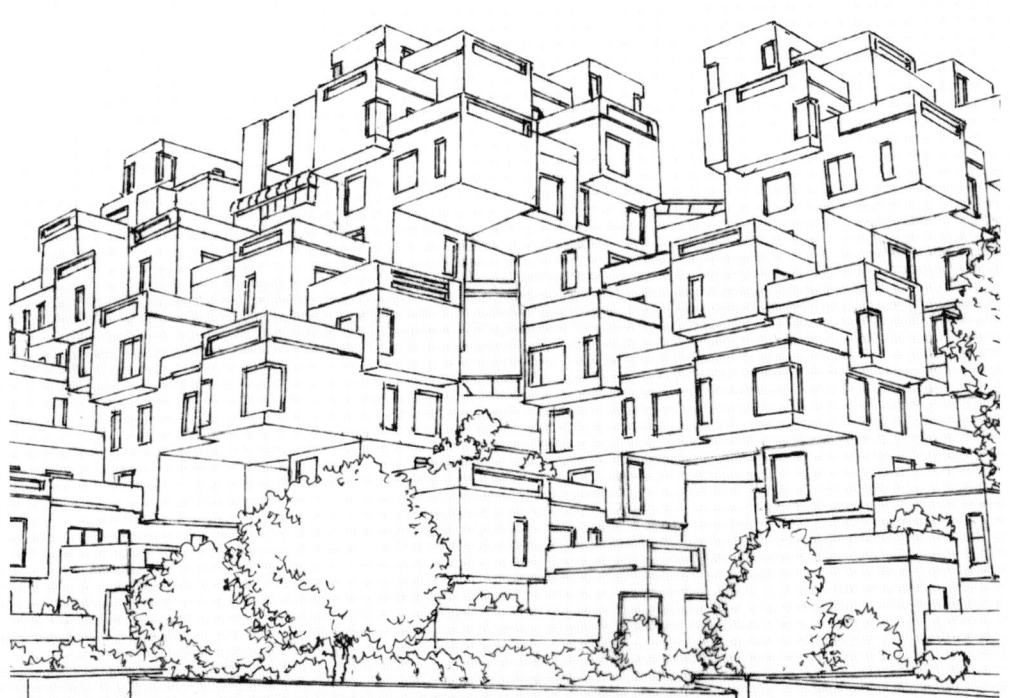

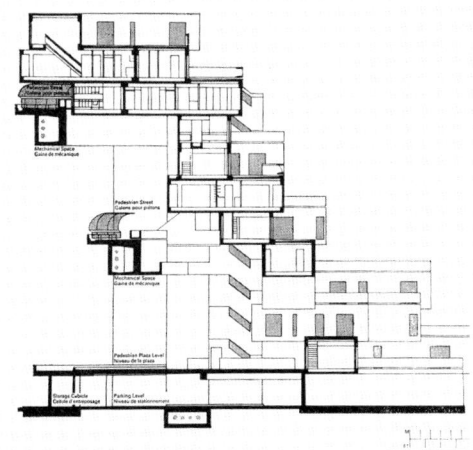

21. Montreal, Habitat 67, Aussenperspektive.

23. Montreal, Habitat 67, Schnitt.

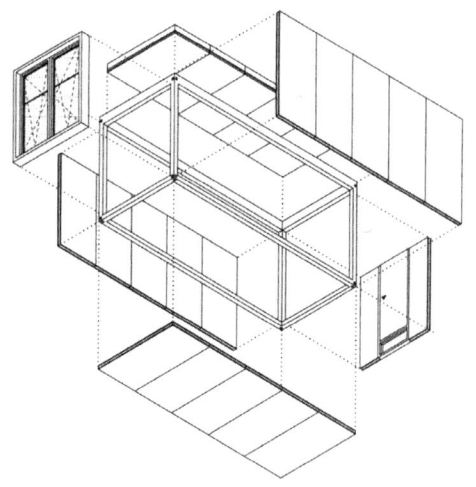

24. Beispielcontainer mit flächenbündiger, thermisch getrennter Fassade.

Containerarchitektur

Den strukturalistisch konsequentesten Ansatz zeigt heute wohl das Bauen mit Containern, das zunehmend an Bedeutung gewinnt. Diese genormten Elemente (mit der Möglichkeit unterschiedlicher Fassaden- und Innenteilung) lassen sich tatsächlich wie Bausteine zusammenfügen und stapeln zu einem größeren Ganzen. Zusätzlich bieten Container- und Modularchitekturen vom System her die Möglichkeit der Erweiterung und auch der Verkleinerung, des Rückbaus.

Das bedingt ein ambivalentes Image; (ärmliches) Provisorium einerseits, progressive Trendarchitektur andererseits. Trotzdem zeigt die Vielfalt der realisierten Beispiele die große Bandbreite der Lösungen zum Wohnungs-, Schul-, Gewerbe- und Ausstellungsbau.

Modulbauten sind vom System her „fertig und unfertig" zugleich und dies bei großer Freiheit der formalen Anordnung, die gebändigt und diszipliniert durch Form und Maßstab der bestimmenden Grundbausteine eine neue Ästhetik entwickelt. Hier besteht meiner Meinung nach ein wohltuender Gegensatz zu vielen modernen, willkürlich ge- oder besser gesagt, verformten architektonischen „Highlights", die vor allem durch den Drang zum „auffallen wollen" bestimmt sind.

Wohnprojekte mit horizontal und vertikal addierten Containern

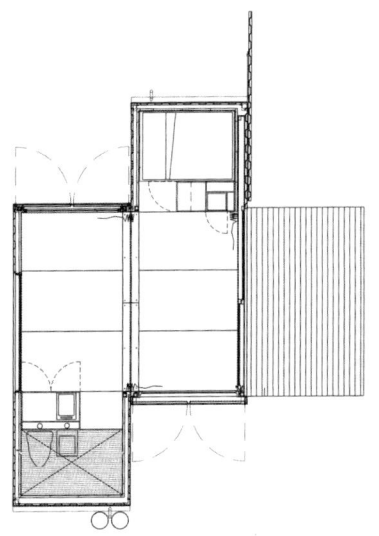

25. Washington, USA, C320S Studio 320, Grundriss als Beispiel für eine einfache, Struktur für einen stromnetzunabhängigen Containers.

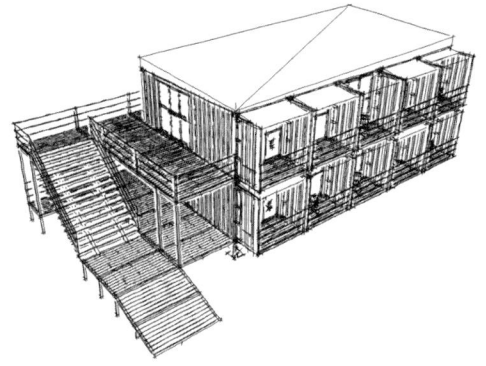

26. San Antonio, (TX), Kiowa-Prototyp, bei dem Container in eine größere Gesamtkonstruktion geschoben werden.

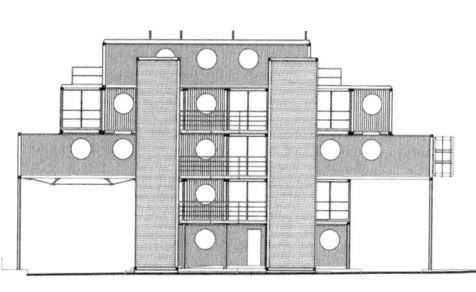

27. London, Docklands, Container City I+II, 2001–2002, Wohnungen und Studios aus recycelten Frachtcontainern.

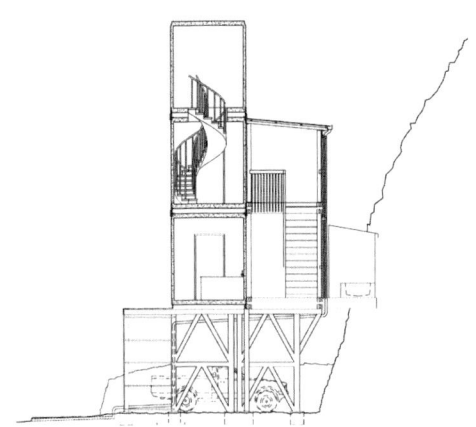

28. Wellington, Neuseeland, Container House / Killer House. Haus am Steilhang aus Kühlcontainern, Schnitt.

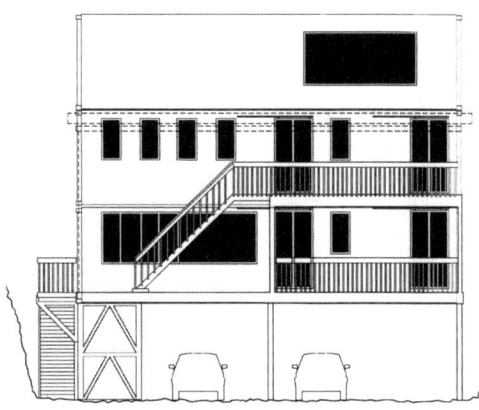

29. Wellington, Neuseeland, Container House / Killer House. Haus am Steilhang aus Kühlcontainern, Ansicht.

30+31. London, Raines Court. Ansicht und Grundriss. Das erste modulare Geschosswohnungsprojekt in England. Als Containertyp wurden Baucontainer verwendet.

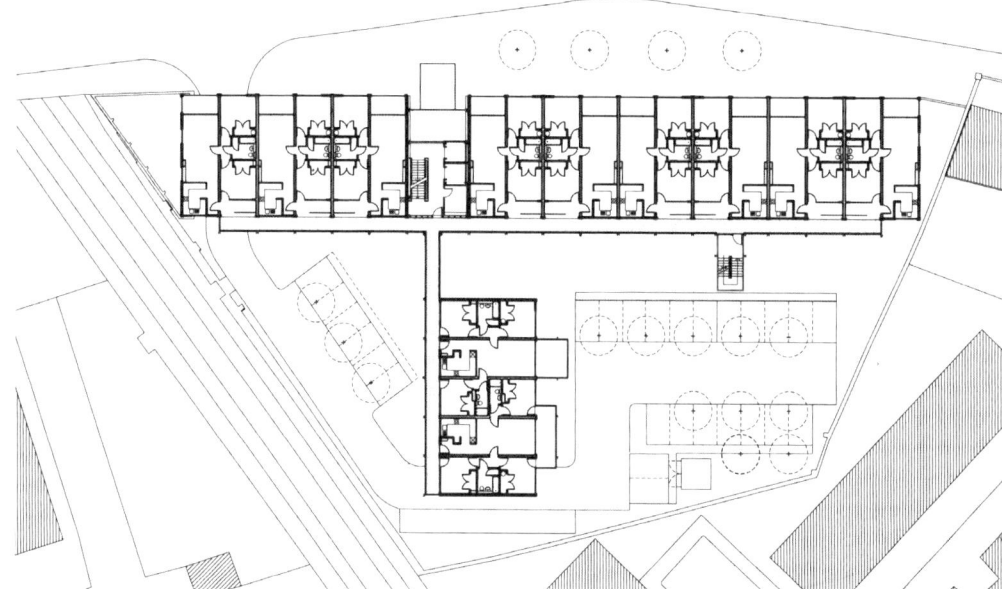

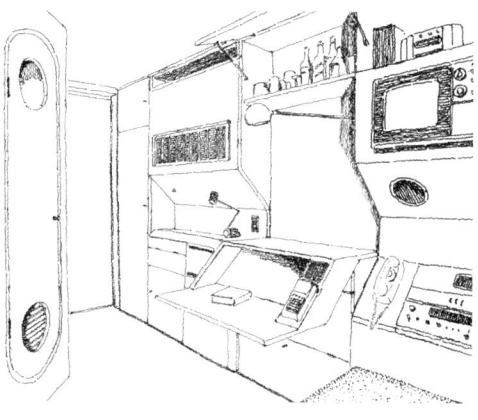

32+33. Nagasaki, Nakagin Capsule Tower. Der Nagakin Tower von Kisho Kurokawa gilt als erstes Beispiel einer variablen Fertigbauarchitektur im großen Maßstab für ein städtisches Umfeld und reflektiert das moderne Lebensgefühl der 1970er Jahre in Japan. Die ca. 10 m² großen Wohnzellen wurden an der Produktionsstätte (nach eigenen Vorstellungen) vormontiert.

Gewerbe- und Sonderbauten mit Containern

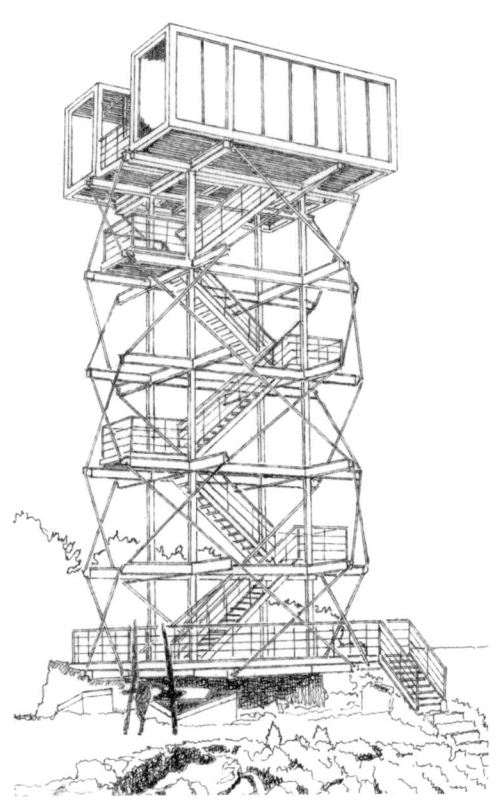

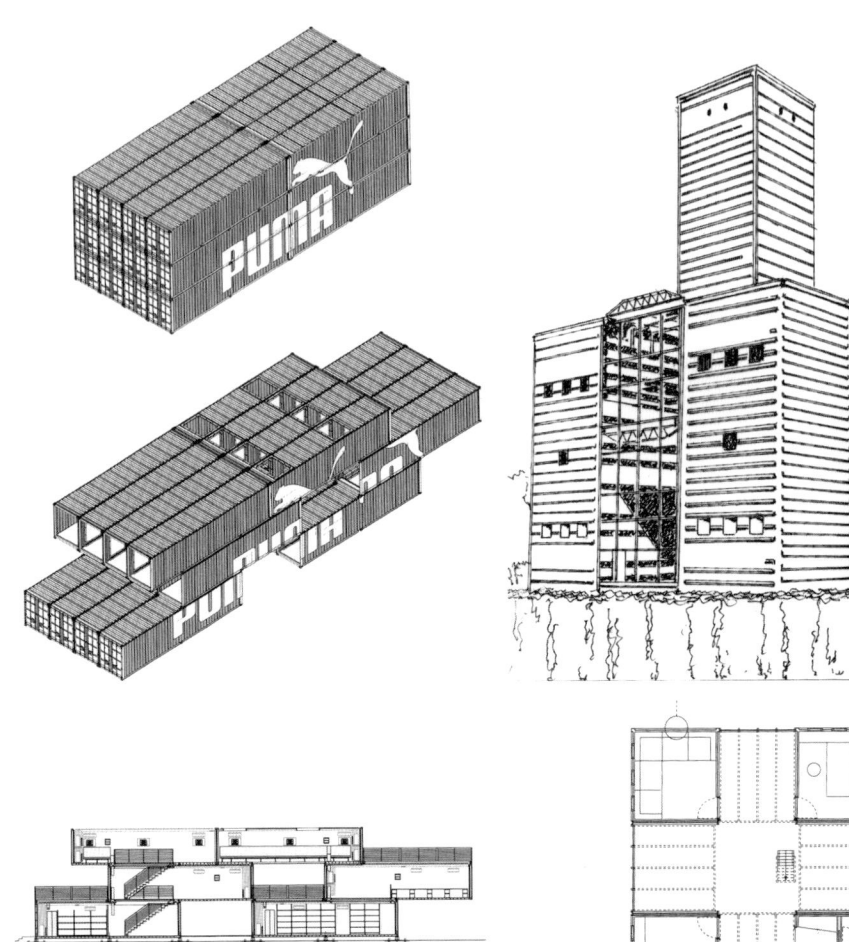

34. Yangyang, Südkorea, Teepavillion Sky is the limit, 2008, Architekten: Bureau Des Mésarchitectures, Didier Fiúza Faustino: Im Containeratlas wird das Gebäude wie folgt beschrieben: *„Der mit Zugstangen verbundene Körper des Bauwerks ähnelt dem Skelett eines merkwürdigen Roboters. [...] Treppen führen die Besucher zu seinen „Augen", zwei Containerrahmen, die als Tragwerk für die Aussichtsplattform mit offenen Enden dienen. Die beiden gleich großen Leerräume bieten diametral entgegengesetzte Aussichten auf die darunter liegende Landschaft."*

35. Alicante, PUMA-CITY. Der demontierbare und auf Welttournee gegangene Stapel erhielt ein riesiges Firmenlogo, das durch die versetzten Container auf faszinierende Weise fragmentiert war.

36. Almere, Niederlande, Campus, Arch.: H.Slawik, 1986. Ein universitäres Baulabor aus vertikal gestellten Überseecontainern.

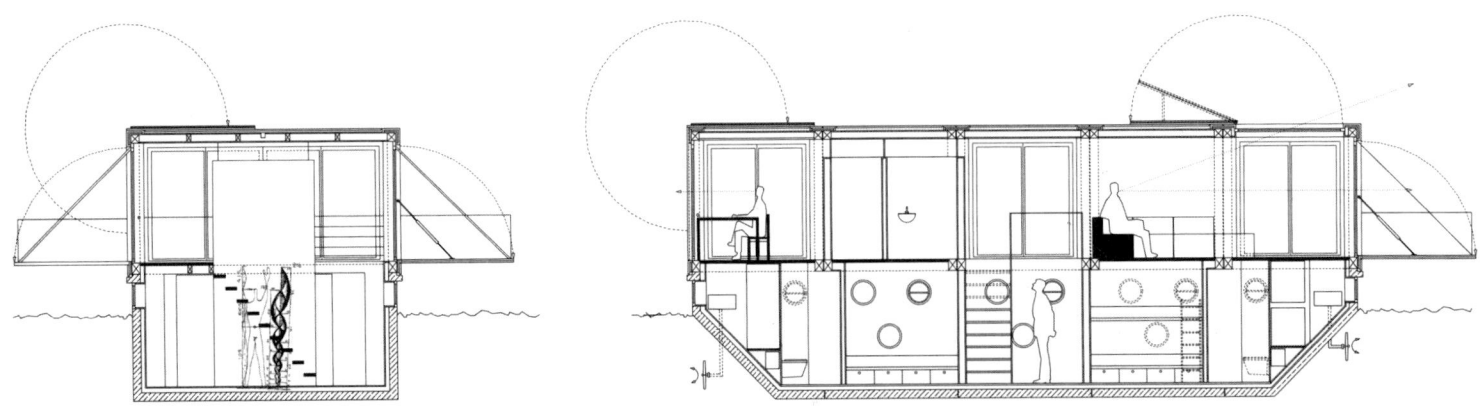

37+38. Lausitzer Seenland, Schwimmendes Haus, Arch.: Han Slawik.

Gemeinnützige und öffentliche Gebäude mit Containern

39–41. New York, Nomadic Museum, 2014, Arch.: Shigeru Ban Architects. Der viergeschossige schwimmende Bau besteht aus 148 verschiedenfarbigen Frachtcontainern, die von einem 3020 m² großen PVC-Dach umhüllt sind, das von Säulen aus wasserabweisenden Pappröhren getragen wird.

42+43. Kopenhagen, Jugendzentrum Sjakket, 2007, Arch.: PLOT = BIG + JDS. Das Gebäude ist eine Kombination aus einem altem Fabrikgebäude (jetzt Sportzentrum) und einem neuen Studio aus Containern auf dem Dach, im Resultat also eine doppelte Ausbildung von „Teile zum Ganzen".

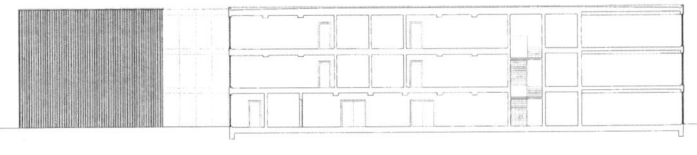
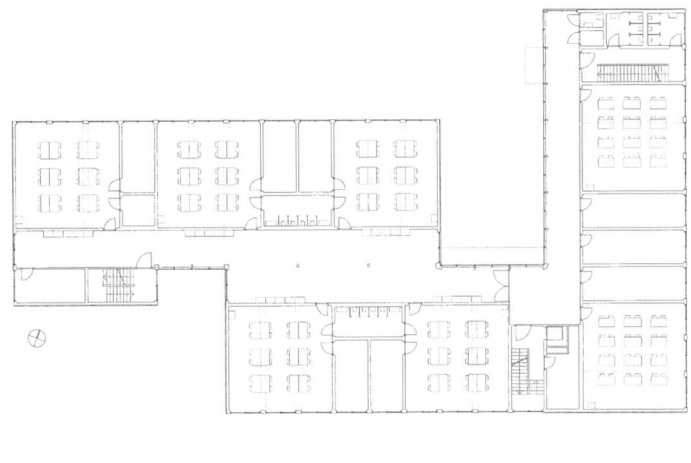
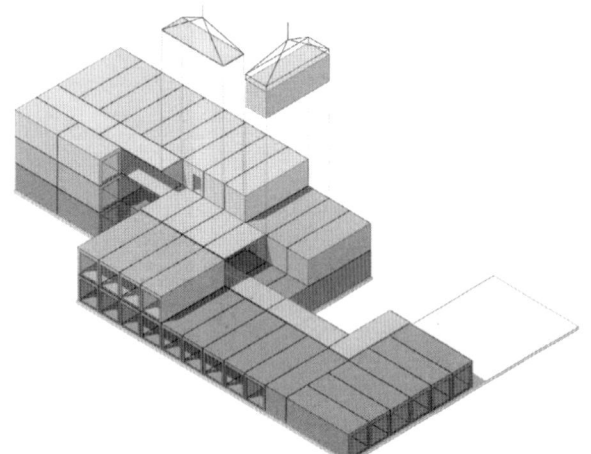
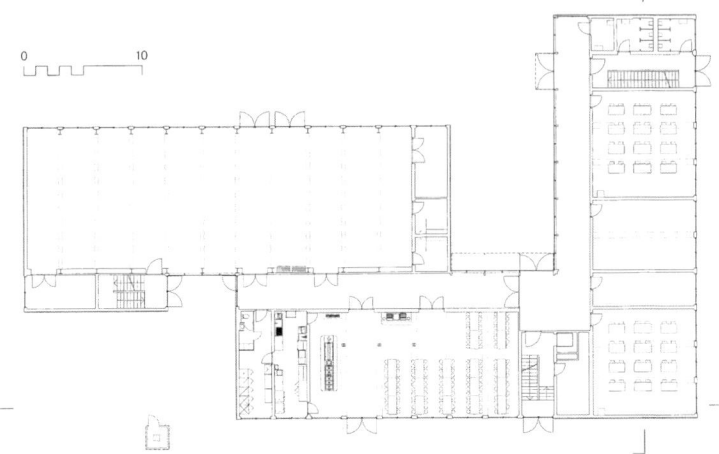

44–47. Frankfurt-Niederrad, Erweiterung Europäische Schule, Arch.: NKBAK – Nicole Kertin Berganski, Andreas Krawczyk. Bei dem Projekt mussten 17 Klassen für 400 Schüler innerhalb von drei Wochen errichtet werden. Es wurden hölzerne Raum-Module verwendet und es ist trotz der Container-Architektur ein Gebäude mit Charakter und Atmosphäre entstanden.

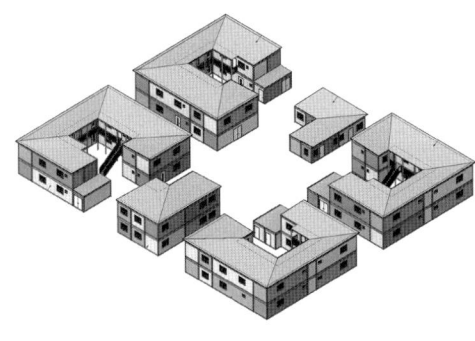
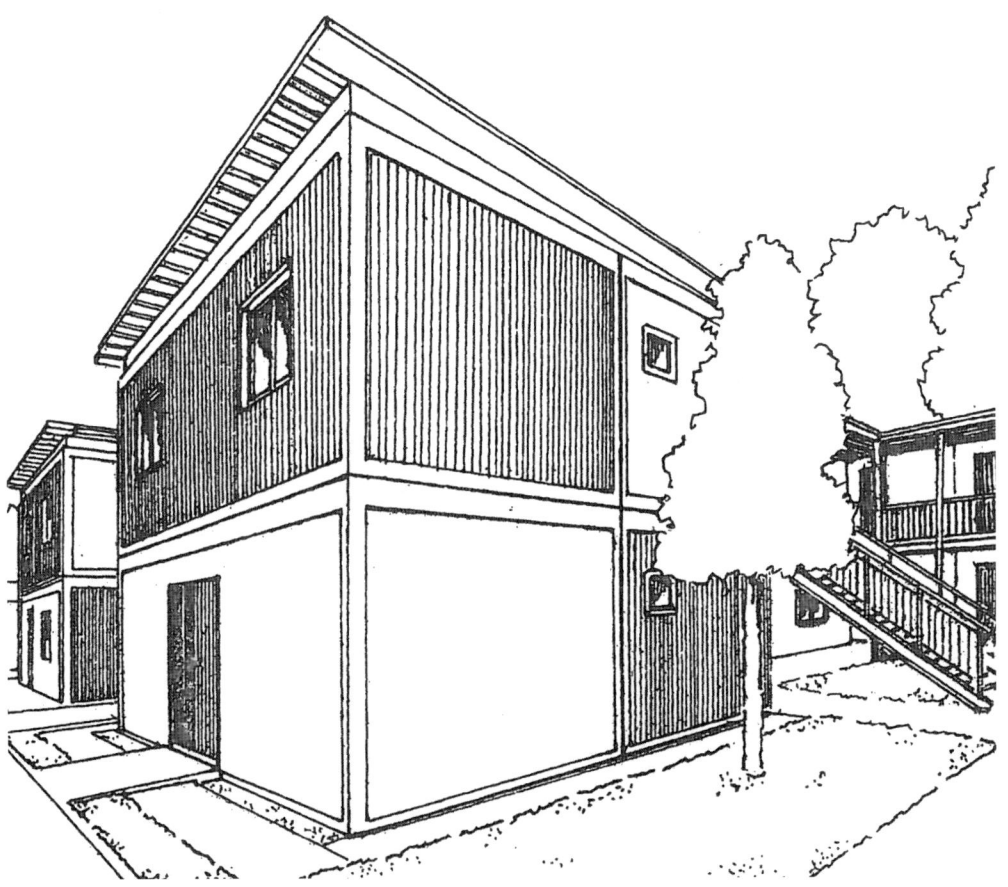

48+49. Bremen-Hemelingen, Flüchtlingsunterkunft, System Algeco, Arch.: Architekten BDA Feldschnieders + Kister. Hier eine vorbildliche Lösung für ein brennendes Problem. Wir wissen alle, es muss schnell gehen, es soll billig sein, aber Qualität haben. Geht das? Als Antwort fand der Architekt eine Hausform, die „menschenwürdigen Rückzug" bietet und die gerade vielen Menschen aus dem Orient vertraut ist: Hof- und Atriumhäuser, die von außen nicht einsehbare Freiräume bieten und aus diesem Inneren erschlossen sind.

Doppelhäuser

Die bestimmenden Themen des Buches sind ja: Teile zum (unvollständigen) Ganzen als lebendige Architektur. Den Anfang dabei machte das Kapitel „Vom Ziegel zum Container". Dazu folgt nun eine Sonderform: zwei „Bausteine" bilden ein neues Ganzes: Das Doppelhaus. Das bedeutet wörtlich also 1 + 1 = 1 (Bindung). Dabei kann das gebaute Ergebnis höchst individuell ausfallen. Damit ist sowohl die Möglichkeit des unterschiedlichen Ausgestaltens der jeweiligen Haushälften im Detail, vor allem aber das verschiedene Ausformen des Haustyps an sich gemeint, ob eingebaut oder freistehend.

Die folgenden Beispiele versuchen die Entwicklung der Doppelhaustypen in einem historischen Ablauf darzustellen (das kann natürlich nur exemplarisch geschehen, wobei aber auch regionale Unterschiede interessant sind).

[6] Siehe hierzu: Kuhn 1918.

Frühe städtische Doppelhäuser
Doppelhäuser sind in der mittelalterlichen Stadt zunächst selten. Diese ist ja bestimmt im Allgemeinen durch die geschlossene Bauweise auf relativ schmalen Parzellen (möglichst viele Häuser an der Straße bei beschränktem Raum). Die individuellen Einheiten sind akzentuiert durch den Rhythmus der Giebel zur Straße hin, dabei ziemlich übereinstimmend im Erscheinungsbild, bzw. Maßstab, die geprägt sind durch die ähnlichen Funktionen, die regionalen Materialien, Konstruktionen. Also gleichartiges Reihen bestimmt das Bild. So entstanden dann Doppelhäuser durch Überbauen zunächst noch offen gelassener Einfahrten. Im Anschluss an das „normale" Giebelhaus wurde dann entsprechend dem meist schmaleren Maß der Durchfahrt, ein schmalerer Giebel gebaut, in der Gliederung entsprechend dem Haupthaus. Der aufmerksame Betrachter kann also auch heute noch den Ursprung solcher Doppelhäuser in Altstädten feststellen. Diese tragen stark zum Beleben des Straßenbildes bei.

50. Aachen, Jakobstraße 126, Haus Zum Ackermann, 1658.

Zusammenfassen unter oder hinter einem Giebel
Ein weiterer Trend im Verlauf der mittelalterlichen Stadtentwicklung ist das Zusammenfassen schmaler Giebelhäuser unter einem gemeinsamen Giebel mit dem Ziel, den Eindruck der breiteren Nachbargiebel zu erzielen.[6]

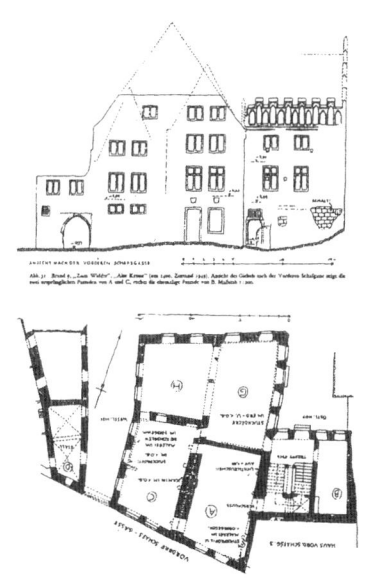

51. Mainz, Haus zum Widder, Brand 9, um 1400. Ursprünglich zwei Giebel, später zu einem Großgiebel zusammengefasst, um mehr Waren zu speichern.

52. Rotterdam, Botersloot 159, ca. 1600. Zwei Gewerbehäuser unter einem oben eingeknickten Dach mit Wohnungen oben.

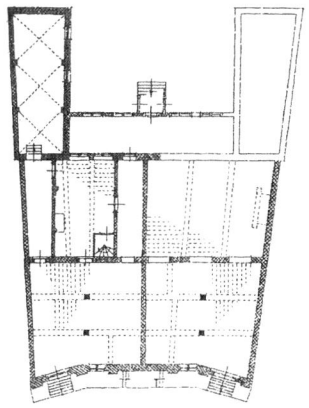

53+54. Amsterdam, Haus Bartolotti, Herengracht 170–172. Großbürgerliches Doppelhaus mit einem mächtigen Giebel – links Wohnen, rechts Gewerbe.

Einzelhäuser, übergreifend gestaltet als Doppelhaus
Nebeneinanderstehende, eigentlich eigenständige Bürgerhäuser erhalten aus Repräsentationsgründen häufig einen Doppelhauscharakter durch eine auffallende Gleichbehandlung der beiden Fassaden und des Giebelaufbaus.

55. Köln, Altermarkt, erbaut 1580: Doppelhaus „Zur Bretzel" und „Zum Dorn".

56. Tournai, Belgien, Häuser des 12. Jahrhunderts in der Rue Barre St. Brice. Beide Häuser zeigen „Doornyksche veinsteren" Fenster mit horizontalem Sturz, durch Säulen geteilt.

Umkehrung: Doppelfassade vor einem Haus

Ab dem 17. Jahrhundert gibt es auch die umgekehrte Tendenz: Doppelgiebelfassaden vor neu entstandenen breiten Stadthäusern, in diesem Fall als so genannte „Doppelgiebelhäuser", wohl um sich einzupassen, quasi zu „tarnen".

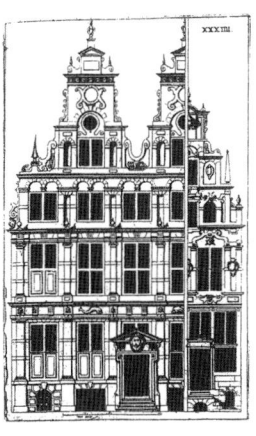

57. Amsterdam, Haus „De Dolfijn".

58. Breslau, Die Zwillingsgiebel, Albrechtstr. 31.

59. Den Haag, Kneuterdijk, 1611. Doppelgiebel mit Zwischenstück.

Zwei Häuser mit durchgehender Fassade
Mit der allgemeinen Firstdrehung ab der Renaissance kommt es dann häufiger zur Zusammenfassung von zwei oder mehr Einzelhäuser hinter einer einheitlichen Fassade, um so die Wirkung zu steigern und häufig auch den Gestaltungswillen eines (oft fürstlichen) Bauherren deutlich zu machen. Wichtig werden dabei auch architektonische Lehrbücher, die ein Zusammenfassen als Vorbild empfehlen.

Zusammenfassen von Hausreihen im 18. Jahrhundert
Beim Zusammenfassen von Häusern im 18. Jahrhundert wird es beliebt, die Mitte zu betonen, um einen besonders repräsentativen Eindruck hervorzurufen. Exemplarisch dafür ist die eigenhändige Zeichnung Friedrichs II – auch mit Angaben zu Details – für ein Potsdamer Bürgerhaus (Immerhin zeigt dieser Entwurf, dass der Monarch architektonisch auf der Höhe seiner Zeit war).

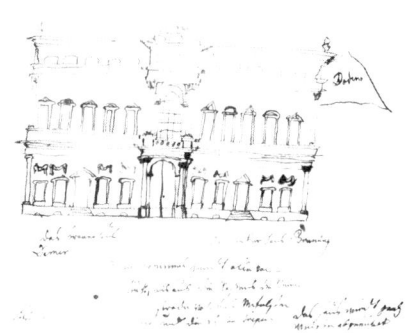

60. Bremen, Hausgruppe an der Herrlichkeit 14, 15 und 16, 1816.

61. Potsdam, Bürgerhaus, Breite Straße 3, 3a, 4, Entwurf: Friedrich II.

62. Breslau, Fassade des Rokokohauses Schuhbrücke 54, zusammengefügt aus zwei ehemaligen Giebelhäusern zu einem Traufenhaus.

Vorschusshäuer
In Bayern, vor allem in München und den Innstädten, sind bei Bürgerhäusern besonders charakteristische Architekturelemente zu finden: Grabendächer hinter Vorschussmauern, steile Halbgiebel, aufgesetzte Halbgiebelhäuschen (in geschwungener Form „Ohrwatschl" genannt). Dadurch ergeben sich interessante Hauskombinationen.

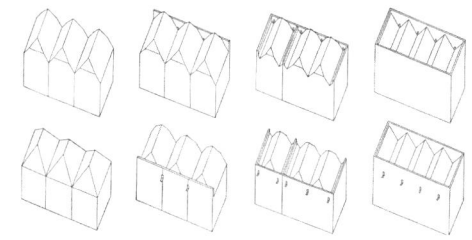

64. Entwicklungsformen des ostalpenländischen Grabendaches. (Vor- und Rückansicht) Zusammenfassen zu Doppel-, Drei- und Mehrfachhäusern.

63. Mühldorf am Inn, Häuser am Stadtplatz.

Das Beispiel zeigt, dass Vorschussmauern (Feuerschutz) und Grabendächer in Kombination hervorragend dazu geeignet sind, eine Reihe von Stadthäusern zu einem eindrucksvollen Ganzen – hier aus zwei Dreifachhäusern – zusammenzufassen.

„Der Barock machte sich fernerhin auch im Städtebau der anderen Innstädte geltend, insofern man hier ebenfalls die oberen Fassadenabschlüsse, der die Hauptstraßen und wichtigsten Plätze einsäumenden, eng aneinander geschlossenen Häuser der besseren und einheitlicheren Wirkung halber möglichst auf gleiche Höhe zu bringen versuchte. Dabei kam es auch vor, daß ein niedrigerer, zwischen zwei höheren Nachbarhäusern stehender Bau eine ebenso hohe Scheinfassade erhielt. Diese sollte ein oder gar zwei gar nicht vorhandene Stockwerke vortäuschen, eine Maßnahme, die weniger einem ehrgeizigen Hausherrn, als einer Forderung barocker Stadtbaukunst

[7] Schuster 1964, S. 59.

zuzuschreiben ist. Auch die Straßen und Plätze der Kleinstädte begann man jetzt als räumlich zu gestaltendem Gebilde aufzufassen […]."[7]

Es handelt sich hier um ein ideales, regional typisches Beispiel für das Zusammenfügen von Teilen zum Ganzen. Abwechslung bringt die unterschiedliche Detailausbildung, Dekoration und Farbe, aber immer gebändigt durch das Übereinstimmen der Proportionen.

Zum vorher Gesagten über die Innstädte noch ein Beispiel aus Sterzing.

65. Sterzing, Hauptstraße. Durch die (fast) waagerechten Vorschussmauern und die flächige Behandlung der Fassaden mit ähnlichen Proportionen der Öffnungen bilden die vielen Häuser eine Einheit, jedoch gegliedert durch unterschiedliche Farbgebung, leicht wechselnde Höhen und die betonten Fallrohre.

In München wurden dann besonders charakteristische Details für den formalen Zusammenschluss von Einzelbauten zu Doppel- oder Dreifachhäusern ausgebildet, neben Vorschussmauern sind dies steile Halbgiebel und die typischen „Ohrwatschl".

66. München, Residenzstr. 10. Die markanten Halbgiebel formen mit der übereck geführten Vorschussmauer eine zusammenhängende blockartige Baugruppe zu einem Dreihaus.

67. München, Traufenhäuser auf der Südseite des Färbergraben.

68. München, Von Marienplatz bis Rindermarkt 19–21, 1572, Radierung von Friedrich Wilhelm Bollinger 1805. Drei Häuser zu einem mit Ohrwatschl links, geschweifter Vorschussmauer Mitte und halbem Staffelgiebel rechts. Ein Halbgiebel, daneben ein Traufdach mit zwei Halbgiebelhäuschen, bilden mit der einheitlichen Fassadendekoration ein Doppelhaus, abgestützt vom Nachbargiebel.

Optisches Verbinden von Einzelhäusern durch einfache Mittel

Häufig gibt es das Bestreben, nebeneinander liegende Bürgerhäuser mit einfachen Mitteln optisch zu verbinden, um sie dadurch „ansehnlicher" zu machen, ohne den Charakter des eigenständigen Gebäudes zu kaschieren. Realisiert werden kann dies durch die Verwendung selbstverständlicher, jedoch zu wenig angewendeter Details:

– ein gleichmäßiges Durchbilden der Erdgeschosse mit übergreifenden Arkaden
– verbindende Walmdächer bei traufständigen Doppelhäusern
– gleiche Geschosshöhe, ähnliche Fensterproportionen und ähnliche (nicht -unbedingt gleiche) Umrahmungen und Gesimse
– gleiche Dach- und Giebelneigungen
– ähnliche Materialien und abgestufte Farben

70. Steyr, alte Gasthäuser am Stadtplatz, 16. Jahrhundert. Zwei nebeneinander liegende Bürgerhäuser mit ähnlichen Merkmalen wie: Krüppelwalm, Halbgiebel, Fußwalm, Gleiche Dachneigung, Halbarkaden, gebündelte Hauseingänge, gleiche Fensterzahl und -proportionen. Dadurch ist der Eindruck eines Doppelhauses gegeben, trotz Erhalt auch der optischen Selbständigkeit – ein liebenswürdiges Paradox.

69. Aachen, Alexanderstraße. Regionstypische Dreifensterhäuser des 19. Jahrhunderts als Doppelhaus mit flachem, vom Platz her sichtbarem Walmdach, kräftigem Gesims, gleichen Geschosshöhen und Fensterproportionen als verbindende Elemente.

Regionale, stark ländlich geprägte Formen von Doppelhäusern

In Mitteleuropa haben sich auf dem Land und in kleineren Städten regionale Formen von Doppelhäusern herausgebildet. Dies vor allem für „kleine Leute", im Allgemeinen als Reduktion des „normalen" Bautyps, vor allem wohl unter Aspekten wie

– Sparen von Baukosten
– geringere Unterhaltskosten
– weniger Außenwände
– billigere Heizung
– kleines Grundstück

Gleichzeitig geschieht dies aber vor dem Hintergrund des Bewahrens und des Sichtbarmachens der Eigenständigkeit der Einzelhäuser.

Mittig geteilte Giebelhäuser südlich des Main

Das Prinzip 1 + 1 = 1 steht immer auch für das Koppeln selbständiger Einheiten zu einem größeren Ganzen. In vielen Städten und Dörfern Süddeutschlands gibt es seit jeher verblüffend einfache

71. Holzkirchen. (noch) halbfertiges Doppelhaus.

72. Tübingen.

Lösungen solcher Additionen: Zwei Haushälften aneinandergebaut – sind unter einem verbindenden Straßengiebel vereinigt, gewissermaßen als ein rechtwinklig gedrehter back-to-back-Typ; normalerweise in der Farbe, oft auch im Detail unterschiedlich (Fensterläden, Faschen etc.). Manchmal sind sogar drei deutlich unterscheidbare Einheiten unter einem Giebel gekoppelt.

So wird der eingangs angeführte Spareffekt bewusst überspielt: Trotz aller Beschränkungen wird die Unabhängigkeit der einzelnen Parteien demonstriert, es wird die Individualität auch der „kleinen Leute" betont. Das ist ein anderer Ansatz als der gängige (meist traufständige) Doppelhaustyp mit betont einheitlichem Äußeren.

73–78. Bad Tölz. In Bad Tölz haben die geteilten Giebelhäuser ein ganzes Kleinhandwerksviertel geprägt, wobei Bild 77 ein Teilen in die Tiefe mit versetztem Giebel zeigt.

Der „Bilderbogen" zeigt, dass speziell in Bad Tölz das mittig geteilte Giebelhaus eine besonders ausgeprägte Tradition hat. So ist es erstaunlich, dass der damalige Stararchitekt Gabriel von Seidl um 1900 bei seinem Landhaus in Bad Tölz diesen Ansatz umkehrt, er baut sich ein Haus mit zwei Giebeln. Dazu schreibt Jörg Stabenow: „*In seinem Haus in [Bad] Tölz greift Seidl landschaftsspezifische Merkmale auf, ohne sie zu einer ortstypischen Hausform zu verbinden. Durch einen breiten Sockel hebt er das Haus als ›Villa‹ aus seiner Umgebung heraus. Zwischen zwei asymmetrische Risalite spannt er einen Fassadenbalkon ein. Um die gegenüber den örtlichen Gepflogenheiten stärkere Dachneigung zu kompensieren, die er für eine feuersichere Deckung benötigt, gibt er dem Haus ein Zwillingsdach. Die Giebel verschalt er mit Holz und schmückt sie mit zwei Fenstern, deren Rahmen ein Palladio-Motiv andeuten. Das Ergebnis ist ein eklektisches Capriccio, das in gewollt ungeschliffener Manier rustikale Elemente und Vokabeln aus der Architekturgeschichte aneinanderfügt. Seidl reagiert in Tölz auf die Eigenart des Ortes, behauptet jedoch gegen den Ort die baukünstlerische Individualität seines Hausbaus.*"[8]

[8] Stabenow 2000, S. 51.
[9] Pfeifer 1989, S. 442.
[10] Kocher 1988, S. 3.

79. Bad Tölz, Landhaus des Architekten G. v. Seidl, um 1900.

Flarzhäuser

Eine besonders urtümliche Form von Doppel- bzw. ineinander verschachtelten Mehrfachhäusern existiert in noch recht großer Zahl in der Schweiz, vor allem im Zürcher Oberland: das so genannte Flarzhaus. Flarzhäuser sind trauf- aber auch giebelständig an- und ineinander gebaut. Der „Flarz", nach seinem charakteristischen flach geneigten Dach auch „Tätschdachhaus" genannt, gilt als der ureigene Zürcher Oberländer Haustyp. In der Bezeichnung „Flarz" steckt das Wort „Fladen": „[…] *flacher, breiter, dünner Kuchen, flacher Kuhmist*, […]"[9] Die Bezeichnung ist also auch durchaus abwertend gemeint.

„Die ursprüngliche Bauweise bestand aus einer Ständerkonstruktion und einem sehr flachen, schindelbedeckten Giebeldach, dem ›Tätschdach‹. Später kamen, aus Gründen des Holzmangels, weitere Konstruktionsarten wie Fachwerk, verputztes Mauerwerk oder Fassadenverschindelungen und Schieferverkleidungen hinzu. Vom Ackerbauernhaus des Mittellandes stammt die traufseitige Ausrichtung des Flarzes, [...] Wohnhaus, Stall und Scheune unter einem First.

Die Eigenheit des Flarzhauses, die es von allen anderen Haustypen unterscheidet, besteht in der Aneinanderreihung von bis zu acht einzelnen Hausteilen. Diese wurden in der Regel nicht gleichzeitig erbaut. Meistens erstreckte sich die Ausbildung bis zur heutigen Gestalt über Generationen. Von den mittleren Hausteilen aus ging das Wachstum des Reihenhauses nach beiden Firstrichtungen. Diese kettenförmigen Gebilde bestanden somit am Schluss aus mehreren Wohnungen und eingeschobenen oder angefügten Ökonomieteilen mit Stall und Scheune."[10]

80. Oberottikon (Gossau), Querflatz durch Drehen des Daches um 90° entstanden.

Wirtschaftliche Gründe für das Ausbilden dieses Haustyps waren vor allem:
– das starke Bevölkerungswachstum ab der frühen Neuzeit
– Realteilung als Erbrecht
– Holz- und Weiderecht abhängig vom Besitz eines Hauses, aber
– knappes Wald- und Weideland, dadurch
– Verbot neue Häuser zu bauen, um unverwünschte Zuzüge zu beschränken
– Aber Erlaubnis in vielen Gemeinden bestehende Häuser zu teilen bis hin zur Viertelsgerechtigkeit, Sechstels- und Achtelswohnungen

Der Verlust bzw. der Nicht-Besitz eines Hauses führt zum:
– Verlust des Anteils am Gemeindeland
– Verlust der Stimme in Gemeindeangelegenheiten
– Absinken in die Stellung eines Hintersassen = völlige Rechtlosigkeit

81. Kellersacker (Turbental) Längsflarz mit Bohlen-, Schindel-, Riegel- und Bretterwänden.

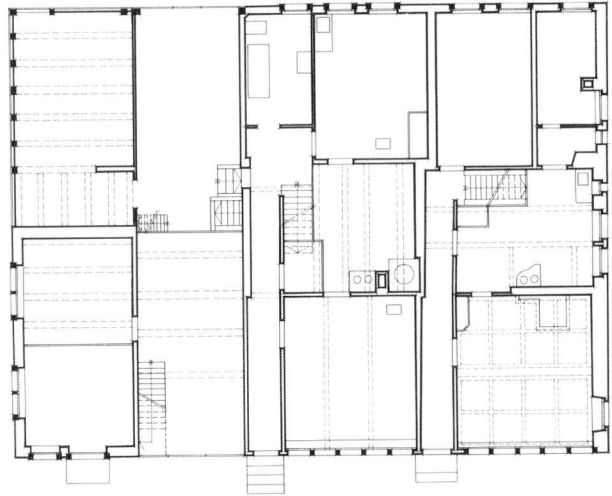

82. Wermatswil bei Uster, Doppelflarzhaus, 17. Jahrhundert. Grundriss EG.

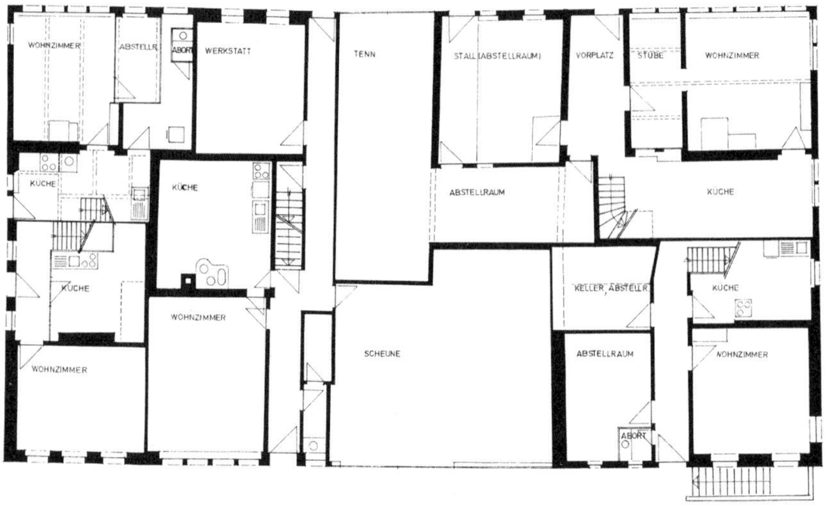

83. Undel bei Bauma, 6-teiliger Flarz. Grundriss EG.

84. Schufelberg (Gemeinde Hinwil) Querflarz. Ältester Mittelteil mit Holzbohlenwand.

Um das Überleben zu sichern, mussten die Menschen sich mit Heimarbeit einen Zusatzverdienst verschaffen. Dadurch wurden sie unabhängig von Grund und Boden und den Folgen der Erbteilung. Dadurch entstanden:
– viele beengte und verschachtelte Wohnungen, vor allem im Rahmen von Brüderteilungen
– viele Streitigkeiten: „Je verwandter, desto verdammter."

Auf architektonischer Ebene brache das Drehen des Firstes um 90°, sowie der Ausbau in die Tiefe bzw. sekundäre Teilungen längs des Firstes mehr Platz für die besonders beengten mittleren Hausteile wenigstens in der Höhe.

Der Flarz wurde immer mehr zur Hausform der industrietreibenden, dürftigen Kleinbauern. Dabei erhielt jeder Hausteil durch die unterschiedliche Bauweise und das unterschiedliche Material im Lauf der Zeit sein eigenes Gesicht. Trotzdem entstand dabei jeweils ein (unfertiges) Ganzes.

Geteilte Höfe im Werdenfelser Land

Im Werdenfels, einer Landschaft um Garmisch und Mittenwald, sind Mittertennhöfe weit verbreitet. Ihr Charakteristikum ist die typische Anordnung von Wohnhaus, Tenne und Stall, von denen es sowohl traufseitige als auch giebelseitige Varianten gibt. Darüber hinaus gibt es, als weitere Spezialisierung noch das kreuzweise Aufteilen in vier „Häuser" um die gemeinsame Tenne, also 1 + 1 + 1 + 1 = 1. Das Mittertennhaus hat eine meist durchlaufende Tenne längs oder quer mit einem dazu parallelen Hausflur. Das wegen der wachsenden Bevölkerung häufige Teilen zum Doppelhaus erfolgt dann in der Mitte, längs oder quer zur Firstrichtung. Der getrennte Hausflur kann dabei sogar entfallen, dann gibt es nur eine gemeinsame Tenne mit zwei Häusern rechts und links.

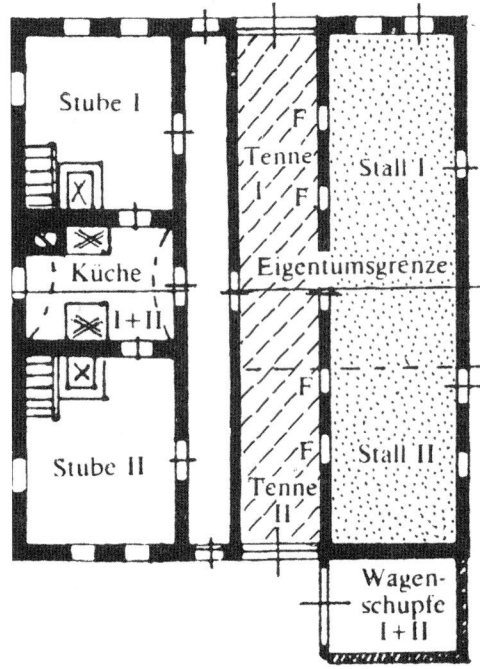

85. Partenkirchen, Das Haus Zum Vorderen und Hinteren Gseir, Höllentalstr. 5 und 5a, zwei Nutzer.

86. Partenkirchen, Mittertennhaus Zum oberen Lares, Sonnenbergerstraße 6, ein Nutzer.

87. Untergrainau, Bauernhaus, Eibseestraße 10–12, ein Nutzer.

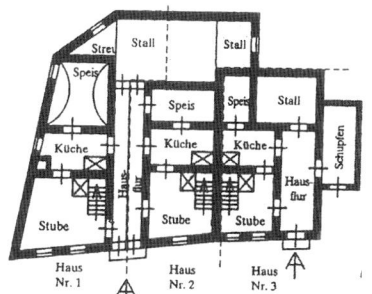

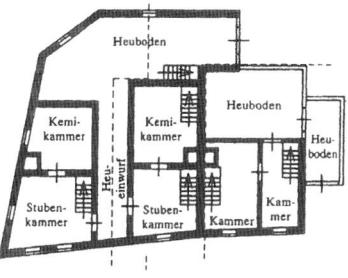

88. Mittenwald, Gröbalmweg 1, 3 und 5, Straßenansicht. Dreifachhaus mit Seitenfluren.

89+90. Mittenwald, Gröbalmweg 1, 3 und 5, Grundriss EG und OG, Haus 1 und 2 mit mittig getrenntem Flur. (Drei Nutzer).

Regionale Formen von Doppelhäusern

(Arbeiter)häuser in Gewerbetälern der Schweiz, speziell hinter Glarus

Der Doppelhaustyp firstparallel mit Querteilen des Giebels findet sich auch in der Schweiz vor allem in gewerbereichen Tälern der Frühindustrialisierung. Hier Beispiele aus dem Linthal (Kanton Glarus). Neben den „traditionell gewachsenen" geteilten Giebelhäusern wird hier beim Bau von Arbeitersiedlungen die Mittelteilung des Giebels als bewusstes Gestaltungsmittel eingesetzt, um die gereihten Bauten in der Gruppe zu beleben.

91. Schwanden (Glarus), traditionelle dreigeteilte Flachgiebelhäuser mit Verzahnung.

92. Schwanden (Glarus), Vorgeplante mehrgeschossige Arbeitersiedlung, als mittig geteilte Giebelhäuser mit auch gewerblich zu nutzendem Erdgeschoss.

[11] Siehe ausführlich Grundmann 1959.

Fischerhäuser bei Hamburg

Ein spezieller Wohnhaustyp für Doppel- und Dreifachnutzung entstand im Norden. *„In Blankenese […] hat sich ein besonderer Typ des Fischerhauses herausgebildet. Das Hausgerüst entspricht im kleineren Maßstab dem des niederdeutschen Bauernhauses. […] Aber der Grundriss ist völlig anders. Charakteristisch für Blankenese ist das Doppelhaus für zwei Fischerfamilien, das so genannte ›Tweehus‹.“*[11]

93. Hamburg-Blankenese, Fischerhaus Tweehuus, Mühlenberg 54–56. Gut erhaltener Typ des Blankeneser Fischerhauses für zwei Familien. Die beide Haustüren liegen in der Mitte nebeneinander. Typischer Grundriß mit großer Mitteldiele, deren Teilung durch eine Scherwand erst später erfolgte.

94. Hamburg-Blankenese, Fischerhaus Fischerhaus, Panzerstraße 10–12.

Charakteristisch für diesen Haustyp sind:
- gemeinsame Küche mit zwei offenen Herden
- anschließend gemeinsame Deele durch die ganze Länge des Hauses zum Knüpfen, Auspannen, Trocknen der Treibnetze.
- für jede Familie unterkellerte, aufgetreppte Stube Eckstube immer aus der Hausfront vorspringend mit Alkoven und von der Küche geheiztem Kachelofen
- Von der Stube „Kiekfenster" in die Diele
- Von der Diele auf jeder Hausseite führt eine schmale, steile Treppe zu einer aufgestockten Stube, dem „Sahl" Tweehus meist mit ein oder zwei kleineren Altenteilwohnungen „Lüttwohnungen" in Abseiten mit eigenem Herd.

Verschiedentlich kommt auch das „Dreehuus" vor: Hierbei handelt es sich um ein Haus für die Fischerfamilien mit zwei oder drei Altenteilwohnungen, also insgesamt bis zu fünf Herde unter einem Dach.

Heute sind viele dieser Häuser verändert, da durch das Aufkommen kleinerer Schleppnetze im Verlauf des 19. Jahrhunderts die große Diele nicht mehr nötig war. Diese wurde meist, wie auch die Küche, durch eine Scherwand (leicht konstruierte, versetzbare Scheidewand aus Holz) geteilt.

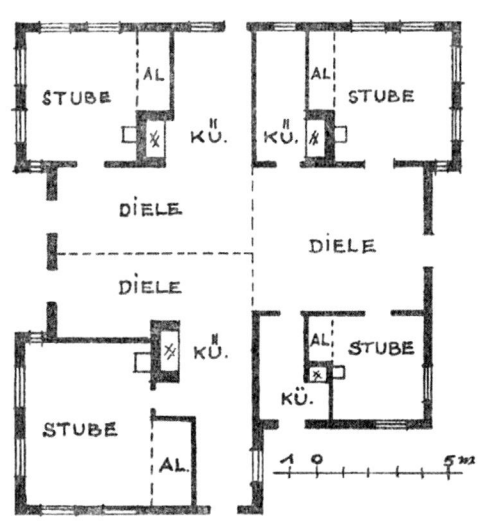

95. Hamburg-Blankenese, Fischerhaus Dreehuus, Am Hang 22–26.

„Geplante" Doppelhäuser ab dem 18. Jahrhundert

Frühe Doppelhäuser für Kolonisten, Handwerker, Tagelöhner

Die Entwicklung und Verbreitung dieses Typs erfolgte vielfach mit staatlicher Hilfe vor allem im Bereich der Großgüter in den östlichen Teilen Deutschlands, auch um die Verwüstungen und die Landentleerung nach dem 30-jährigen und dem 7-jährigen Krieg zu überwinden. Die ganz sparsamen Kolonistenhäuser des 18. und frühen 19. Jahrhunderts haben häufig noch gemeinsame Flure und Küchen. Sie bilden bei Neugründungen meist streng gereihte Zeilen, vielfach gruppiert um einen geräumigen Anger. Die Häuser haben oft einen Hof und große Gärten zur Selbstversorgung.

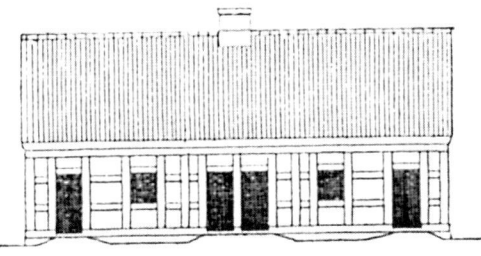 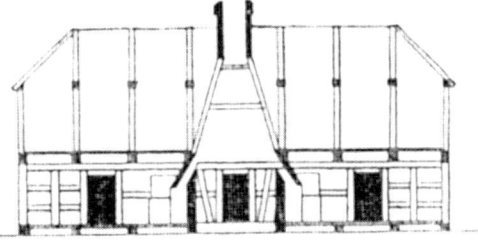 

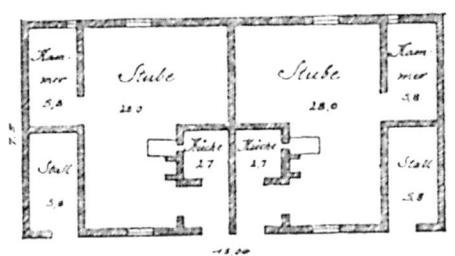 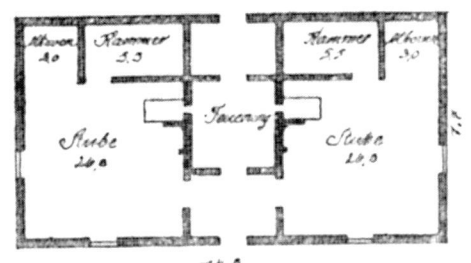

96. Schönwalde, Spinnerhaus für zwei Familien, 1754.

97. Karolewo (dt. Carlshof), Westpreußen. Schäferhaus mit gemeinsamer schwarzer Küche.

98. Kulm, Städtisches Handwerkerdoppelhaus, 1774

Der Bau als Doppelhäuser erfolgte natürlich wegen der sparsamen Bauweise, aber auch wohl, um den bescheidenen Anwesen es etwas großzügigeres Aussehen zu geben, und um die Zusammengehörigkeit zu betonen.

Bergmanns- und Hüttenarbeiterhäuser im Ruhrgebiet

Im 19. Jahrhundert fanden niedriggeschossige Doppelhäuser für Bergleute und Hüttenarbeiter dann ihre große Verbreitung in planmäßigen Siedlungen in den neuen Industriezentren, vor allem im Ruhrgebiet. Die Unabhängigkeit und relative Ungestörtheit der Wohnungen sollte bei den Schichtarbeitern mit ihren unregelmäßigen Schlafrhythmen die notwendige Erholung und damit den Erhalt der Arbeitskraft möglich machen. So haben die Wohnungen meist den eigenen Eingang, hinter oder neben dem Haus liegen Schuppen und Stall für die „Bergmannskuh" (Ziege) und großzügige Gartenflächen. Geschosswohnungen in Form von Mietskasernen waren daher im Ruhrgebiet eher selten. Charakteristisch für viele Siedlungen sind hinter den Häusern verlaufende, interne Erschließungswege zwischen Wohnhaus, Stall und Garten, die auch stark für die quartierbezogene, vom Verkehr ungestörte Kommunikation durch die Bewohner genutzt werden.

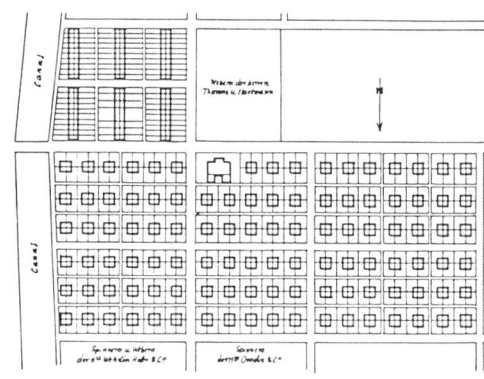

In der Frühzeit des Arbeiterwohnungsbaus sind mit den oben genannten Zielen Ungestörtheit, Unabhängigkeit, vor allem aber auch wegen der sparsamen Bauweise, Überkreuztypen mit vier Wohnungen jeweils an den Ecken, ohne Berücksichtigung der Himmelsrichtung, gebaut worden. Ein berühmtes frühes Projekt ist die heute noch bestehende „Cité Ouvriére" in Mühlhausen im Elsass, ebenso ein Beispiel für 1 + 1 + 1 + 1 = 1. Charakteristisch für viele Siedlungen sind hinter den Häusern verlaufende, interne Erschließungswege zwischen Wohnhaus, Stall und Garten, die auch stark für die quartierbezogene, vom Verkehr ungestörte Kommunikation von den Bewohnern genutzt werden.

Von den ersten streng gereihten Ansiedlungen geht die Entwicklung um die Jahrhundertwende zu bewusst „malerisch" durchgestalteten Häusern mit räumlich differenzierten Gruppierungen.

99. Mühlhausen, Cité Ouvriére, 1853. Überkreuztypen mittig auf dem Grundstück schematisch angeordnet.

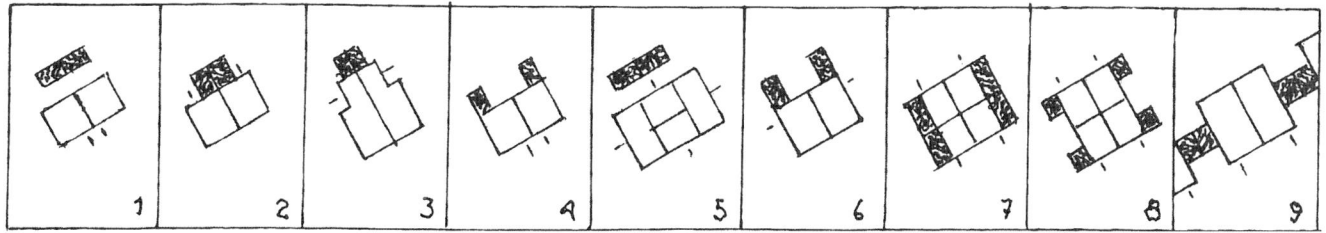

100. Typische Anordnung und Erschließung von Arbeiterhäusern, schraffiert Schuppen/Stall, 5, 7, 8: Überkreuzungstypen.

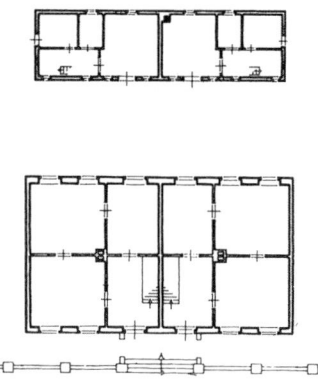

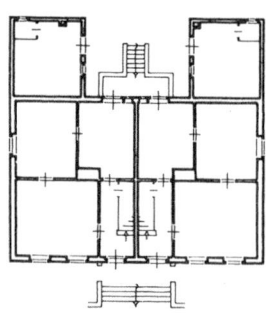
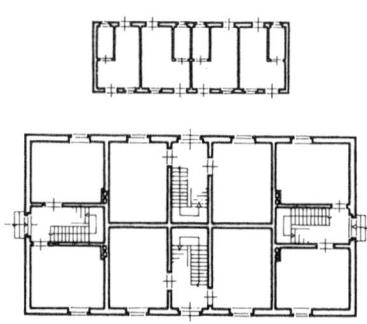

101. Oberhausen, Siedlung Eisenheim, Wesselkampstr. 19–21, 1865.

102. Oberhausen, Siedlung Eisenheim, Wesselkampstr. 27–29, 1844.

103. Oberhausen, Siedlung Eisenheim, Wesselkampstr. 35, 1875.

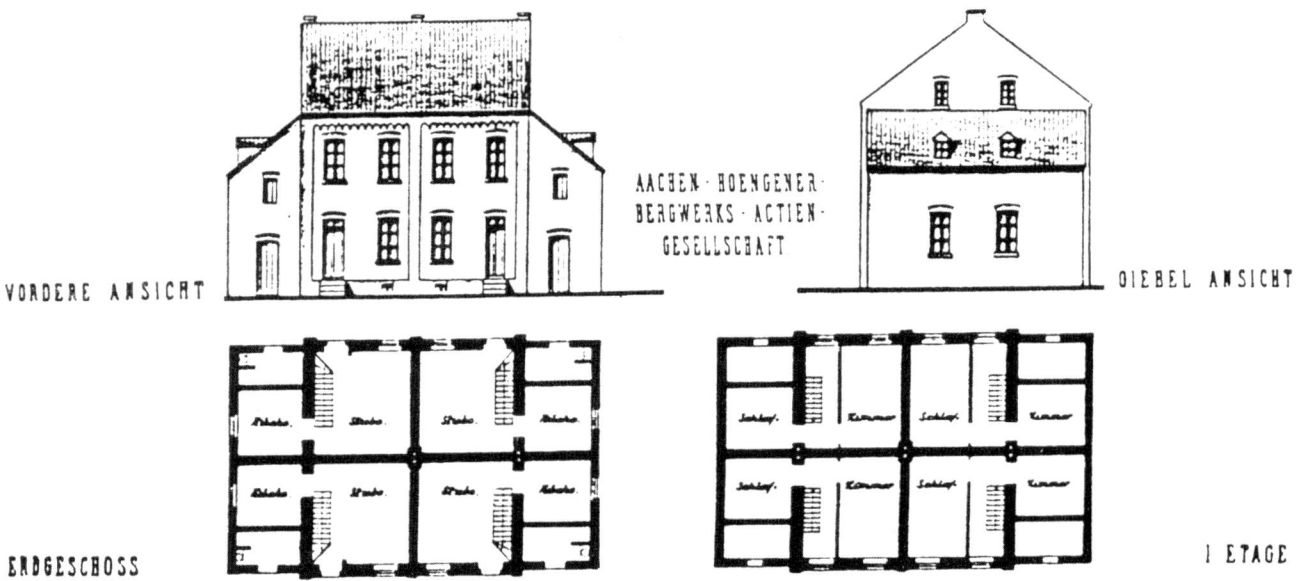

104. Alsdorf, Kolonie Düppel, Typ 1 mit seitlichem Schuppen.

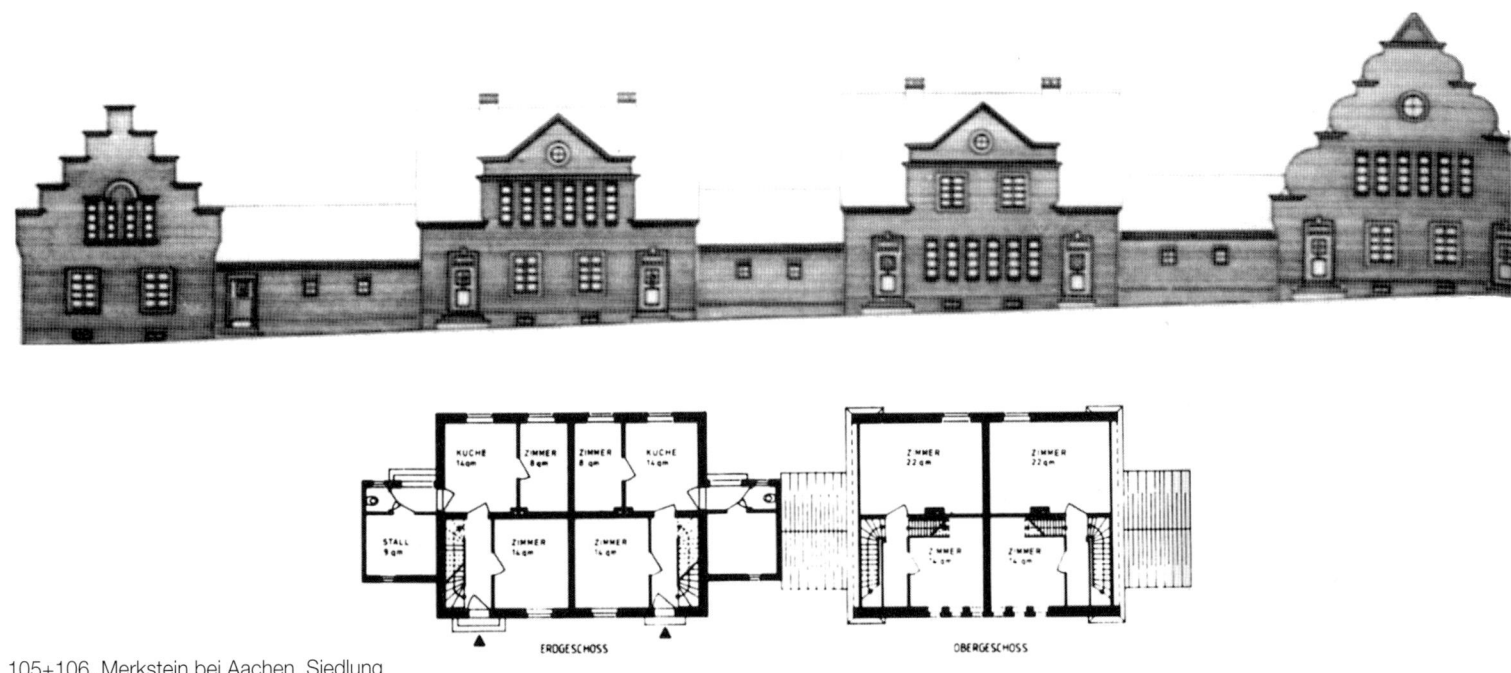

105+106. Merkstein bei Aachen, Siedlung Streitffeld, 1926. Durch Nebengebäude verbundene Doppelhäuser als geschlossener Straßenraum.

107. Bochum-Hordel, Siedlung Dahlhauser Heide, 1907–15, Arch.: Robert Schmohl.

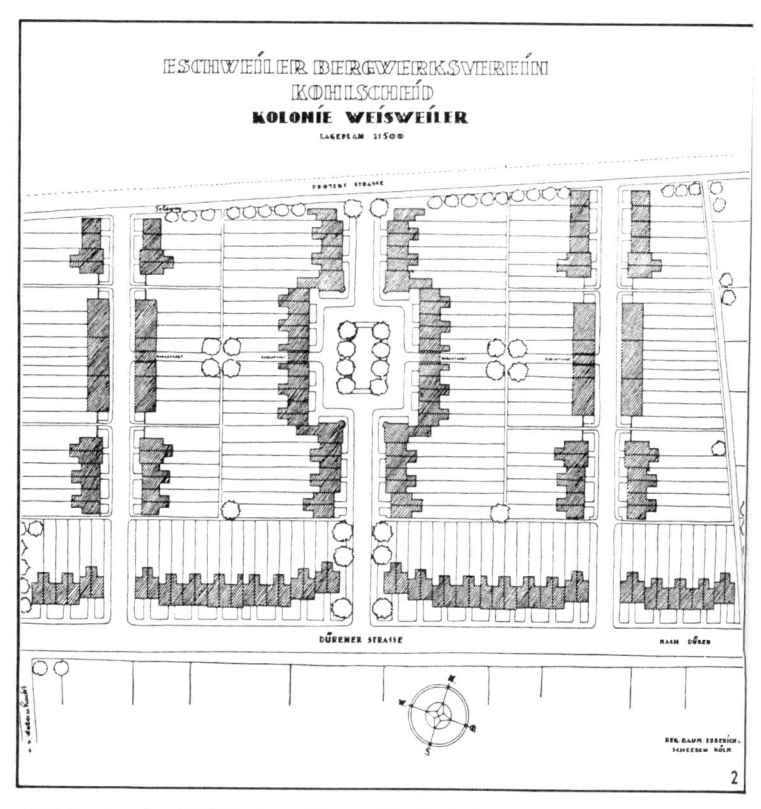

108. Eschweiler, EBV-Siedlung Dürener Straße, Kolonie Weisweile, 1928.

Vor allem unter englischem Eindruck werden die Fassaden malerischer, aufgelöster, es kommt vielfach zur Ausbildung von Giebeln. Es entstehen geschlossene Straßen- und Platzräume, die Topographie und Grünräume werden als raumbildende Elemente einbezogen. Berühmtestes Beispiel dafür ist wohl die Siedlung Margarethenhöhe in Essen (Arch. Georg Metzendorf).

So bahnt sich der Übergang zum „bürgerlichen" Doppelhaus an, das nach dem Ersten Weltkrieg weite Verbreitung findet. Parallel entstehen dann in den Zwanziger Jahren zahlreiche Kleinsiedlungen.

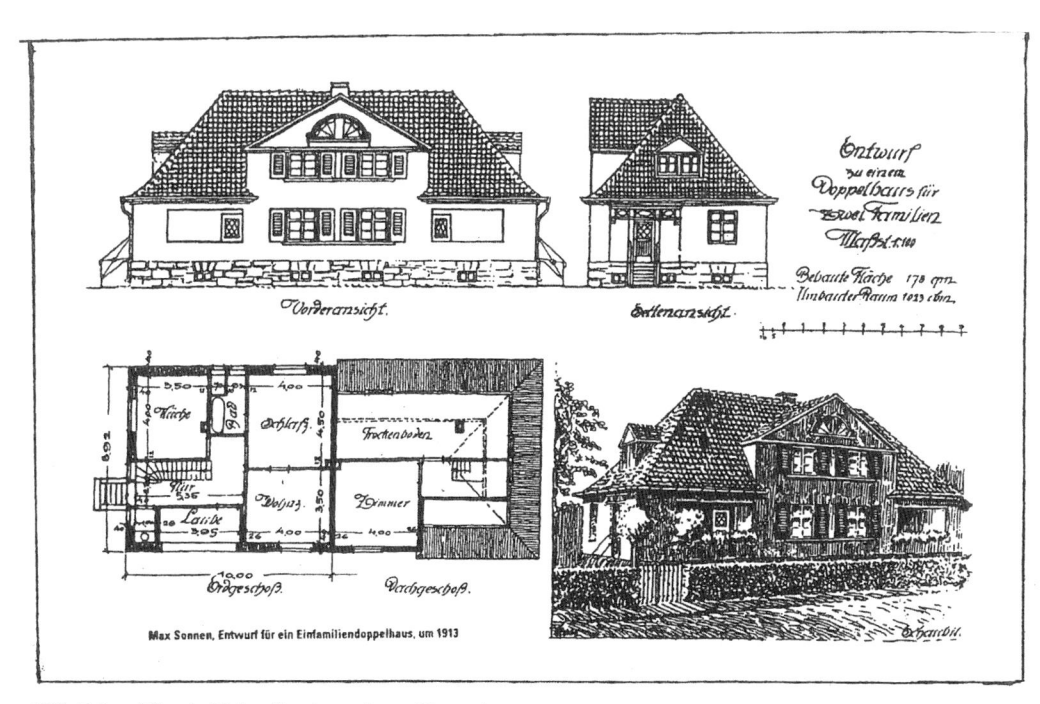

109. Entwurf für ein Einfamiliendoppelhaus für zwei Familien, Arch.: M. Sonnen um 1912.

[12] Jobst 1921.

Kleinsiedlungshäuser der Zwanziger und Dreißiger Jahre des 20. Jahrhunderts

In den Zwanziger Jahren wird die Kleinsiedlung, vor allem zum Bekämpfen der Arbeitslosigkeit, unter der Führung von Baugenossenschaften wichtig. Die Ansiedlung erfolgt häufig in zu Ketten verbundenen Doppelhäusern mit Kleinviehställen, Arbeitshöfchen, großen Gärten unter dem Stichwort „Selbstversorgung".

„Der Grundriss muss in seiner Gesamtform ein einfaches Rechteck sein, damit sich ein einfaches Sattel- oder Walmdach darüber errichten lässt. So entsteht die klarste und durch ihre sachliche Zweckmäßigkeit schönste Körperform für das Haus. [...] Mehrere kleine, einzeln nebeneinander gesetzte Baukörper sehen meist spielerisch aus, da man das Unwirtschaftliche einer solchen Bauweise leicht erkennt. Durch Zusammenschluss unter ein Dach wird das Aussehen stattlicher und werden die Kosten durch die zusammengefasste Dachform und die Gemeinsamkeit der Trennmauern billiger. Zu bedenken ist auch der Vorteil, dass sich zusammengebaute Häuser gegenseitig warm halten. Gleichartige Gebäude sind also möglichst zu einer größeren Einheit (Doppel- oder Gruppenhäuser) zu verbinden."[12]

„Bürgerliche" Doppelhäuser von den Zwanziger Jahren bis heute

Ab dem Beginn des vorigen Jahrhunderts wird das Doppelhaus mit der breiten Ausdehnung der Städte in aufgelockerten Vororten zunehmend auch für bürgerliche Schichten interessant. Zunächst bestimmen dabei konventionelle Rechteckbauten, aufgereiht rechts und links entlang der Straßen, weitgehend das Bild. Aber im Bestreben nach Individualität, nach interessanten Baukörpern, auch nach Abschirmung, Ungestörtheit, beginnt allmählich das Auflösen der starren Formen, vor allem in den Jahren nach dem Zweiten Weltkrieg.

Dazu eine skizzenhafte Übersicht, eine Auswahl möglicher Ausformungen heutiger Doppelhäuser ausgehend vom „normalen Doppelhaus":

– Winkelbilden

– Verzahnen

– Verbinden über gemeinsamen Hof

– Überlagern senkrecht

– Torweg als gemeinsamer Zugang

– Verbinden mit überdeckter Fuge

– Doppelhäuser mit gemeinsamer Halle

– Innenhof mit gegenläufigen Treppen

– Gegenläufige Treppen im Haus

– Häuser verbunden mit Brücke

– Vierfachhaus mi Spiralerschließung

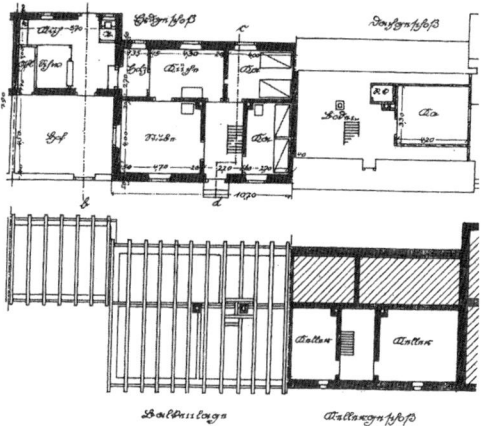

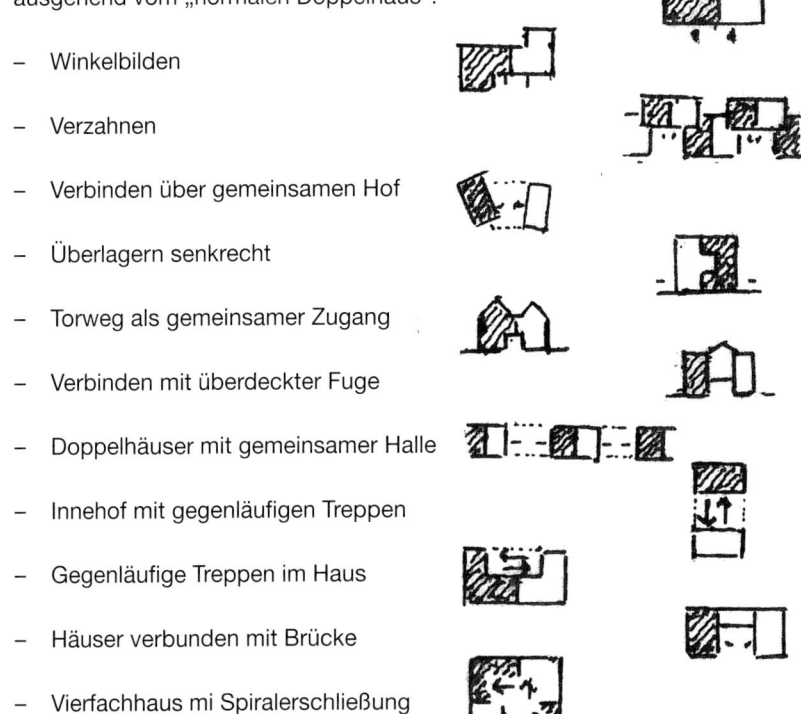

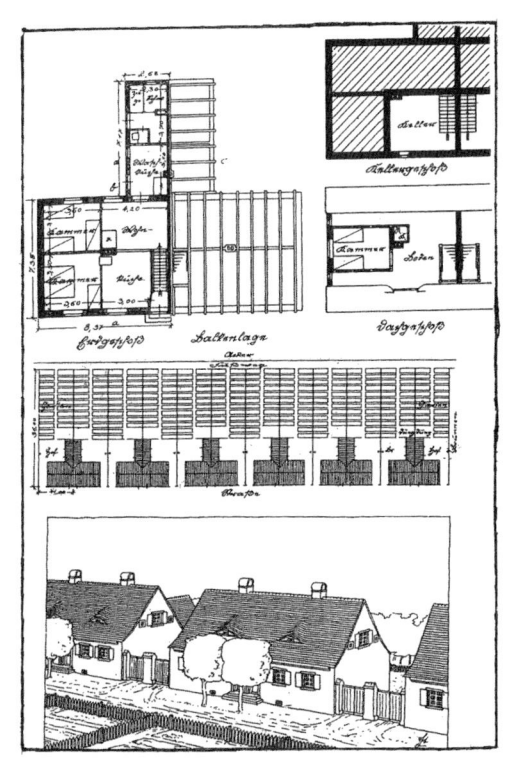

110+111. Ländliches Doppelwohnhaus mit angebautem Stall, 1921.

112. Doppelhaus für zwei Arbeiterfamilien mit angebautem Stall. Der Eingang zur unteren Wohnung ist unmittelbar von der Straße durch den schmalen Treppenflur in die Wohnung. Die Treppe kann man betreten, ohne die untere Wohnung zu berühren. Es kann deshalb die obere Giebelkammer gut an einen Mieter abgegeben werden.

Im folgenden werden die verschiedenen Typologien anhand markanter und bekannter Beispiele durchdekliniert. Hierbei steht nicht die Vollständigkeit im Vordergrund, sondern die markante Umsetzung der Bauidee. Vor allem Sanierungsobjekte liefern durch den kreativen Umgang mit der Substanz eine Vielzahl an Möglichkeiten, die sich auf die oben gezeigen Ausformungen zurückführen lassen.

Winkelbilden

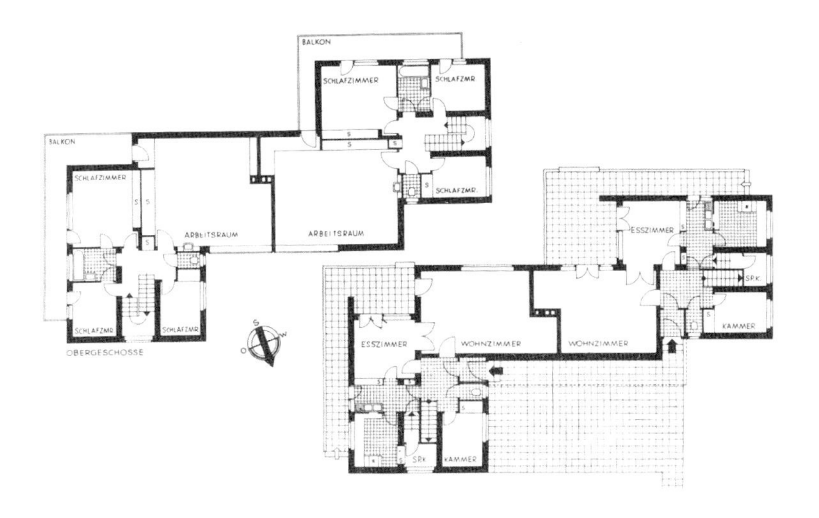

Verzahnen

113+114. Dessau, Meisterhäuser am Bauhaus 1926, Arch.: Walter Gropius. Die Grundrisse sind nicht nur gespiegelt, sondern auch in sich durch Umklappen verändert.

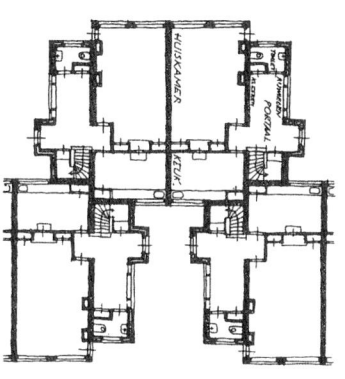

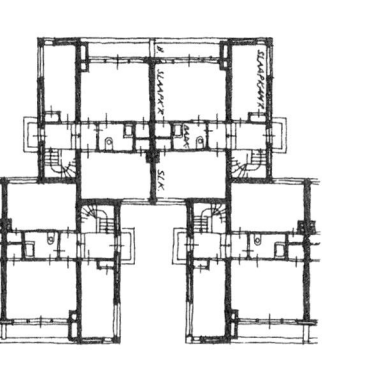

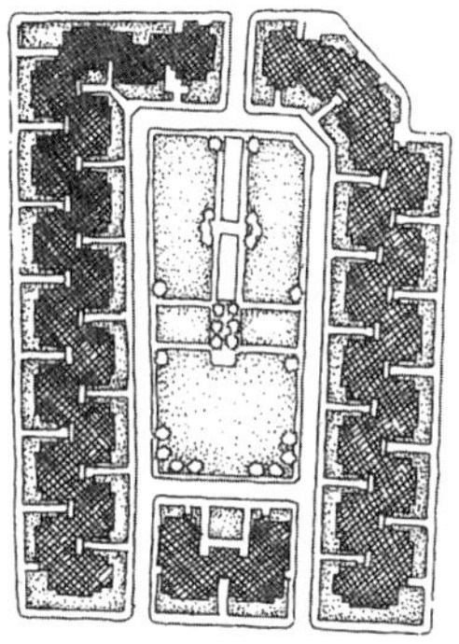

115–118. Den Haag, Wohnanlage Papaverhof, 1919–21, Arch.: Jan Wils. Trotz hoher Grundstücksausnutzung durch Verzahnen der Gebäude Rücken an Rücken mit tiefen Versprüngen. Nach innen entsteht der Eindruck einer offenen Bauweise.

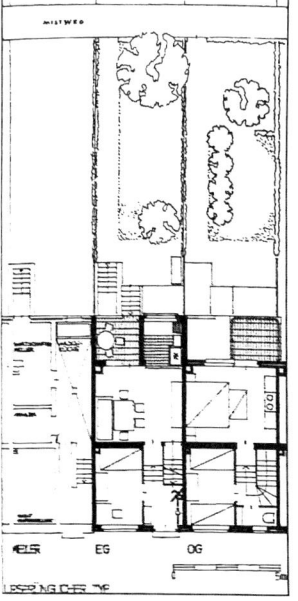

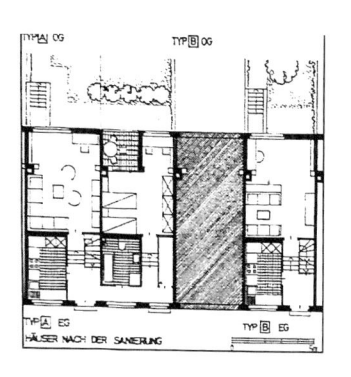

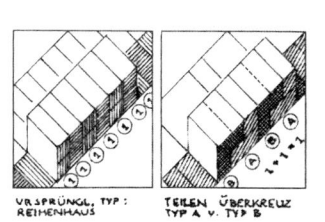

119–122. Duisburg, Siedlung Dickelsbach, 1926–27, Arch.: Karl Preziger. Bei der Sanierung wurde aus jeweils drei Reihenhäusern durch Überlagern in der Mitte ein Doppelhaus.

Verbinden über einen gemeinsamen Hof

123–125. Reutlingen, Doppelhaus, Arch.: Manderscheid Partnerschaft Freie Architekten. Ansicht und Grundrisse.

Torweg als gemeinsamer Zugang

126–129. Aachen, Augustastraße. Historisches Doppelhaus. Sanierung und Modernisierung Horst Fischer. In der ehemaligen Durchfahrt unter dem verbindenden Glasdach intimer Innenhof für beide Häuser. Das Ganze ist ein vorbildlicher Doppelhaustyp für Innenstädte.

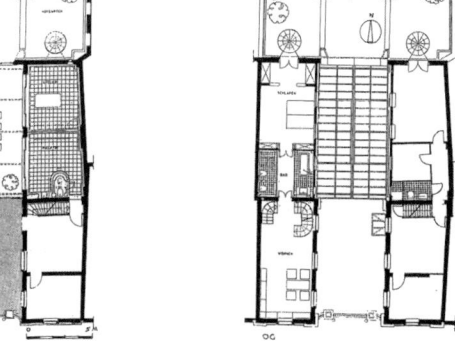

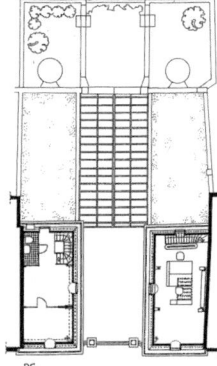

Verbinden mit überdeckter Fuge

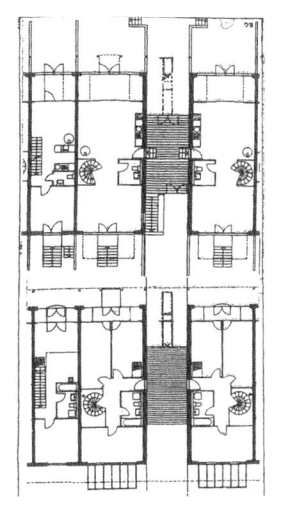

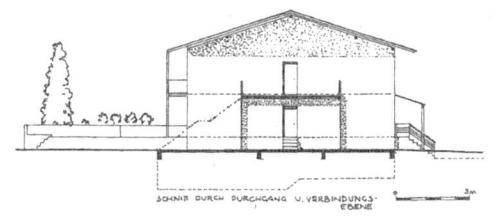

130–132. Tösstal, Schweiz, Siedlung Dillhaus, Arch.: Architektengruppe 4. AG. Doppelhäuser mit Möglichkeit einer einfachen Verbindung über zwischengeschaltete offene Ebenen im 1. Obergeschoss, im Erdgeschoss verglastes Foyer mit Zugang von beiden Seiten, also unabhängige Erschließung oben und unten, dadurch ist ein einfaches Teilen möglich.

Doppelhäuser mit gemeinsamer Halle

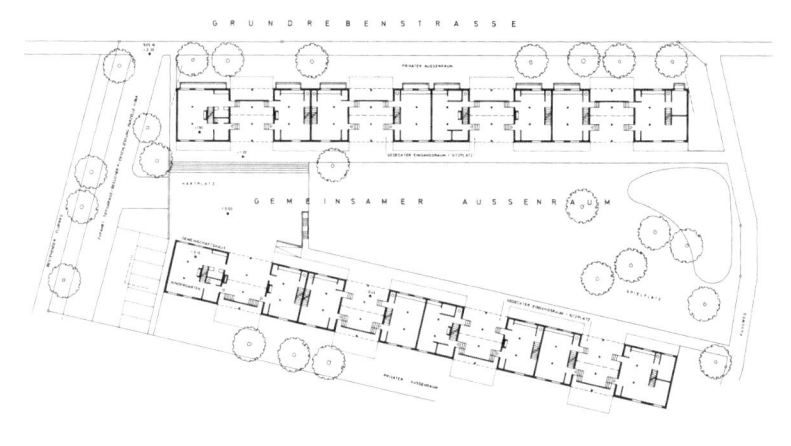

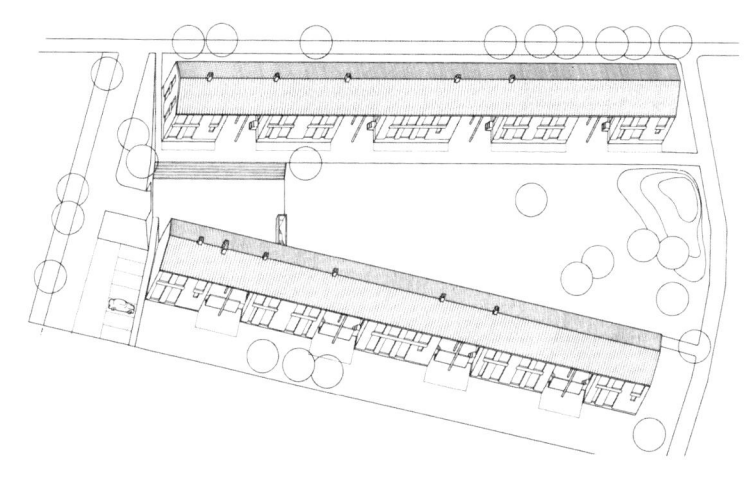

Häuser verbunden mit Brücke

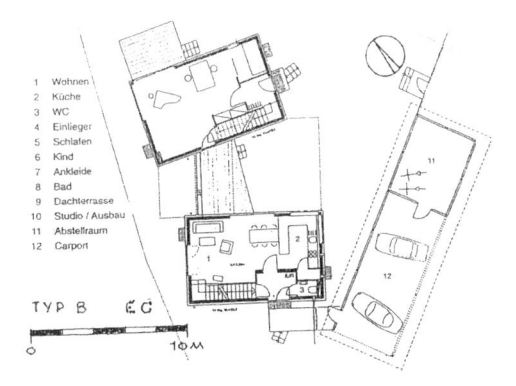

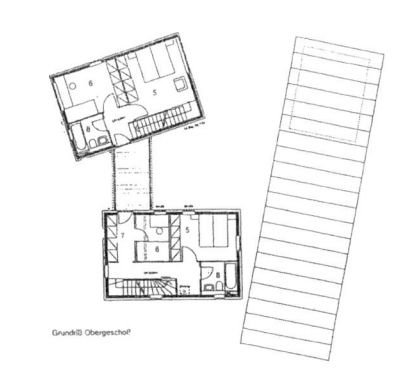

133+134. Siedlung in Mettmenstetten, Zürich, 1976, Arch.: Jacqueline + Benno Fosco-Oppenheim und Klaus Vogt, Architekt BSA.

1 Wohnen
2 Küche
3 WC
4 Einlieger
5 Schlafen
6 Kind
7 Ankleide
8 Bad
9 Dachterrasse
10 Studio / Ausbau
11 Abstellraum
12 Carport

135–138. Oberhausen, Am Grafenbusch, Wunschhaus, Arch.: Baufrösche Kassel. Durch die Brückenverbindung werden die nebeneinander gestellten Einzelhäuser zum Doppelhaus, so ist problemlos die Einzel- oder Doppelnutzung möglich. Motto der Architekten: „Dichte aufs Land! Häuschen in die Stadt".

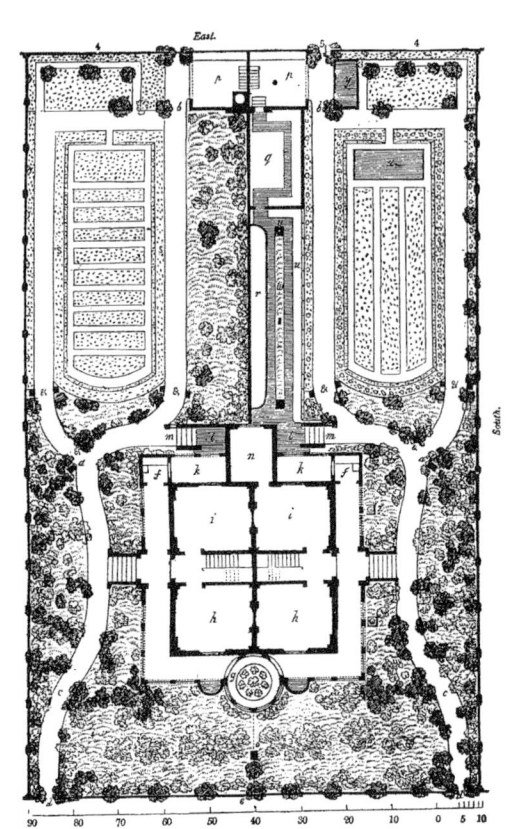

139. Doppelhaus mit Wohnung des Architekten, Porchester Terrace 3-5, London, 1823-24, Arch.: John Claudius Loudon

140. Hamburg, Othmarschen, Elbchaussee 186, Säulenhaus (Landhaus Brandt), Arch.: Axel Bundsen.

141. Titelblatt eines Sonderheftes aus dem Jahre 1944.

Frühe Landhäuser als Doppelhäuser
Ergänzend der Hinweis auf den recht seltenen Typ „frühes Landhaus als Doppelhaus". Das doppelte Volumen macht eine repräsentative Gestaltung – vor allem bei begrenzten Mitteln – einfacher, wurde aber doch recht selten angewandt. So ist das Hamburger Beispiel auch erst ein nachträglicher Umbau in ein Doppelhaus, aber recht interessant für den Ansatz 1 + 1 = 1. „Teile zum Ganzen" ist hier (unbeabsichtigt) durch die vorgelagerte Säulenhalle ganz einfach erreicht. *„Der Gartenarchitekt John Claudius Loudon dagegen bemühte sich in seinem Buch „The Suburban Gardener and Villa Companion" um die Popularisierung des Doppelhauses. In dem Band bildete er ein Zweifamilienhaus ab, das er 1823 bis 24 gebaut hatte, und dessen eine Hälfte er seither selbst bewohnte. Durch seine eigene Wohnpraxis warb Loudon für die vorgeschlagene Hausform."*[13]

Behelfsheime
Der Kreis schließt sich: Von den bescheidenen Doppelhäusern des 18. Jahrhunderts für Kolonisten, Tagelöhner, Handwerker führt eine direkte Verbindung ins 20. Jahrhundert. Der Bautyp der Behelfsheime wurde vor allem in der Kriegs- und Nachkriegszeit des Zweiten Weltkrieges wieder aufgenommen und in großem Maß belebt. Heute weitgehend vergessen und verdrängt, wird das Behelfsheim trotzdem wieder aktuell unter dem Druck der wachsenden Flüchtlingsströme. Behelfsheime wurden etwa nach 1942 bis in die Nachkriegszeit in hoher Stückzahl – oft in Eigenarbeit – gebaut (geschätzt bis zu 900.000), um Obdachlosen und Flüchtlingen wenigstens ein spartanisches Obdach zu bieten.

Nach Plan oder wild errichtet aus allen Materialien, die gerade greifbar waren, wurden sie als freistehende Hütten, aber auch als Doppelanwesen erbaut. Wie die Beispiele zeigen, völlig reduziert, sachlich, aber manchmal auch in malerischer Gruppierung, wobei die durchschnittliche Nutzfläche je Einheit 20 bis 25 m² betrug.

Immerhin: als typische Zeitzeugen wurden einige Beispiele sogar im Freilichtmuseen und Gedenkstätten erhalten (Rheinisches Freilichtmuseum Kommern, Freilichtmuseum am Kietzweg Hamburg-Harburg, Schwäbisches Bauernhofmuseum Ibbenbeuren, KZ Neulengamme).[14]

---

[13] Stabenow 2000, S. 13.
[14] Siehe hierzu: Kaspar 2011.

2. Zusammenfassen

Einheitlich gestaltete Straßen und Platzfassaden

Ziel des Prinzips „Zusammenfassen" im Städtebau sind Harmonie aber auch Repräsentation bei innerer Selbständigkeit der Einzelgebäude. Es geht hier um gleichmäßig gestaltete Straßen- und Platzflächen. Mittel dazu die zusammenfassende Fassadenbildung einer kleinteilig strukturierten Bebauung. Dabei ist deutlich zu unterscheiden zwischen „vorn" und „hinten": Vorne ist die Fassade, das Gesicht zur Straße einheitlich, nach strenger Vorgabe gebaut. Hinten kann die Rückseite nach den Bedürfnissen und Vorstellungen der Bewohner frei gestaltet werden.

Hier entsteht eine Lösung des Widerspruchs „Freiheit und Beschränkung" und ist damit auch ein Beitrag zur lebendigen Architektur. Für diesen Ansatz gibt es viele Beispiele, vor allem seit der Zeit des landesfürstlichen Städtebaus, aber auch im kommunalen und genossenschaftlichen Siedlungsbau der jüngeren Vergangenheit (siehe dazu auch den Abschnitt Doppelhäuser).

Die einheitlichen Straßenbilder solcher Siedlungen werden auch heute noch – oder wieder? – als durchaus wohltuend empfunden. Im Gegensatz dazu sollte man die heutige Mode einer künstlichen, aufgesetzten Individualität im Reihenhausbau einigermaßen kritisch sehen, etwa bei den so genannten Town-Houses. Warum müssen recht ähnliche Inhalte krampfhaft unterschiedlich verpackt werden? Voraussetzung für die positive Wirkung einheitlicher Siedlungsbilder ist natürlich die überlegte städtebauliche Grundordnung mit Bezug auf die Topographie, Blickpunkte, Klima.

Als Beispiel dafür stehen verschiedene klassizistische Beispiele aus England. In Bath mit seinen Crescents sind ganze Straßenzüge und Platzräume mit durchlaufenden Fassaden (im Grunde kleinmaßstäblicher Reihenhäuser) als zusammenhängende Nobelfassaden gebaut. Dabei sind im Zusammenhang mit gepflegten Parkanlagen, Grünflächen und Alleen höchst eindrucksvolle Quartierarchitekturen geschaffen worden, die wir heute bewundern. Hier ist das Prinzip 1 + x = 1 wohl auf das Äußerste gesteigert. Dabei gilt: Nach vorn, zum öffentlichen Raum, zeigen die Straßen und Plätze das einheitliche Gesicht. Aber die private Rückseite der Gebäude hat keine formale Bindung, kann also frei gestaltet werden.

Das Ganze ist das Ergebnis des Reihens gleichgeschalteter, aber in sich selbständiger Gebäude zur Straße hin. Die Teile zeigen sich nach hinten, innen, im Lauf der Zeit gebaut und verändert nach den unterschiedlichen Bedürfnissen der Bewohner. Freiheit und Bindung ergänzen sich als lebendiger Kompromiss.

Dies sollte auch im Idealfall für heutige Planungen gelten. Das bedeutet in der Konsequenz eine Abkehr von dem Zwang, umlaufend alle (vier) Fassaden einreichen und genehmigen zu lassen (Wer hat schon vier Gesichter?). Es genügt doch meist die „Hauptfassade", denn „wie es darin, dahinter aussieht, geht niemand was an" (bis auf die Nachbarn, die nicht bedrängt werden dürfen). Voraussetzung dafür ist dann aber auch, dass es bei Planungen normalerweise (wieder) ein Vorn und Hinten, ein Innen und Außen gibt, also einen echten Unterschied von öffentlichem und privatem bzw. blockbezogenem Raum, wie es ja die bewährte europäische Stadtbautradition ist (und nicht das heute so beliebte freikörperliche Klötzchenspiel mit solitären und undefinierten Restfreiräumen).

Beispiele landesfürstlichen Städtebaus in Deutschland
In den Beispielen des landesfürstlichen Städtebaus werden kleinmaßstäbliche Reihen- bzw. Stadthäuser nach dem Vorbild von Palästen einheitlich dekoriert und unter Walmdächern zusammengefasst, um so bei Erhalt der Unabhängigkeit des Einzelhauses einen repräsentativen Eindruck zu vermitteln.

142. Forst in der Lausitz, Marktplatz.

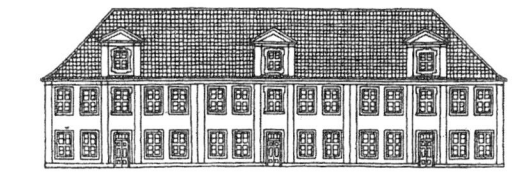

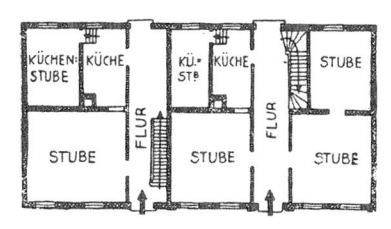

143. Potsdam, Holländisches Viertel.

[15] Gruber 1976, S. 91.
[16] Pevsner 1957, S. 606, 618.

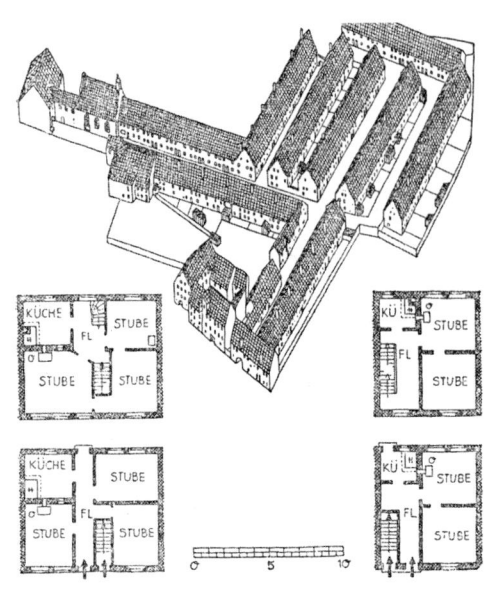

Augsburg, Fuggerei

In Augsburg befindet sich die bemerkenswerte Kleinwohnungssiedlung „die Fuggerei" Sie wurde 1573 von Jakob Fugger zur Armenversorgung errichtet. Hier „*ist der Zeilenbau durchgeführt, bei dem die lang gestreckten Reihenhäuser nebeneinander geschaltet stehen, bald mit den Reihen ihrer Giebel, bald mit der Traufseite und dem Rhythmus ihrer Türen das Straßenbild gliedern. Auch hier bleibt das Wesentliche die vom Nachbar abgeschlossene eigene, durch eine besondere Haustür abgeschlossene Wohnung. […] Statt der kalten Lieblosigkeit herrscht der Eindruck einer bescheidenen, aber nicht ärmlichen Traulichkeit.*"[15]

Grundsätzlich haben die Häuser trotz räumlicher Beschränkung ein Vorn und Hinten. Die unpaarige Mittelzeile hat als geschützte Rückseite immerhin kleine Gärtchen. Bis in unsere Zeit wurde die Siedlung immer wieder erneuert und erweitert ohne ihren Charakter zu verlieren.

Klassizistischer Städtebau in England

Im gehobenen englischen Städtebau des Klassizismus zeigt sich der typische Vorrats- also Spekulationsbau für Wohnungen der Oberschicht. Die Terraces (Hausreihen) wurden mehr oder weniger aufwendig mit einheitlicher Gestalt als „*zusammenhängende Nobelfassaden*"[16] gebaut und bilden mit den Squares und Parks besonders geschätzte Quartiere. Herausragende Beispiele dafür sind die Städte Bath und Edinburgh. In Edinburgh entsteht ein Zentrum der klassisch strengen Quartiersbebauungen neben den engen Gassen der Altstadt (Zentrumsplan um 1827). Interessant und überaus beliebt sind die im Inneren der Blöcke gelegenen „mews", niedrige Reihenbauten, ursprünglich errichtet für Ställe und Personal, jetzt ruhige, ungestörte Kleinwohnungsgehäuse.

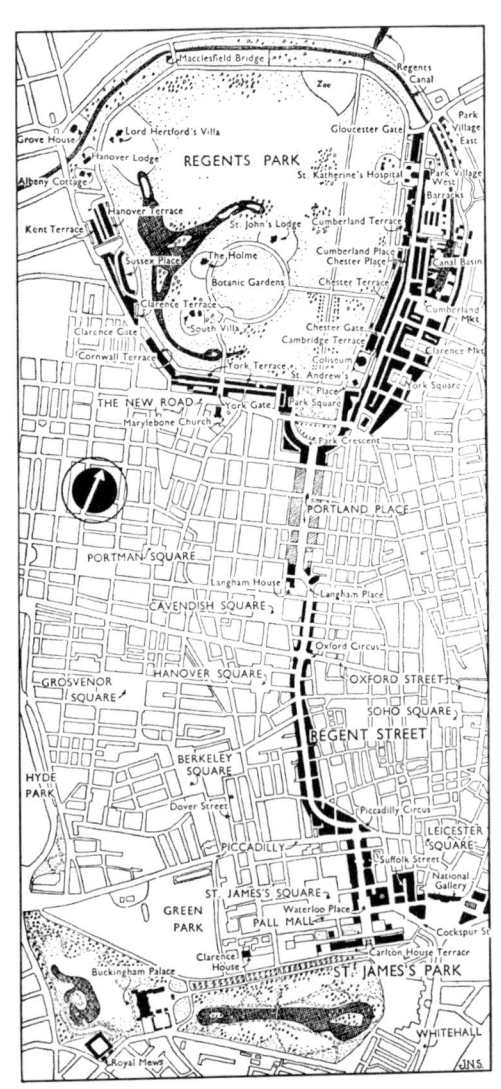

144. Augsburg, Fuggerei.

145. London, von John Nash zwischen 1811 und 1835 geplante Straßen, Squares und Parks.

146. London, Chester Terrace Regent's Park.

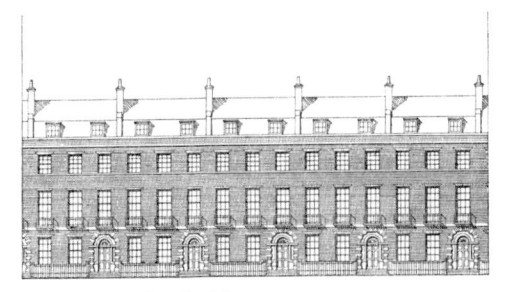

147. London, Bedford Square.

148. London, Regent Street, The Quadrant, 1812.

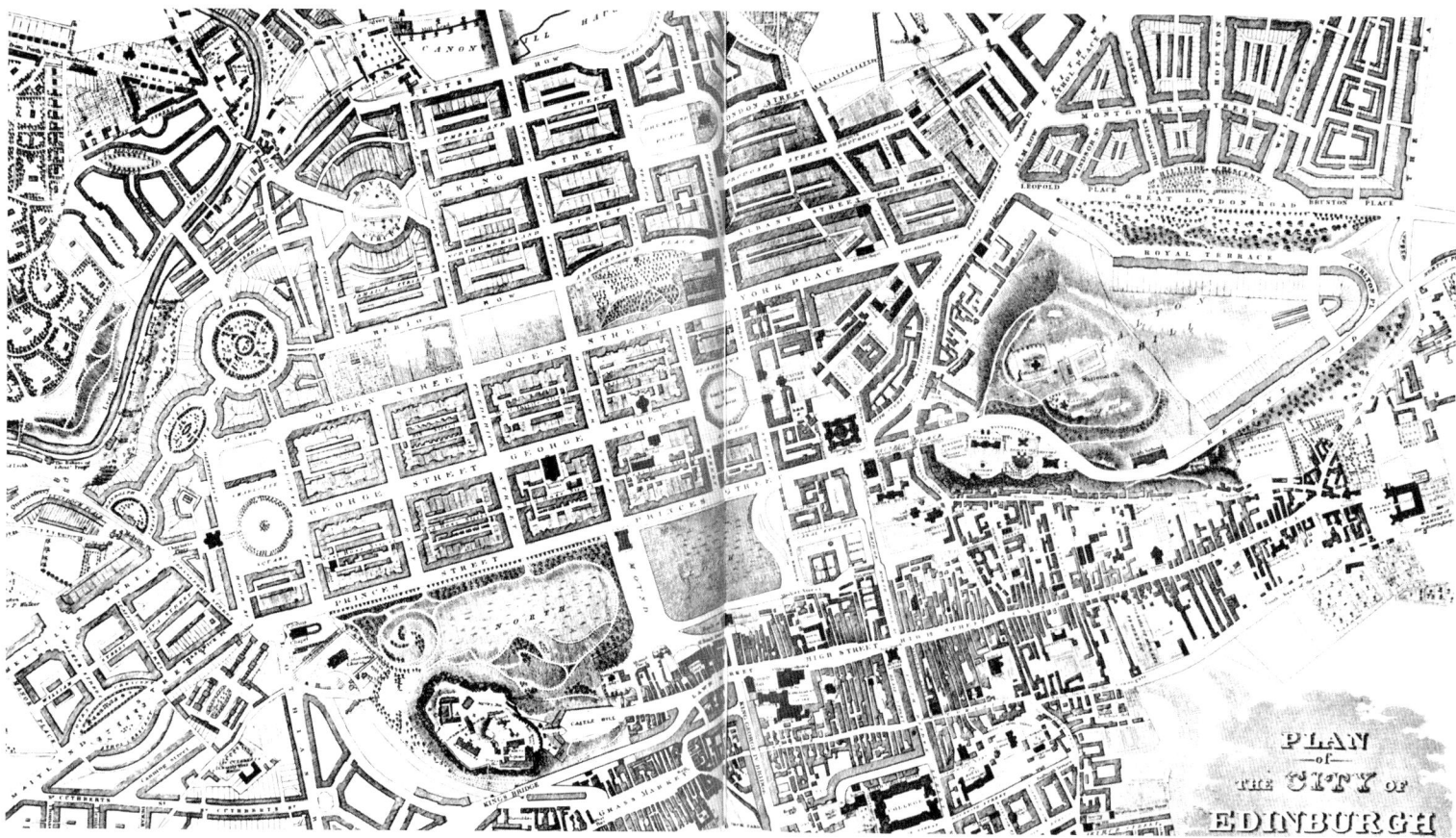

149. Schottland, Edinburgh, Zentrumsplan um 1827.

150. Bath, Royal Crescent 1767–75 von John Wood d. J.

151. Bath im 18. Jhr. Unten die älteren Planungen: Queen's Square, The Circus, in der Mitte links der Royal Crescent darüber St. James Square und die eher lockere Gruppierung der späteren Terrassen oben.

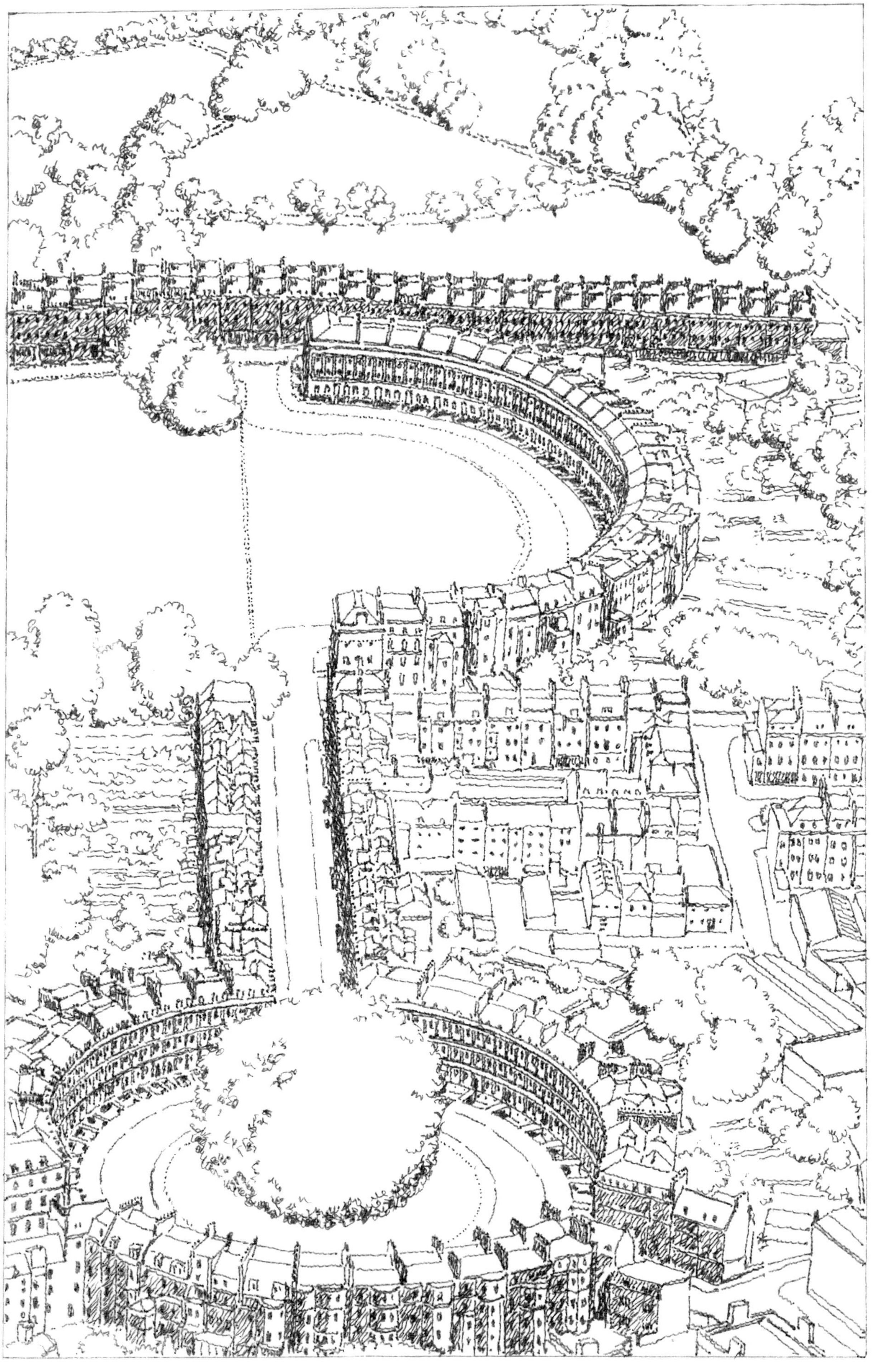

152. (vorherige Seite) Bath, Verbindung zwischen The Circus und Royal Crescent über eine Straßenachse.
153–155. Bath, The Circus 1755–1766 von John Wood d. Ä. erbaut. Man erkennt den starken Kontrast zwischen repräsentativen Vorder- und individuellen Rückseiten.

Bath ist ein frühes Beispiel von Investorenarchitektur. Hier haben viele wohlhabende englische Familien einen Zweitwohnsitz erworben, den sie in den Sommermonaten als Zentrum des gesellschaftlichen Lebens genutz haben. Ausführlich beschrieben ist diese Praxis bei Jane Austen, deren Familie ebenfalls in Bath eine Wohnung hatte.

Auch in vielen anderen englischen Städten werden im 18. und 19. Jahrhundert großzügige gleichmäßig überformte Reihen von Einzelhäusern als einheitliche elegante Stadtquartiere mit eingelagerten Plätzen und Parks mit überraschend vielfältigen Durchblicken und Raumbezügen geplant und gebaut.

Rezeption auf dem Kontinent

Auf dem Kontinent wird dann zum Ende des 19. Jahrhunderts das englische Vorbild vor allem in der Gartenstadtbewegung wirksam.

156+157. Sieben Häuser für die Terraingesellschaft Ostend, Düsseldorf, Arch.: Josef Rings. Bei der liebevoll durchdetaillierten Reihe wird durch Vorziehen der Endfassaden der geschlossene Eindruck noch betont.

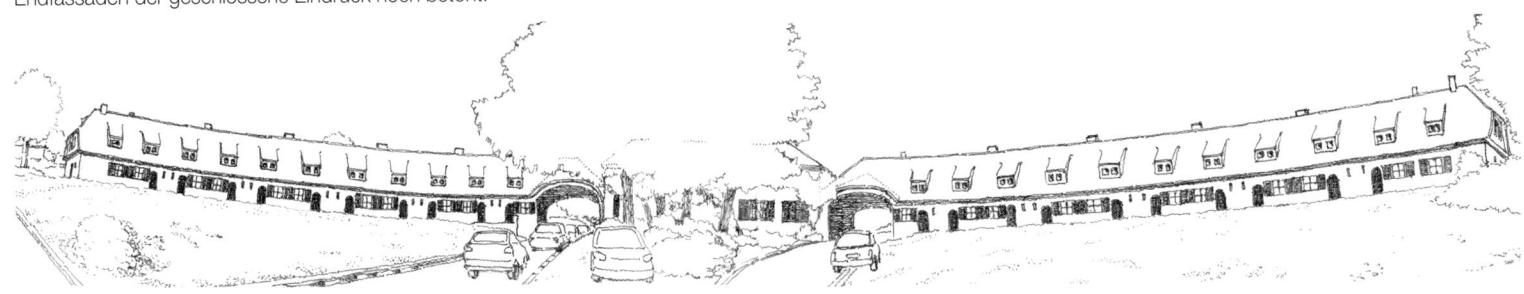

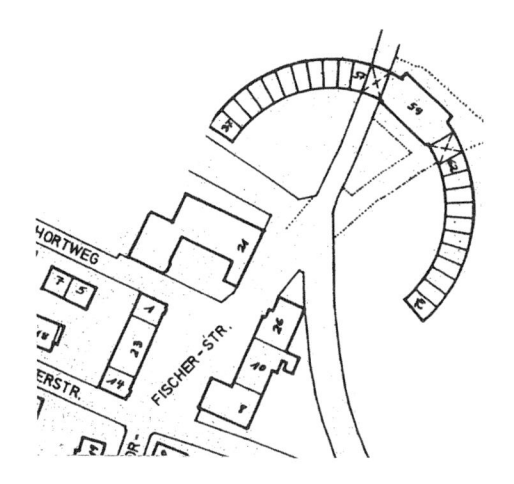

158+159. Siedlung Gmindersdorf, Reutlingen, Arch.: Theodor Fischer. Die im Halbkreis gereihten Altenwohnungen, nördlich der Siedlung sind als hoch gelegener, krönender Abschluss geplant.

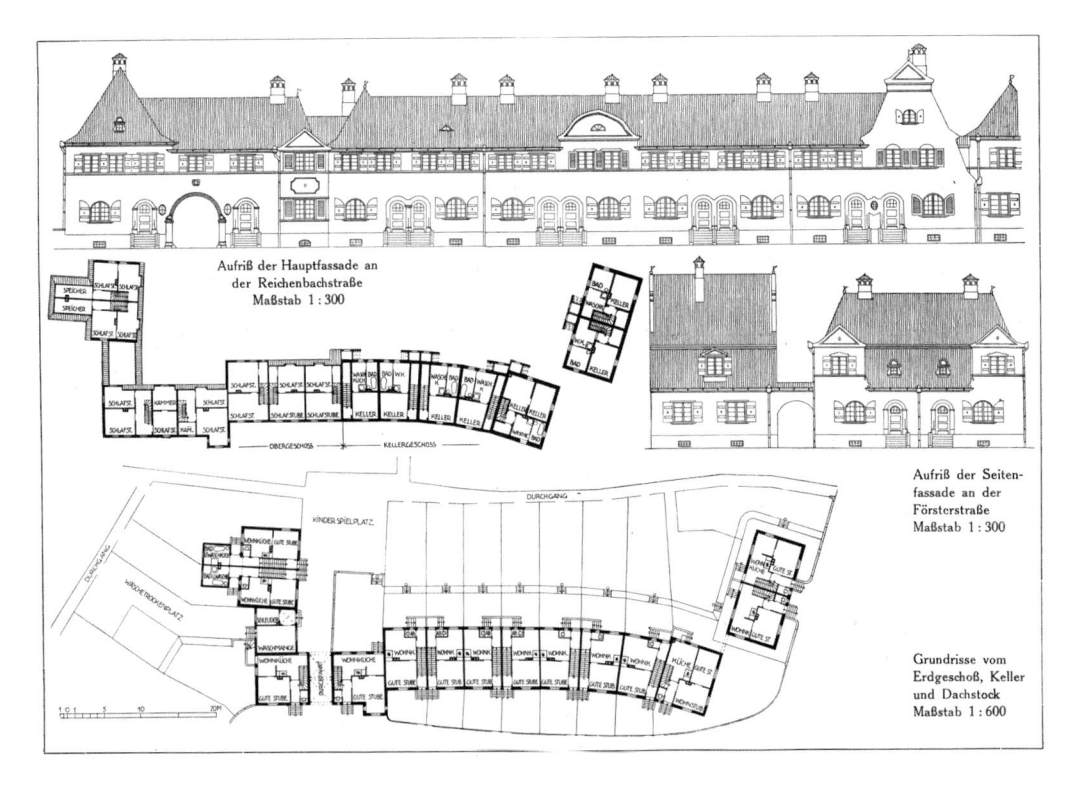

160. Gartenvorstadt, Werderau bei Nürnberg, Arch.: Ludwig Ruff. Die Reihenhausgruppe mit sich wiederholenden malerischen Fassaden wird ebenfalls an den Ecken betont, hier allerdings durch das hohe Walmdach bzw. den aufragenden Giebel. Die Häuser sind bestimmt für Beamte, Meister und Arbeiter.

Vorn und Hinten
Die harmonische, bei den Einzelbauten aufeinander bezogene, gleichartig gestaltete Straßenfassade hat im Idealfall als Gegensatz dazu eine unruhige Rückseite, die individuell ausgebaut, an unterschiedliche Bedürfnisse angepasst werden kann.

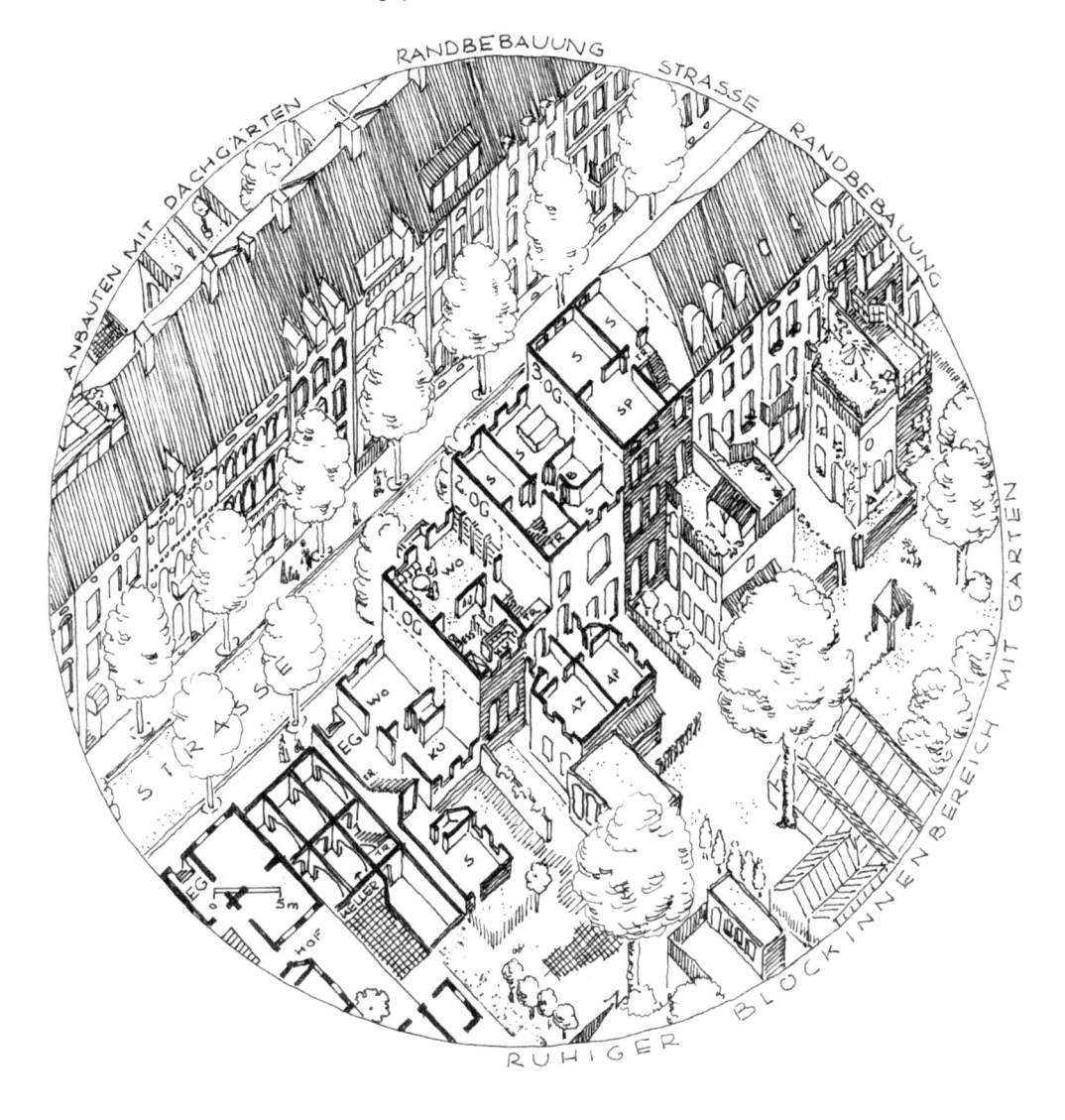

161. Strasse mit Aachener Dreifensterhäusern des 19. Jahrhunderts

Viele Baublöcke der Gründerzeit mit Typenhäusern (im Rheinland etwa das Dreifensterhaus) zeigen dieses Prinzip: Zur Straße hin das „Sonntagsgesicht", nach hinten der Alltag für das Erfüllen der jeweiligen Bedürfnisse mit Anbauten, kleinen Werkhöfen, großen Balkonen oder Terrassen, überdachten Höfen und vielem mehr. Beim modernen, freikörperlichen Bauen ist dieses Kontrastprogramm kaum zu erfüllen und wohl auch nicht gewollt. Hier ist überall „vorn" und es fehlt die Ruhe eines Innenbereiches.

162. Bei großen Blocks besteht durch das nachträgliche Abstaffeln der Seitenflüge die Möglichkeit, im Inneren neue Wohnwege mit Kleinhäusern einzufügen (moderne Mews).

Dieser Ansatz mit dem Gegensatz von „vorn gestaltet und Eingebunden in den Block" und „hinten frei und entwicklungsfähig" macht allerdings nur bei beschränkter Geschosszahl Sinn (etwa bis sechs), darüber wird es schwierig.

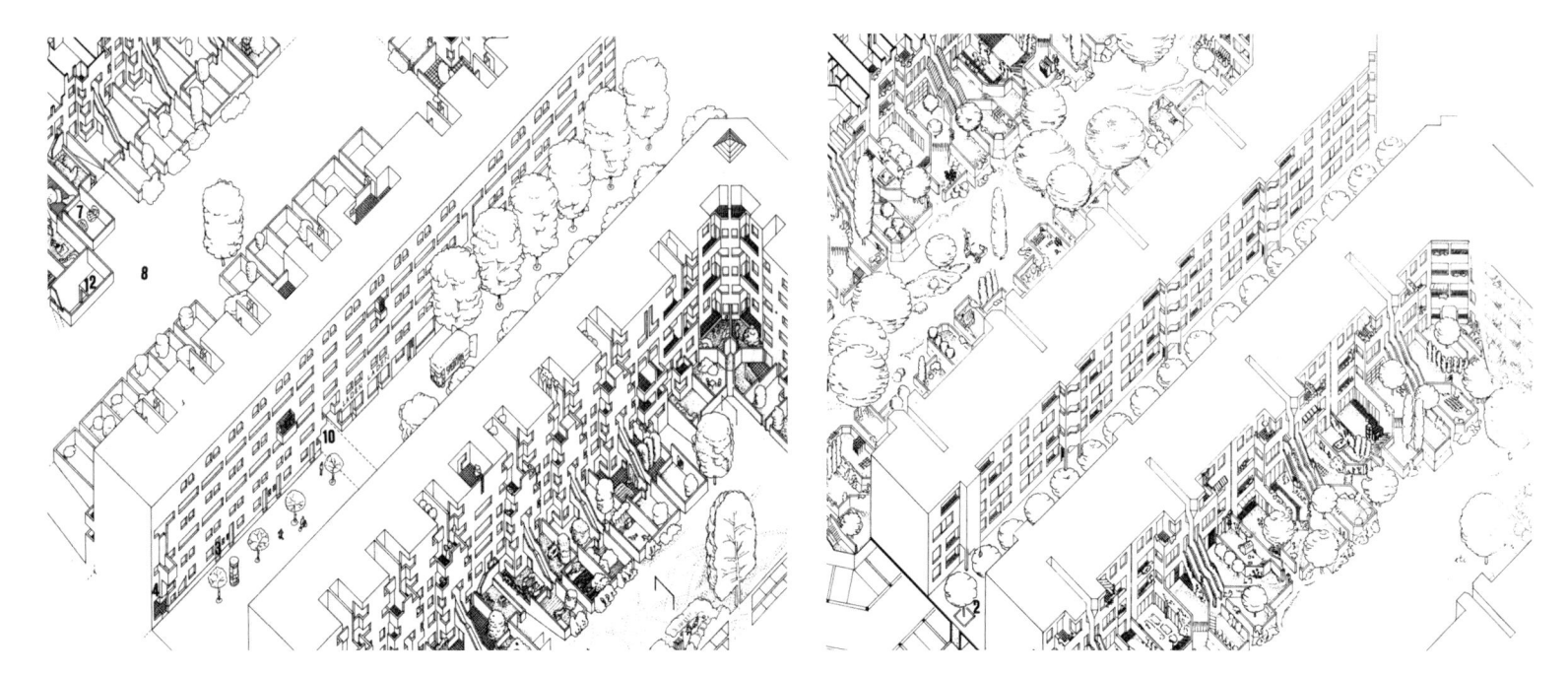

163+164. Berlin, Tiergarten, Wettbewerb. Architekten Gottfried Böhm, Georg Feinhals, Werner Finke, Jan Pieper, Frank Popp, Konrad Schalhorn, Hans Schmalscheidt mit E. Prokop, H. Thoma. Links eine sechsgeschossige und rechts eine viergeschossige Variante.

Die Vorschläge zeigen die Wandlung des klassischen Blocks für heutige Ansprüche. Die Geschosszahl von vier bzw. sechs entspricht der vorgegebenen hohen Ausnutzung mit Geschossflächen von 1,5 bzw. 2,0. Hinter sachlich zusammengefassten Straßenfassaden sind höchst lebendige Rückseiten angeboten mit direkten Treppen aus den meisten Wohnungen in den Innenbereich mit privaten Gärtchen und dem gemeinsamen Freiraum. „Die hinter diesem Vorschlag stehenden Theorien bzw. Forderungen zielen darauf ab:

– eine Wohnform mit den Vorzügen von 1-Familienhaus und Stadt zu bringen
– soziale Mischung zu ermöglichen
– Engagement über Beschäftigungsmöglichkeiten außerhalb der Wohnungen zu bewirken."[17]

Lauben, Arkaden, Kreuzgänge, Hofumbauungen

Ein strukturierendes Element der europäischen Stadt ist die Allee. Entstanden aus dem beschirmten, baumgeschützten Weg als räumlich begrenzten öffentlichen Raum, fügt sie die Einzelbauten zu einer größeren Einheit zusammen. Hierbei ergibt die Blickrichtung in die Tiefe, in die Achse, das geschlossene Raumbild. Im Gegensatz dazu steht die offene Querrichtung. Die Allee ist also offen und geschlossen zugleich. Der einzelne Baum bleibt zwar ein „Individuum", ist aber auch Teil des großen Ganzen. Hier treffen wir auf ein Urbild von 1 + x = 1, wobei natürlich beim Bauen das Ausformen in der Begrenzung, der Straßenwände aus den einzelnen Häusern sehr unterschiedlich sein kann. Bauen ist ein Abbild des Lebens.

Zwei Bestrebungen widersprüchlicher Art sind festzustellen: Zum einen zwar das Einzelhaus nach den unterschiedlichen Bedürfnissen individuell zu planen, zu gestalten; zum anderen aber eine einheitliche zusammenfassende Ordnung des Straßen-/Platzbildes zu erreichen.

Ein Mittel, um diesen Widerspruch aufzulösen, bieten Arkaden, Lauben und Kolonnaden: Sie formen im Allgemeinen in den unteren Geschossen einer Randbebauung eine durchlaufende und gleichmäßig strukturierte schützende Ordnung. Dahinter sowie darüber ist dann die Möglichkeit des individuellen Ausformens gegeben. Dieses Prinzip ist in Europa schon seit der Antike mit der Anlage von Arkaden und Kolonnaden durchgehend angewandt worden.

[17] Finke, et. al. 1977, S. 52.

Arkaden

Die Arkade (eine steinerne offene Bogenreihe) bzw. die Laube (ein hölzerner offener Gang) ist den Gebäuden untergeschoben. Sie sind im Allgemeinen ein- oder zweigeschossig.

165. Schönberg Kreis Görlitz: Zweigeschossige Giebelhäuser mit hölzernen Lauben.

166. Münster, Roggenmarkt.

167. Bologna, zweigeschossige Arkaden.

168. Gotha, Arkaden im Schloss in einer Zeichnung von Friedrich Gilly.

169. Metz, Place St. Louis mit gotischen Häusern.

Kolonnaden

Die Kolonnade ist ein dem individuellen Gebäude vorgeschalteter, frei stehender Säulengang mit einheitlicher Fassade an Straße und Platz. Die Kolonnade war besonders beliebt in der Antike, wohl auch, weil bei Gründungsstädten mit langsam wachsender heterogener Bebauung, schnell eine einheitliche Wirkung zu erreichen war. Ein angenehmer Nebeneffekt war, dass gleichzeitig im öffentlichen Raum auch ein wettergeschützter Diskussionsraum für die Bürger entstand.

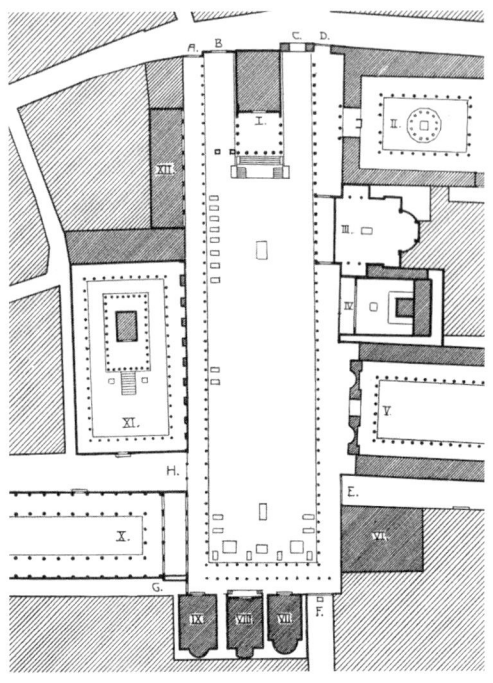

170. Pompeji, Forum mit dem Jupitertempel im Norden, östlich davon die Markthalle mit Läden.

171. Pompeji, Forum, die Marmorhalle östlich des Jupitertempels.

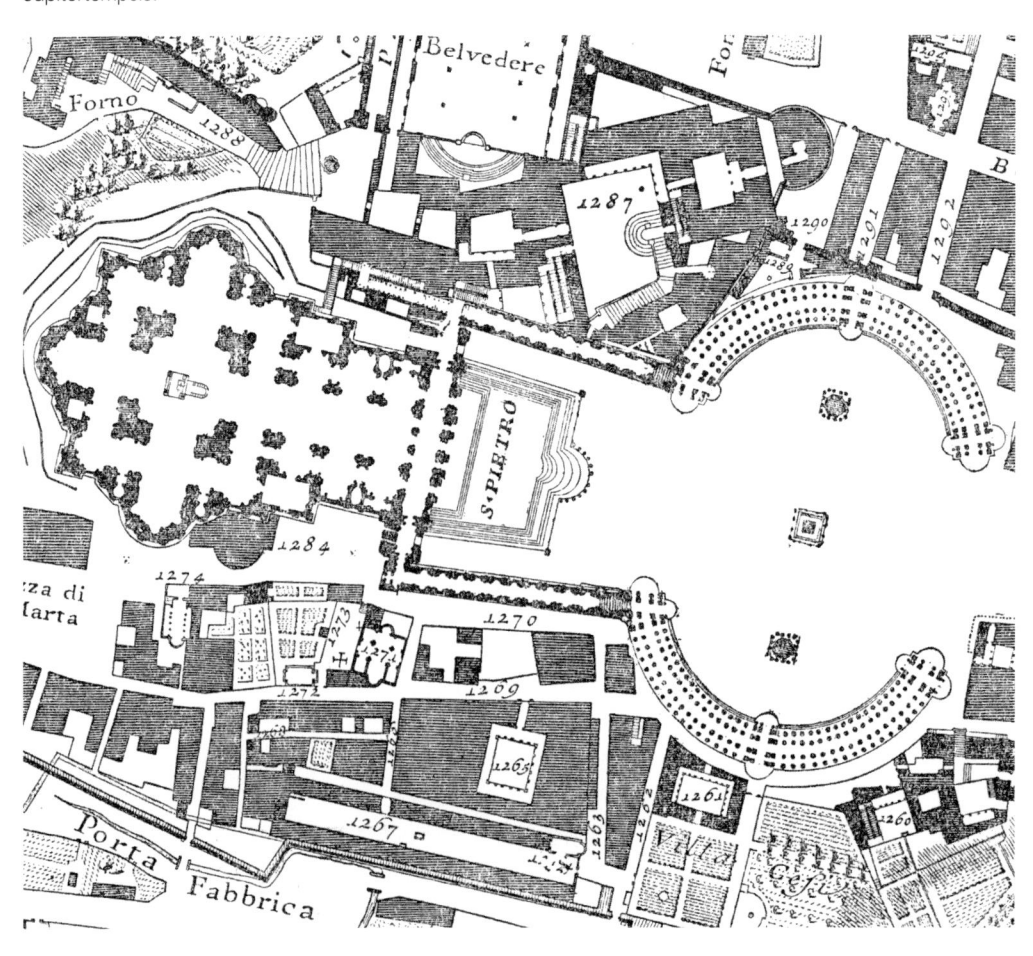

172. Rom, Petersplatz. Das Oval der Kolonnaden umschließt den Vorplatz und öffnet sich trapezförmig zur Fassade der Peterskirche. Durch diese einheitliche, aber durchlässige Umbauung sind die Unregelmäßigkeiten der dahinter liegenden Altbebauung verdeckt. So entsteht eine großartige Raumwirkung.

Erdgeschossige Arkaden und darüber liegende Fassade aus einem Guss

Sie sind ein hervorragendes Mittel, um trotz einer unregelmäßigen Altbebauung eine repräsentative einheitliche Raumfassung zu erzielen. Die Wände der Place Royale sind ein Musterbeispiel zusammenfassender Fassadenarchitektur vor im Grunde kleinmaßstäblichen Bürgerhäusern. Die bewegten Rückseiten zeigen die individuelle unruhige Ausprägung. Ähnlich verhält es sich bei der Markfassade von Nové Město in Tschechien. Als Idee auf mehrere Stadträume erweitert ist die strenge Platzumbauung in der italienischen Stadt Vigevano. Hier befinden sich Fassaden mit Arkaden und darüber liegenden bemalten Fassaden aus einem Guss (zum Teil nur als einschalige Kulisse) vor dem ungeordneten Altbestand. Das geniale Vorblenden der gerundeten Fassade der Kathedrale schafft einen eindrucksvollen symmetrischen Zielpunkt.

176. Paris, Place Royal, heute Place des Vosges, im Plan de Turgot von 1739.

177. Nové Město, Markfassaden.

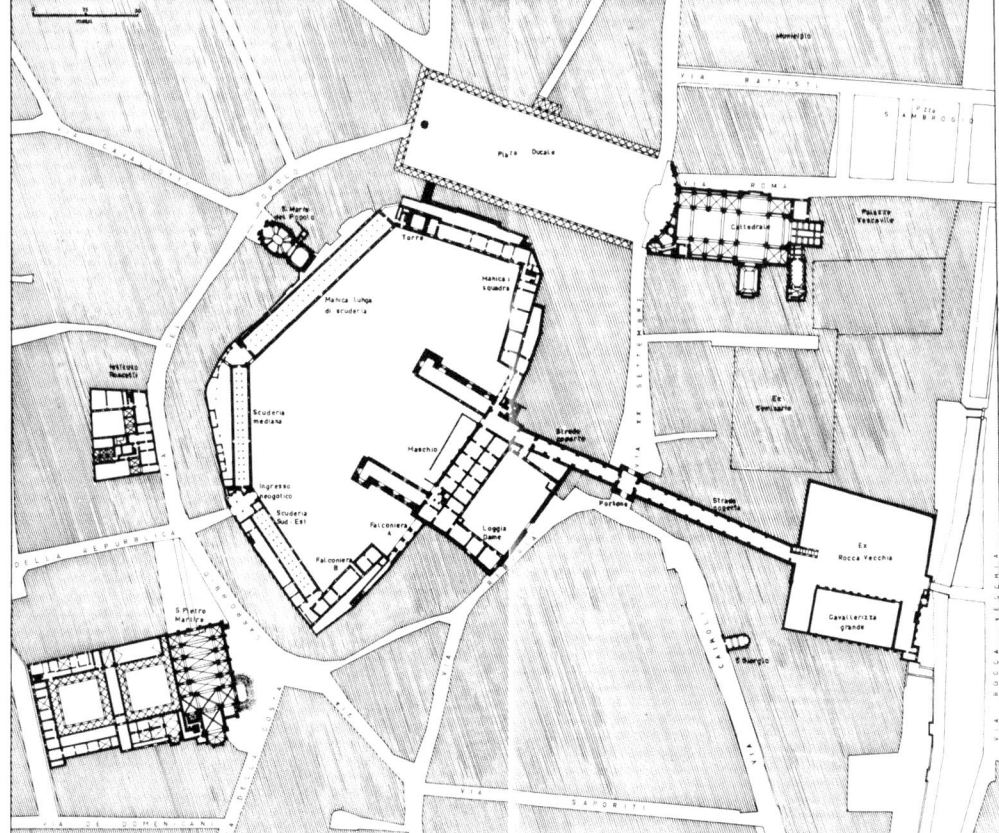

173. Vigevano, Piazza Ducale.

175. Vigevano, Piazza Ducale. Entwicklung der Platzfassaden.

174. Vigevano, Piazza Ducale und Castello.

Geschosshohe vorgeblendete Fassaden für Wohngebäude

Auch hier verbergen sich hinter der Arkade die individuellen, als unbefriedigend empfundenen Einzelhäuser. Berühmt geworden ist der Entwurf von Friedrich Weinbrenner für die Lange Straße in Karlsruhe, mit dem ausgesprochenen Ziel, „die buntscheckige Missgestalt" der bestehenden Bebauung zu kaschieren.

Dômes in Genf

In Genf bildeten die „Dômes" fassadenhohe hölzerne Lauben mit kunstvoll gestalteten Dächern. *„Diese eigenartigen Vorbauten versteckten und verschatteten die Fassaden der Häuser derart, dass jede dekorative Ausschmückung überflüssig wurde. Die einzelnen Häuser verschwanden hinter der zusammenhängenden Laube, deren Teile eine gleichartige Ausführung zeigten. Deshalb erscheinen noch bestehende alte Gebäude, die ihre Lauben verloren haben, so einfach und ärmlich, ihre Fassaden sind für das volle Licht nicht berechnet."*[18] Also: baut wieder Dômes, so werden die Straßen geschützt und die Fassaden lebendig, plastisch!

178. Karlsruhe, Lange Straße mit vorgeblendeten geschosshohen Arkaden von Friedrich Weinbrenner.

179–182. Genf, Verschiedene Beispiele für Dômes rund um den Place de la Fusterie und die Rue du Marché.

[18] Schweizerischer Ingenieur- und Architektenverein 1940, S. IV bis XVI.

Moderne Dômes

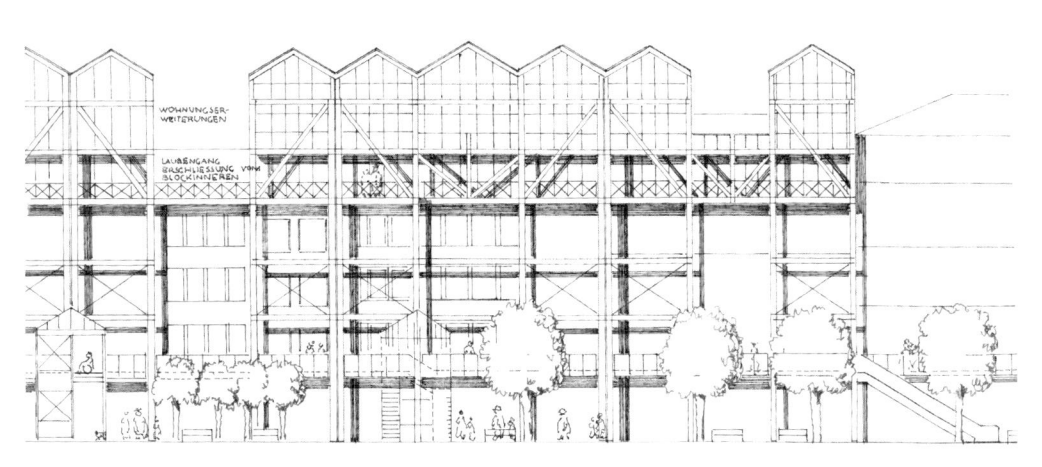

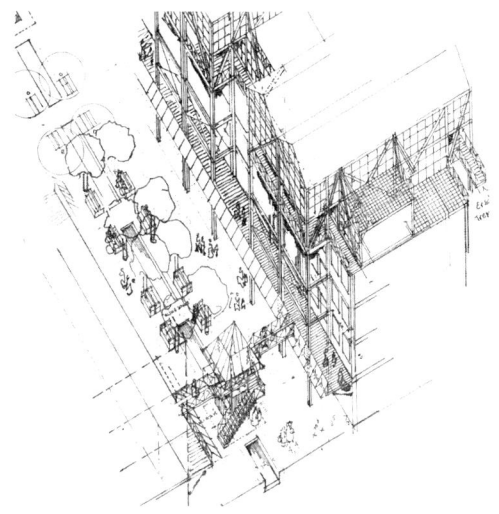

183+184. Kassel, Königstraße: Wettbewerb, 1988. Ansicht und Isometrie. Den langweiligen, aber zu erhaltenden Fassaden der Nachkriegszeit an der Hauptgeschäftsstraße wird eine hohe filigrane Stahlkatur vorgesetzt mit zusätzlichen quer laufenden Dachgeschossen. Ziele war eine spannungsvolle formale Einheit, Schutz und erweiterte Nutzungsmöglichkeiten.

185. Stützgerüste. Die Straßenfronten der vom Erdbeben im Jahre 2009 zerstörten Stadt werden teilweise bis heute von Stützgerüsten gehalten und sind zum Teil überdacht. Ein unfreiwilliger Beitrag zum Thema der mehrgeschossige Arkaden und Dômes.

Niedriggeschossige Verbindungsbauten mit Arkaden

In der Nachkriegszeit war beim Wiederaufbau und Neubau der kriegszerstörten Städte der Zeilenbau quer zu Verkehrsstraßen eine beliebte Form der Gruppierung, um Wohnungen zu beidseitigen Grünräumen hin zu orientieren. Um aber die Straße räumlich zu fassen und Schutz zu bieten wurden die freistehenden Köpfe gern mit niedriggeschossigen Mischnutzungsbauten mit Arkaden oder Vordächern zu einer Einheit verbunden.

Max Taut zeigt 1946 in *Betrachtungen und Bilder – Berlin im Aufbau* den Entwurf einer räumlich gefassten Ausfallstraße, geformt aus einer durchlaufenden zweigeschossigen Läden-, Büro- und Gewerbebebauung mit Schutzdächern, überragt von hohen, quer laufenden Zeilen. So bekommt der Straßenraum eine schöne Maßstäblichkeit, ist offen und geschlossen zugleich.

186. Berlin, Ausfallstraße von Osten nach Westen, Entwurf Max Taut, 1946.

Dieser Ansatz wurde beim Wiederaufbau vielfach variiert. Zeile und geschlossener Raumeindruck sind also vereinbar.

Camillo Sitte und die Arkade

Zur verbindenden Wirkung von Arkaden allgemein sei Camillo Sitte aus seinem heute noch aktuellen Klassiker *Der Städtebau nach seinen künstlerischen Grundsätzen* zitiert: *„Der alte Laubengang, im Detail meist nichts weniger als architektonisch großartig, läuft ununterbrochen fort, eine ganze Straßenanwendung entlang, so weit man sehen kann, […]. Darauf beruht die ganze Wirkung, denn nur so faßt sich die ganze Bogenflucht als größeres Ganzes zusammen, was nun nicht verfehlt, Eindruck zu machen. Ganz anders verhält es sich bei modernen Anlagen. […] Die einzelnen Loggen sind weitaus größer und viel prächtiger durchgeführt als fast alle ihre alten Vorläufer. Die beabsichtigte Wirkung bleibt aber aus. Warum? - Jede einzelne Laube haftet nur an ihrem eigenen Baublock, und die Zerschneidung durch zahlreiche breite Querstraßen läßt nicht die geringste Gesamtwirkung aufkommen. Nur wenn die Mündungen dieser Querstraßen durch Fortführung der Bogenhallen überbrückt würden, käme eine Zusammenfassung zu Stande, die voraussichtlich großartig wirken müsste. Ohne dem bleibt das zerstückelte Motiv eine Hacke ohne Stil."*[19]

Ich weiß nicht, ob der Architekt der Via XX Settembre in Genua die Schriften Sittes gelesen hat, aber diese Straße zeigt tatsächlich dessen Wunschbild. Die isolierten schmalen Baublöcke mit Arkaden sind untereinander durch Brücken verbunden. Dabei behalten die Einzelhäuser ihre Selbständigkeit bei geschlossener Wirkung des Straßenraumes.

Von Camilo Sittes eigenen Planungen soll hier sein eindrucksvolles Projekt zur Umgestaltung des Votiv-Kirchenplatzes in Wien exemplarisch gezeigt werden. Sein Vorschlag verkleinert den übermäßig großen Platz durch eine Randbebauung zur Universitäts- und Währingerstraße. Dadurch entsteht ein geschütztes intimes Atrium vor der Kirche, das durch eine durchlaufende hochspitzbogige und schattenspendende Arkade gerahmt wird und das dahinter liegende individuelle höhere Kirchengebäude betont.

„Die jetzige Sandwüste ist daher auch meist menschenleer, während das hier projektierte Atrium, geschützt gegen Wind und Staub, befreit vom Tumult der Straße, reichlich versehen mit schattigen Ruheplätzen in den Arkaden […], gewiß gerne zur Erholung aufgesucht würde."[20]

187. Genua, Via XX Settembre.

[19] Sitte (1889) 1983, S. 96.
[20] Sitte (1889) 1983, S. 167.

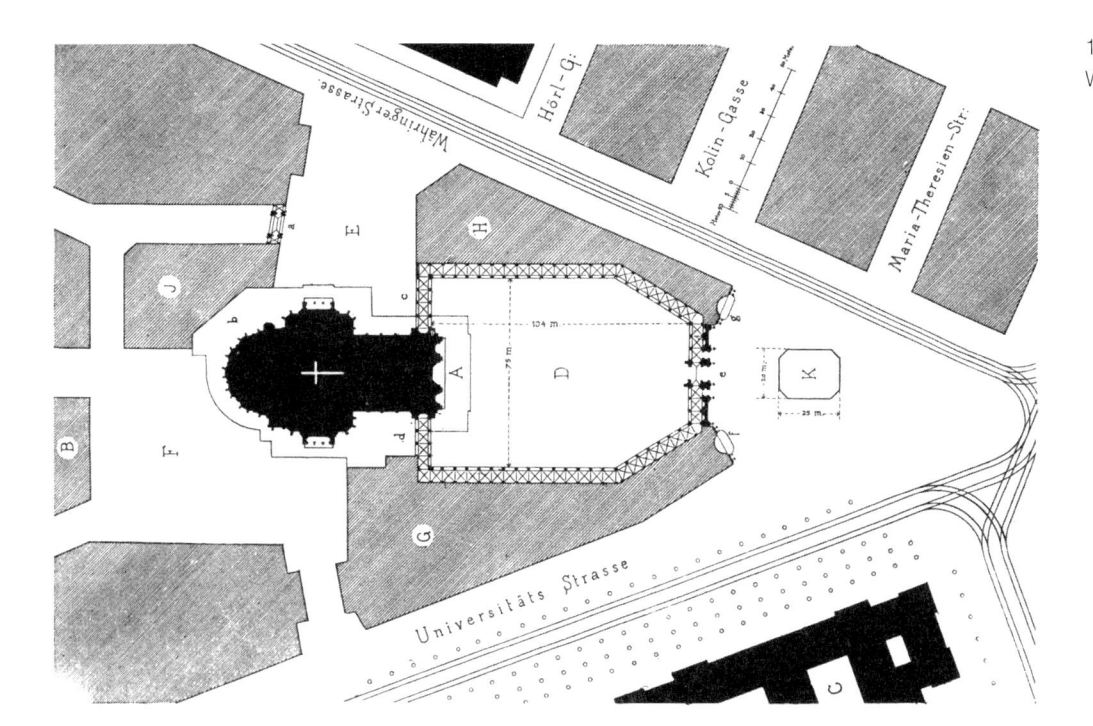

188. Votiv-Kirchenplatz (heute: Rooseveltplatz), Wien, (A), Arch.: Camillo Sitte.

Arkade und Kolonnade als Verbindungsglied

Arkaden und Kolonnade können im Städtebau sowohl verbindendes als auch gleichzeitig durchlässiges Zwischenglied unterschiedlicher freistehender Bauteile oder Gebäude angelegt sein.

Kreuzgänge und Hoffassungen

Die Arkade bildet in Klöstern als meist quadratischer Kreuzgang einen zentralen Ort der Ruhe, des Besinnens, des Betens, der Erholung. Gleichzeitig bindet der Kreuzgang alle Räume, die Zellen und die Kirche zu einer baulich räumlichen Einheit, die aber erweiterbar, in sich veränderbar, also lebendig ist. Kreuzgänge können vorgelagert oder im Erdgeschoss zum Hof offen in die höhere Umbauung integriert sein. Dieser von Arkaden oder Kolonnaden begrenzte Hof – in der Antike das strukturierende Element flächiger Bebauungen – wird im Mittelalter bestimmend für die Klosterarchitektur. Vorbild dafür ist der Klosterplan von St. Gallen aus karolingischer Zeit.

Das exakte Zentrum dieses Plans bildet der Kreuzgang, der die umgebenden Klostergebäude mit der Kirche zu einer ruhigen Mitte zusammenbindet. Dieser Typus setzt sich für alle klösterlichen Anlagen durch. Weitere Abbildungen zeigen dann spätere Klosterbauten mit vorgelagerten Kreuzgängen und den typischen Brunnenhäusern. Dabei entspricht der Grundriss von Fontenay weitgehend dem idealen Klosterschema des Hl. Bernhard von Clairvaux.

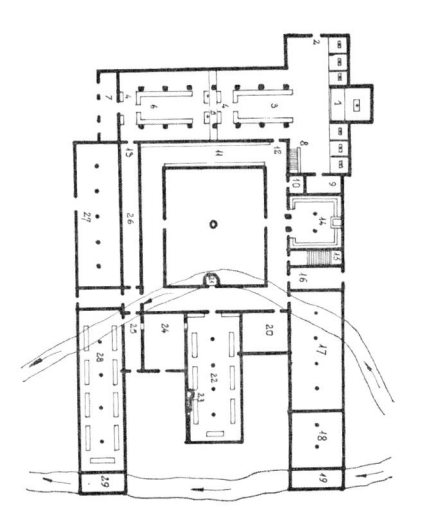

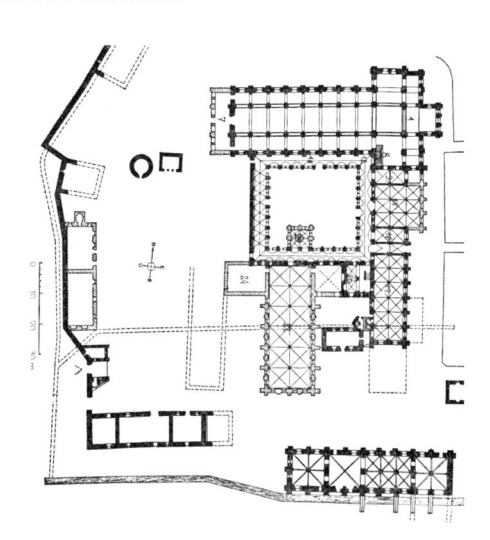

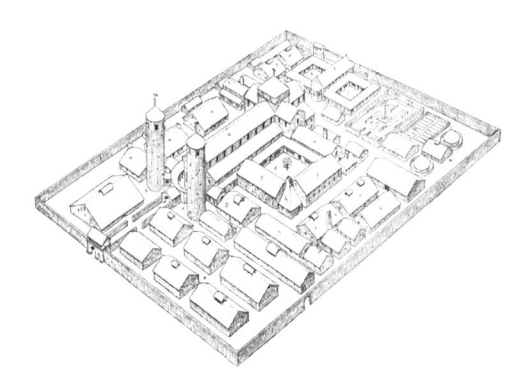

189. Isometrie des Klosters St. Gallen.

190. Bernhard von Clairvaux, Klosterschema.
191. Kloster Fontenay, Frankreich, 1118–1130, Grundriss des Zisterzienserklosters. Fontenay zeigt die fast wörtliche Übernahme des Schemas.

192. Moissac, Kreuzgang des ehemaligen Klosters St. Pierre.

In den Kartäuserklöstern mit der Regel vom abgeschiedenen Leben und Schweigegebot liegen die Zellen als kleine Häuser isoliert, allerdings untereinander und mit der Kirche durch den lang gestreckten Kreuzgang verbunden. So entsteht trotz der Isolation eine räumliche Einheit.

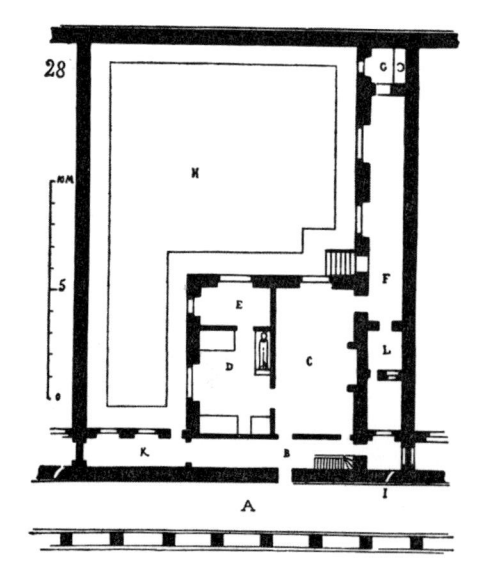

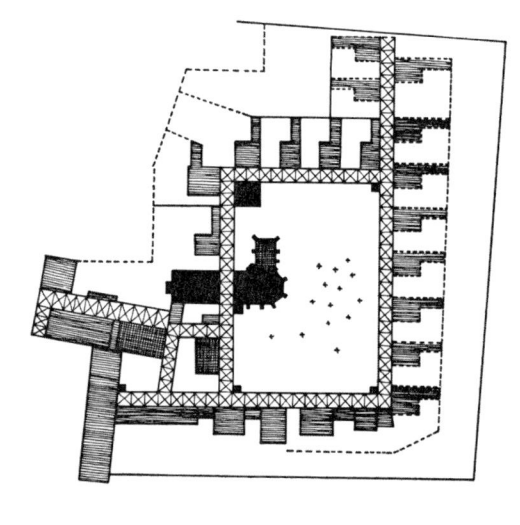

193. Kartäuserzelle nach Viollet-le-Duc. A: Kreuzgang, B: Gang als Lärmabschirmung, C: geheizter Vorraum, D: Zelle, E: Kammer, F: Gang zur Latrine, H: Garten, L: Abstellraum für zusätzliche Nahrung, K: Zugang nur für den Prior bis zur Gartentür.

194. Buxheim, Kloster Reichskartause.

Im modernen Kloster La Tourette arbeitete Le Corbusier auch mit dem Element des verbindenden Kreuzganges, allerdings nicht mit der Konsequenz der Vorbilder. Hier ist die räumliche Einheit durch das Aufspalten der Wege und das Freistellen des Kreuzgangs verunklärt.

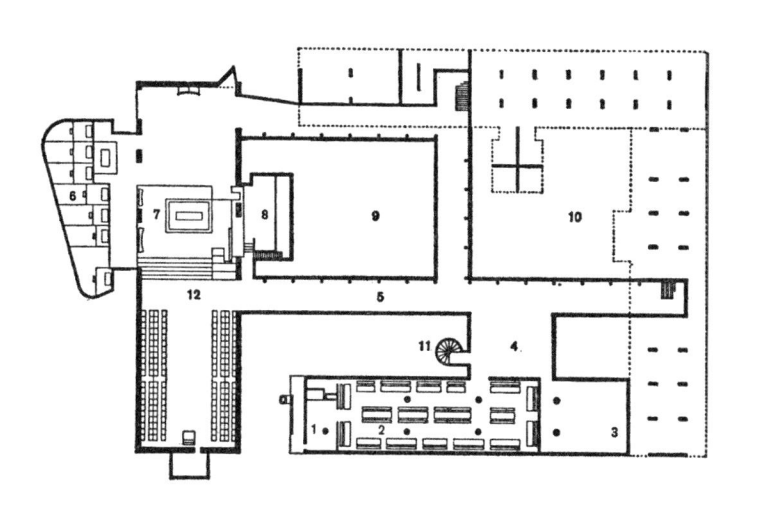

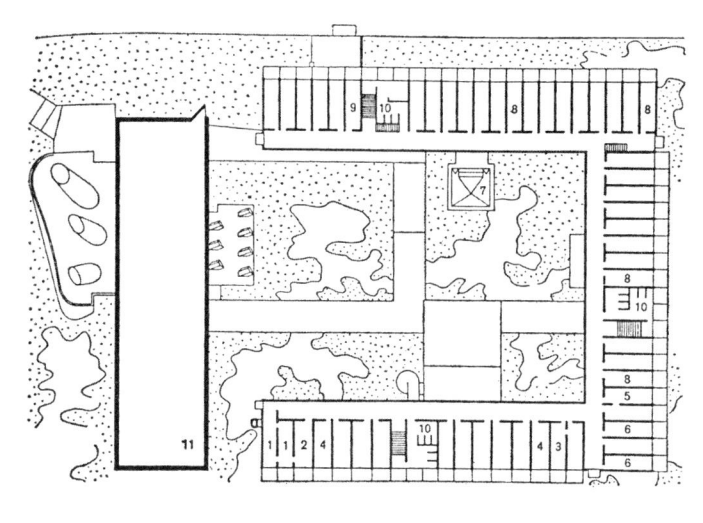

Eine Umkehrung der Kreuzgangidee zeigt Gottfiried Böhm. Das öffentliche hohe Arkadenrechteck vor der Kathedrale von Tubarão (Brasilien) und um die alte Kirche bezieht diese als Taufkapelle in die Gesamtanlage ein als große Einheit.

195+196. Kloster Sainte-Marie de la Tourette, Éveux, Frankreich, Arch.: Le Corbusier.

Wie schon erwähnt ist der Arkadenhof schon in der Antike weit verbreitet, dafür ein Beispiel aus Deutschland: Das Legions-Krankenhaus (Valetudinarium) in Vetera bei Xanten. Der quadratische Innenhof wird an drei Seiten von einem den Krankenzimmern vorgelagerten Laubengang gefasst, der zum einen als Klimaschutz, wohl aber auch als Distanzzone für Besucher dienen sollte. Diese Grundform wird dann ab dem Mittelalter für die übersichtliche Organisation der Hospitäler bis in das 19. Jahrhundert hinein verwendet.

197–199. Santa Catarina, Brasilien, Tuberao Kathedrale, 1957 Perspektive, Grundriss, Schnitt, Arch.: Gottfried Böhm.

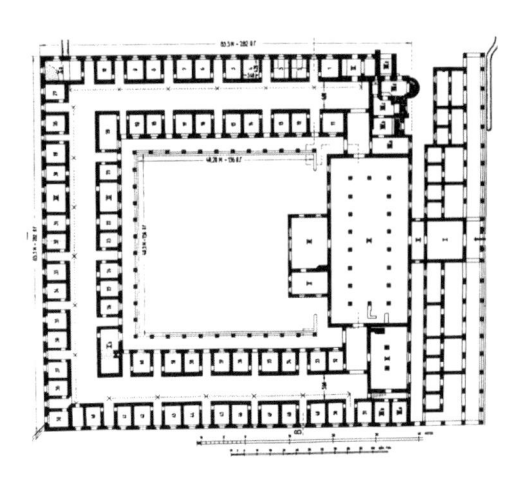

200. Vetera bei Xanten, Valetudinarium im Römerlager, errichtet um 70. Chr.

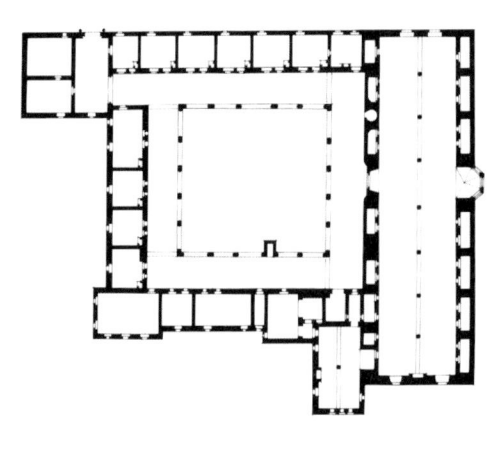

201. Rhodos (GR), Johanniter-Hospital, erbaut 1440–1489.

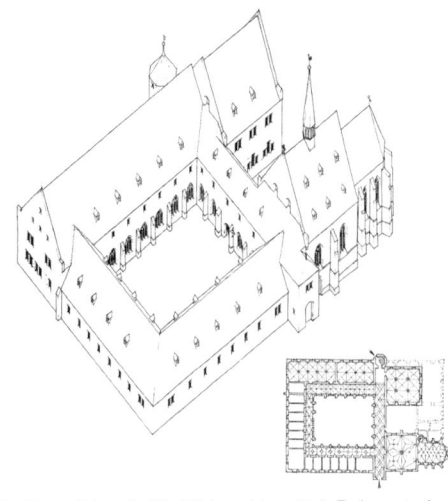

202. Kues (Mosel): St. Niklaus Hospital, Rekonstruktion, gegr. 1417

„Der Grundriss zeigt eine Konzeption von eindrucksvoller Klarheit. Er vereinigt in sich alle Erfahrungen, Erkenntnisse und Typenarten des spätmittelalterlichen Hospitals. Wir finden neben dem Pfründnerhaustyp mit der Halle im EG und den Kammern mit Mittelkorridor im OG die Zellenanlage um einen Hof, deren Verbindungskorridor (Kreuzgang) in die Kapelle mündet. Während die westliche, zweischiffige Halle des zweigeschossigen Nordflügels den Kranken vorbehalten war, diente der östlich anschließende Saal, mit guter Verbindung zur Küche, als Reflektorium."[21]

Der verbindende östliche Kreuzgangflügel macht einen getrennten öffentlichen Zugang zu Kapelle und Saal möglich, ohne dass der Krankenbereich betreten werden muss.

Kreuzgänge und Hoffassungen im Wohnungsbau
Der hofumspannende Arkadengang kann natürlich auch im Wohnungsbau ein verbindendes Element mit vielen Kontaktmöglichkeiten sein, wird aber leider kaum angewandt.

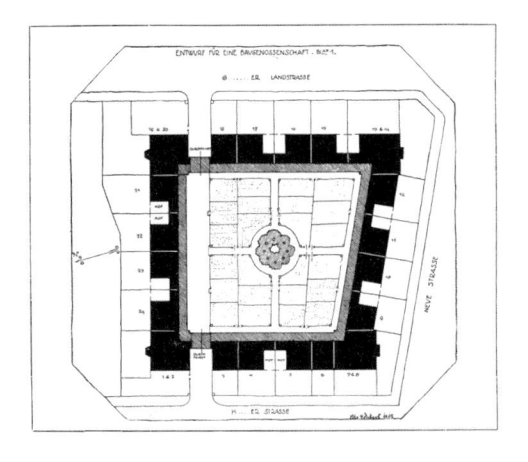

203+204. München, Entwurf Kleinwohnung, Arch.: Otto Völkers. Lageplan und Perspektive des Innenhofs.

Das schöne Projekt von Otto Völckers für eine Baugenossenschaft von 1917 hat das Motto: „O quam bonum et incundum fratres habitare in unum" – also: *„Seht, wie gut und lieblich ist es, wenn Brüder einträchtig beieinander wohnen."*[22]

Besonders qualitätsvoll und begehrt sind die Arbeiterwohnungen des Kruppschen Werkwohnungsbaus auf der Margarethenhöhe in Essen. Teil der Anlage sind auch um Höfe gruppierte Kleinwohnungen für alte Leute wie der Witwenhof an der Agathenstraße, der durch einen inneren Laubengang erschlossen wird. Dieser gewährt einerseits den Blick nach außen, verbindet aber auch die Einzelbauten einer räumlichen Einheit. *„Die beiden Höfe sind eine abgeschlossene, still friedliche Welt für sich, ein liebevoll ausgestattetes Stückchen Erde voll malerisch anheimelnder Bilder und Durchblicke."*[23]

[21] Craemer 1963.
[22] Psalm 132, Vers 1. Zum Projekt: Baer 1918.
[23] Klapheck 1930, S. 60.

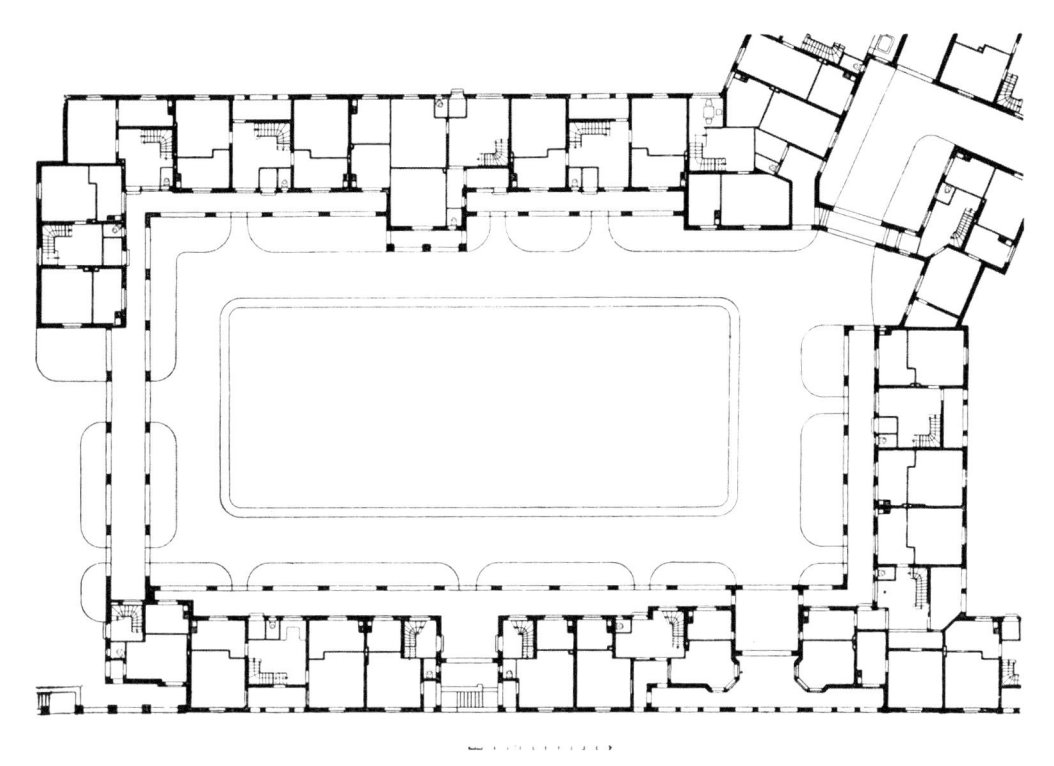

205+206. Essen, Siedlung Altenhof, Witwenhof an der Agathenstraße, 1910–13, Arch.: Robert Schmohl, Grundriss und Perspektive.

Ein Block für Alten- und Normalwohnungen in Neuß neben dem Obertor inmitten einer Wasserfläche umschließt einen quadratischen Hof mit Arkadengang im Erdgeschoss, der sich im 2. Obergeschoss wiederholt. Die Erschließung der Wohnungen erfolgt von diesen „Kreuzgängen" aus. Es entsteht eine hofbezogene Öffentlichkeit, da auch ein allgemeines Durchqueren des Hofes möglich ist.

207. Neuss, Am Obertor, Wohnhof, 1972, Arch.: Böhm, Finke, Popp, Schalhorn, Schmalscheidt.

Fazit: Kreuzgänge und Hofumbauungen

Für den Ansatz des Zusammenfassens selbständiger Teile zum Ganzen sind Arkaden, Laubengänge, Kolonnaden und Kreuzgänge ein ideales Mittel, wobei Erweiterungen, Ergänzungen aber durchaus möglich sind. Das zeigen diese Beispiele mit ihrer fast bausteinartigen Anordnung von arkadengesäumten Höfen und den zugehörenden Gebäuden zu größeren Einheiten, die aber fertig und unfertig zugleich sind.

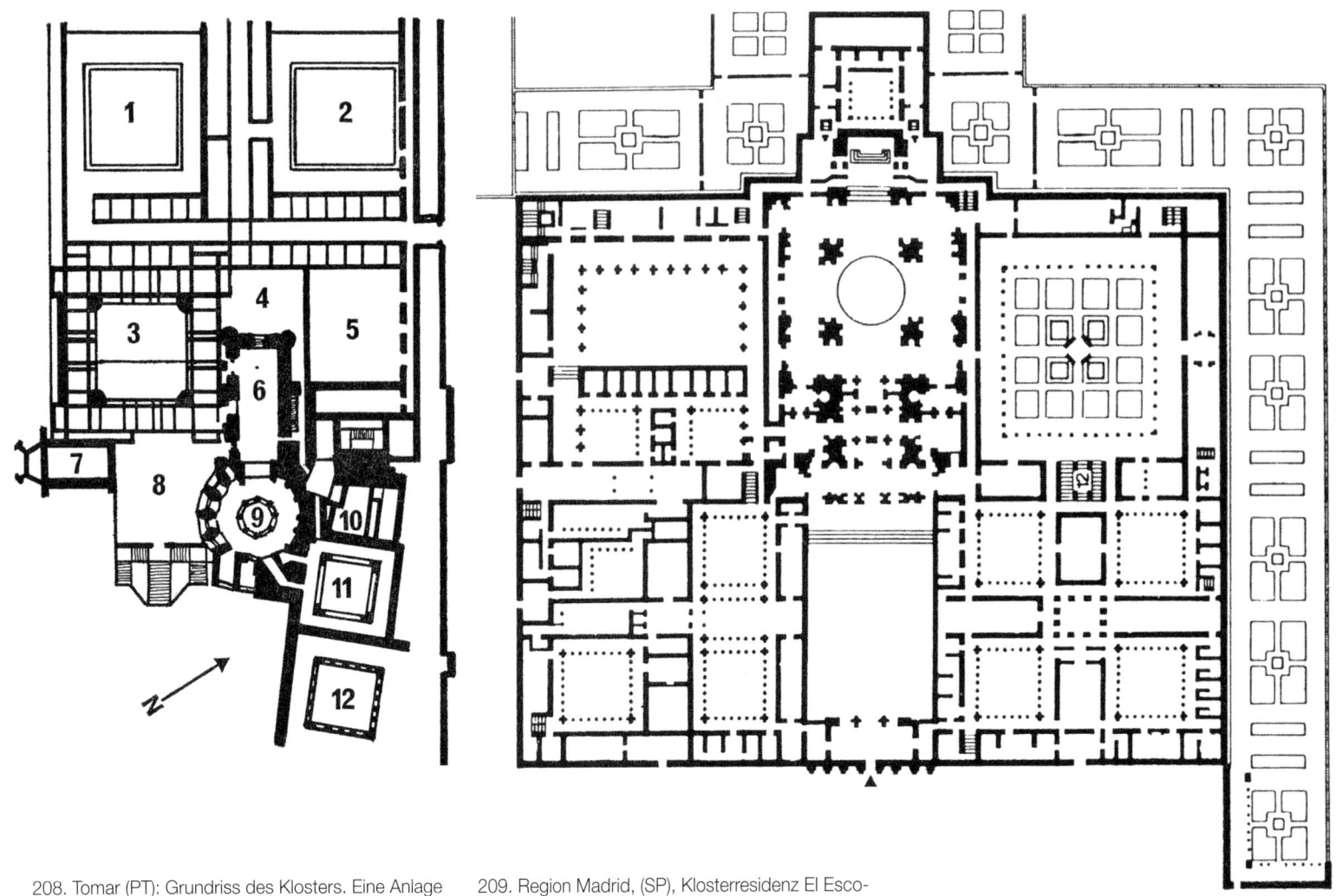

208. Tomar (PT): Grundriss des Klosters. Eine Anlage mit einer Vielzahl unterschiedlicher Kreuzgänge. Die Anlage wurde zwischen dem 12. undd 14. Jahrhundert ständig erweitert und verändert. Ein Beispiel für fertig und doch nie vollendet.

209. Region Madrid, (SP), Klosterresidenz El Escorial, 1563–84, Arch.: Juan Bautista de Toledo. Die Anlage beherbergt neben dem Königspalast auch ein Kloster. Insgesamt befinden sich zwölf Kreuzgänge in dem riesenhaften Gebäude.

Kreuzgänge:
1. dos Corvos
2. da Micha
3. Prinzipal
4. de Santa Barbara
5. da Hospedaria
11. do Cementatio
12. da Lavagem

3. Gruppieren

Gruppieren

Das Gruppenbilden, das sich Zusammenschließen entspricht einem Urbedürfnis nach Sicherheit und Kontakt (wichtig dabei noch der Unterschied: eine Gruppe bildet sich freiwillig, spontan – eine Truppe wird gebildet, entsteht auf Befehl).

Definition: „*Gruppe – [...] kleinere Anzahl von miteinander in Beziehung stehenden, einander zugeordneten Personen oder Dingen, auch (seit der 2. Hälfte des 19. Jh.) durch gleiche Interessen verbundener Personenkreis.*"[24] Oder, auf die Architektur zugeschnitten: Eine Gruppe ist eine kleinere Anzahl miteinander in Beziehung stehender, einander zugeordneter (selbständiger) Gebäude (im Idealfall erweiterbar). Wenn eine solche Baugruppe dann auch noch eine formal befriedigende Einheit ergibt, ist der Ansatz 1 + x = 1 erfüllt. Dabei kann eine Baugruppe geplant, erdacht oder allmählich gewachsen sein.

Gruppenbildung mit Gebäuden

Rundling
Das Urbild einer Baugruppe ist wohl der Rundling (vor allem im Wendland): Es handelt sich um ein Dorf aus einer strengen Gruppe von selbständigen Gehöften um eine kreisförmige Mitte mit keilförmigen Grundstücken und ohne Durchgangsstraße.

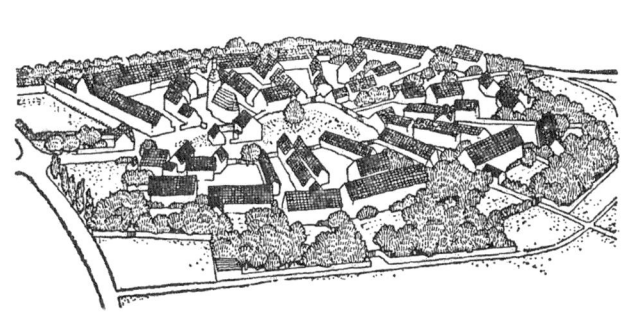

210+211. Rundling. Vogelperspektive und Grundriss.

Haus-Hof-Typ
Bei der Anlage von Straßen und Plätzen gelten für das formale Ausformen folgende Forderungen einerseits nach einem klaren Raumbild, andererseits den Wunsch nach Gruppierung der Einzelbausteine zu einem befriedigenden Ganzen. Im Idealfall entsteht ein Ensemble, das von Durchlässigkeit geprägt ist aber auch einen erkennbaren Bezug von vorne nach hinten und von innen nach außen hat. Diese Forderungen sind widersprüchlich: durchlässig, selbständig und geschlossen zugleich ist ein Paradox. Trotzdem gibt es eine Lösung. Das zeigt die traditionelle Bauweise in den Orten Mitteleuropas bis weithin nach Osten als Haus-Hoftyp: das konsequente Reihen giebelständiger, meist schmaler Häuser mit zugehörenden Hof senkrecht zur Straße als Grenzbebauung.

Der Haus-Hoftyp hat in seiner Reinform folgende Charakteristika:
– schmale, niedriggeschossige Häuser mit First senkrecht zur Straße
– (offener) Hof als Trennung zum Nachbarn
– Hausgrundriss meist ein Raum tief, Stube mit Fenstern zum Hof und zur Straße
– Nach innen Stall und Vorräte – bei wachsendem Raumbedarf Erweiterung zum Winkelhaus oder nach hinten
– Bei offenem Hof im dörflichen Umfeld intensive Beziehung von innen und außen
– In städtischen Ansiedlungen ist der Hof abgegrenzt mit Tür und Tor – tagsüber geöffnet, nachts geschlossen
– Rhythmus hoch-niedrig-hoch ergibt spannungsvolle, aber in der Blickachse Straße geschlossene Fronten
– Die kettenartige Bebauung erlaubt problemloses Anpassen an die Topographie, örtliche Besonderheiten und das Erweitern zum Anger bzw. zu Plätzen

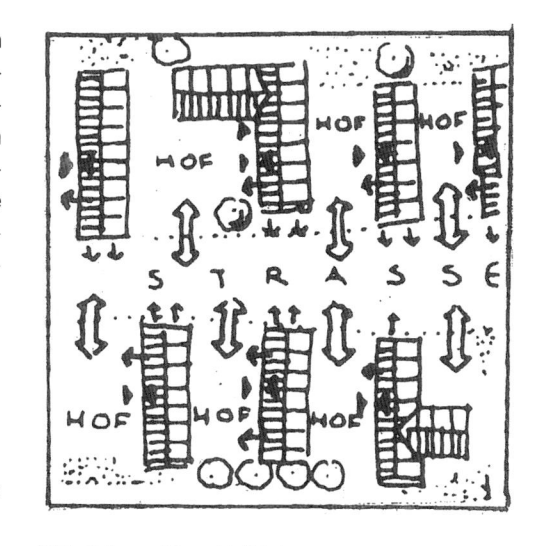

212. Schema Haus-Hof Bebauung.

[24] Pfeifer 1989, S. 615.

Die folgenden Beispiele zeigen, wie der Haus-Hoftyp bei Gründungsdörfern unterschiedliche Gruppierungen erlaubt, zunächst bei Ansiedlungen im Osten. Aber auch in der Eifel, der Pfalz, im Hunsrück, in Hessen und in Thüringen ist der Haus-Hoftyp bestimmend. Im Burgenland und in Siebenbürgen war und ist zum Teil heute noch der Haus-Hoftyp mit eindrucksvollen Siedlungsbildern prägend.

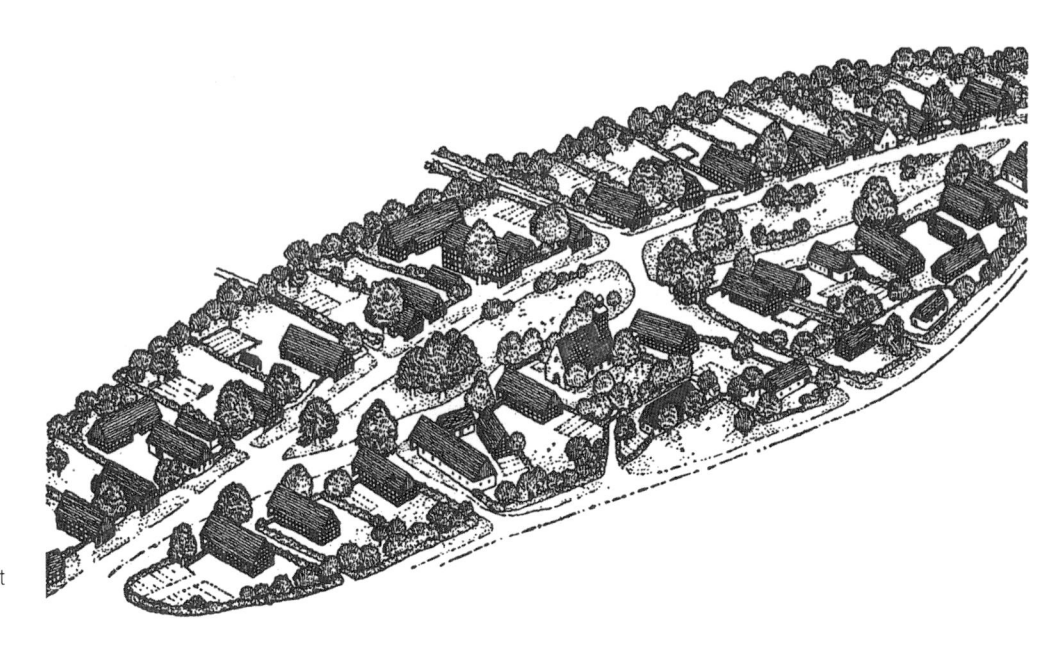

213. Ostdeutsches Angerdorf, (älterer Dorfteil von Rüdnitz/Oder). Trotz Zwischenräumen wirkt die Bebauung im Straßenraum geschlossen, die Häuser mit Vorbauten unter dem Giebel.

214. Eicha, Thüringen. Bewegte Raumgrenze dem Bachlauf folgend.

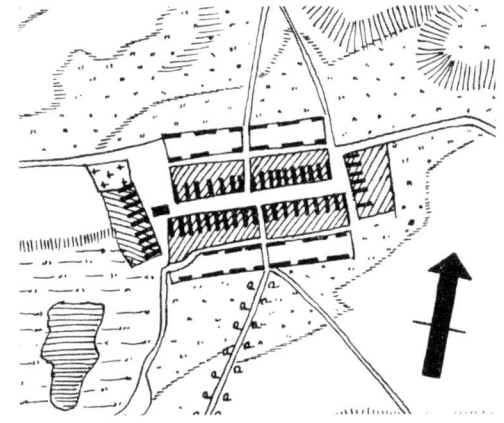

215. St. Andrä im Burgenland. Strenges Straßendorf mit geschlossenen Enden.

216. Gneixendorf bei Krems, Straßenansicht.

217. Kersbach am Main, Straßenansicht.

218+219. Die reizvollen Fassaden der Weinorte in der Pfalz sind vom Rhythmus niedrig/offen-hoch/geschlossen geprägt und bilden so eine Einheit.

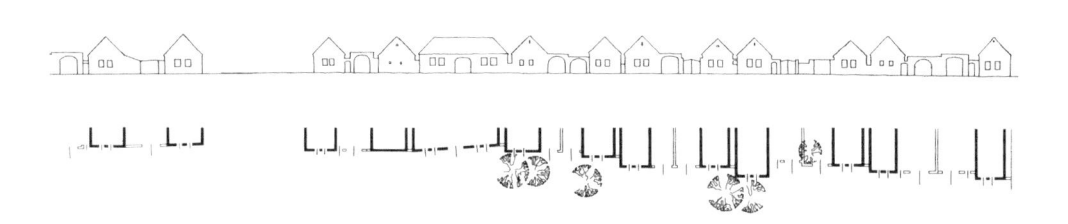

220+221. Trausdorf, Burgenland. Hausreihe mit Ansicht und Grundriss.

222. Gemeinde Scharosch, Rumänien.

223. Trausdorf, Burgenland. Perspektive.

Der Haus-Hoftyp in der alten Stadt

Die mittelalterlichen Städte waren lange Zeit zum Teil recht locker bebaut: Offene Durchfahrten, Straßenhöfe, Ställe, Gärten waren häufig, der Haus-Hoftyp war somit in der Stadt häufig zu finden. Das änderte sich bei wachsender Raumnot und damit zunehmender Verdichtung. Die Straßenhöfe und offenen Durchfahrten wurden nach und nach überbaut und die geschlossene Fassade wird weitgehend bestimmend, allerdings zum Teil noch geprägt vom Rhythmus eines breiten höheren Haupthauses und eines schmalen niedrigen Nebenhauses, oft mit Durchfahrt. Leider sind diese lebendigen und anregenden Straßenfronten fast ganz verschwunden.

Die Beispiele, zeigen wie Mannigfaltigkeit, Abwechslung und trotzdem Einheit aus einer zwangsläufigen Entwicklung zur Verdichtung entstehen können, ohne das krampfhafte Bemühen, interessant zu gestalten, wie es heute vielfach Mode ist.

U-förmig umbaute Straßenhöfe

Im Gegensatz zu den recht schmalen Haus-Hoftypen mit (zunächst) einseitiger Grenzbebauung entstanden in vielen Städten ab Ende des Mittelalters breitere Häuser, die einen bewusst angeordneten mittigen Straßenhof U-förmig umschließen. Oft handelt es sich dabei um die Stadtpalais des Adels und reicher Bürger. Der Hof mit geschmücktem Tor dient der Repräsentation. Gleichzeitig erweitert und verbessert er die Belichtung der Wohngeschosse und ist – bei entsprechender Größe – auch Stellplatz.

Die Umkehrung dieses Ansatzes ist – bei geschlossener Bebauung – die recht häufige Entwicklung von Innenhöfen, oft arkadengesäumt, manchmal auch offen zur Gartenseite – aber das ist ein weiteres Thema.

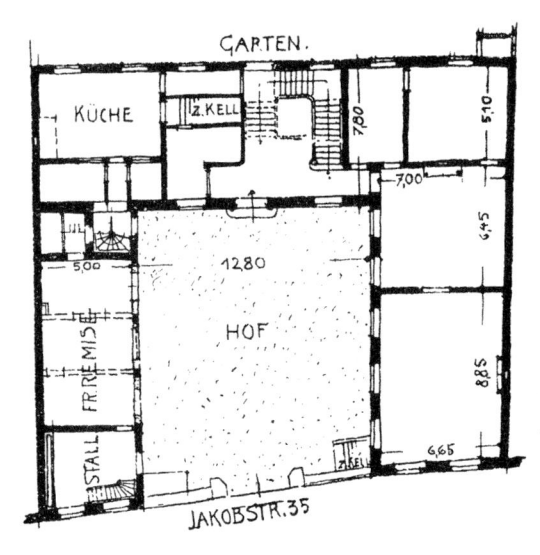

224. Freiburg im Breisgau, Stadtpalais.

225+226. Aachen, Jakobstraße, Haus Heusch.

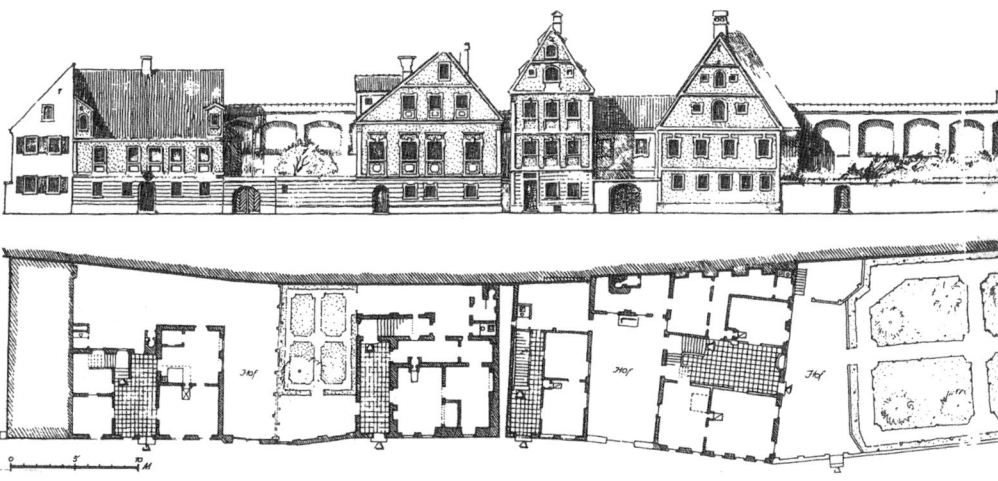

227. Augsburg, Straßenabwicklung mittleres Pfaffengässchen mit Grundrissen. Durchlässiges lebhaftes Straßenbild mit Giebelhäusern, Straßenhöfen, Hofmauern.

228–230. Aachen, Augustastraße, Kutscherhaus des 19. Jahrhunderts. Architekt der Renovierung: Horst Fischer.

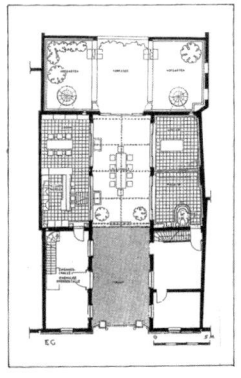

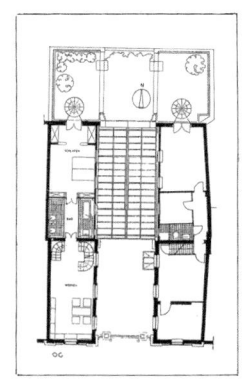

Anwendungen heute

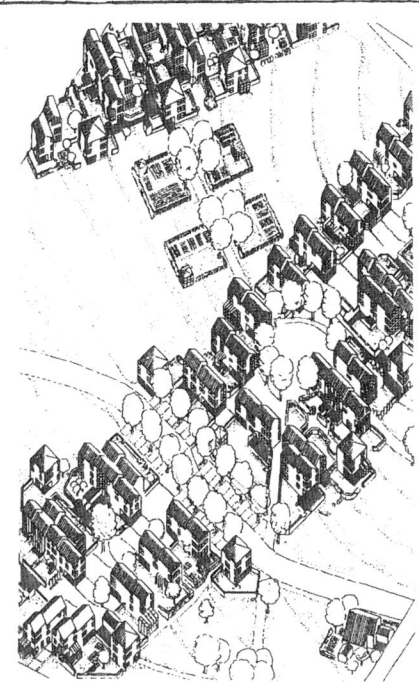

Wettbewerb Vormholz – Süd
Architekt: Hans Schmalscheidt, Aachen

In der Planung wird versucht, möglichst große Teile des schönen Geländes zusammenhängend zu erhalten – vor allem um die Siepen und Baumgruppen. Deshalb werden die Wohnhäuser in einem Netz von Wohnarmen mit sehr großer Maschenweite angeordnet, wobei lediglich der große äußere Geländerand und die Mitte zwischen den Tälern bebaut werden. Die verbleibenden Freiflächen sollen – soweit sinnvoll möglich – weiterhin durch die Landwirtschaft genutzt werden. Lediglich die Flächen, die für landwirtschaftliche Bewirtschaftung unrentabel sind, werden zusätzliche öffentliche Frei- und Spielflächen.

Die Wohnarme sind einfach und übersichtlich konzipiert: An der mittigen Wohnstraße sind die in die Tiefe gestellten Häuser offen aufgereiht. So ist immer, trotz einer eindeutigen Raumbegrenzung, der Landschaftsbezug gegeben. Die Anordnung von jeweils drei in der Tiefe aneinandergebauten Häusern führt zur Erweiterung der Wohnstraße mit kleinen Wohnhöfen. Diese sind zur Landschaft jeweils durch einen ungerichteten „Wohnturm" abgeschlossen.

Als Grundhaus wird ein nur 5–6 m breites und 12–15 m tiefes Gebäude mit Mittelerschließung vorgeschlagen. Dieser Haustyp bietet unspezialisierte, gleich große Räume „rechts" und „links" der Treppe (die Nutzung kann der Bewohner selbst überlegen, z. B. ob er oben oder unten wohnen will). Das Haus ist gut an das Gelände anpaßbar (Steigerung oder Quergefälle). Die Wohnstraßen sind so verknüpft, daß sie ein zusammenhängendes öffentliches Netz bilden, Sackgassen sind grundsätzlich vermieden. Wichtige Anknüpfungspunkte nach „außen" sind das Schulzentrum und Straßen der schon bestehenden nördlichen und östlichen Außenrandbebauung. Die Wohnstraßen sind Fußgängern, Kindern, Rollern und Fahrrädern vorbehalten, lediglich die Autos der Anlieger dürfen einfahren; sie parken jeweils in einer offenen Halle unter der Stirnseite der Häuser.

Die allgemein zu befahrenden Erschließungsstraßen sind – z. T. unter Benutzung der vorhandenen Wege – auf das unbedingt notwendige Maß zugeschnitten. Sie verlaufen entweder parallel zu den Wohnarmen oder durchqueren sie senkrecht, an ihnen liegen die öffentlichen Parkplätze mit einer Gehwegentfernung zu den Häusern von max. 60–70 m. Gestaltung und die Konstruktion sollen einfach und selbstverständlich sein, hier liegt die beste Verbindung zur Tradition. Als Material wird Ziegel bzw. Holz vorgeschlagen.

Sch.

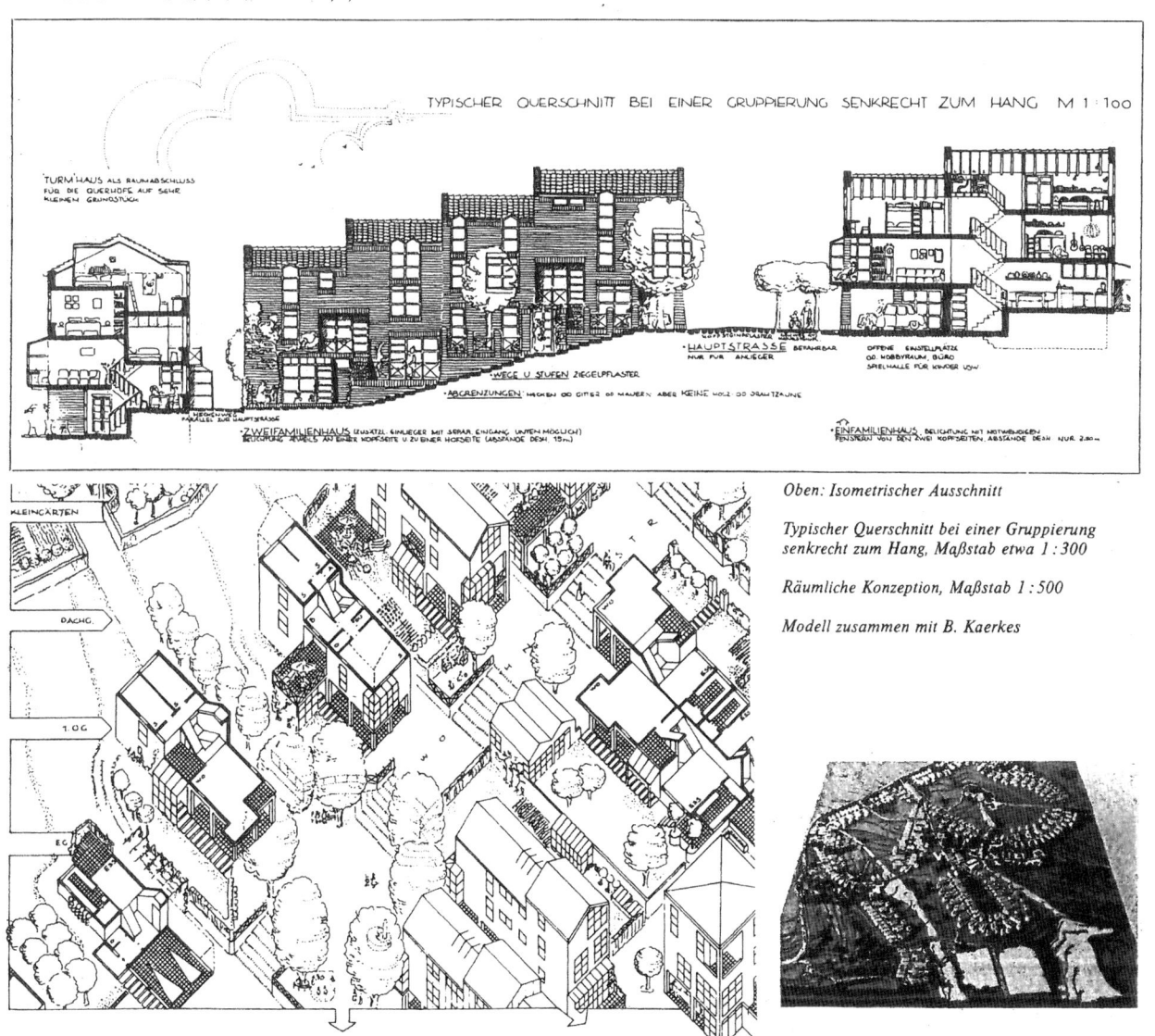

Oben: Isometrischer Ausschnitt

Typischer Querschnitt bei einer Gruppierung senkrecht zum Hang, Maßstab etwa 1 : 300

Räumliche Konzeption, Maßstab 1 : 500

Modell zusammen mit B. Kaerkes

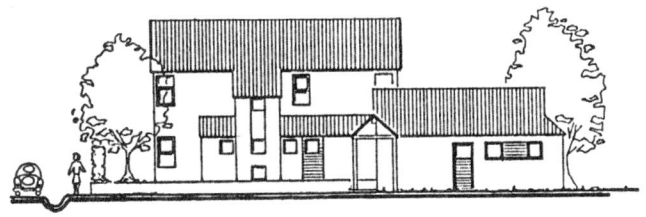

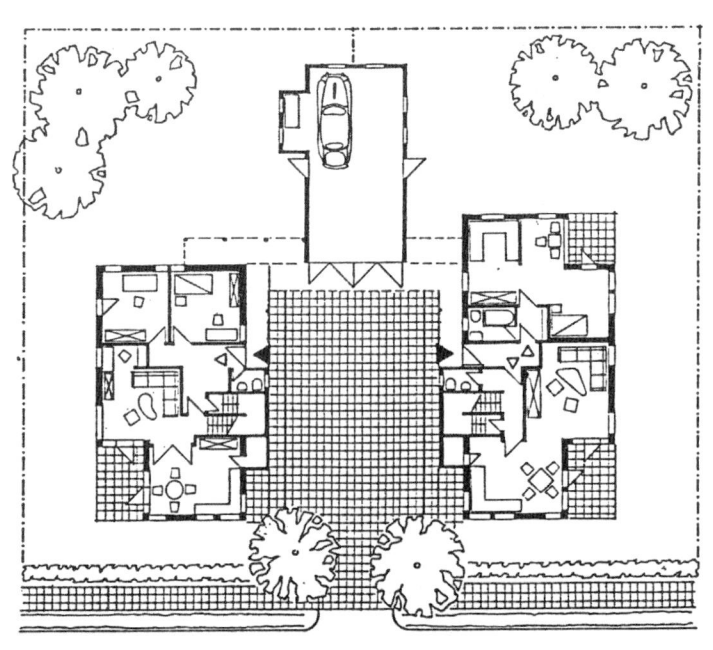

231–234. Roetgen, Doppelhaus, Arch.: R. Wurdak.

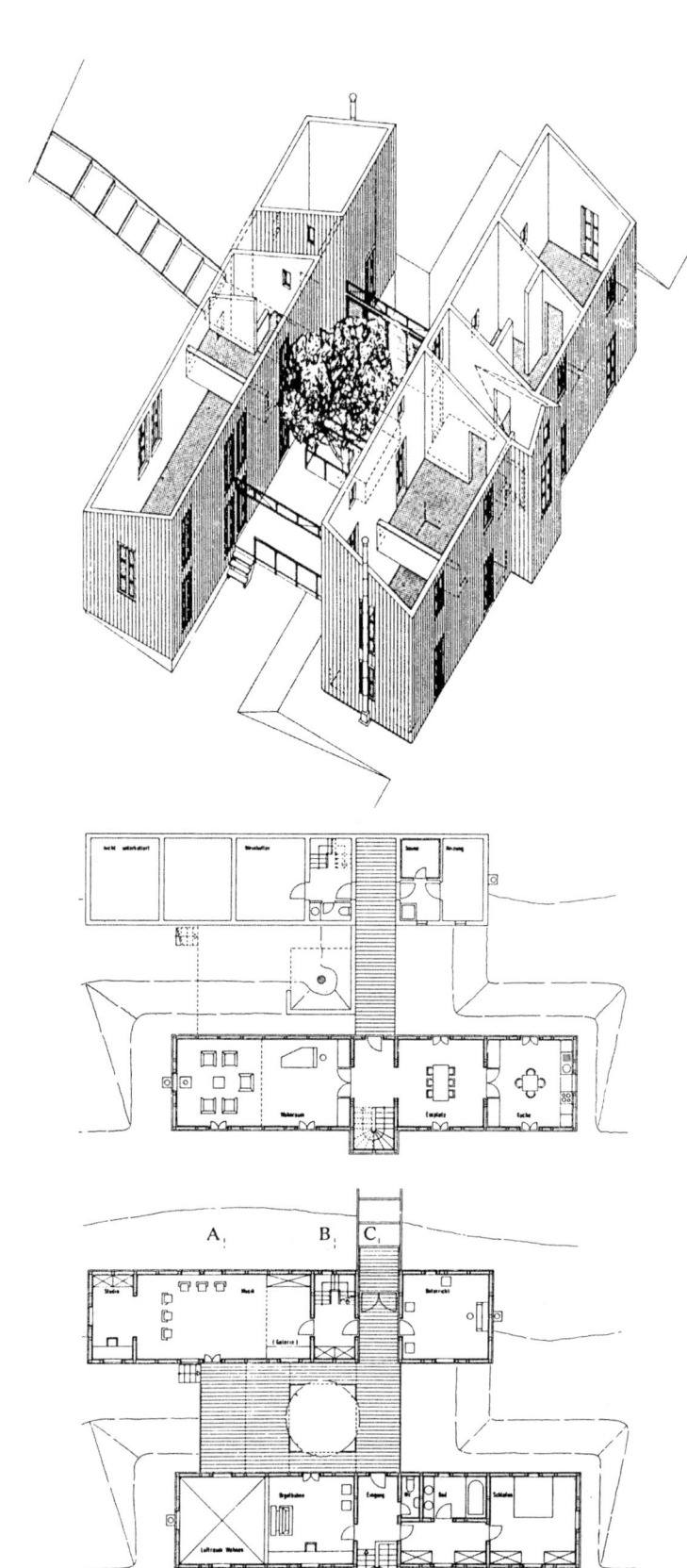

235–237. Rheinfelden, Doppelhaus 1985, Arch.: Th. Heiss, G. Pfeiffer. Die sehr individuellen Wünsche eines Musikerehepaares nach ungestörten Übungs- und Konzertmöglichkeiten führten zu zwei getrennten Baukörpern. Der Raum zwischen den parallelen Baukörpern bildet als Verbindung den Konzertraum.

Gruppenbildung im Gebäude

Aus der unüberschaubaren Zahl der Gruppierungen versuche ich eine Auswahl (zunächst in zeitlicher Reihenfolge) vorzustellen. An den Anfang stelle ich die großartige, sich fast durch zwei Jahrtausende immer wieder wandelnde Baugruppe des Trierer Doms. Der Dombereich ist einer der entscheidenden Orte der weltgeschichtlichen Begegnung zwischen der Antike, dem Christentum und den Germanen.

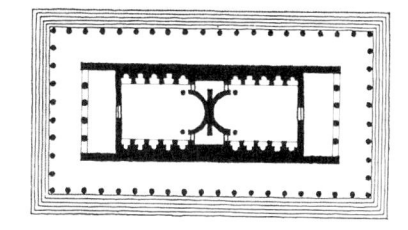

[25] Henze 1959, S. 622.
[26] ausführlich: Küppers 1975.

Trier, Dom
„*Der Dom hat die älteste Geschichte aller deutschen Kirchen. […] Dom und Liebfrauenkirche stehen über den Grundmauern eines römischen Palastes. […] Über der konstantinischen Palastanlage errichtete das 4. Jh. eine Doppelkirche. Die Südkirche stand auf dem Platz der heutigen Liebfrauenkirche, die Nordkirche hatte den Platz des Domes inne. Zwischen den beiden Bauwerken lag ein Baptisterium. Die Gesamtanlage dieses christlichen Kirchenbezirkes nahm zwei Quadrate des antiken Stadtgrundrisses ein.*" [25]

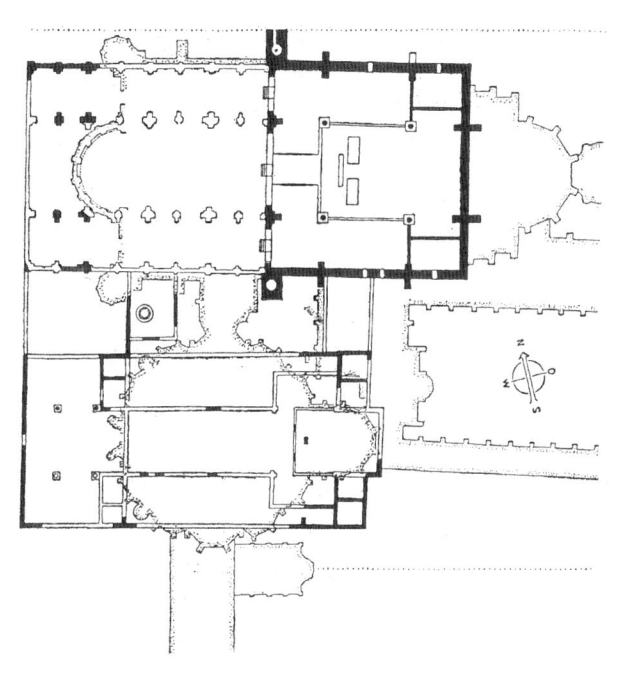

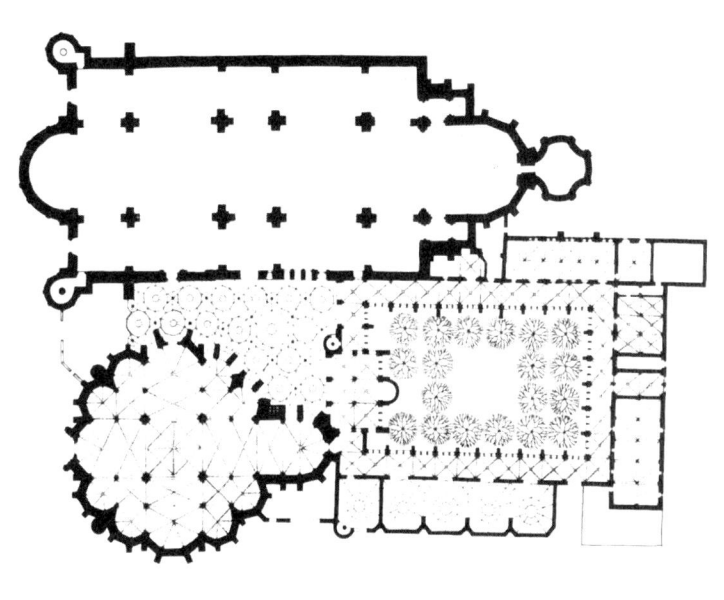

238. Rom, Tempel der Venus und der Roma. Bei diesem Tempel sind die selbständigen Einheiten in einem Gebäude gekoppelt und durch eine umlaufende Säulenstellung zusammengefasst.

239+240. Trier, Dom, links ottonische Bischofskirche, Rechts Entwurf der Zwischenhalle. Arch.: Gottfried Böhm. Der Entwurf einer übergreifenden Zwischenhalle verbindet die Baugruppe in heutiger Architektursprache enger zur großen Einheit.

Gruppe in Längsrichtung: Münsterkirche in Essen
Die längs gerichtete Gruppe wird optisch betont und zusammengebunden durch die Abfolge des Hauptturms im Westen über der Johanneskirche, der Oktogonbekrönung im Zentrum und den hohen Dachreiter über der Vierung des Münsters. So entsteht trotz der großen Formenvielfalt eine ablesbare Einheit.[26]

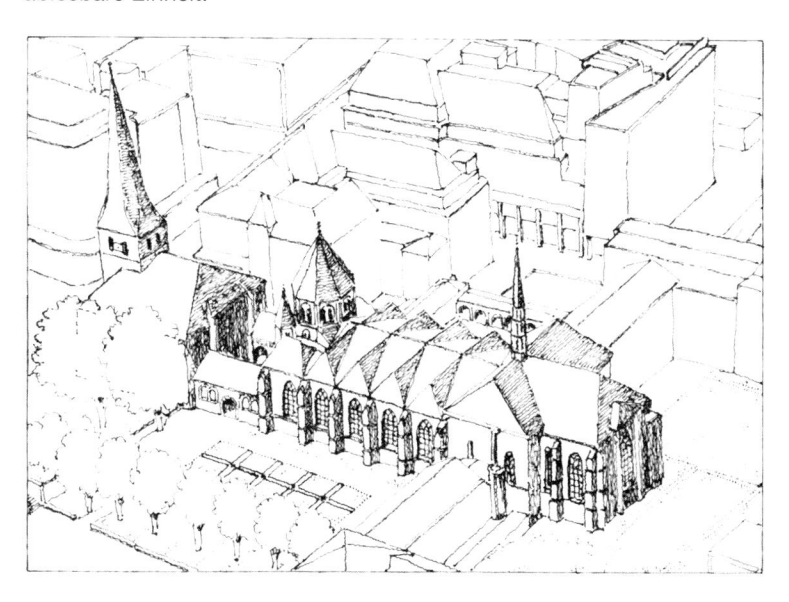

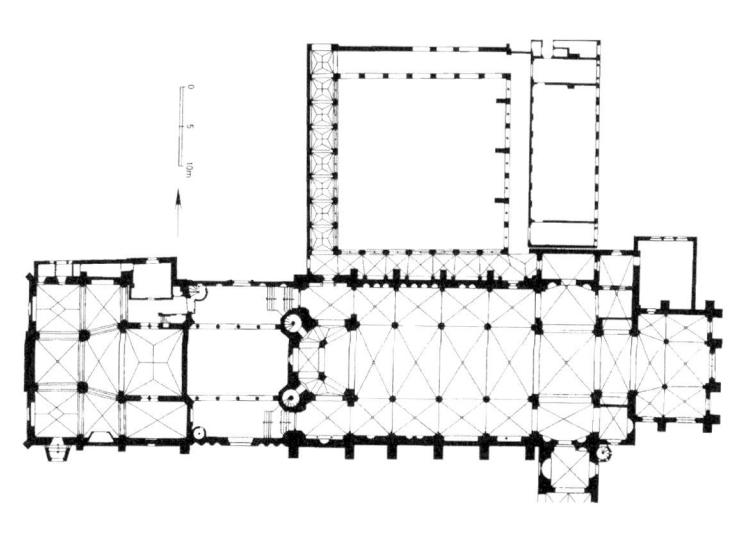

241+242. Essen, Kath. Dom SS. Cosmas und Damian, sog. Münster. Luftbild und Grundriss.

[27] Street 1969.
[28] Ausführlich zur komplexen Baugeschichte: Schüller-Piroli 1950.
[29] Bredekamp 2000, S.99.
[30] Bredekamp 2000, S.99.
[31] Koepf 1956, S. 145.

Gruppe alt und neu quer: Salamanca

Als Ersatz für die als sehr düster und niedrig empfundene Catedral viejo baute man ab 1510 in Salamanca über 200 Jahre lang eine riesige neue Kathedrale. Die parallel stehende alte Kathedrale blieb im Wesentlichen bestehen, die Verbindung beider liegt im nördlichen Seitenschiff der alten Kirche. So bilden die beiden Kirchen mit ihren Kuppeln eine markante Einheit.[27]

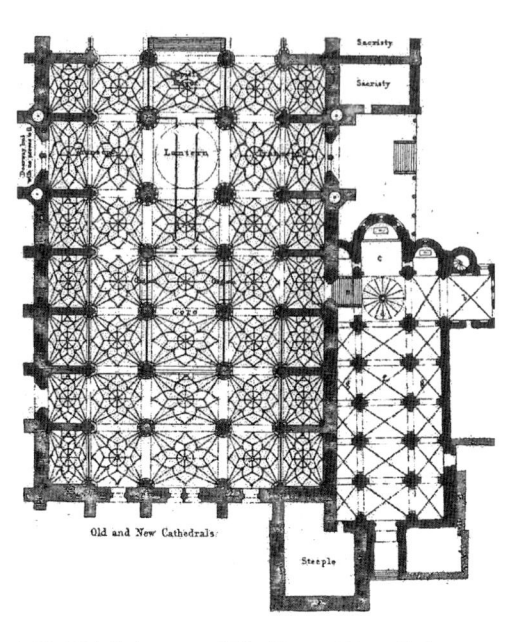

243+244. Salamanca (SP), Alte und Neue Kathedrale. Perspektive der beiden Kuppeln und Grundriss.

Alt und Neu St. Peter in Rom als epochenverbindende lebendige Gruppe

Ein besonders spannendes Beispiel einer Baugruppe stellen die verschiedenen Bauphasen von Alt- und Neu St. Peter dar. Für den von Michelangelo als Zentralbau geplanten Neubau von St. Peter wurden das Querhaus und der Chor von Alt Peter zur Hälfte abgebrochen und mit einer neuen Stirnwand geschlossen. In dieser Form blieb das Gebäude noch 70 Jahre in Gebrauch (1545–1615).[28]

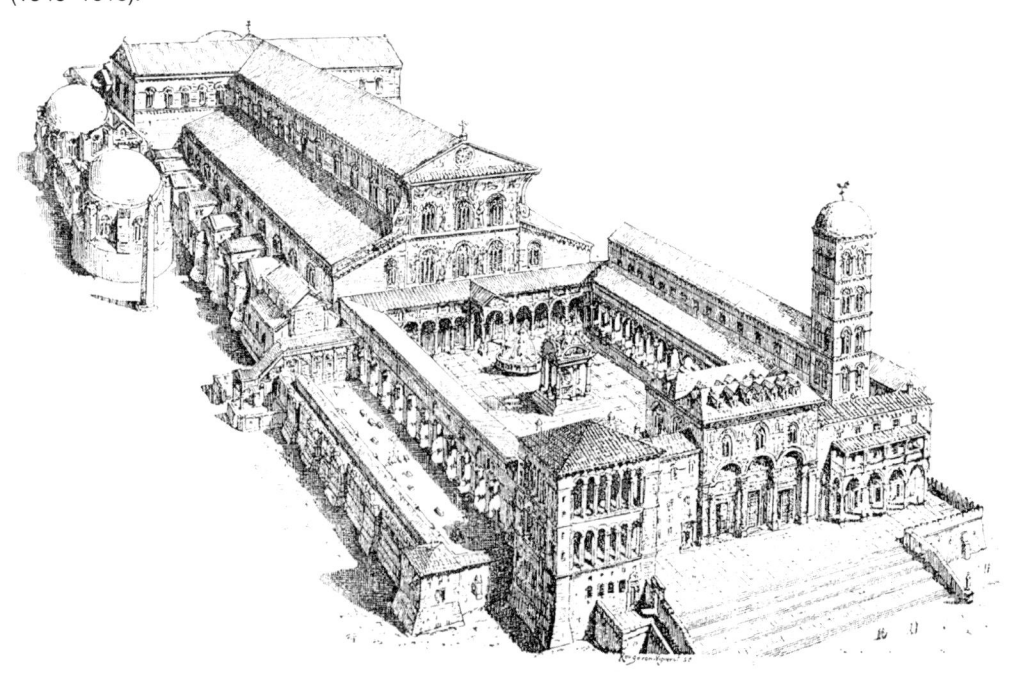

245. Die Peterskirche im Mittelalter, Rom, (Rekonstruktion von Brewer und Crostarosa).

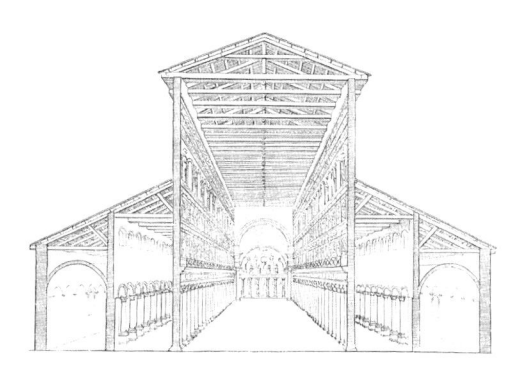

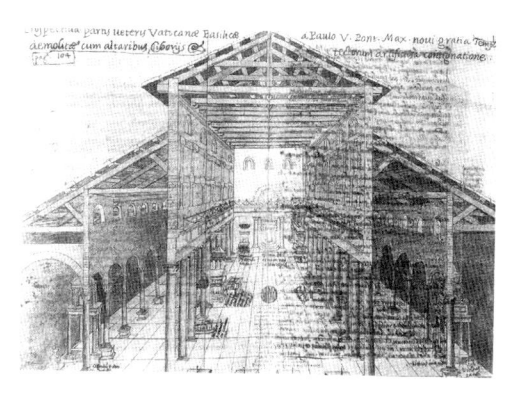

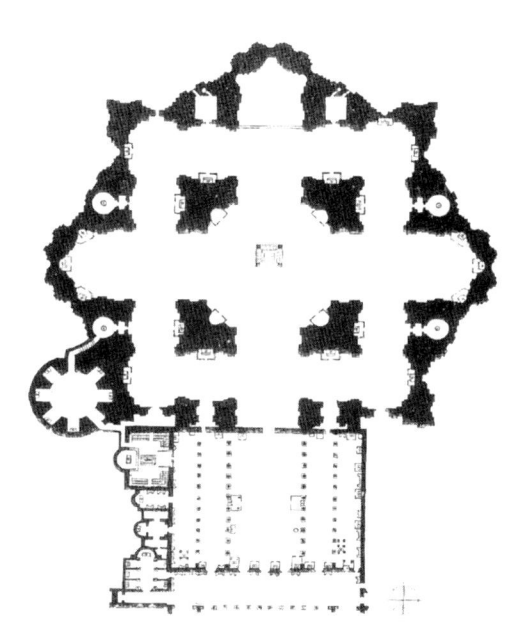

„*Das konstantinische Langhaus schien neben Michelangelos Zentralbau koexistieren zu können. Eine dauerhafte Kombination beider Baukörper, [...] schien die Möglichkeit zu bieten, das triumphale Wirken der Kirche in der Zeit von den Ursprüngen bis in die Gegenwart zu symbolisieren. Der Weg vom Atrium durch das Langhaus als einem lebendigen Museum der Kirchen- und Heilsgeschichte bis zur Trennwand sowie anschließend zur modernen Kuppelkirche, die so effizient wie prachtvoll die triumphierende Kirche verkörpert hätte, wäre eine Via triumphalis der Gegenreformation geworden.*"[29]

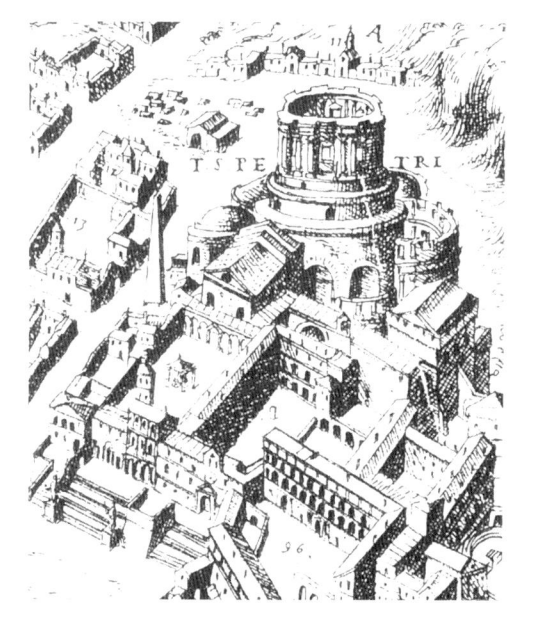

246–250. Umbau und Abriss von Alt-St. Peter und Bau der modernen Kuppelkirche.

Nach jahrzehntelangem heftigem Streit kam es leider anders: „*Der Zentralbau Michelangelos, so wurde argumentiert, sei dem katholischen Ritus nicht zugänglich, und daher müsse sein Ostarm verlängert werden, um die Form eines Kreuzes zu gewinnen. Daß ein solches auf Kosten des konstantinischen Langhauses gehen mußte, erschien aus dieser Perspektive als das kleinere Übel.*"[30]

So wurden die Reste des frühchristlichen St. Peter paradoxerweise ein Opfer der Gegenreformation und die wohl einmalige Gruppierung zerstört.

Verklammerte Gruppe
Als Beispiel der Reformationen die Wallonisch-Niederländische Kirche in Hanau (1600–1608). „*An ein stärker betontes Zwölfeck (34,5 m) für die zahlreichenden Wallonen ist ein Achteck (23 m) für die Flamen angefügt, das wegen der Sprachverschiedenheit durch eine Trennmauer abgeschlossen ist. Zwischen den beiden ungleich großen Zentralbauten, deren Äußeres durch mächtige Walmdächer betont ist, erhebt sich ein achteckiger Turm. In den Winkeln sind zwischen den Baukörpern Treppentürme angefügt, die zu den inneren Emporen beider Kirchen führen. (1600–1608.).*"[31]

251+252. Flämische und wallonische Kirche, Hanau Grundriss und Ansicht. Ein Zwölfeck (Wallonen, 34,5 m) und ein Achteck (Flamen, 23 m) sind für die verschiedensprachigen Flüchtlinge zu einer Einheit mit einer stark betonten Dachzone verschmolzen.

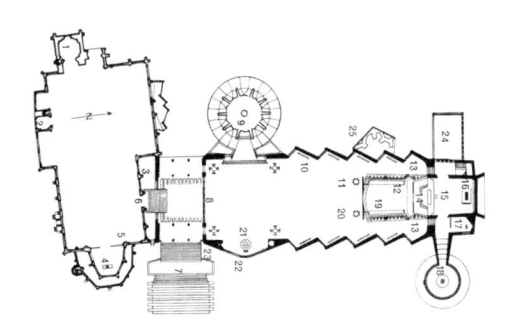

Die gegenläufige Anordnung der Kirchen erinnert an den Venus- und Rom-Tempel, aber im Gegensatz dazu sind die Baukörper deutlich unterschieden. Insgesamt ein bemerkenswertes frühes Beispiel religiöser Toleranz, ausgedrückt auch im Gruppenbau.

Gruppe im Winkel
Die Ruinen mit Turm der im Krieg zerstörten Kathedrale von Coventry wurden konserviert. Dazu wurde rechtwinklig die neue Kathedrale gebaut. An der Nahtstelle zwischen Alt- und Neubau befindet sich die überdachte hohe Eingangshalle. So entsteht eine charakteristische Gruppe, die eindrucksvoll sowohl die Kriegsfolgen sichtbar macht, als auch den Friedenswillen deutlich macht.

253+254. Coventry, Kathedrale, Arch.: Sir Basil Spence, Grundriss und Ansicht: links die Ruine, rechts der Neubau.

Durch Gruppieren zur städtebaulichen Einheit

Das Prinzip der Baugruppe ist natürlich nicht beschränkt auf sich ergänzende, sich gegenseitig steigernde Gebäude. Zum Markieren wichtiger stadträumlicher Situationen kann die Baugruppe höchst wirksam werden.

Rom Piazza del Popolo
Das Prinzip der Betonung des Eingangs und der weiterführenden Hauptrichtung geschieht häufig durch eine Zweiergruppe oder durch Monumente. Das Südende der Piazza del Popolo als Zugang zur ewigen Stadt ist durch das Kirchenpaar S. M. in Montesanto und S. M. dei Miracoli und die von dort ausstrahlenden Stadtachsen deutlich als Eingangssituation markiert.

255+256. Rom, Piazza del Popolo, Perspektive und Ausschnitt aus dem Nolli Plan von 1748.

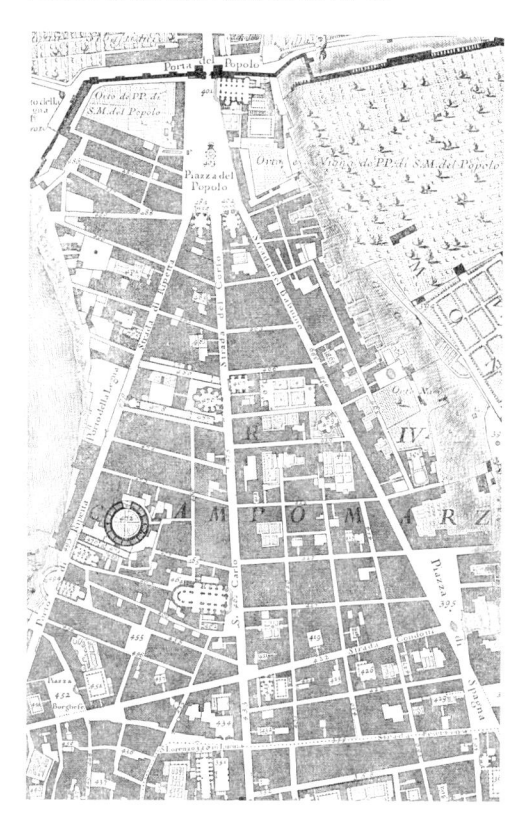

Gruppieren mit Ausblick
Eine geschlossene und trotzdem offene Gruppe zeigt die trapezförmige Piazza Picolomini in Pienza mit der geschlossenen Platzrückseite, den seitlichen Begrenzungen und der freistehenden Kathedrale auf der Ostseite.

Rechts und links der Kirche sind Durchblicke in die Landschaft bewusst offen gestaltet. Dadurch entsteht durch überlegtes Gruppieren eine geplante Verbindung von Stadt und Natur.[32]

[32] Siehe hierzu Pieper 1997.

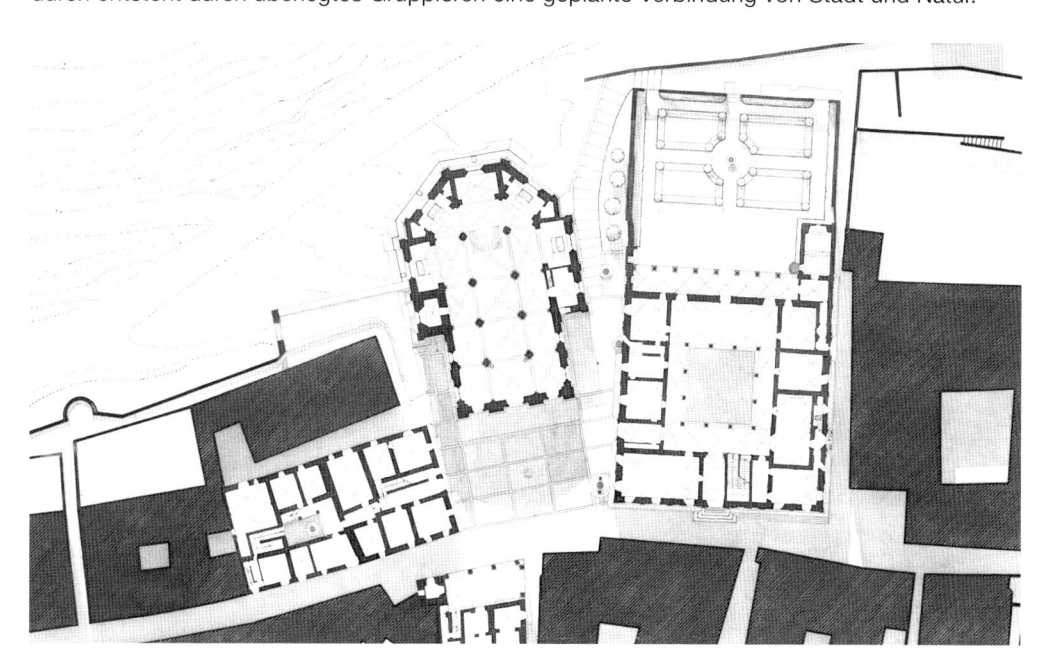

257. Pienza, Italien, Piazza.

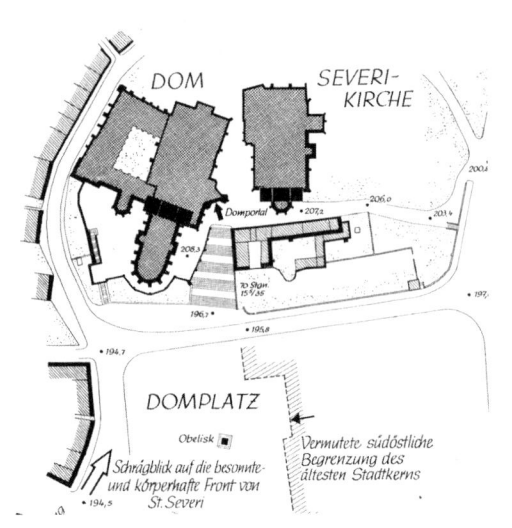

258–260. Erfurt, Dom und St. Severikirche.

Gruppieren mit Einblick

Hier sehen wir gewissermaßen die Umkehrung von Pienza: Die in Erfurt über dem (früher halb so großen) tiefer liegenden Mark einander zugekehrte Gruppe Dom-Severikirche, steigert sich durch den diagonalen Tiefenblick und die Höherstaffelung. Besonders wirkungsvoll ist dabei das direkte Hinführen auf das am Ende der Achse liegende, leicht abgewinkelte Domportal mit seinem Überbau. Dadurch werden die beiden eigentlich eigenständigen Kirchen visuell verbunden.

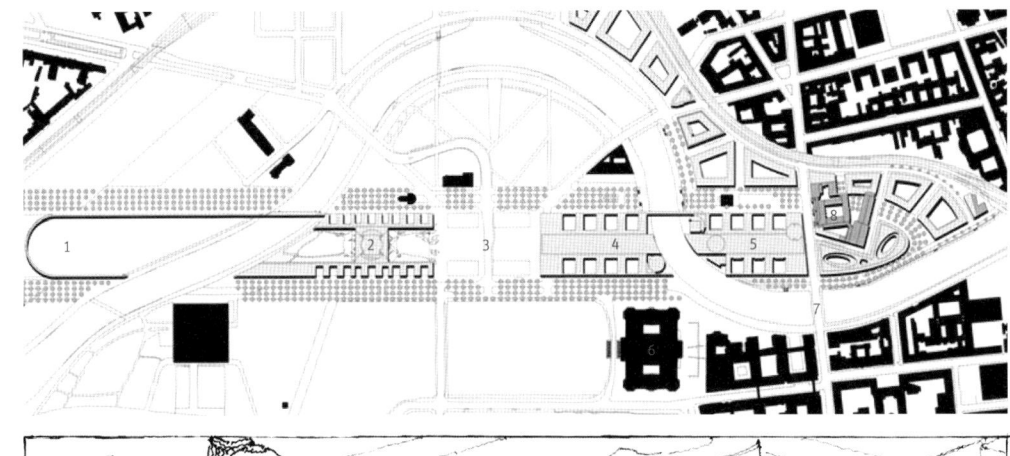

261. Band des Bundes Arch.: Axel Schultes und Charlotte Frank, 1992 mit dem Kanzlerpark (1); Bundeskanzleramt (2); Paul-Löbe-Haus (4); Marie-Elisabeth-Lüders-Haus (5) und dem Reichstagsgebäude (6).

262. Berlin, Paul-Löbe-Haus, Arch.: Stephan Braunfels, 2003, Isometrie.

Band des Bundes
Das „Band des Bundes" im Berliner Parlamentsbereich bildet eine städtebauliche Großgruppe. Sie besteht aus dem Paul-Löbe-Haus für die Bundestagsabgeordneten und dem Marie-Elisabeth-Lüders-Haus mit dem wissenschaftlichen Dienstleistungszentrum und der Parlamentsbibliothek. Beide Gebäude sind über die Spree hinweg durch eine Doppelbrücke verbunden und symbolisieren damit die Wiedervereinigung der einst durch die Mauer getrennten Stadthälften. *„Die zum Brückenschlag ausgereiften Dächer unterstreichen die Zusammengehörigkeit der Bauten."*[33] Hier wurde nach dem Prinzip „Einfache Mittel, große Wirkung" verfahren.

Nordische Botschaften, Berlin: Fünf Botschaften bilden eine Gruppe
Einen seiner Konsequenz herausragendes Beispiel befindet sich ebenfalls in Berlin: Das Ensemble der nordischen Botschaften von Dänemark, Norwegen, Schweden, Finnland und Island. Ausgangspunkt der Planung: fünf Staaten brauchen je ein Haus. Sensationeller Beschluss: Planen einer Gruppe. Ergebnis: *„Jeder für sich und doch gemeinsam."*[34] Es entsteht eine Einheit in der Vielfalt (Masterplan Berger + Parkkinen 1999). Das begrenzende Band mit seiner schuppenartigen Haut aus Kupfer schützt einen kleinen Stadtteil mit den individuellen Botschaften und einem Gemeinschafts- und Repräsentationshaus. Die eingeschnittenen Straßen betonen den räumlichen Zusammenhang. „Aus so viel Gemeinsamkeit heraus auf die territorialen Hoheitsrechte zugunsten einer Art »Botschaftskommune« samt Gemeinschaftshaus zu verzichten, ist Ausdruck einer hohen inneren Reife jener viel beschworenen Souveränität."[35] Insgesamt bildet diese Gruppe eine vorgeplante lebendige Einheit, die aber bei Bedarf durchaus erweitert – ergänzt werden könnte.

Köln, Wohnhaus mit Bibliothekskubus
Aus der unüberschaubaren Zahl von Gruppenbildungen im Wohnungsbau habe ich exemplarisch einige Projekte von Oswald Matthias Ungers ausgewählt, die besonders deutlich zeigen, wie die Addition an sich selbständiger Teile zu einem neuen Ganzen die Architektur bereichern kann.

Das bekannte Wohnhaus in der Belvederestraße in Köln von 1958 wurde im Jahre 1989 um das Kubushaus als unabhängiger Bücherschatzbehälter erweitert. *„Der so im eigenen Garten entstandene Kubus versteht sich als komplementäre Figur zu seinem Wohnhaus aus den 50er Jahren. [...] Der zwischen diesem neuen und dem alten Gebäude – denn um Gebäude handelt es sich zweifelsfrei, das sei betont – entstehende Raum wird zum Patio, zum Peristylhof, zum nach oben hin offenen Wendelgang: Klosterhof, Kreuzgang und öffentlicher Platz zugleich in einem Ensemble, das durch die Verschränkung aller Bauteile und Raumfolgen, die seit den 50er Jahren entstanden sind, eben zu dieser kleinen Stadt wird, die nur sich und die Architektur ihrer Elemente zum Thema hat."*[36]

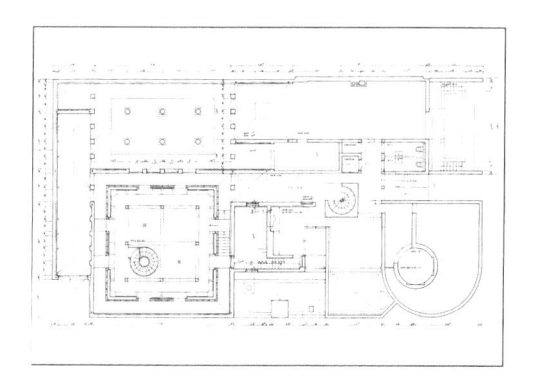

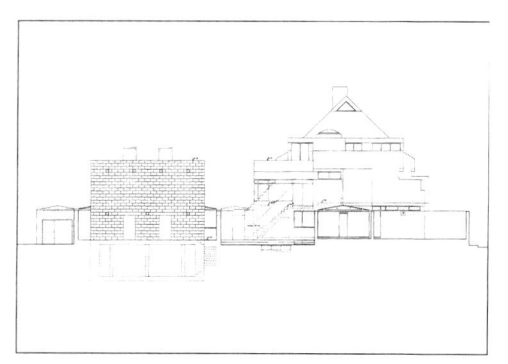

Marburg, Wohntürme Ritterstraße
„[Ungers] *verbindet hier die morphologische Reihe mit der Idee der Vielfalt in der Einheit bzw. der von der Stadt im Kleinen. Dabei wird die Nähe zur mittelalterlich geprägten Stadtmitte mit dem Marktplatz zum Anlass genommen, mit der dort vorgefundenen Einzelkörperbebauung exemplarisch zu spielen."*[37]

Berlin, Wohngruppe Lützowplatz 19
Hier sind die Häuser in einer zusammenhängenden Querkreisbebauung um eine ruhige Innenstraße mit kleinen Seitenhöfen gruppiert bei guter Ablesbarkeit der einzelnen Gebäude. Auch hier gilt: Einheit in der Vielfalt. Bedauerlich: Das kleine, intime Viertel wurde zu Gunsten einer noch höheren Ausnutzung abgerissen.

263. Nordische Botschaften Masterplan, Berlin, Arch.: Berger + Parkkinen, 1999.

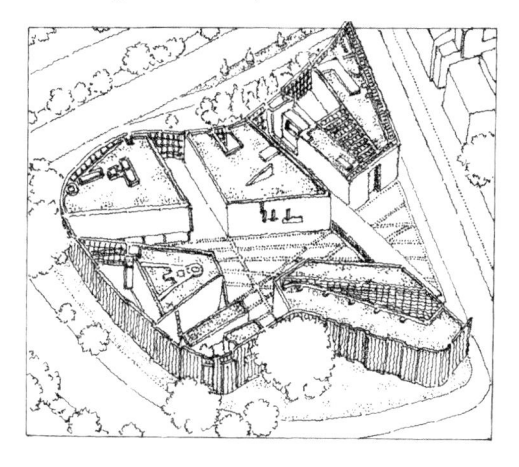

264–266 Köln, Belvederstraße, Wohnhaus O. M. Ungers (1958) mit Erweiterung des Bibliothekskubus (1989), Arch.: O.M. Ungers, Grundriss EG, Schnitt und Straßenansicht.

[33] Dubrau 2009, S.47.
[34] https://www.nordischebotschaften.org/der-botschaftskomplex (besucht 17. 3. 2020).
[35] Dubrau 2009, S.96.
[36] Kieren 1994, S.200.
[37] Kieren 1994, S. 90.

Verkehrsbauten als Gruppe durch Überlagern

Die Kreuzung zweier Verkehrsachsen erfordert auch Verkehrsbauten, die sich überlagern und dadurch automatisch Gruppen von Gebäuden und Funktionen bilden.

S-Bahnhof Ostkreuz Berlin

Der S-Bahnhof Ostkreuz funktioniert nach dem gleichen Prinzip wie der Entwurf für den Berliner Hauptbahnhof, aber mit umgekehrter Verteilung der Strecken: oben die Strecken Nord-Süd, unten Ost-West. Die obere Ebene ist von einer großzügigen Glashalle überwölbt, unten haben die Bahnsteige getrennte Dächer. Zusammen bilden die beiden Stationen eine getrennte Einheit.

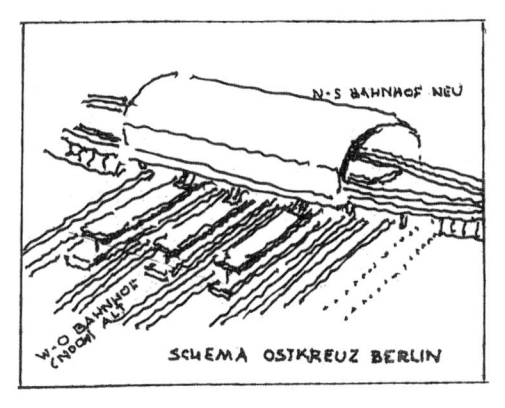

267. Berlin, Kreuzungsbahnhof Ostkreuz, Isometrie.

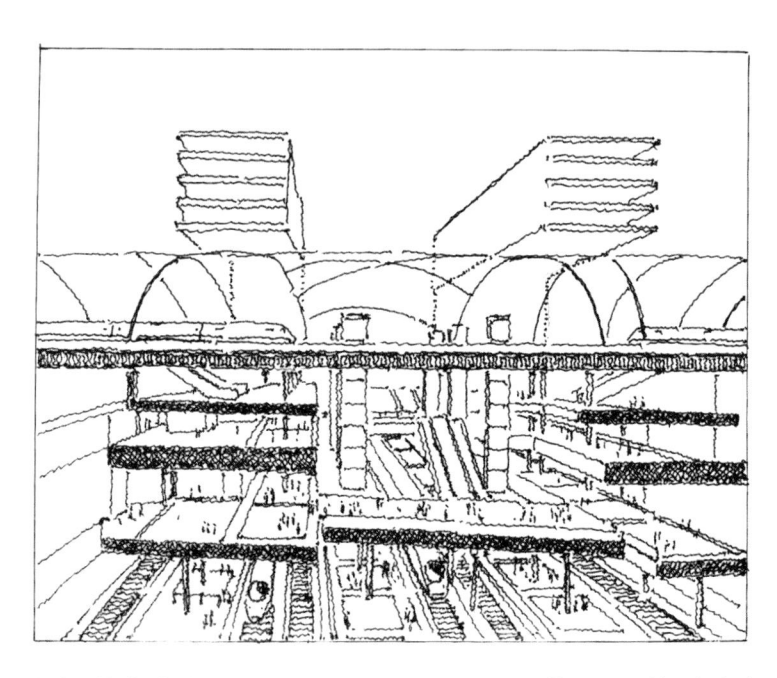

268+269. Berlin, Hauptbahnhof, Arch.: gmp von Gerkan, Marg und Partner, 2006. Schnitt und Blick in die Halle.

Der neue Hautbahnhof Berlin

Der neue Hauptbahnhof Berlin nach dem Entwurf von Meinhard von Gerkan hat als Kreuzungsbahnhof zwei selbständige Hauptebenen: Oberirdisch den aufgeständerten Ost-West Bahnhof und im Untergeschoss die Nord-Süd Bahnsteige. Beide sind verbunden durch verschiedene durchgeschobene Durchgangs-Erschließungs-Geschäftsebenen. Großzügige Durchblicke von und zu allen Bereichen ergeben einen faszinierenden Raumeindruck, der durch das überwölbende Glasdach noch gesteigert wird.

Turmgruppen

Besonders eindrucksvoll sind Turmgruppen, das ist eine Binsenweisheit. Zunächst denken wir dabei wohl an die markanten Doppeltürme von Domen und Kathedralen – jeder Turm in sich unabhängig, aber vollendet wirkt dann die Gruppe (wie überwältigend hätte wohl Straßburg bei Vollenden des zweiten Turms gewirkt, wenn schon das unvollendete Werk so überaus eindrucksvoll ist).

Aber Turmgruppierungen erleben wir ja nicht nur im Zusammenhang mit dem zugehörigen Bauwerk, sie wirken auch weit ins Umland hinein, wobei hochragende Türme und Gebäudegruppen im Stadtgrundriss überlegt verteilt, wiederum eine charakteristische Gesamtgruppe bilden können, die so eine unverwechselbare Silhouette besitzt. Das zeigen eindrucksvoll viele Stadtansichten bis in die Neuzeit.

Dagegen bewirkt das ungeplante Zusammenballen, Zusammenhäufen von Hochhaustürmen in Großstädten und Metropolen (vielfach bestimmt nur vom Renditedenken) tatsächlich einen Identitätsverlust. Diese modernen Silhouetten sind zwar überwältigend, aber kaum noch zu unterscheiden. Dabei gehen auch markant geformte Einzelbauten und Gebäudegruppen häufig in der Masse unter, trotz vieler (oft krampfhafter) Bemühungen um Individualität. Frei nach dem Motto: „Viele Höhepunkte verderben den Brei." Turm- und Hochhausgruppen benötigen Abstand und Respekt voreinander, damit sie wirken.

Interessant bei diesem Thema ist wohl auch, dass die Stadt der klassischen Antike im Allgemeinen keine Türme, geschweige denn Turmgruppen zur Repräsentation, und zum Steigern der Wirkung kennt. Die erdbezogene Horizontale ist hier bestimmend. Tempel oder Rathäuser mit Türmen sind bei den Griechen undenkbar. Türme sind im Allgemeinen nur Wehrbauten.

[38] Koepf 1985, S. 119.

Kathedraltürme
Die Fassaden der französischen Kathedralen von Laon, Paris und Reims zeigen eindrucksvoll die repräsentative Wirkung von Doppeltürmen, wobei funktional gilt: „*Die Westfassade ist die Stirnwand der Kathedrale. Der (meist) dreischiffige Raum bedingt eine Dreiteilung der Fassade in Mittelschifffront und flankierende Türme.*"[38] Die Mitte bietet dann auch den Platz für die dominierenden Fensterrosen. Insgesamt erlaubt dieses Prinzip höchst eindrucksvolle Gruppen.

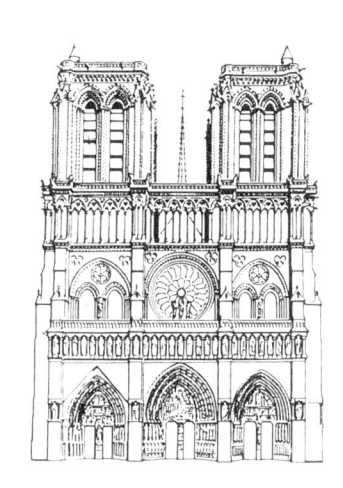

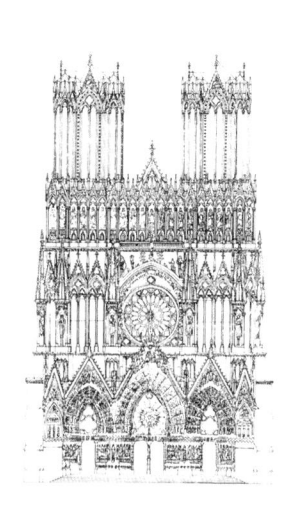

270–272. Zweiturmfassaden von Laon, Paris, Reims.

Dreiturmgruppen
Merkwürdigerweise sind Dreiturmgruppen relativ selten (trotz der immensen Bedeutung der Zahl drei in der Christlichen Zahlensymbolik). Einen Ansatz dazu zeigt Maria Laach, allerdings sind die drei Türme nicht gleichberechtigt. Eine der wenigen echten Dreiturmgruppen (wenn auch in bescheidenem Maßstab) zeigt sehr konsequent die Dreifaltigkeitskirche in Waldsassen, die sowohl im Grundriss als auch im Aufriss architektonisch die Trinität anschaulich machen möchte.

273+274. Dreiturmfassaden Maria Laach und Kappel bei Waldsassen.

Stadttore

Stadttore haben vielfach rechts und links des Durchgangs flankierende Verteidigungstürme. Diese bilden zusammen mit dem dahinter liegenden Abschlussturm imposante Gruppen.

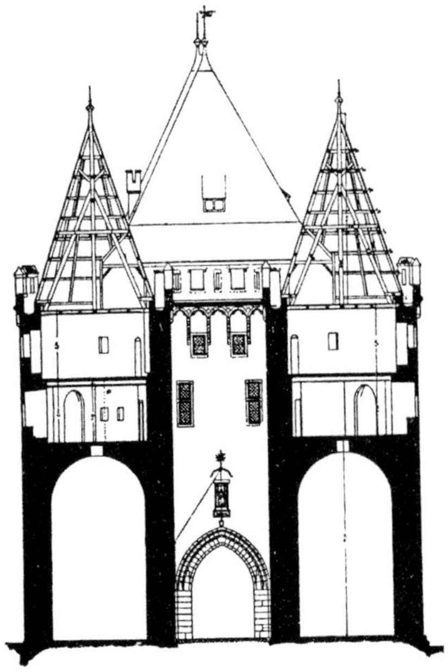

275. Neuss, Obertor, 13. Jh, Schnitt.

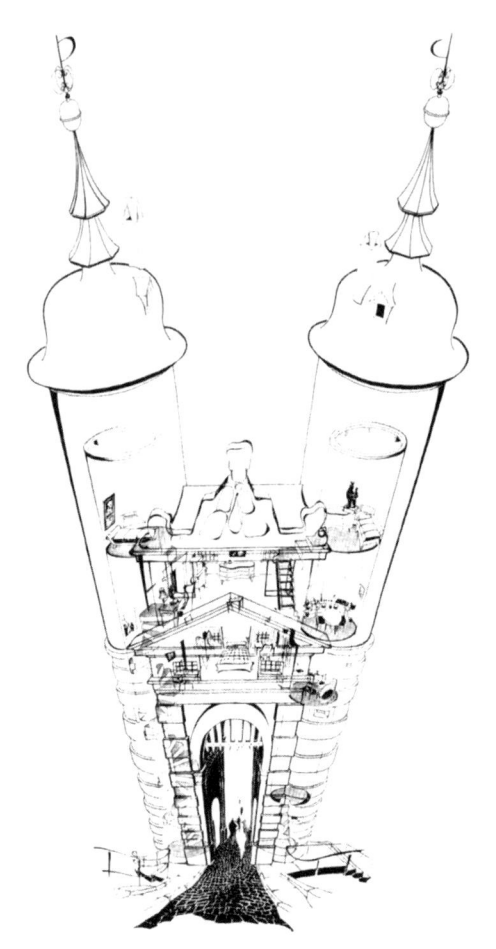

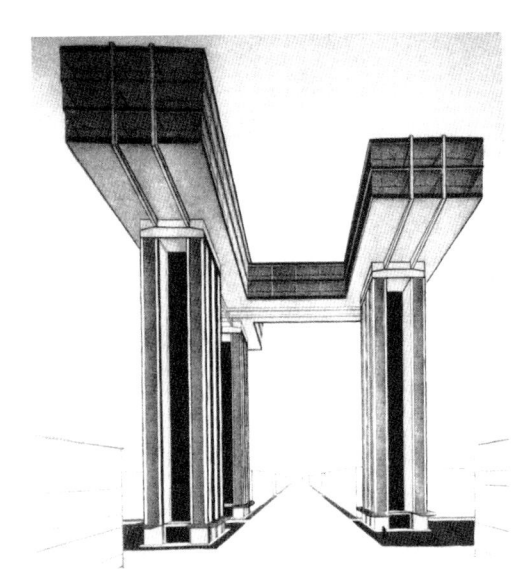

278. Projekt Wolkenbügel, Strastnoj-Boulevard, Moskau, Arch.: El Lissitzky, Projekt um 1920.

279. Projekt La Città Nuova, Bahnhof, Mailand, 1914, Arch.: Antonio Sant'Elia.

276. Torturm der alten Brücke, Heidelberg, Arch.: Rudolf Steinbach und Mitarbeiter Horst Kohl.

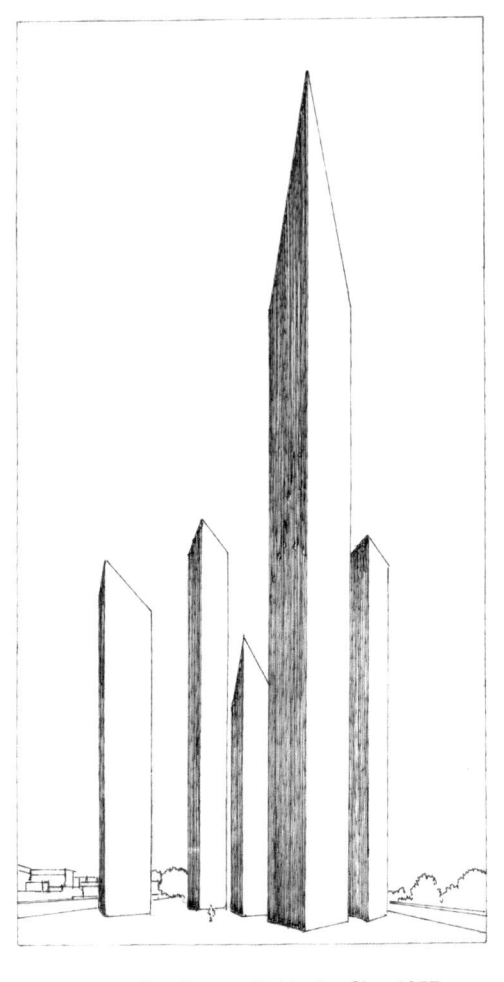

277. Zufahrt Satellitenstadt, Mexiko City, 1957, Arch.: Mathias Goeritz, Luis Barragán.

Utopische und zweckfreie Gruppen

Anstelle von festungsartigen Stadttoren betonen ab dem 19. Jahrhundert häufig hochgeschossige (oft symmetrische) und zum Teil torartig verbundene Baugruppen rechts und links von Einfallsstraßen den Beginn einer Stadt oder wichtiger Magistraten. Anfang des 20. Jahrhunderts entstanden hierzu auch utopische Entwürfe wie die Beispiele von El Lissitzky (Wolkenbügel) und Antonio Sant'Elia (Città Nuova) zeigen.

Natürlich gibt es auch mittig platzierte monumentale Gruppen als Eingangsbetonung wie etwa in Mexiko City. Hier markiert eine geschlossene Gruppe stark farbiger zweckfreier Betontürme unverwechselbar die Zufahrt in eine Satellitenstadt. *„Sie leuchten in starken Primärfarben und verändern ihre Größenverhältnisse und das Licht- und Schattenspiel der Oberflächen für den Autofahrer, der sich der neuen Stadt nähert. Der höchste Turm ist 60 Meter hoch, der niedrigste 30 Meter. Niemand bewohnt die Türme. Ihre Zwecklosigkeit entspricht dem symbolischen Zweck ägyptischer Obelisken und gotischer Kathedraltürme. Sie sind Ausrufungszeichen menschlichen Strebens, menschlichen Stolzes und eines uralten Stadtbewusstseins."*[39]

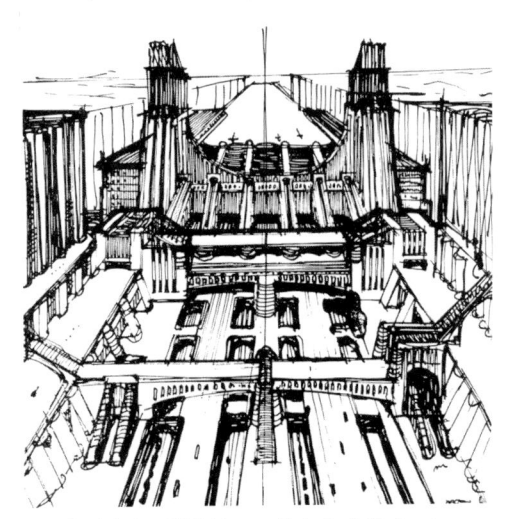

Stadtsilhouetten

Einleitend wurde bereits angesprochen: Markante hohe Gebäudegruppen, in der Regel Kirchtürme, waren deutlich ablesbar in der Stadt verteilt, ergeben im Kontrast zur niedrigeren Alltagsbebauung als Großgruppe eine markante Silhouette, wie das beispielhaft die historischen Stadtansichten von Lübeck und Nürnberg zeigen.

280. Lübeck, Stadtansicht von Matthäus Merian d. J., 1652.

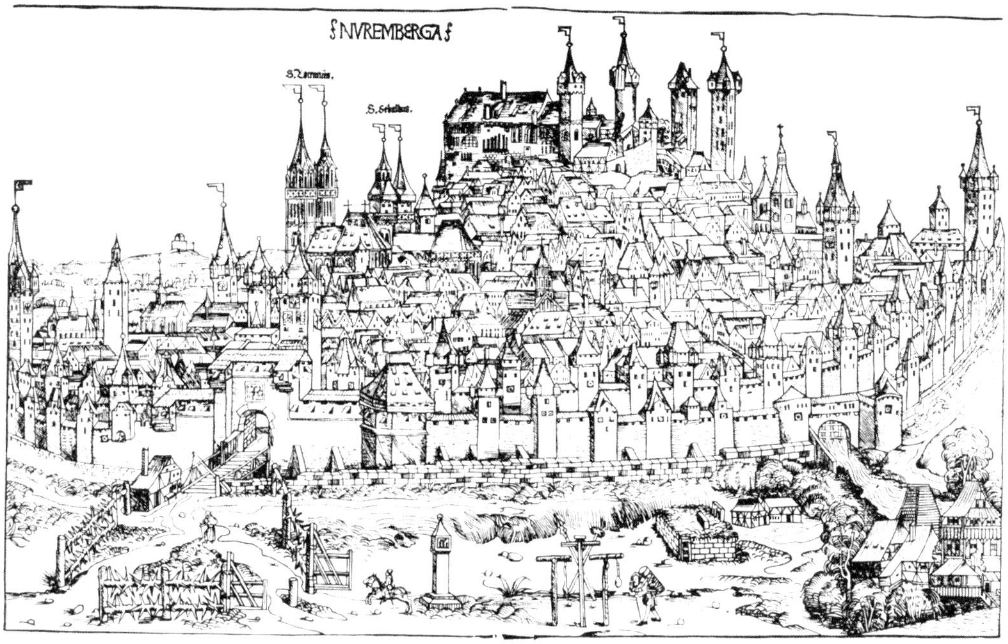

281. Nürnberg, Stadtansicht nach einem Holzschnitt von Hartmann Schedel, 1493.

Im Gegensatz dazu steht die italienische Tradition der Geschlechtertürme, wie man sie z. B. in Bologna, Lucca, Bergamo, Siena oder San Gimignano findet. Deren Silhouette zeigte ursprünglich einen Wald von schmucklosen, abweisenden Türmen, die noch dem Motto „hoch, höher am höchsten" dicht nebeneinander gebaut wurden, um die Macht der eigenen Familie gegenüber den feindlichen Nachbarn zu demonstrieren. Im Grunde ein spannungsloses undifferenziertes Bild (in Florenz etwa sollen ca. 400 Geschlechtertürme existiert haben). Hier also die Gruppe als erstarrte Einheit, als Vorwegnahme vieler heutiger wahllos zusammengehäufter „Stadtsilhouetten".

[39] Moholy-Nagy 1968 S. 314.

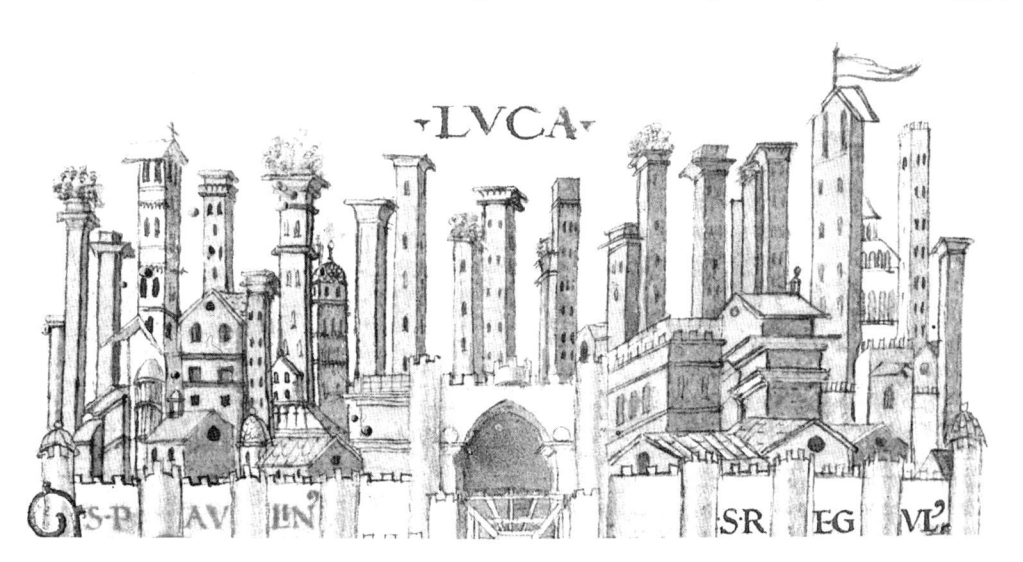

282. Lucca, Geschlechtertürme, Aus einem Manuskript des 14. Jahrhundert.

283. Hochhäuser, Ringboulevard, Paris, 1922, Arch.: Auguste Perret, Perspektive.

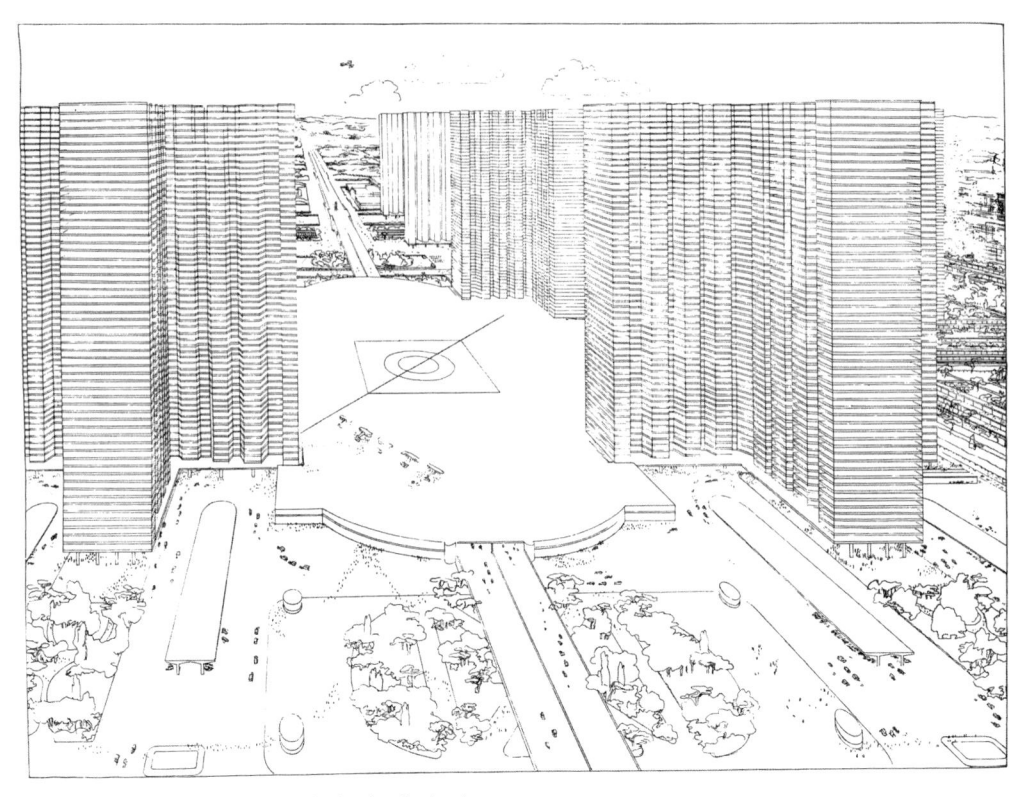

284. Plan Voisin für Paris, 1922, Arch.: Le Corbusier.

285. New York im Jahr 1992, Arch.: Hugh Ferris, 1922.

Hochhausgruppen in der Stadt des 20. Jahrhunderts – lebendig?
Im mittelalterlichen Norditalien kündigt sich die Silhouette der Hochhausstadt der Moderne an. Diese ist in den 20er und 30er Jahren des 20. Jahrhundert in Idealplanungen noch geprägt von einem schematisierten großräumigen Verteilen ähnlich gestalteter Hochhäuser mit den Zielen Licht, Luft, grüne Freiräume und konfliktfreie Verkehrsflächen für die Bewohner bereit zu stellen. Dann aber wandelt sich unter dem Druck zur höchsten Ausnutzung, das Idealbild in vielen Metropolen zum komprimierten wahllosen Zusammenhäufen von – trotz aller individuellen Gestaltungsbemühungen – kaum noch zu unterscheidenden Massierungen von Turmbauten. Es gibt selten ein überlegtes Gruppenbilden im Sinne einer unverwechselbaren Stadtsilhouette. H. Ferriss Vorahnung des Kommenden aus dem Jahre 1922 hat sich inzwischen global erfüllt. Undifferenzierte Zusammenballungen von Hochhäusern bestimmen einen Großteil der rasant wachsenden Metropolen in der globalisierten Welt.

Überlegtes Gruppenbilden bei Stadtsilhouetten heute
Doch, trotz allem, auch heute finden wir in (Hochhaus)städten überlegtes Gruppenbilden mit den Zielen Identifikation, Wiedererkennen – dafür drei Beispiele:

Frankfurt am Main: Das deutsche Manhattan unterscheidet sich deutlich vom Namensgeber. Die Türme sind bewusst verteilt und zu Gruppen formiert, mit meist befriedigenden Zwischenräumen. Die einzelnen Türme kommen weitgehend zu ihrem Recht, sie sind identifizierbare Einzelbauten in der insgesamt markanten Großgruppe.

Marina Bay Sands: Der Ort bildet, im Gegensatz zum gegenüberliegenden Hochhauswald von Singapur, eine einprägsame Gruppe dreigereihter Hoteltürme, optisch zusammengebunden durch das Band des Sky Parks in 190 Metern Höhe. Die vorgelagerten Veranstaltungs- und Ausstellungsbereiche und das Kasino machen den Maßstab deutlich. Insgesamt entstand eine kühne Baugruppe, die hoffentlich nicht durch Konkurrenzgebäude um ihre Wirkung gebracht wird.

Die heutige Silhouette von Stralsund zeigt zwei charakteristische Großgruppen. Im Westen der Altstadtkern mit den Türmen der Kirchen und des Rathauses, im Osten die neue Brücke und die großen Industriebauten. Beide Gruppen bilden als Kontrast ein neues markantes Stadtbild.

286. Frankfurt am Main: Überlegt verteilte Hochhäuser als Großgruppe.

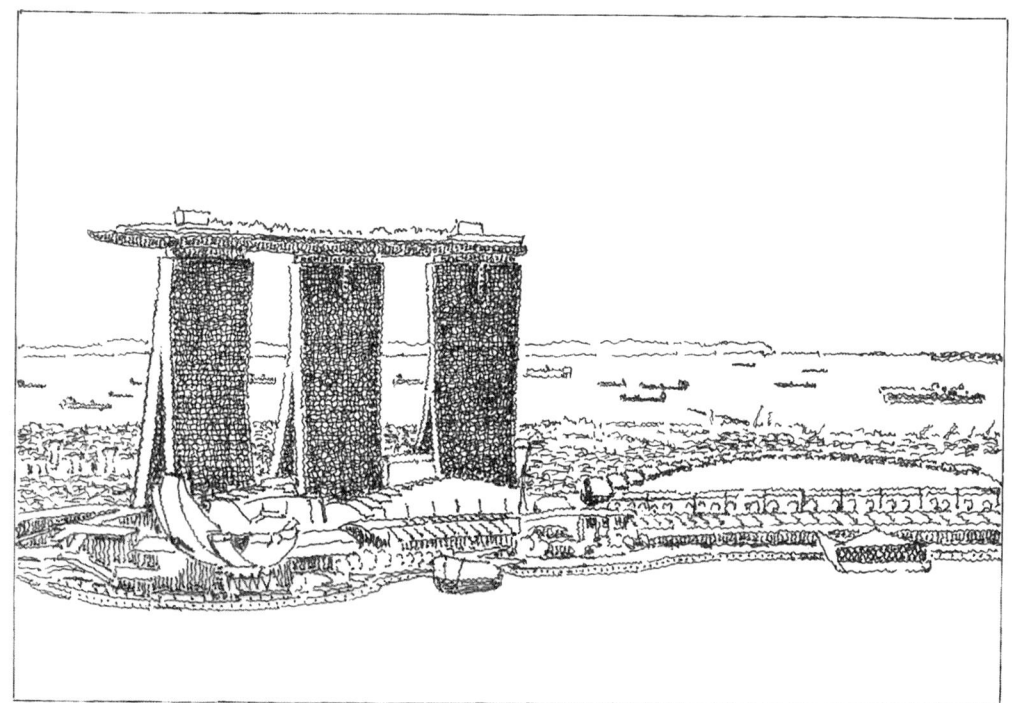

287. Singapur, Marina Bay Sands, Arch.: Moshe Safdie Architects – Aedas Singapore. Ingenieure Arup und Parsons Brinkerhoff, 2010.

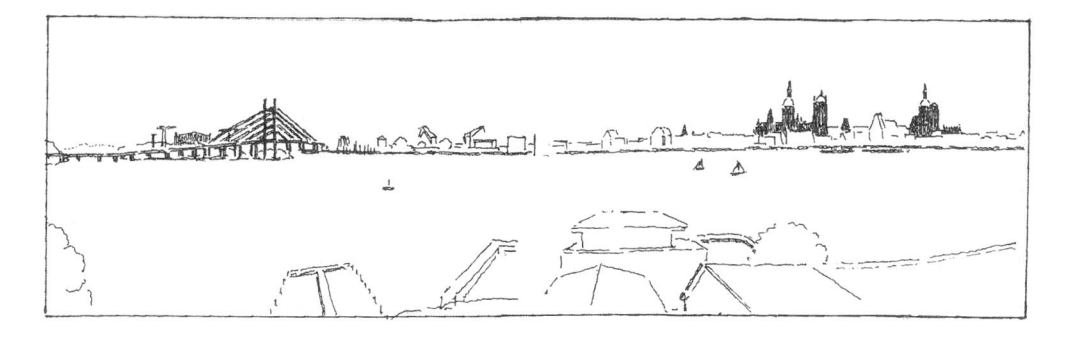

288. Stralsund, 2014. Neues Stadtbild aus Kontrasten.

Das frei rhythmische Ordnungsprinzip

Wegen der ganz anderen offenen Raumdisposition jetzt zwei richtungweisende sakrale Gruppenbauten, bei denen selbständige Einzelelemente ein größeres symmetrisches Ganzes bilden. Dabei wird hier Symmetrie verstanden als – in der Auffassung der Antike – die „*harmonische Übereinstimmung der einzelnen Teile eines Ganzen*" (etymologisches Wörterbuch).

Die Akropolis von Athen

Wolfgang Rauda nennt die Akropolis ein antikes Raumbeispiel des frei-rhythmischen Ordnungsprinzips.[40] „*Charakteristika: Geschlossenes Raumbild ohne zusammenhängende Raumwände. Keine symmetrische oder asymmetrische Gesamtauffassung im Sinne der Renaissance oder der Gotik, aber auch kein regelloses Nebeneinander. [...] Auf eine Freifläche sind einzelne Frei»körper« gestellt; ihre Lage ist so gewählt, dass Überschneidungen im Blick vom Propylon aus nirgends auftreten. [...] Die Skizze [...] ist vom Sehzentrum und Schlüsselpunkt des Raumverständnisses, dem Propyläen aus (Mitte Ostausgang), nach der vermuteten griechischen Sehweise an Ort und Stelle gezeichnet [...]. Im Mittelgrund, etwa Bildmitte, das Kraftzentrum der Raumschau, der noch heute erkennbare Sockelfuß des Kolossal-Standbildes der Athene Promachos.*"[41]

289. Akropolis, Athen, Heutiges Raumbild.

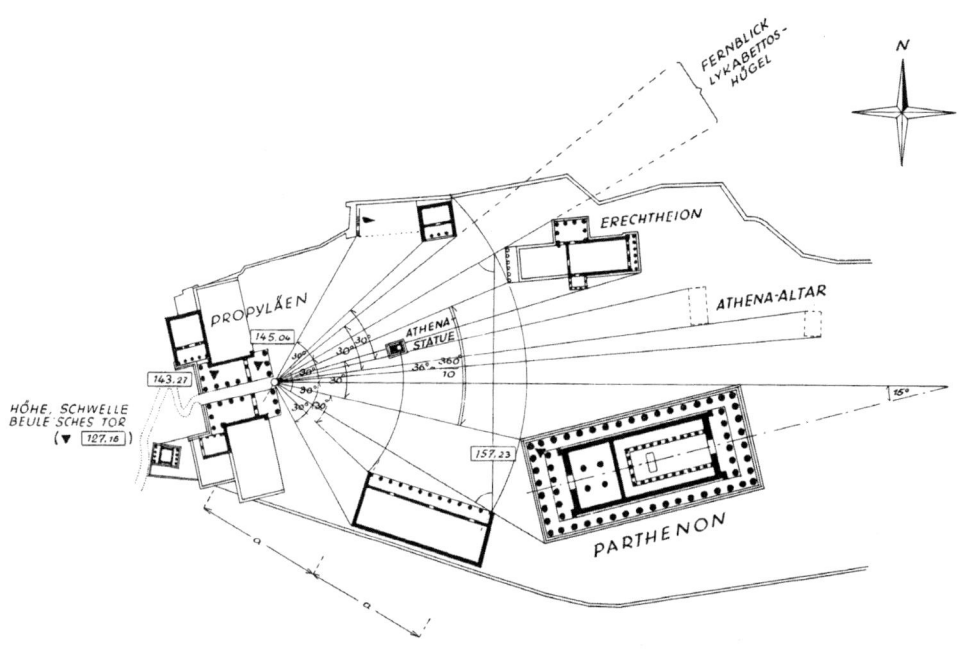

290. Akropolis, Athen, Zustand der Anlage um 400 v. Chr, Lageplan.

[40] Vgl. Rauda 1956, S. 34.
[41] Rauda 1956, S. 35.

Wolfgang Rauda fährt fort: „*Das Auge wandert, fächerförmig, blickend von links nach rechts und sieht in einzelnen Blickteilen von 30° (12 Teile des Sonnenkreises!) die Freikörper. [...] Die Verbindung der NO-Ecke des Parthenon mit dem Propylon bildet die »Achse« eines gleichseitigen Dreiecks; die beiden Schenkel schließen die äußere Begrenzung des Erechtheions und des Parthenons ein. O. Schuber weist das Prinzip der Triangulation (Hexagramm) bei jedem Einzelbau wie bei der räumlichen Gesamtdisposition mit der Athene als Mittepunkt nach. [...] Achsenbeziehungen, wie die spätere römische Freitreppe als Zugang zu den Propyläen, waren den Hellenen fremd [...]. Der Zugang führte über schräge Rampen in wechselnden Raumbeziehungen zur Höhe des Propylon. [...] Die Schrägfläche, die den beträchtlichen Höhenunterschied vom Propylon zum Parthenon vermittelt, fördert das rhythmische Hinaufschreiten in Diagonalen, nicht in einer Achse; sie steigert den Eindruck der Stadtkrone."*[42]

Zur weiteren Verdeutlichung noch ein zweites Beispiel:

Pisa, Piazza del Duomo
Die Piazza del Duomo in Pisa ist ein mittelalterliches Raumbeispiel des freirhythmischen Ordnungsprinzips. Der Platz entstand ausserhalb der damaligen Stadtmauer eine „kirchliche Akropolis"[43] Die Gesamtdisposition kann nicht als zufällig angesehen werden. Auf einer Rasenfläche erheben sich drei Denkmäler: der Campanile, der Dom und das Baptisterium. Von einem festen Standpunkt, der durch den „Heiligen Brunnen" etwa im Sinne des Athener Propylon) versinnbildlicht wurde, konnten beim Betreten des heiligen Bezirks von der Stadt her diese drei Baukörper gesehen und in ihrer Gesamtkomposition erfasst werden.[44] Wolfgang Rauda ergänzt: *„Überschneidungen sind, wie bei antiken Raumbildern (z.B. Athen, Akropolis) vermieden. Der polaren Beziehung zwischen Tempel und östlich davor gelegenem Altar in der Antike entspricht hier die axiale Zuordnung des Domes zu dem westlich davon angeordneten Baptisterium. Gewisse Winkelbeziehungen deuten auf eine gesetzmäßige Ordnungsidee hin, die, von Maß und Zahl ausgehend, die Gesamtanlage durchdrungen hat [...]. Es wird kein Raum im mittelalterlichen Sinne gebildet, bei dem die Platzwände die entscheidende Raumdarstellung geben. Vielmehr sind hier die drei Freikörper, Plastiken vergleichbar (Athen, Parthenon-Erechtheion), die raumverdichtenden, spannungsgeladenen und sich ergänzenden Elemente."*[45]

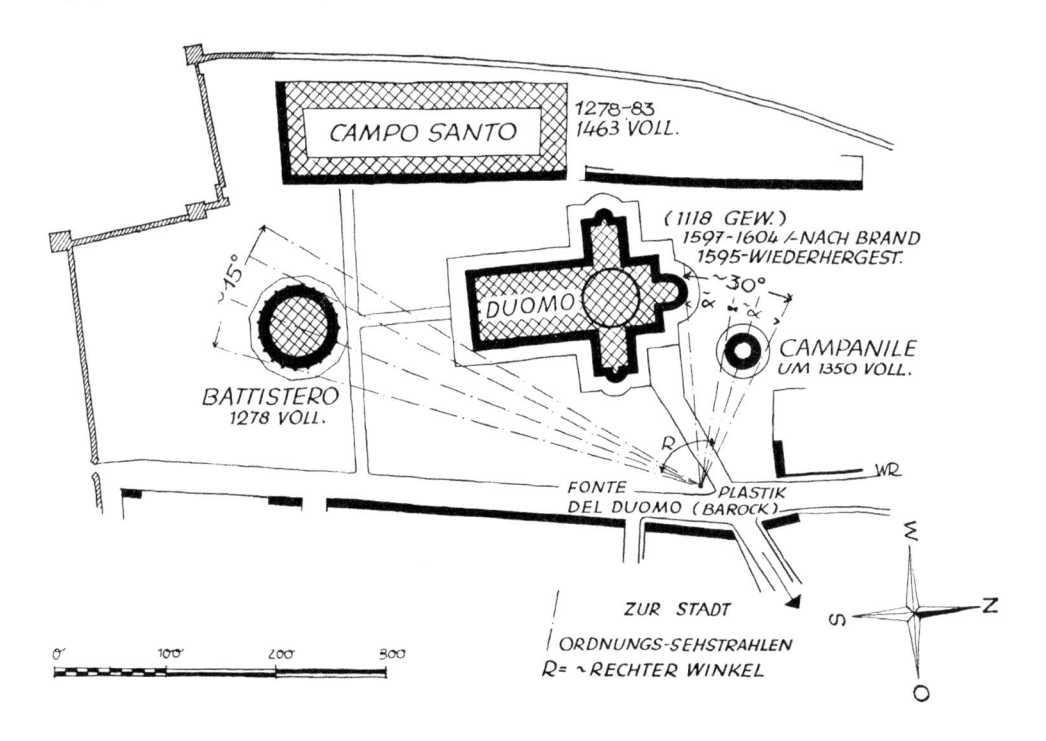

291–293. Piazza del Duomo (Piazza dei Miracoli), Pisa. Lageplan und Perspektivskizze.

Baugruppen zum Überwinden der konfessionellen Gegensätze
Karl Gruber veröffentlichte 1949 seine Schrift *Der Heilige Bezirk in der zukünftigen Stadt*. Unter dem Eindruck der furchtbaren Kriegsereignisse forderte Gruber „[ü]*berwindung des Völkerhasses in wechselseitiger christlicher Verantwortung als einzige Möglichkeit weiteren Zusammenlebens* [...]."[46] Also gruppiert Gruber die selbständig bleibenden Kirchen um eine verbindende Mitte, die etwas erhöht liegende gemeinsame Auferstehungskirche, in welcher zu bestimmten Zeiten sich evangelische und katholische Christen im Gebet für die Toten zusammenfinden Grubers weiterführende Vision: „*Inmitten der großen Schlachtfelder dieses Krieges eine allen Kirchen und allen Völkern gemeinsame Auferstehungskirche – sie wäre gleichzeitig eine Kirche abendländischer Wiedergeburt.*".[47]

[42] Rauda 1956, S.35.
[43] Braunfels 1976, S. 53.
[44] Vergleiche hierzu Seewald 1974, S. 22.
[45] Rauda 1956, S. 36.
[46] Gruber 1949, S. 5.
[47] Gruber 1949, S. 44.

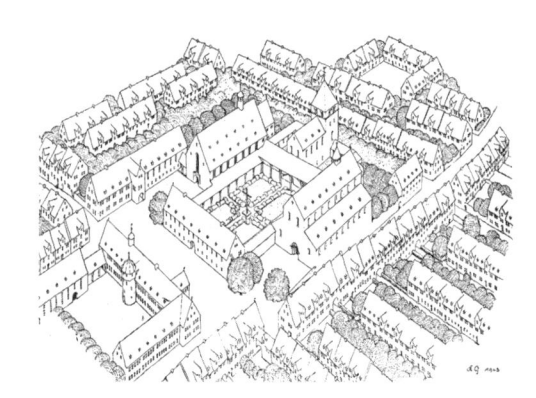

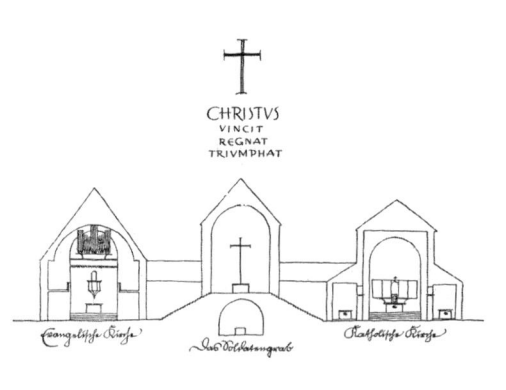

294–296. Der heilige Bezirk, Mitte einer Wohnstadt, Arch.: Karl Gruber, Vogelschau, Schnitt, Perspektive.

295. Schnitt durch (von links) evangelische Kirche, Auferstehungskirche, katholische Kirche.

296. Blick in den verbindenden Hof.

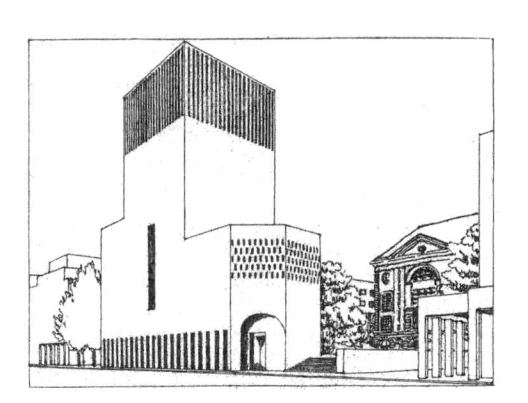

Drei Religionen unter einem Dach – „Lessings Ringparabel wird Architektur"[48]

Grubers (bisher kaum realisierter) Ansatz einer ökumenischen Gruppe wird heute (endlich) weiterentwickelt mit dem Projekt: *„Drei Religionen unter einem Dach – Bet- und Lehrhaus auf dem Petriplatz in Berlin."*[49] Der bereits 2012 ausgelobte Wettbewerb, den das Architekturbüro Kuehn Malvezzi aus Berlin für sich entscheiden konnte, wird ab ab 2020 unter dem Namen „House of One" realisiert. Die Grundidee des Projektes ist ein Bauwerkes, *„in dem öffentlich und für jeden frei zugänglich Juden, Muslime und Christen, ihrer religiösen Praxis folgend, beten, ihre Feste feiern und unter Einbeziehung der mehrheitlich säkularen Stadtgesellschaft die Gemeinschaft, den Dialog und Diskurs miteinander suchen."*[50]

297–301. Berlin, House of One. Drei Religionen, Ein Haus, Arch.: Kuehn Malvezzi , 1. Preis, Wettbewerb. Perspektive, Schnitte, Grundrisse.

Es gibt einige ähnlich gelagerte Projekte, multireligiöse Räume in Flughäfen, Krankenhäusern, im Reichstag oder bei der UNO. In all diesen Fällen ging die Initiative jeweils von einem neutralen Dritten oder Träger aus. Etwas Anderes, Eigenes entsteht auf dem Petriplatz: *„Ein Sakralbau, der von den Religionsgemeinschaften selbst verantwortet wird, um ihren Glauben an Gott einen zeitgemäßen Ausdruck zu verleihen und einen bleibenden Ort der Besinnung und des Gesprächs zu gründen."*[51]

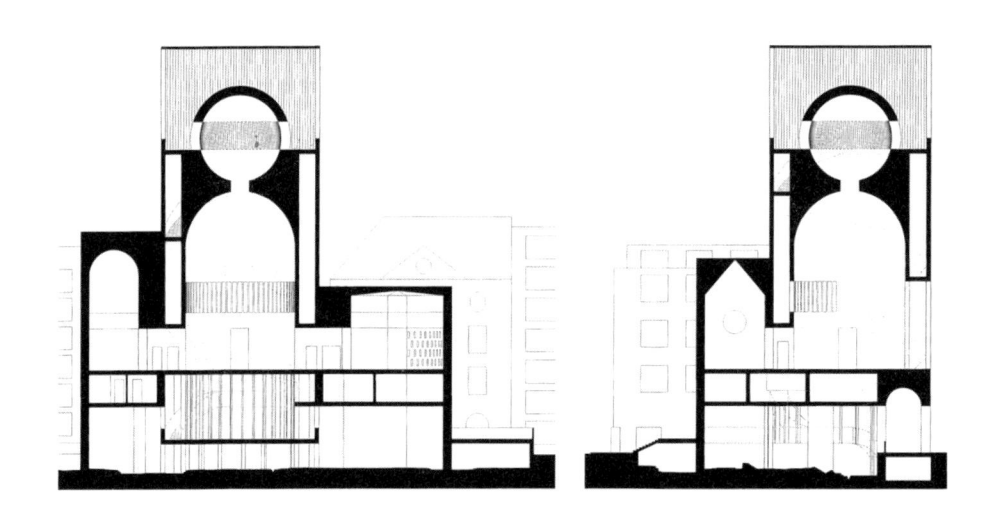

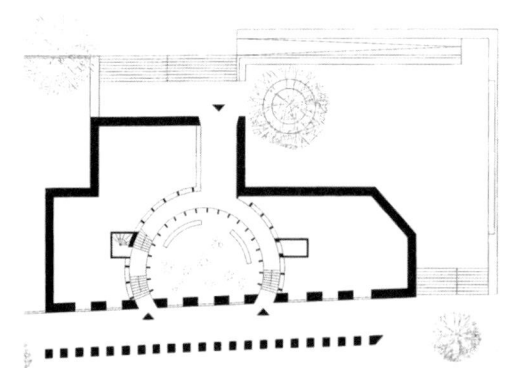

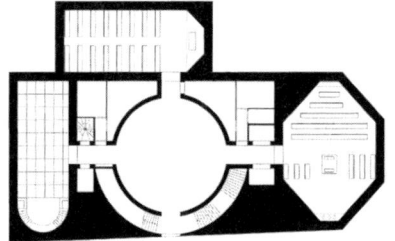

[48] Dieter Baretzko in der FAZ am 14.9.2012.
[49] https://house-of-one.org/de (letzter Besuch: 11.2.2021)
[50] Pressemitteilung vom 4.4.2012 der Evangelischen Kirchengemeinde St. Marien, Berlin.
[51] Flugblatt des Vereins Bet- und Lehrhaus Petriplatz e.V., dem Juden, Christen und Muslime angehören.
[52] Vergleiche hierzu die Veröffentlichung des Wettbewerbes von Annette Frank in Bauwelt 37/2012, S. 10.
[53] Frank 2012, S. 12.
[54] Frank 2012, S. 11.

Es läßt sich schon von außen erahnen, wie Kuehn Malvezzi die Räume der drei Religionen angeordnet hat. Der Turm mit der kupferbelegten Kuppel wird öffentlich begehbar sein.[52] „*Mit ihrem kubischen Baukörper aus hellem Mauerwerk folgen die Architekten dem Grundriss der alten Petrikirche. Der 40 Meter hohe Turm überragt die umgebenden Gebäude und soll – wie einst die Kirche – die Silhouette des Platzes prägen. Er bietet von einer Art Stadtloggia einen Ausblick über Berlin. Während Kubatur und Materialität eine Einheit bilden, lassen reduzierte Öffnungen die Räume der drei Religionen von außen nur erahnen. Erst im Inneren differenzieren sich die Glaubensrichtungen in verschiedene Raumkonturen. Die drei Gebetsräume gruppieren sich um den runden Kuppelsaal, dessen Form ein harmonisches Miteinander symbolisieren soll.*"[53]

Einen anderen Ansatz verfolgte der Entwurf der viertplatzierten Axel Schultes und Charlotte Frank. Die Bauwelt schreibt hierzu: „*Schultes Frank Architekten ordnen vier Quadrate zum Halbkreuz an und überwölben sie jeweils mit Kreuztonnen. Die Jury bezeichnete den Entwurf als »hochwertig, tektonisch präzise und architektonisch beherrscht«, vermisste aber den Bezug zur Umgebung ebenso wie die »eigenen Identitäten« der drei einheitlich gestalteten Sakralräume im Obergeschoss. Die Formensprache verweise zu stark an islamische Gebäude und eigne sich somit weniger für das Projekt.*"[54]

Das preisgekrönte Projekt Bet- und Lehrhaus kann tatsächlich als eine gebaute Übersetzung des Begriffs „Dreieinigkeit" gesehen werden. Die um den zentralen Kuppelbau gruppierten Sakralräume ergeben im Sinne von 1 + 1 + 1 = 1 die große Einheit, das befriedigende Ganze.

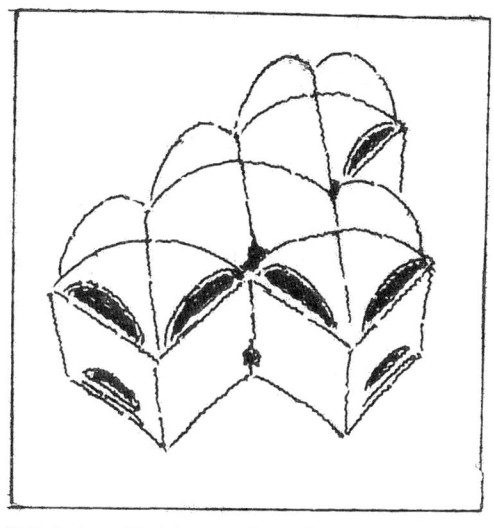

302. Bet- und Lehrhaus auf dem Petriplatz Berlin, Arch.: Schultes Frank Architekten, Berlin, 4. Preis, Wettbewerb. Schemaskizze.

Exkurs: Gebäudegruppen bei H. Scharoun

Das Prinzip, Gruppen zu bilden, also (selbständige) Bauten oder Bauteile in räumliche Beziehung zu setzen, hat Hans Scharoun ein Leben lang beschäftigt. Ich versuche, die große Spannweite seines Ansatzes, seine Lebendigkeit, in einer Reihe von Beispielen (in zeitlicher Reihenfolge) zu vorzustellen.

Kirche in Bremerhaven, 1912
Der Wettbewerbsbeitrag, den Scharoun noch als Student gezeichnet hat, zeigt eine stark akzentuierte Gruppe bestehend aus einer großen Kirche mit mächtigem seitlichem Turm. Durch eine Arkade mit dem Baukörper verbunden steht parallel zur Kirche das Pfarrhaus. So entsteht eine bewegte Einheit um den offenen Kirchplatz.

1919 Bebauungsplan, Domplatz, Prenzlau/Uckermark
Das Thema Maßstäblichkeit bestimmt den Entwurf Scharouns. Die dem Gotteshaus vorgelagerte zweigeschossige Hausgruppe mit leicht variierten Firsthöhen und schmaler mittlerer Gitteröffnung steigert die Wirkung des Kirchengiebels ungemein.

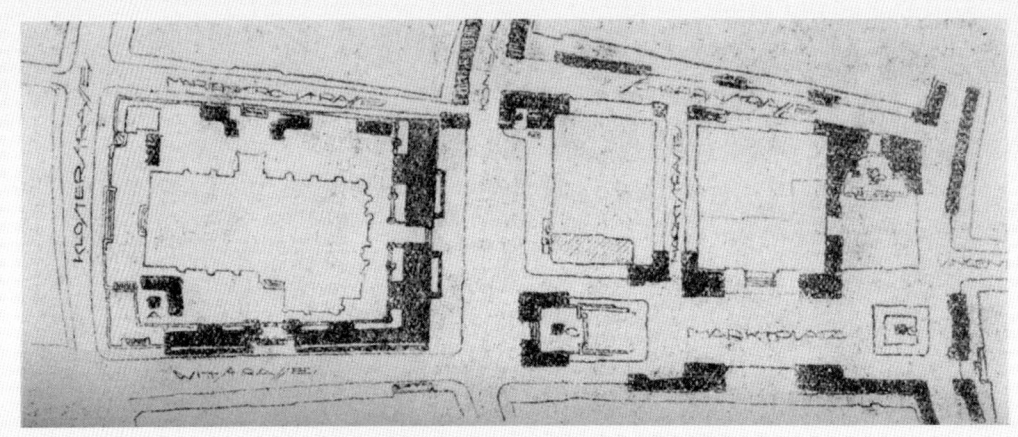

303. Kirche, Bremerhaven, Arch.: Hans Scharoun, 1912, Wettbewerb (Teilnahme als Student).

304+305. Bebauungsplan, Domplatz, Prenlau, Arch.: Hans Scharoun, 1919, Wettbewerbsentwurf »Vorhof«, 1. Preis.

1927 Erweiterung des Reichstagsgebäudes, Berlin, Wettbewerbsentwurf „Balance"
„Das Kennwort »Balance« wurde gewählt, weil einerseits der Anbau (in formaler Beziehung) mit den massigen Ecktürmen in beiden Teilen – Brücke und Gebäude – eine optische Einheit bilden sollte und weil andererseits vom Verkehr aus gesehen dieser trotz Überbrückung nicht gehemmt werden sollte. Daher wurde [...] eine vierstöckige Überbrückung, die einen gebäudemäßigen Eindruck aufkommen läßt. [...] So kann der Anbau wenigstens der Masse nach in eine gewisse Beziehung zu den Ecktürmen des Reichstags treten, und deren gewaltige Masse dem Betrachter maßstäblich klären helfen [...]."[55]

306. Erweiterung des Reichstagsgebäudes, Berlin, Arch.: Hans Scharoun, 1927, Wettbewerbsentwurf »Balance«., Ostansicht.

1927 Transportables Holzhaus auf der Deutsche Garten- und Schlesische Gewerbeausstellung, Liegnitz

Der hakenförmige Grundriss ist getrennt in einen Schlafflügel, den mittleren Wohnbereich und den angehängten Wirtschaftsflügel. Alle Bereiche können variabel aufgeteilt und erweitert werden. Durch die gegliederte Gestaltung können die Teilbaukörper verschiedenartig aneinander gesetzt werden. Die Eingeschossigkeit reduziert die Komplexität des Bauwerkes ebenso die Holzkonstruktion mit der Typisierung der einzelnen Elemente für Wand, Decke und Fußboden. „*Der Benutzer dieses Hauses soll wieder daran gewöhnt werden, nicht nur auf dem Papier, sondern auch in Wirklichkeit an der Gestaltung seines Hauses mitzuwirken.*"[56]

1929 Wohnblock Paulsborner-Eisenbahnstraße, Berlin Wilmersdorf

Der Entwurf wurde in der Presse beworben unter der Überschrift: „*Wohnung mit Sportplatz. Jedem Mieter seine Garage.*"[57] Besonders interessant ist die versetzte Gruppierung der Baukörper in zahnschnittähnlichen Reihen. Diese ermöglicht den einzelnen Wohnungen eine bessere Beleuchtung.

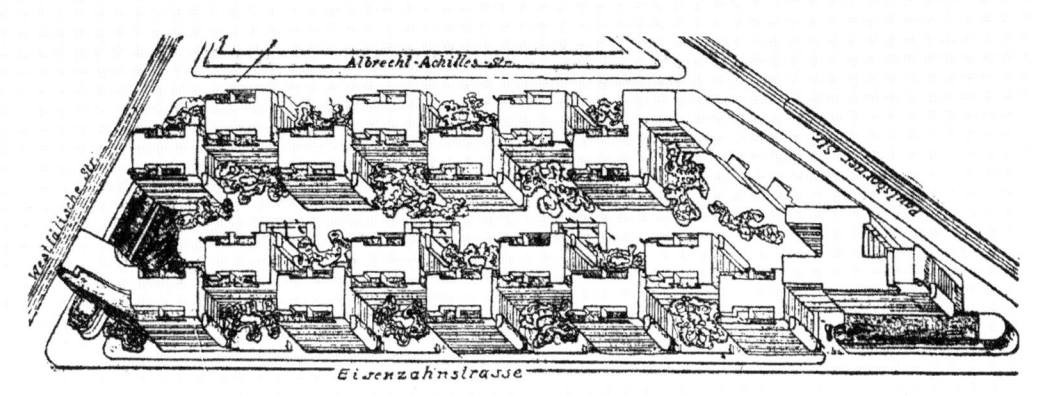

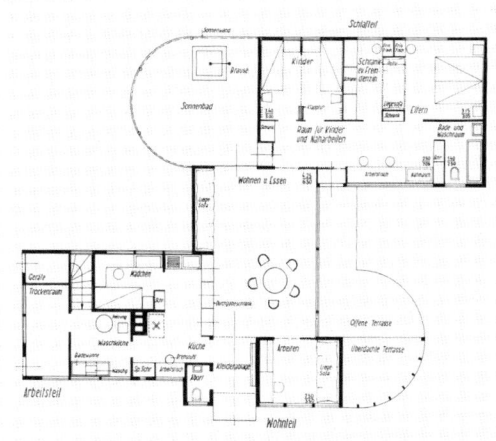

307. »Mittelstandshaus« Transportables Holzhaus auf der Deutschen Gartenbau- und Schlesischen Gewerbeausstellung, Liegnitz, Arch.: Hans Scharoun, 1927, Grundriss.

308+309. Wohnblock, Berlin-Wilmersdorf, 1929, Arch.: Adolf Rading, Hans Scharoun, Axonometrie und Perspektive.

1929/30 Appartementhäuser am Hohenzollerndamm

Bei den strengen Appartementhäusern am Hohenzollerndamm kommt es zu einer Gruppenbildung der besonderen Art: Scharoun teilt den tiefen Hausgrundriss in der Mitte durch Lichthöfe parallel zur Straßenfront. Dadurch entstehen zwei hintereinander liegende selbständige Häuser, die durch ovale Treppenhäuser verbunden sind. „*Langgestreckte Lichthöfe von Treppenhaus zu Treppenhaus ergeben eine sehr gute Belichtung und großzügige Atmosphäre. Obwohl in jedem Stockwerk sechs Wohnungen auf die Treppe münden, wird infolge des Höhenunterschiedes der Eindruck des Mietskasernenhaften vermieden.*"[58]

1929 Werkbundausstellung Wohnung und Werkraum, Breslau

Scharoun baute in Breslau „*[...] sein erstes größeres Gebäude, ein experimentelles Wohnheim, das ähnlich wie ein Hotel Ein- und Zweipersonenwohnungen ohne Küchen besaß, mit einer Gemeinschaftshalle und einem Restaurant im Erdgeschoss.*"[59] Die Gestaltung des Gebäudes nimmt Anleihen beim Schiffsbau. „*Wie man erwartet, sind die einzelnen Teile entsprechend ihren Funktionen gestaltet. Daher gehen zwei Flügel von den entgegensetzten Enden einer Gemeinschaftshalle in linearer Anordnung aus, der eine enthält die Einpersonenwohnungen, der andere die für zwei Personen. Jeder Flügel besitzt zwei Wohngeschosse, aber durch die kühne Anordnung mit versetzten Ebenen führen beide Geschosse zu einem Korridor.*"[60] Eine bemerkenswerte Lösung, heute unter dem Begriff „Split-Level" bekannt. Die Gesamtanlage ist ausgebildet wie ein Zwillingspaar mit verbundener Mitte, im Detail dann die Zimmer als paarweise angeordnete Maisonettes um einen Flur also 2 x 1 + 1 = 1. Die Anlage ist erhalten und dient heute als Hotel.

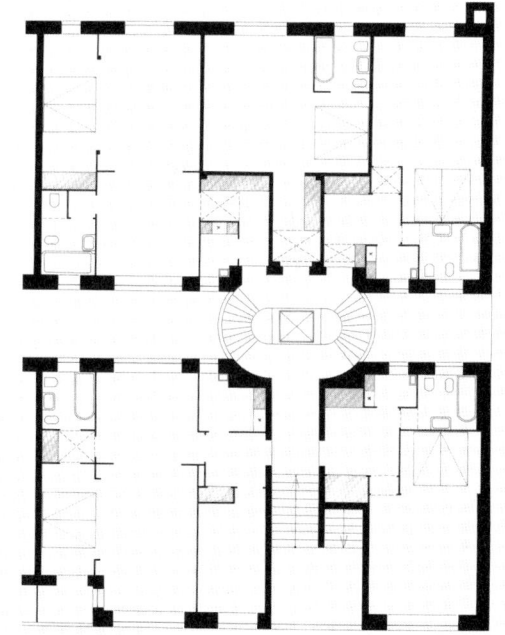

310. Appartementhaus am Hohenzollerndamm, Berlin, Arch.: Hans Scharoun, 1929/30.

[55] Hans Scharoun zitiert nach Pfankuch 1974, S. 71–72.
[56] Pfankuch 1974, S. 63.
[57] Hoh-Slodczyk et al. 1992, S. 37.
[58] Hoh-Slodczyk et. al. 1992, S. 36.
[59] Jones 1980, S. 72.
[60] Jones 1980, S. 72.

311+312. Breslau, Wohnheim, Werkbundausstellung Wohnung und Werkraum, Arch.: Hans Scharoun, 1929, Grundriss EG, Perspektive.

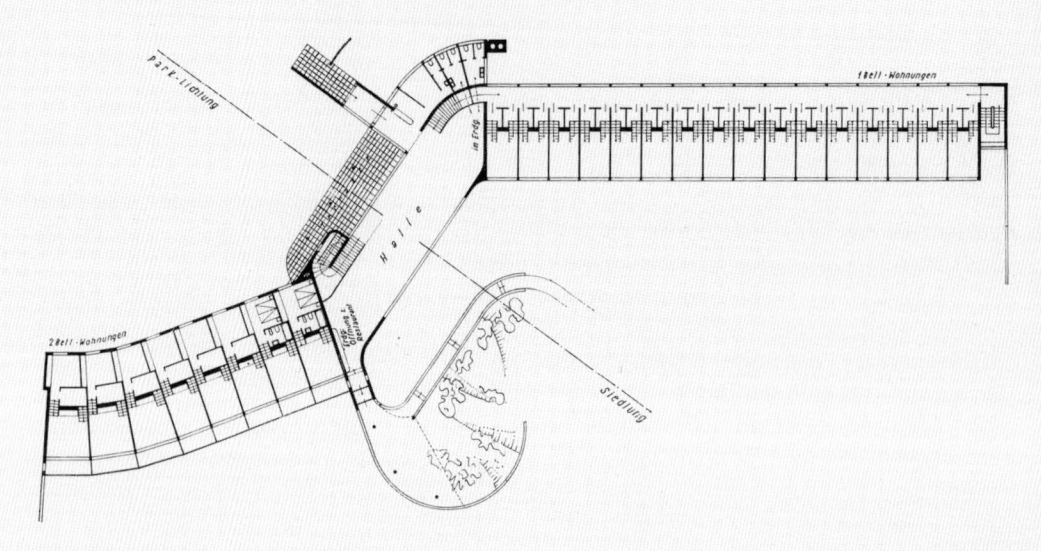

1939-45 Kriegszeit

In der Kriegszeit von 1939 bis 45 hatte Scharoun kaum Aufträge. Als Ausgleich malte und skizzierte er Hunderte Architekturphantasien, die kühne, weit gespannte Konstruktionen, z.T. stark farbig, Bauten der Gemeinschaft als Ausblick in eine bessere Zukunft darstellen. Einige dieser Kompositionen zeigen riesige symmetrische Bauteile, die sich gegenübergestellt zu einer großen Einheit verbinden. Erinnerungen an Piranesi werden wach, allerdings ohne dessen Düsternis.

Die Nachkriegszeit

Scharoun bewies bereits mit der Großsiedlung Siemensstadt (1930, zusammen mit Walter Gropius, Otto Bartning, Hugo Häring, Fred Forbát und Paul Rudolf Henning) sein herausragendes Können im sozialen Wohnungsbau. Hier herrscht noch die strenge Zeile, orientiert von Nord nach Süd. Seine vielen Nachkriegsprojekte werden dann bewegter, versuchen vor allem mit den Wohnhochhäusern die Sonne von allen Seiten aufzufangen mit den unterschiedlich gerichteten Wohnarmen, ausgehend von einem durchsichtigen Erschließungskern.

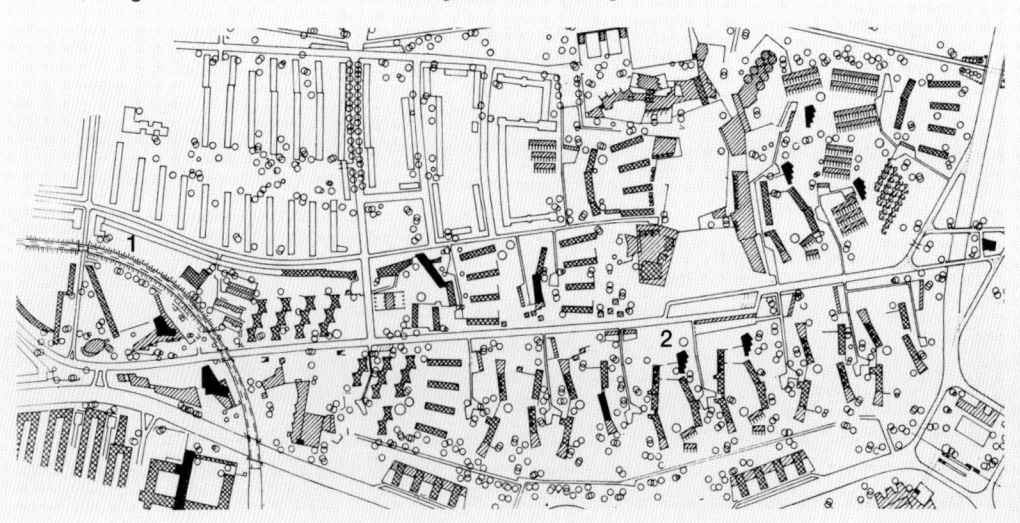

313. Entwurf der Kriegszeit, Arch.: Hans Scharoun, 1939–45.

314. Die verschiedenen Bauphasen der Siemensstadt, Berlin zwischen 1900 und 1960. (1) Ringsiedlung 1929/30, (2) Charlottenburg Nord (1954–61).

1954–61 Siedlung Charlottenburg Nord

Gegenüber den strengen Zeilen der Siemensstadt sind die Nachkriegsbauten lockerer angeordnet. Sie bilden aufeinander bezogene Wohnhöfe. Die Hausreihen sind zum Teil leicht versetzt und in der Mitte gegeneinander verschoben. Dadurch bilden sie lebendige Wohngruppen mit individuellen Grundrissen. Es entsteht also in diesem Siedlungsbereich ein doppelter Ansatz von 1 + 1 = 1: Die Zeilen sind paarweise gruppiert, in sich mittig geteilt und doch verbunden. Merkwürdigerweise ist allerdings ein Teil der Wohnungen nach „außen" orientiert.

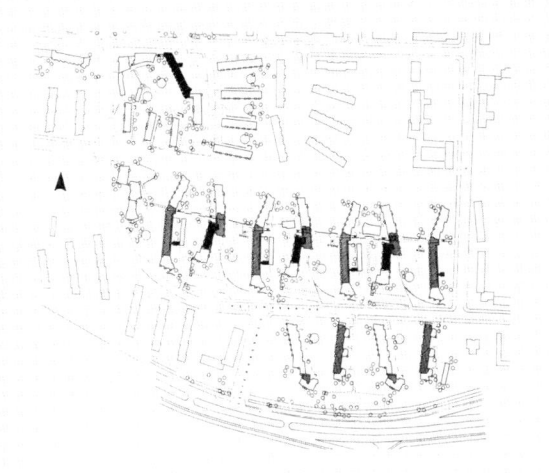

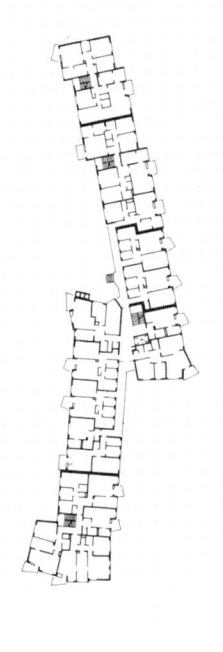

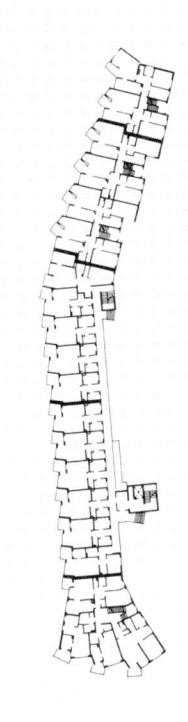

1954-59 „Romeo und Julia", Stuttgart

Das wohl bekannteste Wohnprojekt Scharouns ist das zusammen mit Wilhelm Frank realisierte Vorhaben „Romeo und Julia" in Stuttgart-Zuffenhausen. Es entstanden an der Ecke zweier verkehrsreicher Straßen einerseits das schlanke, 19-geschossige Punkthochhaus „Romeo", andererseits die spiralförmig von 6 auf 16 Geschosse um einen Hof ansteigende „Julia", beide verbunden durch eine niedrige Laden-/Gewerbezeile. Beide Gebäude haben individuelle Grundrisse mit vielen Ausblicken. Die Erschließung von Romeo geschieht über einen zweiseitig belichteten hallenartigen Innenflur. Die Wohnungen in Julia dagegen werden über einen halbkreisförmigen offenen Laubengang erreicht.

315–318. Berlin, Siedlung Charlottenburg Nord, Arch.: Hans Scharoun, 1954–61, Lageplan der Häuser am Heilmannring, Grundriss Zeilenkopf, Grundriss der gestaffelten Häuserzeilen.

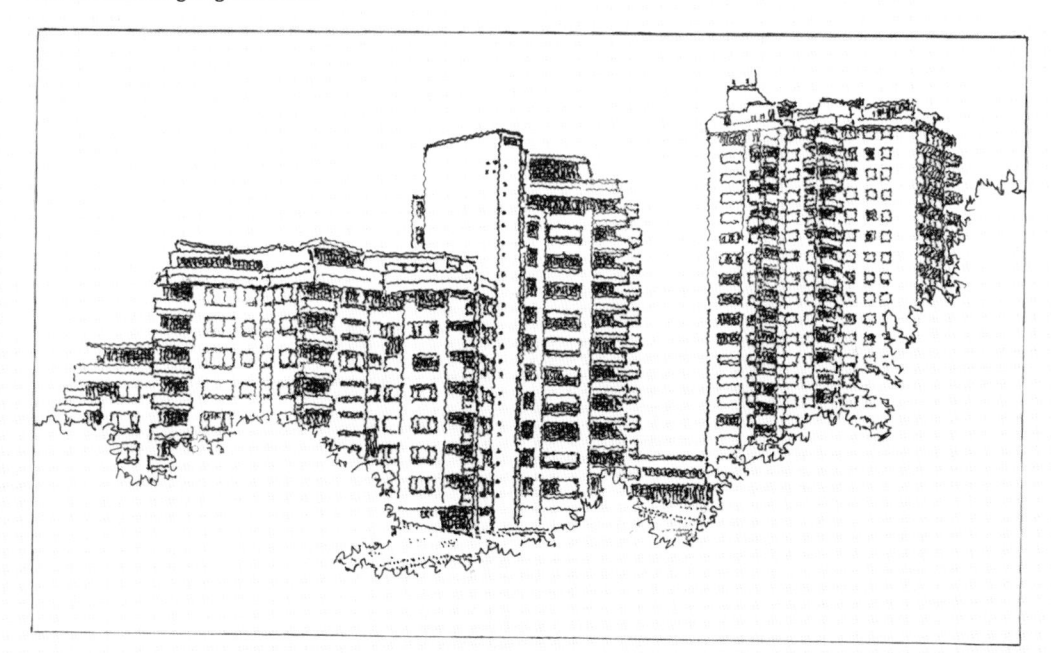

Peter Jones bespricht das Projekt folgendermaßen: *„Eines Abends, als er [Scharoun] gerade gehen wollte, warf er noch einmal einen Blick auf das Modell und entdeckte das männliche und weibliche Prinzip in den Formen: »Ah, Romeo und Julia«. Es blieb bei Romeo und Julia. Die Bewohner haben die Namen spontan akzeptiert und diese Namen wurden bald fester Bestandteil des Stuttgarter Lebens. Schließlich klingt »ich wohne in Romeo« wesentlich einprägsamer als »ich wohne in Block 42b«. Das größte Verdienst Scharouns bei Romeo und Julia ist, eine feste Ortsbedeutung geschaffen zu haben, die vorher nicht existierte. Etwas, das moderne Architekten sehr*

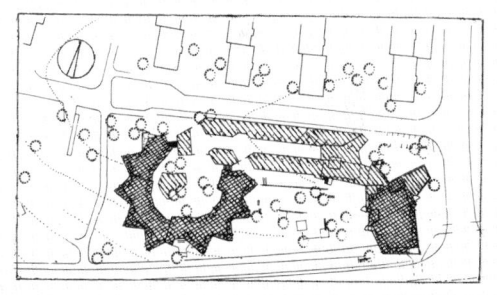

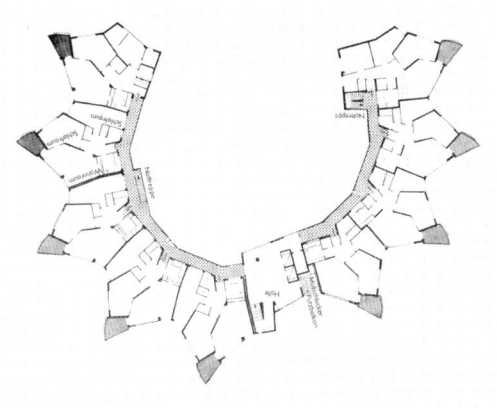

319–321. Stuttgart, Wohnhochhausgruppe Romeo und Julia, Arch.: Hans Scharoun, 1954-59, Ansicht, Lageplan, Normalgrundriss „Julia".

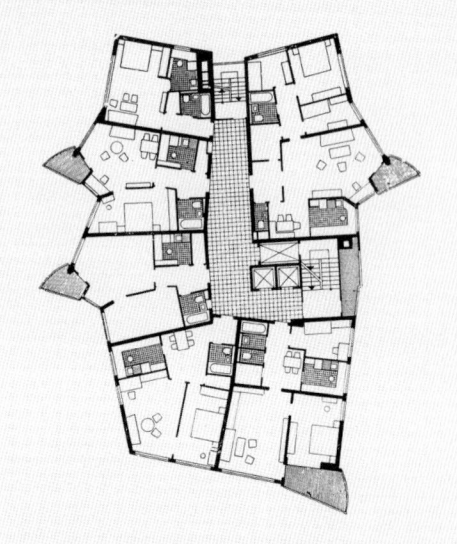

322. Stuttgart, Wohnhochhausgruppe Romeo und Julia, Arch.: Hans Scharoun, 1954–59, Normalgrundriss »Romeo«.

selten vermochten. Außerdem entwarf er damit eine Wohnanlage, die wirkungsvoll und wirtschaftlich zugleich ist, mit sehr gesuchten Wohnungen. Der Unterschied zwischen Romeo und Julia und ihren rechtwinkligen Konkurrenten ist nicht einfach eine Sache des Stils, sondern ein Unterschied im Grad optischer und räumlicher Vielgestaltigkeit. Die Komplexität der Form macht sie zu einer Fundgrube visueller Reize, während der Kontrast zwischen beiden Gebäuden einen endlosen formalen Dialog liefert."[61]

1961–63 Wohnhochhaus »Salute«, Stuttgart-Fasanenhof
Bei Romeo und Julia ist Teile zum Ganzen ein Ergebnis der städtebaulichen Gruppierung, beim zweiten Stuttgarter ebenfalls mit Wilhelm Frank realisierten Hochhausprojekt »Salute« bilden zwei

323. Stuttgart, Wohnhochhaus »Salute«, Arch.: Hans Scharoun, 1961–63, Ansicht.

im Grunde unabhängige, gegeneinander verschobene Gebäude eine Einheit, die über einen durchsichtigen Erschließungskern verbunden sind. Durch das Versetzen haben die Wohnungen auch einen rückwärtigen Ausblick, die vier Köpfe sind individuell ausgebildet. Insgesamt erinnert der Grundriss an unzertrennliche Zwillinge, die aber jeder ein Individuum sind.

1966–70 Wohnhochhaus am Zabel-Krüger-Damm, Berlin
Das Zwillingsprinzip ist fortgeführt und erweitert bei dem Wohnhochhaus am Zabel-Krüger-Damm. Das Gebäude ist im Prinzip ein Verdoppeln des Typs Salute. Peter Jones beurteilt das Gebäude folgendermaßen: *„Die Massigkeit des Gebäudes ist unvermeidlich, aber dadurch, daß der Bau eine so starke Persönlichkeit besitzt, ist er keine erdrückende Masse. Er scheint als Symbol für Individualität zu stehen in einer sonst ziemlich beunruhigend und bedrückend wirkenden Landschaft. Für mich ist es ein Ungeheuer, aber ein freundliches Ungeheuer."*[62] Von jedem turmartigen Gebäude dieses Ausmaßes würde man vielleicht erwarten, dass es erdrückend wirkt, aber seine Aufgliederung und die stetige Beachtung des menschlichen Maßstabes verringert seine vermeintliche Masse. Also auch hier: selbständige, ablesbare Teile, zusammengefügt zum größeren (wiederum erweiterbaren) Ganzen ergeben Maßstäblichkeit und lebendige Architektur.

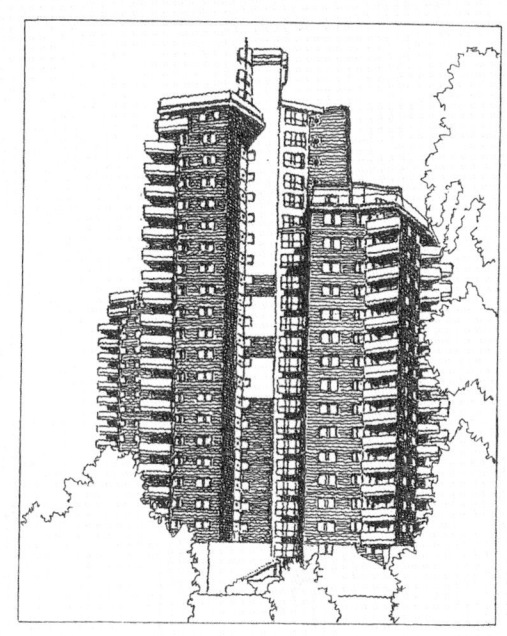

324+325. Berlin, Wohnhochhaus, Zabel-Krüger-Damm, Arch.: Hans Scharoun, 1966–1972, Grundriss, Ansicht.

1956–62 Geschwister-Scholl-Gymnasium, Lünen
Zum Schluss dieses Abschnittes ein Blick auf Scharouns Schule in Lünen als das Musterbeispiel eines lebendigen Gruppenbaus. Die Klassen sind wie Wohnungen mit unterschiedlichen Nutzungsbereichen in freiem Umriss lebendig durchgebildet. Mehrere solcher Wohnungen formen einen überschaubaren Bereich. Prinzip ist das Schaffen selbständiger Schulteile als Schulschaften in Analogie zu Nachbarschaften.[63] *„Die Räume, welche die Schulschaften mit der übrigen Schule verbinden, dienen einerseits als Durchgang, andererseits als Treffpunkt und gelten zusammen mit der Versammlungshalle und ihren Nebenräumen als »offener Bezirk«."*[64]

[61] Jones 1980, S. 49.
[62] Jones 1980, S. 52.
[63] Vgl. hierzu Jones 1980, S. 17–18.
[64] Jones 1980, S. 17.

326+327. Lünen / Westf, Geschwister-Scholl Gymnasium, Arch.: Hans Scharoun, 1956-62, Lageplan, Vogelschau, Grundriss.

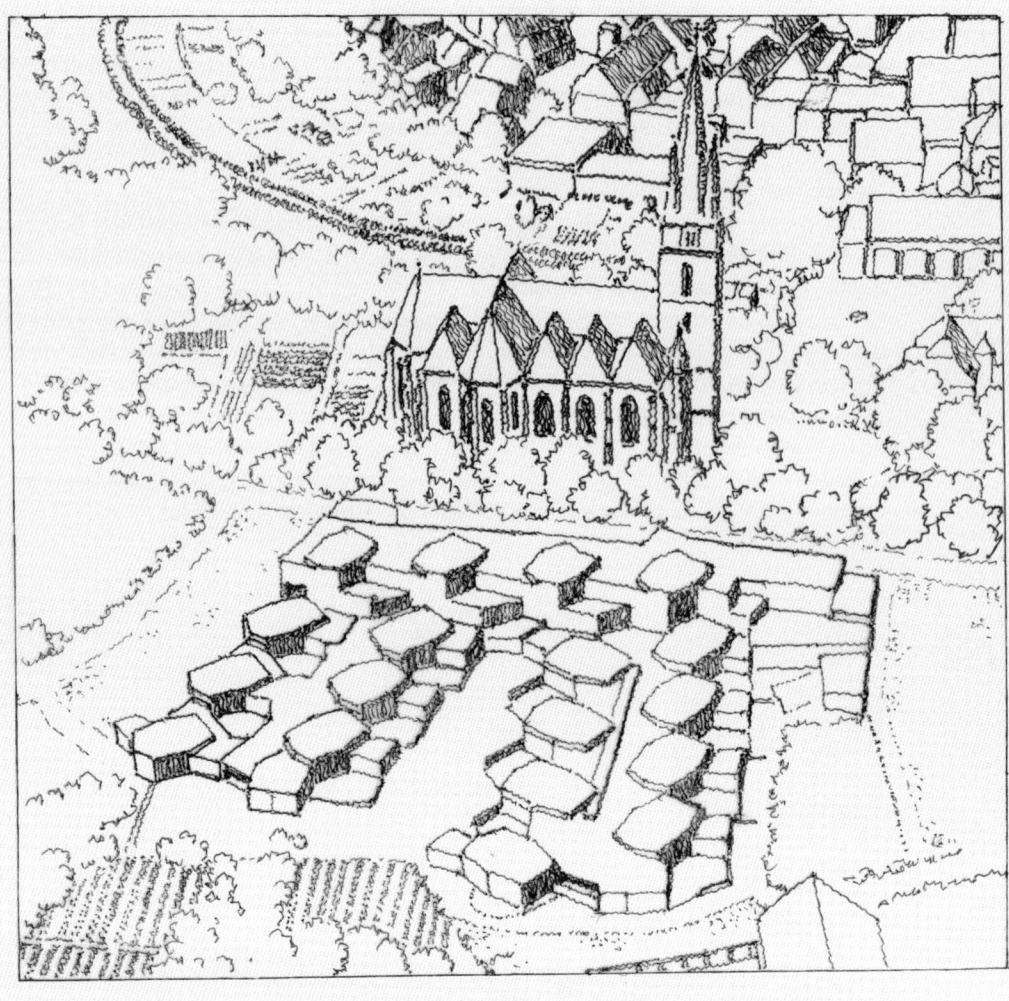

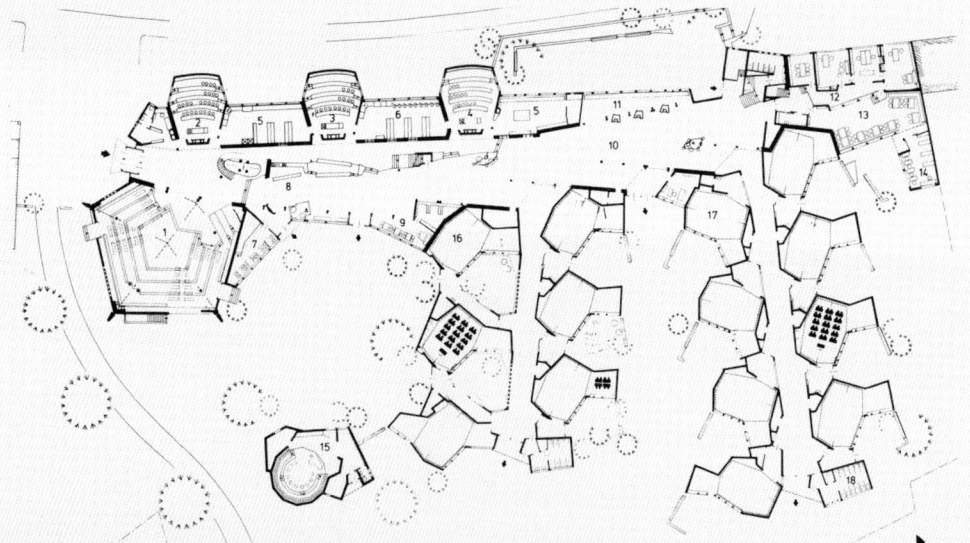

Scharoun vermochte es auch, eine ganze Folge von Räumen zu schaffen, die im Maßstab vom Intimen bis zum Gemeinschaftlichen reicht und die soziale Identität fordert. In diesem Fall ist eine Schule als gebaute kleine Stadt zu verstehen.

Résumé:
Bei den gezeigten Beispielen ist Scharouns Stärke – trotz der bei den einzelnne Projekten sehr unterschiedlichen Ausformung – das Zusammenfügen selbständiger Teile und Teilbereiche zu größeren ausgewogenen Einheiten. Dabei gibt es vor allem in den Entwürfen der Nachkriegszeit kein Festlegen auf eine unveränderbare „Endform". Die Gebäude sind fertig und unfertig zugleich. Aber die Nutzer können sich mit ihnen identifizieren, sie geben ihnen Heimat, das ist eine hohe Qualität.

4. Erweitern und Anlagern

Erweitern und Anlagern

Teile zum (unfertigen) Ganzen hinzufügen, verknüpfen und verbinden selbständiger Bauteile (auch und gerade im Laufe der Zeit) als ein Merkmal lebendiger Architektur ist das Thema dieses Buches.

In diesem Kapitel folgt nun die Betrachtung des „Anlagerns" an und die Erweiterung von bestehenden Gebäuden, die zunächst in sich eine „fertige", scheinbar vollendete Einheit bildeten. Die Frage ist nun: Steigert sich durch das Anlagern und Erweitern die Wirkung, bereichern sich Alt und Neu gegenseitig und ist ein weiteres Wachstum unter Respektieren des Vorhandenen vorstellbar? Dies ist ein besonderes Problem vieler heutiger, sich unverwechselbar gebärdenden Architekturgags. Dagegen steht der Ansatz „Erweitern, Anpassen, lebendigen Entwicklungsraum geben", der vor allem im Sakralbau durch alle Epochen.

Die Beispiele des Erweiterns und des Anlagerns gliedern sich innerhalb des Kapitels nach dem Achsenbezug:
- parallel zur Hauptachse/in die Breite
- in die Tiefe und als Verlängerung
- quer zur Hauptachse

wobei natürlich Überschneidungen und Dopplungen auftreten können.

Anlagern und Erweitern parallel zur Hauptachse

Beginnend mit einfachen, zimmer- oder kleinen saalartigen Räumen, in denen sich die Gläubigen am Altartisch versammeln, geht die Entwicklung des Kirchenbaus zu immer komplexeren, reicheren Raumausbildungen, oft unter Einbeziehen und Beibehalten des Ursprungsraumes. So stehen am Anfang dieser Reihe – die ja nur exemplarisch sein kann – einige bescheidene, sehr alte Kapellenbauten. Sie zeigen aber, wie auf kleinstem Raum und mit einfachen Mitteln interessante Raumkonstellationen im Sinne von „Teile und Ganzes" gebaut worden sind.

328–330. Prugiassco, Tessin (CH), Kirche San Carlo di Negrentino, Spätes 11. Jh, Ansicht, Innenansicht, Grundriss.

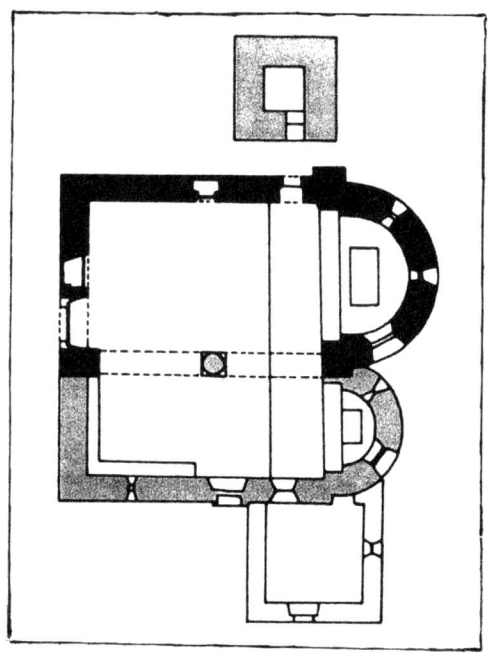

San Carlo di Negrentino, Prugiasco, Tessin
Der ursprünglich einschiffige Innenraum wurde durch den Anbau eines südlichen Schiffes erweitert. „*Der ehemals leicht trapezoide Grundriß der Basilika erhielt dadurch eine fast quadratische Form. Heute nehmen zwei große Arkaden, die in der Mitte auf einer gemauerten Rundsäule mit großem Wulst und grobem Kapitell ruhen, den Platz der ehemaligen Südmauer ein, eine flache Holzdecke schließt den ursprünglich offenen Dachstuhl ab.*"[65]

[65] Loose; Voigt 1986, S.67).

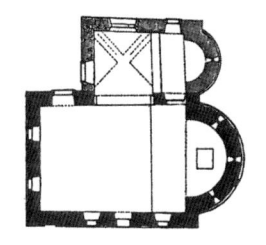

331. Boscero, Tessin (CH), Kapelle San Remigio (Corzoneso), 11. Jh., Grundriss.

Kapelle San Remigio (Corzoneso), Boscero, Tessin
Ähnlich bescheiden in den Ausmaßen wie Sant' Ambrogios, wurde die Kapelle San Remigio wohl im 12. Jahrhundert nach Norden erweitert. So wurde sie als Zweiapsidenkapelle zu einem größeren Raum, nur geteilt durch die Bogenstellung.

Fischerkirche, Rust, Österreich
Die räumliche Komplexität entsteht durch die Überlagerung verschiedenster Bauabschnitte. Die romanische Kirche St. Pankratius und St. Ägidius auf römischen Bauresten wird um die Marienkapelle zunächst als selbständiger Bau erweitert. Dann wird anstelle der romanischen Apsis der gotische Pankratiuschor errichtet. Durch den Abbruch der romanischen Südmauer kommt es zur Verbindung mit der Marienkapelle und die Ausbildung eines Querschiffs. Zuletzt wurde 1570 eine Orgelempore eingezogen. Ergebnis: Aus zwei gotischen Chorkapellen und einem quer gestellten spätgotisches Schiff entsteht ein Kirchenraum aus drei selbständigen Teilen als lebendige Einheit (Durchdringen von zwei Längsachsen und einer Querachse).

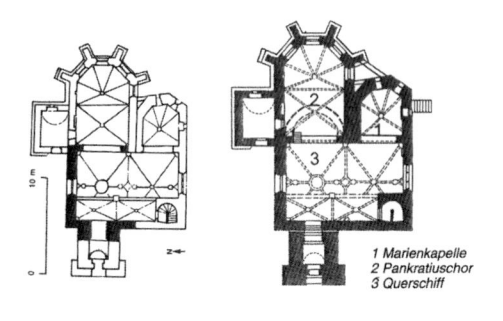

1 Marienkapelle
2 Pankratiuschor
3 Querschiff

332–335. Rust (A), Fischerkirche, Grundrisse, Blick zur Orgelempore, Blick zum Chor.

Agios Nikoloaos, Platsa
Drei parallele Schiffe (das mittlere unter einer Kuppel) mit schlitzartigen inneren Verbindungen, aber ohne Außenfenster, münden hinter der Ikonostase in einen quer laufenden Raum mit drei Altären in Apsiden. Bei diesem Beispiel findet sich paralleles und quer laufendes Anlagern kombiniert zu einem neuen Ganzen – spannend!

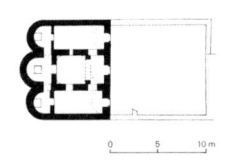

336. Platsa, Peloponnes, Hagios Nikoloaos, Grundriss.

Pfarrkirche St. Maria Magdalena, Goch
Die in verschiedenen Bauabschnitten entstandene, unregelmäßig dreischiffige Backsteinkirche des 14. bis 16. Jahrhunderts hat zwei gestaffelte polygonale Chöre sowie einen eingebauten Westturm. In der 2. Hälfte des 14. Jahrhunderts wurde das dreischiffige Langhaus errichtet. Der Wunsch nach mehr Raum führte im 15. Jahrhundert zum Abbruch des südlichen Seitenschiffes und einem Neubau des Südschiffes mit Netzgewölben als Hauptkirchenraum. 1993 kam es zum Einsturz des Turms und der zwei westlichen Joche des nördlichen Seitenschiffs. Der Wiederaufbau wurde nach einem Entwurf von Dieter Georg Baumewerd)

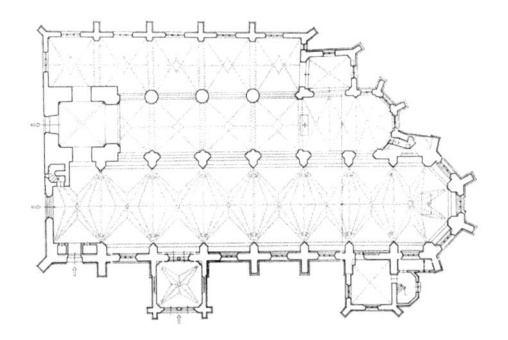

337. Goch, Kath. Pfarrkirche St. Maria Magdalena.

Die bewegte Baugeschichte zeigt besonders deutlich, wie Bauen als ein lebendiger Prozess aufgefasst werden kann. Veränderungen und Erweiterungen waren selbstverständlich, allerdings in Maßstab und Raumgliederung im Einklang mit dem Bestehenden. Daraus entsteht die befriedigende Wirkung im neu konstruierten Zusammenhang. Nur Wenige Architekten nehmen heute eine solche Bautradition auf, die ja auch immer ein Einordnen, ja sogar Unterordnen bedeutet.

Abteikirche Kornelimünster, Aachen

Als Beispiel überaus lebendiger Bauentwicklung zu einem harmonischen Gesamtraum von beeindruckender Wirkung gilt auch die Abteikirche von Kornelimünster bei Aachen. Aus einer kleinen karolingischen Klosteranlage entwickelte sich als Ergebnis einer Vielzahl von Veränderungen ein komplexes Konglomerat von Räumen:

- 817 dreischiffige Basilika
- frühromanischer Neubau
- nach einem Brand 1310 Wiederaufbau als Basilika in frühgotischen Formen mit Flachdecke
- 2. Viertel 15. Jahrhundert: Hauptchor erneuert
- 1. Hälfte 15. Jahrhundert: Mittelschiff gewölbt
- um 1470 anstelle des südlichen Seitenschiffs eine zweischiffige Halle (als zunächst abgetrennte Pilgerkirche)
- um 1520 anstelle des nördlichen Seitenschiffs eine zweischiffige Halle mit gleicher Gewölbehöhe wie das Mittelschiff

338. Kornelimünster, Ehemalige Benediktinerklosterkirche, Innenperspektive.

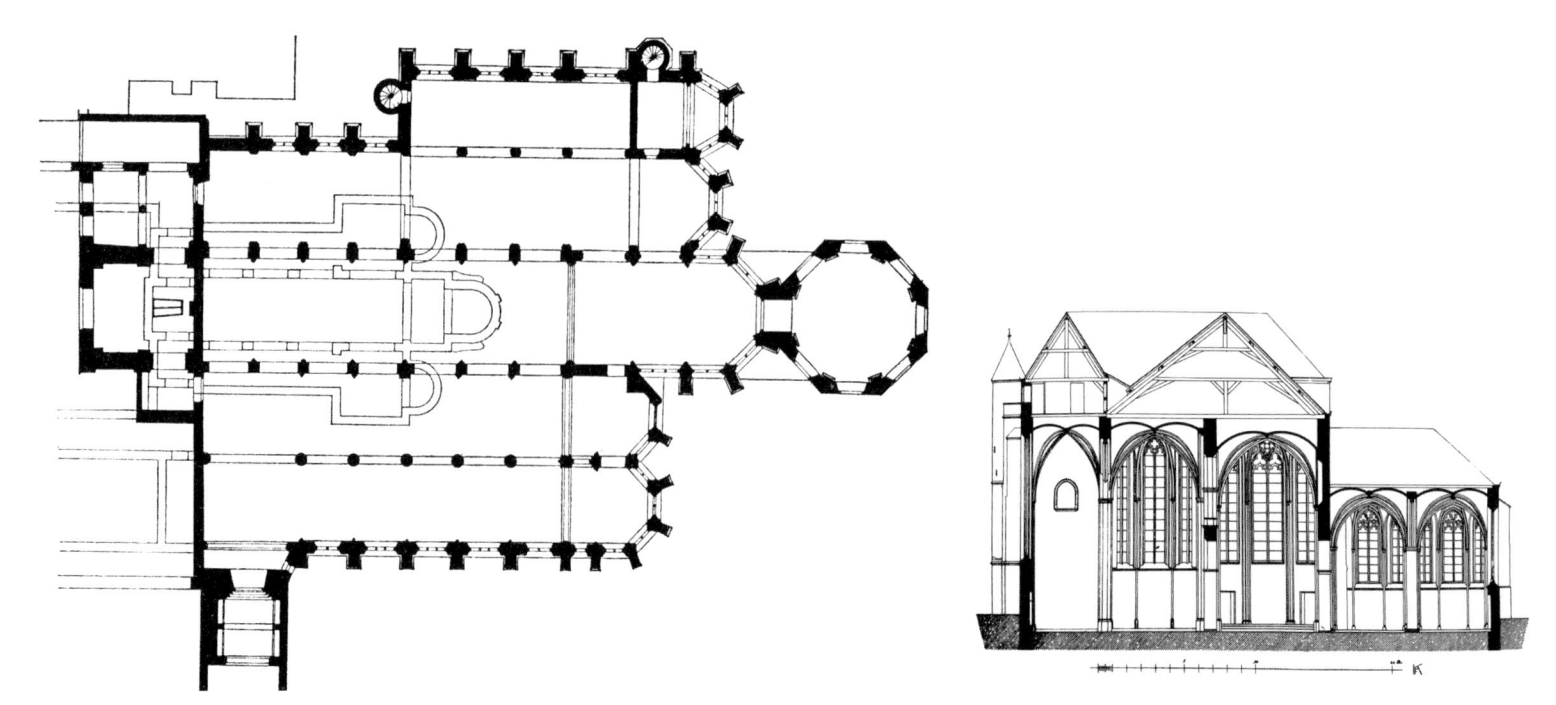

339+340. Kornelimünster, Ehemalige Benediktinerklosterkirche, Grundriss, Längsschnitt.

Roland Günter bringt es folgendermaßen auf den Punkt: „*Der um 1520 zu Arkaden durchbrochene Obergaden der nördlichen Mittelschiffwand beweist, dass das 16. Jh. als baukünstlerisches Grundprinzip den Reichtum der Durchblicke in einer Vielfalt von Räumen schaffen wollte.*"[66] Abschließend erfolgte 1706 noch der Anbau der achteckigen Korneliuskapelle zum Aufbewahren der Korneliusreliquien hinter dem Mittelchor. Die räumliche Verbindung ist allerdings – entgegen dem Eindruck im Grundriss – durch den Hochaltar verstellt.

Dorfkirche in Birken-Honigsessen (Westerwald)
Trotz der im Zusammenhang mit St. Maria Magdalena in Goch geäußerten grundsätzlichen Skepsis: Auch heutige Architekten haben beeindruckende Lösungen des einfühlsamen Erweiterns und Anlagerns geschaffen. Aus den 20er Jahren des vorigen Jahrhunderts steht dafür die bescheidene, aber beispielhafte Erweiterung der Dorfkirche in Birken (Westerwald) von Dominikus Böhm.
„*Der alte Kirchenbau war zu vergrößern. Böhm hat den alten Grundriß sozusagen nur verdoppelt. Der alten Altarapsis wurde eine neue lichtere Apsis als Taufkapelle zugestellt. Zwischen den beiden Apsiden steht nunmehr der neue Hauptaltar. Über dem Grundriß entwickelt sich ein völlig anders gearteter neuer Raum, ein Zentralraum, der über flachgiebligen Schildwänden in einem offenen Dachstuhl endet.*"[67]

341+342. Birken-Honigsessen, Dorfkirche, Arch.: Dominikus Böhm, 1929, Grundriss, Längsschnitt.

[66] Günter 1979, S. 402.
[67] Hoff; Muck; Thoma 1962, S. 507.
[68] Speidel 1999 (a), S. 49.

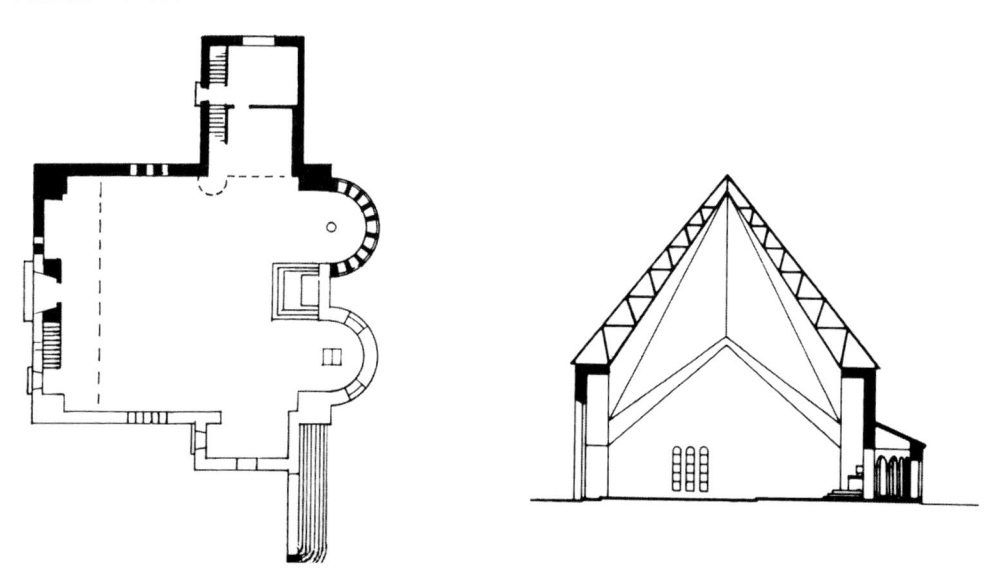

In der Zeit nach dem Zweiten Weltkrieg gab es eine Fülle von Kirchenneubauten und Erweiterungen, teils um zerstörte zu ersetzen, aber auch wegen des Wachstums vieler Gemeinden. Dazu zwei typische Beispiele:

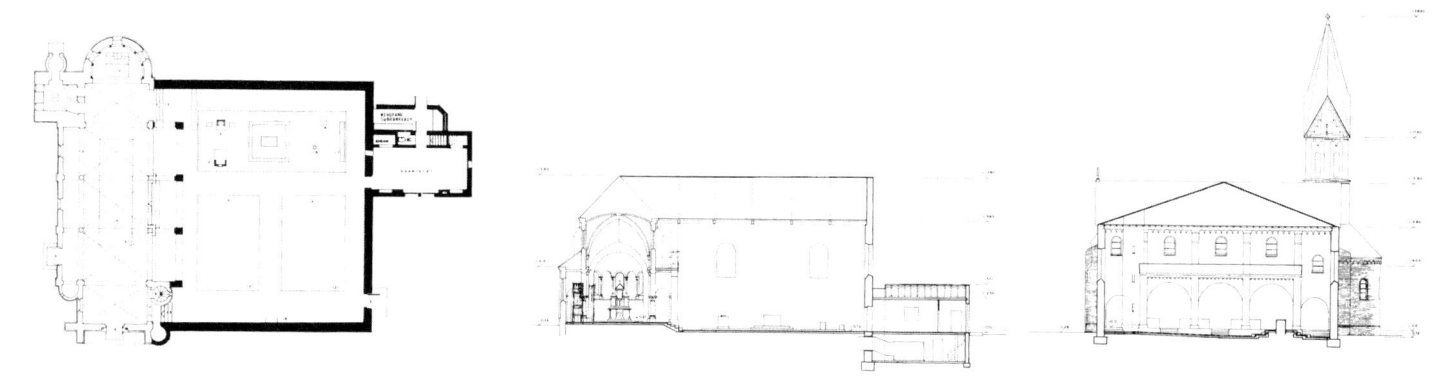

Pfarrkirche St. Andreas, Wesseling-Keldenich
„*Die Pfarrkirche St. Andreas ist die Erweiterung einer kleinen, dreischiffigen, neuromanischen Kirche um einen breiten Saal. Das gewohnte Bild der alten Kirche mit ihrem historischen Bauschmuck aus Kapitellen und Gewölbediensten ist dabei erhalten geblieben. Sie bleibt als Alltagskirche voll in Gebrauch. Der neue Kirchensaal mit der dreifachen Breite des alten Schiffes ist auf dessen ganzer Länge daneben gebaut. Die Südwand des alten Seitenschiffes ist mit weiten Bögen aufgebrochen, der Obergaden durch gleiche Bögen aufgestockt. Die ehemalige Außen- wurde zur Innenwand des neuen Saales, der Boden im alten Seitenschiff um vier Stufen in eine Ebene mit dem des Saales niedriger gelegt. Von diesem her entstand damit als räumlicher Übergang zur alten Kirche eine großzügige, zweigeschossige Arkade mit sichtbar gelassenem 60 cm starkem Mauerwerk, die – von der Ostwand des Saales freigestellt – ein selbständiges Architekturelement bildet. [...] In dieser Doppelkirche behält die alte ihre Intimität und wird für die neue zum stimmungsvollen Seitenschiff, man wechselt von der einen in die andere und fühlt sich an ein italienisches Kloster erinnert.*"[68]

343–345. Wesseling-Keldenich, Pfarrkirche St. Andreas, Arch.: Heinz Bienefeld, 1964, Grundriss, Längsschnitt, Querschnitt.

Pfarrkirche St. Anna, Düren
St. Anna ist ein Neubau als Ersatz für die im Zweiten Weltkrieg zerstörte alte Pfarrkirche und Wallfahrtskirche. Sie ist ein Beispiel für eine neu geplante Verbindung und Durchdringung „selbstständiger" Einheiten.

Der monumentale Baukörper ist von Rudolf Steinbach nach einem Entwurf von Rudolf Schwarz aus meisterhaft geschichtetem Bruchstein errichtet. Die Kirche ist ein Beispiel für eine dreifache Durchdringung: Hauptschiff und Werktagskirche sind rechtwinklig zueinander gruppiert, Zielpunkt für beide ist die quadratische Altarinsel. Das niedrige Seitenschiff ist parallel zur Hauptachse angelagert. Als Reliquien- und Taufkapelle sowie Pilgerhalle öffnet es sich breit zum Hauptraum und mit der Schmalseite zur Werktagskirche. Jeder Teil ist gewissermaßen selbständig in einer großen, lebendigen Einheit.

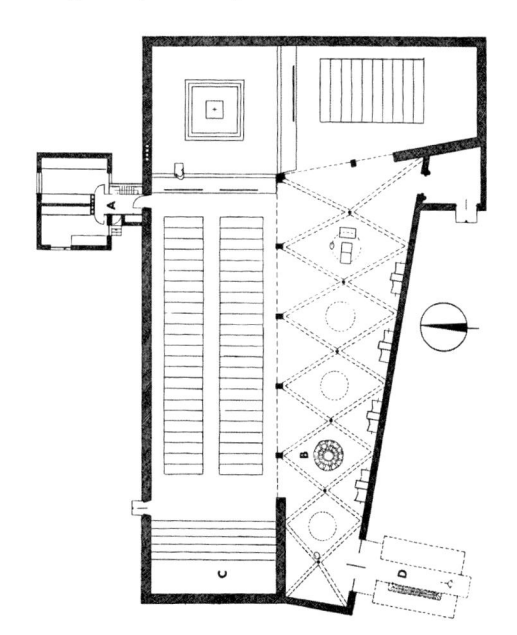

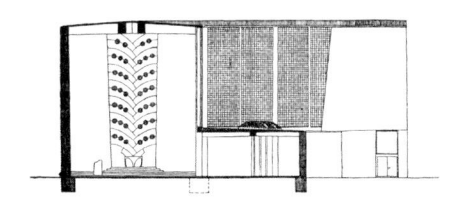

346+347. Düren, Pfarrkirche St. Anna, Arch.: Rudolf Schwarz, 1956, Grundriss, Querschnitt.

Wendisch-Deutsche Doppelkirche, Vetschau Kreis Lübben, Brandenburg
Die Wendisch-Deutsche Doppelkirche besteht aus zwei räumlich getrennten Gotteshäusern, die aber Wand an Wand nebeneinander errichtet wurden und so eine äußere bauliche Einheit bilden. Sie ist ein frühes Beispiel der baulich betonten Toleranz zwischen zwei national bestimmten Glaubensrichtungen. Die Wendische Kirche wurde 1650, die deutsche Kirche 1690 bis 94 erbaut, beide mit Tonnengewölbe und zweigeschossigen Emporen. Beide Sakralbauten verbindet eine kreuzgewölbte Sakristei im Osten.

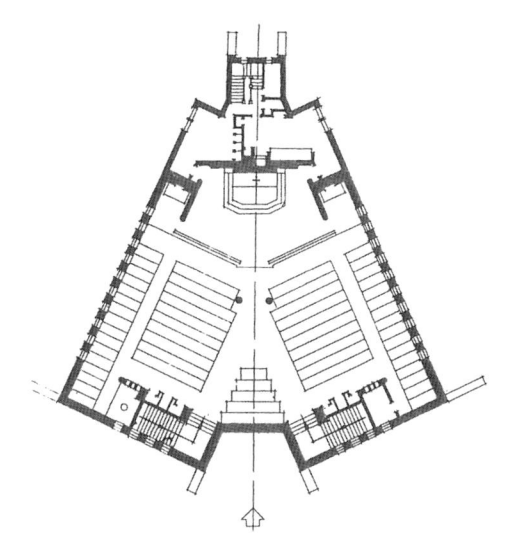

Doppelkirche SS. Peter & Paul, Pierre, South Dakota
Die trapezförmig zueinander gedrehten gleichwertigen Schiffe vereinigen sich im Bereich des Hochaltars zum Einraum. Ein eigenwilliger Entwurf mit einer geschickten maßstäblichen Gliederung des Kirchenraums.

St. Alban, Wallerstein
Einen besonderen Stellenwert in dieser Reihe hat die kryptogotische Kirche Kirche St. Alban in Wallerstein, Südbayern. Dabei handelt es sich um eine der relativ seltenen „Einstützenkirchen", d.h. Kirchen mit mittiger Säulenstellung, also zwei gleichwertigen Schiffen und – das ist besonders selten – doppelter symmetrischer Chorausbildung. Hier hat jeder Chor seinen Altar, jedes Schiff ist also im Grunde eine vollwertige Kirche. Der Hochaltar aber steht in der Mittelachse vor den Choransätzen (ist also nicht optimal zu sehen). Damit wird doch das Bestreben zum Einraum ausgedrückt, eigentlich ein Paradox. Diese Tendenz wird heute noch unterstützt durch den modernen Volksaltar, der auch mittig vor der vorletzten Säule steht, allerdings rings umstanden von modernem Gestühl. Zwei Räume in einem – ein faszinierendes Beispiel für Teile zum Ganzen.

348. Vetschau, Brandenburg, Wendisch-Deutsche Doppelkirche, Ansicht.

349. Pierre, South Dakota, Doppelkirche, Arch.: Barry Byrne, 1954.

350. Wallerstein (Donau-Ries), St. Alban Kirche, 1612–13.

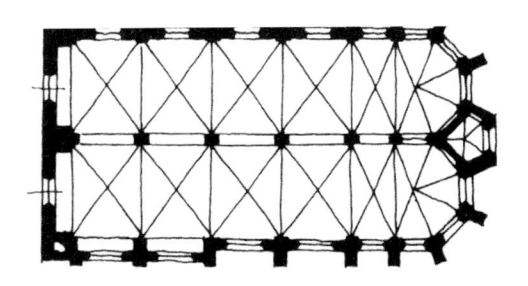

351. Düsseldorf, Kreuzherrenkirche, Ende 15. Jh.

Kreuzherrenkirche, Düsseldorf
Die zweischiffige, fünfjochige Backsteinhalle endet in zwei parallelen 5/8-Chorschlüssen. Hier ist das geplante Prinzip des gleichberechtigten Anlagerns zweier gleichgewichtiger Schiffe mit jeweils Chorabschluss konsequent durchgeführt, nach außen noch betont durch das fünfseitige Türmchen zwischen den Chören.

Axiales Erweitern in die Tiefe

Eine weitere Spielart des Erweiterns und Anlagerns ist das axiale Erweitern in die Tiefe. Dabei werden „vorn und hinten" trotz unterschiedlicher Einzelausbildung und Funktion häufig zu einem lebendigen Ensemble mit Sogwirkung, die unterschiedlichen Bauteile können ein spannendes Ganzes bilden.

San Lorenzo fuori le Mure
San Lorenzo ist eine der sieben Hauptkirchen von Rom. Sie zeigt die enge räumliche Verbindung zweier Kirchen in Längsrichtung mit den Funktionen Marienkirche und Laurentiuskirche. Dabei sind die Schiffe getrennt bzw. verklammert durch den eindrucksvollen Triumphbogen. Die Laurentiuskirche befindet sich über der Gruft des Heiligen und entstand um 330. Die Marienkirche wurde zwischen dem 5. und 8. Jahrhundert errichtet. *„Im frühen 19. Jahrhundert wurden die unmittelbar aneinander stoßenden Apsiden abgerissen und anstelle der Marienkirche ein neues Langhaus errichtet, dem die Emporenbasilika des Pelagius (Laurentiuskirche) als Chor diente. […] Einem breiten hohen Mittelschiff […] ordnen sich schmale Seitenschiffe unter. […] Der tief herabhängende Triumphbogen aus der Zeit des Pelagius hemmt den entschiedenen Lauf des Mittelschiffs und leitet zum Altarraum über. Der Bau des Pelagius erhebt sich über den Märtyrergruft; allerdings zerstört der im 19. Jahrhundert bei der Neueinrichtung des Chores im Mittelraum eingezogene, erhöhte Fußboden die ursprünglichen Proportionen, indem die antiken korinthischen Säulen, die*

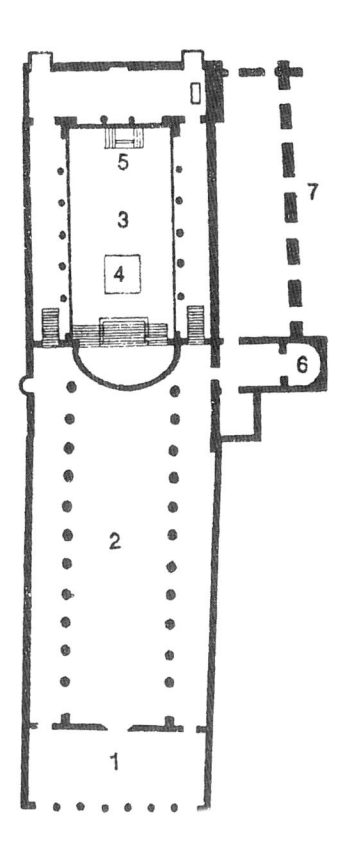

352+353. Rom, Basilika San Lorenzo fuori le mure, Innenansicht, Grundriss. (1) Vorhalle; (2) Basilika major: Marienkirche; (3) Pegasius-Basilika: Laurentiuskirche; (4) Ziborium; (5) Cathedra; (6) Campanile; (7) Kreuzgang.

den Pelagius-Bau in drei Schiffe teilen, nur noch zu einem Drittel sichtbar sind. [...] Seitlich des Triumphbogens führen Treppen auf das ursprüngliche Niveau der Märtyrerkirche hinab, das in den Seitenschiffen beibehalten wurde."[69]

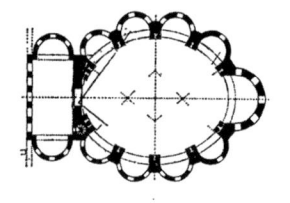

Bei San Lorenzo fuori le mura handelt es sich um das eindrucksvolle Beispiel einer linearen Verknüpfung von Teilen zum Ganzen.

St. Gereon, Köln
Der Ursprung dieser großartigen Kirche liegt in der Spätantike. Der Kernbau wird als Zentralbau über ovalem Grundriß mit acht an den Längsseiten halbkreisförmig vorgelagerten und mit Halbkuppeln überwölbten Konchen erbaut. *„Im 11. Jh. Anbau eines Langchors mit Krypta unter Erzbischof Anno (Weihe 1069), der eine Erweiterung und Bereicherung um die heutige Ostgruppe [...] erfährt. [...] In St. Gereon hat sich die urspr. Raumfolge des christlichen Gotteshauses – Vorhalle, Gemeinderaum, Chor – erhalten. Zugleich wird die stete Auseinandersetzung zwischen dem Zentralraum, dem Grundrißmuster, das am ehesten durch seine Grundanordnung die einzelnen Gläubigen zu einer Gemeinschaft zusammenführt, und dem Längsraum, der die Gemeinde auf den Altar orientiert, sichtbar."*[70] Verdeutlicht wird die Eigenständigkeit der unterschiedlichen Räume durch die dreifache Höhenstaffelung:
- Ovaler, steil aufragender Gemeinderaum mit den acht Konchen (im Grunde eigenständige Kapellen im Großraum)
- Lang gestreckter Mittelchor mit Altarbaldachin
- Mächtiger Hochchor zwischen den Türmen als Ostapsis.

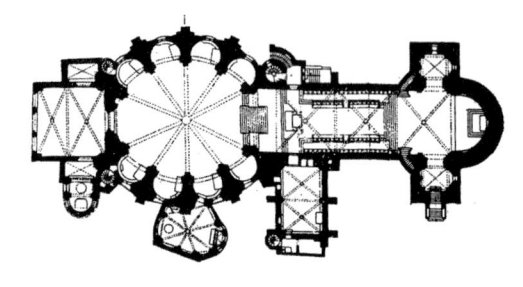

Hierdurch entsteht ein einzigartiger Raum, der eine beispielhafte Verbindung charakteristischer, eigenständiger Einzelräume zu einer großartigen Einheit als lebendige Architektur zusammenfügt.

354. Köln, St. Gereon, Urbau, 4.Jh. n. Chr, Grundriss.

355. Köln, St. Gereon, aktueller Grundriss.

356+357. Köln, St. Gereon, Aussenansicht, Innenansicht.

Saint-Bénigne, Dijon
535 entsteht ein erster Kirchenbau über dem Grab des Hl. Benignus, westlich davon ein Marienheiligtum. Die Bauten werden um 870 durch den Bau eines kreisrunden Oratoriums zwischen Kirche und Marienkapelle zusammengefasst.

„Aus diesen Voraussetzungen schuf nun Abt Wilhelm eine Bauanlage, die zu den interessantesten der Zeit um 1000 in Europa gehörte: an eine fünfschiffige Basilika schloß sich im Osten nahtlos eine kreisrunde Kapelle an, die sich weiter östlich um eine rechteckige Kapelle verlängerte. Ist der Bau der Kirche selbst [...] von einem architektonischen Aufwand und einer malerischen Gruppierung der Baumassen, die noch an die karolingische Hochblüte erinnert und im gleichzeitigen Frankreich keine Parallele hat, so ist die sich anschließende Rotunde und ihre Anbindung an

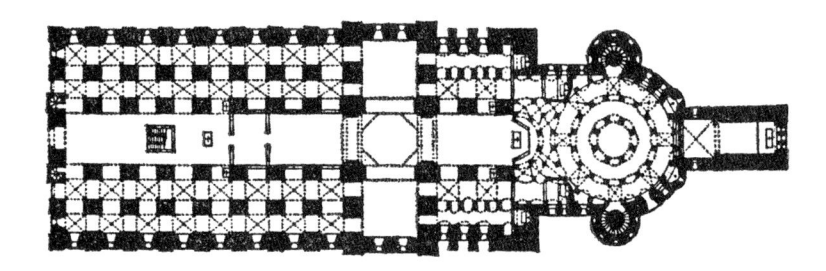

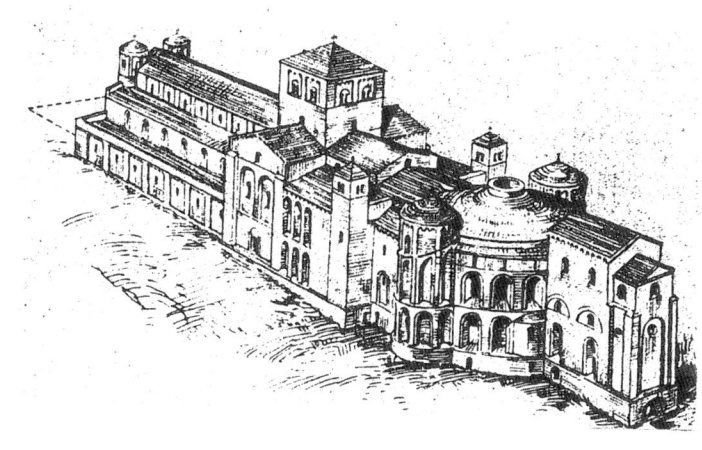

358-361. Dijon, St. Bénigne, Frankreich, Grundriss, Längsschnitt (Rekonstruktion: A.S. Werney), Längsschnitt Rotunde.

362. Dijon, St. Bénigne, Frankreich, Ansicht (Rekonstruktion: Kenneth John Conant), Innenansicht Krypta.

die Kirche vollends ungewöhnlich: einen inneren Zylinder, der nach oben offen ist, umstehen auf drei Etagen je acht monolithische Säulen in rundbogigen Arkadenstellungen."[71]

Wir müssen uns einen regelrechten Säulenwald vorstellen, von dem uns heute nur noch der einzige unzerstörte Teil des Baues einen Eindruck gibt: der östliche Teil der Krypta und das Untergeschoss der Rotunde. Sie war ursprünglich unter dem größten Teil der Kirche als zusammenhängender Raum bis unter die Marienkapelle östlich der Rotunde vorhanden. In der Krypta befand sich auch im Chor, unter dem Hauptaltar, das Grab des Hl. Benignus. Nach der Zerstörung der Kirche entstand um 1280 ein gotischer Neubau. Die Rotunde wurde erst in der französischen Revolution zerstört.

St. Katharina, Oppenheim
Ältester Teil der Kirche sind die romanischen Türme. Im 13. Jahrhundert kommt es zum Bau des gotischer Chores und des Querhauses. Ab 1320 entsteht das Langhaus mit dem Vierungsturm. Nach 1415 wird der Saalchor den Charakter eines Glashauses hinter einem Lettner an der Westwand des alten Gotteshauses errichtet. *„Bauteile aus fünf Bauperioden sind zu einer malerisch wirkungsvollen Baugruppe zusammengewachsen."*[72]

[69] Henze 1974, S. 199.
[70] Nach Henze 1959, S. 324f.
[71] Bußmann 1977, S.16.
[72] Dehio 1972, S. 687.

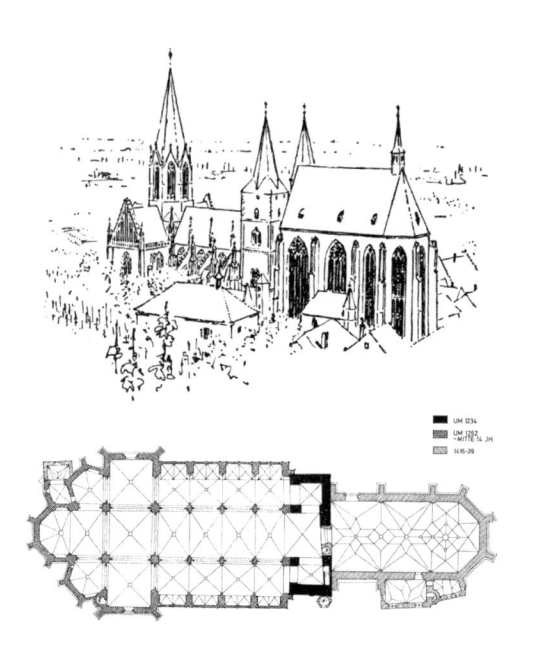

Bei diesem Beispiel sehen wir eine Reihung von zwei Kirchen unterschiedlicher Funktion: im Osten die Gemeindekirche, im Westen die Stiftskirchet. Die ursprüngliche großzügige Raumwirkung des Inneren ist heute leider gestört. Der Stiftschor war durch einen Lettner abgeteilt, „[...] *der zwischen den romanischen Türmen lag und 1835 entfernt wurde (Gewölbeansätze noch erkennbar; an seiner Stelle heute die Orgelempore). Aus dem darüber liegenden großen Fenster, dem Westfenster des älteren Langhauses, ist beim Anbau des Westchores, um eine engere räumliche Verbindung zu schaffen, das Maßwerk herausgebrochen worden; es wurde 1835 erneuert, um das Langhaus gegen den damals offenen Westchor abzuschirmen.*" [73]

Insgesamt sind das Langhaus und der Westchor getrennt und verbunden zugleich mit geheimnisvoller lockernder Wirkung.

363–365. Oppenheim, St. Katharinenkirche, 1240, Aussenansicht, Grundriss, Innenansicht.

Abteikirchen
In den großen Abteien vor allem des Barock und der frühen Neuzeit werden wegen der Trennung von Laien und Mönchen beim Gottesdienst längs orientierte Doppelkirchen zu hoher Blüte entwickelt; im Westen die Gemeindekirche, im Osten der Mönch- oder Nonnenchor als getrennte Einheit, ein Paradox von hohem räumlichen Reiz.

Abteikirchen Einsiedeln, Schweiz
„Grandiose Klosteranlage mit phantasievoll erbauter und hervorragend ausgestatteter Wallfahrtskirche, eines der Hauptwerke der abendländischen Barockarchitektur."[74]

Raumfolge:
– achteckiger, sich in der Fassade ausstülpender Zentralbau als Vorkirche mit zentral eingestellter Gnadenkapelle für die schwarze Madonna. Ausgebildet als Haus im Haus am Ort der Eremitenkapelle des hl. Meinrad
– dahinter befindet sich ein geräumiges zweijochiges Langhaus als Predigerkirche mit Flach- und Laternenkuppel
– im Osten die durch ein besonders kunstvolles Gitter abgetrennte Mönchskirche mit hoch liegendem Psalierchor hinter dem raumschließenden Hochaltar

366+367. Einsiedeln (CH), Benediktinerklosterkirche, Innenansicht, Längsschnitt.

106

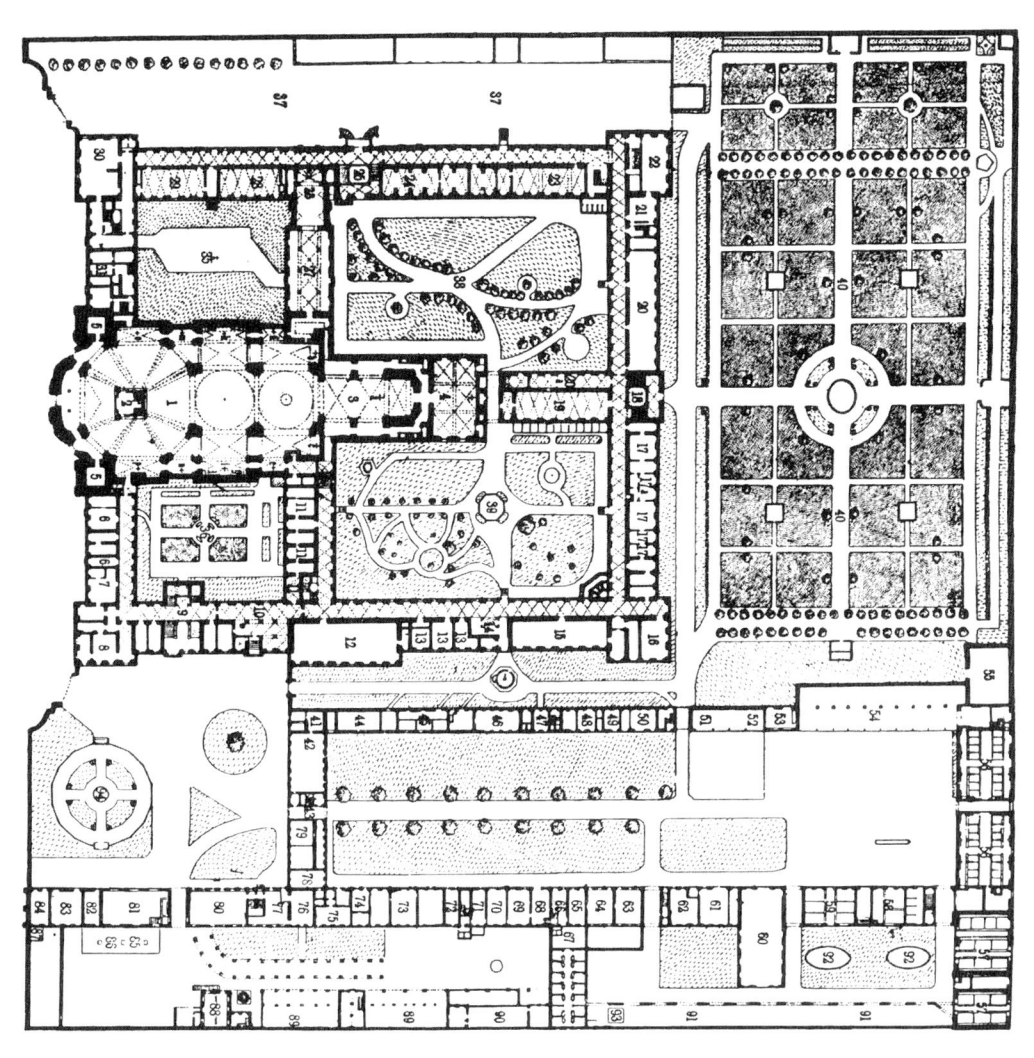

368. Einsiedeln (CH), Benediktinerklosterkirche, Lageplan und Grundriss.

Insgesamt bildet die Klosterkirche in Einsiedeln eine Abfolge in sich selbständiger Räume mit klaren Funktionen, die aber durch die wechselnden Perspektiven und Durchblicke „*ineinander übergeleitet, und verschmelzen so zu einem malerisch bewegten Ganzen ohne eindeutig erfassbare Begrenzung.*"[75]

St. Gallen, Schweiz
Ursprünglich waren die Vorgängerbauten zwei getrennte Gotteshäuser: Die westliche Kirche des Heiligen Ottmar und das östliche Gallusmünster. Beide wurden später durch ein eingeschobenes Langhaus verbunden. Diese Zweipoligkeit wurde beim Neubau des 18. Jahrhunderts beibehalten

[73] Dehio 1972, S. 690.
[74] Jenny 1971, S. 589
[75] Jenny 1971, S. 591.

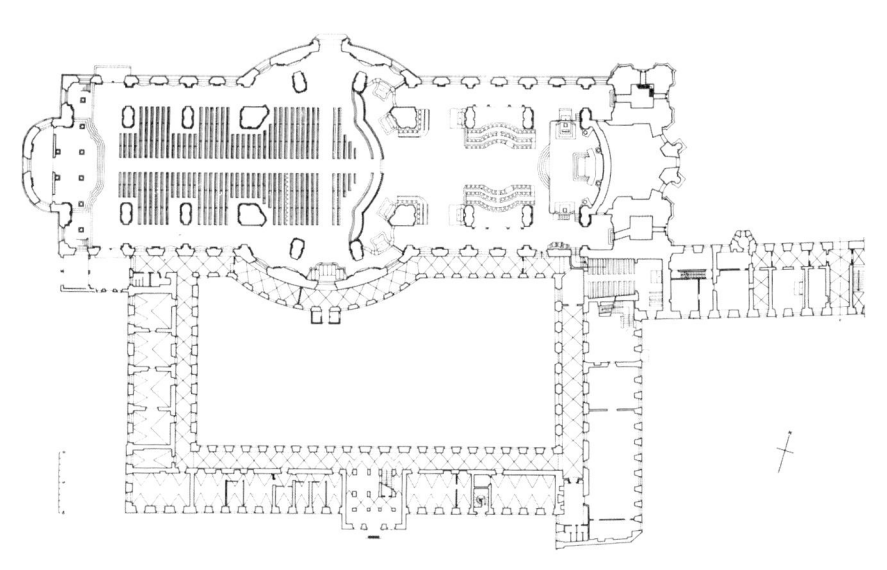

369. Benediktinerabtei St. Gallen, Schweiz, Grundriss.

76 Bazin 1980.2, S. 185.
77 Dehio 1964, S. 416.
78 Schinkel 2005, S. 57.
79 Schinkel 2005, S. 59.
80 Schinkel 2005, S. 60.

und genial gesteigert durch den verbindenden Rundbau. Ungewöhnlich, aber konsequent ist dabei der Haupteingang von Norden her. So wird die Rotunde nicht bloß räumliches Zentrum, sondern Drehpunkt der ganzen Anlage. Denn: *„Betritt der Besucher die Kirche durch den einzig möglichen Zugang auf der Nordseite, so wartet eine neue Überraschung auf ihn. Er steht nicht in einem Querschiff, sondern in einem weiten Rundraum mit Nischenkranz. Der Blick wird unverzüglich nach oben gezogen, in die Kuppel mit der Vision des Paradieses. Rechts und links öffnen sich zwei Schiffe, deren eines vom Hochaltar, das andere von der Orgelempore abgeschlossen wird."*⁷⁶

Hier findet man in Ost-West-Richtung drei ineinanderfließende, deutlich unterschiedene Räume mit der Funktion einer Doppelkirche.

St. Blasien im Schwarzwald
Hinter einer imposanten Vorhalle liegt eine kreisrunde, säulenumstandene Pilger- und Gemeindekirche mit einer Kuppel auf freistehenden Säulen und einem Umgang mit Emporengalerie. Im Osten, zwischen Doppelsäulen und umrahmt von einem bühnenartigen Portal, befindet sich der lange Mönchschor, früher durch ein „blickdeckendes" Gitter abgesondert. Dieser Chor (heute Werktagskirche) mit Flachdecke und durchlaufender Empore wird durch eine imposante Orgel abgeschlossen. Der neue Hochaltar in der Rotunde und das neue Chorgitter aus den 1970er Jahren trennen die Räume. *„Großartigstes Denkmal der frühklassizistischen Richtung, die hier nicht nur in den Stilformen, sondern vor allem in der hochmonumentalen Gesamtanlage sich unbeschränkt ausspricht."*⁷⁷
In St. Blasien entsteht eine spannende Blickerweiterung aus der kreisrunden Pilgerkirche in den langgestreckten Chor. Hier werden kontrastierende Bauteile zum lebendigen Ganzen.

370–372. St. Blasien, Ehemalige Abteikirche Arch.: Pierre Michel d'Ixnard. Innenansicht 1781, 1913 nach Brand wiederhergestellt, Längsschnitt, Grundriss.

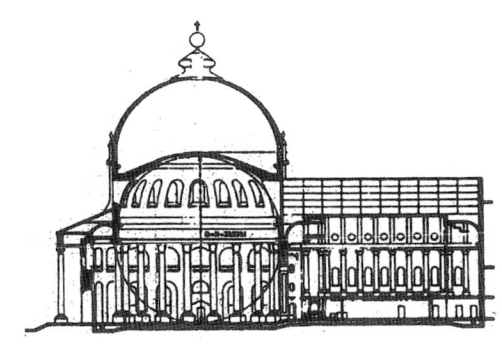

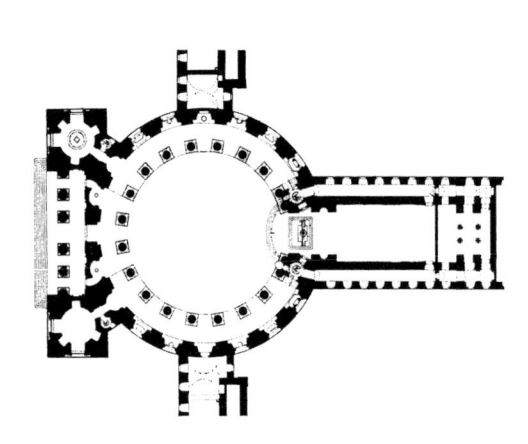

Getraudenkirche am Spittelmarkt in Berlin 1819
Der Entwurf von Schinkel ist die Umkehrung des Ansatzes von St. Blasien: Hier bildet der mittig gestützte kreisrunde Chor den räumlichen Abschluss der dreischiffigen Hallenkirche. *„Schinkel wählte für das Bauwerk zwar den Styl des Mittelalters, aber sein [...] Bestreben ging also dahin, alles Ueberflüssige aus diesem Styl zu vermeiden."*⁷⁸ *„In dem Raume der Kirche für die Lehre von der Kanzel ist die Haupt-Rücksicht, welche bei dem Plane genommen wurde: das gute Sehen und Hören des Kanzelredners. [...] Zwölf breite Fenster erleuchten diesen Raum aufs Hellste."*⁷⁹ *„Durch drei Öffnungen geht man in den Raum des Altars, der ein Elfeck von 75 Fuß Durchmesser bildet, dessen Decke auf einem Mittelpfeiler aus Granit zusammengewölbt ist [...]. An diesen Mittelpfeiler lehnt sich der Altar. [...] Der Altar steht daher frei in der Mitte des Raumes, damit, nach dem Gebrauch der evangelischen Kirche, diejenigen, welche das Abendmahl empfangen, hinter demselben in einem schönen Raum herumgehen können."*⁸⁰

Der Entwurf Schinkels, bei dem er eine dreischiffige Halle und einen Zentralbau nach dem Vorbild eines englischen Chapterhouses miteinander verbindet, zeigt beispielhaft die Addition, das Zusammensetzen selbständiger architektonischer Einzelräume als Teile zum Ganzen. Leider wurde das Projekt nicht gebaut.

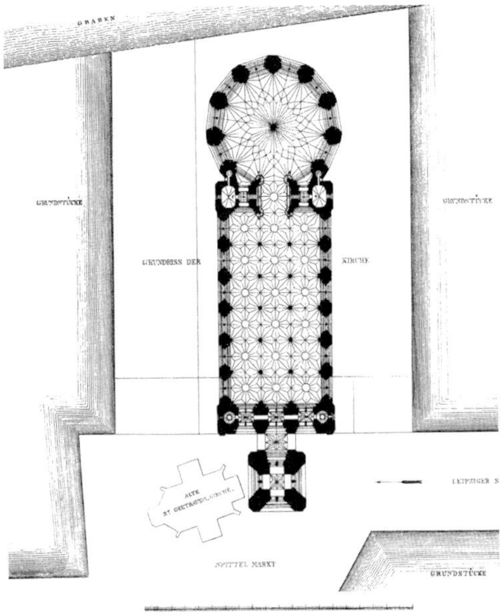

373. Entwurf für die Getraudenkirche, Spittelmarkt, Berlin, Arch.: Karl Friedrich Schinkel, 1819. Grundriss.

374+375. Entwurf für die Getraudenkirche, Spittelmarkt, Berlin, Arch.: Karl Friedrich Schinkel, 1819. Chorraum, Innenraum der Gemeindekirche.

Kirchenbau im 20. Jahrhundert

Im 20. Jahrhundert werden im Kirchenbau zunehmend neue Programme bestimmend: Einer Hauptkirche sind kleine Werktagskirchen und Gemeinderäume – auch als Erweiterungsmöglichkeiten – zugeordnet, also hier das Thema des Durchdringens, des Anlagerns unterschiedlich großer, spezieller Räume zu einem Gesamtraum.

Waldkirche, Planegg bei München

Diese letzte Kirche Theodor Fischers aus dem Jahre 1925 ist ein achteckiger Zentralbau als Idealbau einer evangelischen Predigerkirche mit hörsaalartigem steil ansteigendem Gestühl und Kanzel über dem Altar. Dahinter, in Verlängerung der Hauptachse befindet sich ein ursprünglich durch Vorhänge getrennter Gemeindesaal, der auch als mögliche Erweiterung des Hauptraumes diene konnte. (heute fest abgeteilt).

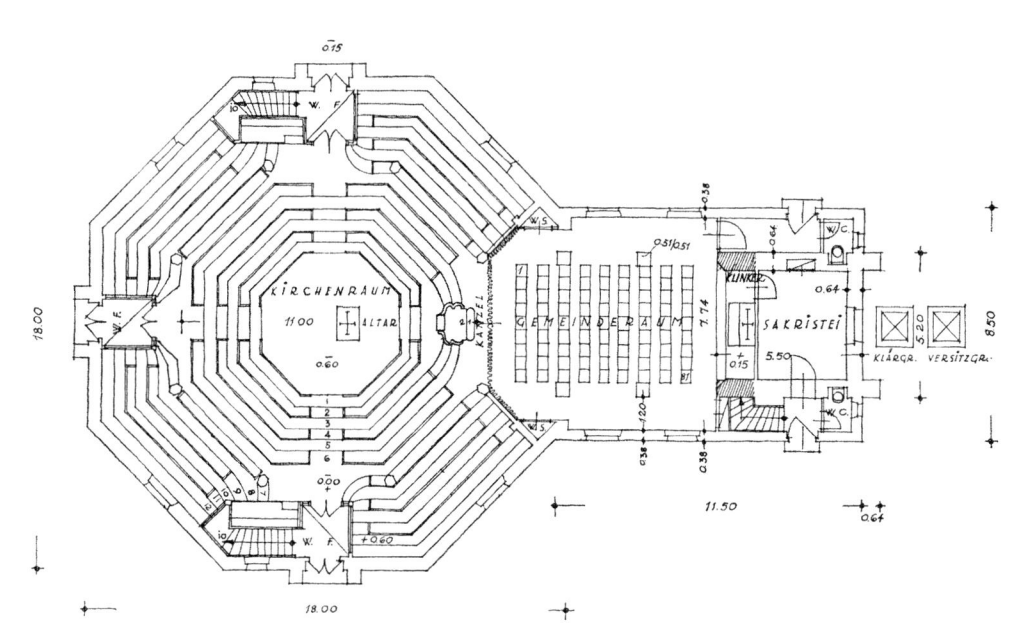

376+377. Planegg bei München, Evangelische Waldkirche, Arch.: Theodor Fischer, 1925. Grundriss, Ansicht Chorraum.

Pfarrkirche Heilig Geist, Essen

Beid er von Gottfried Böhm geplanten und zwischen 1955 und 1958 realisierten Kirche überspannt ein Hängedach auf zwei mittigen trapezförmigen Betonpylonen das lang gezogene Mittelschiff mit kühnen Bögen. Angelagert sind zwei niedrige Seitenschiffe, so dass ein basilikaler Querschnitt entsteht. Raumfolge: westliche Vorhalle als Taufkapelle, Gemeindekirche dreiseitig um die erhöhte

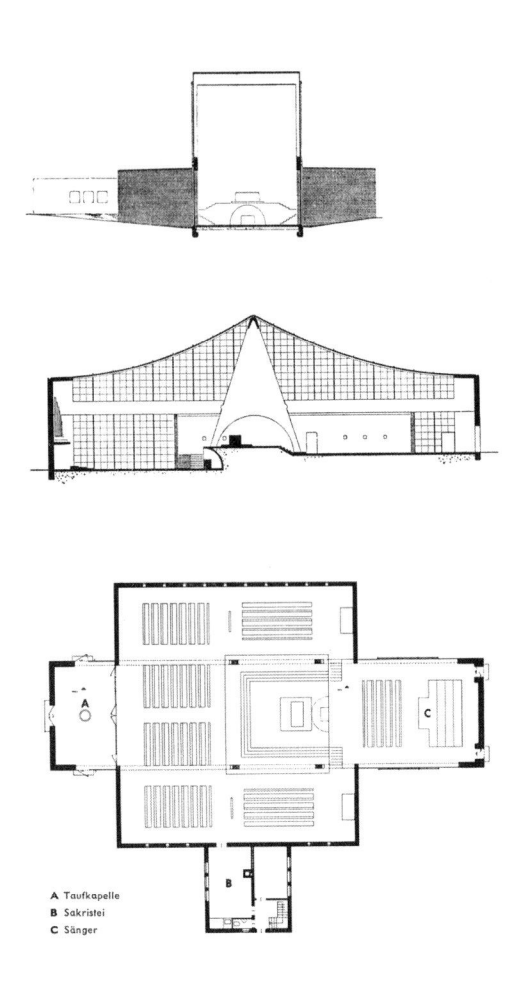

378–381. Essen-Katernberg, Pfarrkirche Heilig Geist, Arch.: Gottfried Böhm, 1955–57. Querschnitt, Längsschnitt, Grundriss, Innenansicht.

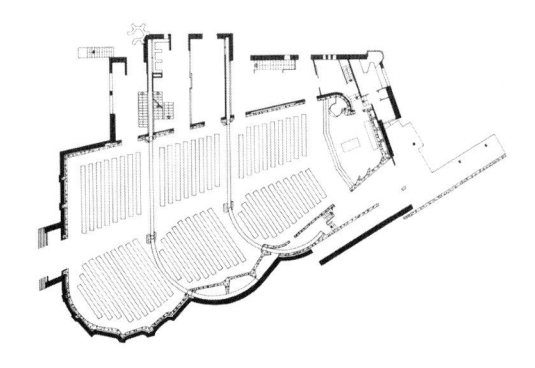

382. Kirche in Vuoksenniska, Finnland, Arch.: Alvar Aalto, 1956–59.

Altarinsel, im Osten liegt vertieft die Werktagskirche mit einer eigenen Apsis in einer Nische unter dem Hochaltar. In dieser Kirche findet man trotz des Alles überspannenden Hängedachs gegeneinander ausgegrenzte, eigenständige Räume: Teile im Ganzen.

Kirche in Vuoksenniska, Finnland

1956 erhielt Aalto den Auftrag, für die Industriegemeinde Vucksenniska in Imatra eine Kirche zu projektieren. Von 1957 bis 1959 gebaut, besteht sie aus drei Teilen, wobei jeder separat zu nutzen ist. Der eine, mit Altar, Kanzel und Orgel dient den Gottesdiensten und fasst etwa 290 Personen. Entfernt man die verschiebbaren Wände, lässt er sich erheblich erweitern und bietet dann 800 Sitzplätze. Eine Längsseite des Kirchenraumes verläuft gerade, die andere besitzt entsprechend der Aufgliederungsmöglichkeit und aus akustischen Gründen apsidiale Abschlüsse. Über dem asymmetrischen Grundriss entwickelt sich eine organische Gestalt, die durch unterschiedliche Höhen spannungsvoll durchgebildet ist.[81]

St. Kolumba, Köln

Die mittelalterliche Pfarrkirche St. Kolumba in Köln wurde im 2. Weltkrieg weitgehend zerstört. Einzig die spätgotische Madonna an einem Chorpfeiler blieb wie durch ein Wunder erhalten. Im Gedenken daran baute Gottfried Böhm die strahlende achteckige Marienkapelle mit Zeltdach – für die Kölner ein wichtiges Symbol für den Neubeginn und bis heute ein zentraler und vielbesuchter Andachtsort der Stadt.

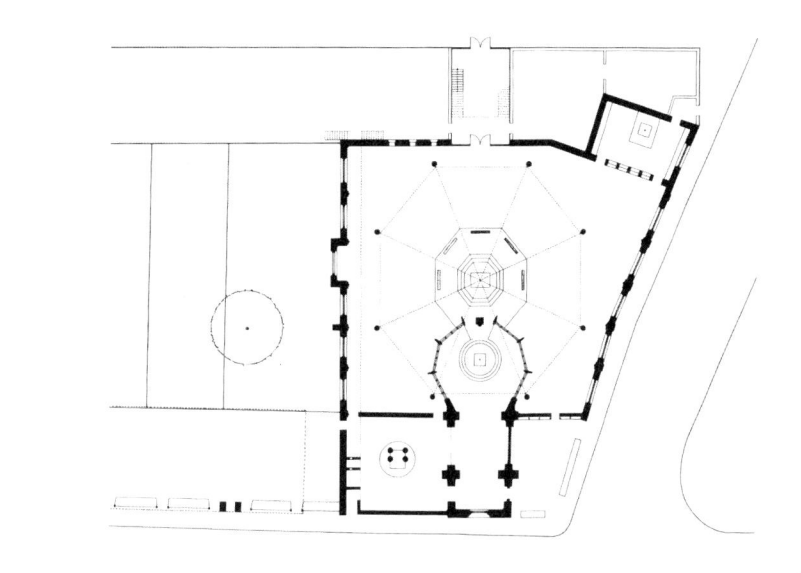

383–386. Köln, Kapelle St. Kolumba, Arch.: Gottfried Böhm, seit 1948. Grundriss Ursprungsbau, Grundriss Erweiterungsplanung, Innenansicht Marienkapelle, Innenansicht Andachtskapelle.

An das lichtdurchflutete Achteck des Chors schließt unter Einbeziehung von erhaltenen Mauerresten ein kleines rechteckiges Mittelschiff an. Der bescheidene Bau wurde 1957 in der Querachse um die mystisch wirkende Sakramentskapelle bereichert. Beide Teile durchdringen sich in der Bogenstellung der Seitenwand.

Das Vorhaben, die Kapellen zur großen Kirche eines Tagungszentrums zu erweitern, wurde leider nicht realisiert. Der Plan sah vor, die Kapelle als Haus im Haus in das neue Kirchenquadrat an dessen Westseite zu integrieren, und durch eine Öffnung mit mittig stehender Madonna mit dem neuen Hochaltar optisch zu verbinden. Darüber dann eine vieleckig aufsteigende Kuppel. Es hätte sich so eine spannende Folge charakteristischer Einzelräume ergeben, die aber in ihrer Durchdringung als Gesamtraum erlebt werden konnten.

Die heutige Umbauung der Kolumbakapelle mit dem Diozösenmuseum von Peter Zumthor hat ihr leider die strahlende Wirkung genommen.

[81] Winkler 1987.

[82] Weyres; Bartning 1959, S. 352.
[83] Günter 1979, S. 333.
[84] Lampl 1987.
[85] Dehio 1999, S. 1173f.
[86] Schotes 1970, S. 139.

Martinskirche, Kassel

Die Martinskirche ist ein Musterbeispiel des hier angesprochenen Themas: Zwei hintereinander liegende Räume sind getrennt und doch in die Tiefe verbunden zur lebendigen Einheit; ein gelungener, das historische Erbe bereichernder Wiederaufbau. *„Bei der Erneuerung der spätmittelalterlichen Landeshauptkirche galt es, den Raum den heutigen Gottesdiensterfordernissen entsprechenden neuzugestalten. Es entstand ein Doppelkirchenraum, der durch Beton-Maßwerk getrennt und zugleich auch verbunden ist. Dem Hauptraum mit dem zentralen Altarbezirk kann die Chorkirche (mit modernem Retabelaltar) zugeordnet werden. Kanzel zwischen Haupt- und Chorkirche, im Chor außerdem ein Ambo. Die historischen Fensteröffnungen des Langhauses wurden, in Dreiecksformen frei gegliedert, zu ornamentalen Netzen gestaltet."*[82]

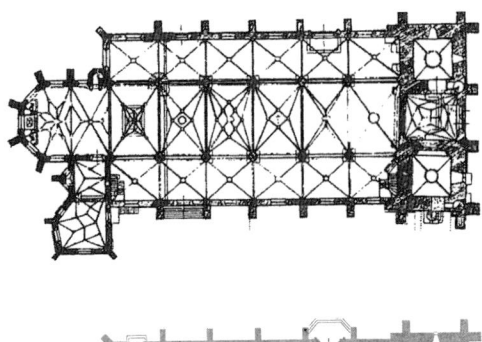

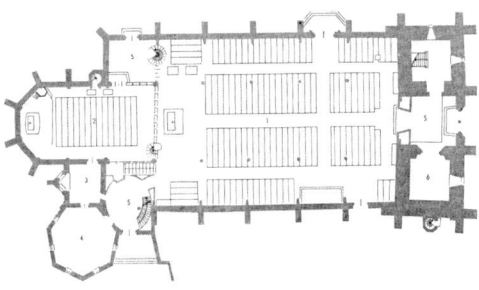

387–389. Kassel, Martinskirche, 1943 kriegszerstört. Wiederaufbau 1954–58, Arch.: Heinrich O. Vogel. Grundriss 16. Jh, Grundriss 1958, Ansicht in Richtung Chor.

Erweitern, Anlagern – quer zur Hauptachse

Anlagerungen – Erweiterungen rechtwinklig zur Hauptachse einer Kirche, erfolgen im Allgemeinen um bestehende, aber zu kleine Bauten zu erhalten und möglichst einfach zu integrieren. Dabei muss natürlich eine, oder bei doppelseitiger Erweiterung auch die zweite Seitenwand des „Altbaus" geöffnet werden. Dabei behalten aber – trotz der räumlichen Durchdringung – die einzelnen Raumteile in der Regel ihre Selbständigkeit: Die alte Kirche oft als Werktags- oder Anbetungskirche, häufig auch als Gemeindesaal, der neue Raum als Hauptkirche. Insgesamt entstehen dadurch interessante Raumzusammenhänge mit spannenden Durchblicken. Dieses Prinzip wurde bei wachsendem Raumbedarf der Kirchengemeinden im 19. und 20. Jahrhundert angewandt, oftmals aber auch in der Nachkriegszeit nach 1945. Durchdringungen von Architekturen unterschiedlicher Zeiten machen die Gebäude besonders reich und lebendig.

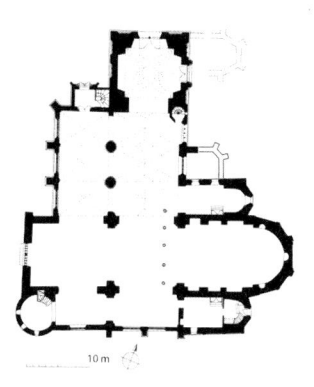

Katholische Pfarrkirche St. Martin, Emmerich
Wir sehen an der Rheinfront „[...] den mächtigen Bau der Martinskirche mit der als Schauseite zum Wasser hin ausgebauten Querschifffassade und dem mächtigen Turm. Ihr Inneres ist eine spätgotische Pseudobasilika (Mitte 15. Jh.). Von einem großen Bau von 1040 stehen im Chor noch die Reste. [...] Nachdem das Hochwasser des Rheins den Westteil der alten Basilika weggerissen hatte, fügte man im 15. Jh. – ein einzigartiger Fall – an der Nordseite einen Querbau (ursprünglich mit Netzgewölben) und den Turm an."[83] Die Kirche wurde nach starken Kriegszerstörungen bis 1964 vereinfacht wiederaufgebaut.

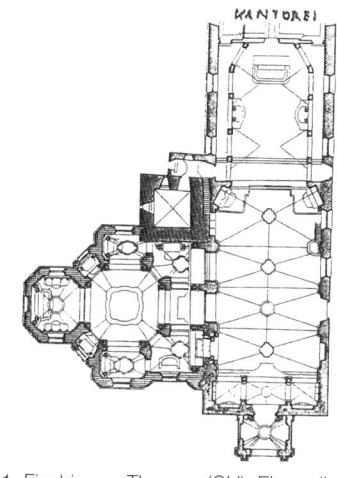

390. Emmerich, Kath. Pfarrkirche St. Martin (ehemalige Stiftskirche).

Fischingen – Thurgau (CH), ehemalige Benediktinerstift
Die Klosterkirche besteht aus einem Langhaus von 1685, der 1704 quer zur Langhausachse angebauten Iddakapelle und dem höher gelegenen Psallierchor von 1753. [Die Iddakapelle] *erhielt eine mächtige Kuppel, im Inneren wurde der Mittelraum an seinen Hauptteilen zu vier Kreuzarmen verlängert, in seinen Diagonalseiten achteckig gebrochen. In den verbliebenen vier Ecken wurden vier Kapellen eingerichtet, welche [...] durch die kombinierte Form von Arkade und Oval in den Hauptraum geöffnet sind.*

Für die Blickrichtung aus dem Zentralraum wurden begleitende Anräume geschaffen, durch deren Öffnung man die Kapellenaltäre sieht; umgekehrt ergeben sich aus den Kapellenräumen heraus Durchblicke in den Zentralraum, dessen Detaillierung als vom Arkadenbogen oder vom Oval gerahmte Bilder erscheinen. [...] Zusätzlich zu Polling dürfte Fischingen für Dominikus [Zimmermann] ein Anreiz geworden sein, Architektur so zu gestalten, dass sie erst im Durchschreiten verschiedener Blickpunkte ihren Reichtum entfaltet, dass also die Kategorie Bewegung vor oder in dem Kunstwerk wesensmäßig dazukommt."[84] Bei diesem Beispiel handelt es sich um eine lebendige Architektur mit mehreren Bauphasen und vielfachen Durchdringungen.

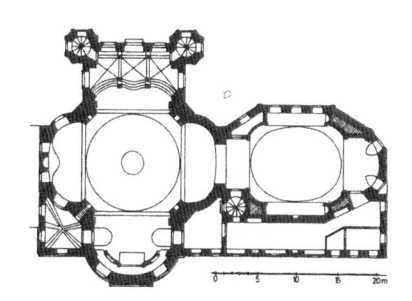

391. Fischingen-Thurgau (CH), Ehemalige Benediktinerstift.

Käppele (Kath. Wallfahrtskirche Mariä Heimsuchung), Würzburg
Die Wallfahrtskirche auf dem Nikolausberg ist ein großartiger Beitrag Balthasar Neumanns zum Thema Erweitern quer zur Hauptachse. Die bereits um 1650 errichtete ovale Gnadenkapelle wurde 1748 bis 1750 durch einen vorgelagerten Kirchenbau erweitert, der das Ensemble durch seine beiden Ecktürme, die Kuppellaterne und die doppelgeschossige, der Stadt zugewandte Fassade dominiert. Im Inneren gliedert sich die Anlage mit einem „rechteckigem Eingangsjoch, korbbogig schließendem Chor und kurzen Querarmen mit gleichfalls korbbogigen Schlüssen" und mündet in „die kreisförmig angelegte und mit mächtiger Kuppel überwölbte Vierung".[85] Quer dazu befindet sich die Gnadenkapelle mit ihrem oblongen Hauptraum und den schmalen querhausartigen seitlichen Aufweitungen. Beim Käppele sind Oval und Kreis zu einer eindrucksvollen Einheit in der Richtungsänderung gekoppelt.

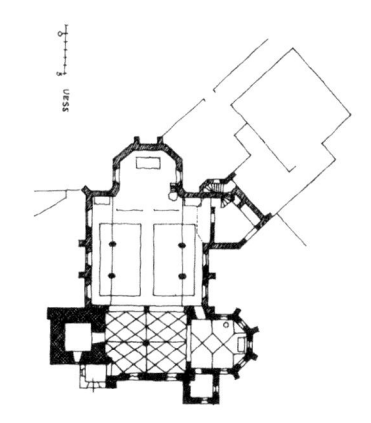

392. Würzburg, Kath. Wallfahrtskirche Mariä Heimsuchung (Käppele), Hauptbau 1748, Arch.: Balthasar Neumann.

Pfarrkirche St. Lucia, Kelberg-Ueß, Landkreis Vulkaneifel
Die gotische Pfarrkirche mit ihrem romanischen Turm wurde um 1528 durch ein neues zweijochiges zweischiffiges Landhaus erweitert. Zwischen 1923 und 1924 wurde dann im Norden eine dreischiffige Halle angebaut. Besonderheit: „Die Kirche in Uess gehört mit in die Reihe der spätgotischen Einstützenräume in der Eifel."[86] Durch die Verbindung von alt und neu in der Breite der beiden Joche des vorhandenen Langhauses entsteht trotz des unterschiedlichen Charakters eine großzügige Überleitung.

393. Ueß, Kreis Mayen, Pfarrkirche St. Lucia, um 1100.

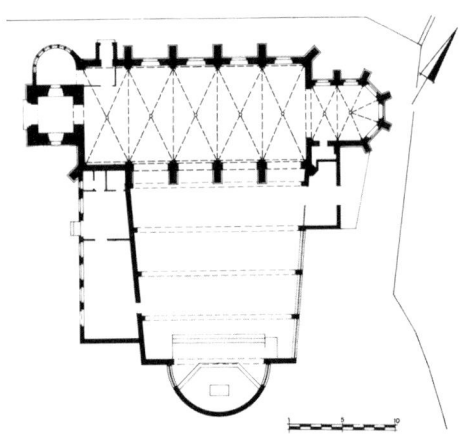

394 Hückelhoven, Katholische Pfarrkirche St. Lambertus, 1887–88, Arch.: Julius Busch. Erweiterung durch Wilhelm Hartmann, 1960–63.

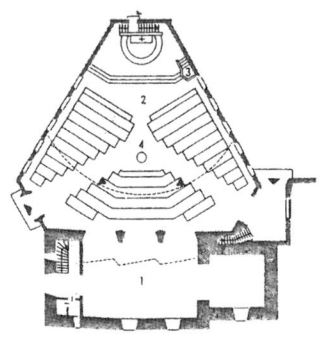

395. Schwebheim, Dorfkirche, 1576, Erweiterung Arch.: Olaf Andreas Gulbransson, 1956–57.

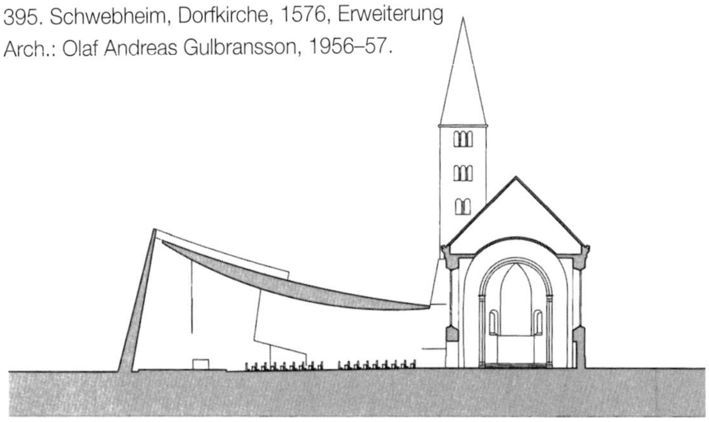

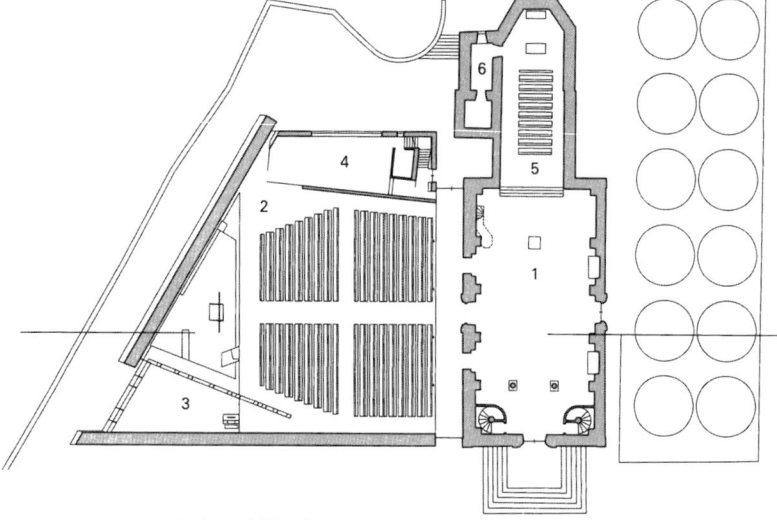

396+397. Leifers, Südtirol (I), Kirche zu den Heiligen Antonius Abt und Nikolaus, 2003, Arch.: Höller & Klotzner Architekten, Schnitt, Grundriss.

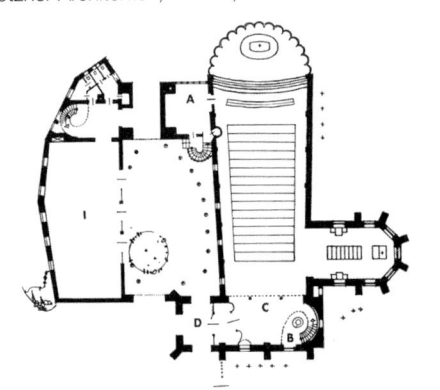

398. Geilenkirchen-Hünshoven, St. Johann-Baptist, Arch.: Dominikus und Gottfried Böhm, 1951.

Katholische Pfarrkirche St. Lambertus, Hückelhoven
Zur Eweiterung wurde die neogotische Kirche von 1887/88 wurde auf ganzer Länge zwischen den erhaltenen Pfeilern geöffnet, um eine Verbindung zum trapezförmigen Erweiterungsbau mit halbrunder Apsis und Hauptaltar zu schaffen. Die alte Kirche bleibt in ihrer Raumwirkung vollständig erhalten und dient heute als Werktagskirche. Die geschickte Erweiterung erlaubt die eigenständige Wirkung beider Raumteile.

Auferstehungskirche, Schwebheim
Die Erweiterung durch den Architekten Olaf Andreas Gulbransson aus dem Jahre 1956 ist eine räumlich wie gestalterisch sehr ungewöhnliche Lösung: *„An eine unter Denkmalschutz stehende Dorfkirche von 1578 war ein doppelt so großer Erweiterungsbau anzufügen. Dabei galt es, außen den alten Bestand dominierend wirken zu lassen, während im Inneren der neue Kirchenraum den Schwerpunkt bilden sollte [...]."*[87] Der neue Eingang nimmt mit seinem geknickten Giebel die Gestaltung der alten Kirche auf, ohne sie zu dominieren. Im Inneren entsteht eine neue Hauptachse vom alten – heute als Gemeinderaum abteilbaren – Kirchenschiff auf den neuen Altar. In der Mitte der sich kreuzenden Zugänge befindet sich der Taufstein. Die Lage der Kirchenbänke nimmt durch seine Nebeneinanderordnung der Gläubigen die Ideen des zweiten Vatikanums vorweg.

Kirche zu den Heiligen Antonius Abt und Nikolaus, Leifers, Südtirol, Italien
Die 2003 fertig gestellte Erweiterung von Höller & Klotzer trägt der Bedingung der Bevölkerung Rechnung, den Neubau unter vollständigem Erhalten der alten Wallfahrtskirche zu planen. Das Ergebnis ist eine neue Kirche quer zur alten, die als Foyer und im Chor als Werktagskirche dient. Der Neubau ist durch eine Lichtfuge optisch getrennt, wird aber durch das ehemalige Nordportal erschlossen. Also: zwei sich gegenseitig steigernde Räume als getrennte Einheit.

Pfarrkirche St. Johann-Baptist, Geilenkirchen-Hünshoven
Die Kirche und ihre Nebengebäude sind burgartig auf einem Hügel um einen Innenhof gruppiert. Nach den Zerstörungen des Zweiten Weltkrieges ist das westliche Joch des erhaltenen neugotischen Seitenschiffs als offene (inzwischen verglaste) Eingangshalle in den Entwurf integriert worden, die beiden anderen verbliebene Joche wurden zur Taufkapelle. Der alte gotische Chor wurde zur Werktagskirche umgenutzt. Der trapezförmige genordete Neubau wird zum Chor hin breiter, die Apsis ist vollständig verglast und lichtdurchflutet. Die Kirche wird gebildet aus dem Ineinanderfließen der insgesamt drei Räume: Eingangshalle mit Taufkapelle – neues Hauptschiff – alter Chor.

Liebfrauenkirche, Püttlingen-Saar
Die vorhandene Kirche wurde im Bereich der alten Vierung vollständig vom Neubau überbaut, der sein gewaltiges Dach über den Altbau breitet. Es entsteht eine neue Vierung mit zentralem Altar unter den alten Gewölben als Haus im Haus. Im alles überragenden Giebel diene markante, sich verjüngende Rundfenster der Belichtung. Die Liebfrauenkirche ist mit ihren übereinander gelagerten Gewölben und Dachelementen eine besonders spannende räumliche Lösung.

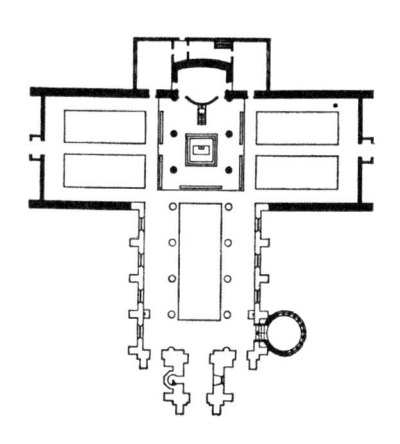

399+400. Pfarrkirche, Krickerhau (Handlová, Slowakei), 1944, Arch.: Rudolf Schwarz. Grundriss, Schnitt.

Anlagern im Winkel

Eine Möglichkeit zur Schaffung lebendiger Architektur ist das Anordnen (selbständiger) Raumeinheiten im Winkel. Dadurch bietet sich eine einfache Möglichkeit des Trennens, bei jedoch gleichzeitigem Verbinden im räumlichen Zielpunkt. In der Sakralarchitektur geht es dabei etwa um das optische Separieren unterschiedlicher Gruppen im Gottesdienst wie: Mönche–Nonnen, Kleriker–Laien, Frauen–Männer bei der trotzdem gemeinsamen Feier. Als spezielle Bauform dafür sind die so genannten Winkelhakenkirchen entstanden. Der Name drückt aus, dass die Teile doch ein Ganzes bilden.

Ein optisches Trennen unterschiedlicher Gruppen beim Gottesdienst ist heute überwunden (Ausnahme: manche Ordenskirchen). Bei modernen Kirchen ist der Grund des Aufteilens rein praktischer Natur: Trennen der bescheidenen Werktags- von der großen Sonntagskirche (oft mit gemeinsamem Altar), aber die Möglichkeit der gemeinsamen Nutzung bei großem Andrang. Da gegenwärtig die Zahl der Gottesdienstbesucher stark abgenommen hat, ist bei manchen bestehenden Kirchen das Angebot von zwei Andachtsräumen nicht mehr sinnvoll. Dabei lässt sich dann ein Arm des Winkels leicht für andere Zwecke umwandeln.

Der Ansatz „einfacher" Winkelhakenkirche lässt sich durch Spiegelung erweitern auf drei Richtungen. Die dadurch entstehende Doppelhakenkirche ähnelt dann einem Querschiff. Die optische Trennung ist dabei deutlich reduziert, bei gleichzeitig gesteigerter Raumdurchdringung.

Winkelhaken   *Doppelhaken*

Winkelhakenkirchen

Leonhardt Christoph Sturm formuliert 1712 und 1718 in seinen Schriften *Architectonisches Bedencken Von Protestantischer Kleinen Kirchen Figur und Einrichtung* (1712) und *Vollständige Anweisung, alle Arten von Kirchen wohl anzugeben* (1718) Leitgedanken zum protestantischen Kirchenbau, die von Weyres-Bartnig wie folgt kommentiert werden: „*So ist eine sparsame Bauweise bei Sturm nicht etwa bloß ein Gebot der Zeit, sondern eine protestantische Grundeinstellung, weil die Religion mehr »eine Reinigkeit als Pracht« erfordere. Dem Chor soll kein Protestant »vor den übrigen Kirchen eine besondere Heiligkeit zuschreiben«. Den Altar gestaltet er so, daß der Geistliche hinter ihn treten kann.*"[88] Hier macht er auch Vorschläge zu Kirchengrundrissen, dabei auch eine Winkelhakenkirche, „*[...] bei der er aber den Haken durch Gemeinderäume und in der Mitte stehenden Turm zum Quadrat ausfüllt, das früheste Beispiel des sogenannten Gruppenbaus.*"[89]

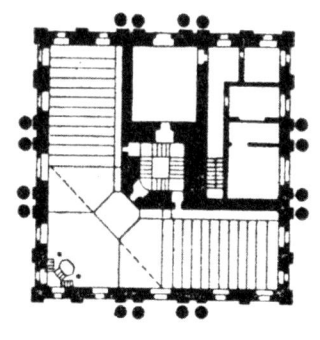

401. Winkelhakenkirche, 1712, Arch.: Leonhardt Christoph Sturm.

Evangelische Stadtkirche, Freudenstadt im Schwarzwald

Die wohl bekannteste Winkelhakenkirche entstand zwischen 1601 und 1608. Städtebaulich rahmt sie die Südwestecke des riesigen Quadratplatzes im Zentrum der Planstadt. In den anderen Ecken befanden sich das Rathaus, das Kaufhaus und das Spital. Die beiden Kirchenschiffe dienten der Trennung von Männern und Frauen. In der Außenecke befand sich die Kanzel, gegenüber die Orgel. Bemerkenswert und ungewöhnlich: Im Gegensatz zum Idealentwurf von Leonhard Sturm hat jedes Schiff einen eigenen Turm. Das kann man als Hinweis verstehen, dass beide Teile ein gemeinsames Ganzes bilden sollen.

[87] Weyres / Bartning 1959, S. 310.
[88] Weyres / Bartning 1959, S. 245.
[89] Weyres / Bartning 1959, S. 244.

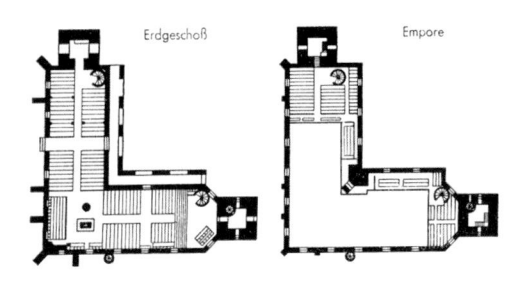

402–406. Freudenstadt, Evangelische Stadtkirche, Arch.: H. Schickhardt, 1601–1608. Grundriss EG, Grundriss Empore, Lageplan, Ansicht Aussen, Ansicht Innen.

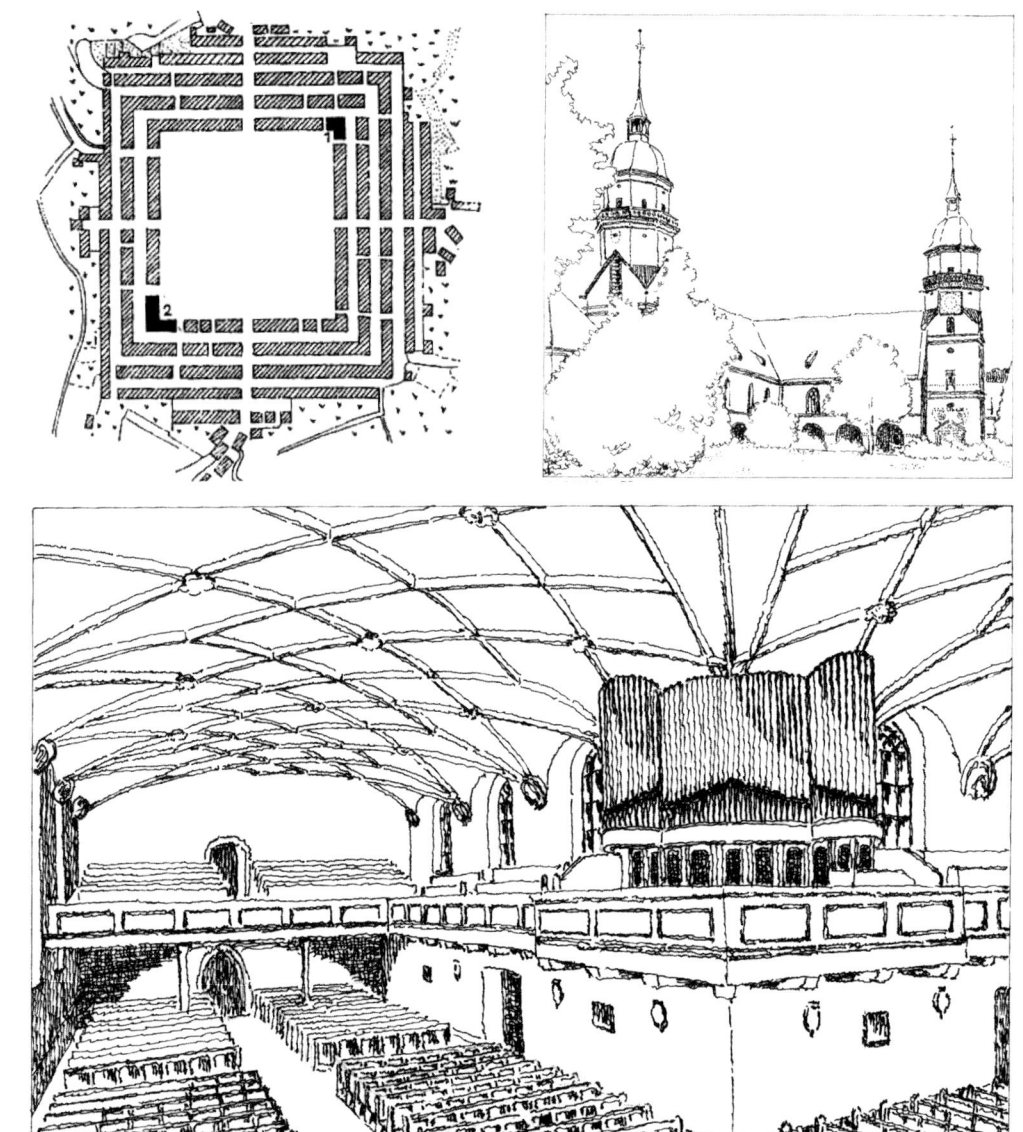

Kirche Santo Domingo, Murcia, Spanien
Die ehemalige Kirche des Dominikanerordens ist aufgeteilt in Mönchschor und Laienkirche, die sich eine gemeinsame Vierungskuppel teilen. Durch die Platzierung der Altäre direkt an den Außenwänden können die Handlungen bei sich überschneidender Blickrichtung aus beiden Schiffen verfolgt werden. Zusätzlich befindet sich ein Altar an der Rückseite des Mönchschores.

Kirche St. Concordia, Ruhla (Thüringen)
Das zweite deutsche Beispiel wird bei Dehio wie folgt beschrieben: „*Zwei rechteckige Saalbauten verschmelzen mit einem im Untergeschoß quadratischen Chorturm zu einem Baukörper, dessen einzelne Glieder am Außenbau erkennbar bleiben. [...] Im Inneren anfängliche Aufteilungen in eine Männerkirche mit umlaufenden zweigeschossigen Emporen im Westbau [...] und eine Frauenkirche mit Gestühl im Südbau. Der Altarraum zu beiden Sälen durch je einen Triumphbogen geöffnet. Erst 1708 Aufhebung der strikten Einteilung der Räumlichkeiten. Aufstellung von Gestühl für Frauen auch im Westbau. [...] Frühester Kanzelaltar Westthüringens an der Seite des Altarraums.*"[90]

Ehemalige Franziskanerkirche St. Marien, Köln
Der im Zweiten Weltkrieg zerstörte neoromanische Kirchenbau wurde zwischen 1952 und 1958 durch Emil Steffann wiederaufgebaut. Hierbei wurden Trümmerreste des alten Chores in den Neubau integriert. Das Südostschiff ist die Laienkirche und das Nordwestschiff der Mönchschor. Der in der Diagonale stehende Altar ist exakt nach Osten ausgerichtet und kann aus beiden Achsen gleichberechtigt gesehen werden.

407. Murcia, Kirche Santo Domingo, 1722–1745.

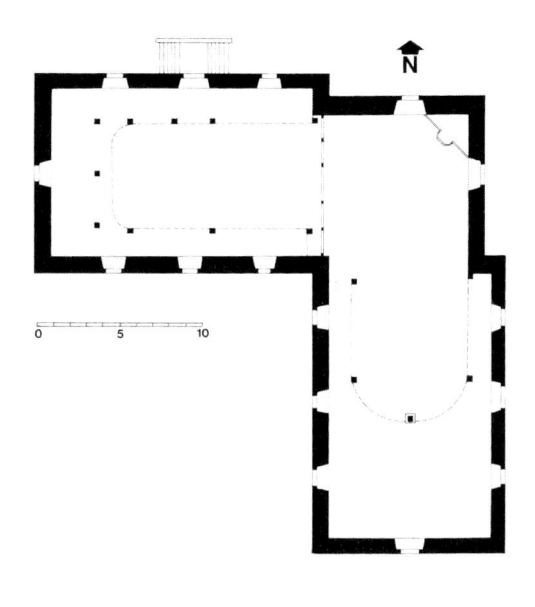

408–410. Ruhla, Kirche St. Concordia, Arch.: Johann Moritz Heinrich Richter, 1660–61. Grundriss, Isometrie, Ansicht Innen.

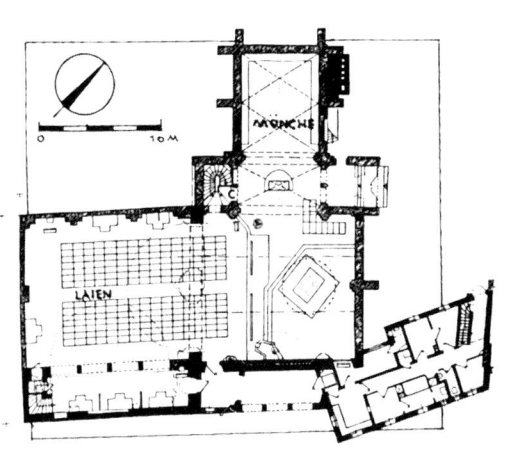

411–413. Köln, Ehemalige Franziskanerkirche St. Marien, 1953, Arch.: Emil Steffann. Ansicht Chor, Ansicht Langhaus, Grundriss.

Heutige Winkelhakenkirchen

Die historischen Winkelhakenkirchen bilden zwar zwei durch die Drehung getrennte Säle, sind aber konzipiert als ein Raum, normalerweise verwendet für den zeitgleichen Gottesdienst zweier räumlich getrennter Gruppen, verbunden durch den Altar- und Kanzelbereich. Im Gegensatz dazu sind die modernen Winkelhakenkirchen als Gemeindekirchen aus zwei selbständigen Räumen gebildet, die für gewöhnlich einzeln benutzt werden, aber räumlich so verbunden sind, dass sie auch als Einheit im Sinne des Weiterbauens gemeinsam benutzt werden können.

Pfarrkirche St. Bonifatius, Krefeld-Stahlsdorf

Die geostete Hauptkirche befindet sich unter einem hohen traufständigen Satteldach, rechtwinkelig dazu liegt hinter einer offenen Bogenstellung eine bescheidene giebelständige Werktags- und Beichtkapelle. Während die Firste der beiden Baukörper parallel laufen, kreuzen sich die Blickachse beider Schiffe auf den gemeinsamen Altar. Zusammen mit dem rechtwinklig angeord-

[90] Dehio 2003, S. 1043f.

neten Pfarrhaus und dem verbindenden Laubengang entsteht ein verborgener Innenhof, über den die einzelnen Baukörper erschlossen werden.

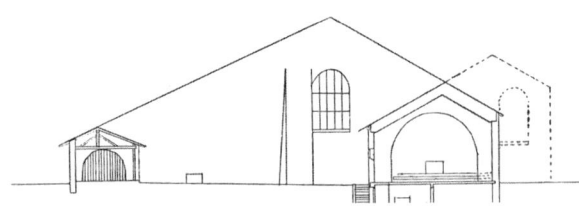

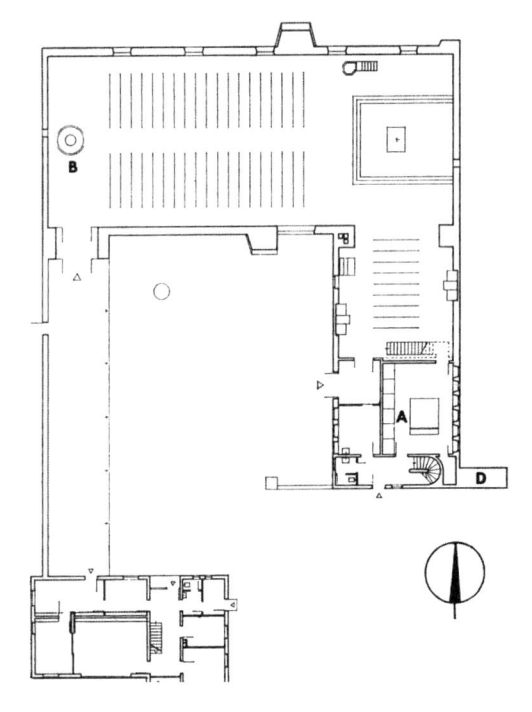

Doppelte Winkelhakenkirchen

Doppelte Winkelhakenkirchen tauchen vor allem beim spätbarocken Kirchenbau im protestantischen Osten Deutschlands auf. Sie sind wohl das Ergebnis des Versuchs, Zentralräume zu variieren und lebendiger zu gestalten.

St. Petrikirche, Berlin
Der holländische Architekt Johann Friedrich Grael „[...] *hat den merkwürdigen Plan für die St. Petrikirche (1730) erdacht: die drei Arme eines griechischen Kreuzes strahlen vom Kanzelaltar aus – eine der interessantesten Gestaltungen des zentrierten Raumes, freilich auch keine überzeugende Lösung* [...]."[91]

Der Bau Graels brannte 1809 bis auf die Grundmauern nieder. 1811 entwirft Schinkel zwei Pläne für den Wiederaufbau der Kirche. Im Gegensatz zu Grael verkürzt er im zweiten Plan das zentrale Mittelschiff, es entsteht eine Kreuzkirche in einer Art rundbogiger Gotik, deren Kreuzarm nur als Rudiment erhalten ist, aus dem mit scharfer Tendenz nach der Mitte die Kanzel hervorspringt. „*Bedeutsam ist die Stellung des Altars unter der Kuppel [...]. Um ihn herum sind die Bankreihen im leichten Schwung gruppiert. Gemäß dem Zeitgeist der Romantik wird der Altar als kultische Stätte wieder besonders hervorgehoben, während nun die Kanzel an die Peripherie gerückt ist [...].*"[92] Wir sehen zwei sehr unterschiedliche Entwürfe im gleichen vorgegebenen Umriss: Auch das ist lebendige Architektur.

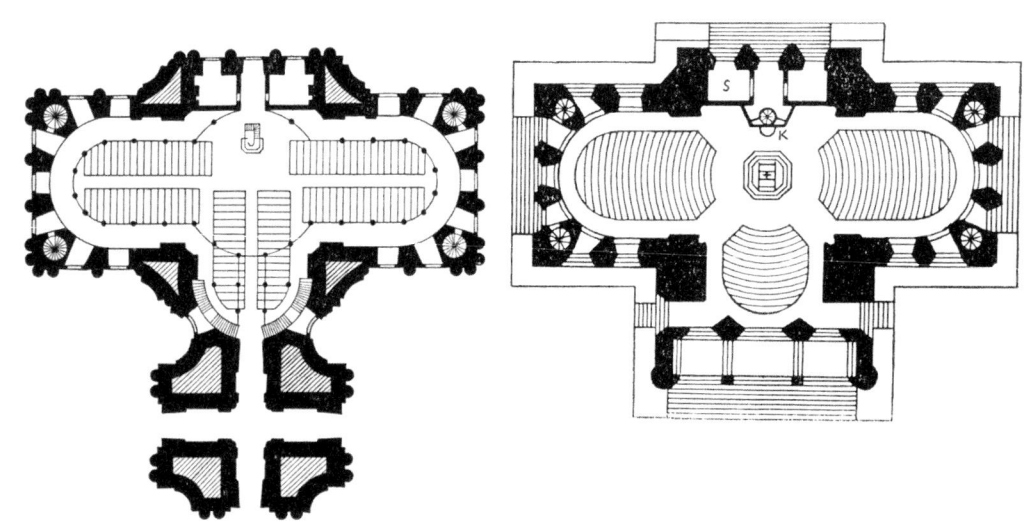

414+415. Krefeld-Stahlsdorf, Pfarrkirche St. Bonifatius, Arch.: Emil Steffann. Neubau für die Notkirche aus 1919, in Gebrauch seit 1959. Querschnitt, Grundriss.

418. Berlin, Petrikirche, Entwurf: Johann Friedrich Grael, 1730.

417. Berlin, Petrikirche, 2. Plan für Wiederaufbau, Entwurf: Karl Friedrich Schinkel, 1811.

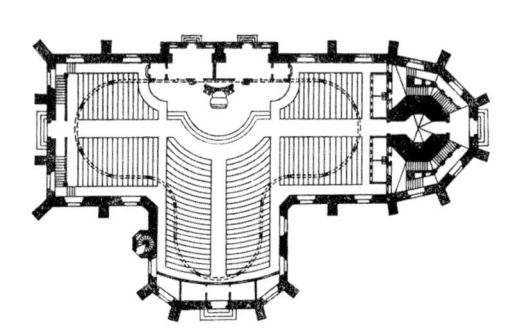

St. Marien, Großenhain, Sachsen
Von der Raumanordnung her handelt es sich bei der zwischen 1744 und 1748 erbauten Kirche um eine doppelte Winkelhakenkirche. Die mit umlaufenden Emporen versehenen drei Schiffe sind auf die viergeschossige Predigerwand mit dem Kanzelaltar und der darüber liegenden Orgel im Norden ausgerichtet. Durch die Gleichbehandlung aller Schiffe entsteht ein sehr einheitliches Raumbild.

418. Großenhain, Sachsen, St. Marien, Arch.: Johan Georg Schmidt, 1744–48. Grundriss.

[91] Weyres / Bartning 1959, S. 248.
[92] Weyres / Bartning 1959, S. 252.

419. Großenhain, Sachsen, St. Marien, Arch.: Johan Georg Schmidt, 1744–48. Innenansicht.

Hakengrundrisse im Wohnungsbau

Hakengrundrisse sind auch für die Alltagsarchitektur speziell im Wohnungsbau interessant. Besonders bei klar strukturierten rechtwinkligen Grundrissen ist dieser Ansatz funktionell, aber auch räumlich bereichernd. Das zeigen die vielen Beispiele von erweiterten Wohnräumen, die etwa mit ungestörten Essplätzen, kleinen Arbeitsplätzen, oder Bibliotheken im Winkel versehen wurden.

Wohnhaus Hesse, Berlin-Lankwitz, Architekten Egon Eiermann, Fritz Jaenecke.
Im Erdgeschoss sind Wohnraum, Esszimmer und der Wintergarten nur locker voneinander getrennt.

Haus Loosen, Köln Rodenkirchen, Architekt Hans Schumacher
Um den Wohnraum sind offen ein Essplatz und kleine Bibliothek angelagert.

Haus des Architekten Rafael Bergamín Gutiérrez, Madrid
Im Erdgeschoss und im 2. Obergeschoss zeigen die Hakenräume das Trennen und gleichzeitige Verbinden unterschiedlicher Funktionen.

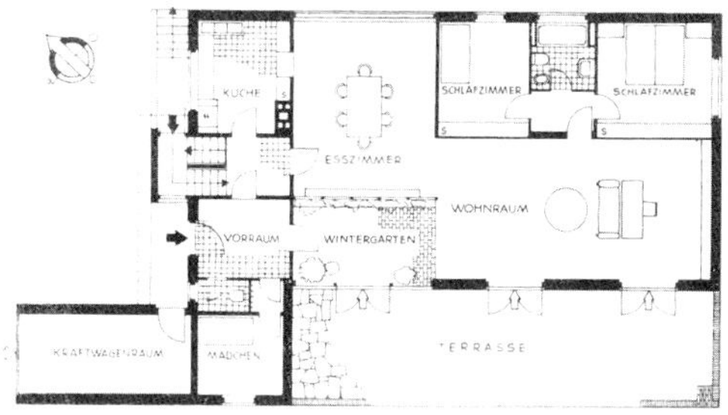

420. Berlin-Lankwitz, Haus Hesse, Arch.: Egon Eiermann, Fritz Jaenecke, 1931–32.

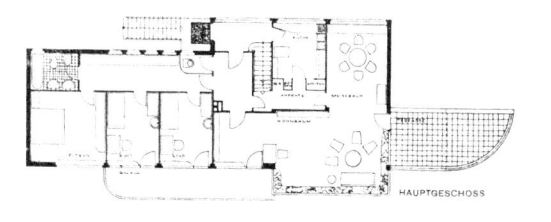

424. Köln, Haus Loosen, Arch.: Hans Schumacher, 1931. Grundriss OG.

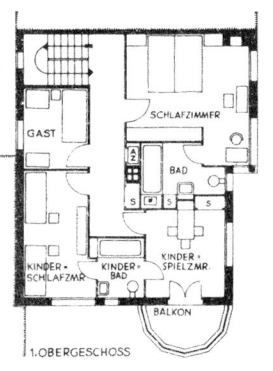

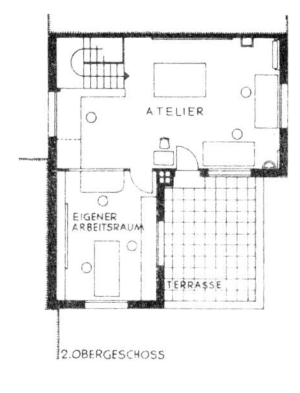

421–423. Madrid, Haus des Architekten Rafael Bergamín Gutiérrez.

Reihenhäuser, 85–91 Genesta Road, London

Die 1933 bis 1934 von den Architekten Berthold Lubetkin und A.V. Pilichowski erbaute Häuserzeile entwickelt trotz des beschränkten Achsmaßes eine großzügige Raumwirkung des ineinander übergehenden Wohn- und Esszimmers im 1. OG mit zweiseitiger Belichtung. Die Großzügigkeit wird durch den über die gesamte Geschossbreite laufenden Erker im Wohnraum noch verstärkt.

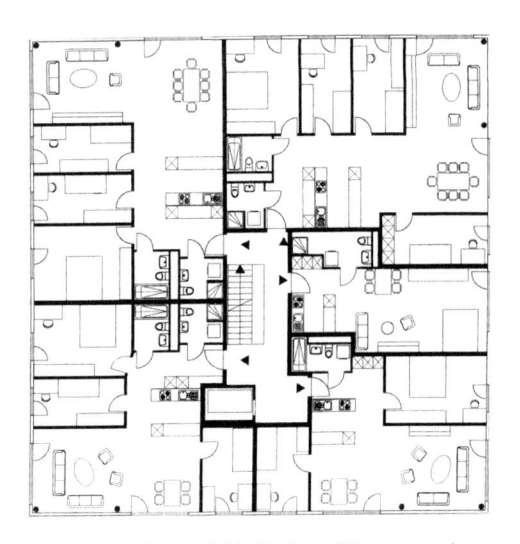

425. Zürich, Wohnwürfel, Siedlung Röntgenareal, Arch.: Isa Stürm + Urs Wolf SA, Wettbewerb 1990, Baujahr 1999. Grundriss.

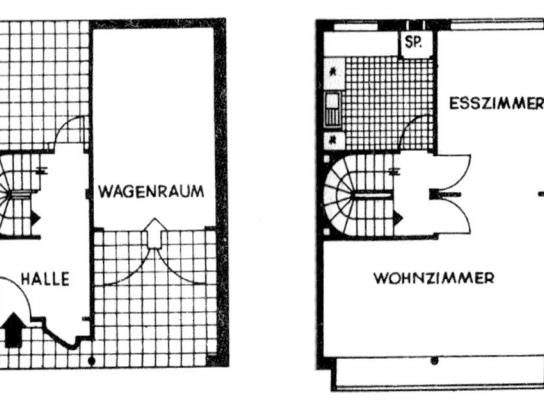

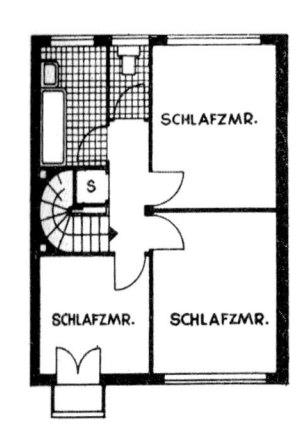

426–428. Reihenhäuser, London, Arch.: Berthold Lubetkin und A.V. Pilichowski, 1933–34. Grundrisse.

Wohnwürfel, Siedlung Röntgenareal, Zürich

Im von den Architekten Isa Stürm und Urs Wolf SA hakenförmigen angelegten Wohnbereich des 1999 fertiggestellten Vierspänners erweitert die offene Küche mit dem Essplatz den eigentlichen Wohnraum.

Niedrigenergie-Wohnhaus, Berlin

Der innovative siebengeschossige Holzbau von Kaden-Klingbeil Architekten mit individuellen Grundrissen wurde zwischen 2007 und 2008 mit hakenförmigen Wohnräumen realisiert.

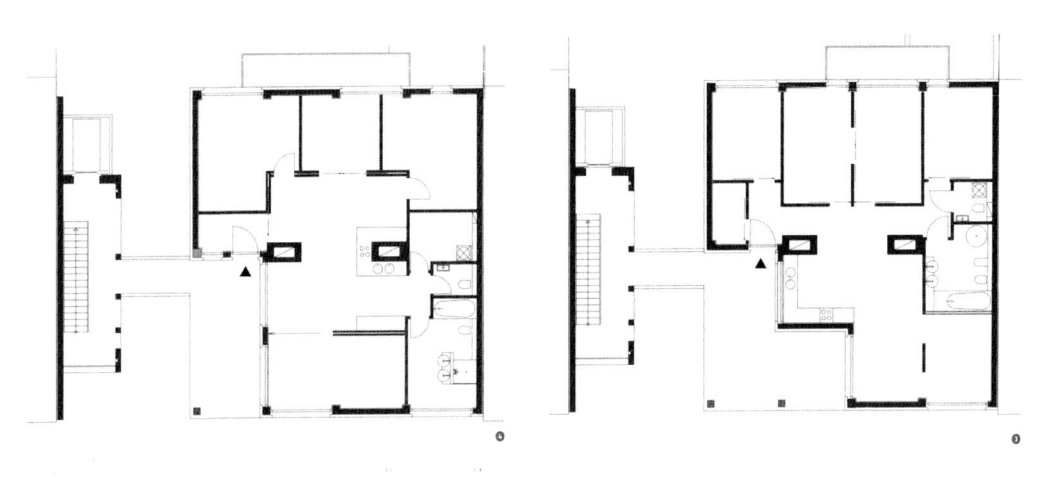

429+430. Berlin, e_3 Niedrigenergie-Wohnhaus, Arch.: Kaden-Klingbeil Architekten, 2007–08. Grundrissbeispiele.

Haus eines Malers, Köln, Architekt Josef Op Gen Oorth

431–433. Köln, Haus eines Malers, Arch.: Josef Op Gen Oorth. Grundriss EG, Schnitt, Grundriss Galerie.

Modellhaus #6, Stockholm, Architekt Kurt von Schmalensee

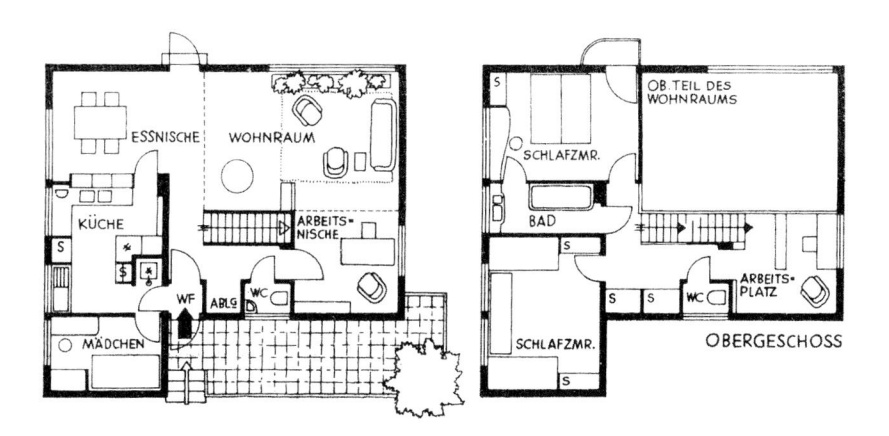

434+435. Stockholm, Modellhaus #6, Arch.: Kurt von Schmalensee, 1930. Grundriss EG, Grundriss OG.

Kleinhaus #40, Stockholm-Äppelviken, Schweden, Architekt Carl Hörvik
Die drei folgenden Beispiele gehorchen demselben Ansatz. Sie realisieren auf kleiner Fläche eine großzügig wirkende Anordnung um die Ecke, die durch die Zweigeschossigkeit des Wohnraumes gesteigert wird.

Geschosswohnungsbau, Märkisches Viertel, Berlin, Architekt: O.M. Ungers
Die vier Eckwohnungen des Fünfspänners erlauben die Belichtung aus zwei Himmelsrichtungen. Die zeittypische Auslagerung der Küche führt zusammen mit dem jeweils eingeschobenen Schlaftrakt zu einer Hakenausbildung der Eckwohnräume.

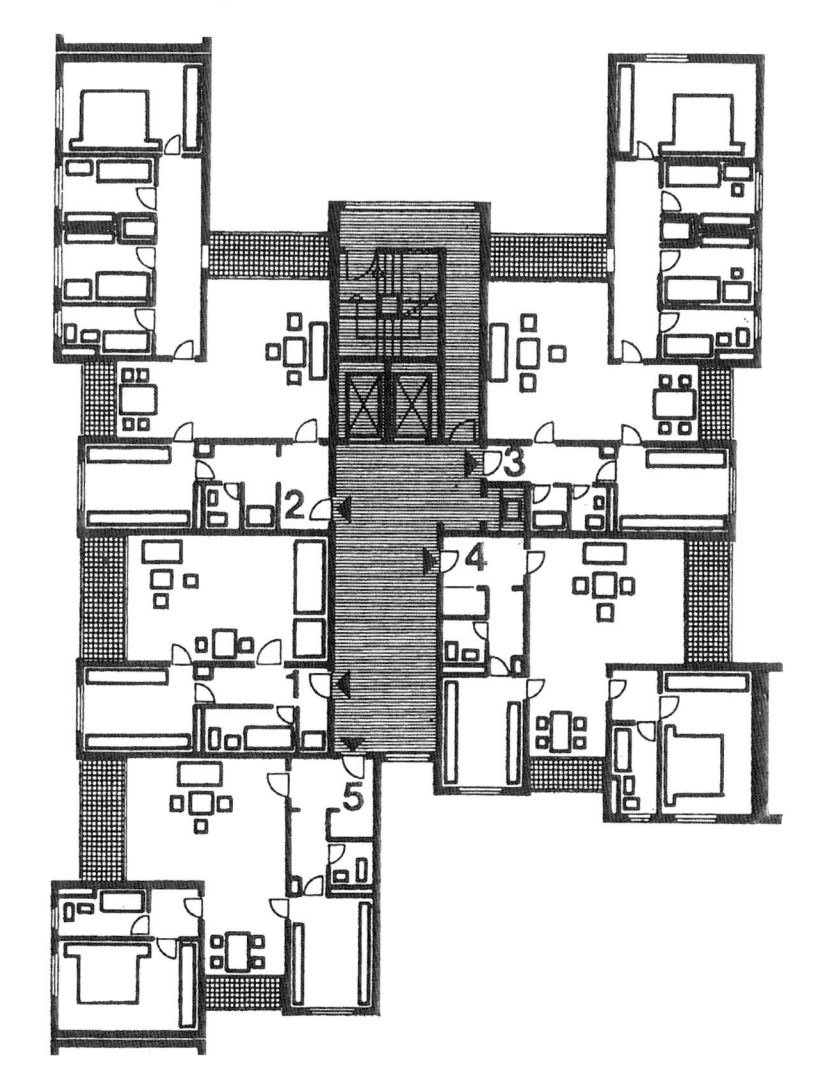

436+437. Stockholm, Kleinhaus #6, Arch.: Carl Hörvik, 1930. Grundriss EG, Grundriss OG.

438. Berlin, Geschosswohnungsbau, Märkisches Viertel, Arch.: O. M. Ungers, 1964. Grundriss Normgeschoss.

Søholm II, Klampenborg, Dänemark, Architekt Arne Jacobsen
Die 1954 entstandene Gruppe besteht aus neun gestaffelten Reihenhäusern mit erkerartig vorgezogener Küche. Durch die Grundrisslösung entsteht ein ungewöhnlich geräumiger Wohnraum über Eck. Der darüber liegende Schlafraum steht ebenfalls über Eck indem er die sich über die Küche erweitert.

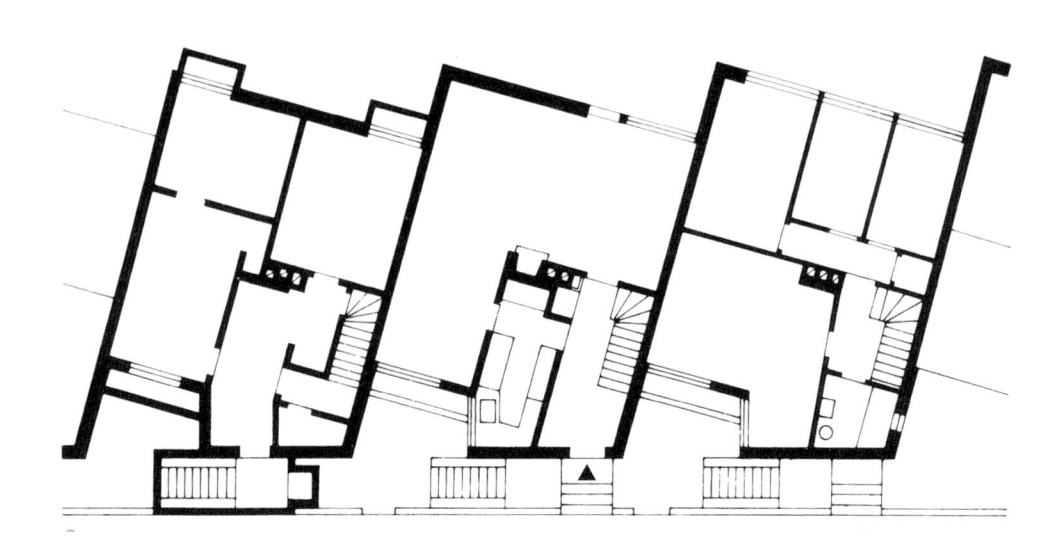

439. Klampenborg (DK), Søholm II, Arch.: Arne Jacobsen, 1954. Grundrisse.

5. Parasitäres

Parasitäres

Die Definition des Begriffes „Parasit" lautet: Tischgenosse, Gast, Schmarotzer, eigentlich „[…] *wer seine Speise bei einem anderen hat* […]".[93] Dieses Bild ist auch durchaus auf die Architektur anzuwenden: Altes als Gastgeber, Neues als Tischgenosse, die ideale Symbiose. Bauten entstehen, Bauten vergehen. Aber dabei gibt es Zwischenstufen: Umnutzung, Umbau, Erweitern, Einbau in die (noch) vorhandenen Strukturen. Dies ist hier das Thema: Das Verbinden von Alt und Neu, das Integrieren, wobei das Alte durchaus erkennbar bleibt, aber auch das Neue sich behauptet, beide Teile leben, ja sie sollen zusammen leben und eine neue Gemeinschaft im Sinne von 1 + 1 = 1 bilden, mit einem spannenden architektonischen Ergebnis. Voraussetzung dafür ist allerdings, dass das Alte die Kraft, die Qualität hat, als Gastgeber etwas Neues zu ertragen, und dass das Neue als Gast sich einfügt ohne seinen eigenen Charakter zu verleugnen.

Die Beispiele beginnen mit überkommenden Resten aus der Antike, zunächst mit den Tempelruinen. Es war bis in die Barockzeit hinein nicht ungewöhnlich, in solche markanten Reste Kirchen einzubauen oder einzustellen. Zum einen aus Gründen der Sparsamkeit, vor allem aber, um den Sieg des christlichen Gottes über die heidnische Götterwelt zu demonstrieren. Dies geschah durch das Erhalten und deutliche Zeigen von Teilen der alten Baustruktur, die aber vom Neubau dominiert war. Dafür zwei Beispiele:

Tempel des Augustinus und der Faustina, Forum Romanum, Rom
In den erhaltenen Umriss des Tempels des Augustus und der Faustina auf dem Forum Romanum wird die Kirche St. Laurentius in Miranda eingestellt. Die antike Vorhalle bleibt bestehen. Dahinter – mit Abstand – wird die barocke Kirchenfront errichtet. Hier steht die Kirche als Puppe in der Puppe. Der Kontrast der beiden Fassaden ist natürlich besonders spannend als paradoxe Einheit zweier gegensätzlicher Formenwelten.

[93] Pfeifer 1989, S. 1228.
[94] Gallas 1978, S. 351.
[95] Gallas 1978, S. 353.

440+441. Rom, Tempel des Antoninus und der Faustina, Forum Romanum, 141 n. Chr. Links der Bau vor dem barocken Ausbau, rechts der Zustand heute.

Santa Maria delle Colonne, Syrakus, Sizilien
„[…] *es gibt kaum ein anderes Gebäude in Europa, das so vortrefflich wie der Dom von Syrakus lebendig, eindrucksvoll und plastisch den schicksalhaften Wechsel der Geschichte von der Antike bis zum 20. Jh. erzählt, denn im Baukern der heutigen christlichen Kirche befinden sich die Baureste des dorischen Tempels der griechischen Göttin Athena […] (schwarz: antiker Tempel; schraffiert: spätere Bauteile).*"[94] „*Dieses Meisterwerk der griechischen Architektur überlebte alle Stürme der sizilischen Geschichte: in frühchristlicher Zeit, spätestens im 7. Jh., wurde der Tempel zu einer*

dreischiffigen Basilika umgebaut; während der Araber-Zeit diente er den Mohammedanern als Gotteshaus, und seit der Eroberung von Syrakus durch Roger I. (1093) ist das Gebäude bis zum heutigen Tage Bischofskirche der Stadt [...]"⁹⁵ Ergänzt wurde das Gebäude 1728 um eine barocke Fassade von Andrea Palma. An der Kirche finden sich damit Bauteile aus zwei Jahrtausenden, die sich zu einem gemeinsamen Ganzen verbinden.

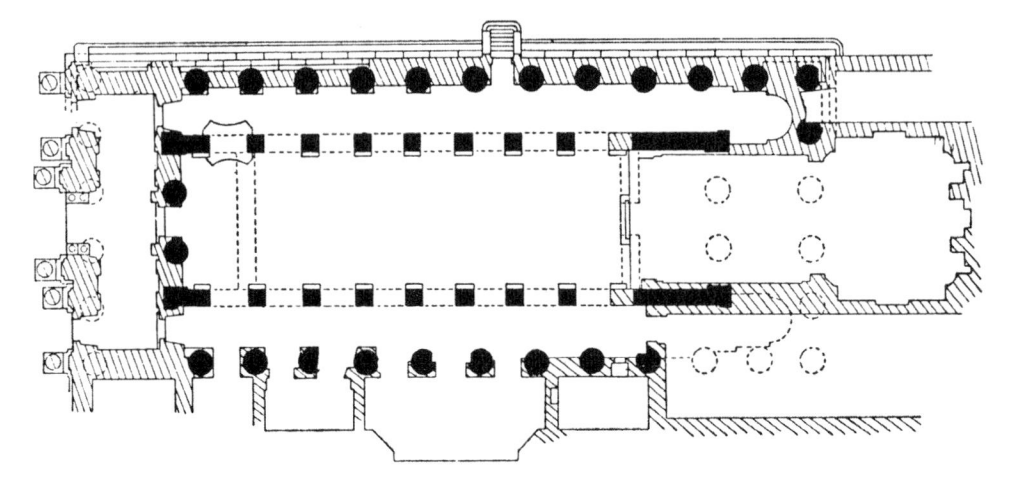

442+443. Syrakus, Sizilien, Dom S. Maria delle Colonne, Ansicht Seitenschiff, Grundriss.

Marcellustheater, Rom
Nicht nur Tempelruinen, sondern auch sonstige Großbauten der Antike reizten zum Einbau neuer Strukturen bei weitgehendem Erhalt. Ein Beispiel dafür ist das Marcellustheater in Rom, das nach dem Verfall zum Ende des Römischen Reiches für die Festungsein- und Aufbauten eines Adelsgeschlechtes Raum bot.

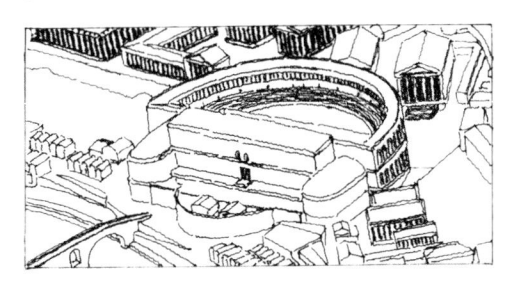

444–446. Rom, Marcellustheater, Grundriss, Modellansicht, Kuperstich von Peter Schenk.

447+448. Trier, Porta Nigra, Rekonstruktion des antiken Zustandes, Ansicht, Grundriss.

449. Trier, Porta Nigra, Ansicht des Tores als Simeonsstift von Caspar Merian um 1660.

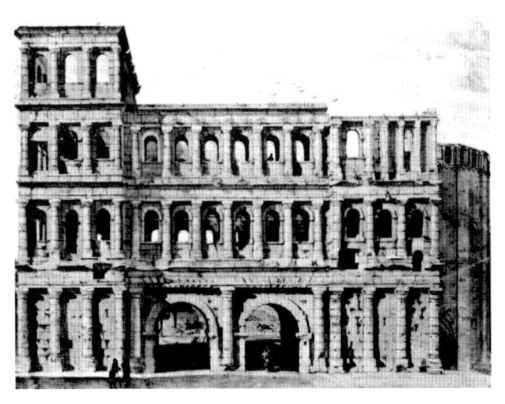

450. Trier, Porta Nigra, Ansicht heute.

Porta Nigra, Trier

„Vom Trierer Erzbischof [...] wurde um 1042 das römischen Nordtor, im Mittelalter Porta Martis (Marstor) oder Porta Nigra genannt, zur Kirche für das von ihm gegründete Stift St. Simeon umgebaut. Die Apsis entstand erst um 1150. [...] Im durch eine Freitreppe erreichbaren unteren Geschoß befand sich die Volkskirche, im oberen die Stiftskirche. Im Vordergrund das Eingangstor und vier Kapellen. Mit dem Abbruch der kirchlichen Bauten (mit Ausnahme der noch heute noch vorhandenen Apsis) und der Wiederherstellung des römischen Nordtores wurde auf Anordnung Napoleons 1805 begonnen; die Freilegung 1827 beendet."[96]

[96] Petzholdt 1984, S. 63.
[97] vergl. hierzu auch Osten 1991.

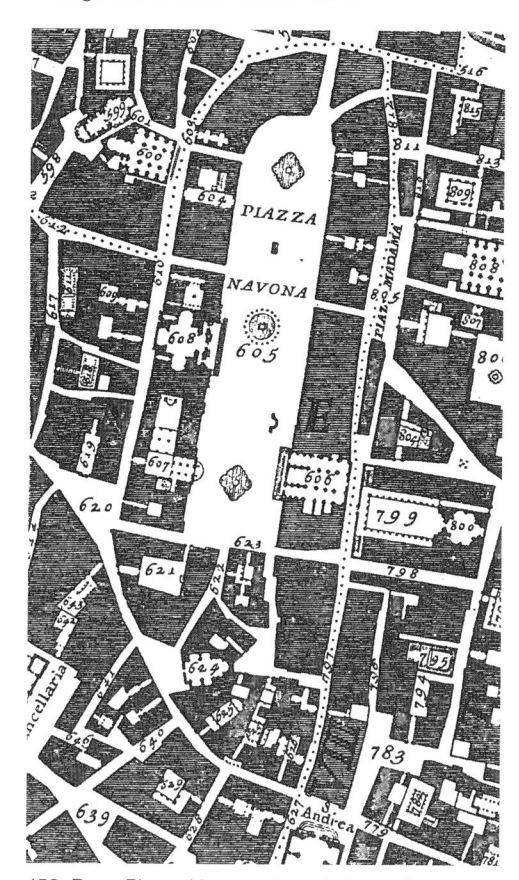

Das Beispiel Porta Nigra zeigt fast wörtlich die Wandlung „Schwerter zu Pflugscharen". Dank der Transformation im Mittelalter blieb die Bausubstanz erhalten. Das Tor wurde jedoch im 19. Jahrhundert aus Repräsentationsgründen „gereinigt" und damit als lebendige Struktur zerstört. Das Ganze wurde rückgebaut zum reinen Schauobjekt.[97]

Piazza Navona, ehemaliges Stadion Domitians, Rom

Zum Abschluss der Beispiele des Aneignens antiker Strukturen durch das Mittelalter ein städtebauliches Beispiel: Die Umwandlung des Stadions des Domitian zu einem der zentralen Plätze Roms. Dabei sind heute vom antiken Bauwerk nur noch geringe Reste vorhanden. Aber die markante Grundform wurde bewahrt und mit Einzelbauten unterschiedlicher Nutzungen gefüllt. Damit entstand ein neues unverwechselbares Ganzes als Festplatz Roms: Die Piazza Navona, ist heute ein Brennpunkt des Stadtlebens.

452. Rom, Piazza Navona, Ausschnit aus dem Stadtplan von Giambattista Nolli, Anfang 18. Jh.

451. Rom, Piazza Navona, Gemälde von Giovanni Paolo Pannini, 18. Jh.

St. Jakobi, Perleberg

Im Mittelalter wurden in ganz Europa öffentliche Gebäude ganz selbstverständlich als Gastgeber für parasitäre Bauten benutzt, die an diese angebaut waren. Dadurch ergaben sich neben Kostenersparnis auch höchst malerische Wirkungen. Leider fielen diese Anbauten, die etwa Kirchen in das alltägliche Leben einbanden, meist dem Purismus des 19. Jahrhunderts zum Opfer. Hier das Beispiel Perleberg. Friedrich August Stüler ließ bei seiner Restaurierung in neugotischer Manier von 1851 bis 1859 alle Anbauten beseitigen.

453. Perleberg, St. Jakobi, 1840, vor der Beseitigug der Anbauten durch Friedrich August Stüler.

Parasitäres „geplant"

Vor allem im Wohnungsbau gibt es – eigentlich ein Paradox – „geplante" parasitäre Strukturen. Möglich und sinnvoll werden solche Strukturen durch das Nutzen oder den Bau von Primärkonstruktionen als „Gastgeber". Vorteile bietet dieser Ansatz um je nach Situation die vorhandene Strukturen besser nutzen zu können, durch einfache Konstruktionen Kosten zu sparen, oder durch interne Baufreiheit gegenüber „fertig" geplanten und realisierten Gebäuden die Bedürfnisse und Wünsche von Nutzern leichter zu erfüllen. Voraussetzung um parasitäre Strukturen zu entwickeln und zu „bauen" ist also eine Primärkonstruktion, vorhanden oder neu geplant. Hauptprinzipien des Nutzens sind dabei:

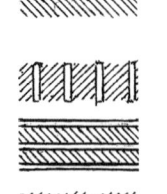

– Anlagern (an Stadtmauern; an Brandmauern; an vorhandene Gebäude als Stütze; an Sonnenmauern…)

– Einlagern
zwischen Schotten oder Scheidemauern
zwischen Geschossdecken

– Auflagern (auf Gebäude)

Das Ergebnis dieses Prozesses (Primärkonstruktion + Anlagerung / Füllung / Ausbau) ergibt im Sinne von 1 + x = 1 ein neues Ganzes, formal nicht festgeschrieben, sondern für eine lebendige Nutzung in sich zu erweitern oder zu ändern (vielleicht zu vergleichen mit einem Kleid, das sich anschmiegt, das aber auch enger oder weiter gemacht werden kann).

Anlagern an Mauern: Stadtmauern

In vielen deutschen Städten gibt es noch die an das starke Rückgrad historischer Stadtmauern angelehnten oder aufgesattelten kleinen Wohnhäuser.

Augsburg bietet heute noch zahlreiche bewohnte Beispiele an Teilen der durch eine Stadterweiterung nutzlos gewordenen Mauer. Also wurde das Anbauverbot dort aufgehoben. *„Eine für Handwerker, welche mit Feuer umzugehen hatten, vornehmlich also für Schlosser und Schmiede, genutzte Reihenhausanlage entstand 1563 und in den folgenden Jahren an der Schlossermauer […] und Schmiedgasse unter Anbau an die bisherige östliche Stadtmauer. […] So entstanden unter Einbeziehung von Mauer und Wehrgang im Osten in den Grabenbereich vorgeschoben, etwa 6 m breite Reihenhäuser. Im Zuge der Schlossermauer waren es 47, der Schmiedgasse 10 Häuser. Sie boten Raum für größere Familien mit mehreren Kindern. […] Sie bilden dreigeschossige Traufenhäuser, deren Dachgeschoß mitunter durch Einbeziehung des früheren hölzernen Wehrganges noch erhöht ist."* [98]

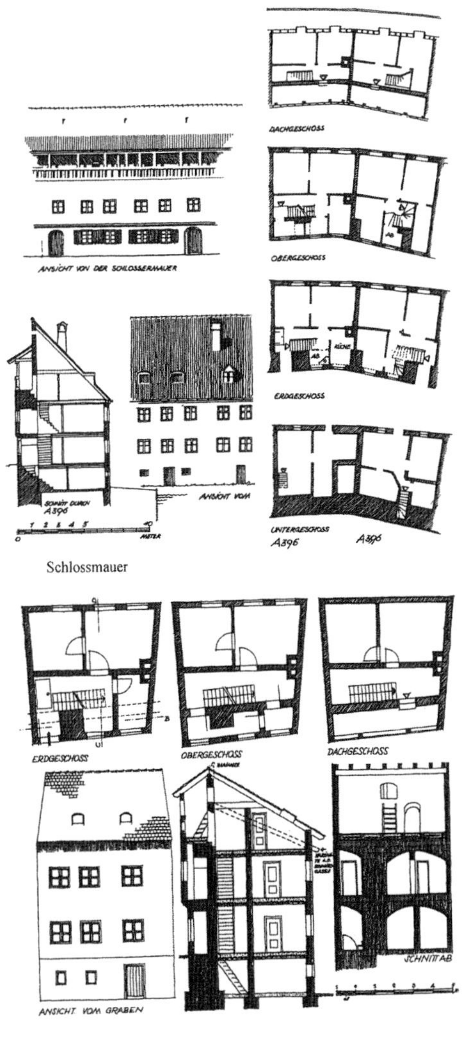

454. Augsburg, Beispiele für Anlagerung an die Schlossmauern.

455. Augsburg, Lage der Gebäude nach dem Plan von Wolfgang Kilian, 1626.

Wiekhäuser, Neubrandenburg
In Neubrandenburg sind in regelmäßigen Abständen die so genannten Wiekhäuser an die Stadtmauer angelehnt oder auf sie aufgesattelt. Neben den funktionellen Vorteilen entsteht dabei auch ein sehr reizvolles Straßenbild.

„Haus in der Stadtmauer", Köln
Das Prinzip des Anlehnens nutzte Hans Schilling, um 1954 sein Wohnhaus an die Kölner Stadtmauer anzubauen. Er verwendet eine einfache und selbstverständliche Architektursprache, so dass Alt und Neu eine Einheit bilden.

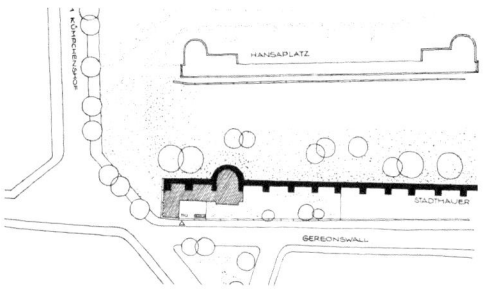

456. Neubrandenburg, Wiekhäuser mit Fangelturm.

457+458. Köln, Wohnhaus, Arch.: Hans Schilling, 1954. Ansicht, Lageplan.

Bebauung Oberhausen-Altstaden
Das durch die Arbeitsgruppe Stadtmauer des Werkbundes NRW (Richard Bödecker, Heinz Döhmen, Prof. Wolfgang Meisenheimer, Mirco Schulz, Hanns Uelner und Werner Ruhnau) geplante Projekt zeigt die großzügige Weiterentwicklung des Ansatzes Mauer: *„Das architektonische Rückgrat der Siedlung ist die „Stadtmauer". Eigens für dieses Projekt entwickelt, begrenzt sie deutlich die Straßen und Plätze und trennt so die öffentlichen von den privaten Flächen. Sie wird gebildet aus den zusammenhängenden Fassaden der Reihenhäuser einschließlich der „Vorhäuser", d.h. des Bauvolumens, das (in einer Tiefe von 2,40 m) unmittelbar hinter der Fassade liegt. Dieser straßenseitige Teil eines jeden Wohnhauses ist zweigeschossig und enthält alle Sanitäreinrichtungen wie Küchen, Bäder, WC usw. sowie die im Keller durchlaufenden gemeinsamen Ver- und Entsorgungsleitungen. Sein Dach ist wie eine mittelalterliche Stadtmauer (wie etwa in Dubrovnik) für die Öffentlichkeit begehbar, man kann sie über verschiedenste Treppen, Rampen und Türme besteigen. [...] Hinter dieser „Stadtmauer" entwickeln sich frei und mannigfaltig die verschiedensten Wohnhaustypen. Hier ist Selbstbau erwünscht und möglich. Vom „Vorhaus" zum „Hinterhaus" über die Anbauten, Wohnhöfe und Gartenhäuser zu den Nutzgärten entwickelt sich die Wohnbereiche ins Grüne hinein. Während die öffentlichen Räume und die „Stadtmauer" streng durchgeformt und der Veränderbarkeit entzogen werden, ist die Architektur hinter der Mauer offen für alle Einfälle und Initiativen. Sie soll sich mit den Wünschen und Nöten der Bewohner und mit dem Generationenwechsel ändern und entwickeln."*[99]

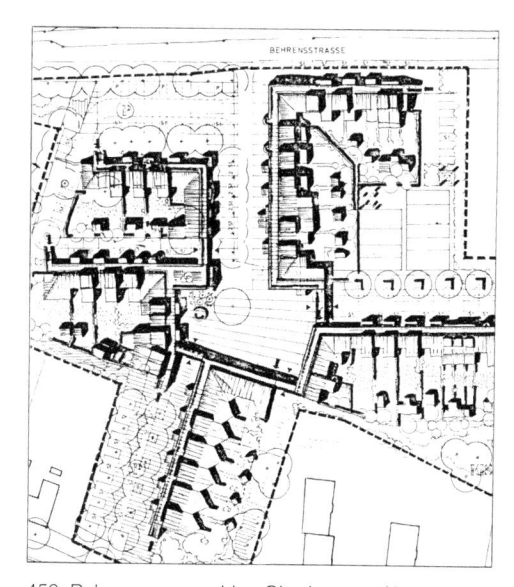

Anlagern an Mauern: Brandmauern
Ein weiterer Ansatz ist das Anbauen an die in Großstädten reichlich vorhandenen Brandmauern. Eine besondere Tradition hat dabei Berlin. Ab 1900 entstehen zahlreiche Wohnanlagen, die durch Aneinanderreihen zum Teil unterschiedlich dekorierter Wohnhöfe und Privatpassagen ganze Baublocks im Inneren durchqueren. Die vielfach nur einhüftigen Wohngebäude sind zum Teil an die Brandwände der Randbebauungen angelehnt.

459. Bebauungsvorschlag Oberhausen-Altstaden, Arch.: Arbeitsgruppe Stadtmauer des Werkbundes, Lageplan.

[98] Pfaud 1976, S. 101.
[99] Hegger et. al. 1988, S. 175.

Wohnanlage Versöhnungs-Privatstraße des Vaterländischen Bauvereins, Berlin-Wedding
Die Höfe der zwischen 1903 und 1904 von Architekt Ernst Schwartzkopff errichteten Anlage sind nur zum Teil erhalten. Jeder Hof ist nach einem speziellen Thema gestaltet:

1. Romanischer Hof (Berlin als Fischerdorf)
2. Altmärkischer Hof (Berlin als Bürgerstadt)
3. Nürnberger Hof (Berlin als kurfürstliche Residenz)
4. Renaissance Hof (Berlin als brandenburgisch-preussische Residenz)
5. Barock-Hof (Berlin als Königshof)
6. Moderner Hof (Berlin als Kaiserstadt)
7. Jugendstilfassade[100]

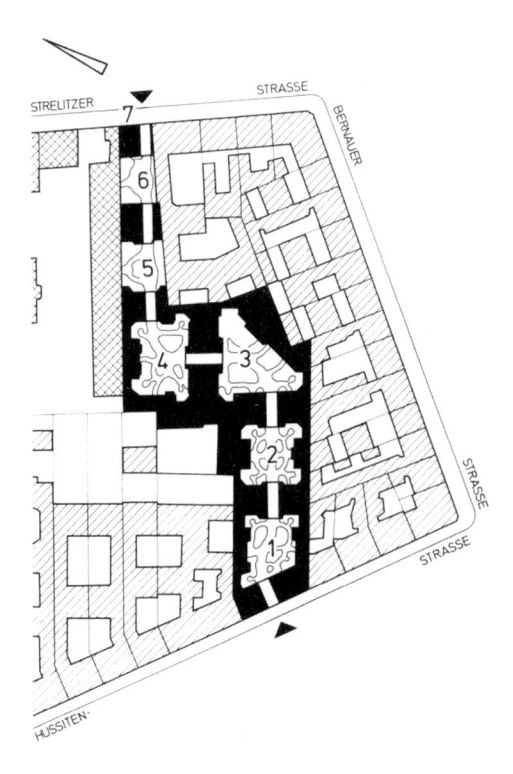

460. Berlin-Wedding, Die Wohnanlage Versöhnungs-Privatstraße des Vaterländischen Bauvereins, Arch.: Ernst Schwartzkopff, 1903–04. Lageplan.

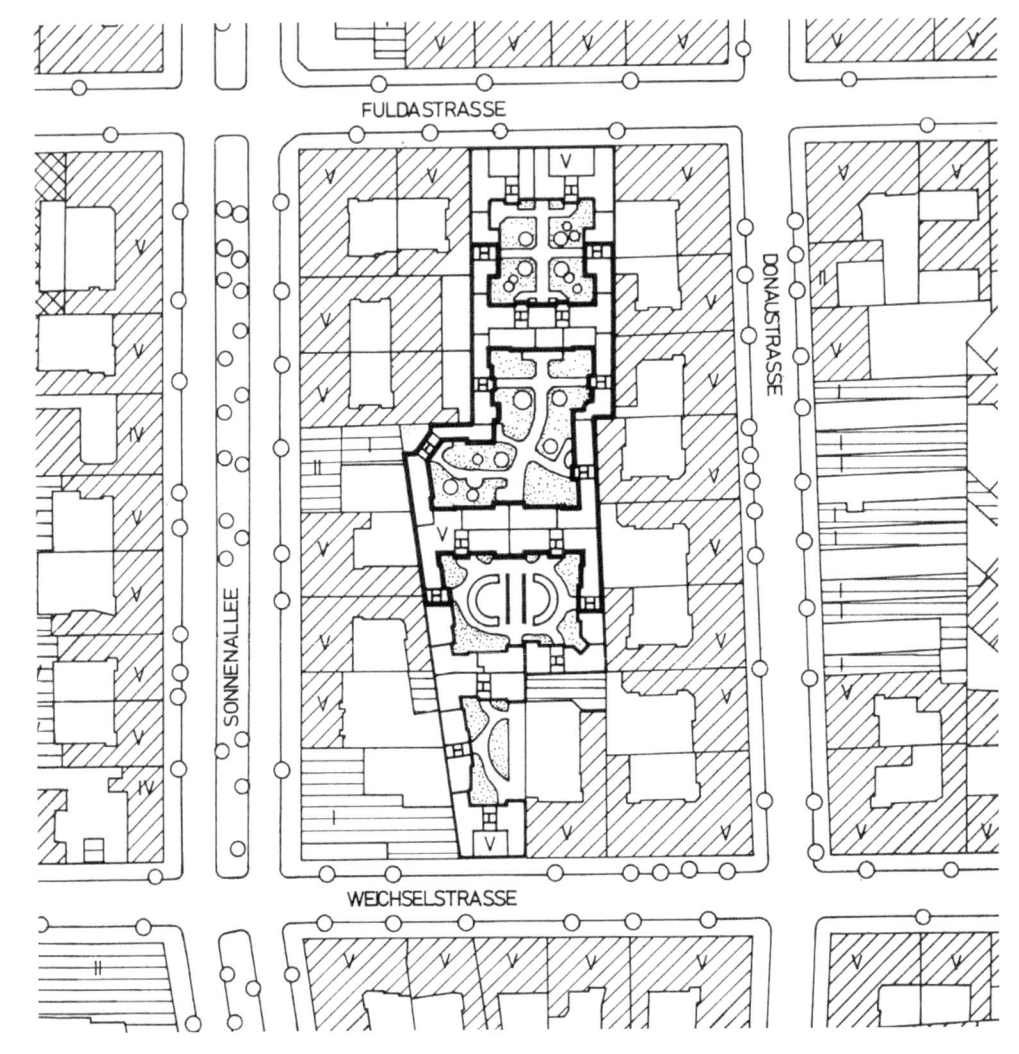

461. Berlin-Neukölln, Mietwohnanlage Idealpassage, Weichselstraße 8 und Fuldastraße 55/56, Lageplan.

Mietwohnanlage Idealpassage, Weichselstraße 8 und Fuldastraße 55,56, Berlin-Neukölln
In einem zeitgenössischen Text wird die Idealpassage folgendermaßen beschrieben: „*Parallel zu den Straßen Vorderhäuser, im Innern auf den seitlichen Grundstücksgrenzen stehende Flügelbauten, durch drei Quergebäude miteinander verbunden, so daß vier größere (gärtnerisch angelegte) Innenhöfe entstanden.*" [101] Im EG gibt es eine große genossenschaftliche Gaststätte und 14 Ladenwohnungen in einem Quergebäude. Im 1. OG befinden sich die Geschäftsräume der Ortskrankenkasse Rixdorf. Die meisten Wohnungen sind nicht quer belüftet, das Manko wird durch größere Höfe ausgeglichen.

Selbstbauterrassen und Wohnhochhaus, Berlin, Wilhelmstr. 119–120
Die von 1986 bis 1988 vom Architekten Dietrich von Beulwitz errichteten Selbstbauterrassen bestehen aus drei fünfgeschossigen Terrassenhäusern mit vorgelagerten großen Balkonen, die auch zur Wohnungserweiterung genutzt werden können. Der Ausbau der Wohnungen erfolgte teilweise

[100] Bezeichnungen nach Architekten- und Ingenieur-Verein zu Berlin 1974, S. 11.
[101] Architekten- und Ingenieur-Verein zu Berlin 1974, S. 333.

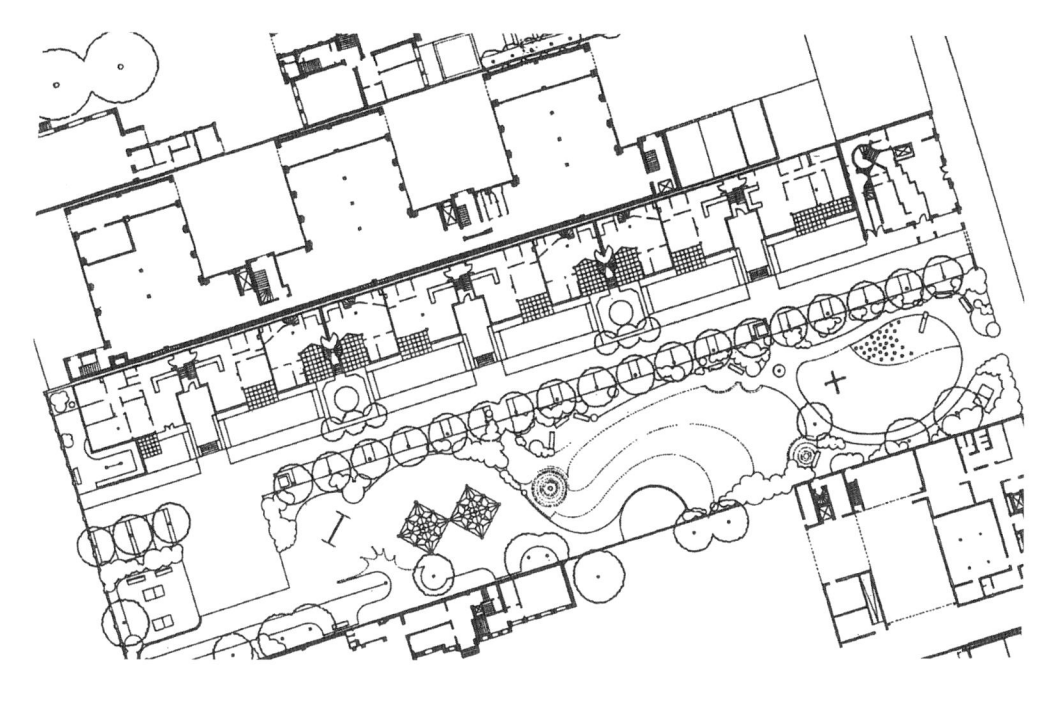

in Selbsthilfe. Das Rückgrat bildet die lange Brandmauer vor Gewerbebauten. Zum Projekt gehört auch ein von Pietro Derossi errichteter Turm als Abschluss.

Seniorenwohnhaus, Köpenicker Straße, Berlin
Das Büro Otto Steidle + Partner plante von 1984 bis 85 zwei lang gestreckte Bauteile die durch eine Mittelhalle getrennt und verbunden sind. Hierbei besteht die innere Seite des Altbaus aus einer (jetzt durchbrochene) Brandmauer. In diesem Projekt lebt in Verbindung das Alte vom Neuen und das Neue mit dem Alten.

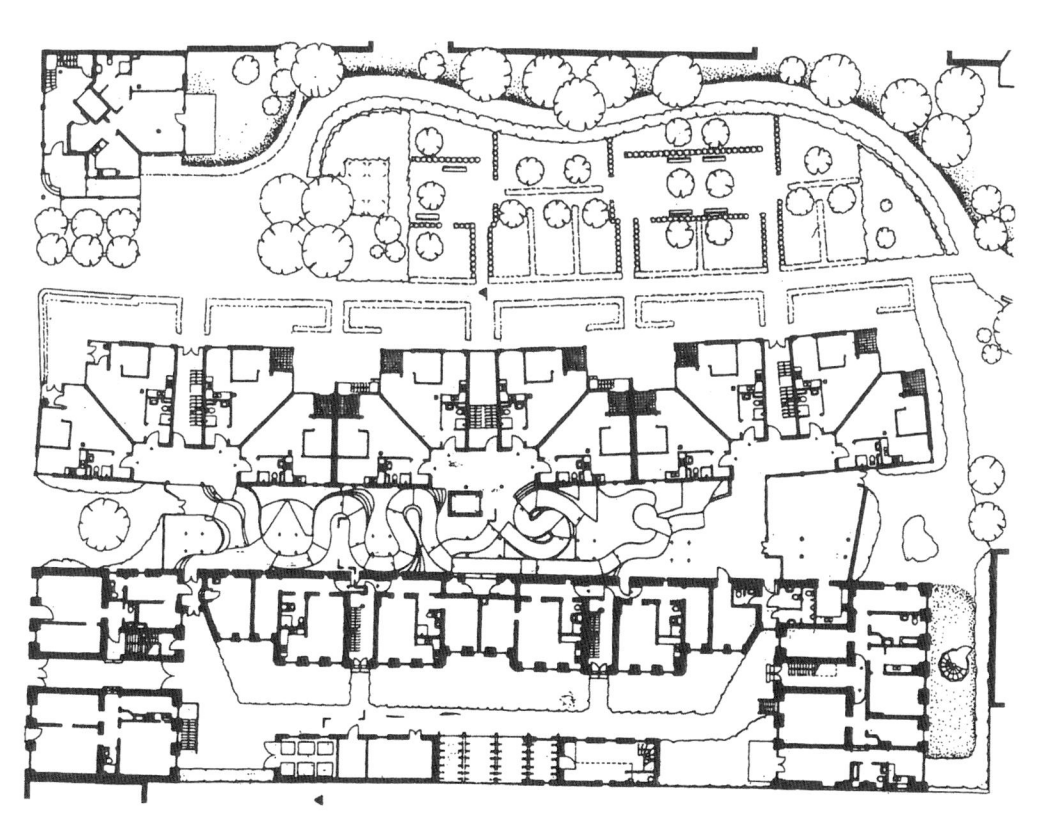

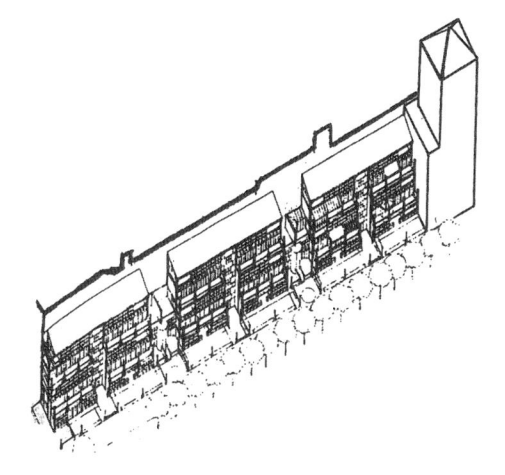

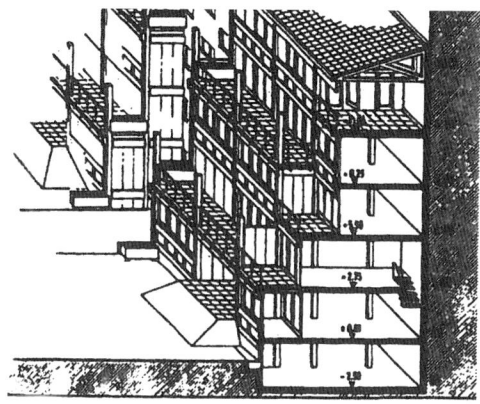

462–464. Berlin, Wilhelmstr. 119–120, Selbstbauterrassen und Wohnhochhaus, Arch.: Dietrich von Beulwitz, Pietro Derossi, 1986–88. Grundriss EG, Isometrie, Schnittisometrie.

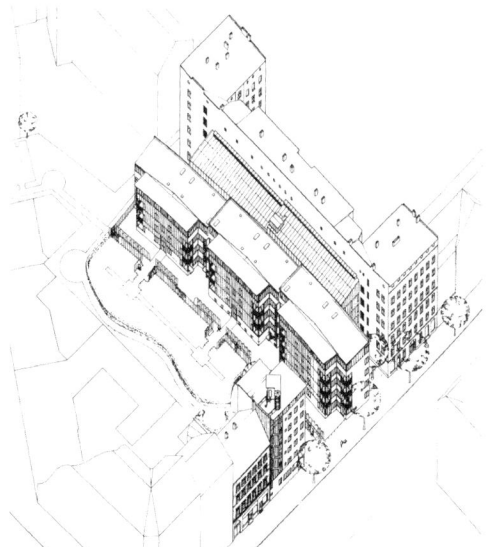

465+466. Berlin, Köpenicker Straße, Seniorenwohnhaus, Arch.: Otto Steidle, 1984–85. Grundriss, Isometrie.

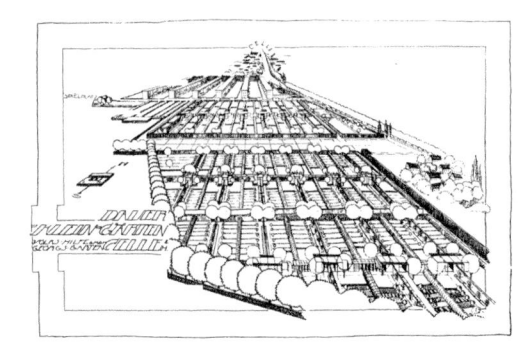

Projekt „Sonnenmauer"

Nach der Not der Weltwirtschaftskrise Ende der 1920er Jahre propagierte Leberecht Migge das an einer Schutzmauer nach Süden ausgerichtete Haus der wachsenden Siedlung: Einfache Konstruktion durch Anlehnen an die „Sonnenmauer" als Primärkonstruktion, wobei die Häuser – ausgehend von einem Kern – in Etappen nach und nach wachsen können. In Verbindung mit großen Gärten ist dabei vor allem für Teilzeitarbeiter und Arbeitslose die „grüne Selbstversorgung" das Ziel.

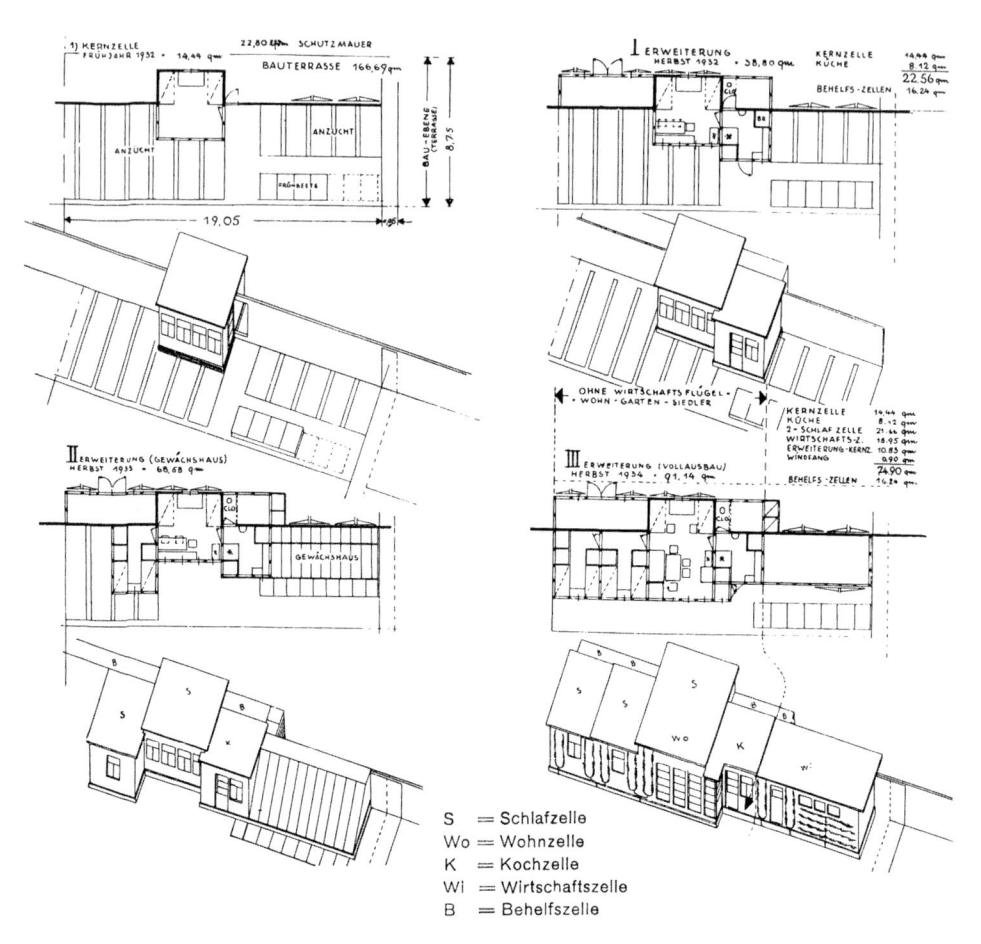

467–475. Projekt „Sommermauer", Leberecht Migge, 1932. Schaubild, Kernzelle in Grundriss und Isometrie, Ausbaustufe I bis III in Grundriss und Isometrie.

S = Schlafzelle
Wo = Wohnzelle
K = Kochzelle
Wi = Wirtschaftszelle
B = Behelfszelle

Einlagern zwischen Scheidewänden oder Schotten

Die folgenden Beispiele zeigen das Bauen zwischen auf Vorrat gebauten Schotten als Primärkonstruktionen. Dabei können die Zwischenräume – oft mit Hilfe der Bewohner – nach und nach gefüllt werden.

Haus mit einer Mauer, Röntgengasse, Wien

Ein Vorreiter dieses kostengünstigen Prinzips war Adolf Loos mit dem 1920 bis 1922 realisierten Baus „Haus mit einer Mauer". „*[...] nur die Brandmauern tragen sowohl die parallel zur Straßenfront verlaufenden Balkenlager wie die zwischen je zwei Mauern nur eingehängten Straßen- und Gartenfronten eines Hauses. [...] Dem wahren Siedlungshaus haftet nach Adolf Loos dauernd der Charakter des Nichtfertigen an.*"[102] Loos lässt sich die Bauart „Haus mit einer Mauer" 1921 in Wien patentieren.

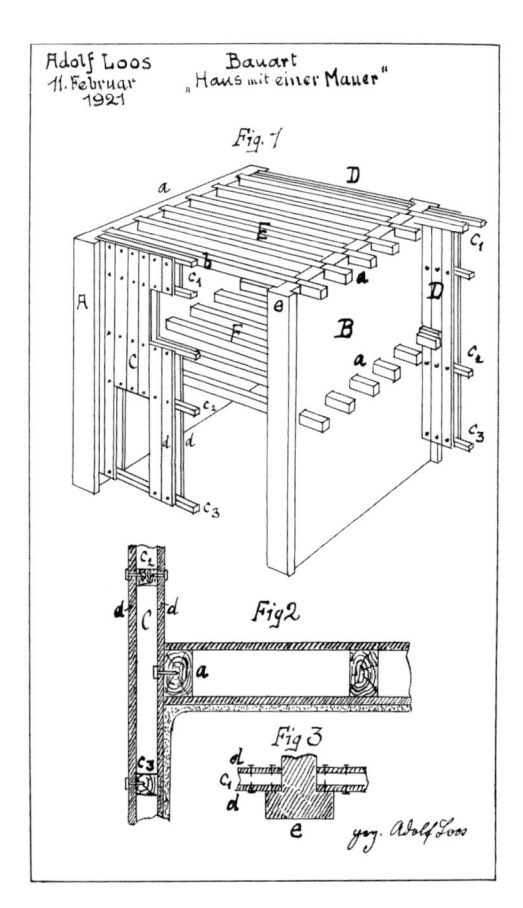

476–478. Projekt „Haus mit einer Mauer", Adolf Loos 1921. Konstruktionsprinzip, Schnittansicht, Grundrisse.

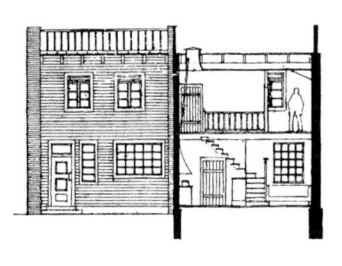

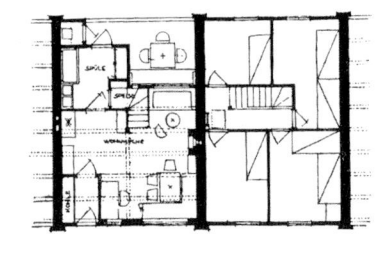

Wohnanlage, Hollabrunn, Österreich
Primärstrukturen als Scheiben können – unter Berücksichtigung der Dämmwirkung – natürlich aus unterschiedlichen Materialien erstellt werden, wie bei diesem Beispiel von Ottokar Uhl aus Holz. Die Primärstruktur enthält die Treppen und dominiert die Außenerscheinung des Hauses. Der Ausbau erfolgt dann nach den Wünschen der Benutzer und ermöglicht ein hohes Maß an Partizipation und Nutzungsvielfalt.[103]

[102] Münz; Künstler 1962, S. 147.
[103] Vergl. Hegger; Pohl; Reiß-Schmidt 1988, S. 75.

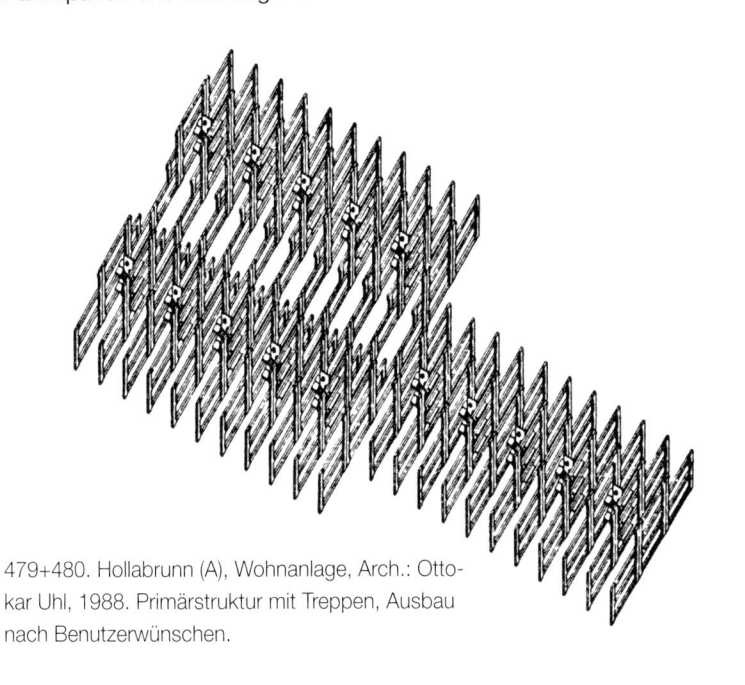

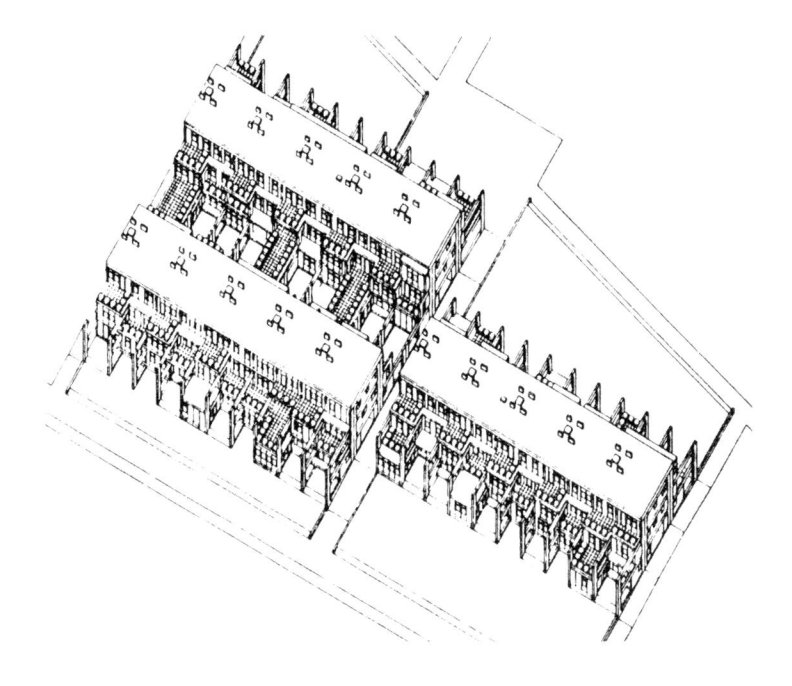

479+480. Hollabrunn (A), Wohnanlage, Arch.: Ottokar Uhl, 1988. Primärstruktur mit Treppen, Ausbau nach Benutzerwünschen.

Einlagern zwischen Geschossdecken

„Architektur des Unfertigen, Düsseldorf
Das 1973 entwickelte Konzept für eine Siedlung ist heute unter dem Druck der großen Wohnungsnot, auch für Migranten und Flüchtlinge wieder aktuell. *„Grundidee: Schaffen gebauter Ebenen für*

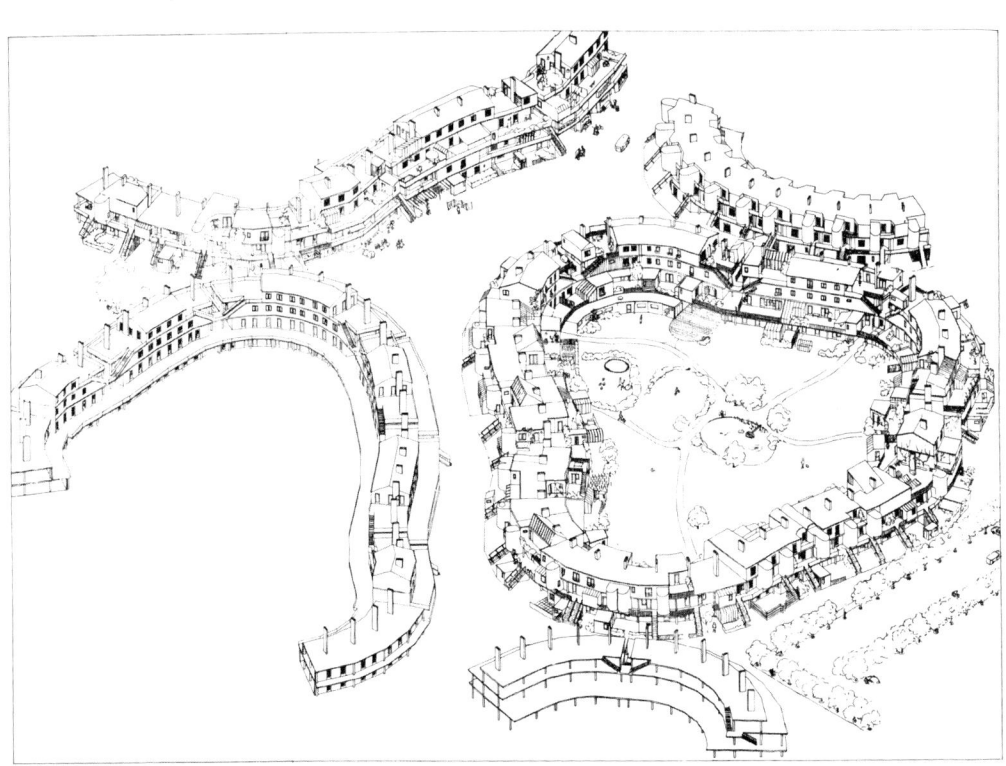

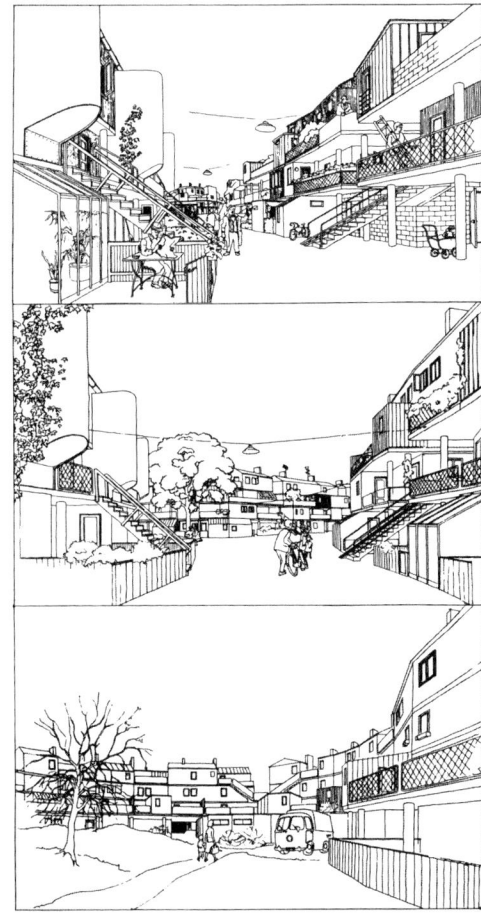

481–484. Düsseldorf, Architektur des Unfertigen, Arch.: Susanne Ussing, Carsten Hoff mit U. S. St. Müller, 1973, Isometrie und Ansichten.

eine individuelle Bebauung als künstliche Landschaft (Nutzung mit Wohnungen, Läden, Werkstätten). Konstruktion ist so bemessen, dass sie eine leichte Bebauung oder 50 cm Muttererde tragen kann. Ein Teil der Bebauung soll in möglichst freier Bauweise hergestellt werden können: Holzhütten, Zelte, Typenhäuser, selbstgebaute Mauern etc, gleich ob hässlich oder schön - einzige Einschränkung: Andere dürfen nicht gefährdet werden. Ein anderer Teil der Häuser wird mit maßgeschneiderten Elementen von Handwerkern erbaut. Die Selbstverwaltung der Bewohner ist in Bereiche gegliedert."[104]

Highrise of Homes
Architektur erscheint in diesem Projekt der Gruppe SITE aus dem Jahre 1981 sehr deutlich als eine physikalische Realität, als Mittel zur Formbildung, im Entwurf fehlt sie aber völlig. Highrise of Homes ist die architektonische Entsprechung dessen, was Marcel Duchamp einmal als Möglichkeits-Konserve bezeichnete. Das Projekt ist so betrachtet die Bühne für eine unbegrenzte Vielfalt unvorhersehbarer Inszenierungen. Es ist anzunehmen, dass einige der Bewohner von „Highrise of Homes"" renommierte Künstlerarchitekten engagieren würden, um ihre Häuser zu entwerfen.[105]

Dieser Prozess würde einen der revolutionärsten Aspekte des Projektes deutlich machen: seine Fähigkeit, selbst die ambitioniertesten und individuellen Ausdrucksformen architektonischer Hochsprachen zu neutralisieren, wenn sie einmal in seinen gleichmachenden Rahmen eingebaut sind. Eigentlich ist das die völlige Umkehr des künstlerischen Meister-Entwurfes in diesem Jahrhundert.[106]

Selbstbauhaus „Grundbau und Siedler", Inselpark 11, Hamburg
Das im Rahmen der IBA Hamburg von BeL – Sozietät für Architektur; Anne-Julchen Bernhardt, Jörg Leeser entwickelte Selbstbauhaus besteht aus einem vorgegebenen Betongerüst, in das die Bewohner ihre zukünftige Behausung nach ihren eigenen Vorstellungen selbst einbauen. Zu ihrer Motivation äußern sich die Architekten wie folgt: *„Viele Menschen wollen ja, wie sehr wir das bedauern mögen, eigentlich gar keine Architektur haben. Das ist ihnen eher suspekt. Wir finden, es toll, ohne dass man's merkt, die Architektur unterzuschieben, wie das Eiweiß in der Mousse au Chocolat. […] Im Unterschied zu den Selbstbauprojekten der 70er und 80er Jahre, bei denen es vor allem um Selbstverwirklichung ging, wollen unsere Siedler einfach eine Wohnung. […] Mit „Grundbau und Siedler" bieten wir ein Produkt an, bei dem die Leute ungefähr 500 Euro pro Quadratmeter in Eigenarbeit selber einbringen können. Das ist viel: Bei einem Kaufpreis von 2.500 Euro pro Quadratmeter sind das 20 Prozent. […] Sie dürfen den in jedem Geschoss umlaufenden Umgang nicht vergessen, unseren »Aus-Versehen-Balkon«, der ja eigentlich ein fest installiertes Baugerüst ist. Das wird ein ganz wichtiger Raum für das Haus, in dem sich zeigt, wie die Leute so sind."*[107] *„An den Ösen, in denen während der Bauphase das Sicherheitsnetz hing, können die Siedler Sonnenschutzvorhänge aufhängen, Blumenampeln arrangieren, eine Verglasung einbauen, die Siedler können alle möglichen Arten von Fußböden einlegen, sie werden Fahrräder lagern. Obwohl sie das Haus nicht als bunten Hund wollten, werden sie es nun selber zum bunten Hund machen."*[108]

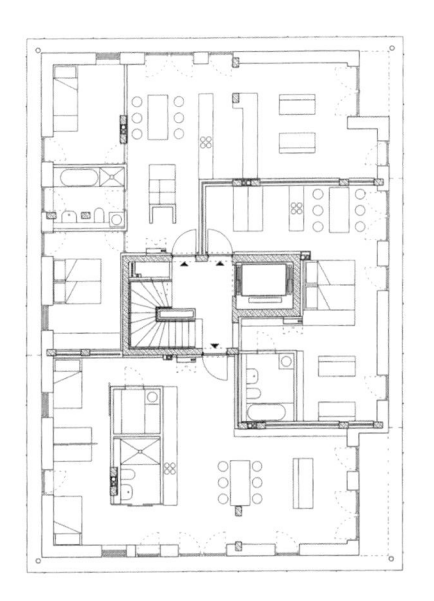

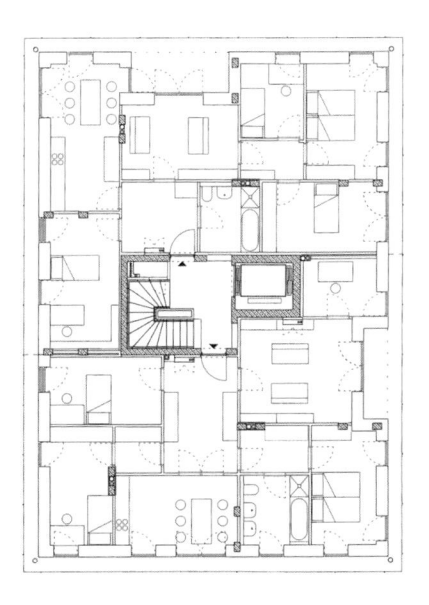

485+486. Highrise of Homes, USA, Arch.: SITE / Dean Treworgy, Christine Morin, 1981. Primärsruktur und Ausbau.

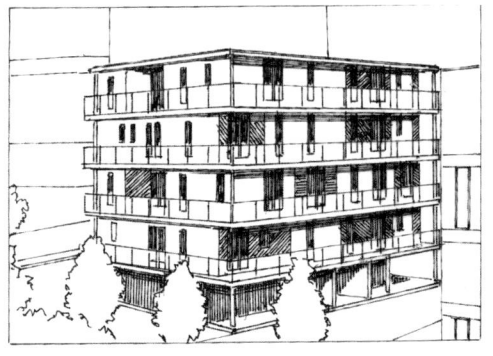

487–490. Hamburg, Selbstbauhaus Grundbau und Siedler, Arch.: BeL – Sozietät für Architektur; Anne-Julchen Bernhardt, Jörg Leeser, 2013. Tragstruktur, Hüllstruktur, Grundrisse von zwei Ausbauvarianten.

Einlagern zwischen Haushälften – halbe Häuser zum Weiterbauen
Siedlungen ELEMENTAL[109] (Chile)
Die Idee der Architekten war ein planmäßiger sozialer Siedlungsbau mit dem Ziel, kostengünstige Grundstrukturen mit halben Häusern zum Weiterbauen in Selbsthilfe zu errichten um große Familienwohnungen zu schaffen. Durch individuelles Ausgestalten der Fassaden und unterschiedliche Farben entsteht ein lebendiges Siedlungsbild.

Wohnsiedlung Quinta Monroy, Iquique, Chile
Die Anlage besteht aus einer drei Achsen breiten Rohbauwohnung in EG von denen zum Ausbau eine Achse offengelassen wird. Darüber sind Maisonettwohnungen mit jeweils zwei Achsen, davon eine als Rohbau, die zweite als Reserve zum Selbstbau. Die Anlage wird erschlossen durch eine Außentreppe. Bei dem Projekt handelt es sich um einen so genannten bewohnbaren Rohbau, ohne Innenausbau, aber mit Strom- und Wasserinstallation incl. Nasszelle. Die Bewohner sind gleichzeitig Eigentümer der Wohnungen. Innerhalb von zwei Jahren alle Wohnungen erweitert und ausgebaut. Probleme ergeben sich durch undichte Dächer der Erweiterungen, sowie das durch den Ausbau bedingte optische Chaos, welches von den Bewohnern (im Gegensatz zu den Architekten) negativ beurteilt wird.

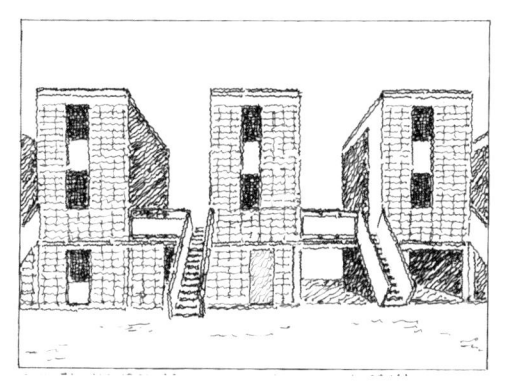

491+492. Iquique, Chile, Wohnsiedlung Quinta Monroy, Arch.: Elemental, Santiago de Chile, 2004. Ansichten vor und nach dem Ausbau.

Wohnsiedlung Villa Verde, Constitucion, Chile
„*Die Siedlung Villa Verde umfasst 484 Wohnungen. [...] Da der Auftraggeber sein Geld in der Holzwirtschaft verdient, sollen auch die Arbeiterwohnungen in Holz konstruiert sein. Die Reihenhäuser bilden mit ihren Satteldächern auf gerade zu symbolhafte Weise den klassischen Umriss eines Hauses nach. Jedoch ist nur die eine Hälfte des Umrisses »gefüllt«, während die andere Hälfte, der Erweiterungsteil, vorerst leer bleibt – bis auf drei Deckenbalken. Auf diese Weise sind den Bewohnern zum einen ein dichtes Dach und eine stabile Konstruktion garantiert. Zum anderen ist ein deutlicher Rahmen gesetzt für die Freiheiten, die sie sich bei der Gestaltung ihres Anbaus im Laufe der Zeit ganz sicher nehmen werden*"[110] Weitere Siedlungen, sowie Details, die Baudurchführung, und die Finanzierung haben die Architekten in einem Buch dargestellt.[111]

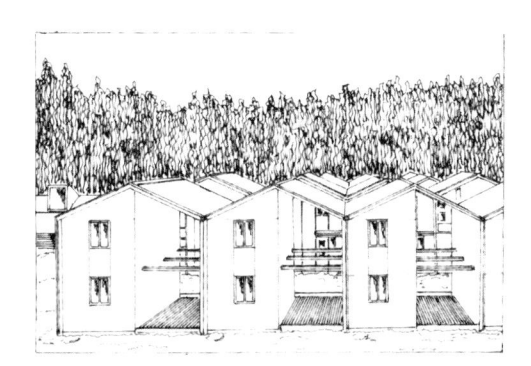

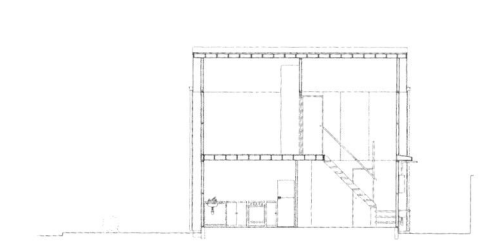

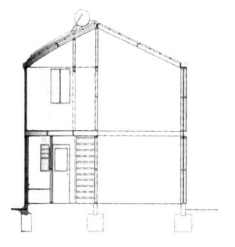

493–497. Constitucion, Chile, Siedlung Villa Verde, Arch.: Elemental, Santiago de Chile, 2010. Grundrisse, Schnitte, Ansicht vor dem Ausbau.

---

[104] Finke, et. al. 1977, S. 99.
[105] Hegger; Pohl; Reiß-Schmidt 1988, S. 16.
[106] Vergl. das Interview von Michael Kasiske mit dem SITE-Gründer James Wines. Baunetz 24.09.2018 (https://www.baunetz.de/meldungen/Meldungen-Eine_Begegnung_mit_dem_SITE-Gruender_James_Wines_5495235.html) (besucht 14.4.2020).
[107] Das vollständige Interview mit J. Friedrich findet sich in Bauwelt 35/2013, S. 17ff.
[108] Bauwelt 35/2013, S. 21.
[109] Die Architektengruppe ELEMENTAL besteht aus *Alejandro Aravena, Alfonso Montero, Tomás Cortese, Emilio de la Cerda und Andrés Iacobelli.*
[110] Dransfeld 2013, S. 30.
[111] Aravena; Iacobelli 2016.

[112] Heckmann; Schneider 2011, S. 230.
[113] Tzonis; Lefaivre 1992, S. 220.

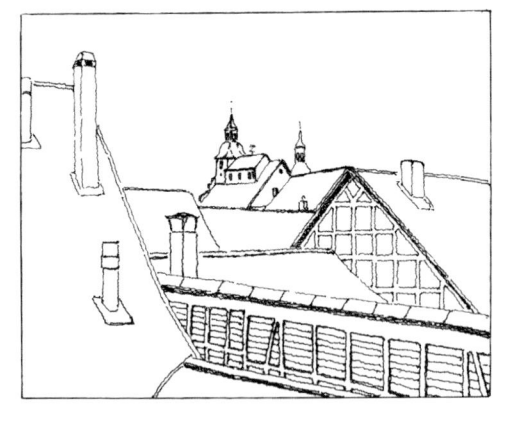

498. Hildburghausen, Thüringen. Aufgesetztes Wärterhäuschen.

Auflagern

Das Bauen, Auflagern auf Dächer alter und neuer Gebäude ist sicherlich ein klassischer Fall parasitärer Nutzung. Gastgeber und Gast können dabei eine neue spannende Einheit bilden. Dabei gibt es zwei mögliche Ansätze:
- ergänzende Architekturen, die auf bestehende Gebäude aufgesetzt werden und die vielfach und zum Teil reizvoll den Kontrast alt-neu betonen („gewachsen")
- Gebäude, bei denen der „Fuß" und die Dachlandschaft (trotz unterschiedlicher Inhalte) gewissermaßen aus „einem Guss" sind („geplant")

Hildburghausen, Thüringen
Ein historisches Beispiel für „gewachsenes" Auflagern ist das Wärterhaus, das dem Hildburghausener Rathausdach aufgesetzt ist und mit der Turmspitze das Bauwerk belebt.

Mountain Dwellings, Kopenhagen-Ørestad
Das Projekt von BIG Bjarke Ingels Group mit JDS, Moe & Brødsgaard, Freddy Madsen, SLA wird folgendermaßen beschrieben: *„Zwei Drittel Parken und ein Drittel Wohnen lautet das Programm von „The Mountain"; eine 10-geschossige Parkgarage bildet den Unterbau für ein Terrassenhaus, das sich wie ein Flickenteppich aus Gärten, Terrassen und Appartements darüberlegt. Die Annehmlichkeiten eines vorstädtischen Wohnens sollen mit der sozialen Intensität urbaner Dichte kombiniert werden – die Bewohner fahren mit ihren Autos fast bis vor die Wohnungstür, betreten die Wohnung und genießen dort ein weitläufiges Panorama aus Einfamilienhäusern im suburbanen Grün. [...] An Nord- und Westfassade sind die Parkdecks mit perforierten Metallblechen mit einem Bild des Mount Everest verkleidet."*[112]

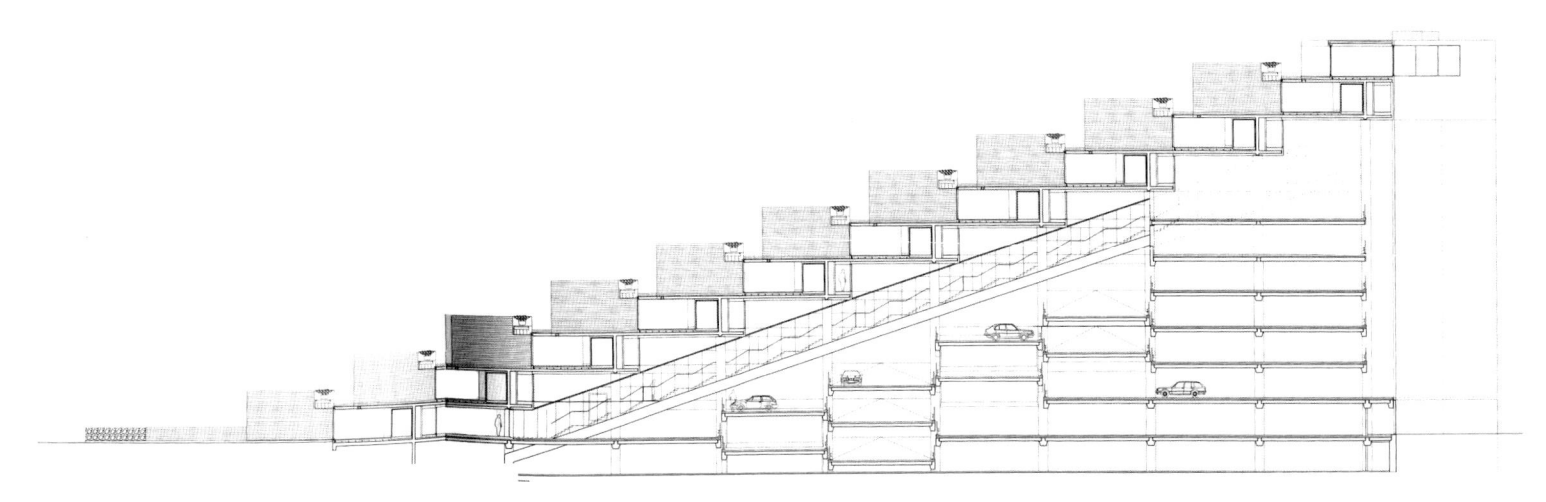

499–502. Kopenhagen-Ørestad, Mountain Dwellings, Arch.: BIG Bjarke Ingels Group mit JDS, Moe & Brødsgaard, Freddy Madsen, SLA, 2008. Schnitt, Ansicht, Dachaufsicht. Grundriss 3. OG.

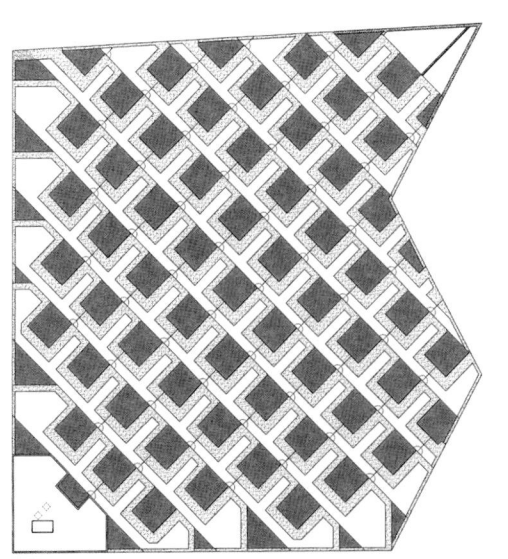

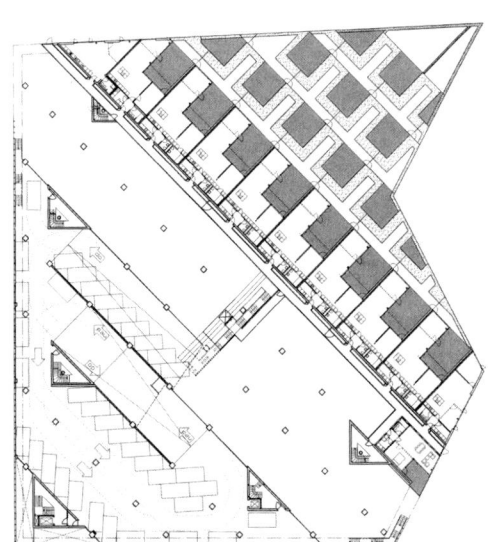

Dachausbau, Falkenstraße, Wien
Das zwischen 1983 und 1989 realisierte Projekt von Coop Himmelblau ist vermutlich „[...] *eines der faszinierendsten und folgenreichsten Projekte der letzten zwanzig Jahre in Europa und vielleicht das idiosynkratischste Anwaltsbüro der Welt. [...] Das Projekt umfaßt einen Konferenzsaal von 90 Quadratmetern, drei Büroeinheiten, ein Sekretariat, einen Empfangsbereich und angrenzende Räume. Der Grundriß ist so angelegt, daß bei Bedarf die Büroräume in eine Wohnung umgewandelt werden können. Lichteinfall und Ausblick sind durch die ausgeklügelte Platzierung von transparenten und undurchsichtigen Dachelementen bestimmt. Während die Topologie des Entwurfs für eine kleine Firma den gewöhnlichen und einfachen Anforderungen einer bescheidenen Rechtanwaltskanzlei entspricht, entzündet die volumetrische Anordnung wie in einem Feuerwerk die poetische Fiktion eines Falken aus Glas, Stahl und Beton.*"[113]

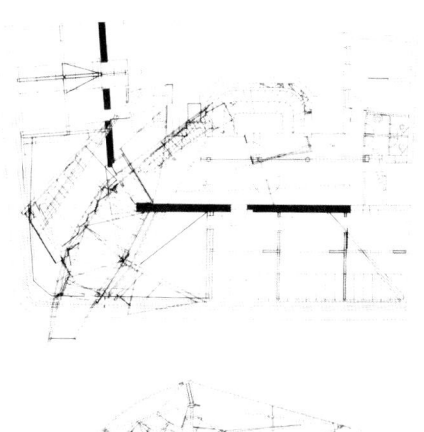

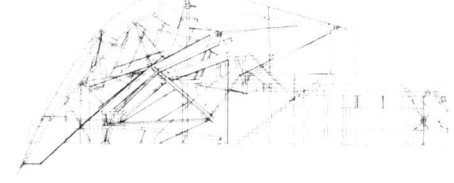

503–505. Wien, Dachausbau, Falkenstraße, Arch.: Coop Himmelblau, 1983–89. Grundriss, Schnitt, Ansicht.

Wohnanlage auf einem Kaufhaus, Dornbirn, Österreich
Auf ein Kaufhaus mit oberem Parkgeschoss hat der Architekt Hermann Kaufmann eine zweigeschossige, strenge Wohnanlage mit innerer Erschließungshalle aufgesetzt. Für diesen Aufbau wurde wegen ihres geringen Gewichts eine Holzkonstruktion gewählt.

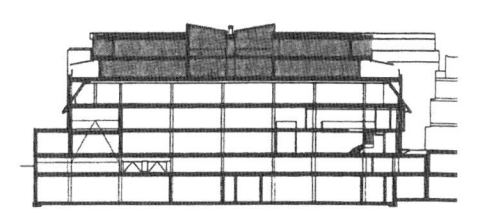

506+507. Dornbirn, Wohnanlage auf einem Kaufhaus, Arch.: Hermann Kaufmann, 2007. Ansicht Erschließung, Schnitt.

Hochbunker, Kongressstraße 19, Aachen
Für eine Umnutzung wurden die abweisenden Betonwände des Bunkers aufgeschlitzt und als Zeichen der Veränderung zwei gegeneinander verdrehte Wohnzeilen auf den massiven Unterbau gestellt, der jetzt auch dem Wohnen dient.

Parasitäres auf Ruinen
Palast auf der Akropolis, Athen, 1834, Plan: Karl Friedrich Schinkel
Bei dieser Planung Karl Friedrich Schinkels handelt es sich wohl ein Höhepunkt parasitärer Architektur: „*Der ganze Pallast ist von mäßiger Ausdehnung, die verschiedenen architektonischen Theile, wohnliche Höfe und Parkflächen mit Gartenanlagen mannigfaltig gemischt, schließen sich mehr in malerischer Gruppierung den ursprünglich antiken Anlagen und den unregelmäßigen Formen der antiken Burg an, als dass die ganze neue Anlage mit der alten in einem modern prätentiösen Kontrast aufzutreten sich unterfinge.*

Der Pallast hat nur die Höhe eines Geschosses, unter dessen südlichen Theile ein Souterrain oder Unterbau angeordnet ist, welcher die Räume für Hofverwaltung, Öconomie, Bäder, Dienerschaft, Küchen, Vorratsräume pp. Enthält, über diesem Hauptgeschoss finden sich ansehnliche Räume unter der Dachung, welche dazu dienen, die brennende Sonnenhitze von oben her den Wohnzimmern abzuhalten. Das ganze Bauwerk ist, man könnte sagen in den mäßigen "pompejanischen" Verhältnissen gehalten und entspricht folglich nur den geringsten Forderungen für eine königliche Hofhaltung. [...] Die einzige Anregung in colossalem Maßstab habe ich gewagt in diesen Plan aufzunehmen, welcher in der Berühmtheit der ganzen Örtlichkeit seine Entschuldigung finden dürfte. [...]

Das colossale Erzbild der Pallas Athene, welches ehemals aus der marathonischen Beute durch Plidias gearbeitet auf der Burg errichtet stand und weit im Lande und im Meer als erhabenes Wahrzeichen den Hauptort Griechenlands ankündigte [...], dies habe ich bei der neuen Gründung wieder hervorrufen wollen, damit sich für jedermann daran die Ehrfurcht wieder knüpfe, die die erhabene Vorzeit der ewig denkwürdigen Stadt gebietet."[114]

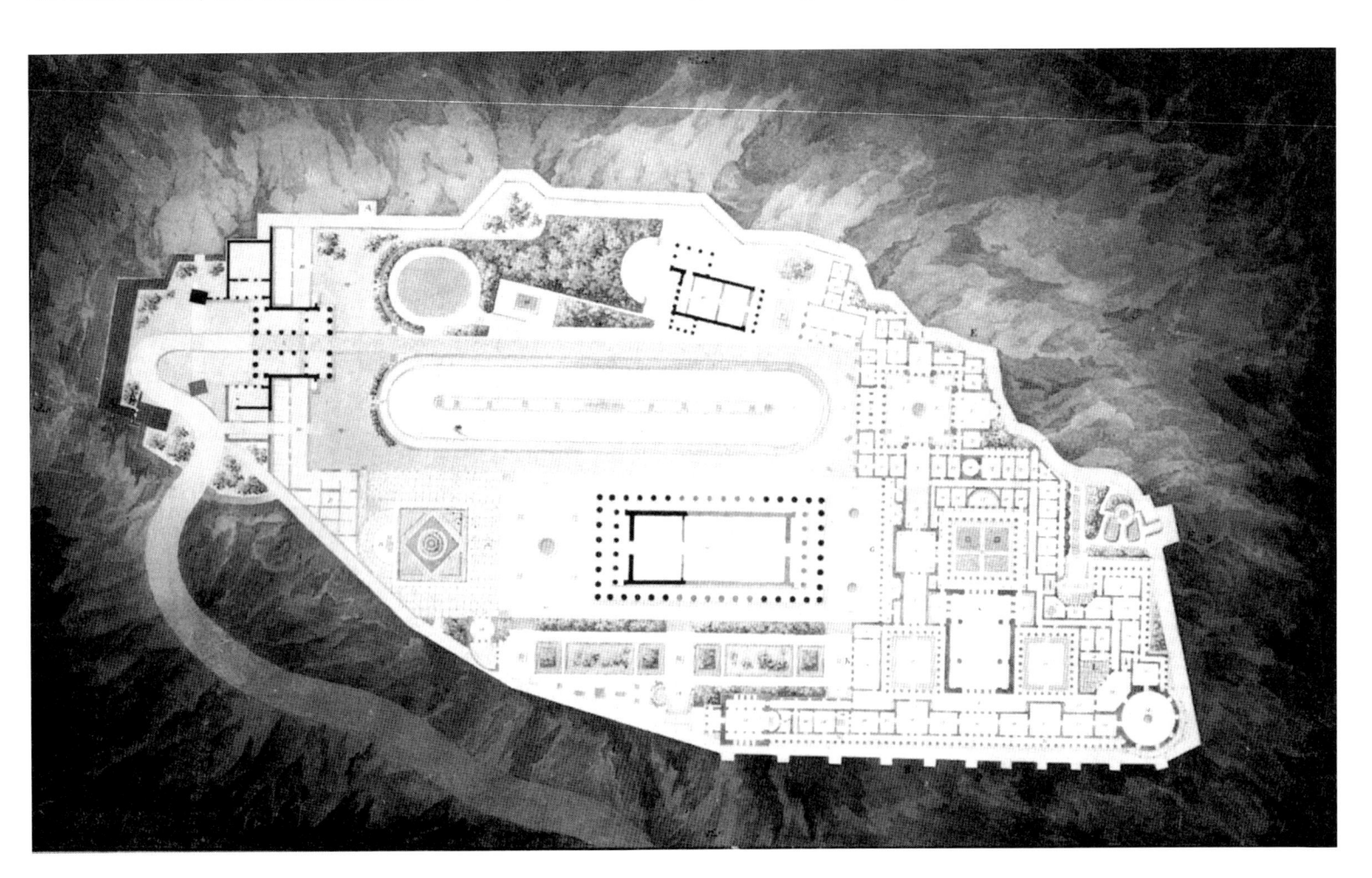

508. Aachen, Kongressstraße 19, Hochbunker, Umbau: Gruhl & Partner Architekten, 1992. Ansicht.

509–511. Palast auf der Akropolis, Athen, Entwurf: Karl Friedrich Schinkel, 1834. Grundriss, Ansichten.

Wäre der Entwurf (der Begeisterung, aber auch scharfe Kritik hervorrief) realisiert worden, hätten sich Antike und Neuzeit so verbinden lassen, dass hier ein lebendiger Mittelpunkt des modernen Staates vor dem einprägsamen Bild der großen Geschichte hätte entstehen können und nicht eine rein museale, restriktive Nutzung heute.

Geplantes Parasitäres

Ab Mitte des 19. Jahrhunderts hat sich das Bewusstsein für den Wert historischer Baurelikte geschärft, vor allem wohl durch das wachsende (oft national geförderte) Geschichtsverständnis, aber auch der baukünstlerische Wert und die romantische Ausstrahlung von Ruinen spielen eine wichtige Rolle.

Abbruch und historisierender Ausbau und Ergänzung im „alten Stil" werden mehr und mehr tabuisiert. Alt und neu sollen jeweils ihre eigene Geschichte zeigen, aber zusammen eine neue Einheit bilden. Im Gegensatz dazu steht merkwürdigerweise die wachsende Zahl historisierender Neubauten, wie etwa das Berliner Schloss, ein Zeichen einer doch weit verbreiteten stilistischen Unsicherheit.

Stellvertretend für die vielen interessanten Beispiele des parasitären Bauens in Ruinen und gestörter historischer Architektur drei Projekte aus dem reichen Schaffen von Gottfried Böhm.

Schloss Saarbrücken
Die Sanierung der Seitenflügel und der Neubau des maroden Mittelrisalites (1981–89) durch Gottfried Böhm und Nikolaus Rosiny erfolgten ganz im Geist des Barock, aber mit modernen Stilmitteln und Materialien.[115]

[114] „Entwurf für den Palast des Königs Otto von Griechenland auf der Akropolis", in: Kühn 1989, S. 35ff.
[115] Vgl.: Raev 1982, S. 175.

512. Saarbrücken, Schloss, Arbeitsgemeinschaft Gottfried Böhm, Nikolaus Rosiny, 1981–89. Entwurfsskizze.

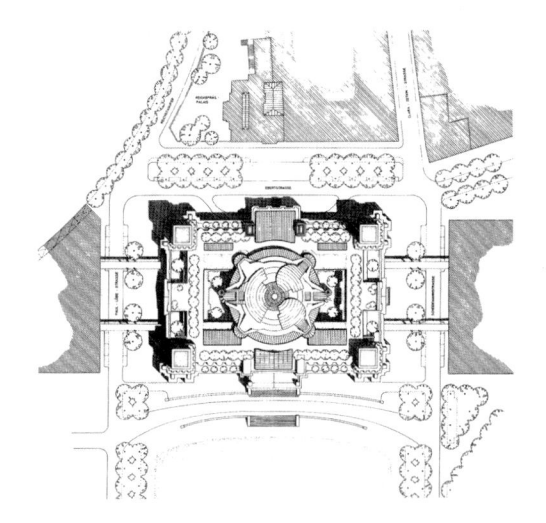

Umgestaltung Reichstagsgebäude, Berlin, 1987 bis 88 und 1990 bis 92, Projekt: G. und P. Böhm, F. Steinigeweg

Nach dem Krieg war der alte Reichstag eine Ruine. „*1961 übernahm der Berliner Architekt Paul Baumgarten die Aufbauplanung. In konfliktreichen Auseinandersetzungen mit der Bundesbaudirektion führte sie zu einer purgierten, transparenten Lösung ohne Kuppel. [...] Die wichtigste Änderung, die Böhm vorschlug, bestand in der Widergewinnung der Kuppel in neuer Gestalt und ihrer Nutzung als Plenarsaal. [...] Anders als die Vierkantkuppel Wallots, die das im Erdgeschoß angesiedelte Plenum nach außen markiert hatte, sollte jetzt der sichtbarste Teil des Bauwerks die wichtigste Bestimmung erhalten: das Symbol als die Sache selbst. Grandiose Verbindungen durch Aufzüge und Treppen führen 15 Meter hoch auf die Höhe des Saales. [...] 1993 ging die Entscheidung des Bauherrn nach einem ausgeschriebenen Wettbewerb, an dem auch Böhm mit einer doppelschaligen Kuppel in flacherer Form teilgenommen hatte, zugunsten von Norman Foster aus. Eine letzte Variante Böhms zeigt die Dachschalen der Kuppel unregelmäßig übereinandergreifend.*"[116]

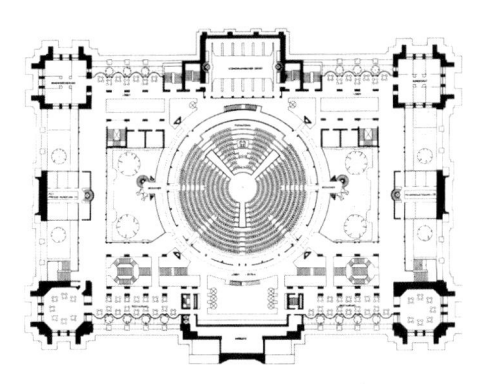

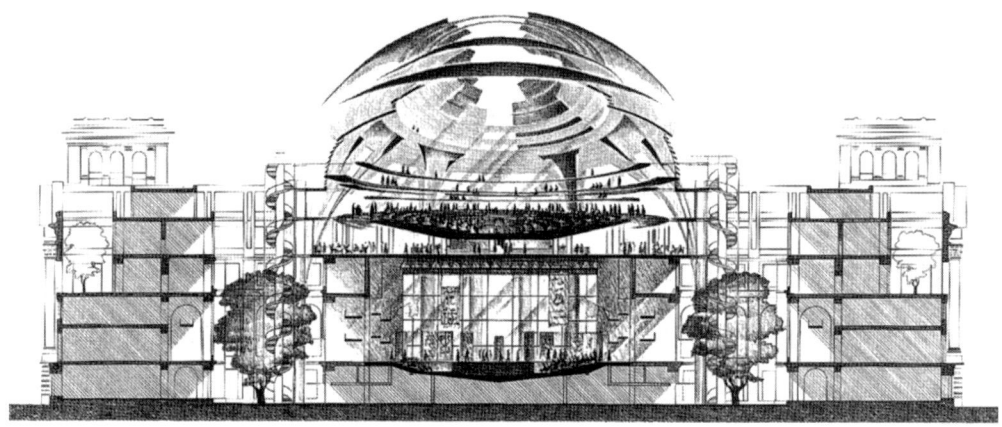

513–515. Umgestaltung Reichstagsgebäude, Berlin, Projekt: Gottfried und Peter Böhm, Friedrich Steinigeweg, Planung 1990–92. Lageplan, Grundriss Saalebene, Schnitt.

[116] Pehnt 1999, S 138–140.
[117] Pehnt 1999, S. 67.

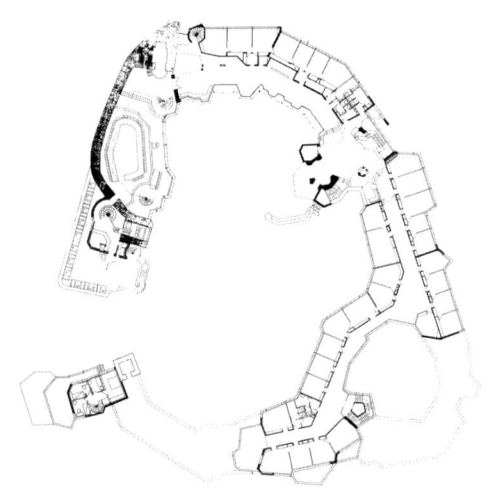

Rathaus, Bergisch Gladbach-Bensberg,

Für den Neubau des Rathauses 1962 bis 1969 entwarf Gottfried Böhm zusammen mit W. Finke, H. Schmalscheidt und O. Kaintoch eine moderne Sichtbetonanlage mit einem markanten Treppenturm, der sich in die mittelalterlichen Ruinen der Burg „Bürgerstolz ist in diesem Jahrhundert kaum je imponierender in Szene gesetzt worden als in der Stadt von damals knapp 40 000 Einwohnern, die auf einem der östlichsten Randberge des Kölner Beckens liegt."[117] Burg und Neubau gehen eine echte Symbiose ein: Eins steigert das Andere.

516+517. Bergisch Gladbach-Bensberg, Rathaus, Arch.: Gottfried Böhm mit Werner Finke, Hans. Schmalscheidt, Günter Kaintoch, 1962–69, Grundriss, Entwurfsskizze.

6. Durchdringen und Verbinden

Durchdringen

Gebäude prägen und begrenzen den öffentlichen Raum. Mit ihren Fassaden, ihren Hüllen, formen sie Straßen, das Stadtbild oder die Stadt. Quartierbezogene Räume können sich in unterschiedlicher Ausprägung ins Block- und Gebäudeinnere fortsetzen. Dies geschieht in Form von Durchdringen von Außen und Innen. Der Nolli-Plan von Rom zeigt dies exemplarisch: So ist Stadt: lebendig und vielfältig.

In der nebenstehenden Systemskizze erkennt man die unterschiedlichen Möglichkeiten des Durchdringens: 1. Vorhaus, 2. Halle, 3. Arkade, 4. Torweg, 5. Wohnhof, 6. Durchgang, 7. Innenstraße, 8. Straßenhof, 9. Innenhof.[118]

Durchdringen im architektonischen Sinne bedeutet, die Elemente der Außenarchitektur ins Gebäudeinnere weiterzuführen. Dabei kann es sich um Fenster- und Türumrahmungen, Erker oder Balkone, Gesimse, Balustraden ja sogar um ganze Fassaden bzw. Fassadenteile handeln. Solche Durchdringungen sind oft besonders reizvoll. Die entstehenden Räume sind dann wie aus dem Baukörper herausgeschnitten, gewissermaßen als „Puppe in der Puppe". Das Innere und die Umhüllung ergeben dann im Sinne von 1 + 1 die größere Einheit.

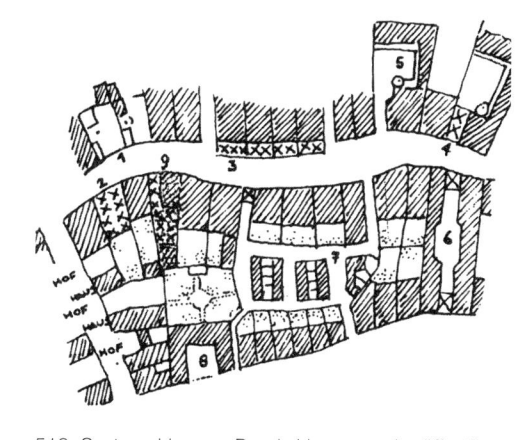

518. Systemskizze zu Durchdringungen im öffentlichen Raum.

Vorhäuser

„Das historische Stadthaus, vor allem im Norden – so etwa in Köln, Hamburg, Lübeck und Danzig – besaß charakteristische Vorhäuser. Dies sind zweigeschossige Eingangsbereiche, die sich einladend zur Straße hin öffnen mit vielerlei Nutzungsmöglichkeiten für Handel und Gewerbe, Schänken, aber sicherlich auch für Kinderspiel und Ausbreitungsmöglichkeiten der Großfamilie. Hängestübchen geben im Obergeschoss separaten Raum – meist für ein Kontor. Die im Allgemeinen seitlich an der Giebelwand angeordnete offene Haustreppe, zum Teil mit Belichtung von oben (Danzig), erschließt eine offene Galerie im 1. Obergeschoss – hier beginnt der hausbezogene private Bereich."[119]

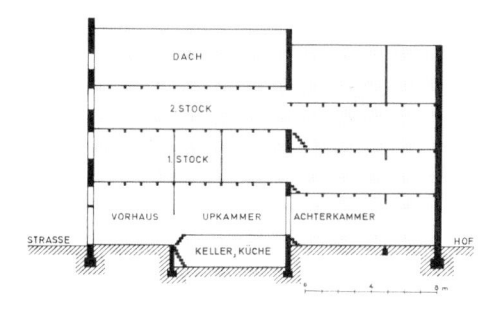

519 (oben). Friedrichstadt, Schleswig, 1625. Längsschnitt durch ein Haus mit niederrheinisch holländischer Diele. Schnitt.
520 (ganz links). Vorhaus, Neue Knochenhauerstraße, Braunschweig, Ansicht
521 (links). Diele in der Alfstraße 9, Lübeck, Historischer Stich.

Deelenhäuser

Gerade für Bauernhäuser in Westfalen und Nordwestdeutschland bis nach Holland hinein ist die Anordnung einer meist befahrbaren Deele charakteristisch als Haus im Haus. Um dieses Zentrum gruppieren sich die Ställe und Wohnräume. Dies kann ein möglicher Ansatz für eine Umnutzung oder auch den Neubau heute sein, wobei mehrere Wohnungen unabhängig um eine gemeinsame Mitte gruppiert werden.

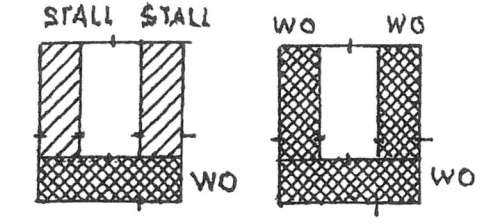

Hallen

Der unterschiedliche Umgang mit der Halle zeigt die Untersuchung von Adolf Bernt zum Typus des deutschen Bürgerhauses: Im Norden verbinden hohe Vorhäuser bzw. Dielen das Haus mit der Straße, im Süden sind es die meist gewölbten massiven Erdgeschosshallen, die den Eingang des Hauses definieren.

„Während die Bezeichnung Vorhaus auf die meist zweigeschossige, nach oben strebende Ausbildung hinweist, haben die steinernen Erdgeschosshallen sächsischer und süddeutscher Häuser […] einen mehr flächigen Charakter, sie wirken ernster, massiger. Das wird betont durch die Wöl-

522. Schema Deelenhäuser.

[118] Vergleiche hierzu auch Schmalscheidt 1984, S. 65.
[119] Schmalscheidt 1984, S. 64.

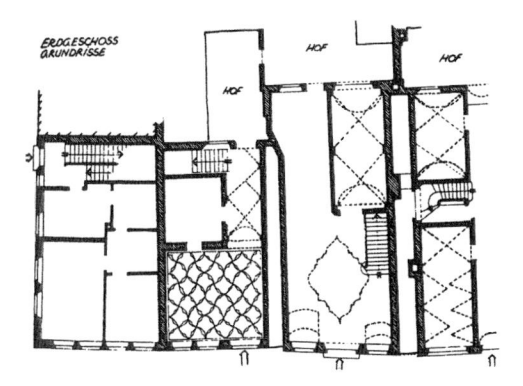

523. Augsburg, Elias-Holl-Platz 2-10, Grundriss EG.

bung. Hallen und Vorhäuser unterscheiden sich also von der grundsätzlichen Anordnung nicht, aber sehr wohl im Detail, sie bieten die ideale Möglichkeit zur Durchdringung von öffentlichem Straßenraum und privatem Innenbereich."[120]

524. Augsburg, Obstmarkt 6, Gewölbte Halle mit Treppe, Ansicht.

525. Nürnberg, Theresienstraße, Gewölbte Halle Ansicht.

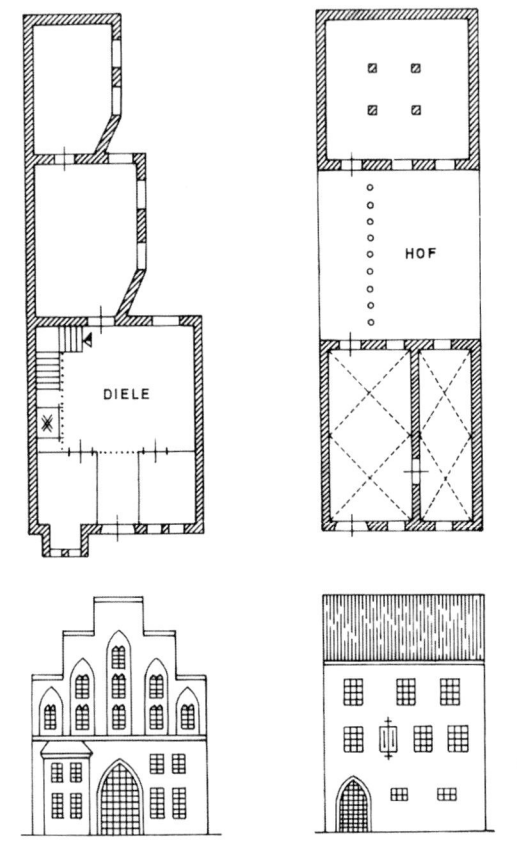

526–529. Vergleich Norddeutsches (links) und Süddeutsches (rechts) Bürgerhaus.

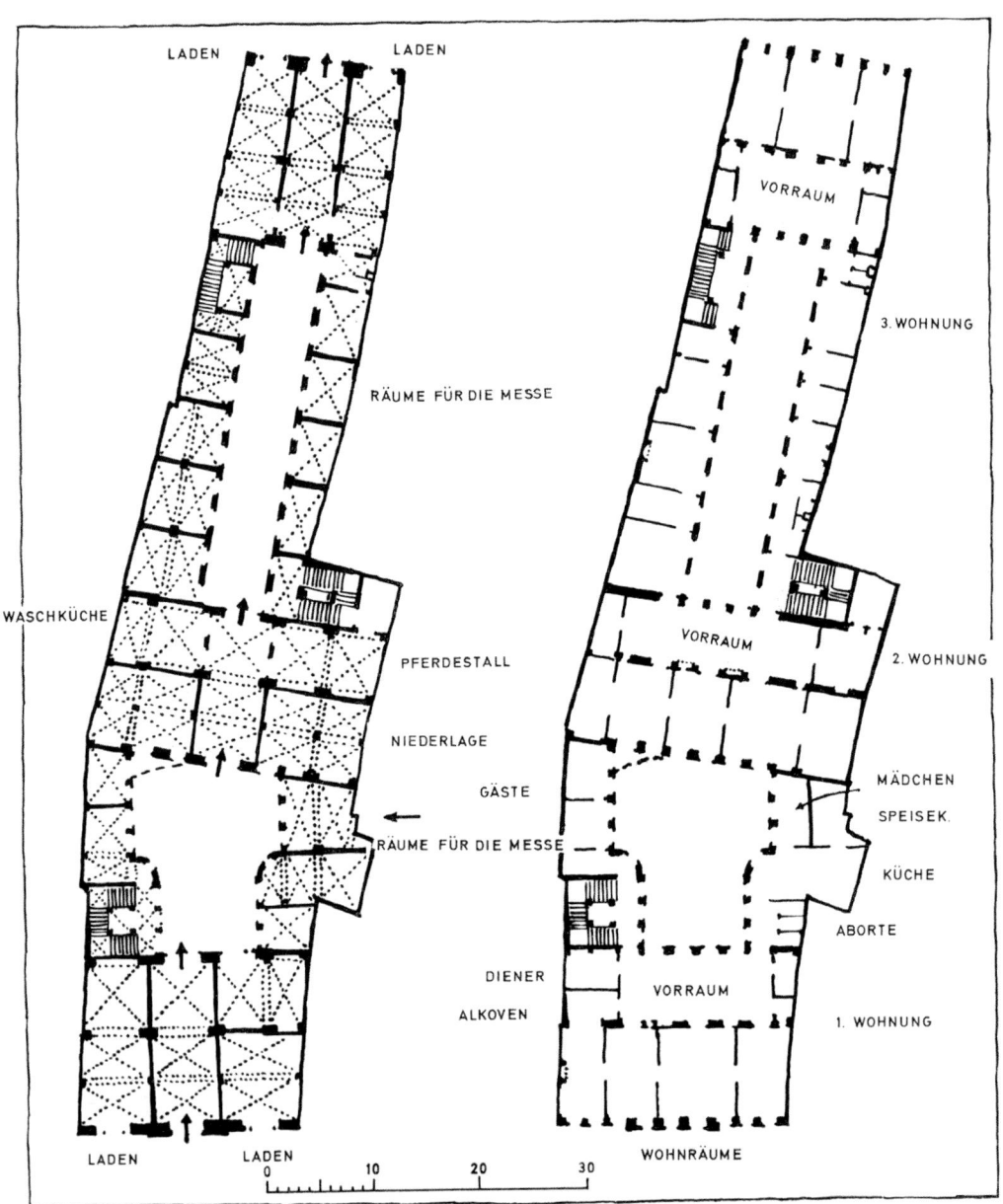

530+531. Leipzig, Kochshof, Durchhaus Reichsstraße und Markt, 1736–39. Grundriss EG und 1. OG.

Durchhäuser

Einen anderen Charakter haben die Durchäuser: „*In den großen Städten des 18. Jahrhunderts erreichten neben Wien und Straßburg auch Breslau und Leipzig mit ihren Wohnhäusern ungewöhnliche Ausmaße: zwischen zwei parallel laufenden Straßen wuchsen sie, Höfe aussparend, zusammen. Man nannte sie »Durchhäuser«, weil man durch sie von einer zur anderen Straße gehen und fahren konnte. Typisch süddeutsch ist die Wölbung aller gewerblichen Räume im Erdgeschoß, wie Läden, Lager, Plätze für die Messe und Pferdeställe. Süddeutsch ist auch die Folge Haus-Hof-Haus-Hof-Haus.*"[121] Wegen des Anbaus an die Grenzmauern sind die seitlichen Hofräume nur einseitig belichtet und ausschließlich zum Durchgang orientiert. Goethe schätzte die Durchhäuser mit den „modernen" geschlossenen Treppenhäusern sehr, wie er in *Dichtung und Wahrheit* berichtet.

Innenhallen

Tuchhallenhäuser, Untermarkt 2, Görlitz

Besonders reizvolle Durchdringung bieten die Görlitzer Tuchhallenhäuser. Die Kaufmannshäuser werden im Erdgeschoss über eine Halle erschlossen die sich über die gesamte Hausbreite erstreckt und die über einen Durchgang mit dem Treppenhof verbunden ist. Aus den Lichthöfen haben sich hier äußerst repräsentative mächtige Räume entwickelt, die offenbar der Tuchbeschau dienten. Mit großen Bögen öffnen sie sich zu den Wohnungsdielen des ersten und zweiten Obergeschosses. Diese spätgotische Raumdurchdringung verleiht dem Görlitzer Kaufmannshaus seine überwältigende Großzügigkeit. „Rückseitig schließen sich an die Zentralhallen Räume an, die vielfach ihre spätgotische Wölbung oder eine Renaissanceausstattung erhalten haben, darunter in der zweiten Geschosslage das Kaufmannskontor, von dem aus ein Durchblick durch alle vorgelagerten Räume zur Überwachung des Handelsbetriebes möglich war, ebenso auch die Übersicht über den Hof und seine Nebenbauten."[122]

[120] Schmalscheidt 1984, S. 66.
[121] Bernt 1968, S. 200.
[122] Zitat: Briese, 1988.

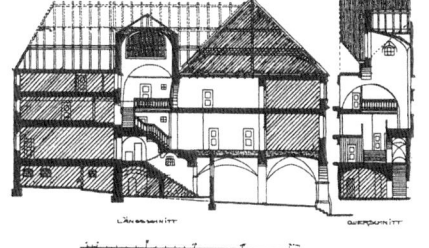

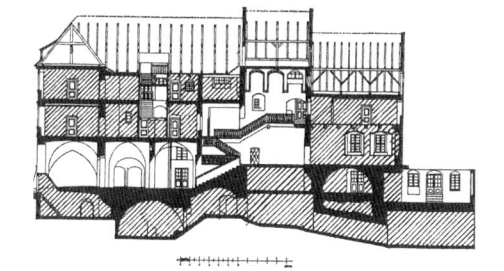

532+533. Görlitz, Tuchhallenhäuser, Untermarkt 2 und Untermarkt 5, Schnitte.

534. Görlitz, Tuchhallenhaus, Untermarkt 5, Hofansicht.

535. Görlitz, Biblisches Haus, Hofansicht.

536. Görlitz, Tuchhallenhaus, Untermarkt 25, Hofansicht.

[123] Siehe zu diesem Projekt: *Häuser 1988/1*.

Stadthäuser

Zum Abschluss dieser Reihe ein Projekt, das vorbildlich zeigt, wie der Ansatz „Durchdringen" mit dem Element „Vorhaus" auch heute beim Bau moderner Stadthäuser ungemein belebend sein kann (auch bei sparsamer Bauweise).

Stadthäuser in Bremerhaven

Die Reihe der Stadthäuser hat bei ähnlicher Grundstruktur doch eine jeweils individuelle Ausbildung der Fassaden mit zweierlei Ziegelfarben und unterschiedlichen Öffnungen. So wird die Reihe trotz eines einheitlichen Gesamtbildes lebendig. In eines der Häuser ist der Architekt selbst eingezogen. „Die zur Straße gehenden Fassaden der Weber-Häuser haben Backsteinfronten. Öffentlicher und privater Raum stoßen unmittelbar aneinander. Die notwendige Distanz und Klimaübergangszone schuf der Architekt durch ein sieben Meter hohes Vorhaus. Bei Weber ist es mit einem Schiebefenster von 80 Zentimeter über Straßenniveau liegendem Wohnraum getrennt."[123]

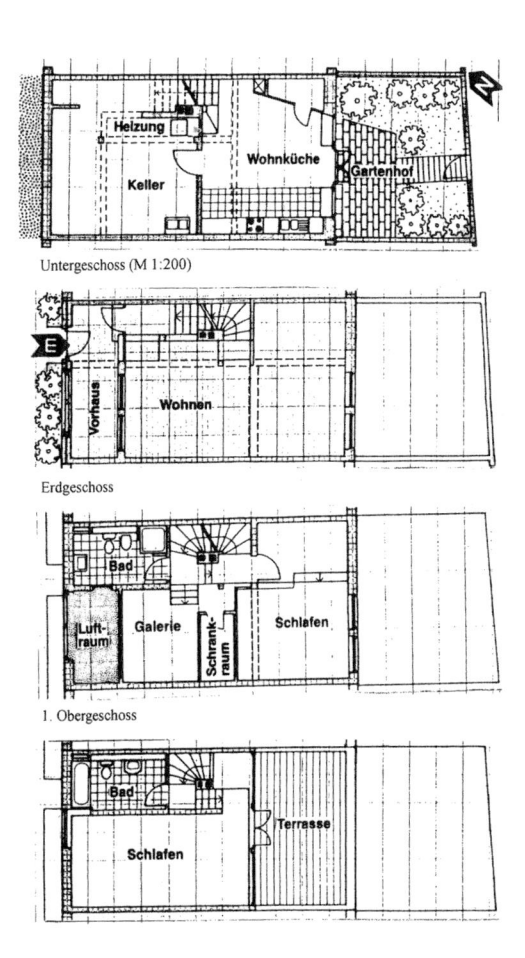

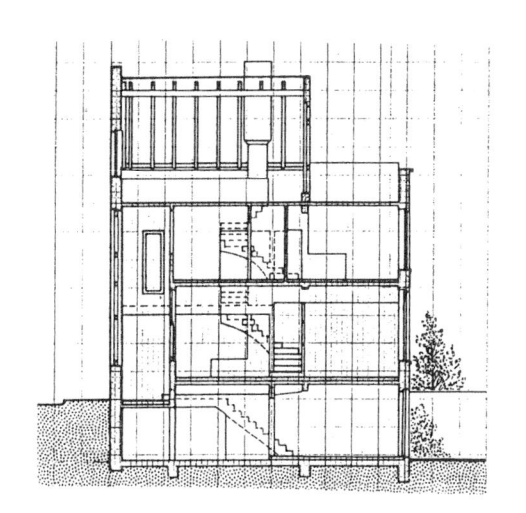

537–542. Stadthäuser in Bremerhaven, Arch.: F. Weber, Entwurf 1988. Straßenansicht, Grundriss UG–2.OG, Längsschnitt.

Haus im Haus

„Haus im Haus" behandelt das Einstellen (unabhängiger) Architekturen von unterschiedlichem Maßstab als Festpunkt, Bereicherung und funktionale Erweiterung in bergende Raumhüllen. Es geht um das sich gegenseitige Ergänzen und Durchdringen, wobei der Unterschied von Maßstäben zu einem Steigern der Wirkung führen kann (z.B. bei der Kirche St. Peter in Rom, das Ziborium von Bernini unter der riesigen Kuppel). Weitere Beispiele zeigen zeitunabhängige, immer wieder neue Veränderungen bzw. Ergänzungen und gehören zum Thema Haus im Haus (z.B. das Heilige Grab und seine Kopien). Nachfolgend wird nun versucht, aus der unendlichen Fülle der Möglichkeiten exemplarische Beispiele aus verschiedenen Bereichen der Architektur vorzustellen.

Ägyptische und griechische Tempel

Bei Sakralbauten ist das Thema Haus im Haus schon in der Antike vielfältig interpretiert worden:

Hathortempel, Dendera, Ägypten
So zeigen zahlreiche ägyptische Tempel das Einstellen des Sanktuariums in einen Kapellenkranz. Der Hathortempel in Dendera hat ein Sanktuarium mit einem eigenen Dach unter dem Hauptdach.

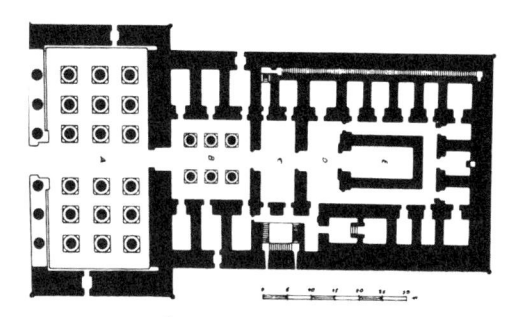

Doppeltempel, Kom-Ombo, Ägypten
Der Doppeltempel mit zwei Umgängen hat konsequenterweise zwei eingestellte Allerheiligste – nebeneinander liegend, werden sie über einen Vorhof, eine Vorhalle, einen Säulensaal und drei Vorsäle erschlossen.

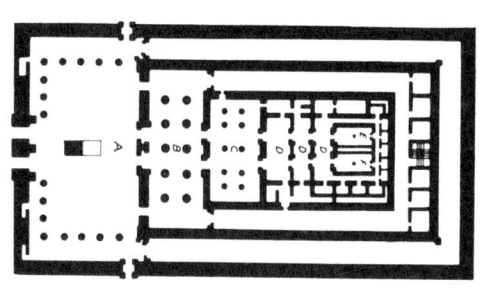

Drei griechische Tempel, Paestum, Italien
Die Cella des griechischen Tempels umgeben vom Säulenkranz – bildet immer ein Haus im Haus. Es umschließt das nur den Priestern zugängliche Heiligtum und schirmt es vor der Öffentlichkeit ab und lockt als Geheimnis.

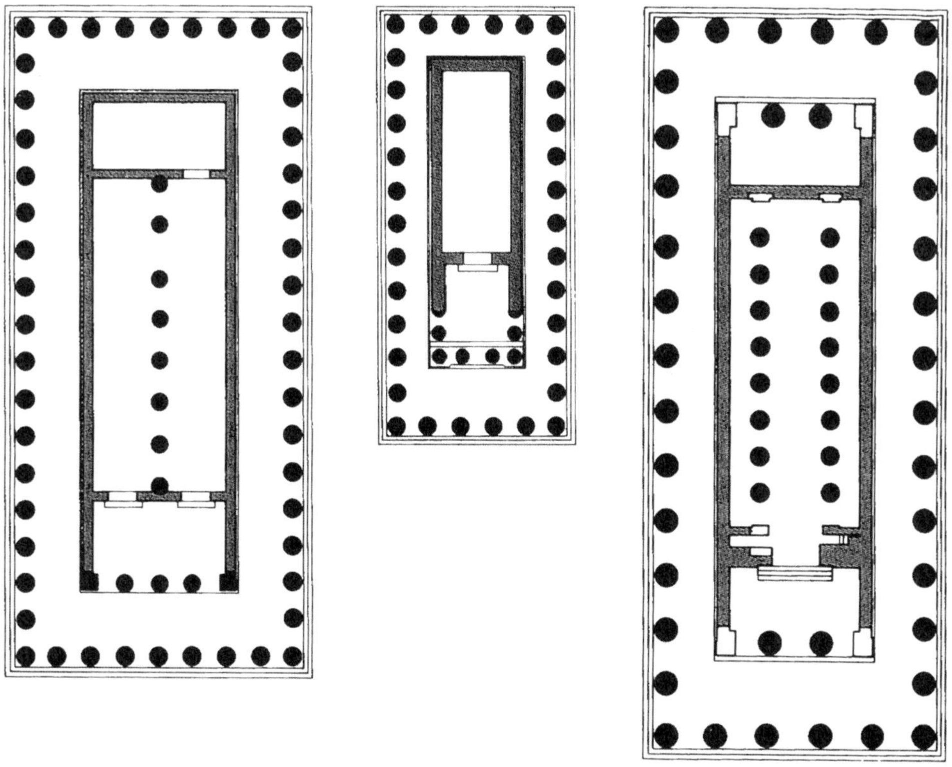

543. Dendera, Ägypten, Hathor-Tempel, 54–29 v. Chr, Grundriss.

544. Kom-Ombo, Ägypten, Doppeltempel, 304–31 v. Chr, Grundriss.

545–547. Paestum: drei große Tempel; Basilika, Ceres-Tempel, Poseidon-Tempel, ca. 540 bis ca. 460 v. Chr, Grundrisse.

548+549. Didyma, Türkei, Apollontempel, Baubeginn um 300 v. Chr, Grundriss, Schnitt.

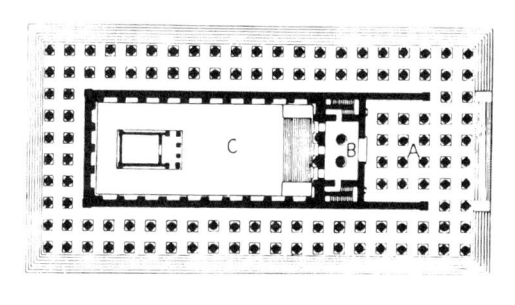

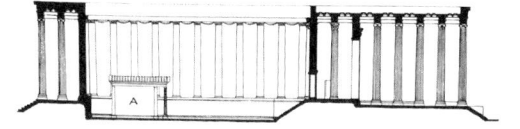

Apollontempel, Didyma, Türkei
Eine interessante Variante zeigt der riesige Tempel von Didyma bei dem der Hauptraum ein kleines Tempelchen mit dem Kultbild Apollos, einen Ölbaum und den heiligen Quell mit der Orakelstätte umschloß.

Heiliges Grab Christi in Jerusalem

Ein zeitliches Bindeglied zwischen Antike und Neuzeit sind die so genannten Heiligen Gräber. Ursprung dieser großen Tradition ist das Grab Christi in Jerusalem. Dieses Felsengrab, eingebaut in eine Kapelle, wurde schon früh als Haus im Haus mit der schützenden Rotunde der Grabeskirche umhüllt, und es ist bis heute einer der meist verehrten Orte der Christenheit. Der heutige Grundriss zeigt, wie sich um das Grab die Rundkirche legt. Diese wird wiederum nach und nach erweitert, verändert und mit einer Fülle von Ergänzungsbauten eingehüllt, wobei der Kern, das Felsengrab, alle Veränderungen überdauert. Nicht so die Grabeskapelle, denn auch sie wird durch zwei Jahrtausende immer wieder zerstört, umgestaltet, aufgebaut als lebendiges Zeichen für Kontinuität im Wandel.

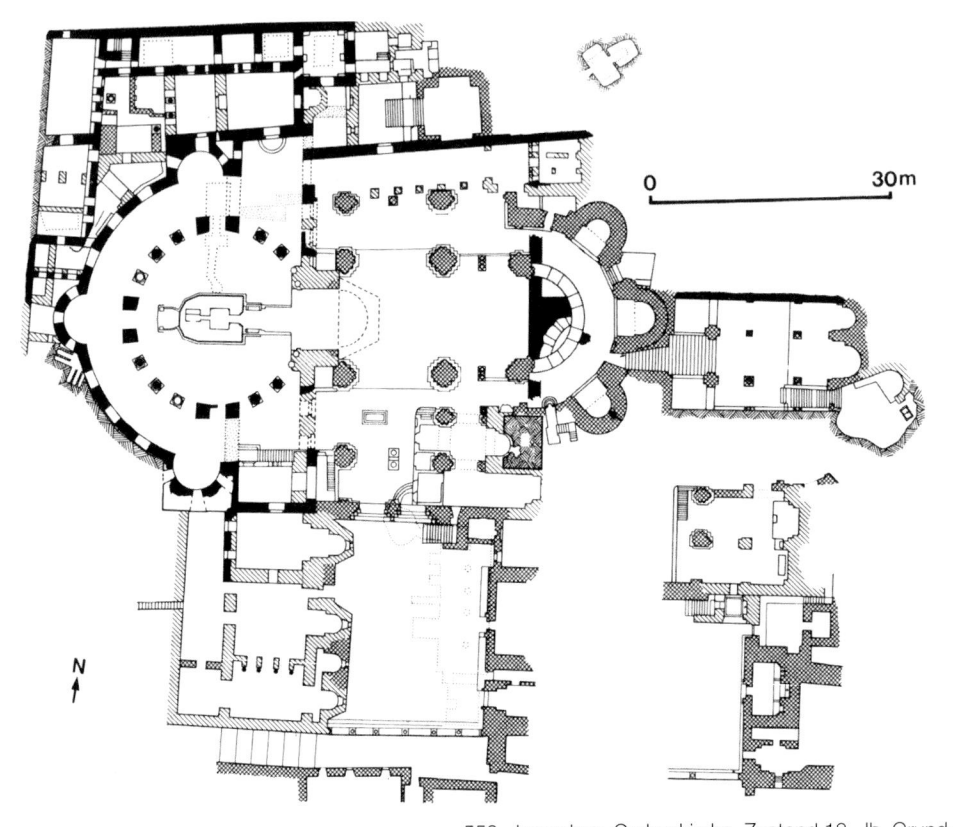

550. Jerusalem, Grabkapelle, Zustand 19. Jh.

551. Jerusalem, Grabeskirche, Zustand 1714.

552. Jerusalem, Grabeskirche, Zustand 12. Jh. Grundriss.

Heilige Gräber als Nachfolgegräber

Um die Verehrung des Grabes Christi auch außerhalb des Heiligen Landes möglich zu machen, entstanden überall in Europa Kopien in unterschiedlichen architektonischen Ausprägungen. Am Grundprinzip, das Grab als Haus in ein schützendes größeres Haus einzufügen, wurde im Allgemeinen festgehalten. Aus der Fülle der heiligen Gräber zwei Beispiele:

Dom zu Magdeburg, Heiliges Grab

Vor der Kanzel des Doms ist der einzigartige repräsentative Sechzehneckbau des heiligen Grabes eingestellt. Man könnte sagen, hier steht ein kleiner Dom im Großen, der so zum Maßstabsvergleich anregt. Innen stehen heute die Figuren eines Herrscherpaares mit rätselhafter Symbolik. Ungewöhnlich ist die Konstruktion des Grabes gewissermaßen aus Fertigteilen.

Klosterkirche Hl. Kreuz, Eichstädt

Das romanische Heilige Grab besteht hier wie beim Vorbild aus zwei Teilen: Vorderkammer und Grabkammer, äußerlich deutlich unterschieden. Ursprünglich stand dies heilige Grab in einer Rundkirche, hatte damit als Haus im Haus eine ganz andere Raumwirkung als heute in dem tonnengewölbten gerichteten Kapellenanbau.

Auf dem Grab steht – wie beim Original – ein turmartiger Aufbau mit dominantem Kreuz. Damit wird die enge Verbindung zwischen Kreuzestod und Auferstehung symbolisiert.

553. Magdeburg, Dom, Heiliges Grab, Mitte 13. Jh, Ansicht.

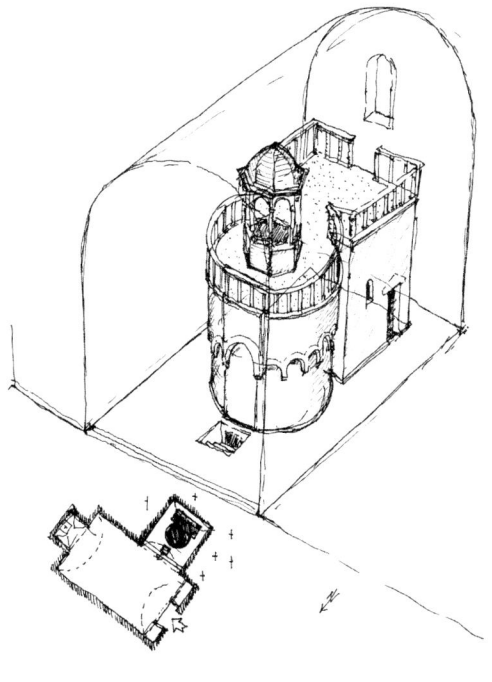

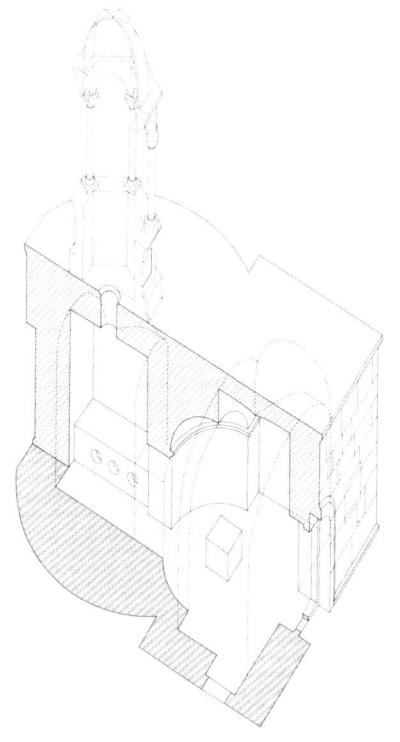

Heiligengräber
Wegen der strukturellen Ähnlichkeit mit Heiliggrabbauten folgen an dieser Stelle zwei charakteristische Beispiele von Heiligengräbern, die als geschützte Häuser im Haus im Abendland weit verbreitet sind. Oftmals sind Gräber von Heiligen auch mit Baldachinen überbaut (siehe dort).

554–556. Eichstädt, Ehemalige Kapuzinerkirche Heilig Kreuz, Heiliges Grab, 12. Jh, Ansicht, Lageskizze, Schnittisometrie.

Rundtempel Tempietto di Bramante, San Pietro in Montorio, Rom
Mittig in einen ursprünglich streng geplanten Rundhof mit tiefen Nischen und einer davor frei stehenden Säulenreihe, stellt Bramante ein zweites erhöhtes, aber überdecktes Säulenrund, darin eingebaut das Tempelchen mit Tambour und Kuppel als Gedächtniskapelle für den Kreuztod des hl. Petrus.

557–559. Rom, Tempietto di Bramante, San Pietro in Montorio, 1500–1510. Grundriss Ursprungsplanung, Schnitt, Ansicht.

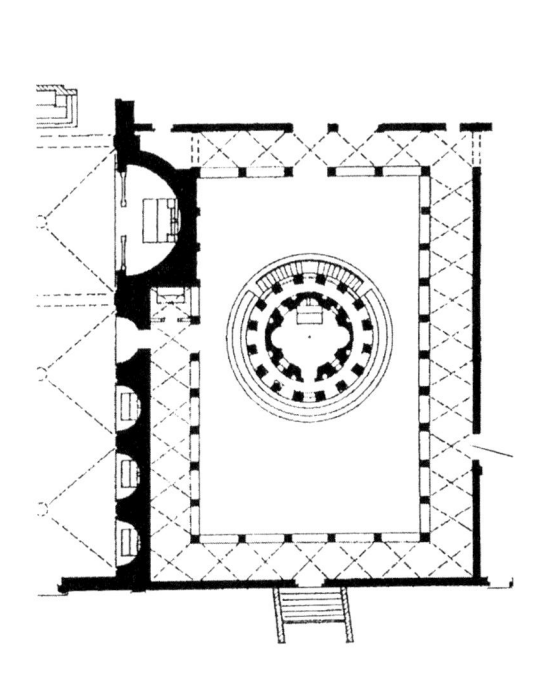

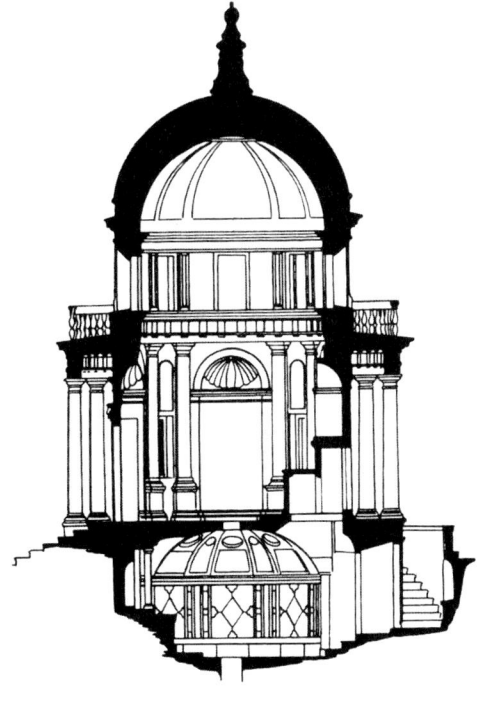

Matthiaskapelle, Kobern / Mosel

Bei diesem Bauwerk handelt es sich um eine Gedenkkapelle für den heute in Trier befindlichen Kopf des hl. Matthias. In den sechseckigen Grundriss ist als Haus im Haus ein Kranz aus sehr filigranen Säulengruppen mit steil darüber hoch führenden Wänden eingestellt. Die Belichtung erfolgt von oben. Der Reliquienschrein war ausgesondert und doch integriert. Der Umgang ist ungewöhnlicher Weise mit Halbtonnen überwölbt.

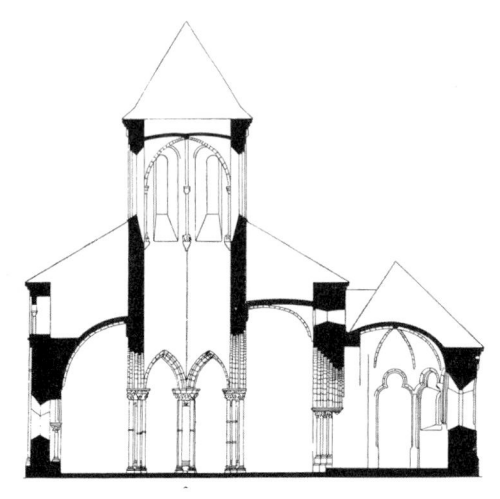

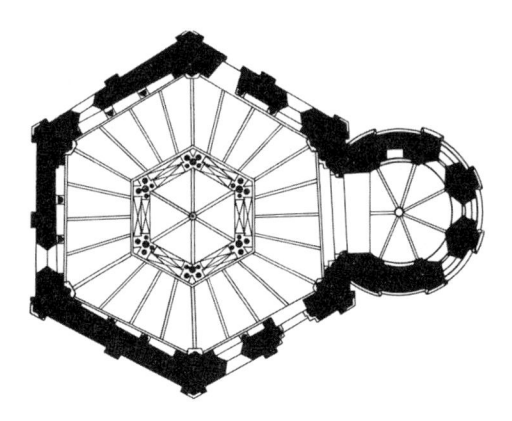

560–562. Kobern / Mosel, Matthiaskapelle, 1220 / 40, Schnittperspektive, Schnitt, Grundriss.

Sonstige Nachbauten heiliger Stätten

Basilika vom Heiligen Haus, Loreto

Nicht nur die Grabeskirche in Jerusalem wurde in frommer Verehrung nachgebaut, sondern auch sonstige Heilige Stätten als Häuser im Haus. Der Legende nach wurde das Wohnhaus der Heiligen Familie – nach der Eroberung durch den Islam – aus dem Heiligen Land durch Engel über Länder und Meere zunächst nach Dalmatien, dann nach Italien getragen, dort nach mehrfachem Ortswechsel endgültig bei Loreto am Adriatischen Meer auf den Boden gestellt und später durch Anwohner mit Fundamente gesichert. In kurzer Zeit entwickelte sich eine bedeutende Wallfahrt.

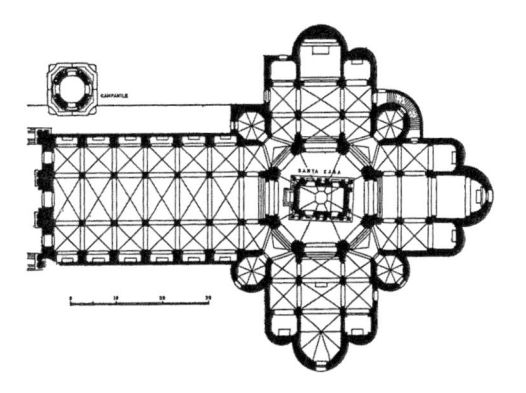

563+564. Loreto, Basilika vom Heiligen Haus, ab 1468. Grundriss, Ansicht des Heiligen Hauses.

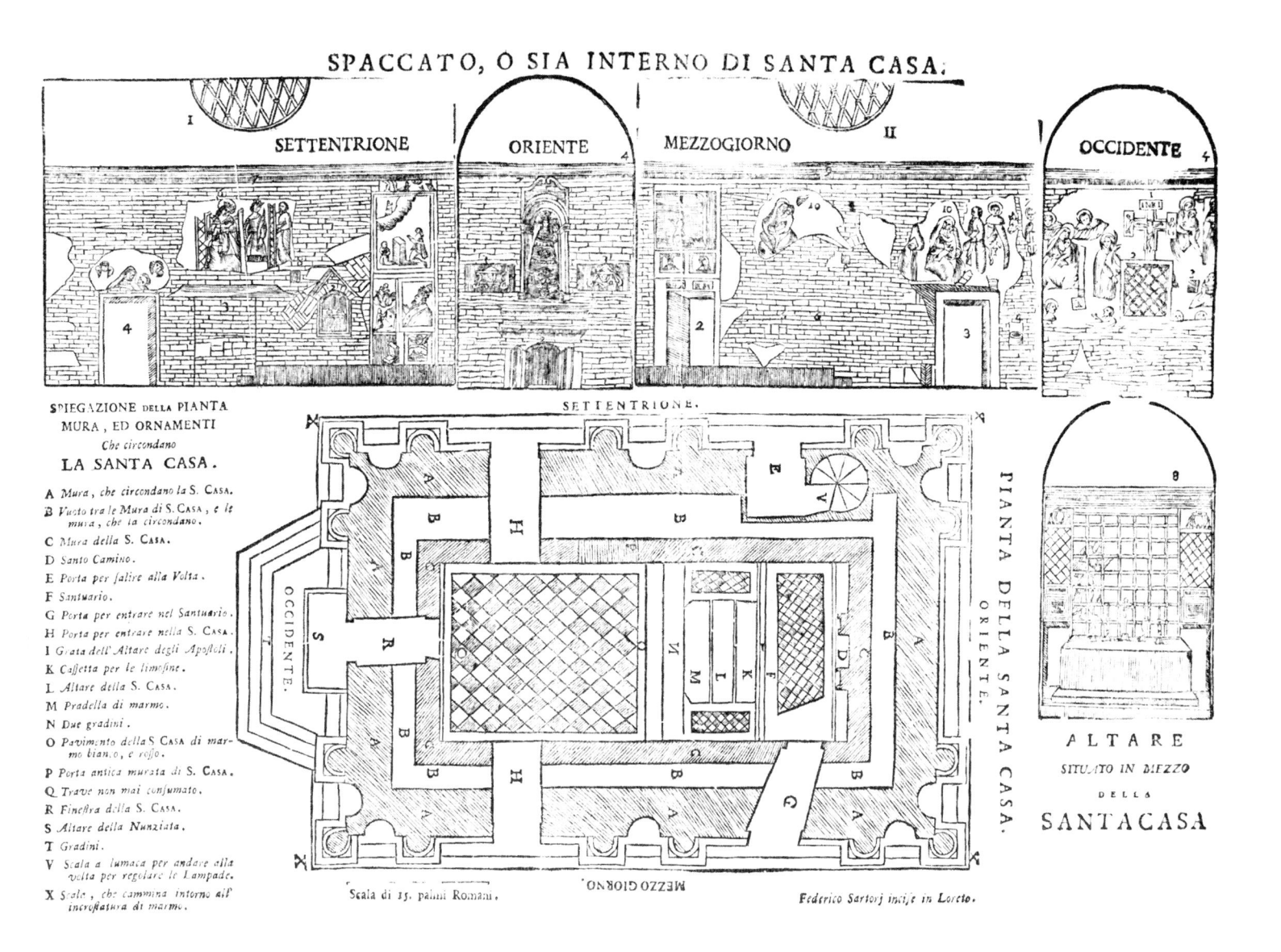

„Das Heilige Haus steht heute inmitten einer großen Basilika (als Nachfolger einer kleineren Kirche), die es wie ein schützender Mantel umhüllt. […] Im Inneren bestehen die Wände aus rohen Backsteinen, die von Alter und Rauch geschwärzt und an vielen Orten glatt geküsst sind. […] Auf dem Altar steht das berühmte Gnadenbild, das sicher eines der ältesten der marianischen Bilder darstellt."[124]

565. Loreto, Basilika vom Heiligen Haus, Historischer Plan von 1781.

Von Bramante stammen die Pläne für die Marmorverkleidung der Santa Casa. *„Parallel dazu erfährt in der ersten Hälfte des 16. Jahrhunderts auch das Innere der Santa Casa eine entscheidende bauliche Umgestaltung: An die Stelle der Holzdecke tritt ein Tonnengewölbe aus Stein, das jedoch nicht auf die alten Mauern, sondern auf die Ummantelung aus Marmor gestützt wird."*[125]

Im Plan von 1782 ist die Zweischaligkeit der Casa Santa deutlich zu erkennen. Es handelt sich in Loreto genau genommen um ein Haus im Haus im Haus – Ein besonderes Beispiel für llebendige Architektur. Der Loretokult (mit einem Bauschema für die entsprechenden Kapellen) breitete sich dann über ganz Italien und Mitteleuropa aus.

Wallfahrtskirchen und Gnadenkapellen

„Wallfahrtskirche, Gnadenkirche, Kirche mit einem Gnadenort. In der Kirche oder hinter dem Chor kann eine bes. Gnadenkapelle angeordnet und mit der W[allfahrtskirche] durch einen Umgang verbunden sein."[126]

Die beiden folgenden Beispiele zeigen besonders eindrucksvolle Gnadenkapellen, bewusst abgestimmt auf die bergenden Kirchenräume, um die gegenseitige Wirkung zu steigern.

[124] Kriss 1950, S. 151.
[125] Kriss-Rettenbeck; Möhler 1984, S. 370.
[126] Koepf 1999, S.489.

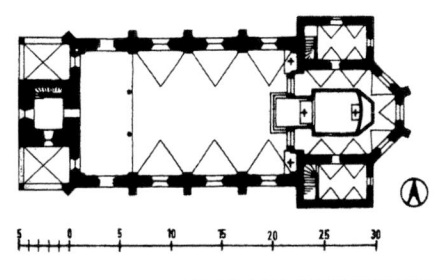

566–568. Sammarei, Wallfahrtskirche Mariä Himmelfahrt, 1629–31. Grundriss, Ansicht Altar, Ansicht Gnadenkapelle.

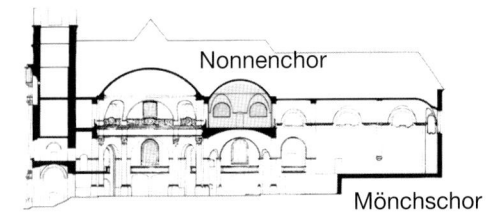

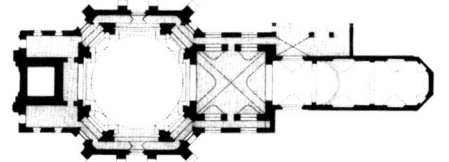

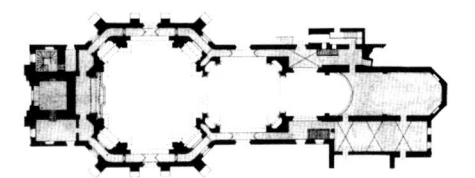

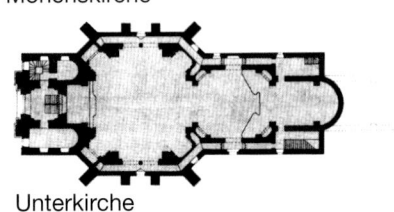

569–572. Pfarr- und Klosterkirche St. Alto und St. Birgitta, Altomünster, Bayern, 1763–73, Arch.: Johann Michael Fischer. Schnitt, Grundrisse.

Wallfahrtskirche Mariä Himmelfahrt, Sammarei
Bei einem verheerenden Brand 1619 blieb wie durch ein Wunder die alte Holzkapelle eines Bauernhofes unversehrt, auch ein danebenstehender verdorrter Apfelbaum soll bald wieder Früchte getragen haben. Daraufhin begann die Wallfahrt zur gekrönten Maria. Ab 1825 wurde dann um die Kapelle eine Kirche mit Tonnendecke und dreiachtel Chor erbaut. „*Der einfache rechteckige Raum umschließt im dreiseitig geschlossenen Chor die gnadenreiche, ganz schlichte Holzkapelle des 16. Jahrhunderts. Kapelle und Chorwände sind mit einer Fülle von Tafeln besetzt. […] Die besondere Auszeichnung dieser recht und echt bäuerlichen Wallfahrtskirche ist der in der ganzen Breite des Schiffes entgegenstehende, auch bis zum Scheitel des Chorbogens aufsteigende Hochaltar, der sich nur in den schmalen seitlichen Durchgängen öffnet, in einem Durchblick über der Mensa.*". *[…] Ihnen schließen sich nun noch die beiden Seitenaltäre an, so eng, ohne Abstand, dass der Eindruck eines fünffältigen Retabels – fast möchte man sagen einer Ikonostase – entsteht.*"[127]

Kirchenschiff und Chor sind durch die mächtige Altarwand räumlich getrennt; die verborgene Kapelle wirkt so als Haus im Haus umso wirkungsvoller nur im Chorraum. Sie muss von der Kirche aus gewissermaßen entdeckt werden, was das Ensemble zu einer eigenartigen und reizvollen Gruppierung werden läßt. Die Kapelle selbst – ein Blockbau – hat ein offenes Schindeldach.

Zweischichtigkeit
Doppelkloster St. Alto und St. Birgitta, Altomünster, Bayern
Ganz eigenartig, ja man könnte sagen in ihrer Konsequenz einmalig ist die Kirche in Altomünster. Sie ist im Grundriss gewissermaßen als Puppe in der Puppe geformt und besteht aus einer äußeren und inneren eingestellten Schale. Der Umgang bildet in allen Ebenen den Zwischenraum. Im ersten Geschoss dient er den Mönchen und zweiten Geschoss den Nonnen als umlaufender Prozessionsweg. Die Chöre sind von oben nach unten gestaffelt: Nonnenchor, Mönchschor und Volkschor. „*Die eigentliche Ebene des Frauenklosters ist die zweite, ‚obere Kirche'. Ihr Herzstück bildet der Nonnenchor. Fischer hat ihn wie einen Brückenbogen, über der ‚Kapelle' in die Kirche eingestellt – eine räumliche Lösung, für die es meines Wissens kein Vorbild gibt.*" „*Das […] Arkaden-Oktogon von Altomünster nähert sich interessanterweise einem ‚fremden' profanen Bautypus an, nämlich dem des barocken Logentheaters. […] Wie im Barocktheater ist auch in Altomünster das ‚Parkett' die Ebene des Volkes, und die Ränge sind den Personen ‚von Rang' vorbehalten.*"[128]

Altomünster ist damit ein frühes Beispiel für eine raffinierte Funktionstrennung bei übergreifender Raumwirkung. Hier ist das Prinzip Haus im Haus zweimal wirksam: einmal in der durchgehenden Zweischaligkeit mit räumlicher Tiefenwirkung, dann mit dem eingehängten Nonnenchor. Zusammen vereinen beide Ansätze das Paradox: Einheit und doch Trennen unterschiedlicher Stände beim Gottesdienst.

---

[127] Reitzenstein / Brunner, S. 472.
[128] Dischinger; Peter 1995, S. 70ff.
[129] Eichhorn in *HB Kunstführer 61: Bamberg – Fränkische Schweiz*, Hamburg 1986, S.45.

573+574. Altomünster, Bayern, Pfarr- und Klosterkirche St. Alto und St. Birgitta, 1763–73, Arch.: Johann Ansicht Hauptgeschoss, Ansicht Nonnenchor.

Umgangskirchen

Dieser Ansatz – Verbinden durch Einstellen in einen Umgang – wird häufiger angewandt, z.B. durch Georg Dientzenhofer – theoretisch und praktisch. Seine „Entwürfe im Dientzenhofer Skizzenbuch" demonstrieren das. So zeigt er etwa ein achteckiges Kirchlein mit einer ausgrenzenden Mitte, lückenlos eingerahmt von einem Kranz unabhängiger, aber miteinander verbundene Kapellen. Dann in einer zweiten Zeichnung eine herzförmige Kirche in einem Umgang, also eine konsequente Zweischaligkeit als beschütztes Haus im Haus.

Kappl Wallfahrtskirche der Heiligsten Dreifaltigkeit, Waldsassen/Oberpfalz
Ein tatsächlich realisierter Höhepunkt der Umgangskirchen ist die Wallfahrtskirche in Kappel. *„Die Wallfahrtskirche zur Heiligen Dreifaltigkeit* [...] *stellt ein kunstgeschichtlich bemerkenswertes Zeugnis für eine selten glückliche Wechselwirkung zwischen theologischer Idee, Trinität und künstlerischer Umsetzung dar.* [...] *Aus den Verschneidungen der Halbkuppelgewölbe ergibt sich als schwebende Mitte ein dreieckiges Segelgewölbe. Säulen an den Eckpunkten vermitteln zwischen den aneinander grenzenden Raumbereichen. Trotz der gravierenden Grundrissform des Dreipas-*

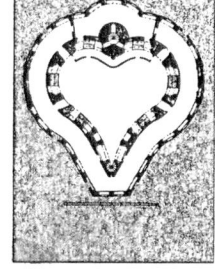

575+576. Georg Dientzenhofer: Gerahmte Kirchenentwürfe.

577–579. Kappl, Dreifaltigkeitskirche, Arch.: Georg Dientzenhofer, 1685–89. Grundriss, Schnitt, Ansicht.

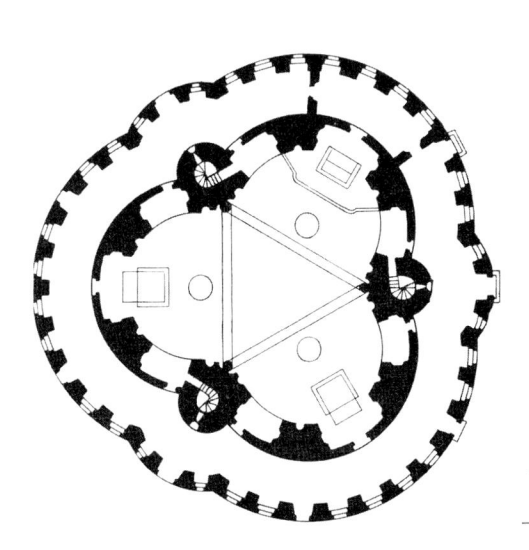

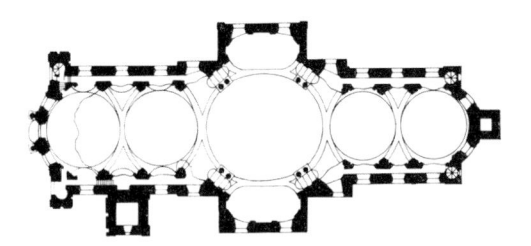

580. Neresheim, Klosterkirche, Arch.: Balthasar Neumann, 1745–92. Grundriss.

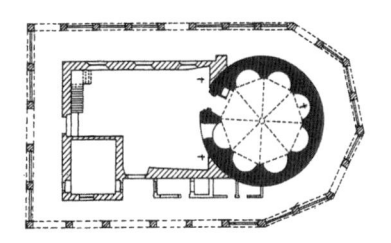

581. Altötting, Katholische Wallfahrtskapelle St. Maria, sog. Heilige Kapelle, Grundriss.

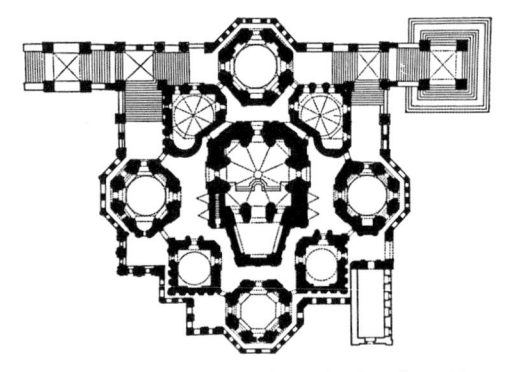

582. Moskau, Pokrovkathedrale „Vassily", Grundriss.

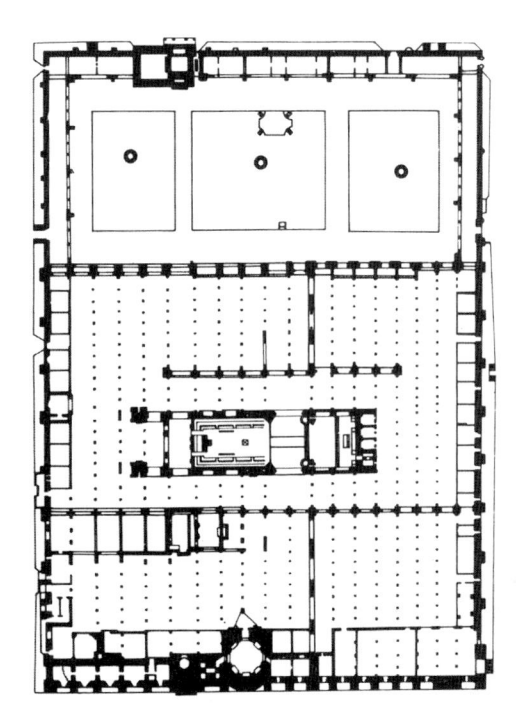

583. Córdoba, Mezquita-Kathedrale, 987 und 17. Jh. Grundriss.

ses kann nicht von einem Zentralbau gesprochen werden. Durch den dreieckigen vor allem im Gewölbe heraus kristallisierten Binnenteil entsteht eine Durchdringung von Zentralbau mit Langhaustendenzen."[129] Bemerkenswert und selten auch die Gruppierung von drei Türmen, natürlich als Symbol der Dreifaltigkeit. „Alle aufeinander bezogenen Bauteile: Kirche, Umgang, Türme bilden eine räumliche Einheit nach dem Motto „Teile zum Ganzen".

Klosterkirche, Neresheim, Baden-Württemberg,
„Das Innere ist durch Übereckstellung der Stützglieder und leichtes konkaves Ausschwingen der Raumwände [...] überaus graziös ausgebildet. Die auf vier gekuppelten Freisäulen aufruhende Hauptkuppel erweckt den Eindruck schwebender Leichtigkeit."[130]

So erreichte Balthasar Neumann durch das Trennen der massiven Außen- und der zwischen Stützen eingespannten leichten Innenwände (Zweischaligkeit) seine große Freiheit des Raumbildens und die Plastizität der Innenhülle.

Katholische Wallfahrtskapelle St. Maria, sog. Heilige Kapelle, Altötting
Das Stichwort Zweischaligkeit leitet über zu Kirchen mit Umgang. Ein prominentes Beispiel ist die Kapelle in Altötting: Sie ist zweigeteilt in die kreisförmige so genannte Innere Kapelle (eine der ältesten Zentralbauten Deutschlands mit der schwarzen Madonna im Gnadenaltar) und das schlichte Langhaus, die Äußere Kapelle.[131] Beide sind gefasst durch den verbindenden Rahmen des Umgangs, dessen Wände mit Motivbildern bedeckt sind. In Altötting findet man den doppelten Ansatz „Teile zum Ganzen"; einmal durch Koppeln von Rundbau und gerichteter Kapelle aber dann auch zur optischen Einheit verbunden durch den umgreifenden Umgang.

Pokrovkathedrale „Vassily", Moskau
Die Basilius-Kathedrale in Moskau mit einer Vielzahl von eigenständigen Kapellen rund um die mittlere überragende Kirche mit Wechsel von hoch und niedrig ist im Grunde das Abbild der himmlischen Stadt Jerusalem auf Erden; und trotz der Vielfalt von Durchdringungen und Überschneidungen ein rational geordnetes Ganzes.

Córdoba – die große Moschee als Sonderfall
In den vorhergehenden Beispielen war das Ausgrenzen besonders geheiligter Bereiche von vornherein geplant in einem passenden architektonisch-räumlichen Rahmen.

In der Moschee von Córdoba ist das anders. Hier sind in christlicher Zeit Chor und Capilla Mayor gewissermaßen wie eine Lichtung aus dem Säulenwald der maurischen Architektur herausgeschlagen und ausgegrenzt worden mit einem höchst umstrittenen Ergebnis für den ursprünglich grenzenlos wirkenden Raum der Moschee. Immerhin haben die Einbauten zweifellos im Detail hohe gestalterische Qualitäten.

Dabei stellt sich in diesem Fall natürlich die Frage, ob die veränderte Nutzungsanforderungen und Funktionen gravierende Eingriffe in eine einheitliche Raumkonzeption erlauben? Die Antwort lautet hier meines Erachtens Ja, denn der Ursprungsraum der Moschee ist je nach Standpunkt nach wie vor erlebbar. Der eingestellte Chorraum hat das Bauwerk insgesamt gerettet – in größerem Maß als das bei vielen umgenutzten Kirchen heutzutage der Fall ist. Hier ist also das Prinzip „Haus im Haus" gewissermaßen als Lebensretter zu verstehen.

Sakralbauten heute
Auch heute ist das Haus im Haus bei Sakralbauten aktuell, dazu exemplarisch:

Kapelle St. Kolumba / Diözesanmuseum, Köln
Die bereits behandelte Kolumbakapelle, (siehe Seite 110f.) dient auch als ein Beispiel für „Haus im Haus". Gottfried Böhm hatte geplant, die Kapelle als Haus im Haus in den vorgesehenen Kirchen- und Museumsbau zu integrieren mit Durchblick von zwei Seiten her, einmal durch die Kapelle (mit mittig stehender Madonna in den Trümmern) und von der großen Gemeindekirche). Der Entwurf wurde nicht realisiert.

Heute steht die Kapelle eingezwängt ins dunkle Erdgeschoss des Museums von Peter Zumthor, die strahlende Wirkung der Fenster von Ludwig Gies um den Altar ist verloren. Die Kapelle ist jetzt zwar auch ein Haus im Haus, das aber ohne räumliche Wirkung und künstlich belichtet.

Pfarrkirche St. Willibrord, Mandern-Waldweiler

„[...] *In der Mitte des unregelmäßigen polygonalen Grundrisses an der tiefsten Stelle des Raumes steht der Altar, der einzige helle Ort, von oben durch eine quadratische Laternenöffnung beleuchtet. Wenn man sich an das dämmerige Licht gewöhnt hat, entdeckt man hinter dem Altar und diagonal zu ihm, vom Oberlicht in scharfe Konturen gesetzt, zwei mit Skulpturen bereicherte gotische Gewölberäume. Sie sind Teile der ehemaligen kleinen Kirche, die hier stand, architektonische Schreine in dem sich im Dunkel verlierenden Raum. Sie beherbergen Taufkapelle und Ewiges Licht. Man fühlt sich wie in einer alten Stadt auf dem unregelmäßigen geneigten Marktplatz mit Brunnenhaus und Kapelle. Der ‚Platz' erscheint wie eine provisorisch überdachte archäologische Stätte*".[132]

584. Kapelle St. Kolumba und Diözesanmuseum, Köln, Wettbewerbsentwurf Gottfried Böhm.

[130] Koepf 1985, S. 193.
[131] Vgl. Dehio 1988, S. 22.
[132] Speidel 1999b, S. 74.

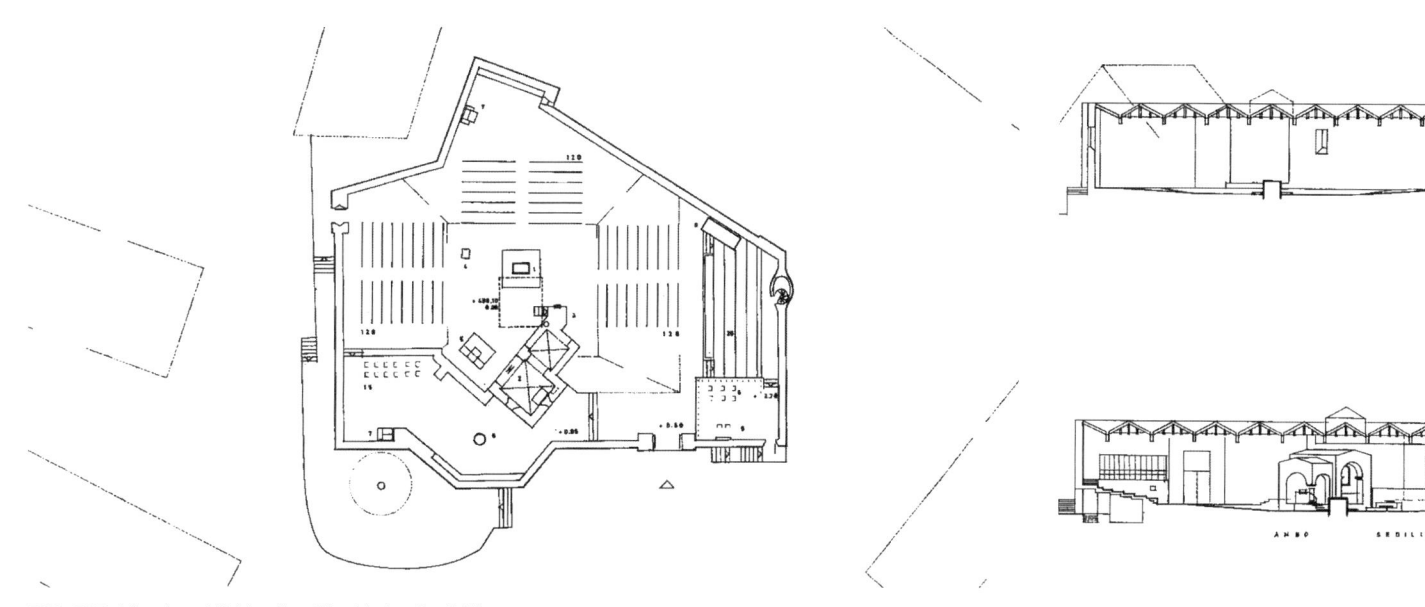

585–587. Mandern-Waldweiler, Pfarrkirche St. Willibrord, Arch.: Heinz Bienefeld, 1968, Grundriss, Schnitte.

Autobahnkirche an der A45 bei Siegen
Angeregt durch das Autobahnkirchenlogo entwarfen die Architekten einen besonders markanten Baukörper mit zwei versetzten Spitzen, der „sich immer verändert" und vieldeutbar ist. Das Innere sollte „kugelförmig, weich, warm, mystisch" wirken. Also stellten die Architekten ein kuppelförmiges Haus aus diaphanen Lamellen in den Raum, so entsteht eine spannende, geheimnisvolle Atmosphäre. Nur im Osten ist die Kuppel aufgebrochen, der Altar steht im strahlenden Licht wie auf einer Bühne.[133] Wichtig war es auch, einen lockenden, einladenden Zugang als sanft geneigte, geschützte Brücke anzubieten.

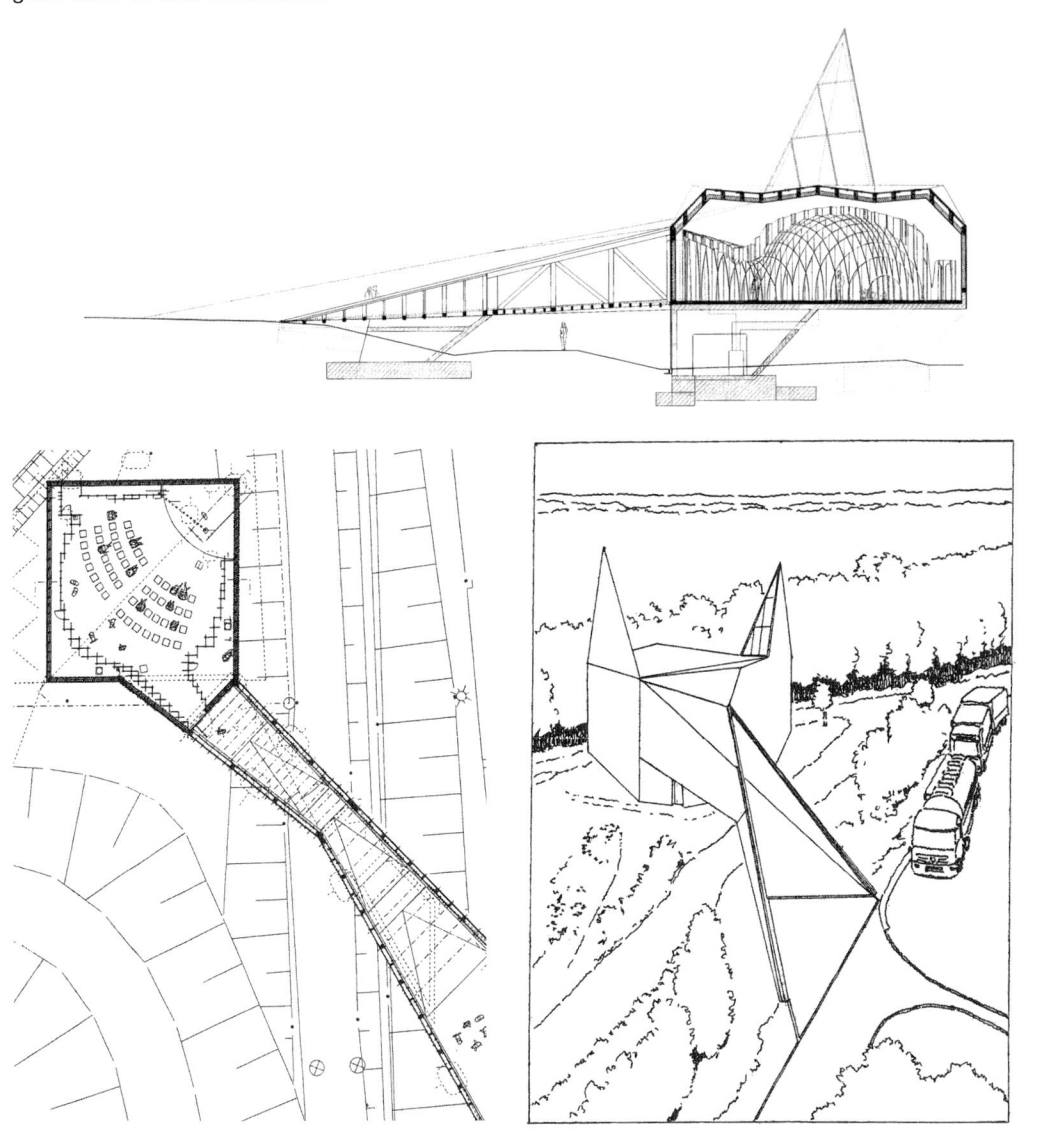

588–590. Autobahnkirche Siegerland, A45, Arch.: Schneider + Schumacher, 2009–2013. Schnitt, Grundriss, Ansicht.

Abgrenzen

Ausgrenzen durch Chorschranken

Chorschranken grenzen eine größere Fläche um den Altarbereich im Osten von Kirchen aus. Diese Zonen bilden dann nach oben offene Häuser im Haus mit der Wirkung des Geheimnisvollen.
„Schon früh erwies man dem Altar hohe Verehrung und machte den Altarraum für Laien unbetretbar, indem man ihn mit Schranken umgab. Das ist im Osten wahrscheinlich schon vor dem beginnenden 4. Jahrhundert geschehen. In der vom Ende des 4. Jahrhunderts stammenden großen Basilika des Menasheiligtums in Ägypten sind Altar und Priestersitze von einer Schranke umgeben, die sie aus dem Raum des Mittelschiffs aussondert."[134]

Im Mittelalter und in der frühen Neuzeit wird dieser Ansatz weitergeführt, indem in vielen Kathedralen die liturgische Mitte in dem Bereich der Kleriker mit hohen kunstvollen Gittern oder plastisch überformten durchlässigen Wänden ausgegrenzt wird. Die bedeutendsten Beispiele hierzu finden sich in Spanien und England. Die Abgrenzungen sind eingestellt zwischen die Pfeiler des Mittelschiffs,

[133] Vgl. Slasten 2014, S. 28.
[134] Weyres; Bartning 1959, S. 39.

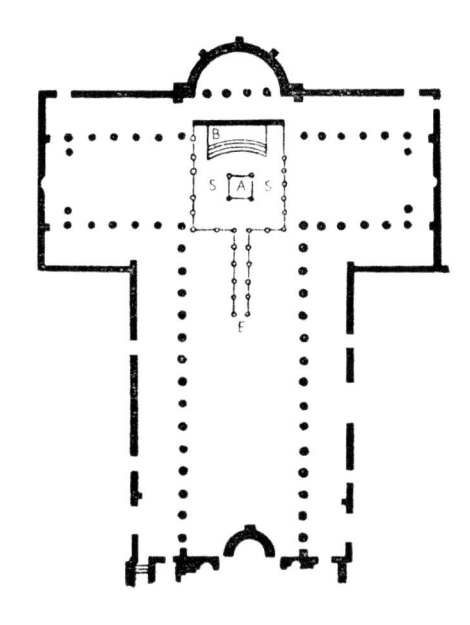

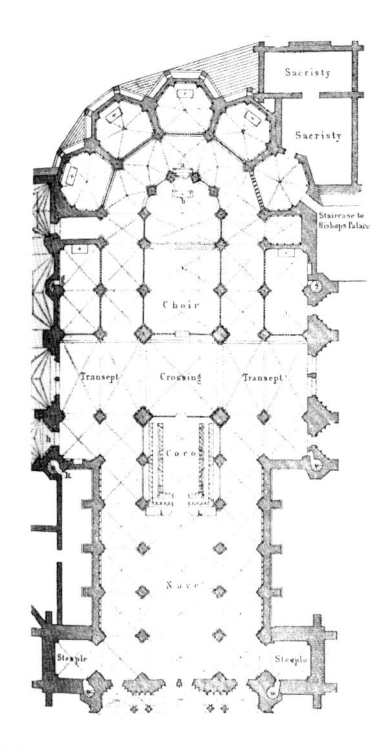

591. Basilika des Menasheiligtums, Ägypten, Ende 4. Jh. Grundriss.

592. Kathedrale von Lincoln, England, begonnen 1192. Grundriss.

593. Kathedrale von León, Spanien, 1255–1302. Grundriss.

so dass ein Umgang offen bleibt und sich so ein durchscheinendes Haus im Haus bildet.

Abgrenzen durch Lettner

Viele Kirchenräume, vor allem bei Kloster- und Stiftskirchen, sind zur Trennung von Chorräumen und Laienschiff in Querrichtung unterteilt. Es bilden sich also zwei Häuser im Haus, allerdings nach oben offen. Dadurch bleibt der übergreifende hohe Gesamtraum erlebbar. Die ebenerdige, oft reich geschmückte Abgrenzung – der Lettner – ist durchlässig, durchscheinend. Auch dadurch wird das Gotteshaus als geheimnisvolle Einheit erlebt, die bestimmend für Kirchen als Doppelraum „Haus hinter Haus" sein kann. Oben auf dem Lettner befinden sich häufig Sängeremporen. Dafür muss die Schranke dann räumlich entsprechend dimensioniert werden und ergibt so ein weiteres Haus im Haus.

Dom Sankt Marien mit Kloster, Havelberg
Der Lettner hat Durchlässe rechts und links des Laienaltars, während sich in der Mitte zwischen zierlichen Brüstungen eine hoch liegende Kanzel (Kanzellettner) befindet. davor Altar für die Laien.

Naumburger Dom, Sachsen-Anhalt
Der Westlettner des Domes zu Naumburg mit mittlerem Kreuzigungsportal hat oben eine Lettnerbühne.

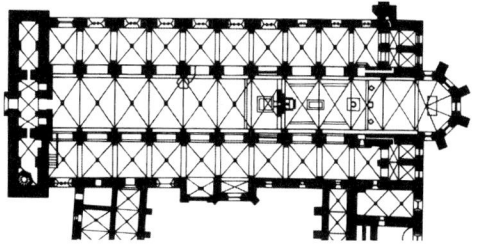

594+595. Havelberg, Dom Sankt Marien mit Kloster, Ansicht Lettner, Grundriss.

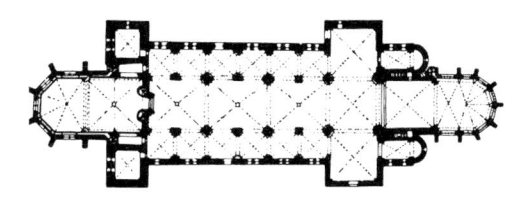

596+597. Naumburg, Dom, Sachsen-Anhalt. Ansicht Westlettner, Grundriss.

598. Steingaden, Bayern, Wieskirche, Ansicht.

599. Löwen, (B), St. Peterskirche, Ansicht Lettner.

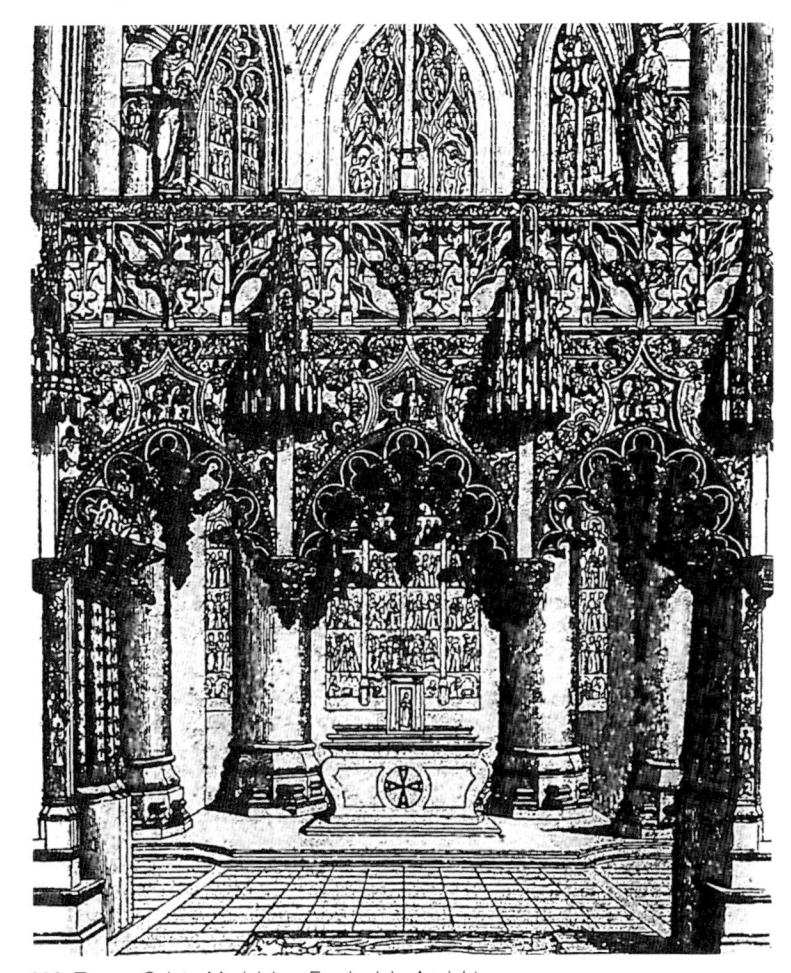

600. Troyes, Sainte-Madeleine, Frankreich, Ansicht Hängelettner.

601. Oberwesel am Mittelrhein. Ansicht Sängertribühne.

Abgrenzen durch Ikonostase

Der Lettner trennt und verbindet zugleich. Anders ist der Eindruck im orthodoxen Kirchenbau. Die Ikonostase, die Bilderwand zwischen Altar und Gemeinderaum, geht meist hoch bis zum Deckenansatz. Die Tür ins Allerheiligste ist mit einem Vorhang verhüllt, der nur beim Ritus auf- und zugezogen wird. Die beiden Raumteile, die so entstehen, sind dadurch strikt getrennt und es entsteht kaum ein verbindender Raumzusammenhang. Der Eindruck des lockenden, geheimnisvollen ist hier besonders stark.

Kloster Preveli, Kreta, Griechenland
Das Beispiel zeigt die Trennwirkung der Ikonostase in der Doppelkapelle des Klosters Preveli (Kreta). Der verbundene doppelte Gemeinderaum dagegen bildet eine räumliche Einheit.

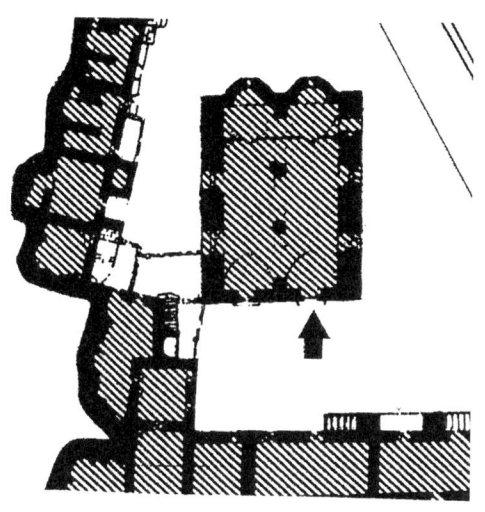

602+603. Preveli, Kreta (GR), Kloster, Ansicht Ikonostase, Grundriss.

Ziborien und Baldachine

Die folgenden Betrachtungen zum Thema Haus im Haus führen dann weiter zu den eingestellten sakralen Kleinarchitekturen, ausgebildet als lebende, kleinmaßstäbliche Häuser im großen Kirchenraum. Ziborien oder Baldachine sind schützende und betonende Dächer über Altären oder Grabmälern, also wörtlich Häuser im Haus.

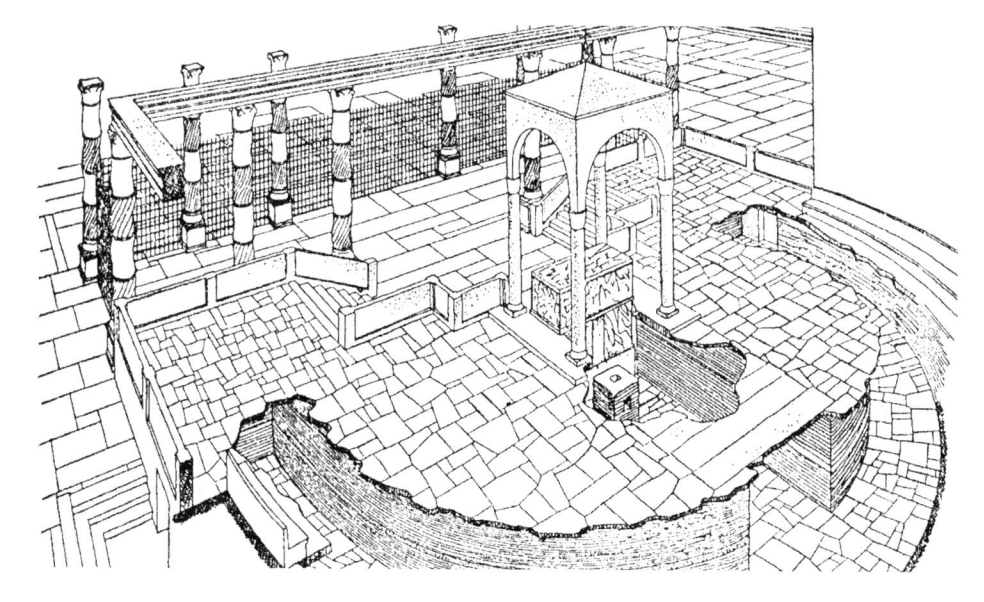

604. Rom, Alt-St. Peter, Rekonstruktion des Zustandes mit Baldachin um 600 n. Chr.

Petersdom, Rom

Schon in Alt-St. Peter waren Hauptaltar und Petrusgrab von einem Baldachin überwölbt. Beim Neubau von St. Peter übertrifft dann Berninis Ziborium von 1624 bis 1633 an Dimensionen und Reichtum der Details wohl bis heute alles bisher Dagewesene. Für den Höhenabschluss gilt: *"Die Volutenpyramide nimmt die dynamische Form der Schraubensäulen auf und verschmilzt mit diesen zu einer raumgreifenden Großform, die sich den Proportionen des Kuppelraumes derart harmonisch einschreibt, dass noch der heutige Besucher meint, das Hochaltarziborium könne nur diese Form besitzen"*[135]

605. Dominique Barrière: Festdekoration in St. Peter mit dem Ziborium Berninis im Zentrum.

606. Maria Laach, Ziborium, Abteikirche, 1260 / 70. Grabmal des Pfalzgrafen Heinrich II.

Grabmal Heinrichs II., Maria Laach, Abteikirche

Ursprünglich als Bestandteil des Grabes von Pfalzgraf Heinrich II. im Langhaus errichtet, wurde der Baldachin 1947 in veränderter Form im Ostchor wieder aufgebaut. Der Baldachin diente der Nobilitierung des Herrschaftlichen Grabes und verweist gleichzeitig auf das Heilige Grab in Jerusalem.[136]

Kleinarchitekturen

Neben den Einbauten wie Ziborien oder Sakramentshäusern gibt es noch weitere mobile Ausstattungsteile, die in ihrer architektonischen Gestaltung Hauscharakter haben. Im folgenden einige Beispiele für Altäre, Oratorien und Reliquiare, die durch ihre Gestaltung als Haus im Haus funktionieren.

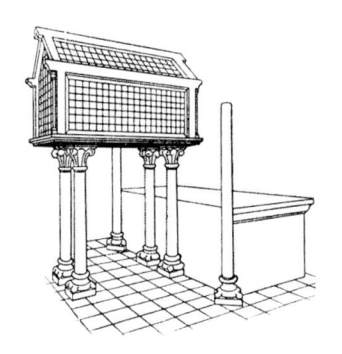

607–609. Kleinarchitekturen: (von links) Reliquienaltar in St. Severin, Köln; Kuppelreliquiar aus dem Welfenschatz; Chorgestühl als Dreisitz, Erfurter Dom.

Beichtstühle

Beichtstühle – Orte des Sündenbekenntnisses – bilden in katholischen Kirchen markante kleine Häuser im großen umschließenden Gotteshaus in vielen Variationen vom einfach eingestellten Kasten bis hin zum kunstvoll verzierten Einbau innerhalb der Wandgliederung.

610. Salzwedel, Marienkirche, Beichstuhl.

611. Beichstuhl, in Form einer pilastergeschmückten Serliana, 18. Jh.

St. Marien, Salzwedel

Hier noch ein besonderes Beispiel: der auch heute noch benutzte Beichtstuhl als Haus im Haus in der evangelischen Hauptpfarrkirche St. Marien in Salzwedel als geschlossener, ausgesonderter Raum in einer protestantischen Kirche. Nach der Reformation war es in einigen Gegenden auch in evangelischen Kirchen üblich zu beichten.

Sonderform: Kölner Beichtstuhl

Nicht nur im Sakralbau gab es Beichtstühle, auch im Profanbau war der Typus in historischen Braugaststätten verbreitet. Deren Schankräume sind im allgemeinen als zweigeschossige Vorhäuser ausgebildet, der Beichtstuhl steht dabei normalerweise an der Nahtstelle zwischen dem Schankraum und der Gaststätte innen. Typisches Vorhaus einer alten obergärigen Bierwirtschaft.

„Der Beichtstuhl hat – wer weiß das schon außerhalb des Rheinlandes – ein weltliches Gegenstück, das in Kölner Brauhäusern [...] deren betriebsorganisatorisches Zentrum bildet. [...] Dabei versteht jeder oder fast jeder Kneipenfreund der Kölner Altstadt [...] unter dem Beichtstuhl das Kontor, von dem aus der Wirt oder die Wirtin das Geschehen in ihrem Lokal meist recht unauffällig dirigiert. [...] Auch neu errichtete Brauhäuser verzichten kaum auf ein solches Häuschen

[135] Lübke 1889, S. 558.
[136] Siehe hierzu ausführlich Pieper 2016.

612–614. Kölner Kneipenbeichtstühle. Zeitgenössische Ansicht, Skizze, Grundriss.

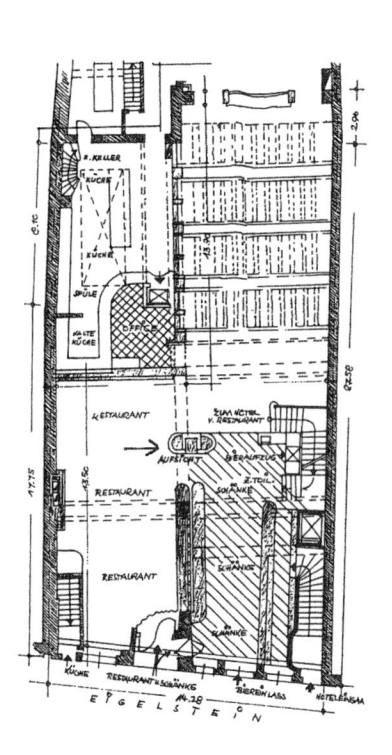

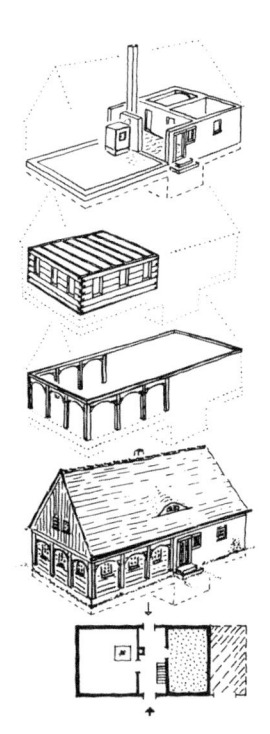

und demonstrieren damit ihre Verbundenheit mit einer altehrwürdigen kölnischen Überlieferung. […] Da der Beichtstuhl, wenn er richtig platziert ist, in den Blick- und Kommunikationsachsen der Wirtschaft liegt, versteht es sich, dass er aufwendig gestaltet ist."[137]

Dem Beichtstuhl kommt dabei ein besonderer Rang zu, weil er sich aufgrund seiner Aufgabe als spezialisiertes Häuschen innerhalb einer Hauseinheit darstellt. So erhält das Haus im Haus-Prinzip eine Variante. Gewerbliche Vorgaben bringen offensichtlich individuellere Hauskonzepte mit sich, die nach den Bedürfnissen der alltäglichen Arbeit auch besondere räumliche Anordnungen nach sich ziehen. Dies ist ja auch bei den schon besprochenen Görlitzer Tuchhallenhäusern der Fall. Der Kölner Beichtstuhl verdoppelt den Ansatz „Teile zum Ganzen" als Häuschen im vom Hauptbau umschlossenen Vorhaus. Der hohe Stellenwert drückt sich in folgendem Wort eines betagten Köbes (Kellners) aus: „*An dem Hüsje kommst Du nicht vorbei ohne die Wahrheit zu sagen.*"[138]

Haus im Haus im Profanbau
Umgebindehäuser
An den Beginn der profanen Beispiele stelle ich eine spezielle konstruktiv bedingte Ausprägung von Haus im Haus: „Das Umgebindehaus", das im Südosten Mitteleuropas und vor allem in der Oberlausitz verbreitet ist.

Definition: Eine übergreifende Rahmenkonstruktion (Umgebinde), in die im Vorderteil des (Weber)hauses eine konstruktiv unabhängige Blockstube eingestellt ist. Diese Konstruktion ist vermutlich gewählt worden, um den in diesem Hausteil vorhandenen Webstuhl vor Setzungen und Verformungen des umhüllenden schweren Hauses zu schützen. Die meisten Umgebindehäuser sind zweigeschossig.

615. Umgebindehaus. Schema und Grundriss.

Umgebindehäuser in Ebersbach, Lausitz
Bei den ebenerdigen Umgebindehäusern in Ebersbach – Georgswald in der südlichen Lausitz handelt es sich um reine Wohnhäuser von Landarbeitern und Webern (Häuslern). Alle haben steile Strohdächer und Blockwerk im Erdgeschoss, das eine große Stube, einen Küchenflur und kleinere Zimmer birgt. Hinter den teils mit Fachwerk gebauten, teils kunstvoll verbretterten Giebeln befinden sich Kammern."

616. Ebersbach, Lausitz, Umgebindehäuser, Ansicht.

Fruchtkasten im Museum Glentleiten, Oberbayern
Als Beispiel aus der bäuerlichen Arbeitswelt ist hier ist der Getreidebehälter zum Bergen des kostbaren Inhalts doppelgeschossig in eine schützende, vorn offene Scheune eingestellt.

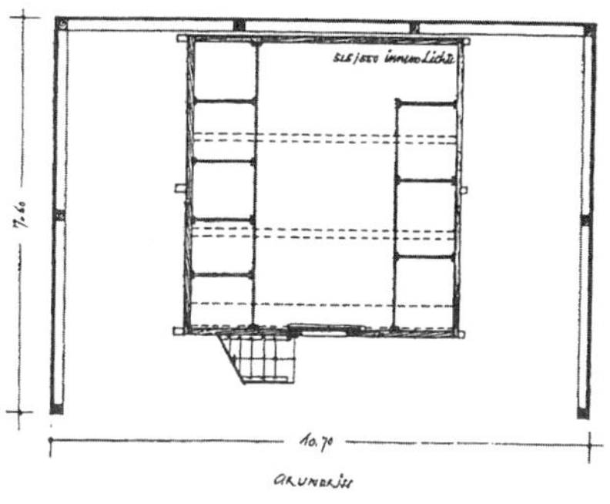

617–619. Fruchtkasten aus Oberhausen, zweigeschossig, datiert 1624, heute im Museum Glentleiten. Ansicht, Fassade, Grundriss.

Geheizte Stuben

Beim Profanbau kann der Ansatz Haus im Haus die Architektur bereichern, räumlich interessanter machen und funktionell verbessern. „*Nicht ganz durchweg waren die Wohnräume des Mittelalters so niedrig wie man sie sich oft vorstellt; nur im Holzfachwerkbau und sicher im Bauernhaus ging man auf sehr geringe Stockwerkhöhen herunter, [...]. Sonst aber gab es vielfach sehr stattliche Räume von 3,5, 4 und mehr Metern Höhe, besonders im Gewölbebau. So hohe Räume sind aber nicht leicht zu beheizen, daher [...] hat man später mit Bohlenwänden und einer eigenen Estrichdecke einen kleinen, erheblich niedrigeren und daher umso behaglicheren und wärmeren Raum abgesondert.*"[139]

Zellen in mittelalterlichen Hospitälern

Mittelalterliche Hospitäler bestanden in der Regel aus einer großen Krankenhalle, die durch Zellen für die einzelnen Patienten in kleinere Einheiten unterteilt war.

Heiligen-Geist-Hospital, Lübeck

Das Heiligen-Geist-Hospital in Lübeck besteht im Wesentlichen aus dem zur Straße parallelen zweischiffigen Kirchenraum und der davor anschließenden, mit ihm durch Öffnungen verbundenen lang gestreckten, stützenlosen Wohnhalle mit offenem Dachstuhl. Mit der Umwandlung in ein Altenheim in der Reformationszeit wurden in diese Halle als gereihte Kästen die kleinen Wohnhäuschen der alten Menschen an Innenstraßen eingestellt. Sie sind mit Haustür und Fenster versehen und messen 4 Quadratmeter. Hier wird also mit dem Haus-im-Haus-Prinzip jedem eine bescheidene, aber unabhängige Wohnung in einer Gemeinschaft geboten. Dieses Thema ist ja heute, unter dem Eindruck der Flüchtlingsströme, wieder hoch aktuell.

620. Burg Rapperswil, Züricher See, Halle, Ansicht.

[137] Vergl. Dazu Freckmann 1999.
[138] Freckmann 1999, S. 25.
[139] Völckers 1949 S. 46.

621. Lübeck, Heilig-Geist Hospital, Ansicht.
622. Hospital St. Jean, Angers, 1175–80. Innenansicht.

623. Hindenburg, Kloster und Altenheim, Arch.: Dominikus Böhm, 1928.

624+625. Wandschränke, links romanisch, rechts frühgotisch.

628. Frankfurt, Architekturmuseum Arch.: O.M. Ungers, 1984.

Hospital St. Jean, Angers
Das Prinzip „Individualität trotz Gemeinschaft" wurde im Hospitalbereich in ganz Europa praktiziert, wie es beispielhaft das Hospital von Henry II Plantagenet in Angers aus den Jahren 1175 bis 1180 zeigt. Der Kranke hatte so auch im Großraum einen gewissen Schutz seiner Privatsphäre, indem Vorhänge zeltartig die einzelnen Betten abgrenzen.

Altersheim und Kloster am Montagsmarktplatz, Hindenburg O.S./Zabrze (Polen)
Im Gegensatz zu den üblichen ungeteilten Schlafsälen in Altersheimen des 19. und beginnenden 20. Jahrhunderts knüpft Dominikus Böhm an die alte Tradition der eingestellten Kleinsthäuser als Rückzugsmöglichkeit unter einem gemeinsamen Dach an.

Profane Kleinarchitekturen

Auch im Profanbau finden sich Kleinarchitekturen unter dem Thema „Haus im Haus". Die Fülle der Ausprägungen kann hier nur angedeutet werden. Die Grundlage, auch kleinere Bau- und Ausstattungsteile als Häuser im Haus zu sehen, ist ein ganzheitliches Denken, ausgehend von der Maxime „Stadt wie Haus – Haus wie Stadt" und folgerichtig ergänzt „Detail wie Haus – Haus wie Detail". So wurden Einzelelemente oder die Möblierung als ergänzende Kleinarchitekturen in Hausform ausgebildet.[140]
- Schränke erscheinen wie Häuser mit Tor, Dach und Zinnen
- Truhen sind gestaltet wie ein Palast.
- Kamin und Kachelöfen werden gestaltet wie Türme.
- Betten stellen sich mit ihren Baldachinen wie bergende Kleinhäuser dar. Dabei dient der Betthimmel auch als Schutz gegen herabfallendes Ungeziefer.

626. Oberbayrischer Bauernkachelofen mit Bank, Leuchtkamin und Bodentreppe.

627. Schlafzimmer nach Chodowiecki, um 1770.

Haus im Haus im heutigen Profanbau

Heute bietet der Profanbau viele Möglichkeiten für Häuser im Haus. Über die reine Geste hinaus wird dadurch die Architektur lebendig und spannend. Dafür stehen die folgenden sehr unterschiedlichen Beispiele.

Architekturmuseum Frankfurt
Das bekannteste deutsche Beispiel für ein „Haus im Haus" findet sich im Deutschen Architekturmuseum in Frankfurt von O.M. Ungers aus dem Jahre 1984. Im Zentrum des Museums befindet sich das auf die einfachsten Formen reduzierte Gebäude und verweist auf den Sinn des Ganzen: Architektur ist immer Hausbau. Ungers gelingt hier eine in seiner Einfachheit und Klarheit überzeugende Geste.

Ferienhaus, Linescio (Rovano-Tal), Tessin, Schweiz
Hier eine ganz ungewöhnliche Lösung für ein Haus im Haus: Die äußere Hülle eines alten Stallgebäudes im Tessiner Bergdorf Linescio (Rovano-Tal) blieb beim Umbau in ein Ferienhaus unangetastet. Im Inneren entstand ein neuer autonomer Betonkörper. Da das Haus nur in den Sommermonaten genutzt wird, konnte auf Heizung und Dämmung verzichtet werden. Außen korrespondieren hohe Eichendrehflügel vor den langen schmalen Öffnungen des Betonhauses mit den historischen Fenstern und Türen. Innen stehen eine Schlafempore und ein einfacher Wohnraum mit Feuerstelle für die elementarsten Wohnbedürfnisse zur Verfügung.

Dafür wurde ein autonomer Betonkörper in die alte Hülle gesetzt, der durch seine Kargheit und seinen archaischen Charakter besticht. Der Beton wurde vom Dach her Stück für Stück eingegossen und die Treppe, Empore und der Kamin aus diesem herausgeschält.[141]

[140] Völckers, 1949.
[141] Siehe hierzu Baumeister 2/2019.

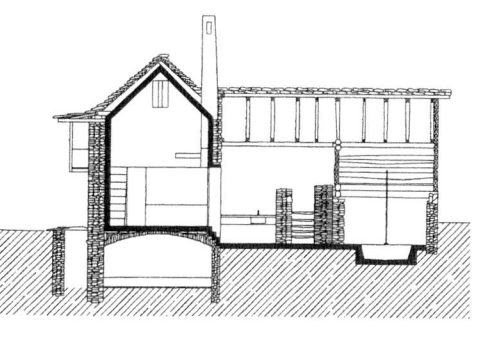

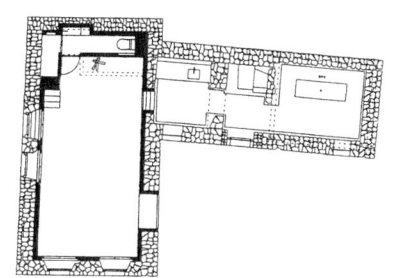

629–631. Linescio (Rovano-Tal), Ferienhaus, Arch.: Buchner Bründler Architekten Basel, 2011. Ansicht Innen, Schnitt, Grundriss.

Börse Amsterdam, gläserner Konzertsaal
Von den relativ kleinmaßstäblichen Beispielen für Haus im Haus jetzt der Übergang zu größeren Projekten. Das Architekturbüro B.V. Zaanen Spanjers CS Architecten BNA/BNI Amsterdam hat in den großen Saal der alten Börse von Hendrik Berlage (Einweihung 1903) einen gläsernen Kammerkonzertsaal so eingestellt, dass der Raumeindruck der alten Halle erhalten bleibt, aber darin ein geschütztes, unabhängiges Konzertieren mit geregelter Akustik stattfinden kann. Neues ist so im Alten behutsam integriert.

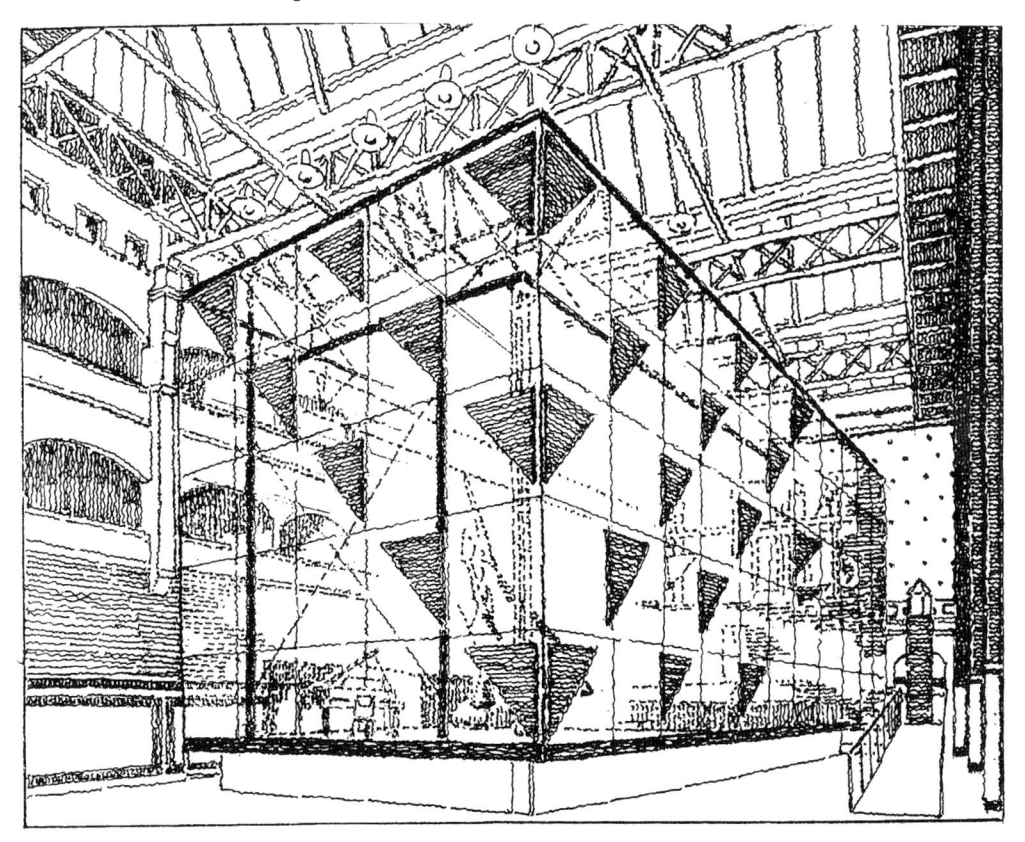

632. Amsterdam, Gläserner Konzertsaal, Arch.: B.V. Zaanen Spanjers CS Architecten BNA/BNI Amsterdam, 1991.

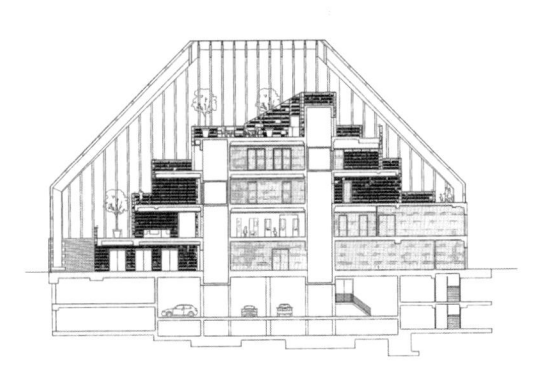

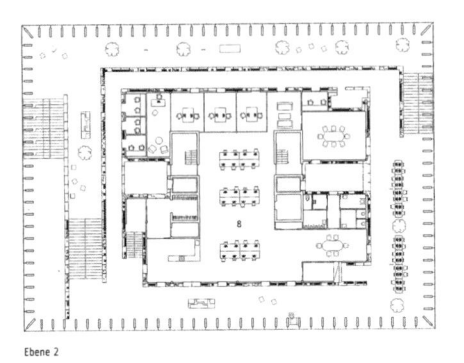

Der Bücherberg, Spijkenisse, Niederlande

Als besonders eindrucksvolles, lebendiges Beispiel des Ansatzes Haus im Haus dient die Bibliothek in Spijkenisse bei Rotterdam aus dem Jahre 2012 vom Architekturbüro MVRDV aus Rotterdam. In ein scheunenartiges, riesiges Haus ist ein sich zurückstaffelndes Bauwerk mit Abstand eingestellt, dessen Wände nach außen von Bücherregalen gebildet werden. Natürlich ist der Berg hohl, er bildet im Inneren ein zweites Haus, belichtet durch Fensteraussparungen in den Regalen, mit Büros, Sitzungsräumen, Installationen usw. Diese wiederum sind gruppiert um die größeren Flächen wie Studienbereich, Lernzentrum, Auditorium. *„In Anlehnung an die agrarische Vergangenheit des Ortes kann man den Baukörper auch als Riesenscheune verstehen. Über Plateaus können die Leser bis zum Café auf dem „Gipfel" steigen. Die Regale bestehen aus recycelten Pflanzencontainern."*[142] Gekrönt wird die Zikkurat durch ein Café. Dieses einladende Gebäude ohne Flure macht die Medienwelt auch heute für junge und alte Stadtbewohner interessant und anziehend. Der Bücherberg reizt zum Besteigen, die Innenbereiche wollen erkundet werden. In diesem Gebäude verbinden sich Freiheit der Benutzung, Offenheit und geschütztes Inneres, Ein Verändern und Anpassen ist trotz der strengen äußeren Form leicht möglich. Das Bauwerk lebt.

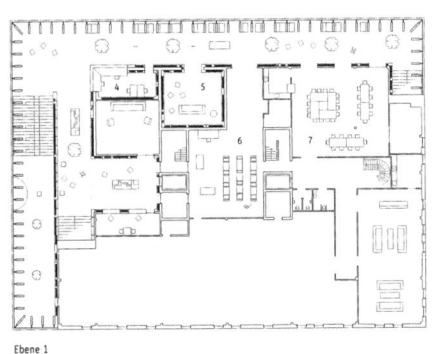

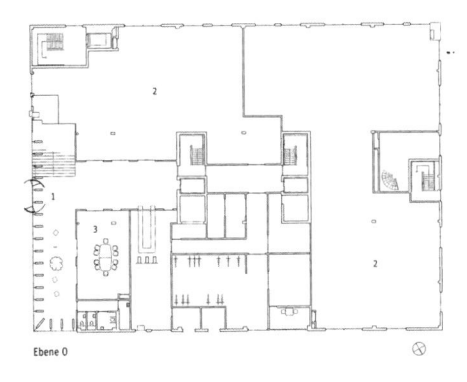

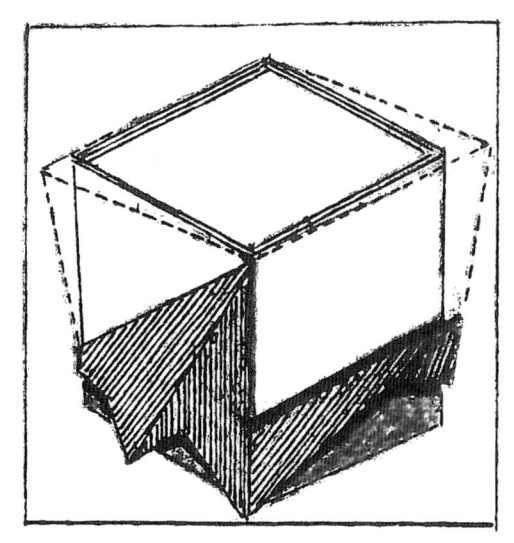

633–637. Spijkenisse (NL), Der Bücherberg, Arch.: MVRDV Rotterdam, 2013. Schnitt, Ansicht, Grundrisse Ebene 0–2.

638+639. Schwäbisch-Gmünd, Forum „Gold und Silber", ISIN + Co Architekten Aalen. Schema Hülle + Kern, Ansicht.

Forum "Gold und Silber" Schwäbisch-Gmünd
Das Forum „Gold und Silber" markiert eindrucksvoll den Eingang ins Zentrum der alten Goldschmiedestadt Schwäbisch-Gmünd. Eine freiplastische goldbarbene Hülle ummantelt mit wechselndem Abstand den konventionellen quadratischen Kern, formt einen dynamischen Umriss mit hohem Erinnerungswert vor der historisch geprägten Stadtsilhouette. Ein formal ganz unkonventionelles Haus im Haus.

Haus im Haus – Industrie und Ausstellungsbau
Seit der Mitte des 19. Jahrhunderts beginnt mit den sich entwickelnden neuen Techniken und Materialien eine weitergehende Entwicklung: Der Industriebau ermöglicht die Planung und Realisierung weit gespannter Hallen als Schutzhüllen mit umfangreichen Veränderungsmöglichkeiten und großer Baufreiheit. Es geht nicht mehr nur um das Haus im Haus, ab jetzt sind es auch Gruppen, Ensembles, Industriebereiche, Quartiere, ja ganze Städte, Landschaften (so etwa Bruno Tauts „Alpine Architektur"), die „eingehaust" werden sollen.

Am Beginn dieser Entwicklung stand der sich rasend schnell ausdehnende Eisenbahnverkehr. Dafür waren neue Bautypen zu entwickeln. Der Großstadtbahnhof musste große Flächen möglichst stützenfrei überdecken. Es sollten Geschützte Bahnsteige und frei eingestellte Funktionsgebäude mit problemlosen Veränderungs- und Erweiterungsmöglichkeiten angeboten werden (fertig und unfertig zugleich). So entsteht der Typ der weit gespannten, bei Bedarf auch addierbaren Bahnsteighalle mit innerer Baufreiheit.

640. Köln, Hauptbahnhof, Darstellung mit dem ursprünglichen Inselgebäude in der Bahnsteighalle, 1892.

Der zweite bestimmende Ansatz zum Thema Haus im Haus unter dem Eindruck der sich ungeheuer entwickelnden Technik auf allen Gebieten im 19. Jahrhundert ist das Veranstalten von Weltausstellungen. Dort wurde der Fortschritt für jedermann direkt erlebbar gemacht und Millionen nutzten dieses Angebot mit Begeisterung. Für eine Weltausstellung mussten unabhängige, schützende, neutrale Hüllen gebaut werden, die den wechselnden, kurzfristigen Anforderungen der Aussteller genügend Raum und Freiheit gaben. Josef Paxtons Meisterwerk des Kristallpalastes von 1851 für die erste Weltausstellung in London war der Prototyp dafür.

Kristallpalast, Weltausstellung 1851 London
In dieser riesigen neutralen Halle mitt 22 Metern Spannweite aus vorgefertigten Bauteilen aus Eisen und Glas konnten die unterschiedlichsten Konstruktionen für beliebige Funktionen (sogar unter Erhalten der vorhandenen Bäume) problemlos eingestellt werden. Diese zukunftsweisende Lösung wurde in der auch heute kaum vorstellbaren Planungs- und Bauzeit von nur neun Monaten realisiert.

[142] Tilman 2013, S. 28.

641+642. London, Kristallpalast, Arch.: Joseph Paxton, 1851. Im Bau und nach der Fertigstellung.

643. Paris, Weltausstellung 1855, Palais de L'Industrie. Innenansicht.

644. Paris, Weltausstellung 1889, Galerie des Machines. Innenansicht.

Den vollkommen neuen und für die damalige Zeit ungewöhnlichen Raumeindruck des Kristallpalastes charakterisiert Erich Schild mit den Worten: *„Gleiche Helligkeit dringt von allen Außenflächen des Baukörpers ins Innere ein. Die Grenzen von Wand und Raum sind nahezu aufgelöst, die Außenwelt scheint dem Inneren einbezogen."*[143]

[143] Schild 1967, S. 56.
[144] Friebe 1983, S. 196.
[145] Friebe 1983, S. 195.

Palais de l'Industrie, Weltausstellung 1855, Paris
Einen ganz anderen Weg ging die Industriehalle der Weltausstellung 1855 in Paris. Hier wurde eine zentrale eiserne Dachkonstruktion zu den Champs-Elysées hin mit einer steinernen Renaissance-Fassade versehen. Die moderne Konstruktion mit einer Spannweite von 48 Metern konnte also erst beim Betreten der Anlage wahrgenommen werden.

Galerie des Machines, Weltausstellung Paris 1889
Mit einer Länge von 422 Metern und einer Breite von 114 Metern übertraf die Ausstellungshalle von 1889 alle Vorgängerbauten. Das aus riesigen Dreigelenkrahmen konstruierte Hauptschiff wird flankiert von schmalen Seitenschiffen. Auf eine steinerne Hülle wird verzichtet.

Utopische Projekte
Die weitere Entwicklung der großen Schutzhüllen – mit fast unbegrenzter Freiheit für eingestellte Architekturen – kann hier nur angedeutet werden. Die folgenden Beispiele zeigen den weiteren Trend zu immer kühneren Konstruktionen und fast unbegrenzten Dimensionen bis hin zu einer von einem Seilnetz völlig überdachten Stadtlandschaft. Das Erfüllen des alten Traums der Menschheit von einer vor allen Unbilden geschützten Umwelt rückt näher – tatsächlich? Viele Architekten haben Projekte hierzu entwickelt. So hat schon in den 1920er Jahren Bruno Taut mit seinem Konzept der Alpinen Architektur von einer Stadt unter einer gläsernen Kuppel geträumt. Weitere Konzepte waren von Eckhard Schulze-Fielitz (die Raumstadt), Yona Friedmann (die 10 Prinzipien des Raumstadtbaus), Frei Otto (Seilnetzdach über einer bergigen Stadtlandschaft mit Hafen) oder Richard Buckminster Fuller mit seiner Überdachung von Manhattan.

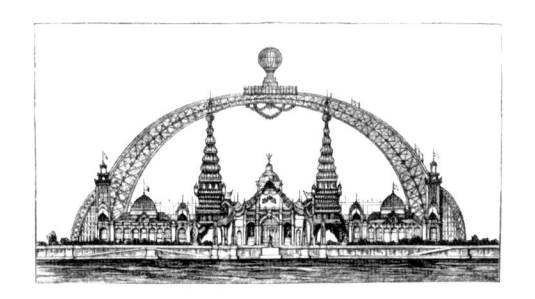

Moderne Weltausstellungsprojekte
Zurück aus den Utopien in die gebaute Realität. Die folgenden Beispiele für Haus im Haus in großem Maßstab sind ja schon bewundernswert genug. Sie zeigen exemplarisch, wie sich unter weiten Dächern Teile zum Ganzen fügen lassen.

Pavillon der Bundesrepublik Deutschland, Expo 1967, Montreal
„*Diese räumliche »Großhülle« [von Frei Otto] sollte anläßlich der Olympischen Sommerspiele 1972 in München noch gewaltigere Dimensionen annehmen.*"[144]

Pavillon der USA, Expo 1967, Montreal
Bei derselben Ausstellung war auch ein Projekt von Richard Buckminster Fuller zu sehen. „*Die Fuller-Kuppel umgab die amerikanische Ausstellung mit ihrer »Sekundärarchitektur« gleich einer Seifenblase. Der Durchmesser dieser Dreiviertelkugel betrug 76,25 Meter.*"[145]

Ausstellungspavillon Expo 2000, Hannover
Das Membrandach von Herzog + Partner besteht aus 10 quadratischen Schirmen von jeweils 40 Metern Seitenlänge, die auf der Expo 2000 den Aktions- und Showbereich definierte. Die Schirme wurden ergänzt durch ein System aus Pavillons, Wasserflächen, Inseln und Plätzen.

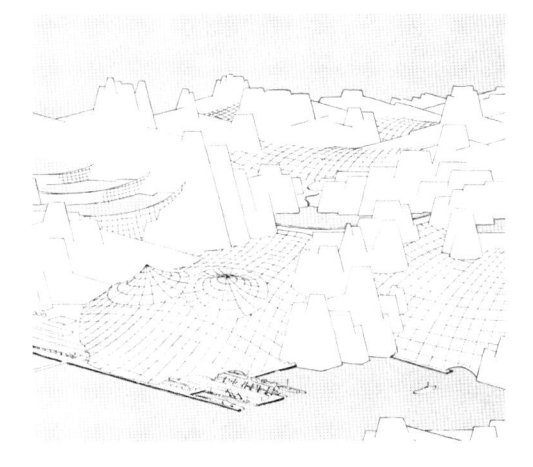

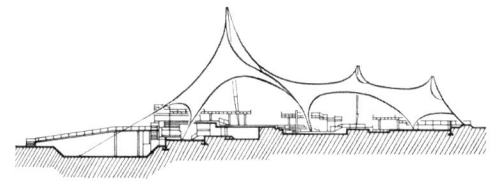

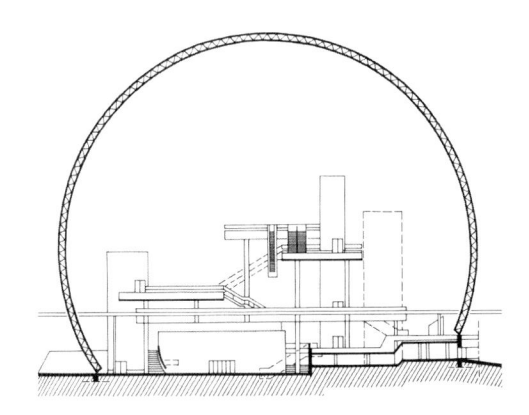

645–649. Große Schutzhüllen. Utopische Projekte von Leclerc (Weltausstellung 1900), Bruno Taut (Alpine Architektur: Monte Resegone, 1918) und Frei Otto (Stadtlandschaft). Realisierte Projekte von Frei Otto (BRD Pavillon auf der Weltausstellung Montreal 1967); Richard Buckminster Fuller (USA Pavillon auf der Weltausstellung Montreal 1967).

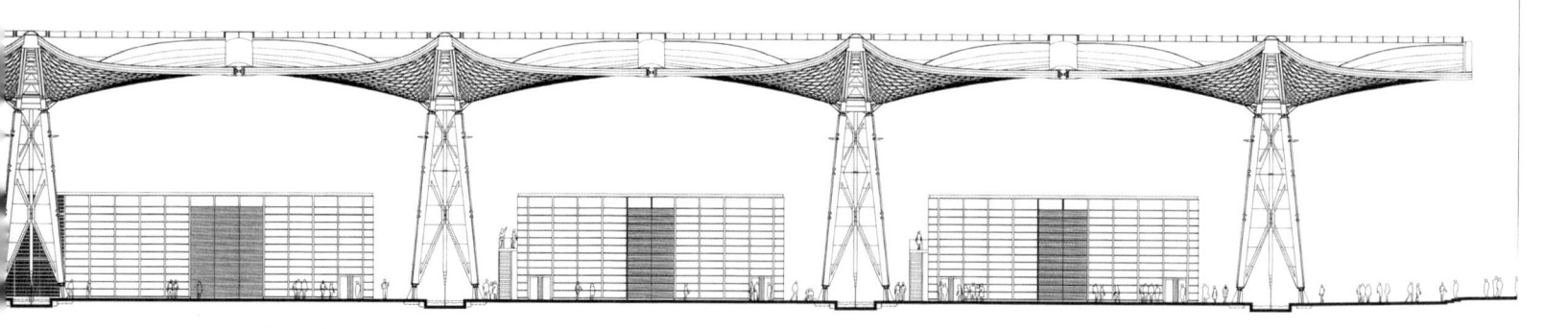

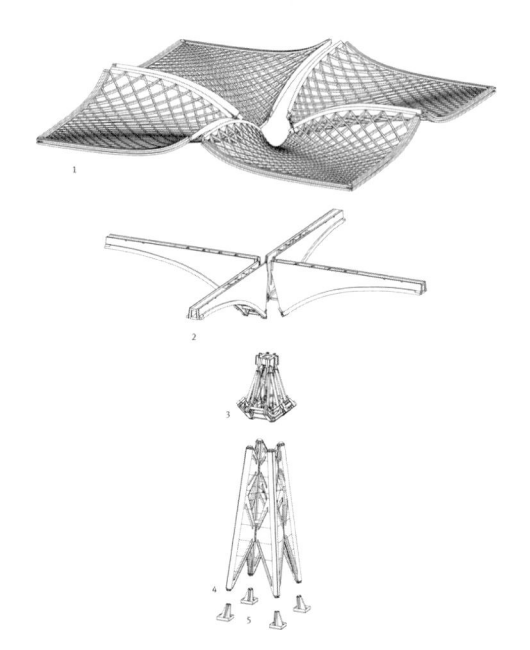

650+651. Hannover, Expo-Dach, Arch.: Thomas Herzog, Hanns Jörg Schrade, Roland Schneider, 1999–2000. Insicht, Isometrie (1 Gitterschalen, (2) Kragträger, (3) Stahlpyramide, (4) Turm mit 9 Vollholzstämmen, (5) Stahlfüße.

Umnutzen großer Industrieanlagen
Akademie Mont-Cenis, Herne-Sodingen

Die Anlage entstand auf dem Gelände der 1978 abgerissenen Zeche Mont Cenis als Fortbildungsakademie des Landes Nordrhein-Westfalen nach dem Konzept des Hauses im Haus. Die gläserne Klimahülle umschließt die Gästezimmer, den Seminarbereich sowie Kasino und Verwaltung, die von den Architekten Françoise-Hélène Jourda und Gilles Perraudin als eigenständige Gebäude gestaltet wurden.

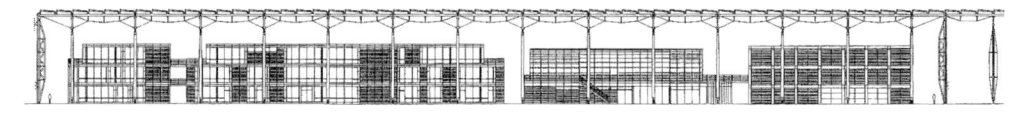

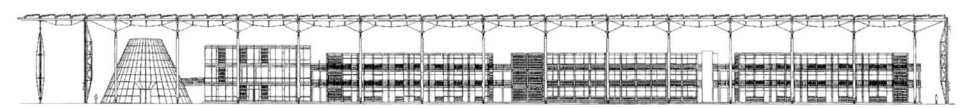

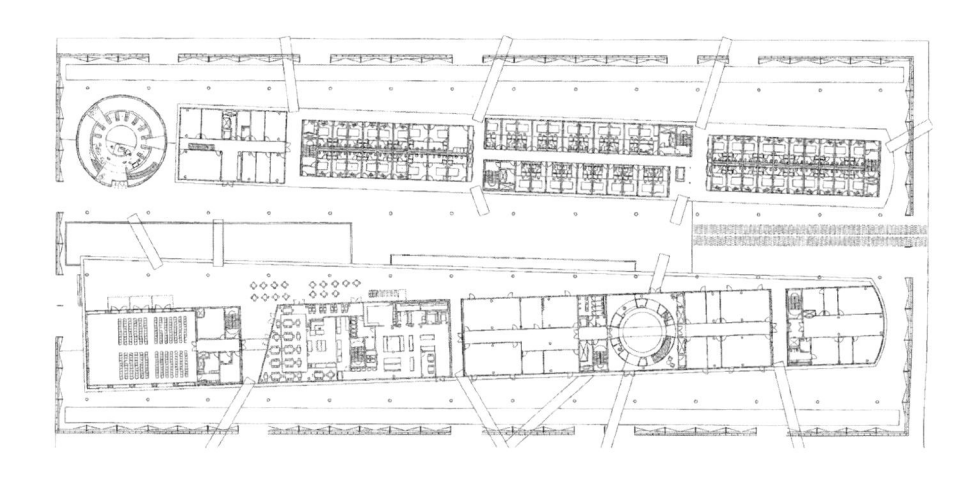

652–655. Herne, Akademie Mont-Cenis, Arch.: Françoise-Héléne Jourda, Gilles Perraudin, 1996–99. Schnitte, Grundriss.

Gasometer von 1910 in Berlin-Schöneberg
Architekturwettbewerb des Kulturkreises der deutschen Wirtschaft 2015 an deutschen Hochschulen.

Nach einer Zwischennutzung als Fernsehstudio wird eine Neunutzung angestrebt: „*Der Gasometer soll Wohnungen und Gemeinschaftseinrichtungen beherbergen. […] Wegen des bestehenden Denkmalstatus' mussten sie* [die Studenten] *einen Abstand von einem Meter zum stählernen Führungsgerüst einhalten, sowie die beiden oberen Felder freihalten.*"[146] Ein idealer Ansatz für Haus im Haus wie die Wettbewerbsbeiträge zeigen: Den 1. Preis erhielt „BIUTA"" (althochdeutsch für Bienenkorb), Adrian von Kaenel und Jean-Joël Schwarz, von der UDK Berlin: „*In bru-*

[146] Thein 2015, S. 8.
[147] Thein 2015, S. 8.
[148] Thein 2015, S. 9.

talistischer Manier strickt der Entwurf Betonwabe an Betonwabe. Die hohe Dichte der radial angeordneten, tiefen und schmalen Räume überzeugte im Detail: Zwei- bis dreigeschossige Raumhöhen sorgen für Belichtung, Splitlevel und Lufträume für Komplexität."[147] Der 2 Preis wurde an das Projekt „Wind up": von L. Geilen und J. Kroll von der TU Braunschweig vergeben. *„Die Arbeit […] füllt nicht nur das gesamte Volumen des Führungsgerüstes aus, mit einem Restaurant an der Spitze ragt die Füllung sogar ein Geschoss darüber hinaus. Diese Freiheit erkauft sich die Arbeit mit einer großen Geste – spiralförmig schneidet sich ein terrassiertes Luftgeschoss als öffentlicher Grünraum durch das Gebäude."*[148]

Alles unter einem Haus

Heute bestimmen großdimensionierte Einkaufszentren den Konsum. Auch sie – häufig eingeschossig – bieten unter weitgespannten Dächern große Möglichkeiten der „Haus im Haus" Anordnungen. Allerdings bestanden bei der Entwicklung solcher Zentren ganz einschneidende strukturelle Unterschiede zu den traditionellen Bautypen:
- meist isolierte Lage am Stadtrand, umgeben von Blechwüsten
- in der Regel monofunktionale Ausrichtung der einzelnen Zentren als reiner Baumarkt, als Paradies für Spielzeug und Hobby, als Kaufland für Lebensmittel etc.

Aber es geht anders: „Alles unter einem Dach" kann auch wörtlich genommen werden: Unter einer schützenden interessanten Dachlandschaft als Angebot eines lebendigen multifunktionalen Quartierzentrums, gebildet aus Häusern mit unterschiedlichen Funktionen.

t' Karregat, Eindhoven

Beim t' Karregat von Architekt Frank van Klingeren sind im neuen Quartier Herzenbroeken unter einem Dach aus Glaspyramiden unterschiedliche Nutzungen wie Läden, Cafè, Restaurant, Vereinsräume, mehrere Schulen, Gymnastikhalle und eine Bibliothek jeweils als Häuser im Haus eingestellt. Hier ist mit sparsamster Bauweise ein lebendiger Mittelpunkt entstanden, und die Chance, in einer offenen Bauweise Teile zum Ganzen zu fügen, voll genutzt, wobei die Rechte und Pflichten der einzelnen Betreiber genau festgelegt sind. Dabei macht die Bauweise Veränderungen, Anpassen leicht, wie die Sanierung und Neukonzeption aus dem Jahr 2015 zeigt. Die von der Dachkonstruktion unabhängigen Architekturen des Inneren sind im Dreiviertelkreis um die große Gemeinschaftsfläche angeordnet und können bei Bedarf verändert werden.

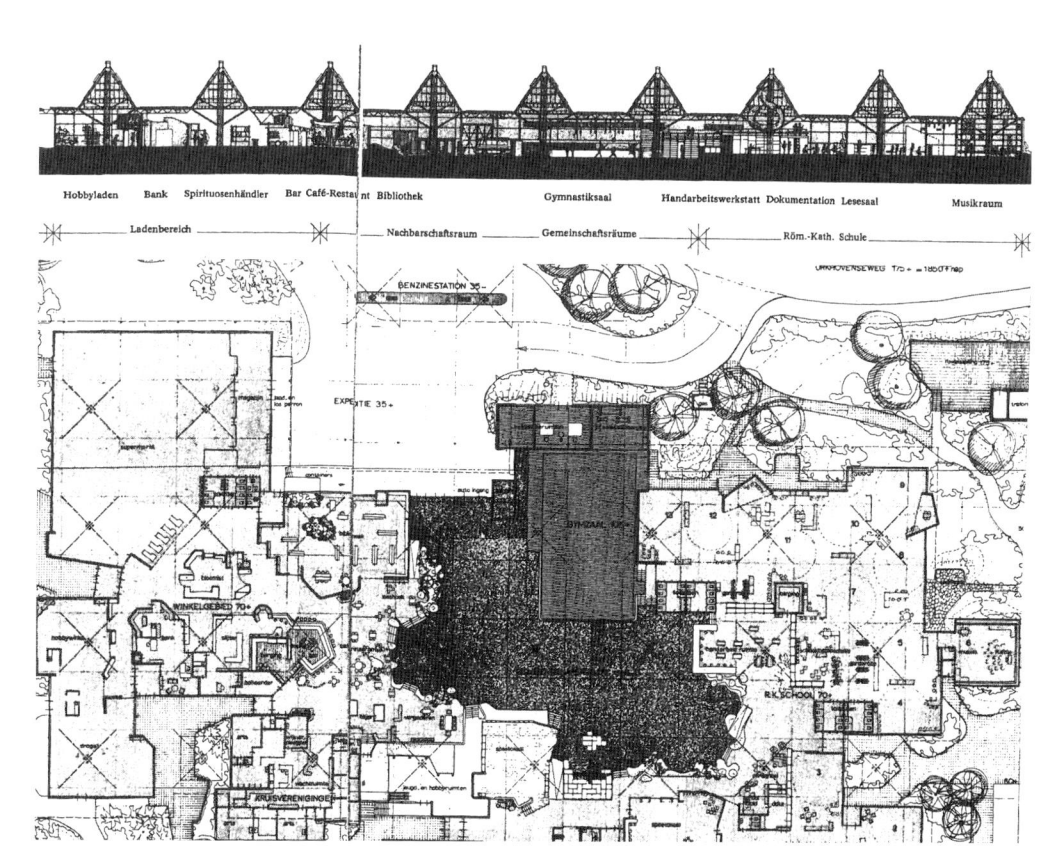

656. Berlin-Schöneberg, Gasometer, Wettbewerb: 2. Preis „Wind up": Larissa Geilen, Jessica Kroll (TU Braunschweig). Modellfoto.

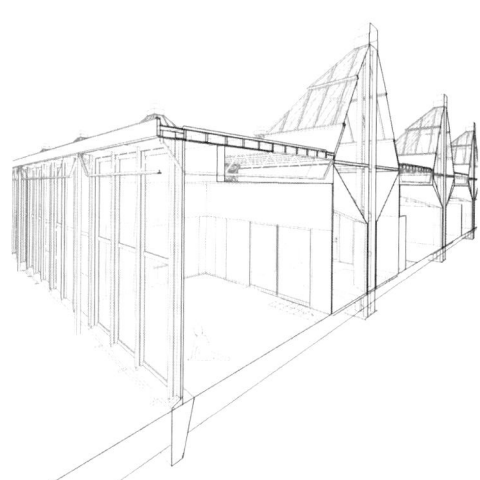

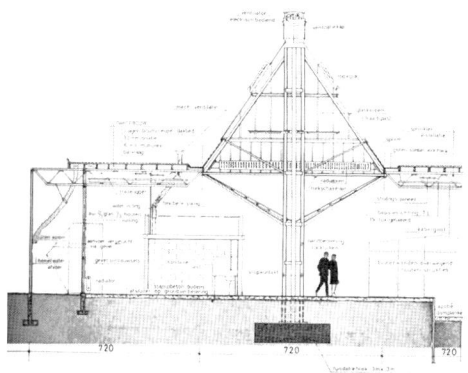

657–660. Eindhoven-Herzenbroeken, t' Karregat, Arch.: Frank van Klingeren, 1973, Sanierung diederendirrix, 2015. Lageplan, Perspektivschnitt, Schnitt.

Letzte Hilfe heute

Der Ansatz Haus im Haus, der die Architektur und damit die Möglichkeiten des menschlichen Zusammenlebens ungemein bereichern kann, zeigt aber paradoxerweise gleichzeitig die Grenzen unseres Fortschritts. Galt bisher beim Thema Haus im Haus: Schützen, Beschirmen von Menschenwerk mit größerer Freiheit des Gruppierens, des formenden Gestaltens und des Nutzens, so kehrt sich das Prinzip seit einiger Zeit um; Haus im Haus als Schutz und Abschirmung vor Menschenwerk. Zu dieser bedrohlichen Entwicklung drei Beispiele:

Schutzbau über dem Kernkraftraftwerk, Tschernobyl, Ukraine
Ein besonders bedrohliches Beispiel ist das Kraftwerk von Tschernobyl. Die bereits strahlende Betonhülle wurde durch eine riesige Ummantelung mit 250 m Spannweite ersetzt, die über das Kraftwerk geschoben wurde und so einen gewissen Schutz gegen die todbringenden Strahlen geben soll. Hier geht es nicht mehr um Symbolik, um architektonisches Bereichern, es geht um Überleben.

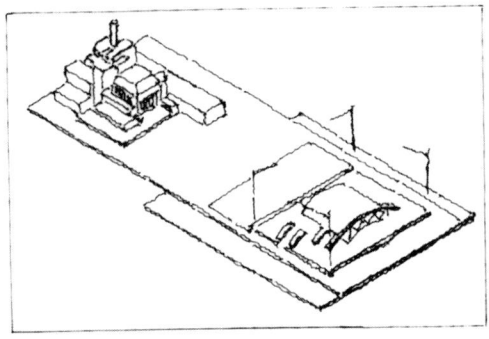

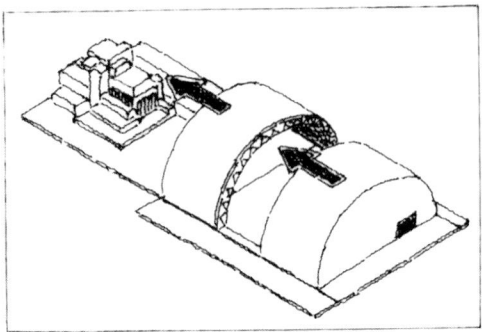

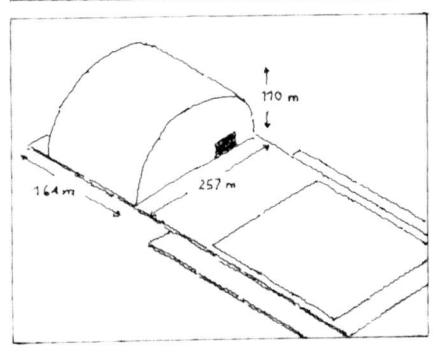

Schutzbau über dem Apollontempel von Bassæ, Griechenland
Der einsam mitten im Pelopones gelegene Tempel wird durch die Emissionen der hinter den Bergen gelegenen Braunkohlekraftwerke zerfressen. Es blieb nur die Möglichkeit, ihn einzuhausen. Wann kann dieses Bauwerk aus seinem Gefängnis befreit und wieder ans Licht geholt werden?

661–663. Tschernobyl, Schutzbau Kernkraftraftwerk, Ukraine, 1968–2020. Systemskizzen.

664. Bassae, Peloponnes (GR), Apollontempel, Schutkonstruktion 1987. Ansicht.

Notunterkünfte für Flüchtlinge, Berlin
Als Haus im Haus wurde auf dem Höhepunkt der Flüchtlingskrise im Jahre 2015 als Notmaßnahme eine Traglufthalle mit Flüchtlingsunterkünften ausgestattet, die interessanterweise eine mittelalterliche Traditionen aufnimmt. Immerhin gewährt das Einstellen geschlossener Zellen als "Kisten" unter ein schützendes Dach noch einigermaßen Intimität, Schutz der Privatsphäre im Unterschied zu den offenen Schlafplätzen, die gezwungenermaßen vielerorts etwa in Turnhallen eingerichtet werden mussten.

665. Berlin, Flüchtlingsunterkunft in einer Traglufthalle, 2015. Ansicht.

Verbinden

Verbinden von selbstständigen Räumen durch Erhöhen und Vertiefen

Das traditionelle Kirchengebäude wird normalerweise gebildet aus Eingangshalle, Hauptschiff, Vierung und leicht erhöhtem Chor als ein durchgehender Raum. Tatsächlich ausgeführt sind natürlich unzählige Abwandlungen dieses Schemas.

Hier nun – vor allem unter dem Aspekt lebendige Architektur – wird die Variante behandelt, solche Teilräume „einsehbar" zu unterlagern. Konkret: Dem hoch gelegten Chor wird ein niedriger Raum untergeschoben, die Krypta. *„Die K[rypta] bildet in der Regel einen Bestandteil der Kirchenanlage; sie ist als Raum unter dem Ort der Eucharistie ein wichtiger Bedeutungsträger der zentralen Idee von Tod und Auferstehung. Die K[rypta] ist eine Synthese aus verschiedenartigen vor- und frühchristl. Kult- und Bautraditionen, die seit dem frühen MA. durch den Märtyrer-, Reliquien- und Grabkult der röm. Kirche vorwiegend in Mitteleuropa zustande kam. Die Überbauung der Heiligengräber durch Kirchen seit Konstantin. Zeit erbrachte in vielfältiger Weise räuml. und kult. Zusammenhänge von Gemeindegottesdienst, Märtyrerverehrung und Pilgerverkehr."*[149]

Die Krypta wird für das Thema des Weiterbauens interessant, wenn dieser untergeschobene Raum zum Hauptschiff hin geöffnet und durchlässig ist. Dann entstehen in einem umfassenden Raum drei miteinander verbundene Kirchen: In der Krypta die Stätte der Toten; im Hauptschiff die Alltagsebene und im Chor das Presbyterium, als himmlischer Bereich. Die Selbständigkeit der Teilräume im Gesamtraum wird häufig noch durch einen jeweils eigenen Altar betont, sowie durch zusätzliche Abgrenzungen und die Wandgliederung.

Diese einzelnen Räume sind also gegeneinander abgegrenzt und doch zu einer Einheit verbunden. Ein architektonisches Paradox, auf das wir bei diesen Betrachtungen immer wieder stoßen als Ausdruck lebendigen Bauens.

Klosterkirche, Jerichow
In den strengen Raum der Klosterkirche wurde nachträglich die Krypta (Ende 12. Jahrhundert) eingefügt. So führen nur sechs Stufen in der Breite des Kirchenschiffs unter weiten Rundbogenöffnungen direkt hinab in einen zweischiffigen gewölbten Raum. Rundbögen öffnen sich auch zu den Querschiffen. Das Ergebnis ist eine selten großzügige Raumdurchdringung der Teilräume, jeder selbständig und doch verbunden.

Dom St. Peter und Paul, Brandenburg a. d. Havel
Der hoch liegende Chor ist durch eine geschosshohe schildmauerartige Wand mit davor liegendem Volksaltar vom Mittelschiff getrennt. Dahinter führen rechts und links verdeckt die abgeknickten Treppen nach oben auf den erhöhten Chor, der als Chorraum der Kleriker eine Kirche in der Kirche bildet. Die darunter liegende, nachträglich eingebaute Krypta ist, wie in Jerichow, durch Doppelarkaden zum Mittelschiff und zu den Seiten geöffnet.

Im Brandenburger Dom durchdringen sich also drei selbständige Sakralräume: Im Westteil die ebenerdige Laienkirche, im Osten der hoch liegende Domherrenchor, darunter die geräumige Krypta als Taufkirche und Ort des Augustinerkults. Trotz der strengen Architektur ist hier in mehreren Bauabschnitten ein komplexes Raumgefüge, bereichert durch Seitenkapellen, Kreuzgang und Klostergebäude entstanden.

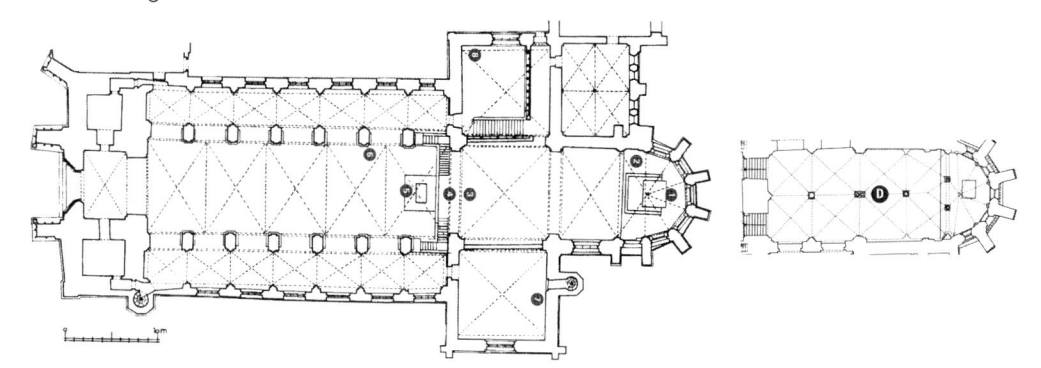

[149] Koepf 1999, S. 290.

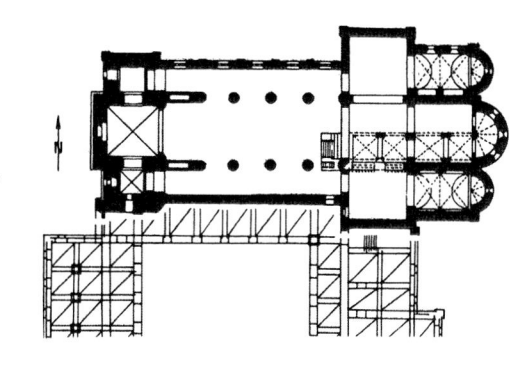

666+667. Jerichow, Klosterkirche, Grundriss, Ansicht.

668+669. Brandenburg an der Havel, Dom, Grundriss, Ansicht.

Ehemalige Stiftskirche St. Cyriacus, Gernrode

Die im Jahre 949 begonnene Kirche hat eine West- und Ostkrypta. Die Ostkrypta ist das älteste erhaltene Beispiel einer Hallenkrypta in Deutschland, allerdings vom Hauptraum abgeschirmt. Dagegen verbinden drei offene Bogenstellungen die leicht tiefer liegende Westkrypta mit dem Hauptraum, der stark erhöhte Westchor hat eine Balustrade.

Die Kirche hat damit (ohne die Ostkrypta) vier ineinander übergehende, selbständige Räume: Ostchor, Langhaus, Westchor, Westkrypta auf unterschiedlichen Höhenniveaus. Das Raumerlebnis wird zusätzlich bereichert durch die beeindruckenden Orgeltürme aus dem 19. Jahrhundert im Westchor und die Kopie des Heiligen Grabes im südlichen Seitenschiff. In Gernrode entstand – aller formalen Strenge zum Trotz – ein ungemein lebendiges Ensemble.

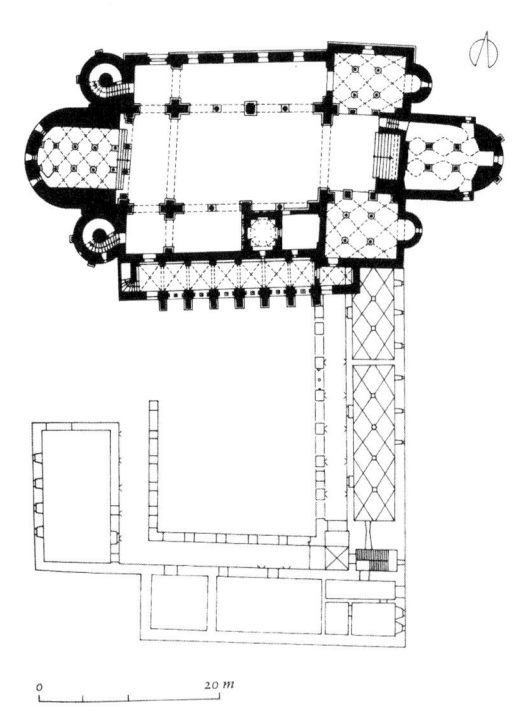

670+671. Gernrode, Stiftskirche St. Cyriakus, Grundriss, Ansicht.

San Zeno Maggiore, Verona, Italien
In der ehemaligen Benediktinerabtei San Zeno Maggiore wird das hoch ragende lang gestrecktes Mittelschiff von einer gewölbten Dachkonstruktion aus Holz dominiert, die im Querschnitt einen Dreipass zeigt. *„Wie in anderen romanischen Kirchen Veronas führen mehrere Stufen vom Hauptportal in das Langhaus hinunter. Der Eintretende begegnet also zunächst einem beträchtlich tiefer liegenden, jedoch gewaltig aufsteigenden Innenraum, an dessen Ende der monumentale Hochchor von den zur Krypta sich öffnenden Arkaden emporgehoben wird. In diesem Raumeindruck manifestiert sich, trotz der gotischen Decke, wie vielleicht in keinem anderen Bau das Wesen der oberitalienischen romanischen Architektur."*[150]
Die Architektur ermöglicht eine über die gesamte Breite von Hauptschiff und den Seitenschiffen sich erstreckende Treppen- und Sichtverbindung in die breit gelagerte Krypta – ungewöhnlich und eindrucksvoll. Zum hoch liegenden Chor gelangt man über zwei seitlich liegende schmale Treppen. Die drei Bereiche Langhaus, Chor und Krypta sind so selbständig und doch eine große Raumeinheit.

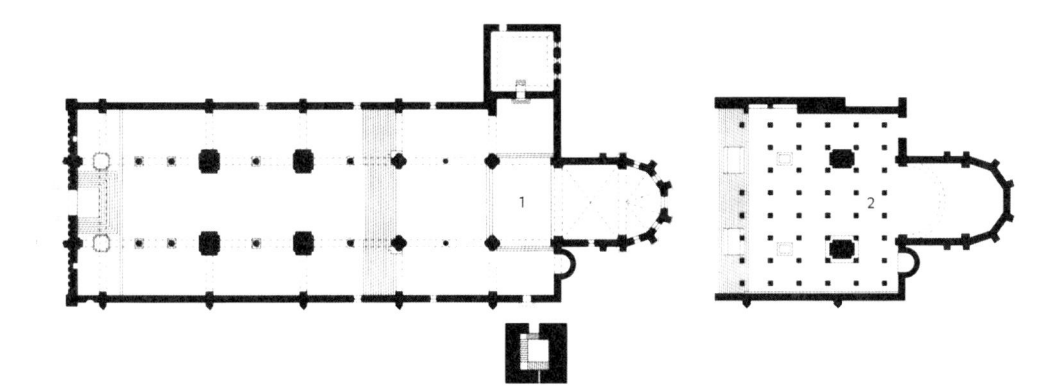

672–674. Verona, San Zeno Maggiore, Grundriss, Ansicht.

San Miniato al Monte, Florenz, Italien
San Miniato al Monte befindet sich auf einem Hügel über Florenz. Von dort hat man einen herrlichen Blick auf die Stadt. Prägendes Motiv der Kirche von der Fassade bis zur Apsis ist die Harmonie der Bögen, deren Wirkung noch durch den offenen Dachstuhl gesteigert wird. Bögen bestimmen auch den Übergang vom Hauptschiff zum hoch liegenden Chor, akzentuiert durch den Kreuzaltar des Michelozzo mit den halbkreisförmigen Ziborien. Dahinter rechts und links die Rundöffnungen in die weite Hallenkrypta mit sieben Schiffen (wie in San Zeno) als Grabeskirche des Hl. Minias. *„Man verlasse die wie im Souterrain gelegene Krypta nicht, ohne sich die durch die Decke bis auf den Boden quasi durchwachsenden Säulen des oberen Chores zu vergegenwärtigen."*[151] Da die Krypta nur wenig unter dem Niveau des Hauptschiffes liegt, und durch weite Bogenöffnungen mit diesem verbunden ist, haben diese beiden Räume eine intensiv Verbindung. Dagegen wirkt der hohe Chor etwas isoliert und abgehoben.

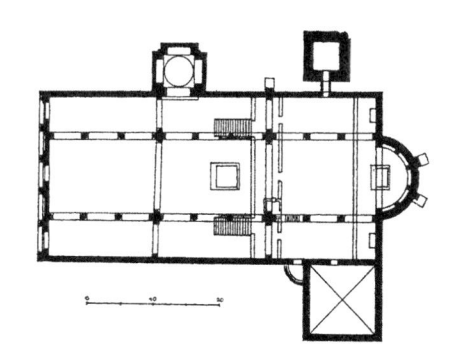

675+676. Florenz, San Miniato al Monte, Grundriss, Ansicht.

San Nicolao, Giornico, Tessin, Schweiz
Die Kirche San Nicolao stammt aus dem zweiten Jahrzehnt de 12. Jahrhunderts und ist das wohl bedeutendste romanische Baudenkmal im Tessin. *„Der einfache Rechtecksaal mit offenem Dachstuhl [...] vermittelt die gleiche Strenge und Würde wie das Äußere der Kirche. [...] Der Blick fällt auf die offene Krypta unter Chor und Apsis, zu denen beiderseits Treppen über einem Flachbogen aus der Barockzeit hinaufführen. Eine weitere Treppe, die bei der Restaurierung der Kirche wieder*

[150] Egg; Hubbala 1965, S. 674.
[151] Kaufmann 1962, S. 264.

in ihrer ursprünglichen Breite hergestellt wurde, führt in die Krypta, links davon tritt der Turmschaft, mit zwei hohen Bogen zum Kircheninneren geöffnet, hervor. Drei kleine, vierjochige Schiffe mit Kreuzgratgewölben gliedern die Gebetskrypta, deren höhlenartiger Eindruck durch die Gestaltung der würfelförmigen Kapitelle mit pflanzlichen, tierischen und geometrischen Skulpturen verstärkt wird."[152]

Die trotz des kleinen Kirchenraumes selten großzügige Durchdringung von Laienraum, Mönchschor und Unterkirche fügt sich zu einem Ganzen und erzeugt einen unvergesslichen Raumeindruck.

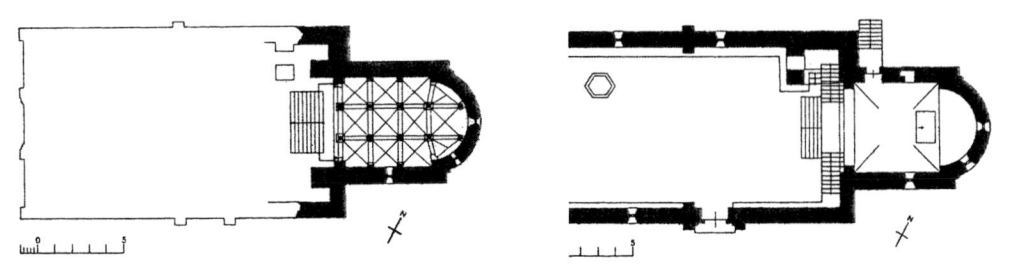

677–679. Giornico (CH), San Nicolao, Ansicht, Grundriss.

680. Rastatt, Schlosskirche Heiligkreuz, Ansicht.

Schlosskirche Rastatt, Hl. Kreuz
Mit dem Beginn der Gotik im 13. Jahrhundert verliert die Krypta ihre Bedeutung. „*Schon während des 11. und 12. Jahrhunderts bringt man in Italien und Frankreich die Reliquien aus der Krypta in die Oberkirche und stellt sie dort in Schreinen und Behältern aus. Zu diesem Ortswechsel veranlasst einmal ihre ungeheure Menge, sodann die Schaulust der Gläubigen, die eine möglichst großartige Darbietung der heiligen Überbleibsel wünschen*."[153] Die Bedeutung der Krypten ging so weit zurück, dass sie zum Teil aufgegeben, ja sogar verfüllt wurden, wie zum Beispiel die Westkrypta im Dom zu Bamberg.

Einen Kompromiss der Barockzeit zeigt dann die Schlosskirche in Rastatt. „*Sehr theatralisch, aber auch sehr wirkungsvoll der auf eine hohe Bühne gestellte, durch zwei Treppen zugänglich gemachter Hochaltar. Hinter ihm eine Nachahmung der Scala Santa in Rom.*"[154] Gewissermaßen in einer einladend geöffneten Grube „*unter dem Chorpodest mit dem Kruzifix erinnerte eine Nische an die Grabstätte Christi. [...] Die Grabnische in der Schlosskirche ist heute durch einen 1752 eingefügten Altar des Piaristengründers Joseph von Calasane (1556–1648) verdeckt.*"[155] Die Kirche zeigt eine eindrucksvolle Kryptenvariation des Barock: Das reich dekorierte Schiff wird gesplittet in einen oberen und einen unteren Chorraum.

Projekt Sternkirche, 1921
Mit der expressionistischen Sternkirche entwirft Otto Bartning im Jahre 1921 eine siebeneckige Predigerkirche als Zentralbau. Unter dem sternförmigen Gewölbe aus Stahlbeton sind alle Funktionen in einem Raum vereinigt. Der Kirchenboden fällt gleichmäßig zur Mitte hin ab. Am tiefsten Punkt im Zentrum steht die Kanzel. Die einzige Abweichung vom Grundrissschema sind die für die Feierkirche erhöhten Segmente hinter der Kanzel mit dem Altar und dem beherrschenden Kreuz. Dahinter befindet sich der Sängerchor. „*Anstatt durch eine siebente Wand, wird die Außenmauer des Chores durch die Fortsetzung der beiden anliegenden Seiten gebildet.*"[156] Bartning hat also einen scheinbar einfachen, aber wirksamen Ansatz gewählt, den Raum zu beleben und wichtige Funktionen hervorzuheben.

[152] Loose; Voigt 1986, S. 39.
[153] Lützeler 1957, S. 113.
[154] Dehio 1964, S. 384.
[155] Eberle 2010, S. 29.
[156] Posener 1980, S. 74.

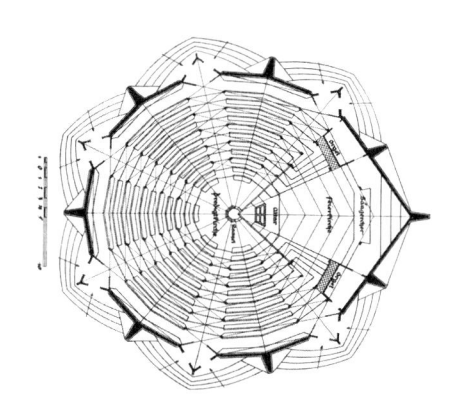

681–684. Entwurf Sternkirche, Arch.: Otto Bartning, 1921, (nicht ausgeführt). Ansichten, Schnitt, Grundriss.

Projekt Messopferkirche Lumen Christi, 1922
Im 20. Jahrhundert erleben die Krypten eine neue Blüte. Die Unterkirchen werden jetzt vor allem als Alltagskapellen benutzt, um einer kleineren Zahl von Gläubigen einen intimen Raum zu bieten. Im Allgemeinen sind solche Unterkirchen ohne direkte räumliche Verbindung zum Hauptschiff geplant, aber wir finden interessante Varianten als indirekte Raumverknüpfungen.

So gibt es von Dominikus Böhm (1880–1955) phantasievolle Planungen zur Verbindung von Krypta und Hauptkirche in den 1920er Jahren.

Beim Plan für „Lumen Christi" von 1922, also in einer Zeit der radikalen Liturgieerneuerung, schlägt Böhm vor, Oberkirche und Krypta durch eine Lichtöffnung hinter dem Hochaltar mit dem Tabernakelturm direkt räumlich zu verknüpfen, analog zur Belichtung des Hauptschiffes von oben durch den Turm.

685–688. Entwurf Messopferkirche Lumen Christi, 1922, Arch.: Dominikus Böhm, (nicht ausgeführt). Grundrisse, Schnitte.

Projekt Messopferkirche Circumstantes, 1922
Sehr ähnlich, vor allem im Schnitt ist das Projekt Circumstantes. Hier ist die Lichtverbindung von oben nach unten aber noch intensiver dargestellt. Die Kirche und vor allem die Krypta nähern sich im Grundriss dem Ideal des Zentralraumes.

689+690. Entwurf Messopferkirche, 1922, Arch.: Dominikus Böhm, (nicht ausgeführt). Grundrisse.

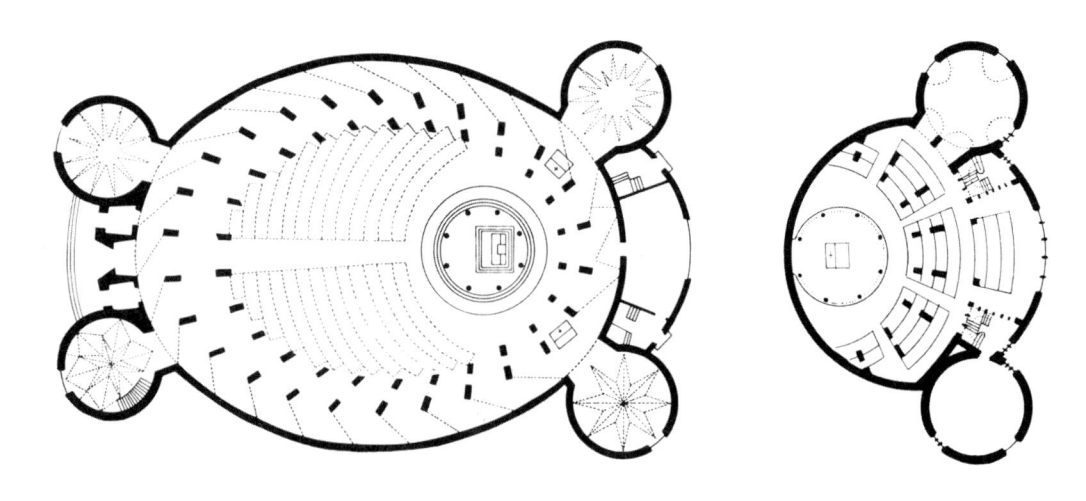

Kirche St. Josef, Hindenburg O.S./Zabrze (Polen)

Die imposante Kirche ebenfalls von Dominikus Böhm stammt aus den Jahren 1929 bis 1930 und hat unter dem Hochaltar eine Krypta, zu der rechts und links Treppen hinunterführen. Die hoch gelegene, halbkreisförmige Chorinsel ist nicht an die Außenwand herangeführt. So ist die Krypta räumlich mit dem hohen Chorraum verbunden. Die radial gestellten Pfeiler sind nur mit Bogenstellungen in den Umfassungsmauern verankert, so dass der Hochaltar mit der darunter liegenden Krypta in das Chorrund offen eingestellt ist. Hier sieht man eine Umkehrung der frühen Beispiele der Verbindung Krypta und Kirchenschiff, die als „hinten" liegende Öffnung nur zu erahnen ist. Lockend und geheimnisvoll.

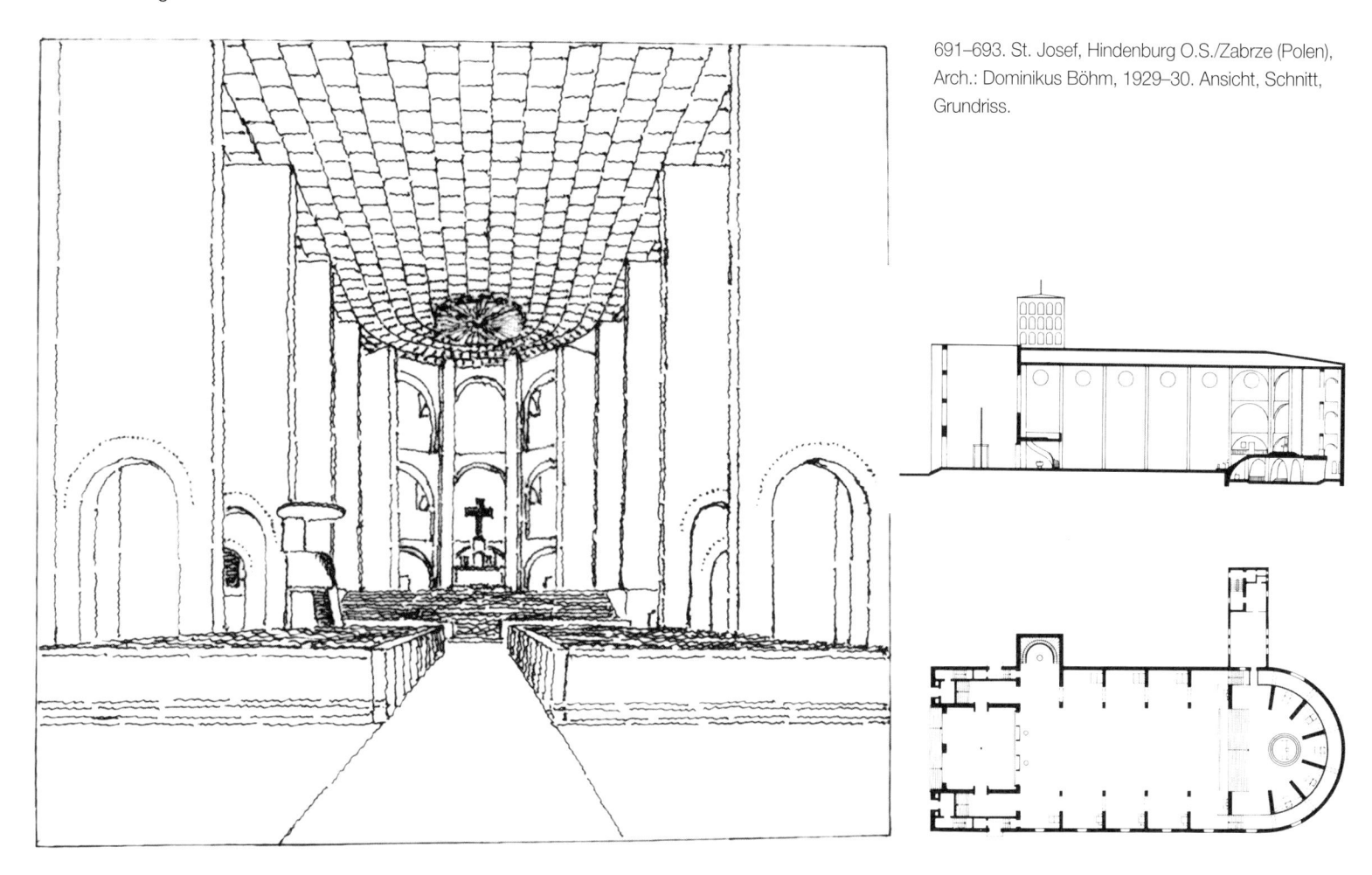

691–693. St. Josef, Hindenburg O.S./Zabrze (Polen), Arch.: Dominikus Böhm, 1929–30. Ansicht, Schnitt, Grundriss.

Heilig Kreuz, Dülmen, 1939

Der Ansatz des „Loslösens" von St. Josef in Hindenburg wird von Dominikus Böhm in Dülmen weitergeführt. Hier hat er den Hochaltar, zwischen dem Schiff und dem tiefer liegenden, aber hochragenden Chorraum mit dem Schrein der seligen Anna Katharina Emmerich in der Mitte, auf eine Brücke gestellt. Rechts und links des Altars senkt sich der Prozessionsweg in die niedrige, dunkle Krypta, deren Rückseite sich zum hohen, strahlenden Chorraum mit dem Schrein öffnet.

694+695. Dülmen, Heilig Kreuz, Arch.: Dominikus Böhm, 1939. Ansicht, Schnitt, Grundriss.

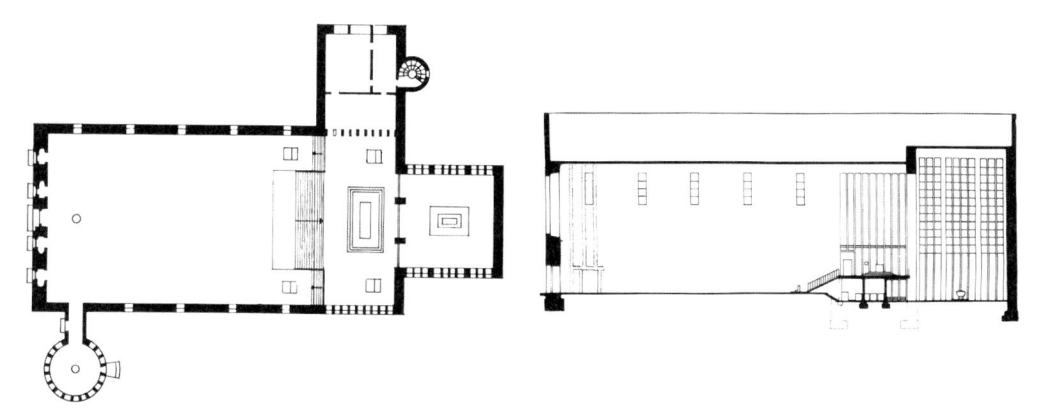

Wallfahrtskirche Neviges
Die monumentale Pilgerkirche in Neviges aus den Jahren 1962 bis 1964 hat eine kryptenartige Meditations- und Beichtkapelle, die – durch eine großzügige Deckenöffnung mit dem hohen Hauptraum verbunden – das ohnehin reiche Raumgefüge noch in den Untergrund erweitert.
„*Raum für den Empfang des Bußsakramentes ist geschaffen in der Unterkirche mit den Beichtnischen. Auch hier zeichenhafte Bedeutung: der schuldbeladene Mensch steigt hinab, gleichsam in das Bad der Wiedergeburt (Bußsakrament = zweite Taufe), und er steigt wieder hinauf, gereinigt, versöhnt mit dem Herrn und seiner Gemeinde.*"[157]

696. Neviges, Wallfahrtskirche, Arch.: Gottfried Böhm, 1962–64. Schnittskizze von Gottfried Böhm.

Verbinden durch Erhöhen und Vertiefen im Wohnungsbau
Im Wohnungsbau wird das Verbinden von Räumen durch Erhöhen und Vertiefen häufig durch Versetzen der Ebenen um ein halbes Geschoss (split-level) erreicht. Die Vorteile liegen auf der Hand: Man benötigt nur einen halben Treppenlauf zwischen den einzelnen Ebenen. Gleichzeitig ist eine offene Verbindung der Geschosse möglich. In Teilbereichen hat man eine doppelte Raumhöhe, dadurch entstehen in Verbindung mit möglichen Durchblicken interessante Raumerlebnisse.

Neben vielen Beispielen aus der Gründerzeit in der Verbindung von Vorder- und Hinterhaus begann das bewusste Anwenden des split-level Prinzips in größerem Ausmaß in den 1920er Jahren vor allem durch Le Corbusier und Hans Scharoun.

Wohnhäuser Witten Vormholz-Süd
So folgen beim Projekt Witten Vormholz-Süd die Haus-Hoftypen der Geländeneigung. Das offene mittige Treppenhaus und die versetzten Geschosse geben räumlichen Zusammenhang mit unterschiedlichen Durchblicken.

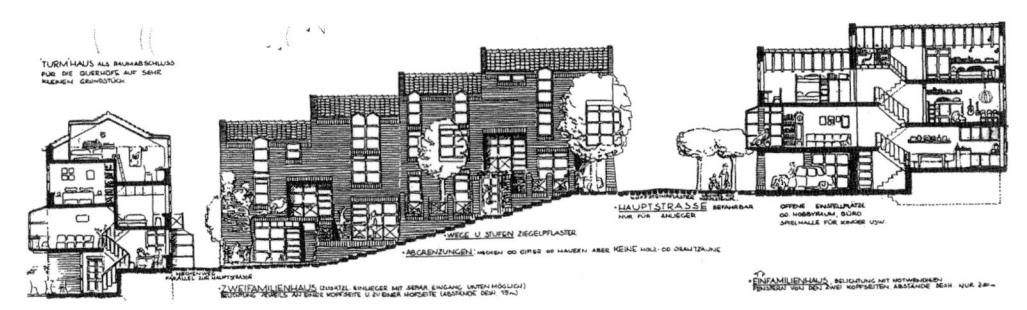

697. Witten Vormholz-Süd, Arch.: Hans Schmalscheidt, Schnittansicht.

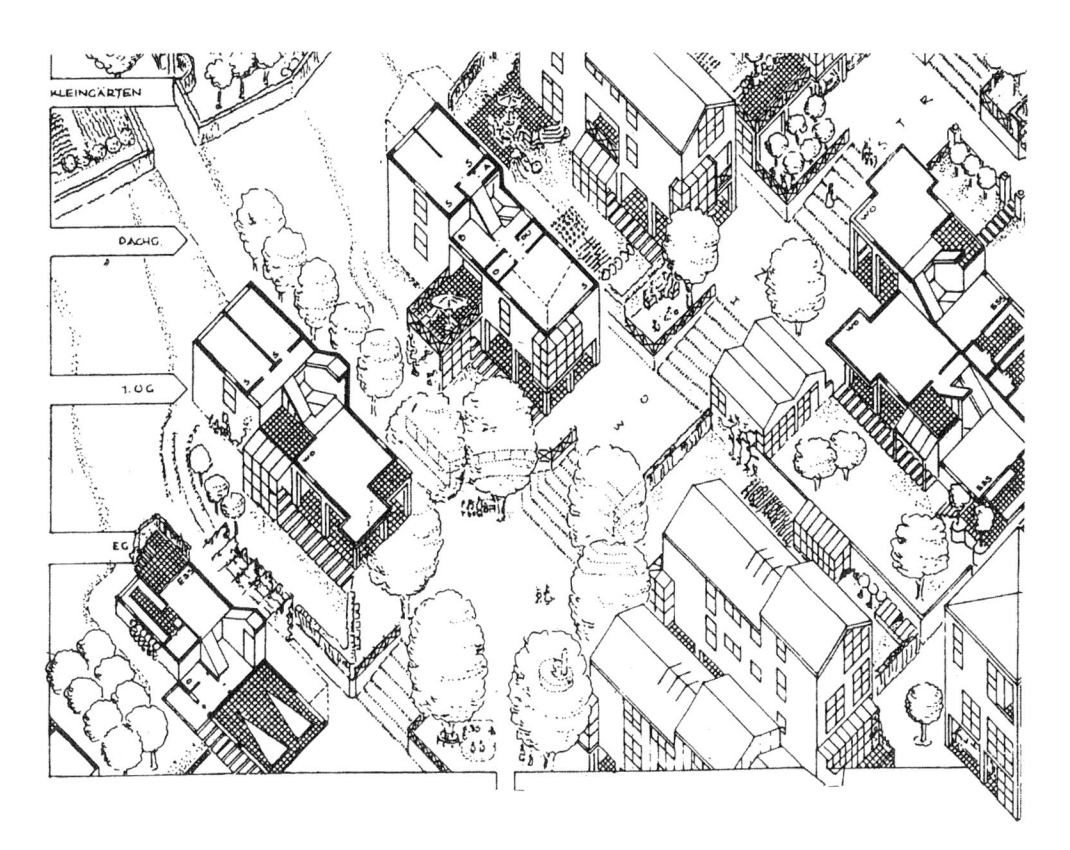

698. Witten Vormholz-Süd, Arch.: Hans Schmalscheidt, Isometrie.

Wohnhof Ziegelei, Freiburg Merzhausen

Das Projekt nutzt das Gefälle, so dass räumlich interessante Wohnungen auf versetzten Ebenen entstehen. Die vorgelagerte Wendeltreppe erlaubt einen unabhängigen Zugang auf drei Ebenen. So ist eine große Nutzungsvielfalt möglich: Vom Bewohnen als ganzes Haus bis hin zu mehreren eigenständigen Wohnungen unterschiedlicher Größe.

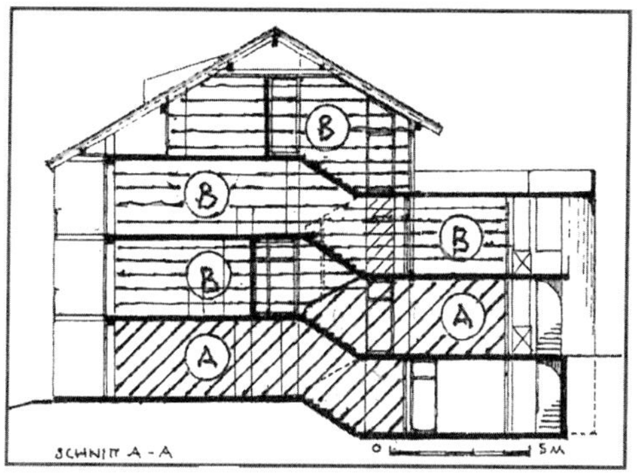

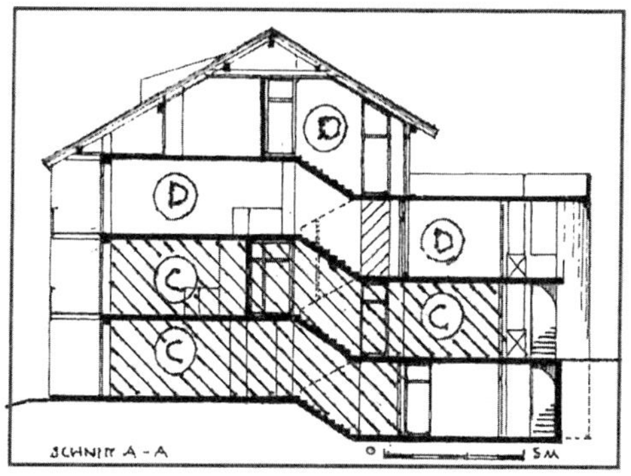

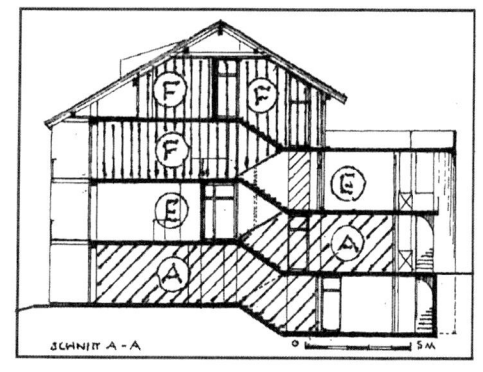

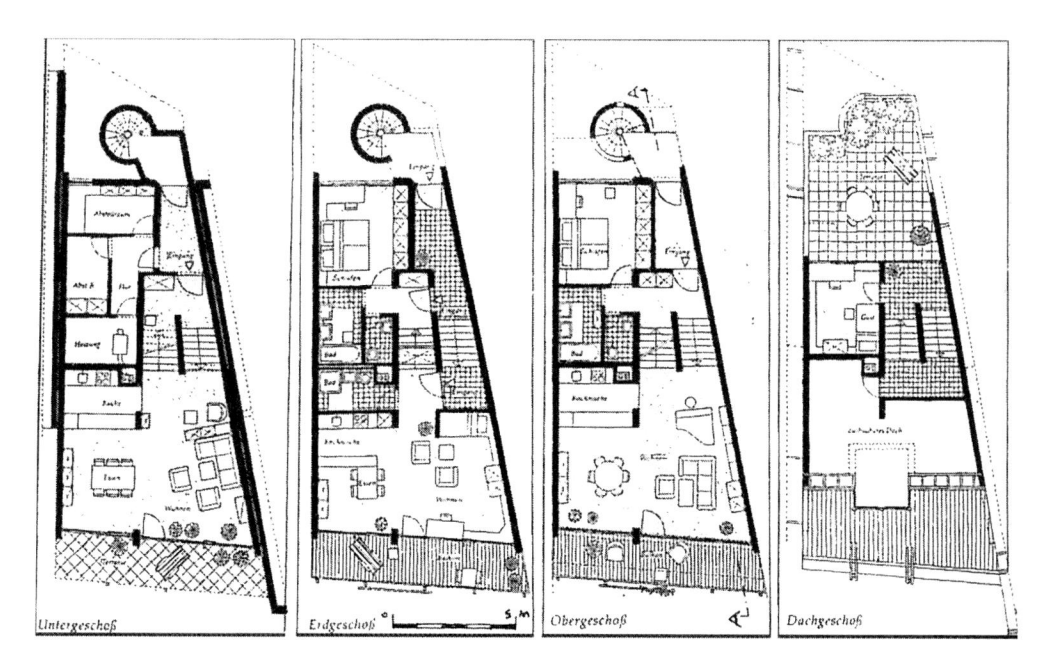

699–705. Freiburg Merzhausen, Wohnhof Ziegelei, Arch.: Peter Disch, 1980. Schnitte mit Wohnungszuordnung, Grundrisse.

Villa in Carthago, Tunesien

Bei seinem Projekt für Tunesien musste Le Corbusier für die besonderen Witterungsbedingungen Nordafrikas eine architektonische Lösung finden. *„Die Aufgabe bestand darin, die Sonne abzuhalten und dem Haus eine konstante Durchlüftung zu sichern. Wie der Schnitt zeigt, wurde sie auf folgende Weise gelöst: das Haus wurde mit einem Sonnenschirm versehen, der den Zimmern Schatten spendet. Die Räume stehen vom Erdgeschoss bis zum Dach miteinander in Verbindung, so dass eine konstante Luftzirkulation entsteht."*[158]

[157] Reifenrath; Böhm 1969, S. 10.
[158] Boesiger ; Girsberger 1967, S. 49.

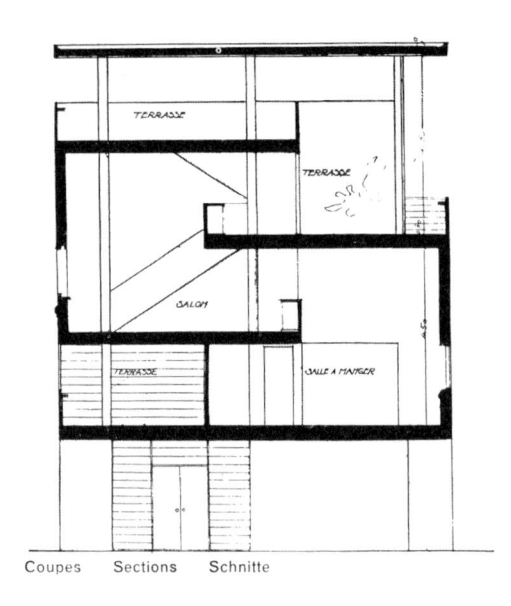

706+707. Villa in Carthago, Arch.: Le Corbusier, 1928. Schnitt, Entwurfsskizze.

Wohnheim auf der Werkbundausstellung, Breslau
Scharoun plant für die Breslauer Werkbundausstellung 1929 ein Wohnheim mit Appartements für eine (rechts) und zwei (links) Personen auf kleinstem Raum, aber mit versetzten Ebenen für Wohnen und Schlafen. Die Einheiten wirken so recht großzügig. Die gebündelte Erschließung erfolgt durch den zwischenliegenden Außengang. 1929 war diese Lösung aufsehenerregend. Die Anlage ist heute ein Hotel.

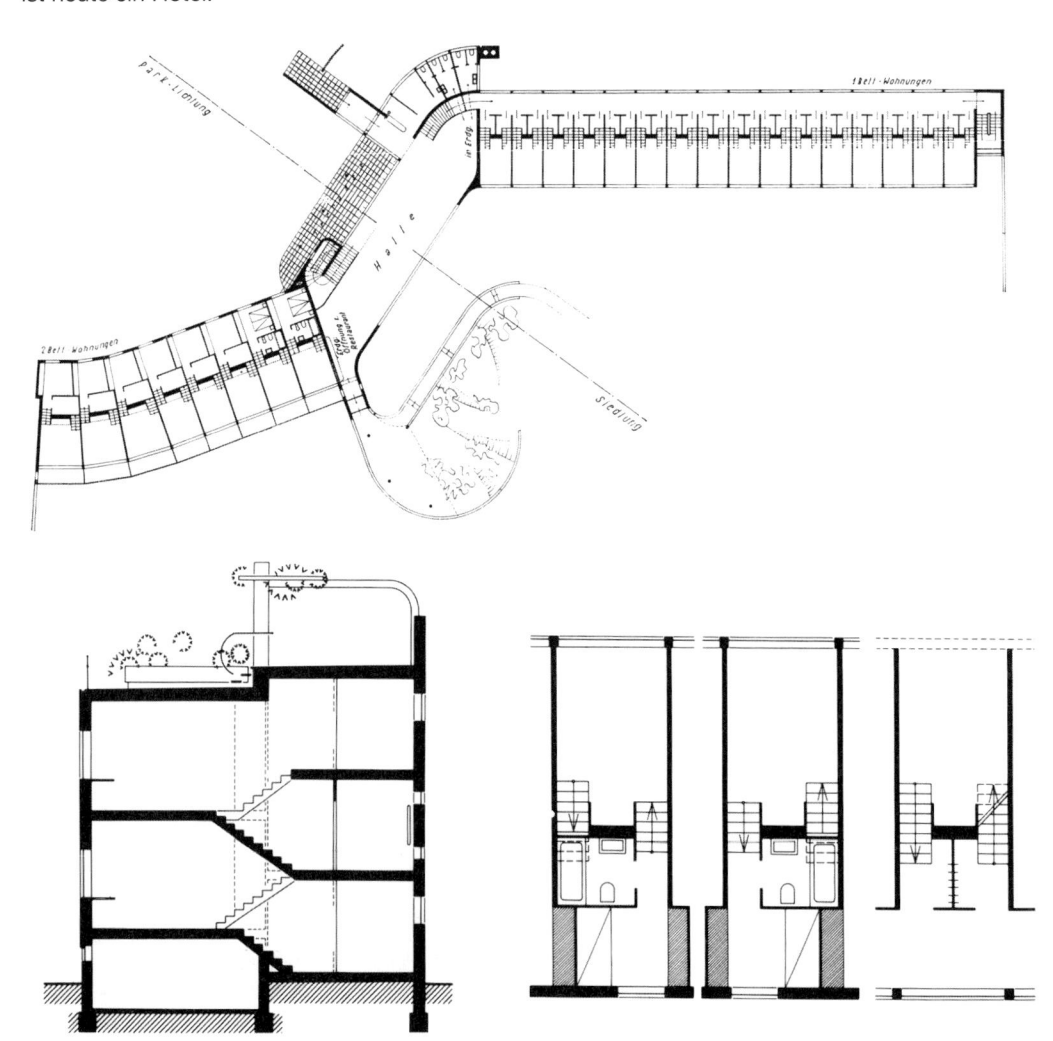

708–712. Wohnheim auf der Breslauer Werkbundausstellung, Arch.: Hans Scharoun, 1929. Grundriss, Schnitt, Typgrundrisse.

L'Unité d'habitation, Marseille

In seinen berühmten Unitées verschränkt Le Corbusier jeweils zwei Maisonettewohnungen um eine Innenstraße genannten Flur. Zur Fassade hin sind die Wohnräume doppelgeschossig, die Elternzimmer öffnen sich galerieartig in den hohen Raum. Das Ober- und das Untergeschoss verschränken sich und geben trotz sparsamer Ausbildung ein Gefühl räumlicher Großzügigkeit. Die Innenstraßen sind leider kaum natürlich belichtet und wirken so beengend.

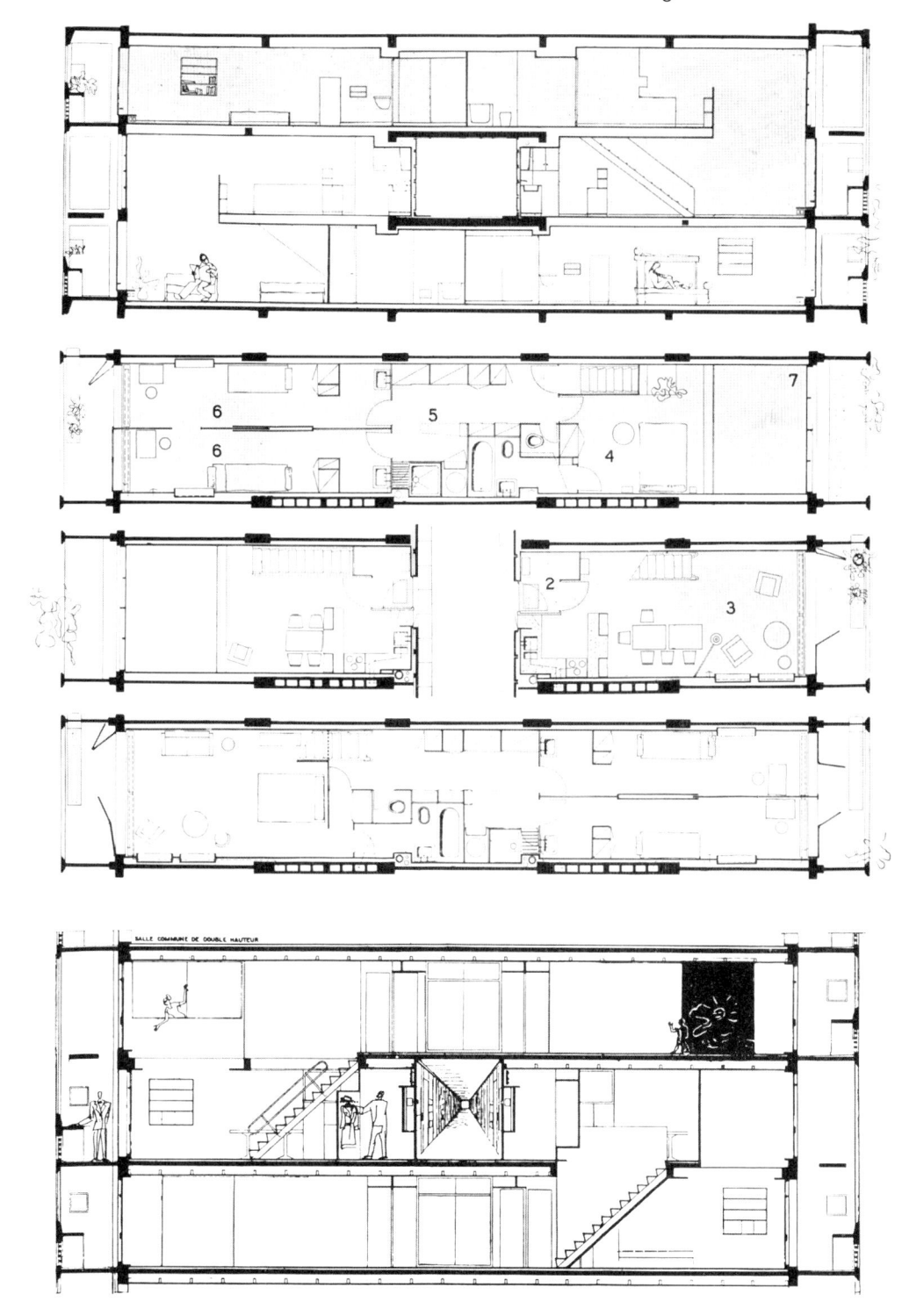

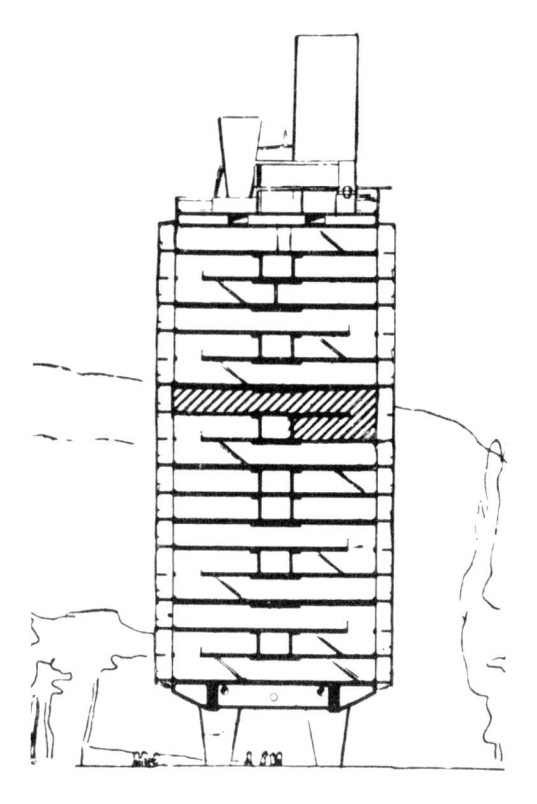

713–719. Marseille, Unité d'habitation, Arch.: Le Corbusier, 1947–52. Grundrisse, Schnitte, Systemschnitt. (1) Innere Straße, (2) Entrée, (3) Wohnraum mit Küche, (4) Elternzimmer mit Bad, (5) Schränke, Dusche für die Kinder, (6) Kinderzimmer, (7) Luftraum.

Saurer-Wohnhochhaus Unter-Neusätz, Arbon, Schweiz

Im Gegensatz zu Le Corbusier erschließt Georges-Pierre Dubois sein Wohnhochhaus für die Saurer AG von 1959 über voll belichtete Laubengänge. Die Maisonettewohnungen sind als Split-Leveltypen ausgebildet. Die halbgeschossig versetzten Ebenen von Eingang, Erdgeschoss und Wohnraum gehen offen ineinander über mit Licht von zwei Seiten.

4½-Zimmer-Wohnung Typ D, 1:200 / 4½-room flat type D / Appartement de 4½ pièces type D

720–721. Unter-Neusätz, Arbon (CH), Wohnhochhaus Arch.: Georges-Pierre Dubois, 1962. Grundrisse, Systemschnitt.

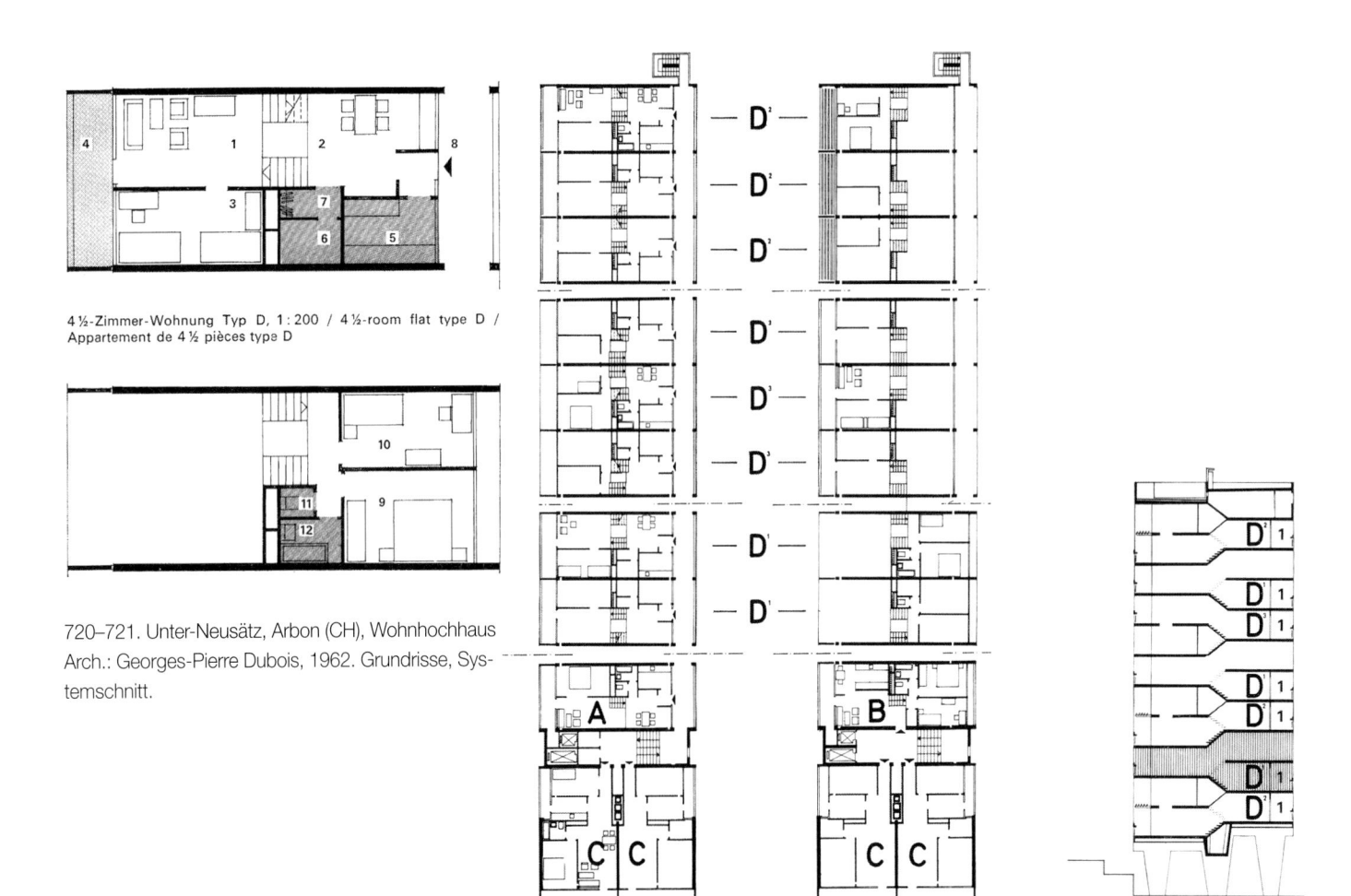

Verbinden durch Erhöhen und Vertiefen bei öffentlichen Bauaufgaben
Wettbewerb Rathaus Amsterdam

Das Gebäude, entworfen als Insel mitten in der Altstadt von den Architekten Basilius, Böhm, Finke, Grieshammer, Jaeger und Schmalscheidt, wird über Brücken mit einer öffentlichen Fuß- und Radstraße erschlossen, die mitten durch das Rathaus führt. Dieses Prinzip der offenen Erschließung ist über alle Ebenen des Bauwerks fortgeführt. Zwischen den Nutzungsbereichen und Büros sind mit Abstand jeweils halbgeschossig versetzte Erschließungswege angeordnet. So bleiben etwa die Arbeitsbereiche vom „Durchgangsverkehr" unberührt. Bei dem Entwurf verbinden sich Offenheit des Rathauses, mit räumlicher Vielfalt und spannenden Durchblicken, die durch den Versatz entstehen.[159]

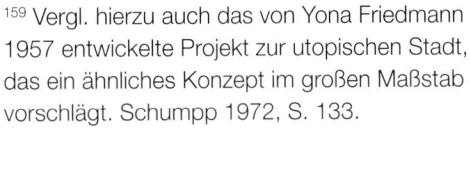

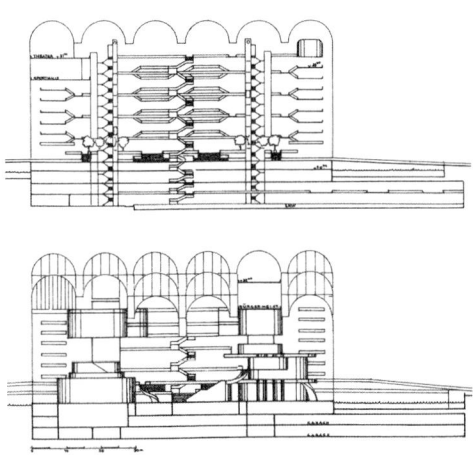

[159] Vergl. hierzu auch das von Yona Friedmann 1957 entwickelte Projekt zur utopischen Stadt, das ein ähnliches Konzept im großen Maßstab vorschlägt. Schumpp 1972, S. 133.

722–724. Rathaus Amsterdam, Wettbewerb, Arch.: Basilius, Böhm, Finke, Grieshammer, Jaeger, Schmalscheidt, 1967–76. Schnitte, Modellfoto.

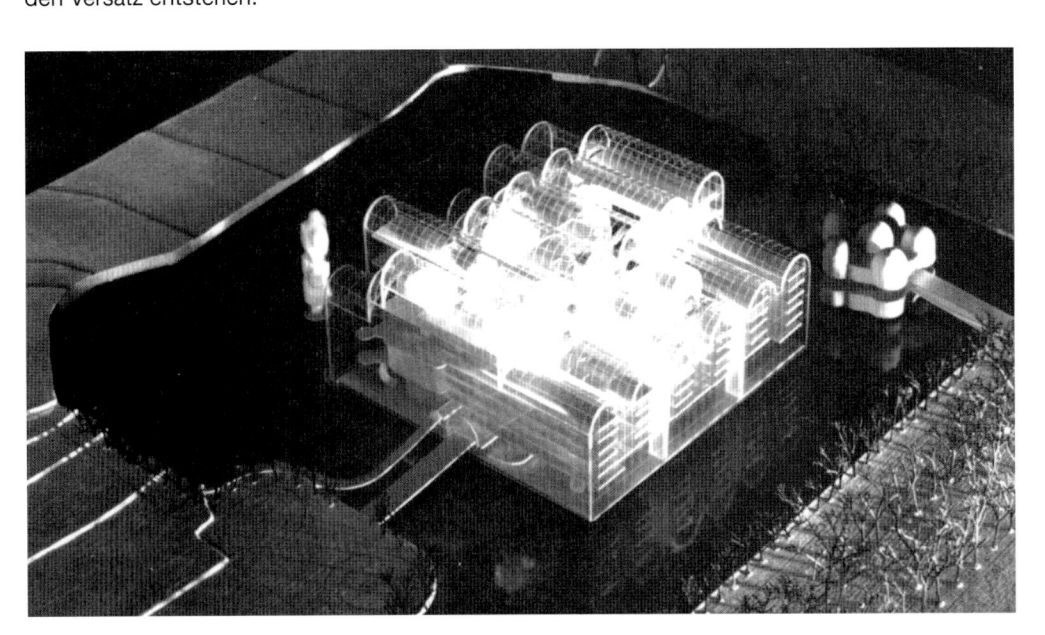

Verbindung von Oben + Unten = Einheit

Selbständige, unabhängig nutzbare übereinander liegende Räume, die durch eine Deckenöffnung zu einem Gesamtraum verbunden sind, diese Anordnung zeigen im Mittelalter zahlreiche Burgkapellen, später auch „normale Kirchen. Bei den Burgkapellen bot dieser Bautyp nach dem Vorbild der Aachener Pfalzkapelle die einfache Möglichkeit, beim Gottesdienst die sozialen Schichten zu trennen (meist oben die Herrschaft – unten das Gesinde) und zugleich zu verbinden als Paradox einer Klassengesellschaft.

Später ging es eher darum, Werktags- und Sonntagskirche zu trennen und doch einen erlebbaren Raumzusammenhang zu haben (z. B. die Hedwigskathedrale in Berlin) oder Orte spezieller Verehrung in Verbindung mit dem Hauptraum anzubieten. Allen Beispielen ist gemeinsam ein reiches, manchmal geheimnisvolles Raumerlebnis mit Durchdringungen. Auch so lebt Architektur.

Schema der unterschiedlichen Raumkombinationen:

1		- Freyburg	Quadrat mit mittlerer Öffnung
2		- Eger - Nürnberg - Landsberg	Quadrat mit mittlerer ungerichteter Öffnung und Apside
3		- Rheda	Quadrat mit längs gerichteter Doppelöffnung
4		- Regensburg, St. Ulrich	Rechteck mit mehrjochiger Öffnung
5		- Schwarzrheindorf	Ungerichtete achteckige Öffnung in der Vierung
6		- Aachen - Ottmarsheim - (Vianden)	Vieleckiger Zentralbau mit vieleckiger ungerichteter Öffnung und Apsis
7		- Segovia	Vieleckiger Zentralbau mit eingestellter Kapelle als Umkehrung
8		- Berlin, St. Hedwig	Zentralbau mit Mittelöffnung nach unten
9		- Rom, St. Peter	In Mitte des verlängerten Zentralbaus eingetiefte Confessio unter Papstaltar

Doppelkapelle, Burg Neuenburg, Freyburg
Ein erstes bescheidenes Beispiel verbindet mit einer kleinen, eher symbolisch zu sehenden vergitterten Öffnung die übereinander liegenden Kapellenräume: unten Taufkapelle und Gesinde, oben die Herrschaft.

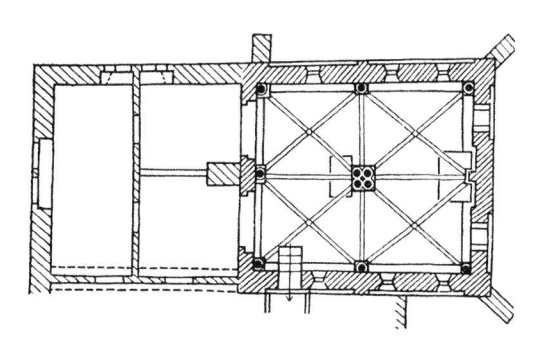

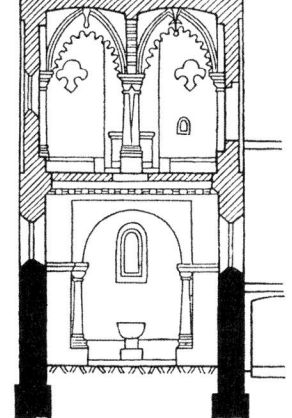

725+726. Freiburg an der Unstrut, Doppelkapelle, Burg Neuenburg, Grundriss, Schnitt.

727+728. Freiburg an der Unstrut, Doppelkapelle, Burg Neuenburg, 1170/75. Ansicht Außen, Ansicht Innen.

Doppelkapelle, Cheb (Eger), Tschechien
In der Burg von Eger (*Chebský hrad*) befindet sich freistehend eines der bekanntesten Beispiele doppelstöckiger Kapellen (um 1180). Beide Kapellen haben ihren eigenen Altarchor. Beide Schiffe stehen in der Mitte durch eine 2,3 x 2,7 m messende Öffnung miteinander in Verbindung.

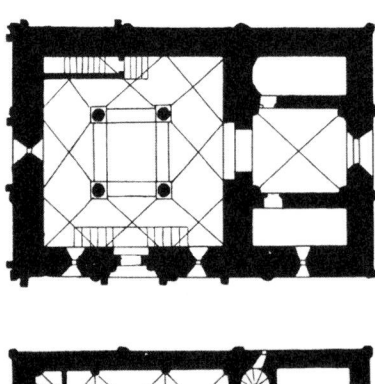

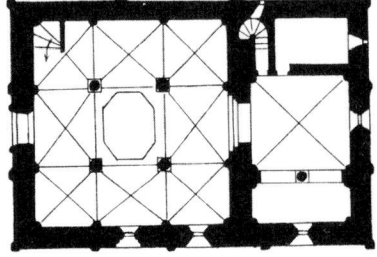

729–732. Eger, Tschechien, Doppelkapelle, 1179–88. Ansicht Innen, Grundrisse, Schnitt.

Burgkapelle, Nürnberg

Die in der zweiten Hälfte des 12. Und ersten Hälfte des 13. Jahrhunderts entstandene quadratische Kapelle mit Altarnische wird durch vier Säulen in neun Gewölbefelder geteilt. Das mittlere Feld der unteren Kapelle ist offen, so daß zwischen der Gesindekapelle und der Herrschaftskapelle eine räumliche Verknüpfung entsteht.

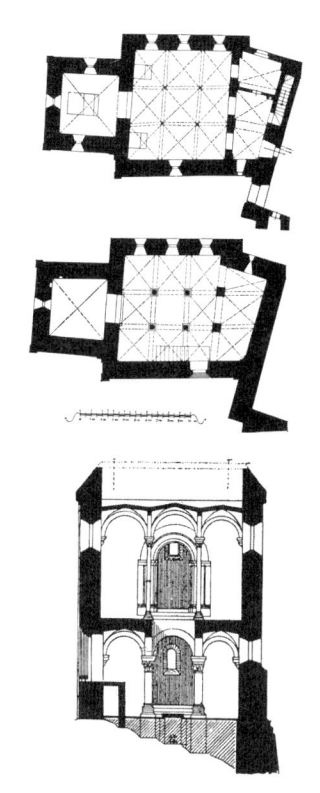

733–737. Nürnberg, Burgkapelle, Ansicht Außen, Ansicht Innen, Grundrisse, Schnitt.

Doppelkapelle St. Crucis, Landsberg

Die Doppelkapelle in einem freistehenden turmartigen Gebäude ist „*ein Kleinod der spätromanischen Architektur im ö[stlichen] Mitteldeutschland, um 1170 entstanden.*"[160] Durch den zentralen Raumschacht entsteht der Eindruck eines Zentralbaus, obwohl es sich in beiden Geschossen um einen Richtungsbau handelt.[161] Ursprünglich war die Kapelle durch einen Übergang im 1. OG mit der heute zerstörten Burg verbunden.

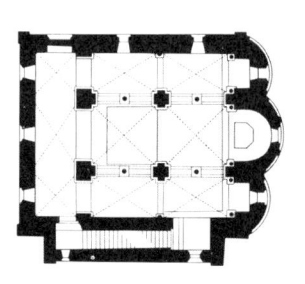

738–740. Landsberg, Halle, Doppelkapelle St. Crucis, um 1300. Grundriss, Schnitt, Ansicht Innen.

Kapelle im Schloss, Rheda

„*Der bedeutende Tor- und Kapellenturm [...] entstand um 1230 und gehört zu den eigenwilligsten Architekturwerken Westfalens. Er ist viergeschossig und nimmt in der Mitte eine doppelgeschossige Kapelle auf [...]. Der innere Teil der Kapelle erstreckt sich auf einer Breite von zwei Jochen über beide Geschosse, an drei Seiten von Emporen hinter kräftigen Pfeilern eingefaßt [...], im Osten befindet sich der Altarraum mit seitlichem Herrschaftssitz über der Sakristei.*"[162]

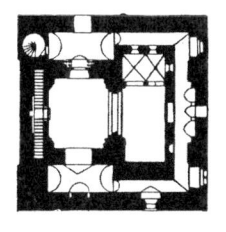

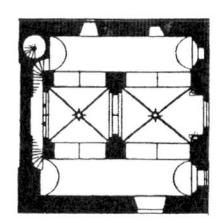

741–744. Rheda, Kapelle im Schloss, 1230. Grundrisse, Schnitte.

[160] Dehio 1976, S. 242.
[161] Vergl. hierzu Dehio 1976, S. 243.
[162] Großmann 1989, S. 70.

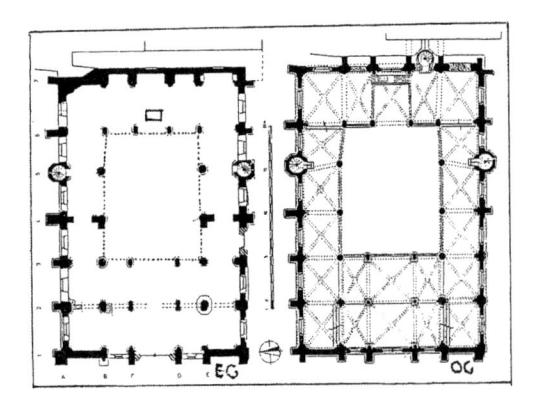

745–747. Regensburg, Ehemalige Dompfarrkirche St. Ulrich, 1225–1240. Grundrisse, Ansicht nach Osten, Ansicht nach Westen.

Ehemalige Dompfarrkirche St. Ulrich, Regensburg
Die große Kirche neben dem Regensburger Dom hat eine komplizierte Baugeschichte, die ursprüngliche Funktion ist aufgrund mehrfacher Planänderungen weitgehend ungeklärt. Der heutige doppelgeschossige Raum beeindruckt mit seiner großzügigen Mittelöffnung. „In der Konzeption als Doppelkirche wie in der Umformung zur Pfarrkirche ein singulärer Bau, eines der bemerkenswertesten Beispiele für die Entfaltung der frühen Gotik in Deutschland und ihre originelle Umsetzung der französischen Vorbilder."[163]

Schwarzrheindorf
Die Kirche steht mächtig in der Rheinebene, unweit des Flusses. Sie wurde 1154 geweiht und um 1170 mit einem Nonnenchor verlängert. „*In zwei Geschossen stehen kreuzförmige Kapellen übereinander, die obere für den Burgherrn, die untere für das Gefolge. [...] Eine achteckige Öffnung in der Wölbung setzt die Räume in einen eigentümlichen Bezug: Der Burgherr kann zum unteren Altar schauen, bleibt aber den Versammelten verborgen.*" Der Herrschaftsanspruch des Burgherren wird in der Kapelle durch eine Vielzahl architektonischer Zitate belegt: „*Die achteckige Öffnung erinnert an die oktogonale Kaiserkirche Karls d. Gr. in Aachen; Säulen, Kapitelle und Muldennischen [...] vergegenwärtigen fortwährend als anschauliche Hoheitsformen die kaiserlich-römische Antike. [...] Die im wesentlichen erhaltenen Wandmalereien intensivieren und steigern dies durch ihre Zeichnung und spannungsgefüllte Farbigkeit (Rot, Blau, Gelbocker, Grün).*"[164]

748–751. Schwarzrheindorf, Doppelkapelle, (1154 geweiht, um 1170 verlängert für Nonnenchor). Ansicht, Grundrisse, Schnitt.

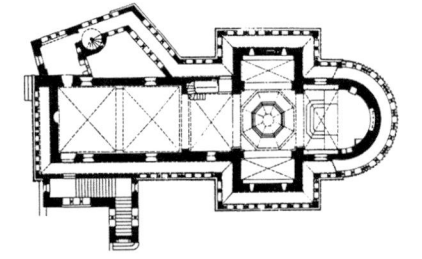

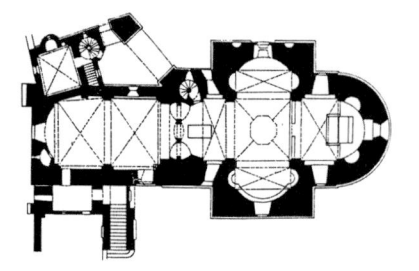

[163] Dehio 1991, S. 550.
[164] Günter 1979, S. 82.

Pfalzkapelle, (Münsterkirche), Aachen

Ein erstes Beispiel für eine räumlich verbundene Ober- und Unterkirche findet sich im karolingischen Münster zu Aachen (9. Jahrhundert). Die Doppelgeschossigkeit der Kirche hat Vorbildcharakter für alle Palastkirchen erlangt. Siehe Auch das dazu gehörige Fazit auf Seite 249.

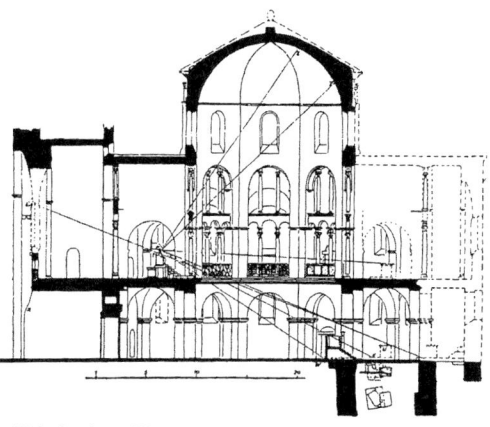

Ottmarsheim (Elsaß)

Die Nonnenstiftskirche wurde nach dem Vorbild der Aachener Pfalzkapelle erbaut als Gegensatz zu den im Allgemeinen rechteckigen Burgkapellen, hier mit einem räumlich ausgefeilten hohen Zentralraum unter einer Kuppel. Die Oberkirche – wohl für die Nonnen – ist mit nach innen steigenden Tonnen gewölbt, die räumlich die Orientierung auf die Mitte verstärken und statisch wie Strebepfeiler wirken.

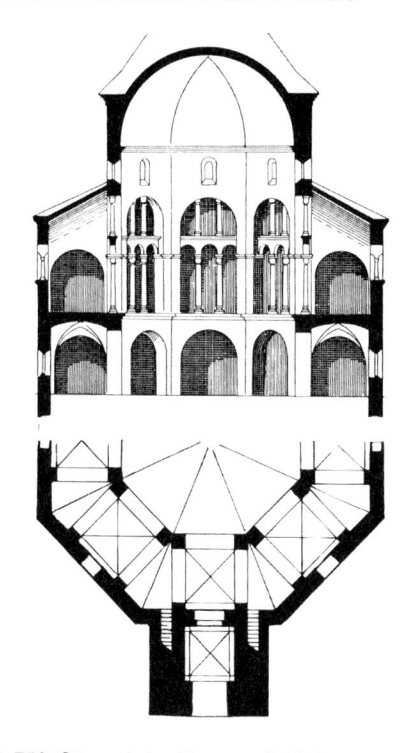

752. Aachen, Pfalzkapelle, Zustand um 800. Schnitt Ost-West mit den Sichtlinien des Herrschers.

Vianden, Luxemburg

Die in den 1970er Jahren stark restaurierte Burg ist eine der schönsten und größten feudalen Residenzen der romanischen und gotischen Zeit in Europa. Palas und Doppelkapelle wurden Ende des 12./Anfang des 13. Jahrhunderts erbaut, hier mit vieleckigem Grundriss auf dem Unterbau des ursprünglichen Wohnturms. Über den massiven Stützen der Unterkapelle stehen die eleganten zweigeschossigen Säulen der Oberkapelle. Der Blick aus der Unterkapelle nach oben zeigt einen phantastischen, fast unwirklichen Raumeindruck für „die da unten". 1 + 1 als Repressionsarchitektur?

753–756. Ottmarsheim, Nonnenstiftskirche, 1049. Ansicht Innen, Ansicht außen, Schnitt, Grundriss.

757–759. Vianden, Luxemburg, Burgkapelle Ansicht Oberkapelle, Ansicht außen, Schnitt.

Kathedrale St. Hedwig, Berlin

Die bisherigen Beispiele zeigen die räumliche Verbindung zweier gestapelter Kapellen oder Kirchen durch eine Deckenöffnung. Eine Umkehrung dieses Prinzips kann man am Nachkriegswiederaufbau der St. Hedwigs-Kathedrale in Berlin durch Hans Schwippert beobachten:

Das Erdgeschoss der Kirche unter der großen Kuppel ist in der Mitte kreisförmig geöffnet in eine untere Rundkirche, die umgeben ist von einem Kapellenkranz (Reste alter Kasematten). Die Erweiterung durch die Unterkirche antwortet jetzt auf die Rundung der Kuppel, dadurch bildet die Kathedrale eine doppelte räumliche Einheit.

Leider wurde diese wegweisende Lösung vor kurzem zerstört.

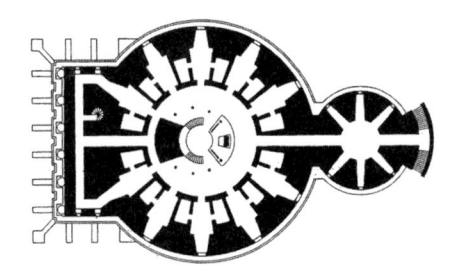

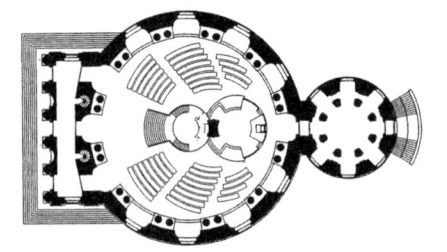

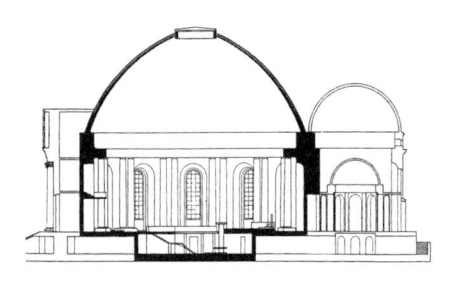

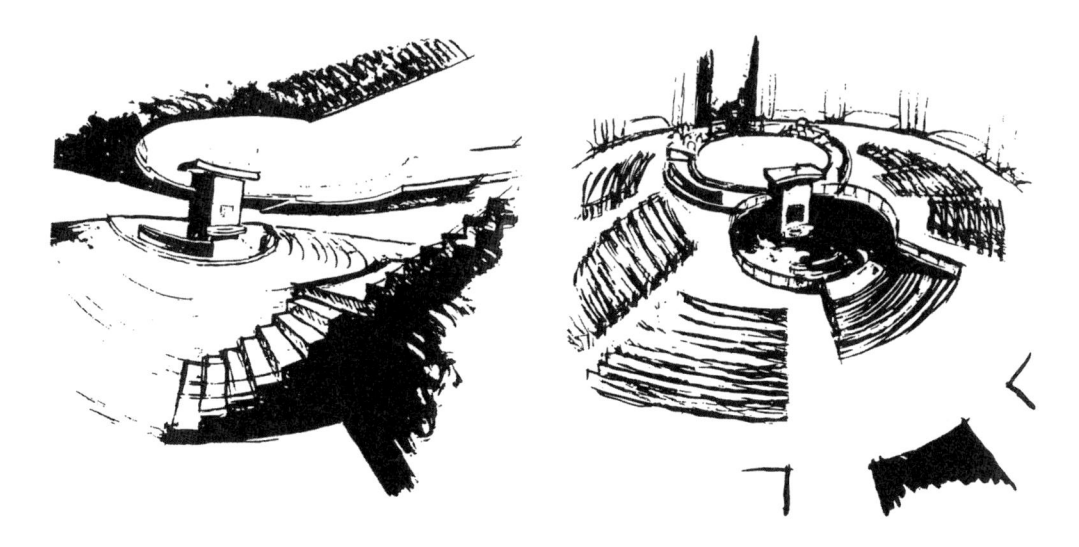

760–764. Berlin, St. Hedwigs-Kathedrale, Umbau Hans Schwippert, 1963. Grundrisse, Schnitt, Entwurfsskizzen.

St. Peter, Rom

St. Peter in Rom zeigt ein großartiges Beispiel der Verbindung selbständiger Räume in zwei Ebenen: Unter dem höher gelegenen Papstaltar die teiloffene tiefer liegende Confessio mit dem Petrusgrab. Diese doppelschichtige Anlage wird noch gesteigert durch den gewaltigen Baldachin Berninis als Haus im Haus.

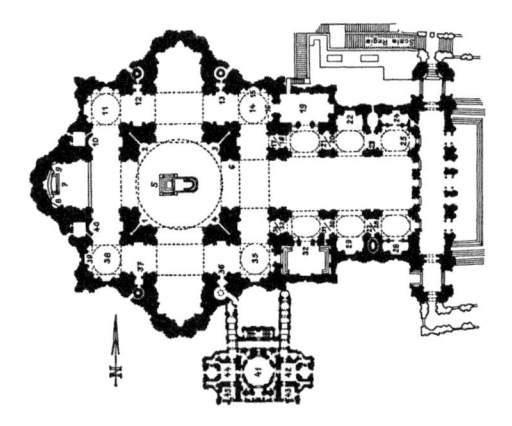

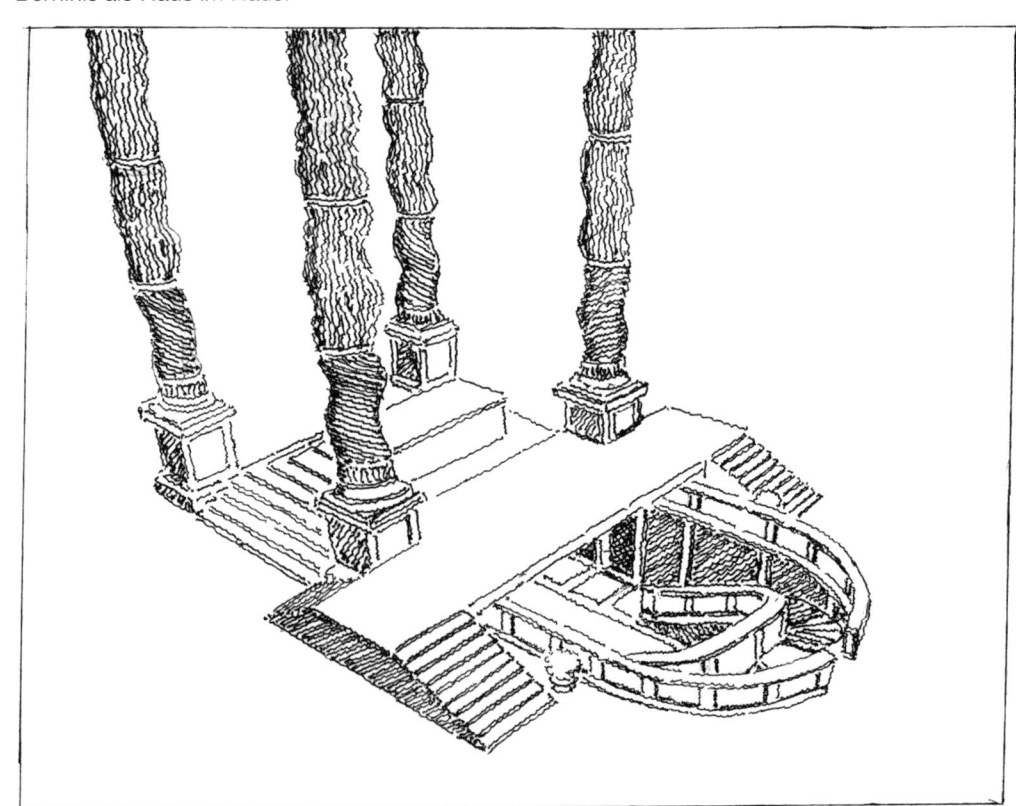

765+766. Rom, St. Peter, Grundriss, Skizze Petrusgrab mit Baldachin.

Innenplätze – Innenstraßen: Palladio und die Folgen

Zusammenfassen und Verbinden von selbständigen Bauteilen und Bauten zu einem größeren Ganzen findet natürlich nicht nur im Außenraum, an öffentlichen Straßen und Plätzen statt, sondern auch im Inneren, in überdeckten Räumen. Das frühe klassische Vorbild dafür zeigt Andrea Palladio mit der Villa Rotonda (1566).

[165] Palladio 1983, S. 132.
[166] Palladio 1983, S. 163.

Villa Rotonda, Vicenza
In das begrenzte Quadrat mit vier „Stadttoren" ist mittig ein kreisrunder Saal eingestellt, die Zwickel bieten Raum für vier unabhängig zu nutzende „Häuser" mit Haustüren, Treppen und Loggien zum zentralen Platz hin. Die Fenster der Häuser sind sowohl auf die vier Innenstraßen als auch auf die Landschaft hin orientiert, denn „[d]*ie Lage gehört zu den anmutigsten und erfreulichsten, die man finden kann. [...] Da man von jeder Seite wunderschöne Ausblicke genießt, worunter einige die nahe Umgebung erfassen, andere wiederum weiter reichen und wieder andere erst am Horizont enden.*"[165]

Insgesamt schuf Palladio hier einen Grundriss, der in seiner Klarheit und Selbstverständlichkeit wohl kaum zu übertreffen ist. Auf ihn trifft wörtlich seine Feststellung zu, dass „*[...] die Stadt gewissermaßen nichts anderes als ein großes Haus und – dementsprechend – ein Haus eine kleine Stadt ist.*"[166]

Dieser – so darf man wohl sagen – Paukenschlag Palladios (auch mit ihrem Landschaftsbezug) fand ein weltweites Echo und ist bis heute wirksam geblieben, wie die nachfolgenden Beispiele andeuten. So wurde die Anordnung: Mittelsaal = zentraler Platz ganz bewusst mit darum gruppierten unabhängigen Pavillons beim Bau vor allem von Lustschlössern in der Zeit des Barocks und auch des Klassizismus gewählt.

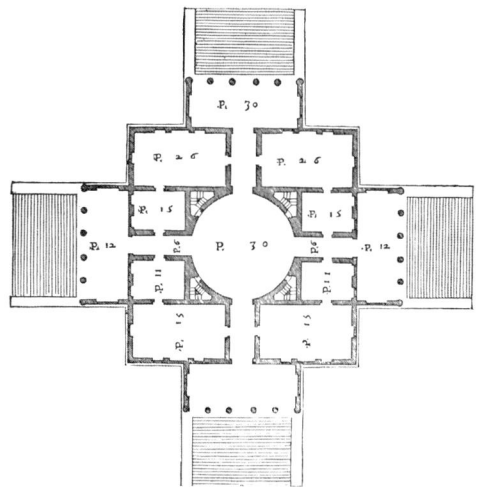

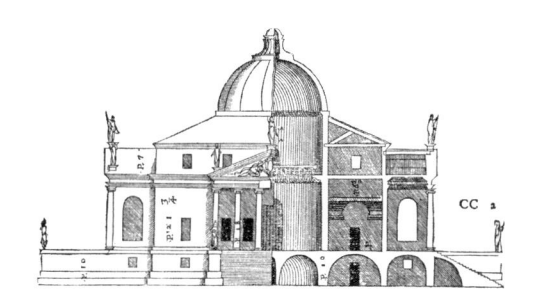

767–769. Vicenza, Villa Rotonda, Arch.: Andrea Palladio, 1566. Skizze Eingangsachse, Grundriss, Schnittansicht.

Schloss Favorite, Ludwigsburg
Der durch vier Ecktürmchen flankierte zentrale Baukörper beherbergt in seinem Inneren einen großen Saal. In den Ecken befinden sich vier eingeschossige Eckpavillons. Das ganze Gebäude steht auf einem Sockel, der zwischen den Pavillons zu vom Saal aus zugängliche Terrassen gestaltet ist. An die Südterrasse schließt sich eine zweiläufige reich geschwungene Freitreppe an.

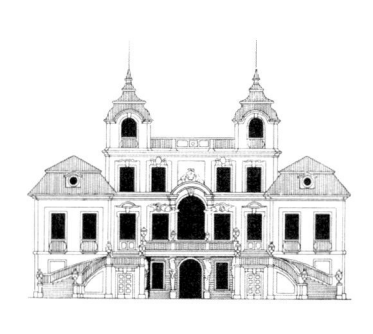

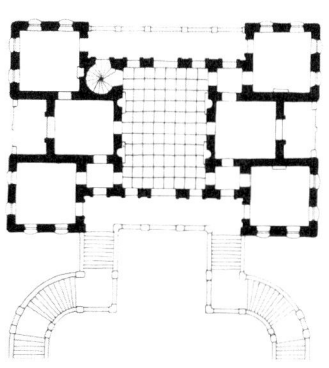

770+771. Ludwigsburg, Schloss Favorite, Arch.: Donato Giuseppe Frisoni, 1717–23. Ansicht, Grundriss.

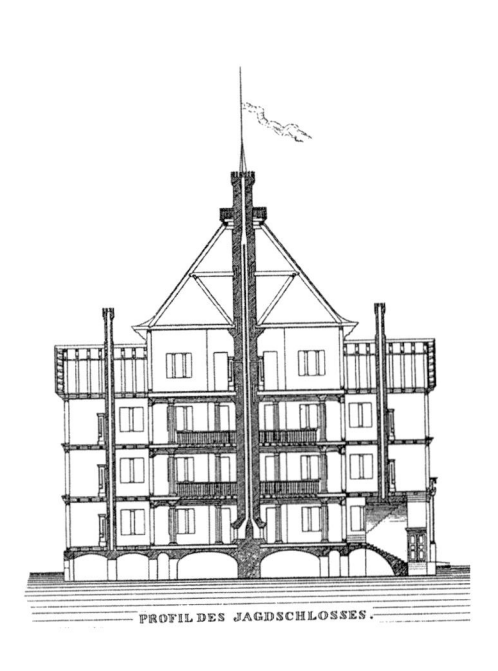

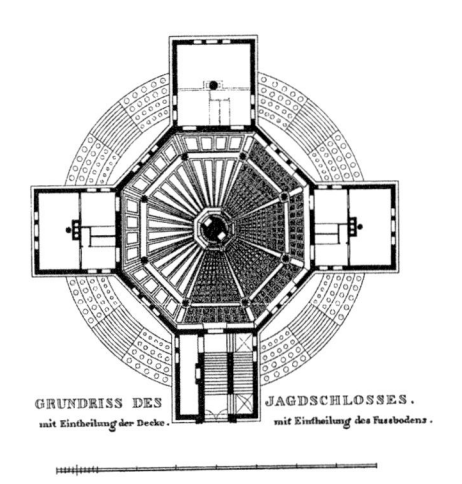

772–775. Jagdschloss Antonin bei Ostrawa, Polen, Arch.: Karl Friedrich Schinkel, 1822–24. Schnitt, Ansicht, Grundriss, Innenansicht.

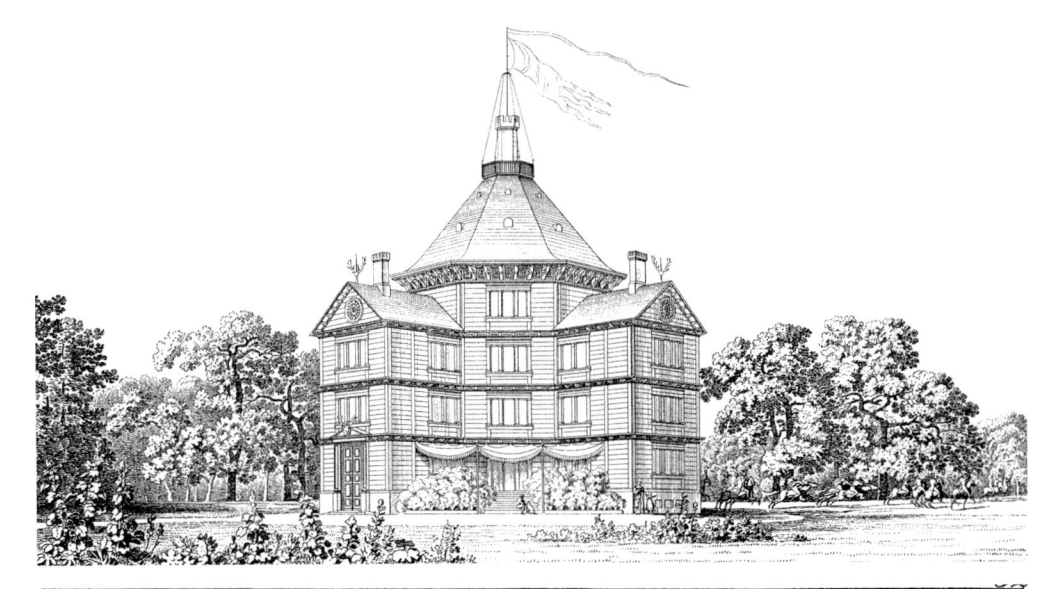

Jagdschloss der Fürsten von Radziwill, Antonin bei Ostrawa, Polen
Auch hier eine Palladio-ähnliche Disposition des Grundrisses: Eine Anlage mit vier Pavillons um einen zentralen dreigeschossigen Saal. Die Wohnräume in den Pavillons sind über den im Süden liegenden Eingangs- und Treppenturm über umlaufende Galerien unabhängig erschlossen. Die mächtige Kaminsäule in der Mitte ist als zentrales „Platzmonument" mit Jagdtrophäen geschmückt. Die Zwickel öffnen sich auf Terrassen. Schloss Antonin hat als Holzbau fast unbegreiflicherweise alle Kriege und Krisen überstanden und ist heute ein Hotel.

Der ideale Bauernhof „Scheune", Entwurf

Die Revolutionsarchitekten, davon vor allem Claude Nicolas Ledoux, waren von dem Ansatz, „geometrische Strenge mit symbolischem Funktionalismus und romantischem Naturgefühl zu verbinden" (A. Vidler), begeistert. So entwickelte Ledoux in direkter Nachfolge Palladios zahlreiche Idealentwürfe vor allem für „moderne" Bauernhöfe im Umkreis seiner Salinenstadt Chaux.

Bei der „Scheune" handelt es sich tatsächlich um einen Gemeinschaftsbauernhof, gebildet aus vier unabhängigen dreigeschossigen Einheiten um eine kreuzförmige verbindende Mitte als gemeinsame Lager- und Mehrzweckfläche mit Einfahrten von allen Seiten. Darum liegen die Ställe und Scheunen. Die vorspringenden Ecken sind als Quadrate für je vier Wohnungen ausgebildet, verbunden durch Umgänge. „*Ledoux funktioniert den herkömmlichen in ein zentral angelegtes landwirtschaftliches Produktionszentrum um. […] Formal stellt das Haus eine Standardisierung des im Jura üblichen Hoftyps dar. Die nüchternen gedrungenen Formen sind der umgebenden Hügellandschaft angepasst.*"[167]

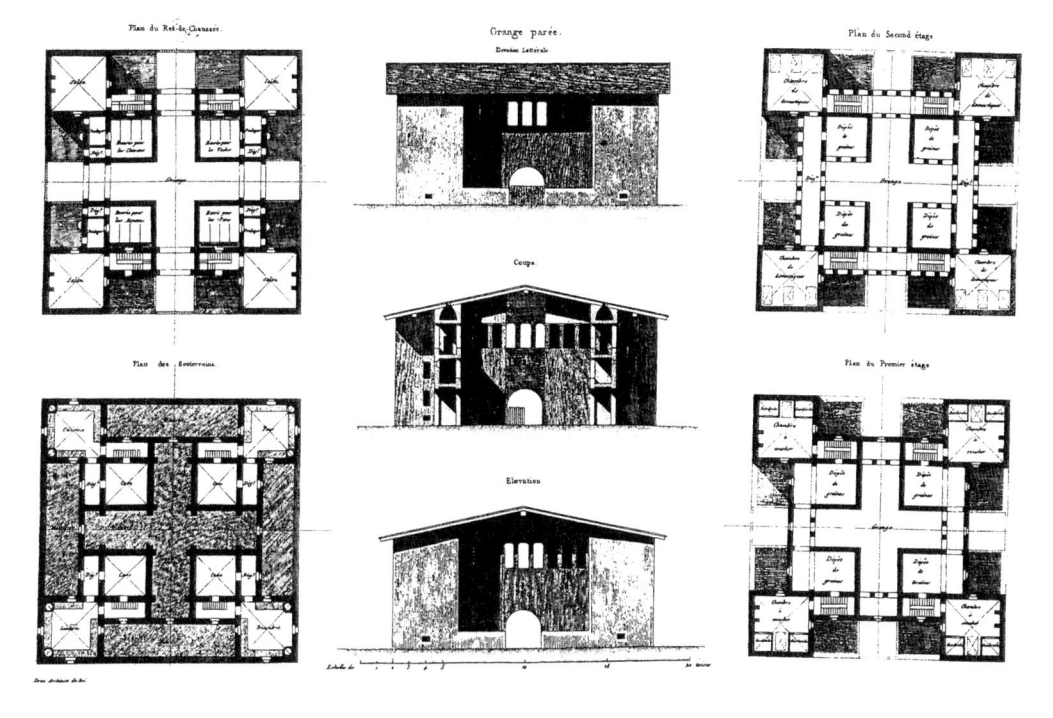

[167] Revolutionsarchitektur 1970, S. 162.

776–782. Der ideale Bauernhof, Entwurf, Claude Nicolas Ledoux, um 1775. Grundrisse, Schnitte, Ansichten.

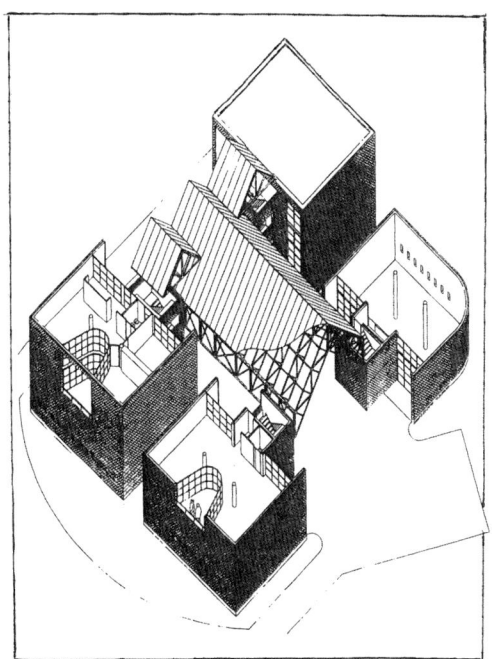

Handwerkszentrum, Balerna, Tessin, Schweiz

Auch der von Mario Botta von 1977 bis 1979 errichtete moderne Funktionsbau folgt demselben Schema: Vier quadratische, einzeln oder zusammen nutzbare Werkstattgebäude umschließen den mit einer leichten Stahl-Glaskonstruktion überdeckten Hof. Die durch den gemeinsam zu nutzenden Hof entsteht eine beispielhaft klare Industriearchitektur.

783. Balerna, Handwerkszentrum, Arch.: Mario Botta, 1979. Isometrie.

Vierspänner-Reihenhäuser, München

Auch im Wohnungsbau ist das Prinzip des Gruppierens selbständiger Einzelhäuser um eine gemeinsame Mitte als Einheit vielfach vorgeschlagen und realisiert worden.

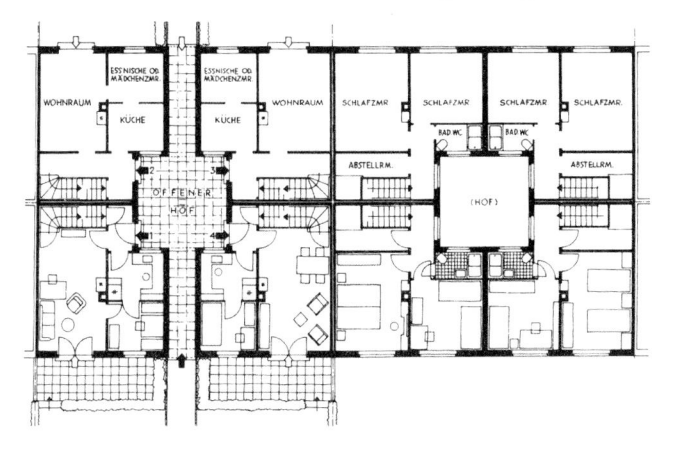

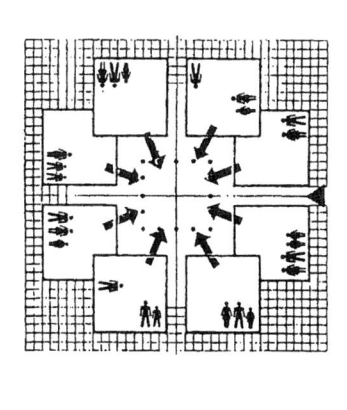

784+785. München, Vierspänner-Reihenhäuser, Arch.: Max Unglehrt, 1931. Grundrisse, Schema.

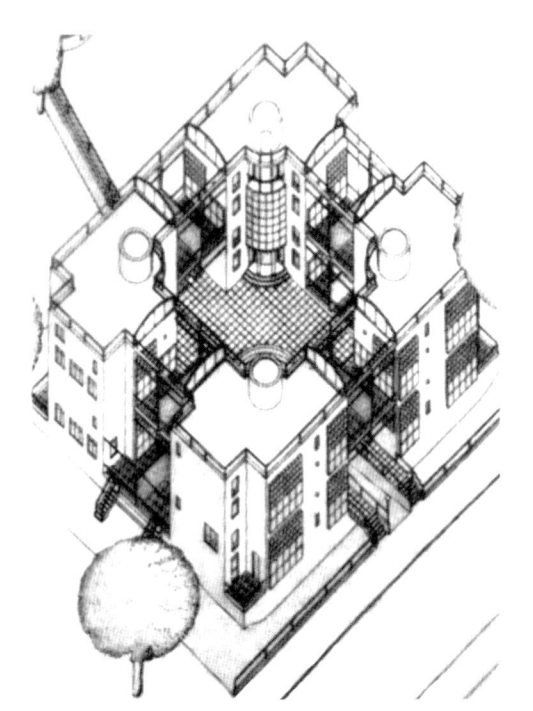

786. Berlin, Rauchstraße 19–20, Vier Stadtvillen, Arch.: Dietrich Bangert, Bernd Jansen, Stefan Scholz, Axel Schultes, 1978–82. Isometrie.

„Eine Sonderform des Reihenhauses, verwandt den namentlich in England früher häufigen »Back-to-back houses«, jedoch durch Einführung eines kleinen Binnenhofs für je vier Einheiten wesentlich verbessert, wenn auch hinsichtlich der Besonnung mit Ungleichheiten belastet."[168]

Vier Stadtvillen, Rauchstraße 19–20, Berlin
Das 1978 bis 1982 durch die Architekten Dietrich Bangert, Bernd Jansen, Stefan Scholz und Axel Schultes „extravagant gestaltete Ensemble besteht aus vier viergeschossigen Eckhäusern, die um einen quadratischen Innenhof gruppiert sind. Angestrebt wurde eine differenzierte Wechselwirkung zwischen Innen- und Außenraum, zwischen öffentlichem und privatem Bereich. [...] Die gestapelten Maisonettes sollten die Wohnqualität eines Einfamilienhauses mit den sozialen Kontaktmöglichkeiten in einem Mehrfamilienhaus verbinden."[169]

Wohndorf Les Paletuviers, Rief, Salzburg
„Das Prinzip des ‚Wohndorfes' ist baulich gesehen überraschend einfach. Einige (meist 8-12) Häuser werden ringförmig so gruppiert, dass im Kern dieser Häuser ein Atrium entsteht. Um das Atrium ganzjährig als Zentrum dieses Dorfes funktionstüchtig zu halten, besitzt es ein verschiebbares, transparentes Dach, und der Raum wird über den Fußboden kinderfreundlich beheizt. So entsteht ein kleiner, halböffentlicher, ganzjährig nutzbarer multifunktionaler Bereich, der die vielfältigen Funktionen erfüllen kann. [...] Wenn dieses, tagsüber von den Kindern zum Spieldorado verwandelte Atrium dann so attraktiv ist, dass es gelingt, Kinder vom Fernseher wegzubringen und stattdessen zum Spielen zu mobilisieren, dann soll nicht nur auf die Bedeutung dieses Raumes für Kinder hingewiesen werden."[170]

Die drei Wohngruppen als Einheiten aus je acht Häusern sind durch ihre Gruppierung um einen offenen Hof nochmals zu einem größeren Ensemble verbunden, also Einheit in einer zweifachen Vielfalt.

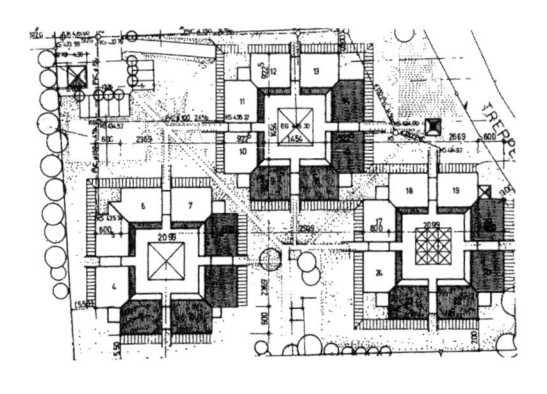

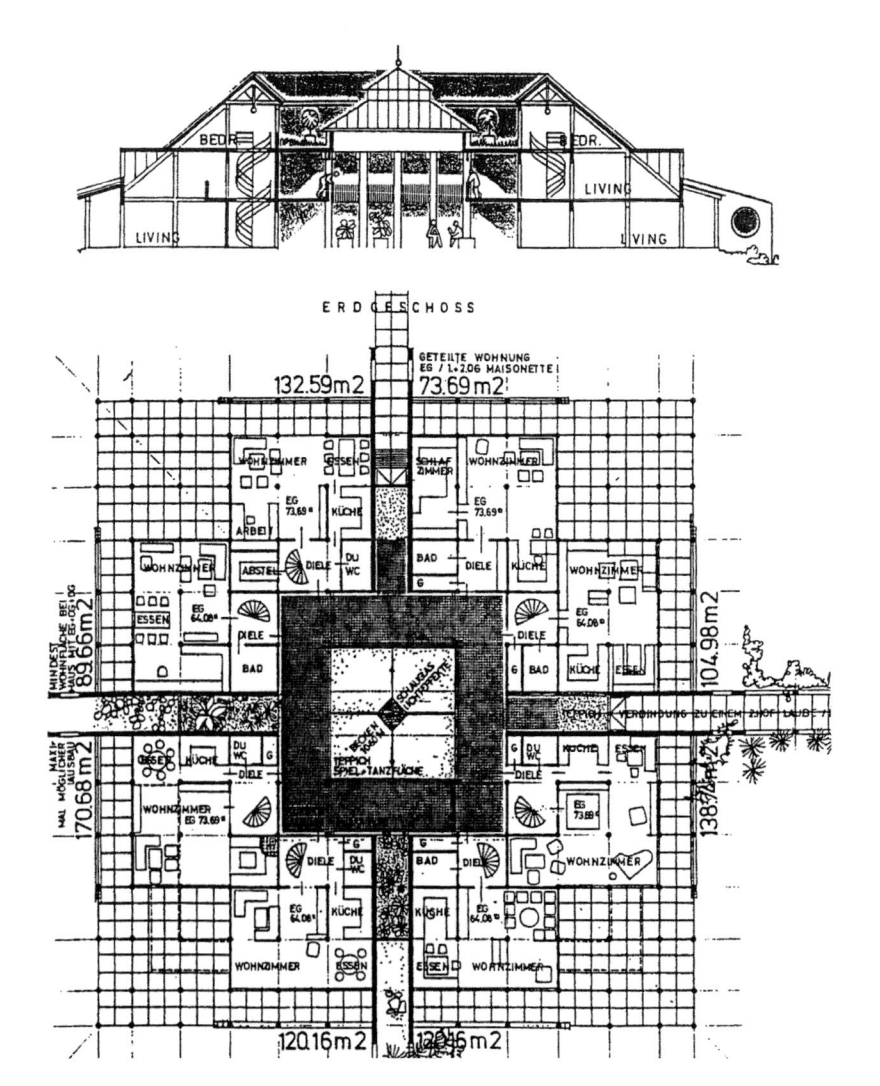

787–789. Rief, Salzburg, Wohndorf Les Paletuviers, Arch.: Fritz Matzinger, 1984. Lageplan, Schnitt, Grundriss.

[168] Völckers 1941, S. 81.
[169] Wörner; Mollenschott; Hüter 1991, S. 17.
[170] ARCH+ 92 (11.87), S. 41.
[171] Kieren 1994, S. 172.
[172] K. D. Weiss in BM 11-2010.

Wohnbebauung: Köthener- Ecke Bernburger Straße, Berlin
Das Ziel des von Oswald Matthias Ungers im Rahmen der IBA Berlin gebauten Projektes ist es, „[...] *die Dichte von Innenstadt widerzuspiegeln. Ungers transformiert den Hofhaustyp der alten Berliner Blockstruktur hier ebenso, wie er es schafft, den „Torhaus"-Gedanken mit dem des städtischen Mietshauses zu verbinden.*"[171] Das Beispiel zeigt, wie Palladios Idee gewissermaßen verdoppelt werden kann: Sowohl im Grundriss (je zwei Durchgänge, es entsteht also ein Straßenraster) als auch im Aufriss (unten Einfamilienhäuser, oben durchlaufender Wohnungskranz). Die Gartenanlage dieser Wohnbebauung wiederholt und vertieft diesen Ansatz. Hier ist ein Paradies mit Grünstraßen und Grünhäusern unter einer mittigen Treillage vor allem für die Kinder entstanden.

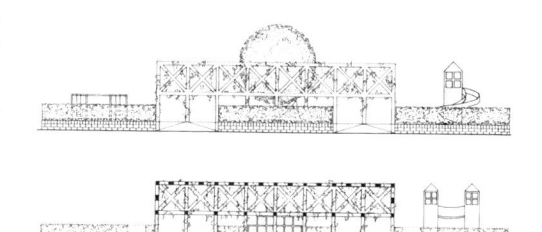

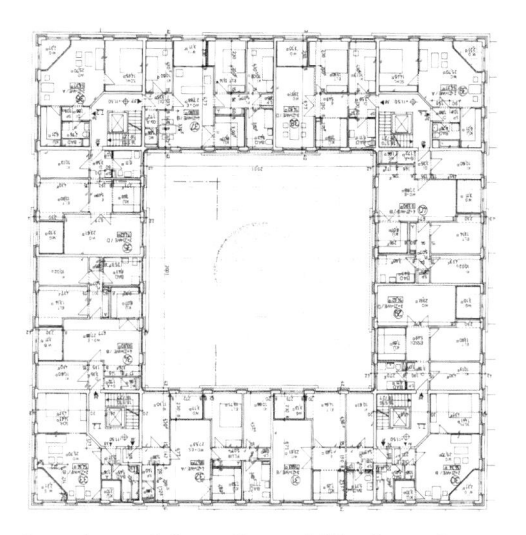

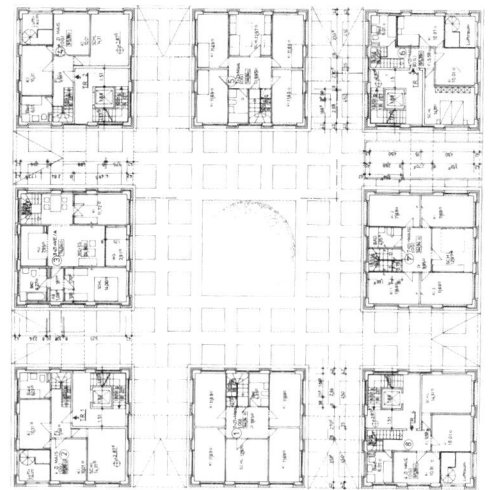

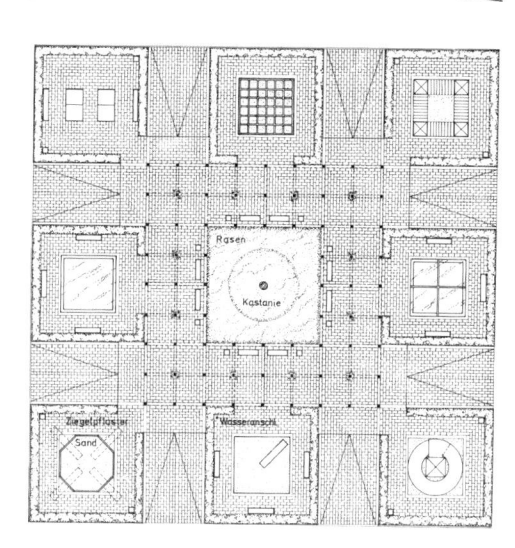

790–794. Berlin, Wohnbebauung Köthener- / Bernburger Straße, Arch.: O.M. Ungers, 1987. Grundrisse, Schnitte Garten.

Appartementhäuser Prager Höfe, Bonn-Auerberg
Die beiden Appartementhäuser des Architekten Uwe Schröder aus dem Jahre 2009 bieten ein ungewöhnliches Bild. „*Aus dem amerikanischen Inbegriff für das gestapelte Wohnen, wie ihm zum Beispiel Bertrand Goldbergs Marina City in Chicago aus dem Jahr 1960 verkörpert, ist fast eine in vier Appartements geteilte Villa Rotonda für vier bis zu acht Bewohner geworden. Palladios ursprünglich in ihrem Zentrum offene Kuppel, der zentrale Rundsaal darunter und die vorgelagerten Tempelfronten fehlen zwar, dennoch sind die strukturellen Ähnlichkeiten unübersehbar.*"[172]

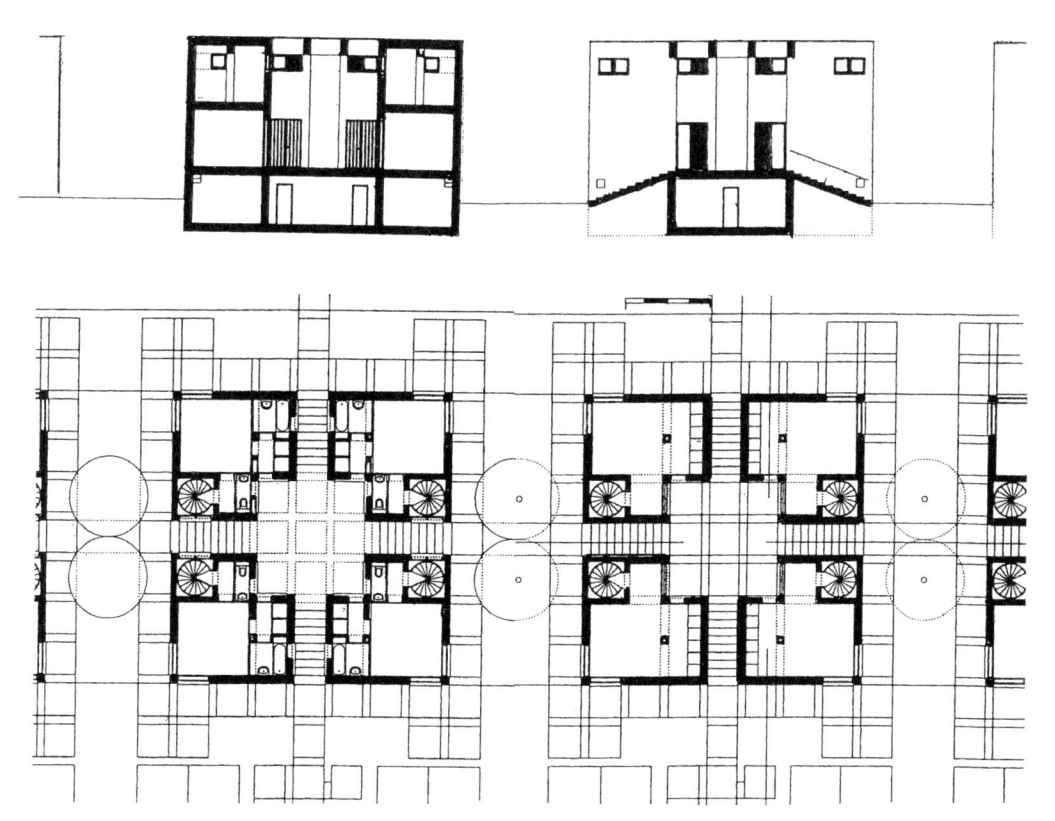

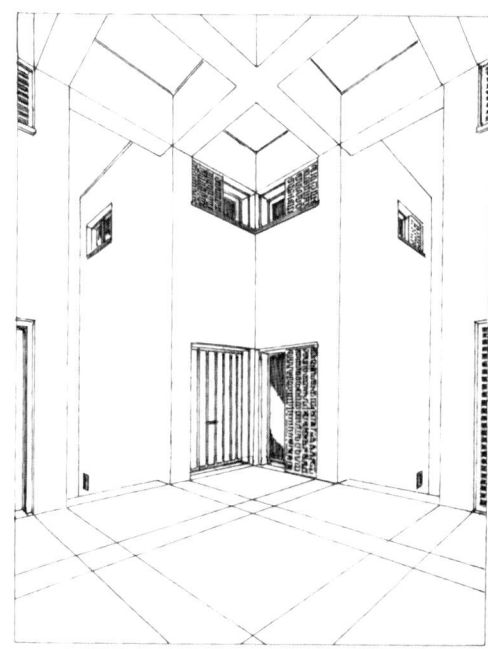

795–798. Bonn-Auerberg, Appartementhäuser Prager Höfe, Arch.: Uwe Schröder, 2009. Schnitte, Grundrisse, Innenraumperspektive.

Passagen

Palladios Villa Rotonda zeigt, wie die bestimmenden Stadträume Straße und Platz von „außen nach innen" verlagert werden können, wobei die selbständigen Einzelteile ein harmonisches Ganzes bilden. Die wohl gravierende Folge dieses Ansatzes ist m. Ea. die Entwicklung des Bautyps Passage im 19. Jahrhundert als Erweiterung des Stadtraumes in den Innenbereich der Baublöcke. In der Passage drückt sich das Selbstbewusstsein des 19. Jahrhunderts aus: Eine moderne, wettergeschützte Hülle anzubieten, nicht nur für den Verkauf, sondern darüber hinaus als Brennpunkt des Stadtlebens, wie es beispielhaft schon früh das Palais-Royal in Paris zeigt, als Treffpunkt der Welt und auch der Halbwelt (Die Passagen sind also nicht zu verwechseln mit den bescheidenen eingelagerten Kleinsiedlungen des Mittelalters, wie die Fuggerei oder die Lübecker Gänge).

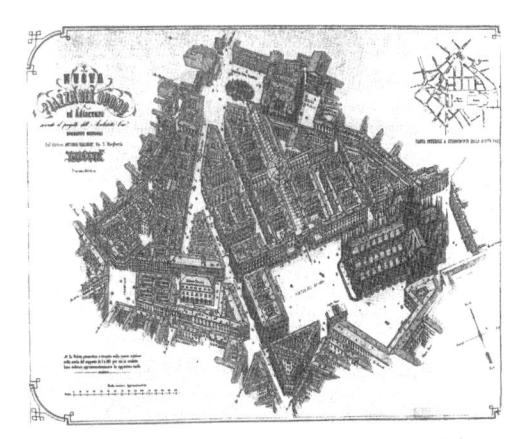

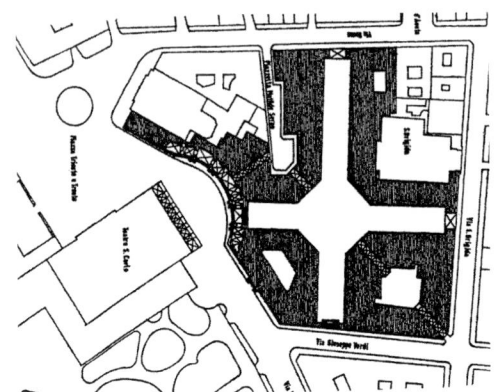

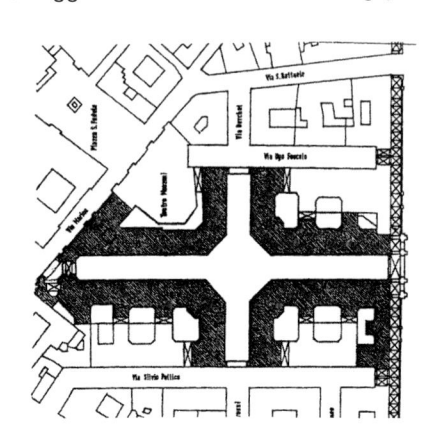

799. Mailand, Galleria Vittorio Emanuele II, und der Mailänder Dom. Vogelschau.
800. Mailand, Galleria Vittorio Emanuele II, Lageplan.
801. Galleria Umberto I, Neapel. Lageplan.

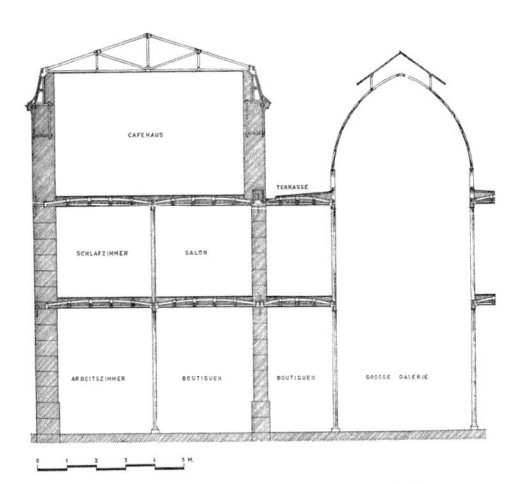

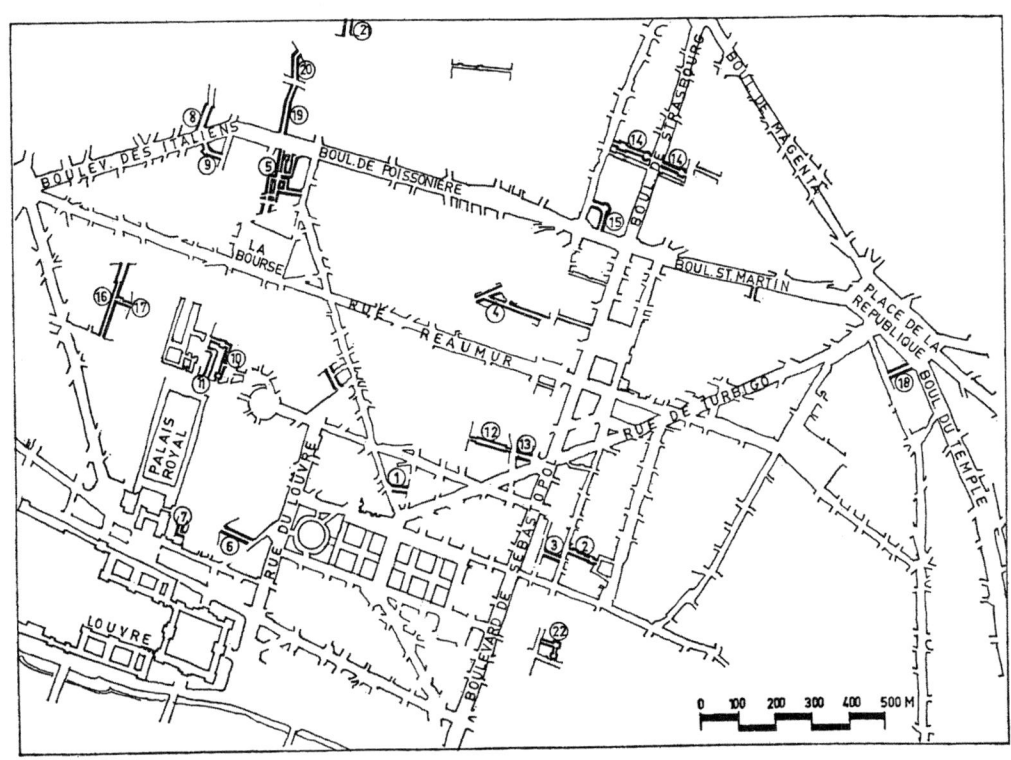

802. Paris, Passage Jouffroy, Ing. Roussel, 1845. Schnitt.
803. Paris, Innendurchdringen der Stadt mit Passagen. Fluchtlinienplan.

So verführerisch die Passagenidee auch ist (gerade heute sehen wir das an der fast krebsartigen Ausbreitung der vielfach so genannten Arkaden) so gefährlich kann sie auch sein, denn sie bedeutet ein Spekulieren mit ganzen Stadtquartieren mit weitreichenden Folgen:

– Privatisieren des bisher öffentlichen Straßen- und Platzraumes
– Mögliche Zugangsbeschränkungen für unerwünschte Gruppen
– Schließen zu bestimmten Zeiten
– Verdrängen kleinmaßstäblicher Nutzungen

Darüber hinaus ist zu bedenken: Im 19. Jahrhundert hatten die klassischen Passagen noch echten Straßencharakter mit gegliederten Stadthausfassaden und Mischnutzung. Heute sind die Arkaden und Plazas vielfach unter dem Zwang zur höchsten Ausnutzung im Allgemeinen auf allen Geschossen reine Verkaufsflächen, weit geöffnet, Bewegungsraum und Läden durchdringen sich, der früher so eindrucksvoll gefasste Raum zerfließt. Teile zum Ganzen ist kaum mehr ablesbar.

Aufgabe eines Stadtplanungsamtes muss es heute sein, bei der Genehmigung solcher Projekte die Ausdehnung zu beschränken und in der Tradition der europäischen Stadt mindestens den öffentlichen Zugang für alle Stadtbewohner zu jeder Zeit zu sichern.

Als Beispiel für die planmäßige Konzentration moderner Passagen zum Beleben der Innenstadt sei Hamburg genannt, *„die größte Ansammlung von Einkaufsgalerien in Europa, Shopping ohne Regenschirm."*[173] Nebeneinander liegen hier aufgelöste, quartierartige und mehr klassische „im Kontorhausstil" gehaltene Passagen.

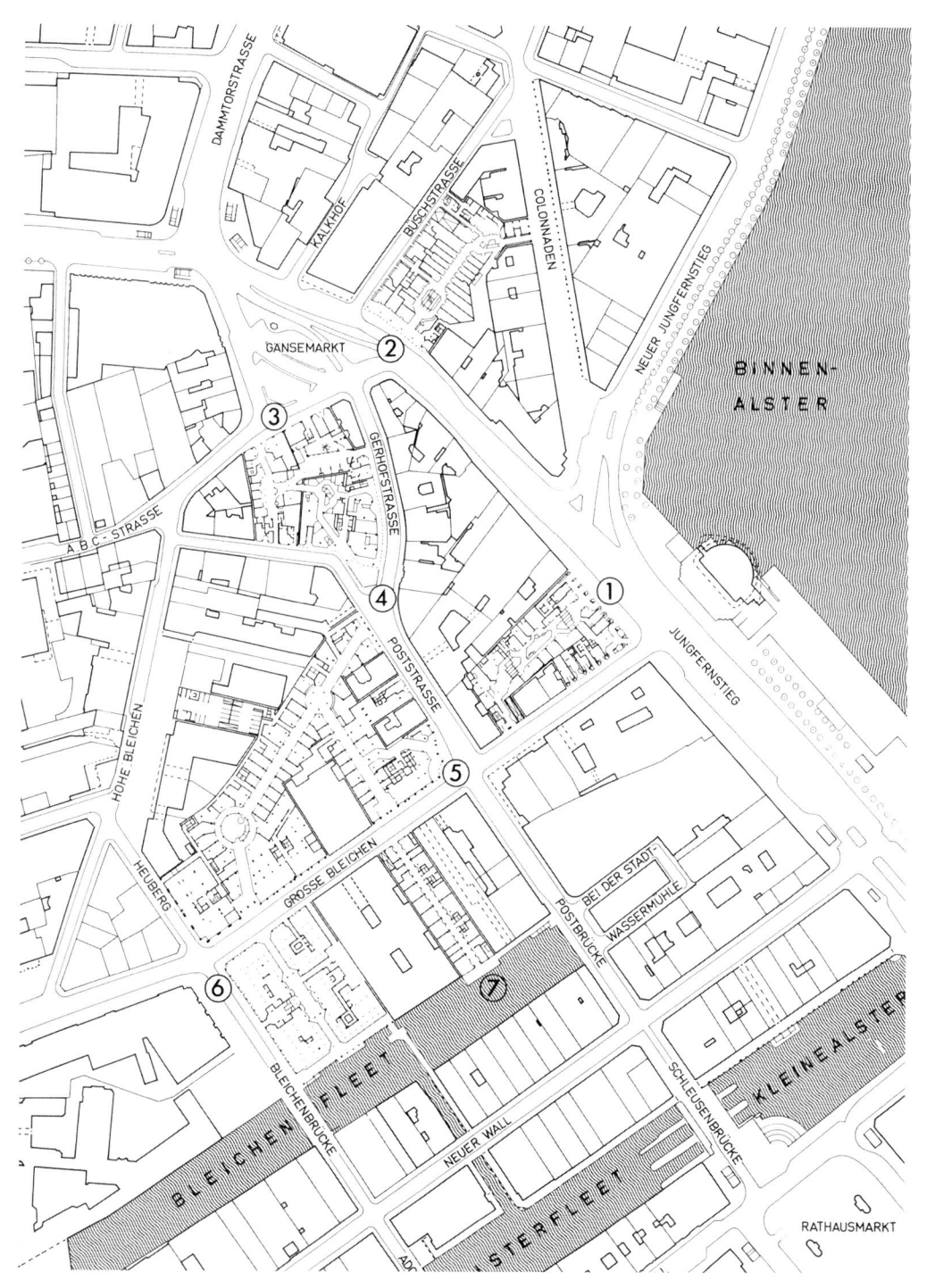

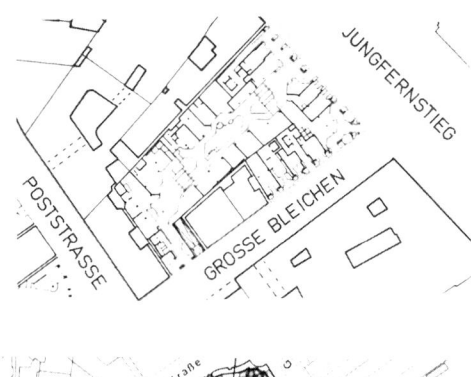

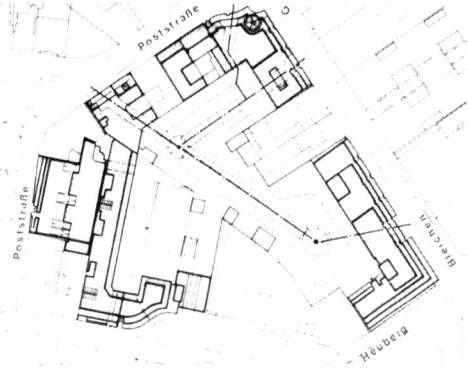

[173] Altrogge 2010, S. 26.

804. Hamburg, Übersichtsplan Passagen, 1981. (1) Hamburger Hof, (2) Gänsemarkt-Passage (3) „Neuer Gänsemarkt", (4) Gerhof, (5) Hanseviertel, (6) Kaufmannshaus, (7) Galleria.
805. Hamburg, Hamburger Hof, Arch.: Hans-Joachim Fritz mit Jochen Fritz, Fritz Schürhaus, 1979. Grundriss.
806. Hamburg, Hanseviertel, Generalplanung: gmp von Gerkan, Marg + Partner, 1980. Grundriss

807. Carceri d'Invenzione, Giovanni Battista Piranesi, 1761.

Verbinden durch Treppen

Treppen sind seit jeher mehr als nur das reine zweckgebundene Mittel zum Überwinden der Höhe. So dienen Treppen der Repräsentation, dem räumlich betonten Hinleiten zu wichtigen Zielen (etwa Heilige Stiegen), sie eignen sich für Inszenierungen, sind beliebte Orte des Zuschauens. Treppen symbolisieren die Verbindung von Himmel und Erde, Großzügigkeit, ja Überfluss. Und natürlich sind Treppen, wenn sie im Blickpunkt stehen, innen wie außen auch ein sehr wirksames Mittel, Gebäude, Ensembles und Räume anziehend und interessant zu machen. Das findet sich auch exemplarisch bei den Palastfantasien von Giuseppe Galli Bibiena und auf der abgebildeten Zeichnung aus den Carceri von Giovanni Battista Piranesi mit ihren beeindruckenden Treppenphantasien.

Münster, Straßburg
Die Spitze des Straßburger Münsters, gebildet als Krone aus siebenfach sich zurückstufenden, filigranen, achteckigen Geschossen. Hier wird die Vision wahr: Sechseckige Treppentürmchen führen von den vier Seiten direkt in den Himmel.

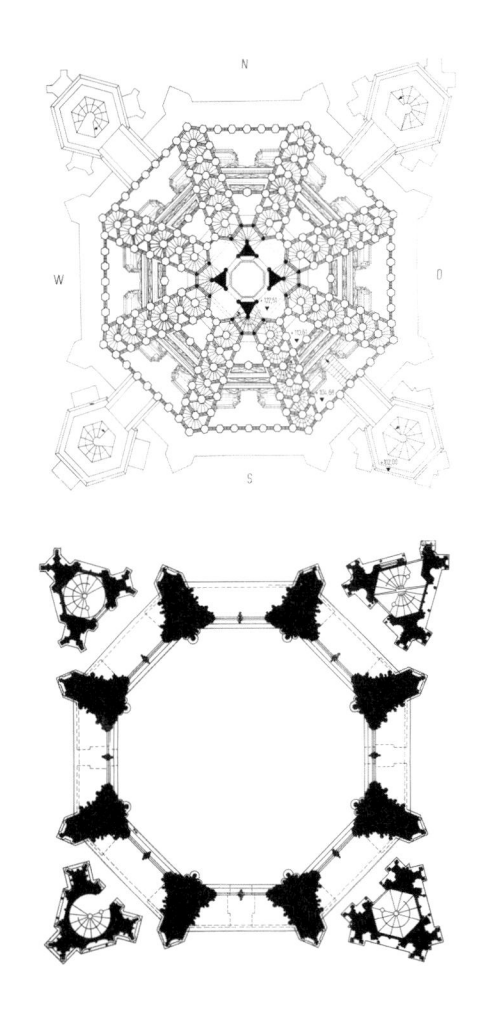

808–810. Straßburg, Münster, 1399-1439. Grundriss Turmhelm, Grundriss Oktogon Ansicht.

Freitreppen

Besonders im deutschen Brock sind die Treppen als repräsentative Mitte der Schlossanlagen angelegt. Sie nehmen einen nicht unerheblichen Teil des Grundrisses ein und führen üppig gestaltet direkt ins Zentrum der Macht. Bescheidener, weil seitlich angeordnet sind symmetrische doppelläufige Treppen vor, in oder hinter Eingangshallen, Durchfahrten und Durchgängen. Viele Barock- und Rokokoschlösser haben geschwungene Freitreppen als eindrucksvolle Plastiken.

811+812. Rom, Kapitolplatz, Arch.: Michelangelo, ab 1538. Grundriss. Ansicht 1728.

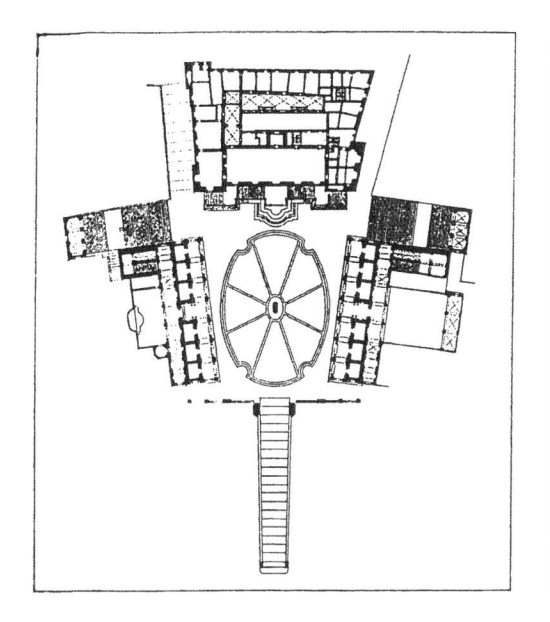

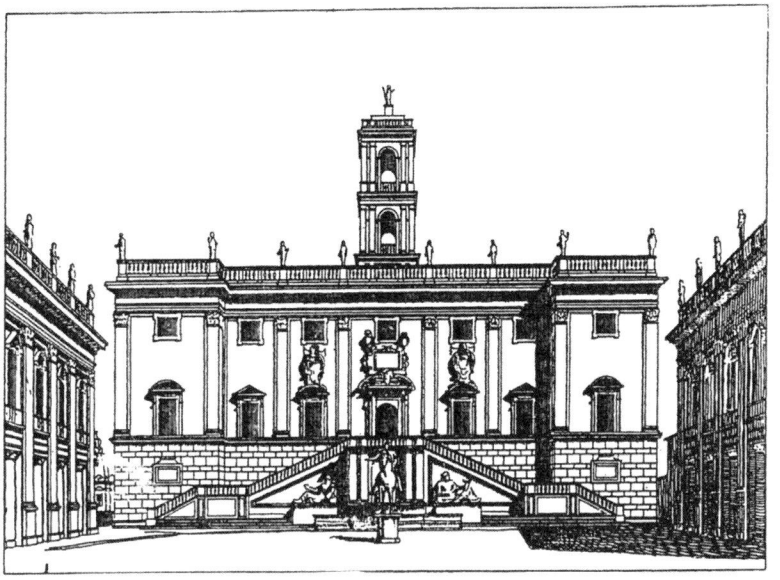

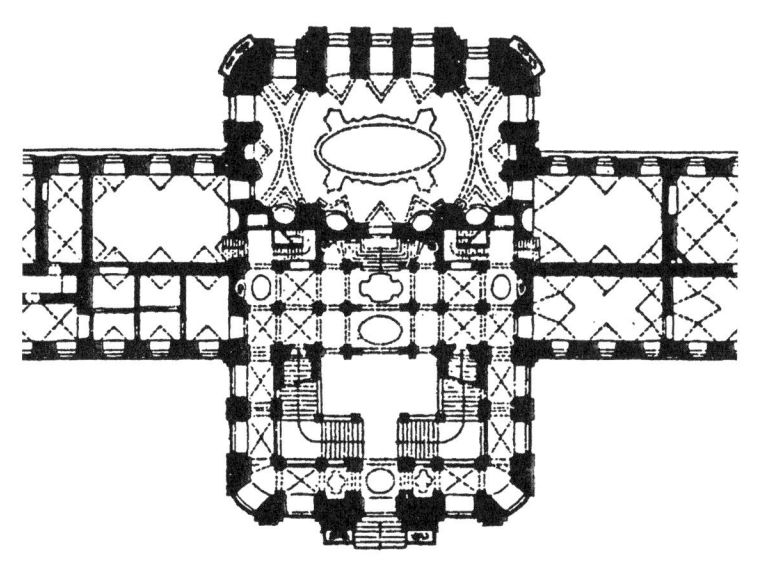

813+814. Pommersfelden, Schloss Weißenstein, 1711–18, Arch.: Johann Dientzenhofer. Treppenansicht, Grundriss.

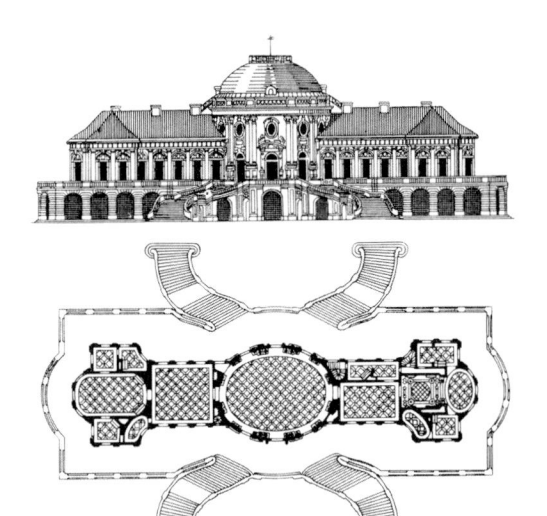

815+816. Stuttgart, Schloss Solitude, 1763–69. Ansicht, Grundriss.

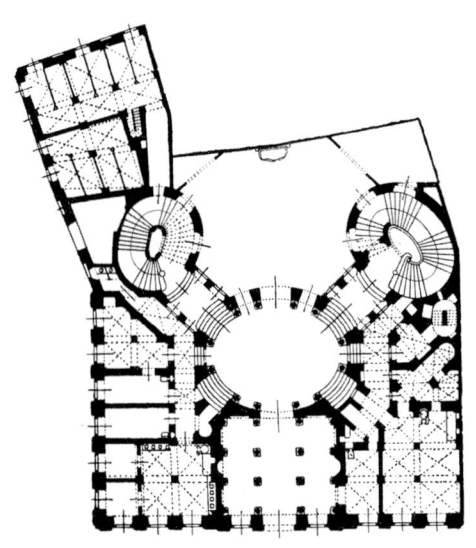

817. Dresden, Palais Vitzthum-Schönburg, Arch.: Gottlob August Hölzer, ab 1774. Grundriss.

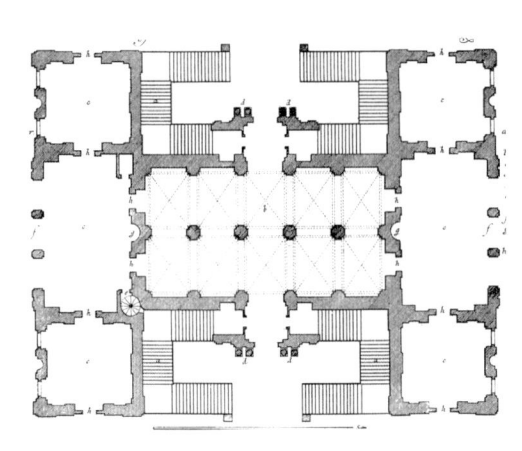

818. Dresden, Palais im Großen Garten, Arch.: Johann Georg Starcke, 1678–83. Grundriss.

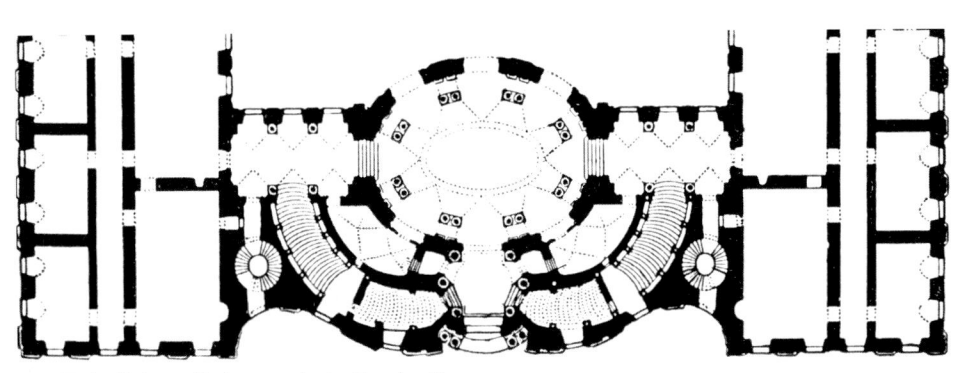

819. Turin, Palazzo Carignano, Arch.: Guarino Guarini, 1624–83. Grundriss.

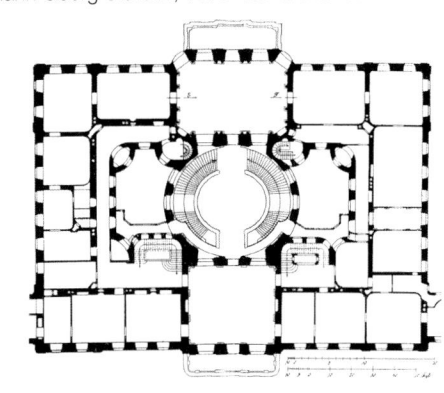

820. Bruchsal, Schloss, Arch.: Maximilian von Welsch, Balthasar Neumann, 1725–32. Grundriss.

Spanische Treppe, Rom
Die spanische Treppe in Rom von Francesco de Sanctis 1723 bis 1725 erbaut, hat einen ganz eigenen freien Rhythmus des Verbindens und Trennens quer zur Piazza di Spagna als ein unlaublich bereicherndes, lebendiges und belebendes Stadtbaudetail.

– Beginn hinter dem Brunnen mit vorgeschaltetem Podest, das in den Platzraum eingreift
– drei konkave Läufe – zum Platz hin gewölbt, getrennt durch robuste Postamente, in drei Absätzen ansteigend
– geschwungenes, schmales Podest
– breiter konvexer Lauf, nach innen gewölbt
– Podest als kleiner Platz vor abschließender Stützwand, gerahmt rechts und links von emporschwingenden schmalen Läufen
– Großer Zwischenplatz, am Ende verengt hin zu dem
– Weiterführenden vorgewölbten breiten Lauf mit einem Absatz
– Konkaves oberes Podest vor zweiter eliptischer Stützmauer
– Nach rechts und links abknickend, die Stützmauer umarmen die schmalen Endläufe
– Das Ziel, der Vorplatz der Kirche Trinità dei Monti mit dem krönenden Obelisken ist erreicht
– Dahinter, richtungsversetzt, die Kirchenfassade mit gegenläufiger Doppeltreppe zum hochgelagerten Eingang

„Bemerkenswert ist der lebendige Wechsel von axial ansteigenden und seitlich konkav geführten Treppen, die Anlaß zu zwischengelegten Plattformen und rampenförmigen Treppen am oberen Vorplatz vor der Kirche ergeben."[174]

821+822. Rom, Spanische Treppe, Arch.: Francesco de Sanctis, 1721–25. Ansicht, Grundriss.

Wendeltreppen

Eine besonders kunstvolle Form des Überwindens von Höhenunterschieden bilden die seltenen Doppel- bis Vierfachwendeltreppen, die Friedrich Mielke eingehend beschrieben hat. Bestimmende Gründe zur Entwicklung dieser komplizierten Konstruktion auf kleinstem Raum sind:

„Erstens war es zu allen Zeiten üblich, einem Herrscher mit dem neuesten, spektakulärsten und teuersten Objekt zu dienen, das man zu schaffen in der Lage ist.
Zweitens bieten Zwillingswendeltreppen drei unterschiedliche Lauffiguren: Linkswendelung, Rechtswendelung und einen links-rechts wechselnden Treppenlauf. Eine derartige Vielfalt an Steigemöglichkeiten war zuvor unbekannt. Vielfalt aber bedeutet Reichtum, und die Priorität des Reichtums gebührt dem Herrscher.
Drittens ermöglichen die drei Lauffiguren, einen individuellen Steigeweg zu wählen. Es entfällt der Zwang, allein einer einzigen Drehrichtung zu folgen. Das alternierende Steigen bietet nicht nur Abwechslung, sondern auch eine gewisse Entspannung, vielleicht sogar Annehmlichkeit, alles Eigenschaften, die der unerbittlichen Konsequenz gotischer Wendeltreppen fremd sind."[175]

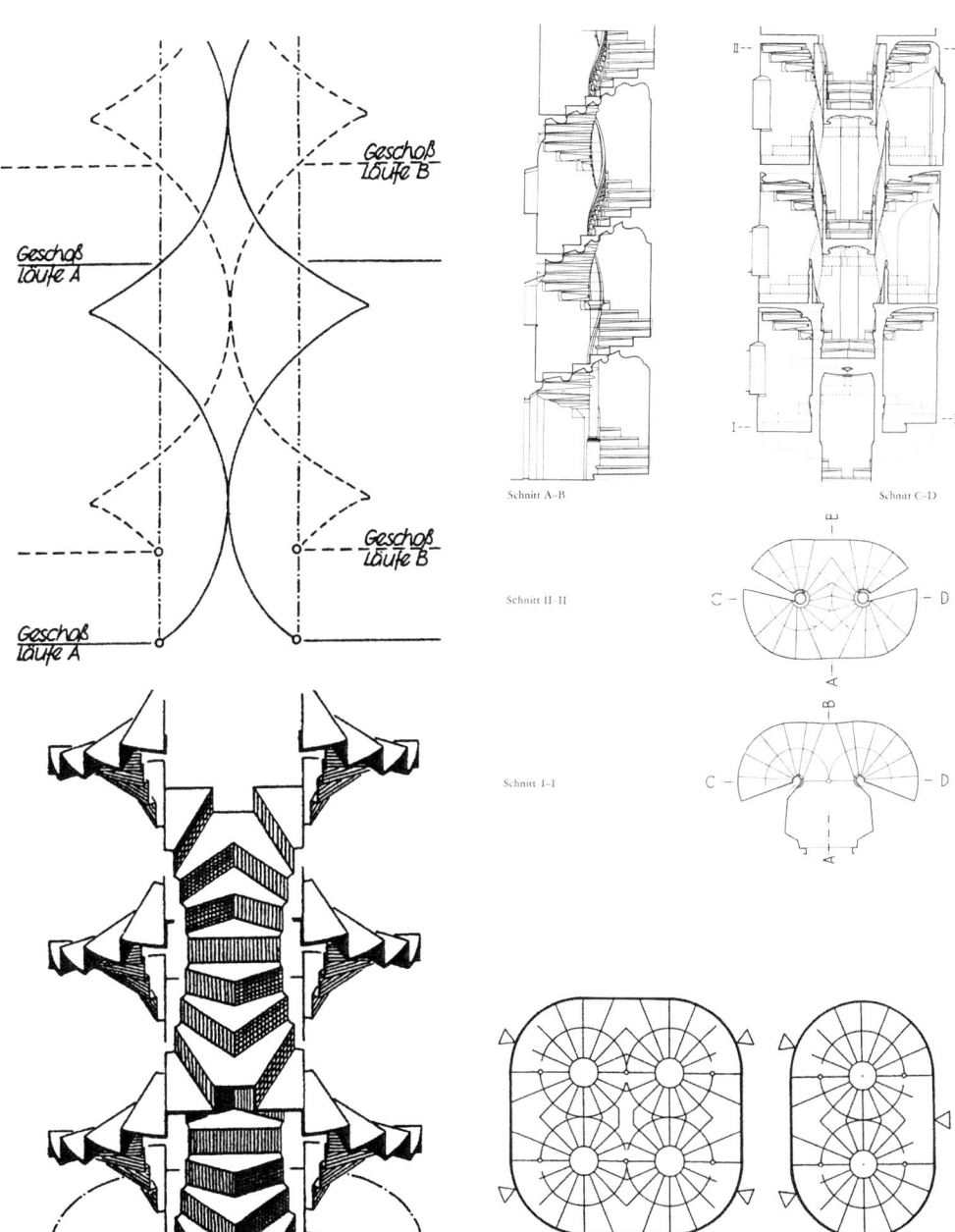

823–827. Burg Graz, Zwillingswendeltreppe, um 1500. Querschnitt, Längsschnitt, Grundrisse, Ansicht.

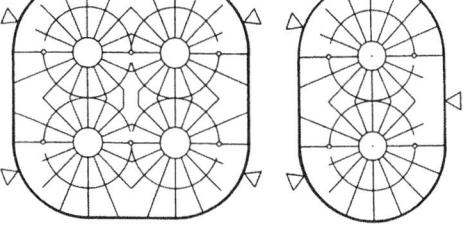

828+829. Doppelzwillingswendeltreppe. Schema, Ansicht, Grundriss.

[174] Rauda 1956, S. 90.
[175] Mielke 1999, S. 46.
[176] Palladio 1983, S. 105.
[177] Koepf 1985, S. 171.
[178] Schulz; Gräbner 1976, S. 85.

Schloss Chambord

„Eine andere schöne Art von Wendeltreppen wurde bereits von dem edlen König Franz in dem französischen Chambord gebaut, einem Schloss, das er in einem Wald errichten ließ. Das geschah auf folgende Weise: Es handelt sich um vier Treppen mit vier Eingängen, je ein Eingang gehört zu einer Treppe. Je eine Treppe führt über und parallel zu einer anderen hinauf, und dies in der Art, dass die Treppen jeweils, wenn man sie in die Mitte des Gebäudes setzt, vier separaten Raumfolgen dienen, ohne daß die Personen, die in einer Wohnung wohnen, über die Treppe der anderen Wohnung gehen müssen. Da diese Treppe eine offene Spindel hat, kann man alle Benutzer hinauf- und hinunter gehen sehen, und dies ohne die geringste Sichtbehinderung. Weil dies eine sehr schöne und neue Erfindung ist, habe ich sie hierher gesetzt und die Treppe in Grund- und Aufriß mit Buchstaben gekennzeichnet, damit man sieht, wo sie beginnt und wie man hinauf steigt."[176]

„Der quadratische von vier Ecktürmen flankierte Baukörper wird an drei Seiten von einem ebenfalls durch Rundtürme flankierten Rechteckhof umschlossen. Am Schnittpunkt der beiden Flure

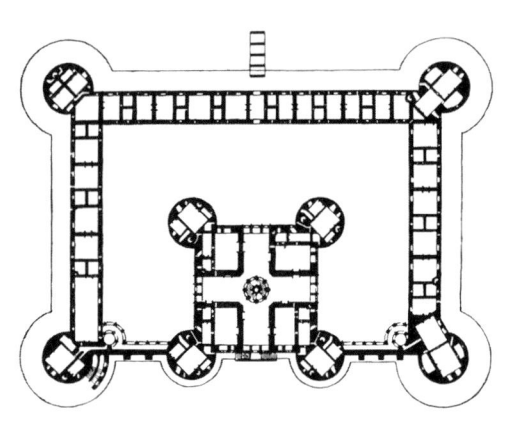

830–833. Schloss Chambord (F), Arch.: (vermutet) Leonardo da Vinci und Domenico da Cortona für König Franz I., 1519–1533. Ansicht, Grundriss, Schema Treppe, Ansicht Treppe.

des Hauptschlosses ist eine mächtige Wendeltreppe mit zwei übereinanderlaufenden Läufen frei eingestellt. Die Verbindung mit den einzelnen Geschossen erfolgt über Brücken, [...]. Die Zentraltreppe setzt sich oberhalb der Dachterrasse in einem 36 m hohen Zentralbau fort [...]" mit Belichtung der Treppe von oben.[177]

Landgericht I, Littenstraße, Berlin
Das Beispiel Chambord hat natürlich Schule gemacht, etwa im Landgericht Berlin-Mitte. Zwischen 1896 bis 1905 wurde das Gebäude nach Plänen von Paul Thoemer und Rudolf Mönnich erbaut. Der Gebäudekomplex hatte ursprünglich 11 Höfe, wurde 1945 beschädigt und danach kleiner und vereinfacht rekonstruiert. *„Treppenhaus in hervorragender Hausteinarchitektur, verfließende Linien des Jugendstils ergeben unter Hinzunahme von Stilelementen der böhmischen Barockgotik phantasievoll bewegte Raumgebilde."*[178]

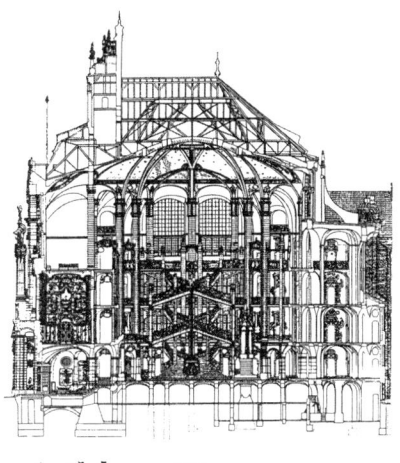

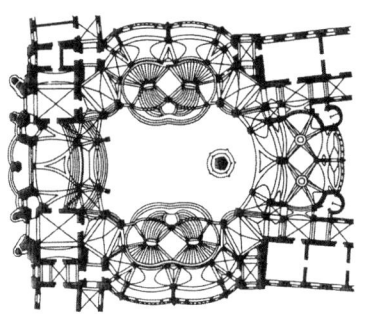

834. Schloss Chambord, Frankreich, Arch.: (vermutet) Leonardo da Vinci und Domenico da Cortona für König Franz I., 1519–1533. Schnittisometrie.

835–837. Berlin, Landgericht I, Littenstraße, Arch.: Paul Thoemer, Rudolf Mönnich, 1896–1905. Schnitt, Grundriss, Innenansicht.

Kreuztreppen

Ein weiterer Grundtyp sind gegenläufige, im allgemeinen geradlinige Treppen, die so genannten Kreuztreppen. Schon eine Zeichnung Leonardos zeigt das Prinzip: zweifaches Beginnen oder Enden auf gegenüberliegenden Podesten. So können Auf- und Abgang problemlos getrennt werden. Auch heute noch ist dieses Prinzip für Rolltreppen in stark frequentierten Gebäuden sehr beliebt. Ist bei der Treppenkreuzung in der Mitte ein gemeinsames Podest angeordnet, ergeben sich Nutzungsmöglichkeiten in vier Richtungen. Die sich kreuzenden und überlagernden Treppen

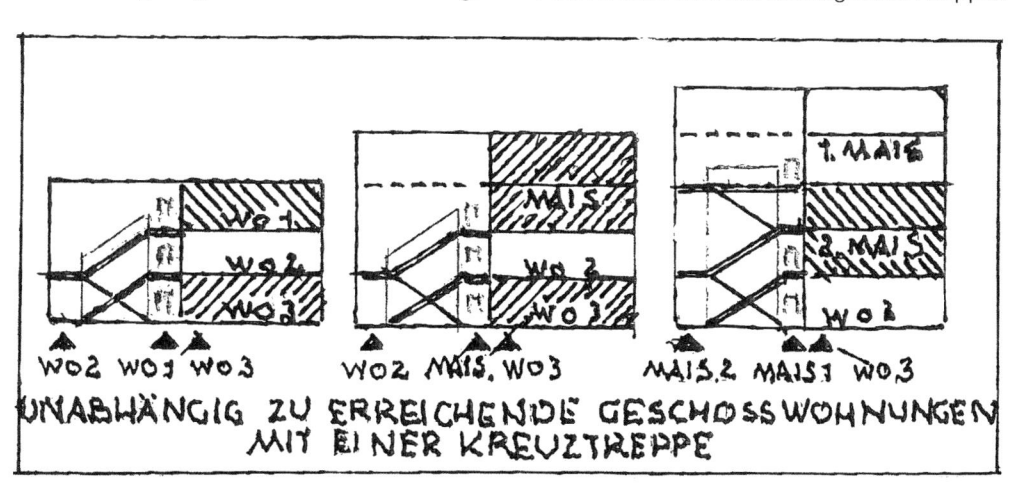

838. Erschließungsschema mit Kreuztreppen.
839. Kreuztreppe, Skizze von Leonardo da Vinci (1452–1519).

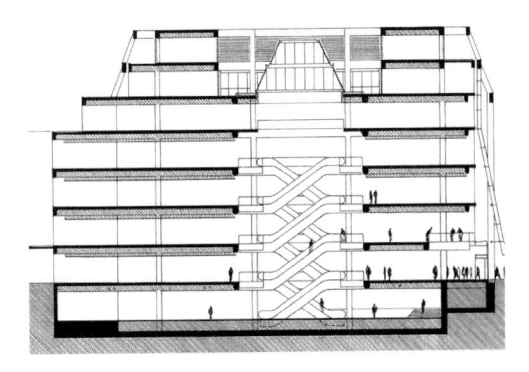

840. Berlin, Kaufhaus Peek und Cloppenburg, Arch.: Gottfried und Peter Böhm, 1993–95. Schnitt.

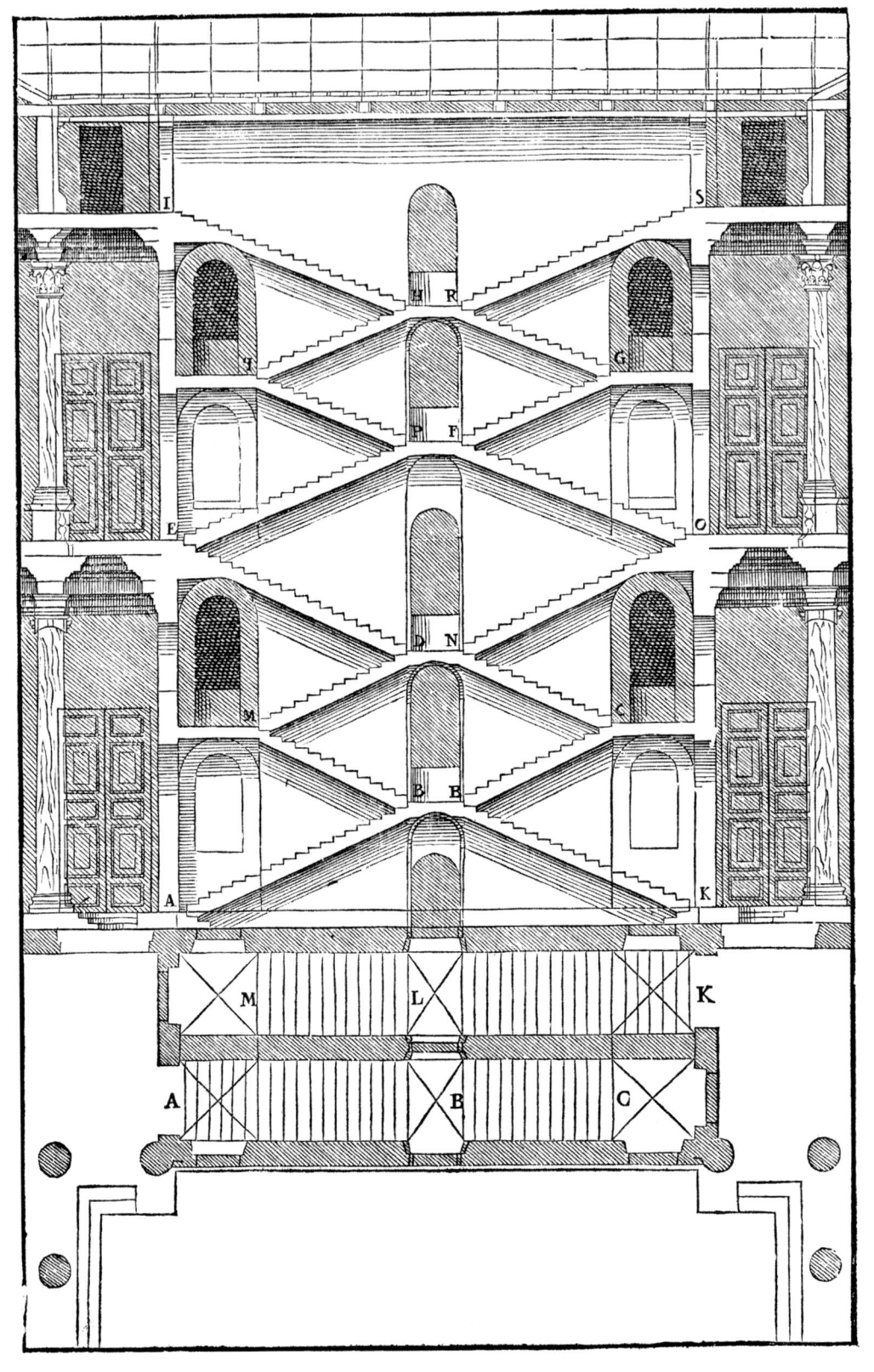

841. Kreuztreppe mit mittlerem Podest, Zeichnung von Andrea Palladio.

bieten auch die Möglichkeit, Wohnungen im Geschossbau unabhängig zu erschließen. Die Höhenbegrenzung liegt bei der Verwendung von Maisonettetypen bei ca. fünf Geschossen. Um (Eigentums-)wohnungen im Geschossbau (bis zu drei Geschossen) völlig unabhängig zu machen, schlagen W. Lindner, A. Pooels und W. Terlinden vor, auch die Treppenzugänge einschließlich des Kellerzugangs durch drei getrennte Eingänge vollständig zu trennen, wie die unabhängige Erschließung von Geschosswohnungen mit getrennten Eingängen und direkten, sehr steilen Treppen in den Niederlanden im klassischen Geschosswohnungbau eine große Tradition hat.

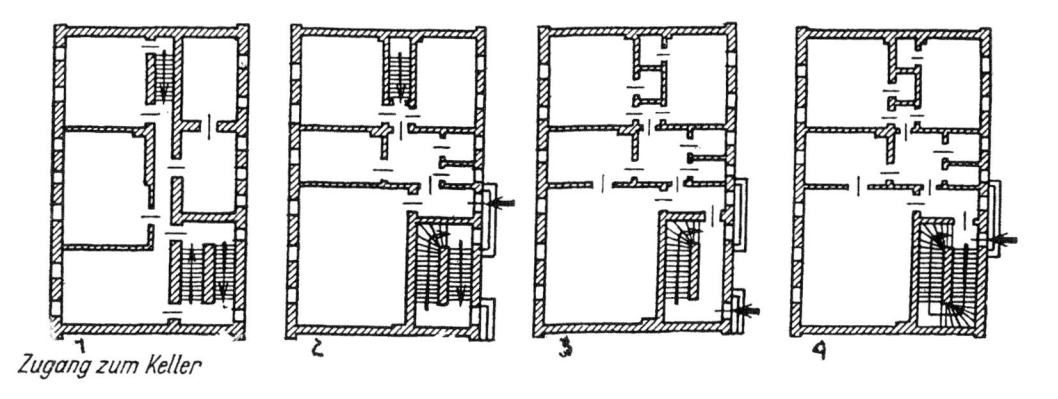

842. Unabhängige Geschosswohnungen, Entwurf, Arch.: W. Lindner, A. Pooels und W. Terlinden. Grundriss.

Wohnblock Landlust, Amsterdam

Eine Variante zeigt die Siedlung „Landlust" in Amsterdam aus den Jahren 1936 und 1937. Die Architekten Benjamin Merkelbach und Charles Jean François Karsten entwerfen ein Gebäude mit steilen gegenläufigen Treppen, um jeweils die Hälfte der viergeschossigen Zeilen getrennt zu erschließen. Eine weitere niederländische Spezialität Spezialität ist der handbetriebene Aufzug für Kleinlasten im Treppenhaus. Da die Kopfhöhe unter dem Podest über dem Erdgeschoss zu niedrig ist, muss der jeweils erste Treppenlauf hier gewendelt werden.

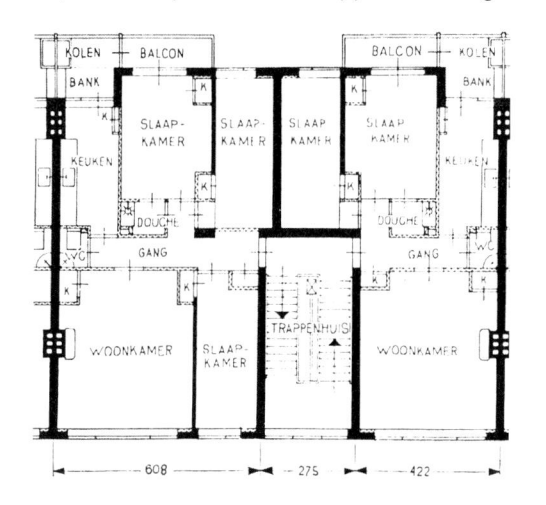

843+844. Wohnblock Landlust, Amsterdam, Arch.: Benjamin Merkelbach und Ch. J. F. Karsten, 1936–37. Grundriss, Schnitt.

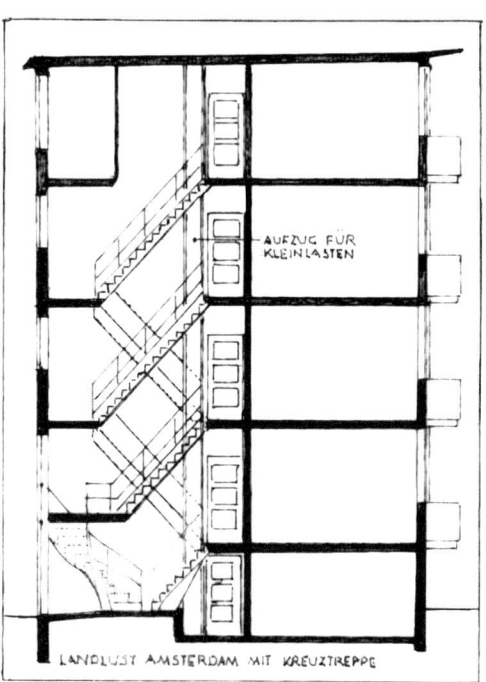

Treppentypologien bei Gottfried Böhm

Zum Abschluss des Kapitels eine kleine Auswahl aus dem Schaffen von Gottfried Böhm, der sich bis heute immer wieder mit dem Thema mehrläufige Treppen auseinandergesetzt hat.

Stadthaus in Rheinberg

Das Gebäude hat eine von Glasdächern geschützte, offene Vorhalle, von der aus zu beiden Seiten Freitreppen die Seitentrakte erschließen. „*Zwischen Vorhof und Bürgerhalle liegt ein Gebäuderiegel, der die Verteilung des Besucherverkehrs übernimmt – bei Böhm immer Anlaß zu einer Choreographie der Treppenläufe, Podeste, Emporen.*"[179]

845+846. Rheinberg, Stadthaus, Arch.: Gottfried Böhm, 1974–81. Foyer mit Treppenhaus, Entwurfsansicht vom Markt.

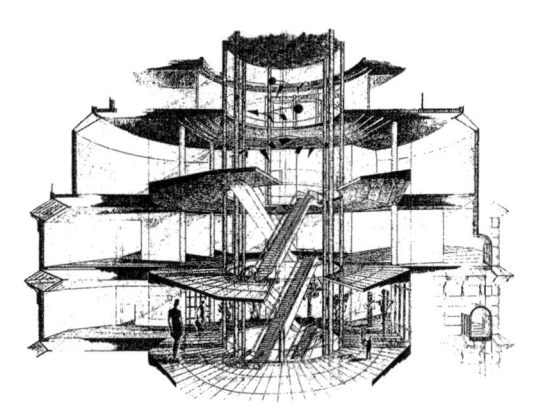

Museum für moderne Kunst, Stuttgart, Wettbewerb
Der von Gottfried Böhm zusammen mit Friedrich Steinigeweg erstellte Beitrag für den Wettbewerb Museum für moderne Kunst in Stuttgart zeigt in der offenen Mitte die geschossweise Erschließung über freistehende, sich kreuzende Rolltreppen mit plastischer Wirkung.

Reichstagsgebäude, Berlin, Wettbewerbsbeitrag
Das von Gottfried Böhm im Rahmen eines Gutachtens ab 1985 immer wieder variierte Projekt Reichstag wurde leider nicht realisiert. Zusammen mit Peter Böhm, Friedrich Steinigeweg, Rainer Goetsch und anderen entwarf er 1988 eine erste Glaskuppel mit einer Nutzung als Plenarsaal. *„Anders als die Vierkantkuppel Wallots, die das im Erdgeschoss angesiedelte Plenum nach außen nur markiert hatte, sollte jetzt der sichtbarste Teil des Bauwerkes die wichtigste Bestimmung erhalten: Das Symbol für die Sache selbst. Grandiose Verbindungen durch Aufzüge und Treppen führen 15 m hoch auf die Höhe des Saales"*[180]

847. Stuttgart, Museum für moderne Kunst, Arch.: Gottfried Böhm, Friedrich Steinigeweg.

848. Wettbewerb Reichstagsgebäude, Berlin, Arch.: Gottfried Böhm, Peter Böhm, Friedrich Steinigeweg und andere. Schnitt.

Mehrläufige Treppen als Heilige Stiegen
Eine interessante Sonderform mehrläufiger Treppen sind die Heiligen Stiegen als Erweiterungen und Bereicherung „normaler" Kirchenräume. Eine Heilige Stiege ist die Nachbildung der Treppe des Pilatushauses in Jerusalem, die Jesus während seiner Passion mehrfach herauf- und herabgestiegen ist. In Rom befindet sich die Heilige Stiege in der Lateransbasilika und ist bis heute Ziel von Pilgern, die in ihr die originale Treppe aus Jerusalem sehen.

Heilige Stiegen bilden meist den Abschluss eines ansteigenden Pilgerweges mit den Stationen des Leidens Christi (Kalvarienberg). Das Ziel selbst mit mehreren selbständigen Bauteilen kann dann in der Abfolge unterschiedlich gegliedert sein:
– Heilige Stiege – Kirche/Kapelle (Lenggries)
– Kirche – Zwischenglied – Heilige Stiege (Tölz)
– Heilige Stiege – Hochaltar – Oratorium – Kirche (Bonn)

Immer aber sind diese Ensembles beeindruckende Beispiele des Ansatzes 1 + 1 = 1, einmal in der räumlichen Abfolge, dann in der dreiläufig parallelen Treppenausbildung selbst: rechts und links je eine schmale Treppe für hoch bzw. abwärts gehende Pilger. Die breite Mitte ist als echte Bußübung auf den Knien zu erklimmen.

849. Lenggries, Bayern, Sankt Dionysoskapelle, Kalvarienberg, 1698. Ansicht.

St. Dionysoskapelle, Kalvarienberg zu Lenggries, Bayern
Ein eindrucksvolles Beispiel ist Lenggries mit der ältesten erhaltenen Nachbildung der Scala Santa in Deutschland aus dem Jahre 1698. Hier handelt es sich um einen stark ansteigenden Pilgerweg, gebildet *„aus einer mehrläufigen symmetrischen Treppenanlage, die an fünf Stationskapellen vorbei nach oben führt. Die Treppenläufe münden in einen Aufgang zur Heiligen Stiege. Diese bildet zusammen mit der* [rechts dahinter liegenden] *Kreuzkapelle den Zielpunkt des Kalvarienberges."*[181]
Die ursprüngliche offene dreiläufige Stiege und die abschließende oberhalb liegende Kreuzkapelle – beide in sich selbständige Teile – bilden heute einen gemeinsamen Raum.

[179] Pehnt 1999, S. 100.
[180] Pehnt 1999, S. 140.
[181] Schulten 1964, S. 208.

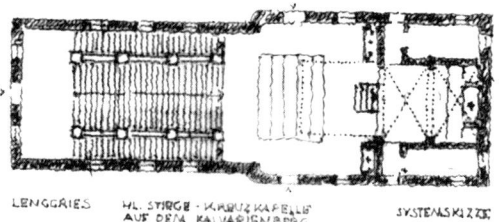

850+851. Sankt Dionysoskapelle, Kalvarienberg zu Lenggries, Bayern, 1698. Schnitt, Grundriss.

Katholische Doppelkirche Heilig-Kreuz, Kalvarienberg, Bad Tölz
Der Kalvarienberg in Bad Tölz zeigt die Umkehrung der räumlichen Anordnung von Lenggries. In Tölz betritt man nach den elf Kreuzwegstationen, ergänzt um eine Grabkapelle, zunächst die barocke Kreuzkirche, dahinter dann die Heilige Stiege. Dehio beschreibt den Bau wie folgt: „*Beide*

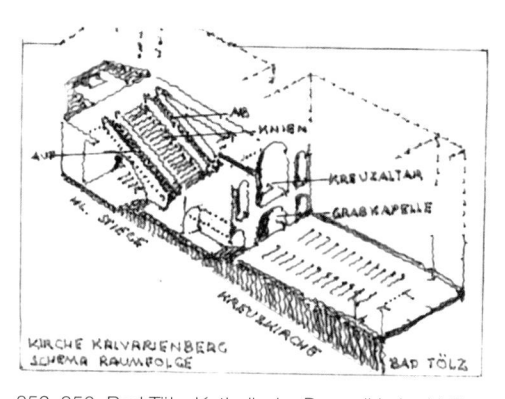

852–856. Bad Tölz, Katholische Doppelkirche Heiliger Kreuz, Kalvarienberg, 1723–57. Ansicht, Schemaschnitt, Ansichten Grabkapelle, Stiege von oben und unten.

[182] Dehio 2002, S. 88 sowie Kabel 1949, S. 91.

857–860. Bonn, Wallfahrtskirche auf dem Kreuzberg mit Hl. Stiege, Arch.: Balthasar Neumann, 1761. Ansicht Stiege, Ansicht Kirche, Schnitt, Grundriss, Grundriss Hochaltar.

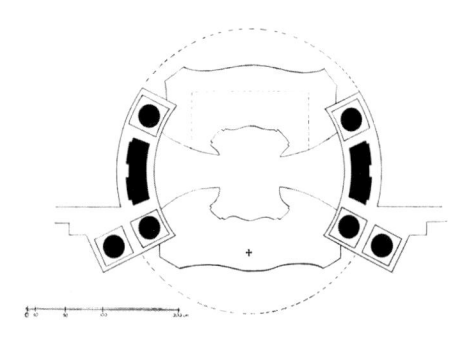

Teile der Kirche sind zu einem nach Norden gerichteten Bau zusammengezogen. – Im unteren, etwa quadratischen Kirchenbau, Muldengewölbe [...]. – Die Nordwand in drei Bogenstellungen geöffnet: in der Mitte das Heilige Grab [...], darüber Hauptaltar von 1880. Daneben, rechts und links eingetieft, Verbindungsgänge in die zweite Kirche. Dort – [i]m Mittelpunkt die Heilige Stiege nach dem Vorbild von Rom. Die Seitentreppen dienen dem Auf- und Absteigen, der Mittelteil dem Gebet und wird auf den Knien zurückgelegt. [...] In der oberen Kapelle barocker Schmerzensmann zwischen anbetenden Engeln. – Unter der Heiligen Stiege Grabkapelle des Stifters, mit Blattrankenstuck an der Stiegenunterseite."[182]

Das Beispiel zeigt eine Vielzahl aufeinander bezogener Räume in zwei gekoppelten Kirchen, die jede für sich selbständig ist, aber gleichzeitig Teil einer großen Einheit.

Wallfahrtskirche auf dem Kreuzberg mit Hl. Stiege, Bonn
Vier Wallfahrtswege vereinigen sich vor der hoch gelegenen Fassade der Heiligen Stiege. Im Westen dahinter schließt die Wallfahrtskirche von 1761 mit dem Mariengnadenbild an. Im Kreuzberg geht der Blick auf und durch den Hochaltar der Kirche. In das Gesamtbild des Altars mit einbezogen, geradezu inszeniert, ist das mit aufwendiger Stuckumrahmung und Hoheitszeichen versehene Fenster des kurfürstlichen privaten Betraumes das Bindeglied zwischen Heiliger Stiege und Kirche. Wie ein lebendes Bild erscheint der Landesherr Erzbischof anstelle eines Altargemäldes zusammen mit der vergoldeten Altarfigur der Heiligen Helena. Dem Beter in der Kirche war er menschlich gegenwärtig und erschien doch wie eine Vision an Gottes statt. Für ihn wurde eigens an einer zweiten rückwärtigen Altarmensa die Messe zelebriert.

Diese Raumkonstellation mit dem Fürsten als Blickpunkt im zentralen Oratorium durch die gegengerichteten Altarbilder von Kirche und Heiliger Stiege ist wohl eine einzigartige Demonstration absolutistischer Überheblichkeit.

Treppen als selbständige Elemente bereichern in ihren unterschiedlichen Ausformungen die Architektur ungemein, erfüllen sie mit Leben, verbinden Teile zum Ganzen. Treppen können weit mehr als nur Höhen überwinden.

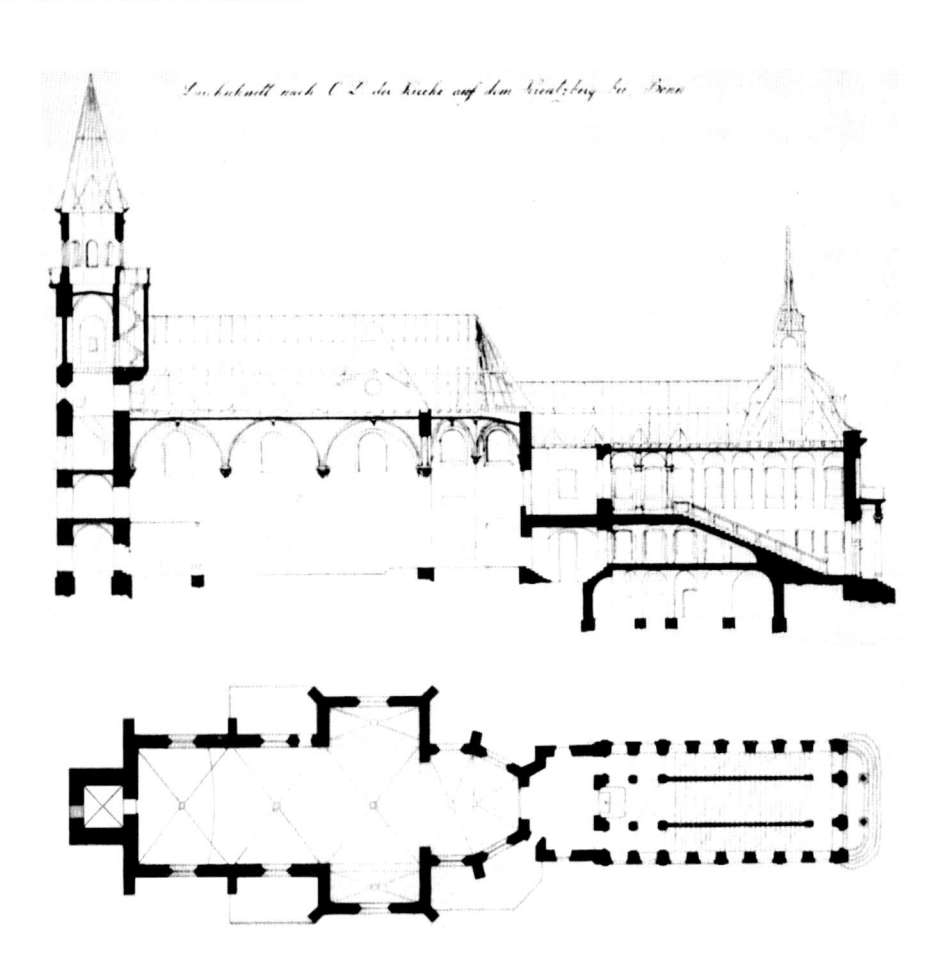

# 7. Städtebau

Städtebau

Baublock und Quartier

Der Baublock als traditionelles strukturierendes Element der europäischen Stadt ist ein Musterbeispiel für „Weiterbauen". Dabei hier nochmals der Hinweis auf die Binsenweisheit: Haus, Quartier und Stadt sind niemals fertig, sollten aber in jedem Zustand ein befriedigendes Ganzes bilden.

Definition:
„[...] *drei Komponenten [bilden] das städtebauliche Grundelement Baublock. Im Systemzusammenhang von außen nach innen sind das:*
- *Die Straße als Stadt – oder als quartierbezogener (öffentlicher) Bereich mit bewußt geformten Raumbegrenzungen und Raumabschnitten*
- *Die meist geschlossene Randbebauung der Parzellen mit engen räumlich-funktionalen Beziehungen der Gebäude sowohl zur Straße als auch zum Hofbereich. [Dabei kann die Rückseite der Bebauung durchaus individuell ausgebildet sein.]*
- *Der Hof, dessen Ausbildung und Benutzung a. wohnungs- oder hausbezogen; b. haus- und blockbezogen; c. z.T. quartierbezogen (beschränkt öffentlich) sein kann."*

Mit dem Ende der Gründerzeit geriet der Baublock – traditionell ja das strukturierende Element der Stadt – zunehmend in die Kritik. Die Hauptgründe hierfür waren zum Einen die übermäßige Flächenausnutzung innerhalb des Straßenrasters und die daraus resultierende enge Hinterhofbebauung. Durch die intensive Flächenausnutzung entstand auch ein Mangel an Freiräumen. Dazu kam die Überfüllung der Wohnungen, verbunden mit übermäßigen Zwangskontakten und den daraus resultierenden hygienischen Mängeln. Wie problematisch das sein kann erlebt man gerade wieder in der Corona-Pandemie. Durch die Durchmischung mit Werkstätten, Kleinbetrieben und anderem störenden Gewerbe litten die Bewohner unter Belästigung durch Emissionen aller Art.

Das führte zu einer Gegenbewegung, so dass sich dann ab den 1920er Jahren offene Städtbaustrukturen, aber auch „reformierte" Baublöcke entwickelten, die vor allem durch Wohnungsbaugenossenschaften geplant wurden. *„Zur Bekämpfung des planlos verbauten Baublocks (links) entwickelte Ernst Bruch den Gedanken der Baublockgemeinschaft (rechts) mit einheitlichen Hof- und Gartenanlagen, eine Bebauungsform, wie sie später von den gemeinnützigen Wohnungsunternehmen vielfach verwirklicht wurde."*[183]

In der Zeit nach 1945 setzt sich dann weitgehend die Abkehr von der geschlossenen Randbebauung durch, es entstehen fließende offene Räume, ohne vorne und hinten, innen und außen, vor dem Hintergrund eines falsch verstandenen Freiheitsbegriffs.

Seit den 1990er Jahren, beim wieder gewachsenen Verständnis für die Raumqualitäten der traditionellen Stadt hat der Baublock wieder gute Chancen gegenüber den freikörperlichen Anordnungen. Denn die städtebaulichen Vorteile des Baublocks liegen auf der Hand: Der Baublock macht eindeutig begrenzte öffentliche Straßen- und Platzräume möglich. Dies ist auch wichtig für das Gefühl von Sicherheit und Orientierung für die Nutzer. Weiterhin ist der Block prädestiniert und für Möglichkeiten der Mischnutzung im Erdgeschossbereich. Er gibt den Wohnungen ein Vorne und Hinten mit einem ruhigen inneren Freiraum, der sowohl individuell als auch gemeinsam genutzt werden kann. Gleichzeitig kann der Baublock individuell an die unterschiedlichen räumlichen Bedingungen angepasst werden.

Die Addition dieser Großbausteine ergibt (fast immer) ein befriedigendes Zwischenergebnis als Grundlage für ein lebendiges Stadtleben. Sie kann bei Bedarf erweitert werden zu einem dynamisch wachsenden, jedoch fast nie vollendeten Ganzen, eben fertig und unfertig zugleich.

Beispiele für die unterschiedliche Ausformung von Blöcken
Rheinischer Block, ca. 1890
Die vor allem im Rheinland anzutreffende Blockbebauung besteht aus einem dreiachsigen Vorderhaus (Dreifensterhaus) mit einem rückwärtigen, meist niedrigeren Seitenflügel, der den Übergang zum Blockinneren definiert und Flächen für (ursprünglich nicht vorhandenen) Dachterrassen bietet. *„An die Stelle der traditionellen Gewerbenutzung tritt heute die Gemeinschaftsfläche."*[184]

[183] Vergleiche hierzu auch Finke / Popp / Schalhorn / Schmalscheidt 1977, S. 6.
[184] Finke, et. al. 1977, S. 8.

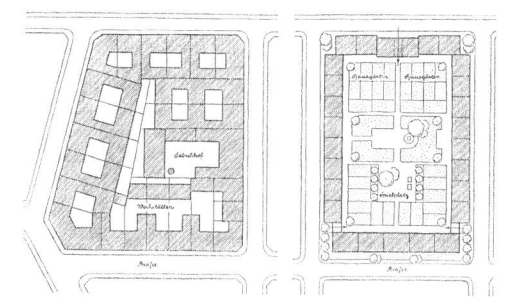

861. Baublockgemeinschaft Reformierter Block, Arch.: Ernst Bruch.

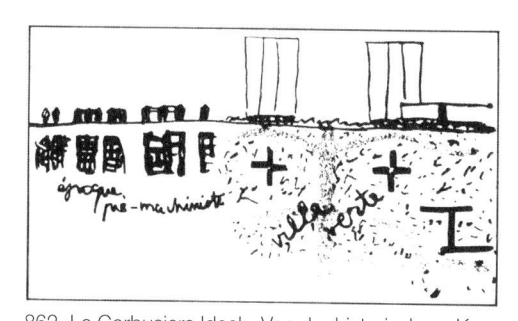

862. Le Corbusiers Ideal: „Von der historischen „Korridorstadt" zur „Grünen" Stadt."

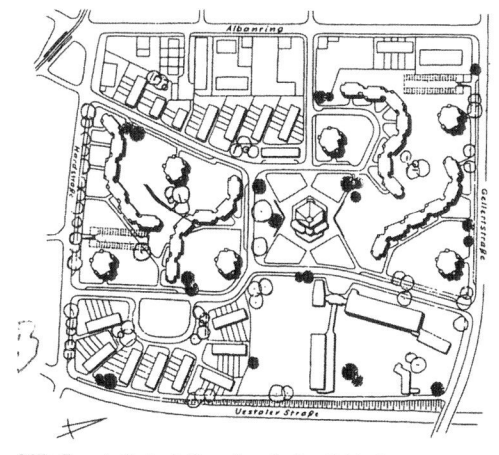

863. Basel, Gellert-Quartier, Arch.: O.H. Senn, 1950: Neues Stadtquartier mit Bauten ohne Bezug zum öffentlichen Straßen- und Platzraum.

864–869. Beispiele verschiedener Baublöcke und verwandter Bauformen in geschlossener Bauweise.
864+865. Rheinischer Block, ca. 1890. Dreifensterhäusern mit Seitenflügeln, die den Übergang Rückfront-Hof entschärfen und Dachterrassen bieten.

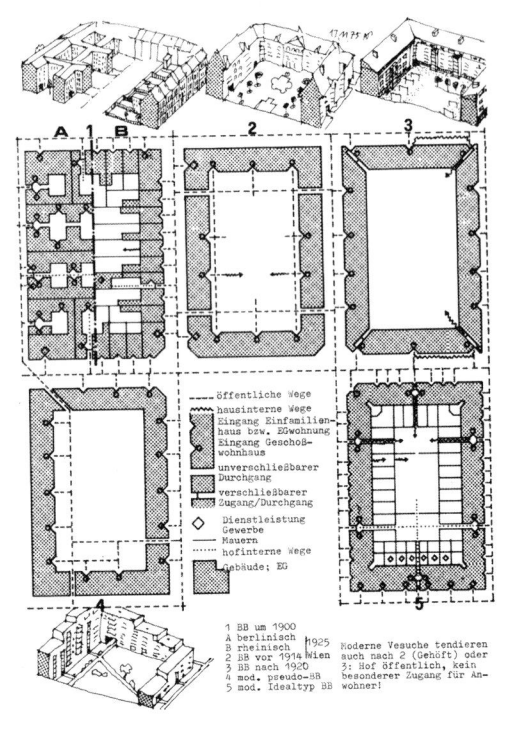

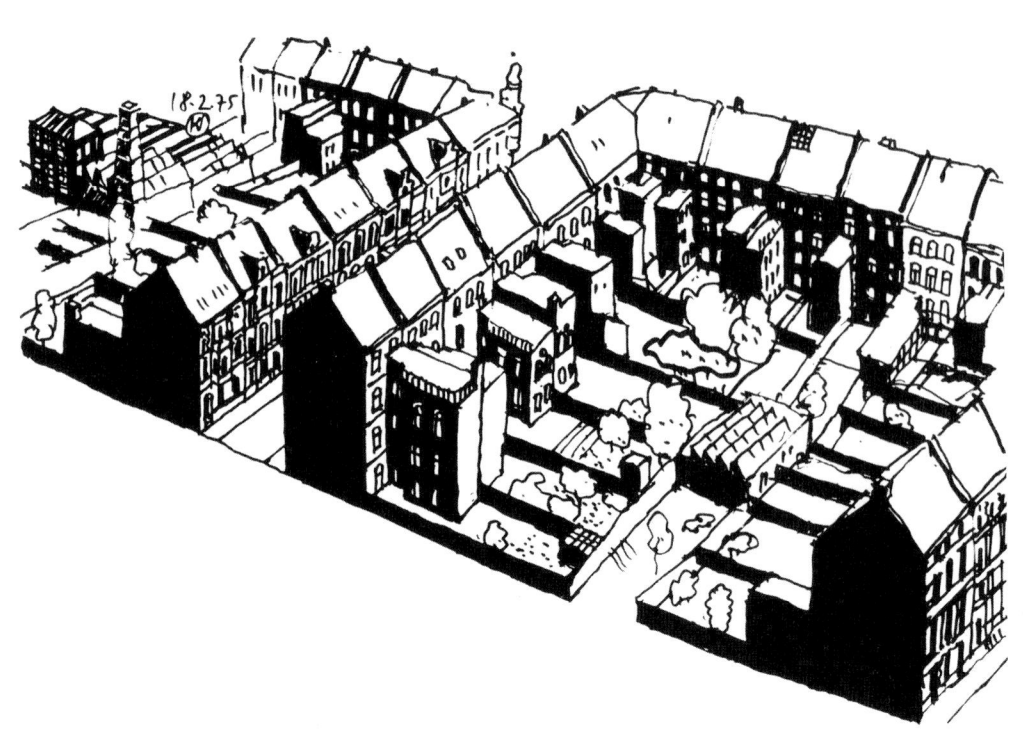

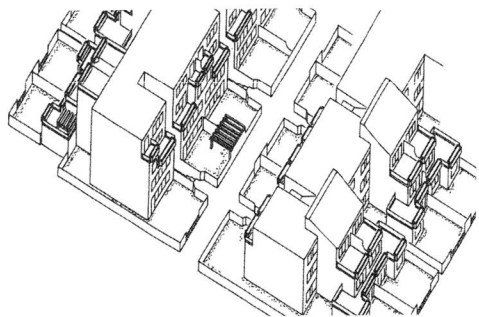

866. Hannover, Arch.: Argeplan: Vorn und hinten heute mit fließendem gestaffeltem Übergang zum Hof.

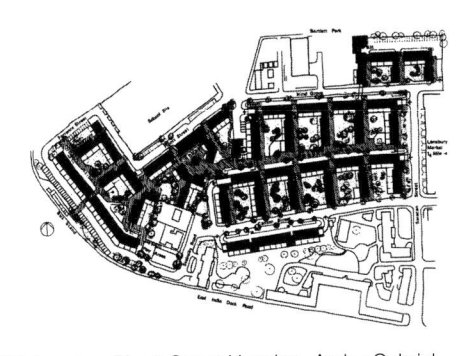

Projekt Argeplan, Hannover
Das aktuelle Projekt arbeitet ebenfalls mit einem durch gestaffelte Baukörper gestalteten Übergang zum Blockinnenbereich.

867. London, Pigatt Street Housing, Arch.: Gabriel Epstein, 1982.

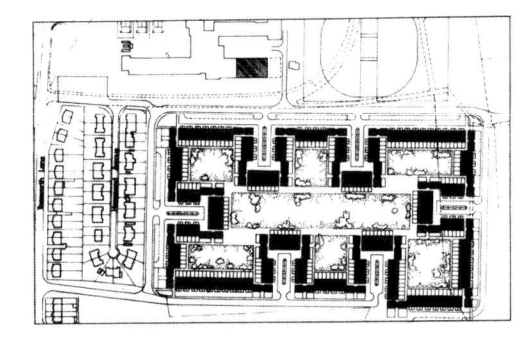

868. Eastfields, Surrey, Clay Avenue, Arch.: Ward, Whittle, Marden.

Pigatt Street Housing, London
Hier sind die Blöcke zur Südseite geöffnet um eine bessere Durchlichtung zu gewährleisten.

Projekt Clay Avenue, Eastfields, Surrey
Bei diesem Projekt von Ward, Whittle und Marden sind die Fassaden der Bauten in das Blockinnere eingezogen. Dadurch entstehen intime Höfe und größere Flächen.

Projekt Pollards Hill, Eastfields, Surrey
Beim 1967 realisierten Projekt von Ward, Whittle und Marden werden niedriggeschossige Bauten mit hoher Dichte um Höfe gestaffelt. Sie stehen in direktem Kontakt zur umgebenden Ringstraße, den eingeschobenen Stichstraßen und zum südlichen Grünbereich. Hierbei entsteht die Abstufung in äußere Ringstraße – intime Straßenhöfe – blockbezogene Innenhöfe und den gemeinsamen Park.

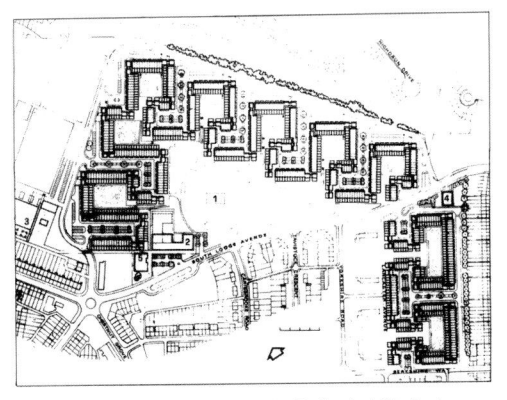

Wohnquartier Billwerder-Allerhöhe, Hamburg
Die Varianten des Projektes von Axel Schultes und Bernd Jansen zeigen mit unterschiedlichen Dimensionen bei gleichem städtebaulichem Grundraster die Anpassungsfähigkeit des Bausteins Baublock. Ausgewählt zur Realisierung wurde schließlich Variante 01.

869. Eastfields, Surrey, Projekt Pollards Hill, Arch.: Ward, Whittle, Marden.

870. Wohnquartier Billwerder-Allerhöhe, Hamburg,
Arch.: Axel Schultes und Bernd Jansen.

Beispiel eines neuen Stadtquartiers in der Großstadt

Wettbewerb Berlin Tiergarten
Die Bundesrepublik Deutschland ließ 1972 formal den Anspruch auf Berlin als Hauptstadt fallen. Eine Reaktionen der Berliner Stadtplanung darauf war einen Ideenwettbewerbs für das Stadtgebiet Landwehrkanal-Tiergartenviertel auszuschreiben. Das im 2. Weltkrieg zerstörte Randgebiet des Tiergartens sollte weitgehend neu bebaut werden. Mit der vorgeschlagenen Blockbebauung in Nord-Süd-Richtung konnten die Vorteile dieser Bauform konsequent genutzt werden:
– eindeutig begrenzte Straßen- und Platzräume, Vorne und Hinten
– geschützte Innenhöfe mit Privat- und Gemeinschaftsbereichen (blockbezogen)
– Abterrassieren der Rückfronten mit Terrassen und direkte Hofzugängen
– Eindeutiges Randbilden zum Tiergarten
– Hohe Dichte (bei viergeschossig GFZ 1,5, bei sechsgeschossig GFZ 2,0)

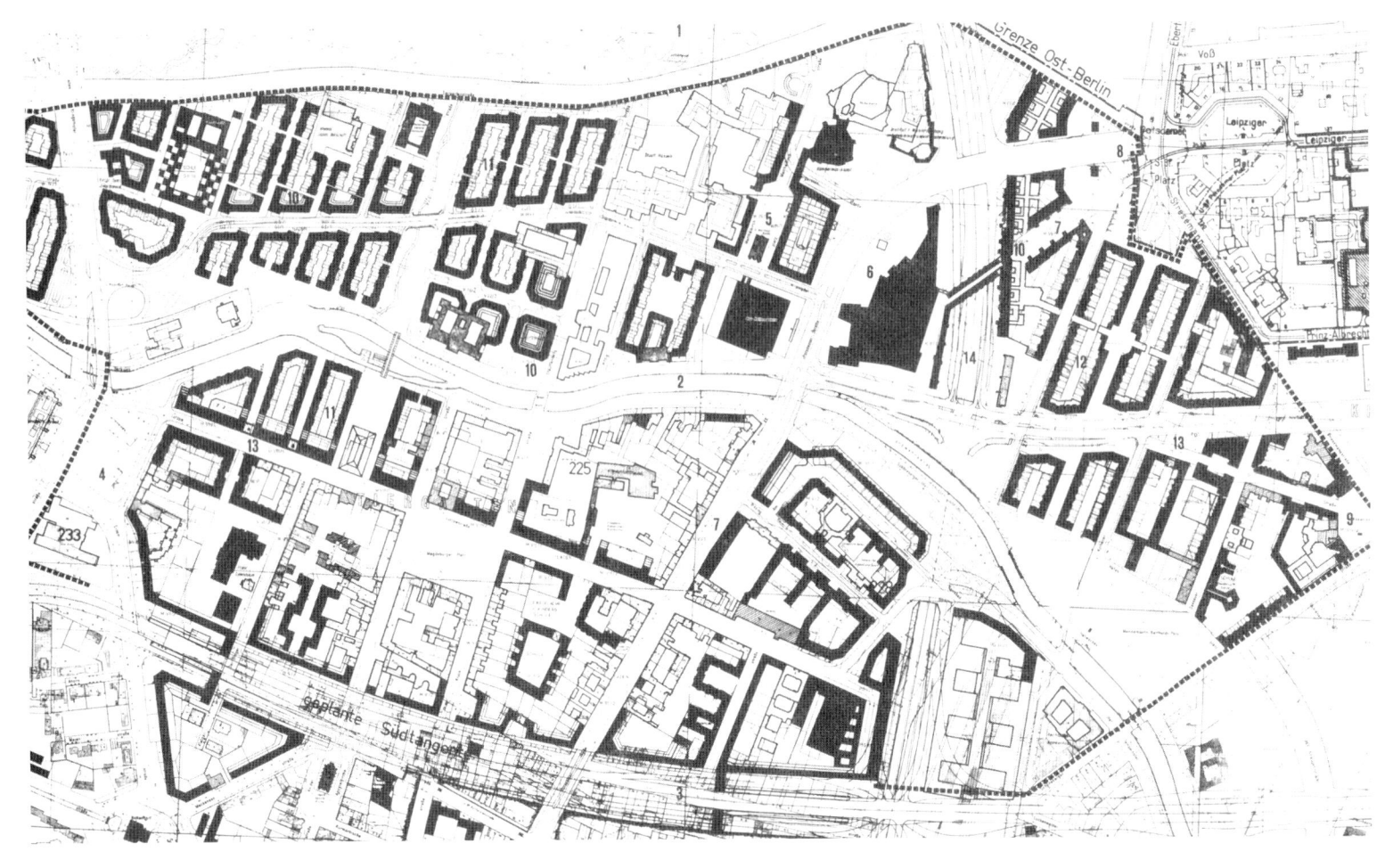

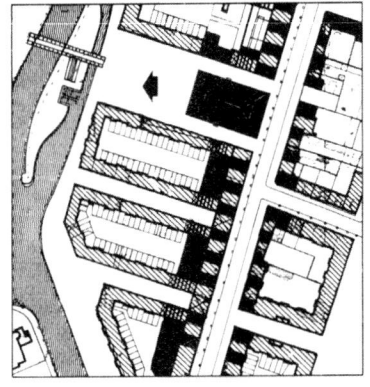

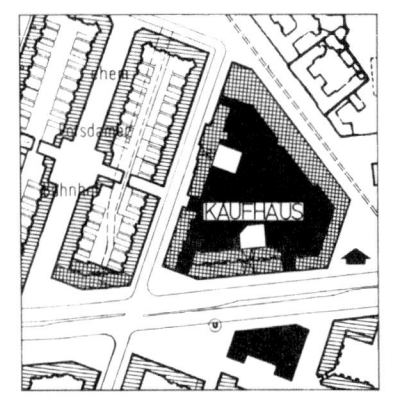

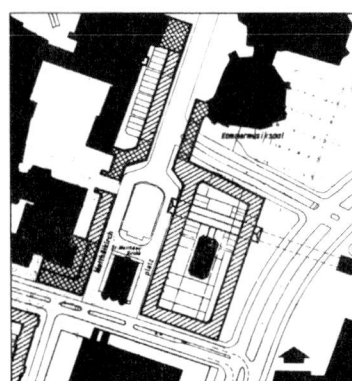

871–875. Wettbewerb Berlin-Tiergarten, Arch.: G. Böhm, G. Feinhals, W. Finke, J. Pieper, F. Popp, K. Schalhorn, H. Schmalscheidt, 1973. Lageplan:
1. Tiergarten, 2. Landwehrkanal, 4. Lützowplatz, 5. Matthäikirchplatz: Philharmonie, Neue Nationalgalerie, 6. Staatsbibliothek, 7. Potsdamerstraße B1, 11. Block viergeschossig, 12. Block sechsgeschossig, 13. Straße mit Läden, Praxen, Wohnungen.
69. Wohnblöcke.
70. Blockköpfe in Mischnutzung.
71. Umbautes Kaufhaus mit Mischnutzungen.
72. Museum mit Umbauung.

– Problemloses Integrieren des vorhandenen Erschließungsnetzes
– An den Hauptstraßen Mischnutzung
– Hierarchisches Erschließungsnetz

Es wurde „[…] *versucht, durch haus- bzw. wohnungsinterne Gartentreppen eine möglichst unmittelbare Verbindung zwischen den einzelnen Wohnungen und den privat zu nutzenden Gartenhöfen herzustellen. Dadurch soll erreicht werden, daß auch für den Mietwohnungsbau die Außenräume, die seit der Entstehung der Mietkaserne verlorengegangen waren, wieder vorhanden sind. […] Die Verbindung zur Straße über ziemlich dicht beieinanderliegenden Haustüren [(nach holländischem Vorbild)] – z.T. als Einfamilienhauseingänge – scheint besonders wichtig, da hierdurch die Zielpunkte in der Straße markiert werden und diese leicht erreichbar und kontrollierbar ist.*"[185]
Ziel des Projektes war die Realisierung einer städtischen Wohnform mit den Vorzügen des Einfamilienhauses, der sozialen Mischung und mit den Möglichkeiten von Engagement und Beschäftigung außerhalb der Wohnung.

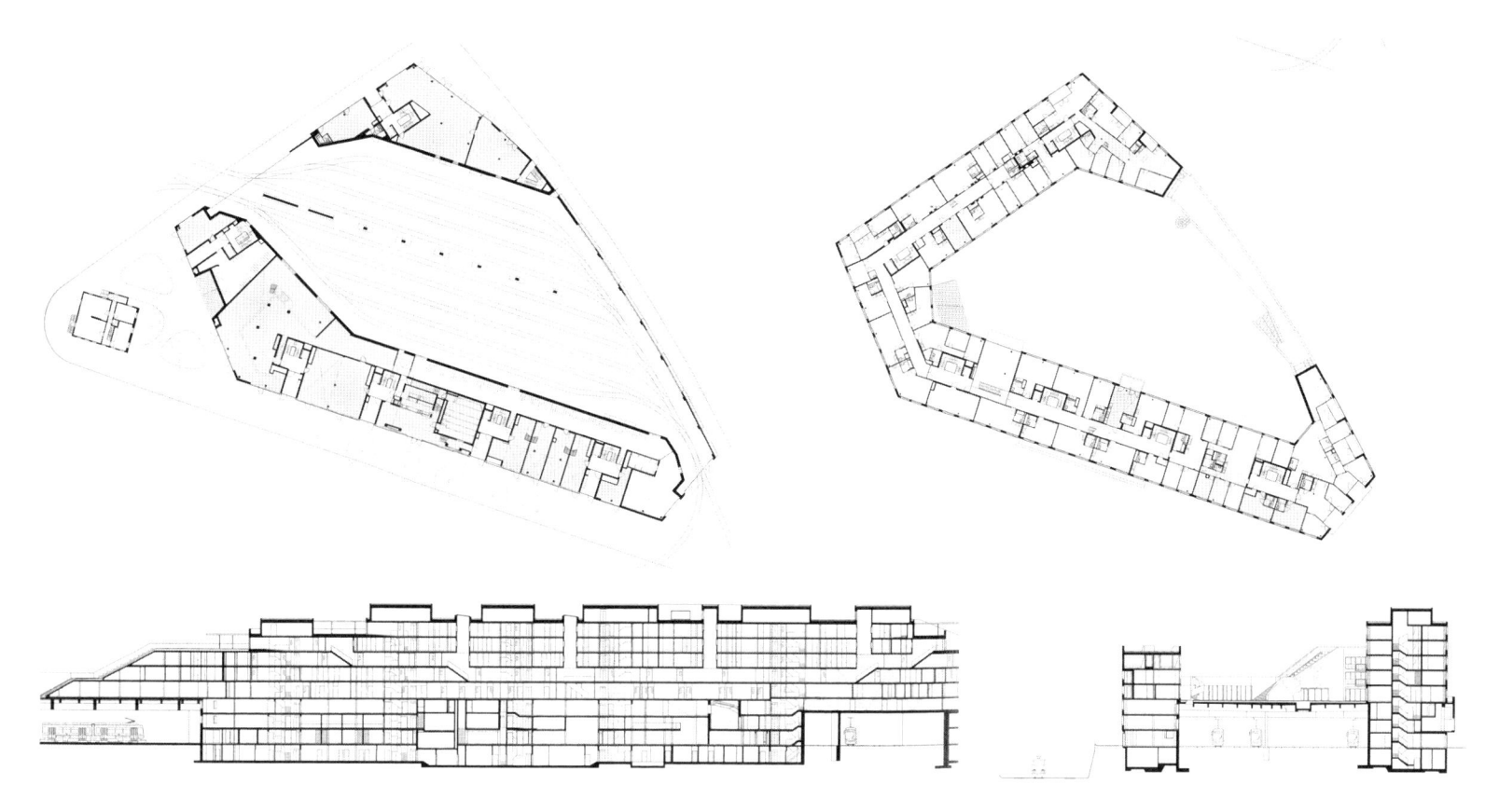

Genossenschaftsblock Kalkbreite, Zürich

Das Züricher Projekt Kaltebreite wurde von Müller Sigrist Architekten, Zürich in der Tradition des Züricher Genossenschaftbaus geplant und befindet sich zwischen zwei stark befahrenen Straßen und einer Eisenbahntrasse. *„Die Kernidee: eine neu gebaute Tramabstellhalle mit einem Blockrand zu umwickeln, der sich im Norden bis zu acht Etagen hochwindet und sich nach Süden stufenweise auf vier Geschosse absenkt. Die Gesamtform wird über sieben Treppenhäuser und eine große Freitreppe zum Hof erschlossen und bildet – verbunden durch die »rue intérieure« – eine bauliche Einheit."* Und: *„Was die Stadt überzeugte, war das waghalsige Nutzungskonzept: 5000 Quadratmeter kleinteiliger Gewerbe- und Geschäftsräume mit Arbeitsplätzen für 200 Personen, gekoppelt mit 7500 Quadratmetern Wohnfläche für 250 Einwohner und dazu noch 600 Quadratmeter Gemeinschaftsfläche. Erklärtes Ziel war es, Menschen unterschiedlicher Einkommen, Nationalitäten, Altersgruppen und Haushaltskonstellationen zusammenzubringen. [...] Neben Wohnungen mit 2 bis 5 Zimmern für „traditionelle" Familien plante man auch Wohnungen mit bis zu 17 Zimmern für Wohngemeinschaften sowie Studios für Singles, die als „Cluster" angeordnet sind. [...] All dies zusammen mit einer öffentlich zugänglichen Hoffläche, die die neue Tramabstellhalle in neun Metern Höhe überdacht. [...] Zudem verpflichtete sich die Genossenschaft auf eine soziale Durchmischung [...]."*[186]

[185] Schindler 2014, S. 29.
[186] Schindler 2014, S. 27 sowie André 1972, S. 1504.

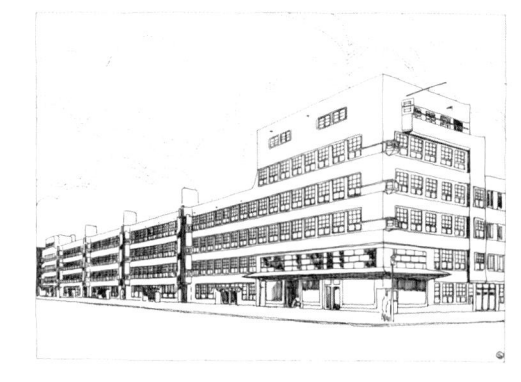

Als Kontrast zu dieser bewegten Anlage nebenstehend noch zwei wohl ausgewogene, streng klassische Blöcke der 1920er Jahre aus den Niederlanden.

Block im Block

In diesem Abschnitt wird eine interessante Sonderform des Baublocks etwas ausführlicher behandelt. Dabei kann man sagen, dass der architektonischen Ansatz „Haus im Haus" im Städtebau seine Entsprechung in der Gruppierung „Block im Block" findet. Block im Block bedeutet das Einlagern ruhiger Wohnbereiche in eine schützende Randbebauung, wobei dann Rand und Inneres zusammen ein reizvolles, lebendiges Ganzes bilden (können). Dieser Ansatz ist in der europäischen Stadt sehr alt.

876–879. Zürich, Genossenschaftsblock Kalkbreite, Arch.: Müller Sigrist. Grundriss EG, OG 5, Schnitte.
880. Amsterdam West, Bebauung Hoofdweg / Postjesweg, Arch.: Piet Kramer, 1927.
881. Amsterdam West, Bebauung Holendrechtstraat 1–47, Arch.: Margarete Kropholler, 1921.

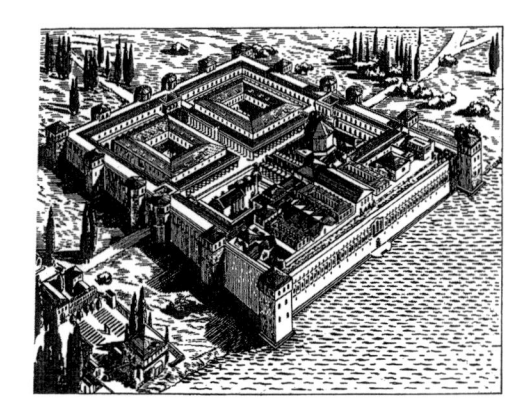

Diokletianspalast, Split, Kroatien
Als eindrucksvolles Beispiel für Block im Block sei Split (Spalato) mit dem Diokletianspalast genannt. Der Palast steht als strenger Stadtblock imitten der modernen Stadt direkt an der Adria. Die als Gebäudekranz ausgebildete Stadtmauer umschließt ein annäherndes Quadrat. Darin sind eingestellt vier Innenblocks, geschieden durch Cardo und Decumanus. Die Front zum Meer hin bildet der ehemalige Palast. Das Ganze zeigt gewissermaßen eine Chiffre der Stadt mit ihren Elementen: schützender Rand, eingestellte Quartieren, sich kreuzende, klare Hauptstraßen, einem im Lauf der Zeit sich entwickelnden Netz von Nebenstraßen, Nutzungsmischung. *„Säulenstraßen schieden die Stadt in vier Viertel, von denen die zwei südlichen für die Tempel und Kaiserwohnung, die beiden im Norden gelegenen als Wohnviertel der Garden und des Gefolges dienten."*[187]

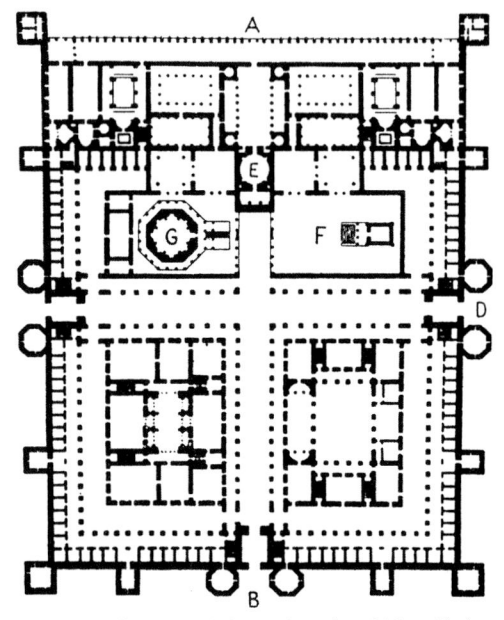

882+883. Split, Diokletianspalast, (um 310 n. Chr.) Rekonstruktion von Hébrand und Zeiller, Perspektive, Grundriss.

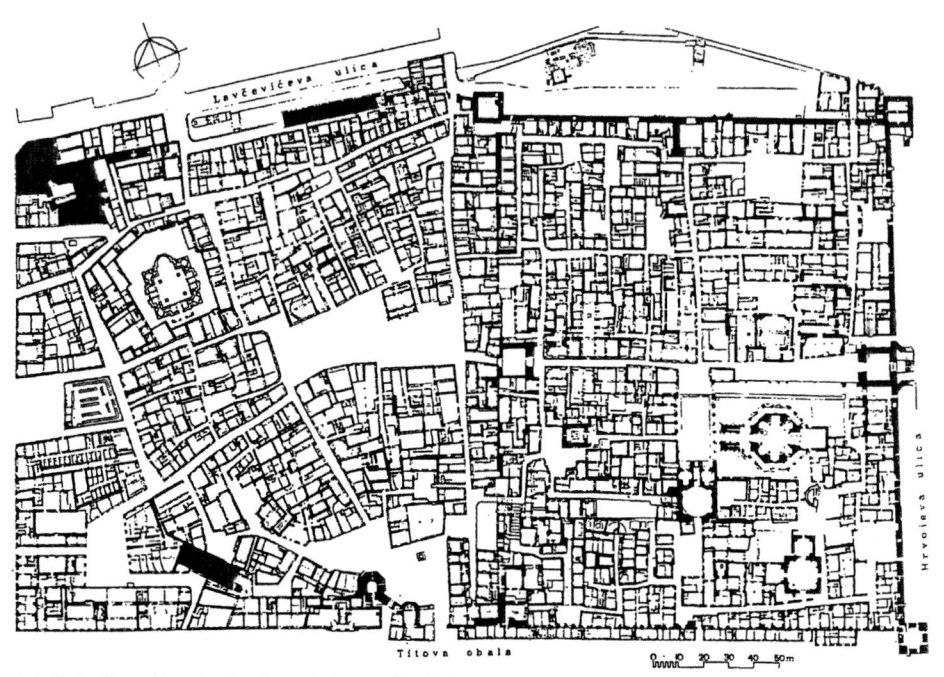

884. Split. Grundriss der heutigen Anlage mit mittelalterlicher Stadterweiterung im Westen.

Dieser faszinierende Ansatz hat sich bis heute erhalten, wobei das Prinzip Weiterbauen mehrfach wirksam ist: Im Laufe der Jahrhunderte sind die immer noch deutlichen Palaststrukturen von Gebäuden aller Art überwuchert und mit neuem Leben erfüllt worden. Sie bilden neue Häuser im großen Haus der Palastreste, so etwa die Kathedrale im vom antiken Säulenkranz umstellten Mausoleum des Diokletian.

Eingelagerte Wohnhöfe im Mittelalter

In der historischen Stadt gehörte es zur Bautradition, Gemeinschaftsanlagen für sozial Schwache, kranke oder alte Menschen in geschützten Innenbereichen (in unterschiedlichsten Dimensionen) als Hof im Block anzusiedeln.

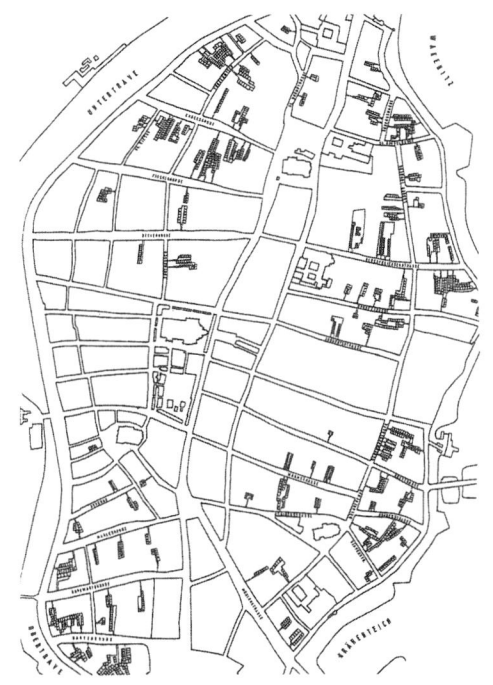

Lübecker Gänge, Wohn- und Stiftshöfe
„Durch die Anziehungskraft im Mittelalter und den Zwang, sich nur innerhalb der Stadtmauern anzusiedeln, wurden schon bald die Freiflächen innerhalb der Häuserblocks für die hinzuziehende Bevölkerung mit Wohngängen bebaut. Sie haben noch heute einen entscheidenden Anteil am Stadtbild [...]. Es lassen sich zwei Arten von Wohngängen unterscheiden:
Private Wohngänge: Sie sind wahrscheinlich von den Eigentümern selbst erbaut. Da sie wenigstens 5 bis 6 »Buden« haben, die unabhängig von dem zur Straße gerichteten Vorderhaus angeordnet sind, kann man annehmen, daß sie weniger als Altenteil ihrer Erbauer bestimmt waren, sondern zur Weitervermietung an die ärmere Bevölkerung.
Stiftungs-Höfe: Sie wurden später (in der Renaissance) erbaut, als es beim wohlhabenden Bürgertum üblich wurde, sich mehr der Armenpflege anzunehmen. Vorderhaus und Gang sind zur gleichen Zeit erbaut. [...] Der Gang wird im Normalfall durch eine einfache Mauertöffnung im Vorderhaus erschlossen. Die Eingänge der Stifte sind oft durch Wappenschmuck betont."[188]

885. Lübeck, Die stadträumliche Verteilung der Gänge, 14. und 15. Jh.

Die nach dem Krieg wenig geschätzten Gangbuden sind heute nach umfangreichen Sanierungen als lärmgeschützte, zum Teil idyllisch gelegene Kleinhaussiedlungen begehrte Wohnanlagen geworden. Die umgebenden Baublocks mit den Verkehrsstraßen werden durch die Gänge um ein inneres ungestörtes Wegenetz ergänzt, das aber heute (aufgrund des Touristenandrangs) nur noch eingeschränkt öffentlich zugänglich ist.

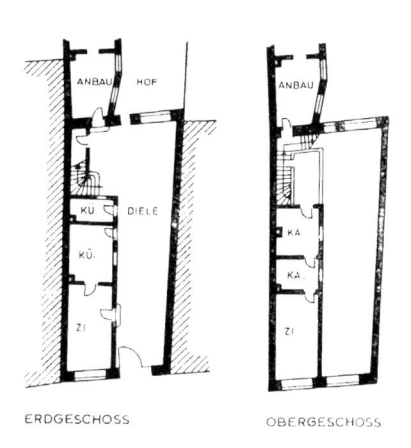

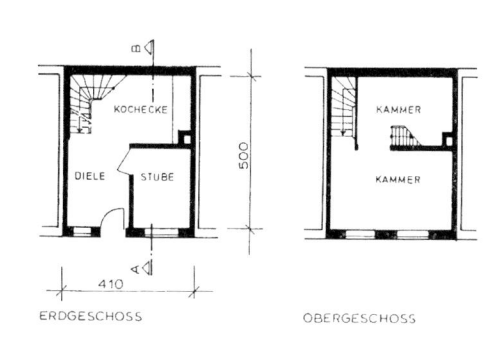

[187] Koepf 1985, S. 44.
[188] BW 40/1972, S. 1504.

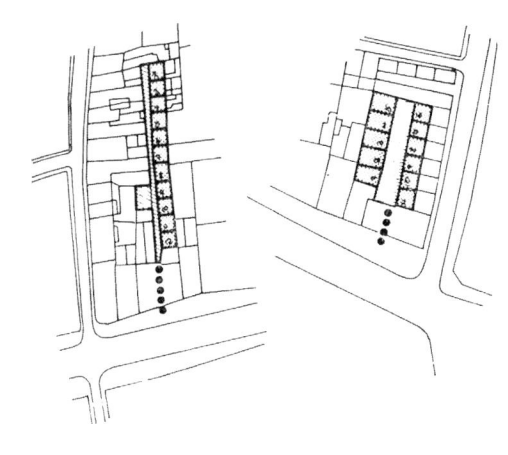

886–891. Lübeck, Budengrundrisse und typische Gangstrukturen.

Fuggerei, Augsburg

Erbaut Anfang des 16. Jahrhunderts durch Jakob Fugger „den Reichen", ist sie die älteste erhaltene Sozialsiedlung der Welt. Die Anlage wurde mehrfach erweitert und nach der Teilzerstörung im 2. Weltkrieg wieder aufgebaut und liebevoll restauriert.

„Sie ist nach wie vor eine reine Sozialsiedlung für unschuldig verarmte Bürger, die hier in einer kleinen Gemeinschaft von etwa 150 Wohnungen wohnen. Die Geschlossenheit der Siedlung ist dadurch betont, dass durch Abgrenzung gegen die umgebende Nachbarschaft mit niederer Mauer und vier Toren eine geschützte Wohnzone mit sechs Straßenzügen geschaffen wurde. [...] Gebaut wurde auf einer Fläche innerhalb der Stadt, die vorher keine Bebauung aufwies und wo insofern kaum Rücksicht auf bereits Bestehendes, wie etwa Straßen, zu nehmen war. Trotzdem wurde in der Planung kein rechter Winkel angelegt, so dass sich in der Stellung der Häuser zueinander stumpfe und spitze Winkel ergeben. Die sich daraus ergebenden reizvollen Giebelansichten, die ein gewisses Leben in die ansonsten monotone Fassadengestaltung bringen, verdecken dabei

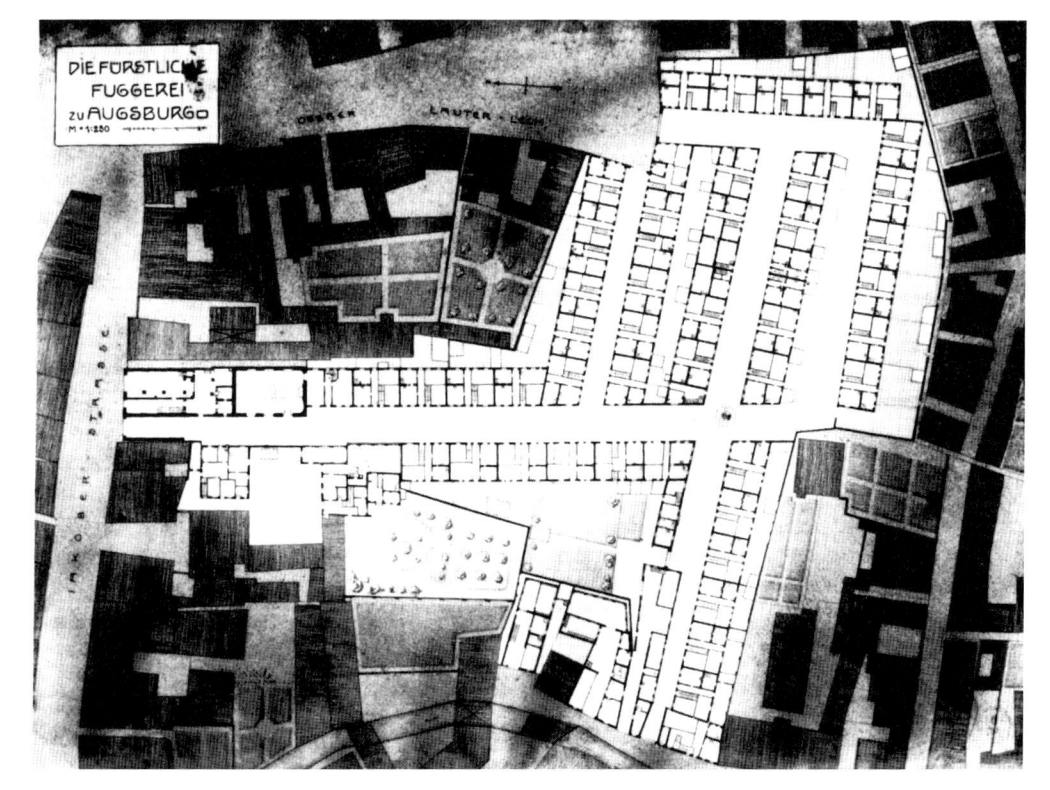

892+893. Augsburg, Fuggerei, Gesamtplan, Ansicht der Kirche St. Markus.

894. Augsburg, Fuggerei, Wohnungsgrundrisse.
895. Augsburg, Fuggerei, Auschnitt aus dem Kilianplan von 1626.

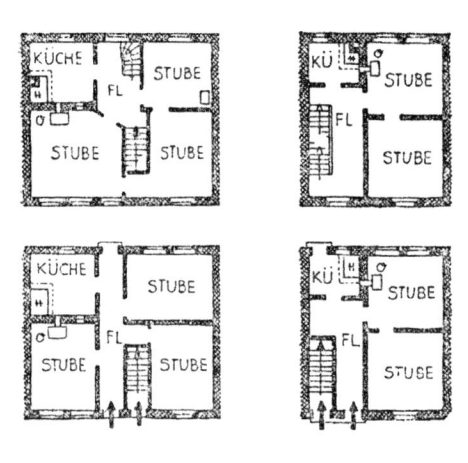

[189] Pfaud 1976, S. 96.
[190] Muthesius 1990, S. 8.

fast ganz den Traufenhauscharakter der Siedlung. In der Siedlung sind Stiftsverwaltung, Schreinerwerkstatt für Eigenbedarf und eine Kirche, früher sogar eine eigene Schule und ein Siechenhaus, eingeplant. "[189]

Die gut belüfteten Wohnungen im Erd- und Obergeschoss haben jeweils eine eigene Haustür, sind also unabhängig. Im Unterschied zu den modernen abweisenden und unzugänglichen gated communities ist die Fuggerei tagsüber als Teil der lebendigen Stadt öffentlich zugänglich und nur nachts verschlossen.

Höfe und Beginenhäuser in Holland und Belgien

Die Höfe und Beginenhäuser in Holland und Belgien sind ebenfalls in die Stadt ein- oder angelagerte Gruppen von Kleinhäusern als Stiftungen. Sie dienen vorwiegend als Altenwohnungen für Frauen (zum Teil mit einer klosterähnlichen Verfassung). Dabei formen sie mehr oder weniger regelmäßige Gartenhöfe mit einem Tor zur Straße. Sie bieten also keine Durchgangssituationen. Dadurch werden sie erholsame, auf sich selbst bezogene Anlagen im Kontrast zu den unruhigen Stadtstraßen. Durch die Hofsituation entsteht ein gewisser Zwang zur Gemeinschaft, das wird von den Bewohnern im Gegensatz zum anonymen Stadtleben aber meist durchaus positiv gesehen. Manchmal bilden Beginenhäuser sogar einen selbständigen Block (in Amsterdam mit Geschosswohnungen), die Häuser kehren der Straße aber in der Regel den Rücken zu, denn sie sind von innen erschlossen. Nur in Ausnahmefällen gibt es auch straßenseitige Erschließungen. Die Tradition der Höfe wurde in Holland und Belgien (in sehr unterschiedlicher Qualität) durch einzelne Stadtgemeinden noch bis ins 19. Jahrhundert weitergeführt. Immerhin wurden etwa ab 1850 im allgemeinen bewusst hygienische Aspekte wie bessere Belichtung und Belüftung berücksichtigt, es gab also keine back-to-back-Typen und an Mauern angebaute, nur einseitig belichtete Wohnungen mehr.

896–898. Antwerpen, Grundrisse kleiner Beginenhöfe: Falkonshof, St.-Nikolaus-Platz, Zinshof St. Jansstraat.

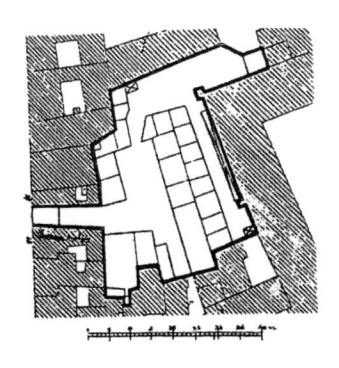

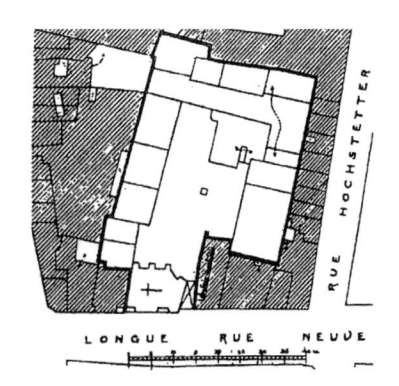

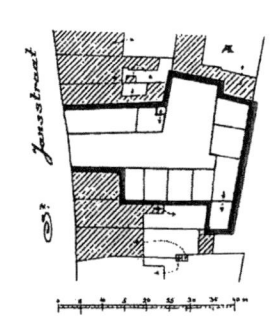

Beginenhof, Amsterdam
Hier zeigt sich das Prinzip der Umkehrung des Baublocks mit innerer Erschließung, Vorgärten und paradiesischem grünem Hof als introvertierte Insel mitten in der Weltstadt.

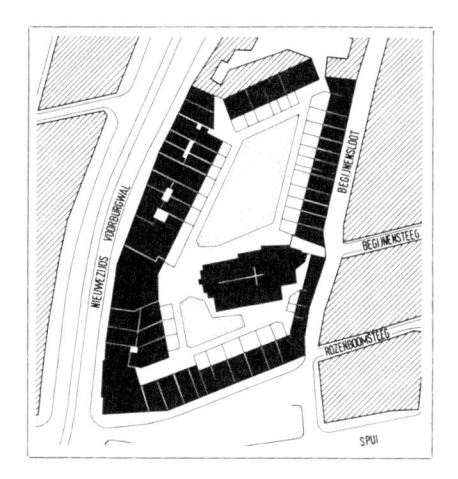

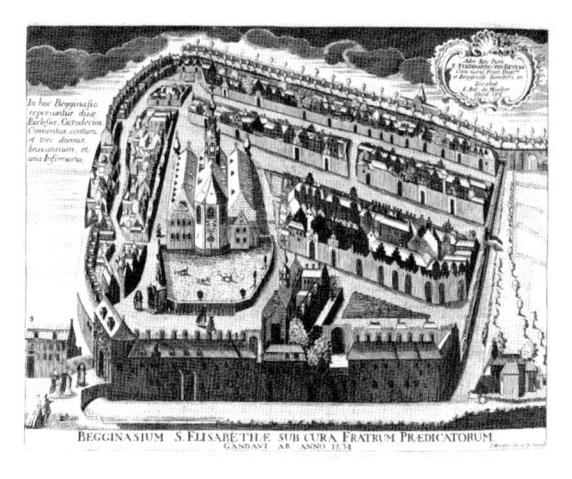

899. Der „Beginenhof", Amsterdam.
900. Großer Beginenhof, Gent, Kupferstich von P. Wasuters, 18. Jh.

Proveniershuis, Haarlem
Das Proveniershuis in Haarlem zeigt einen Doppelring: Den Blockrand mit der Erschließung und Belichtung von außen und den direkt angebauten Innenblock erschlossen vom u. orientiert auf den Hof als back-to-back-Typ, fast ohne innere Verbindung beider Ringe.

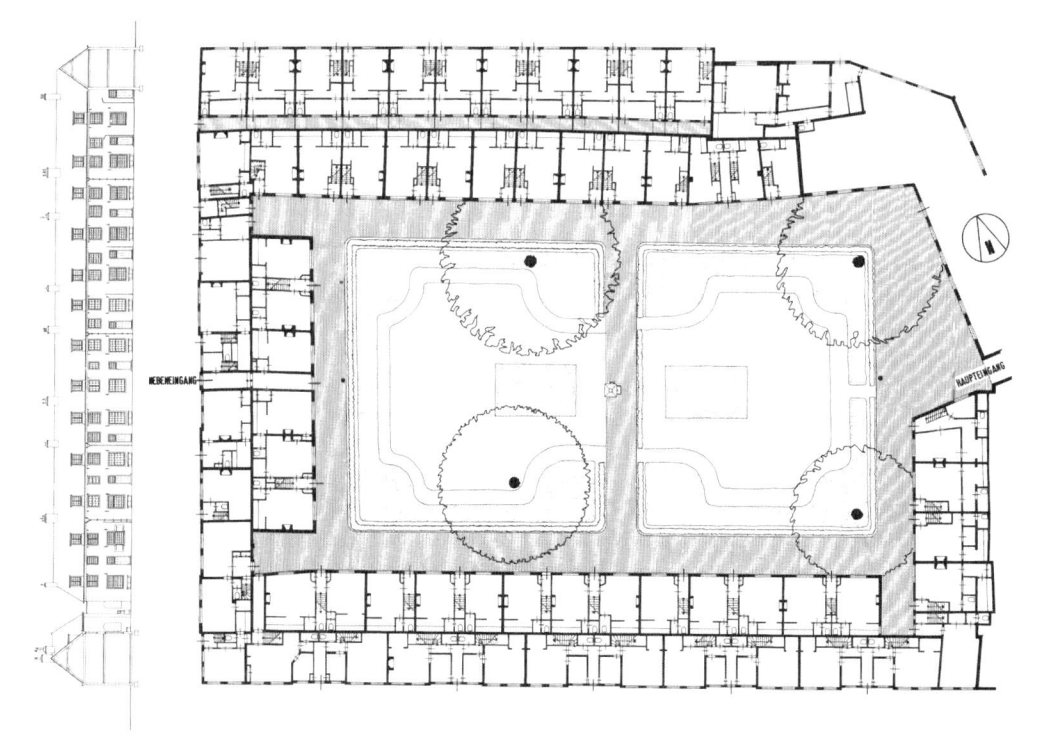

901. Haarlem, Das „Proveniershuis", Gesamtplan und Ansicht Westflügel vom Innenhof.
902. London: Eaton Place und Eaton Square, 18./19. Jh. Eingang der Mews.

Mews, Großbritannien

In Großbritannien wurde Ende des 18, Anfang des 19. Jahrhundert eine spezielle Form des Blocks im Block Systems entwickelt: Die „mews" in den großbürgerlichen Vierteln vor allem Londons und Edinburghs.

Die streng geplanten „großen gregorianischen und Regency-Terraces hatten alle ihre eigenen Ställe und Kutscherunterkünfte, die an einer rückwärtigen Straße lagen, gegenüber den Ställen der nächsten Hauszeile. Durch diesen hinteren Anbau führte auch der Hintereingang über den Hof zum Haus. Die rückwärtigen Erschließungswege wurden „mews" genannt. In Belgravia erhielten die Eingänge dieser mews große Torbauten."[190] Heute sind diese Hinterhäuser äußerst begehrt als ruhige Wohnsituation in der lärmenden Stadt.

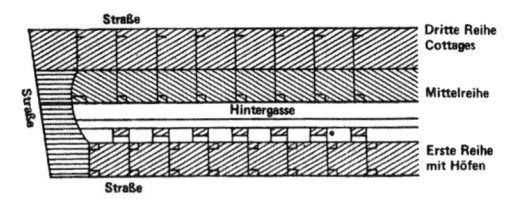

903+904. London, Slum in der Paradise Row, 1853.

Arbeitersiedlungen, England
Das Gegenstück zu den großbürgerlichen Mews bilden viele Arbeitersiedlungen in den frühkapitalistischen Industriestädten. Dazu Friedrich Engels: *„Die Arbeiterwohnungen werden jetzt nämlich fast nie einzeln, sondern fast immer dutzend-, ja schockweise gebaut – ein einzelner Unternehmer baut gleich eine oder ein paar Straßen. Diese werden dann auf folgende Weise angelegt: Die eine Front – vergleiche die Zeichnung – bilden Cottages ersten Ranges, die so glücklich sind, eine Hintertür und einen kleinen Hof zu besitzen, und die höchste Miete bringen. Hinter den Hofmauern dieser Cottages ist eine kleine Gasse, die Hintergasse (back street), die an beiden Enden zugebaut ist und in die entweder ein schmaler Weg oder ein bedeckter Gang von der Seite her führt. Die Cottages, die auf diese Gasse führen, bezahlen am wenigsten Miete und sind überhaupt am meisten vernachlässigt. Sie haben die Rückwand gemeinsam mit der dritten Reihe Cottages, die nach der entgegengesetzten Seite hin auf die Straße gehen und weniger Miete als die erste, dagegen mehr als die zweite Seite tragen."*[191] Diese wohl erste Schilderung der Perversion des Blocksystems erregte großes Aufsehen.

Das gemischte System ab 1900
Die Vorzüge des gut gebauten Block in Block Systems werden dann etwa ab der Wende des 19. zum 20. Jahrhundert erkannt und anerkannt und vor allem von Theodor Goecke unter der Bezeichnung „gemischtes System" propagiert. Ein Meilenstein dafür ist der Wettbewerb „Groß-Berlin" aus dem Jahre 1910.

Wettbewerb „Groß-Berlin"
Der Vorschlag „et in terra pax" von Bruno Möhring, Rudolph Eberstadt, Richard Petersen gewann den 3. Preis im Wettbewerb „Groß-Berlin" aus dem Jahre 1910. Er dient als Beispiel für die Neuplanung großstädtischer Wohnquartiere mit einem geschützten inneren Wohnstraßennetz. Grundbaustein dafür ist die „größere Blockeinheit mit gemischter Bauweise". Dabei bilden die Verkehrsstraßen ein grobmaschiges Netz um die großen Einheiten, die jeweils Quartierdimension haben (10–15 ha). Eine schützende 5 bis 6-geschossige Randbebauung mit Mischnutzung fasst die Blöcke, die im Inneren durch ein kleinmaschiges Netz ruhiger öffentlicher Wohnstraßen mit einem zentralen Grünplatz erschlossen sind. Die Höhe der Innenbebauung mit Familien- und Altenwohnungen ist drei Geschosse. Insgesamt der maßstäblich richtige Ansatz für die Stadt in der Stadt.[192]

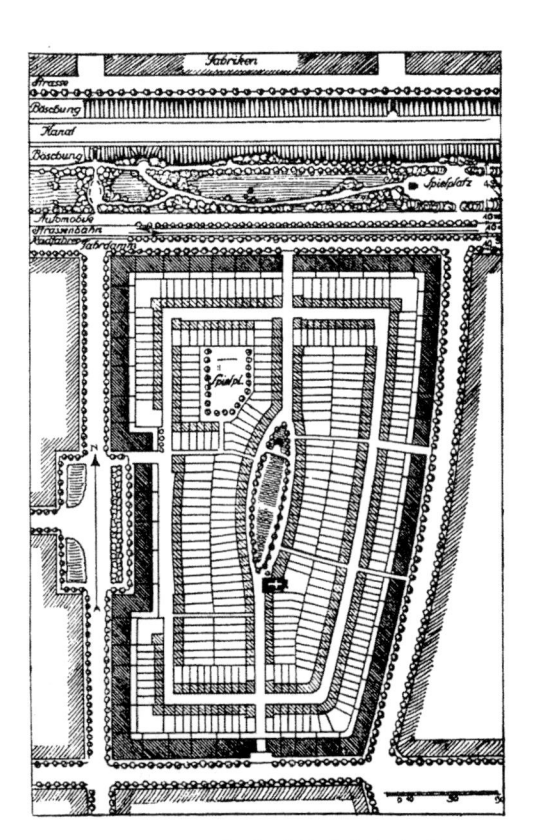

905+906. Wettbewerb „Groß-Berlin", Arch.: Bruno Möhring, Rudolph Eberstadt, Richard Petersen, 1910, Grundriss und Ansicht.

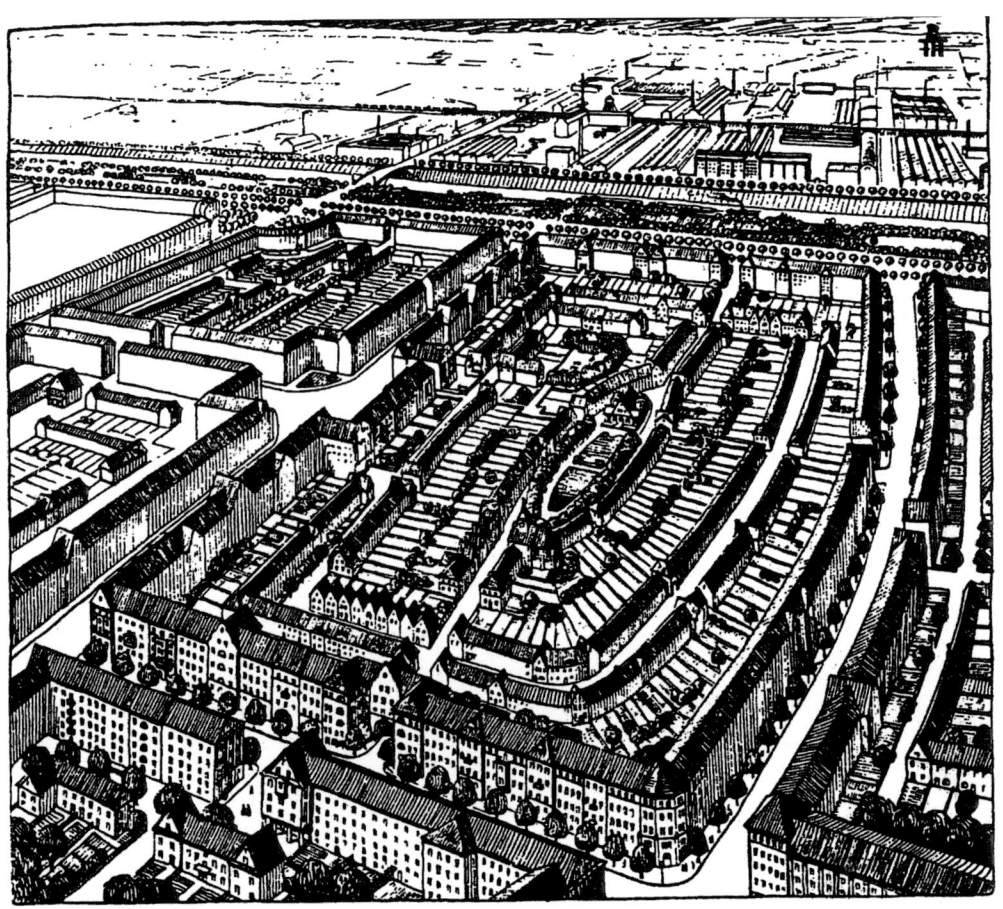

Bebauungsplan Berlin-Treptow
Die konkrete Anwendung der Wettbewerbsergebnisse zeigt dann etwa der zukunftsweisende Bebauungsplan für Berlin Treptow von Rudolph Eberstadt und Bruno Möhring. Dazu die Verfasser: *"Als eine der wesentlichen Voraussetzungen erscheint, daß der Fuhrwerksverkehr entweder gänzlich ausgeschlossen oder mindestens unter Fernhaltung jedes Durchgangsverkehrs nur auf die Anfuhr für die Bedürfnisse der Anwohner beschränkt ist. Es entstehen verkehrsfreie oder verkehrsgesperrte Wohnbezirke. Wirtschaftlich gewährt die Anwendung der Wohnstraße [...] erhebliche Vorteile. [...] In künstlerischer Hinsicht endlich bietet die Einfügung der Wohnstraße allgemeine Vorzüge; sie gestattet, eine reiche Abwechslung in das Städtebild zu bringen."*[193] In dem abgegrenzten Teil des Bebauungsplanes ist die gemischte Bauweise mit viergeschossiger Randbebauung und abgestufter Bebauung im Inneren angesetzt.

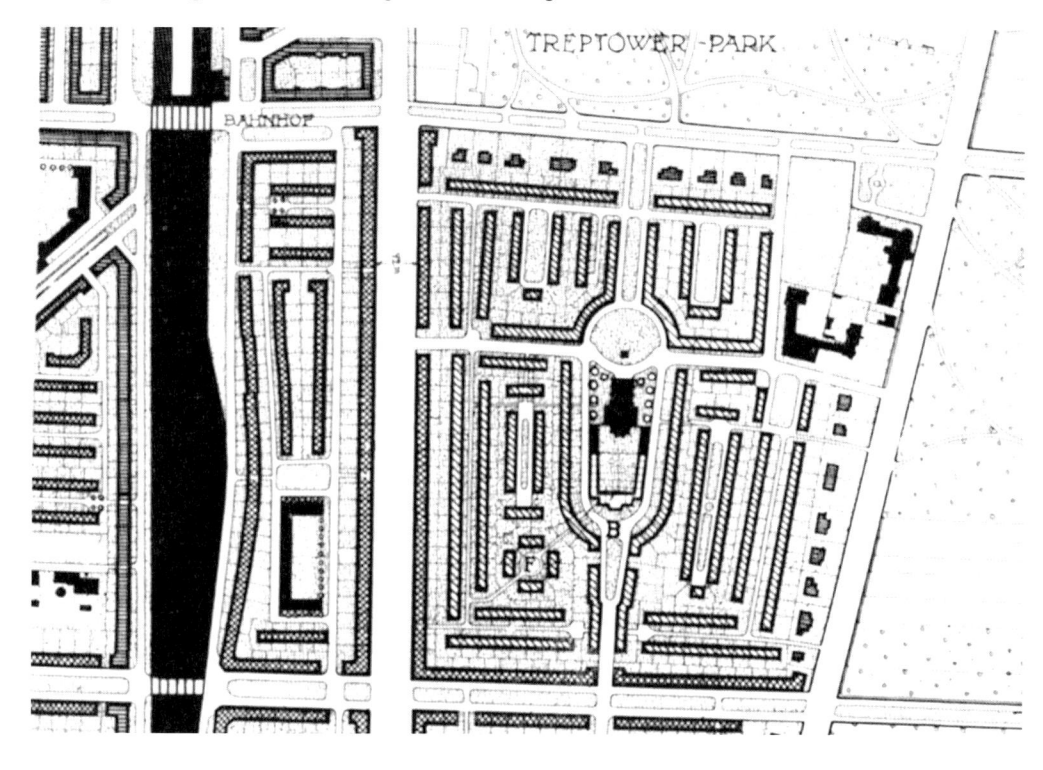

[191] Engels 1970, S.79.
[192] Schalhorn / Schmalscheidt 1997, S. 99.
[193] Eberstadt 1920, S. 253.

907. Berlin-Treptow, Bebauungsplan.

Beispiele zwischen den Weltkriegen
Nach dem Vorbild des „gemischten Systems" entstanden dann in den 20er Jahren zahlreiche Sozialsiedlungen, vor allem auch in den Niederlanden in der Tradition der Höfe.

Zaanhof, Amsterdam
Die berühmteste davon ist wohl der heute noch bestehende Zaanhof in Amsterdam-West. Der Architekt Herman Walenkamp entwarf eine schützende viergeschossige Randbebauung mit Stockwerkswohnungen die einen Anger umschließen. Das Innere ist zugänglich durch Torwege nach dem Vorbild einer Stadt.

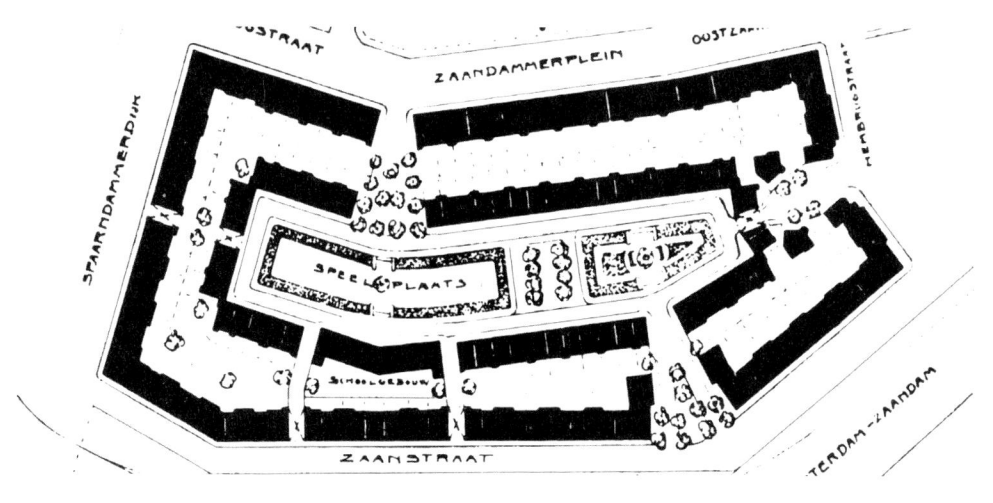

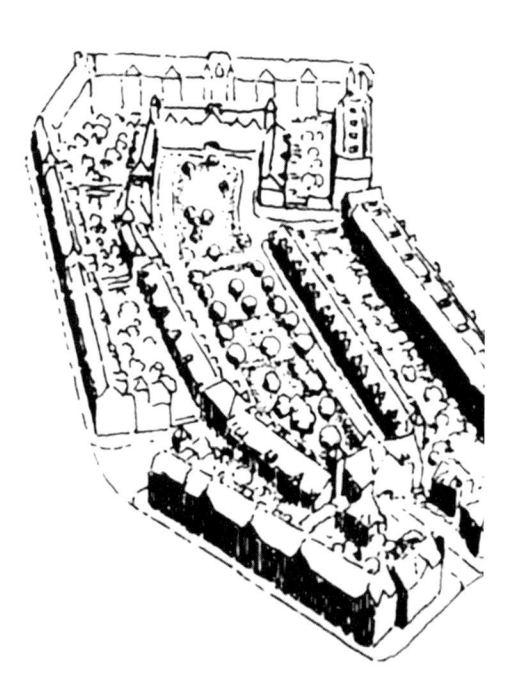

908+909. Amsterdam, Zaanhof, Arch.: Herman Walenkamp, 1919, Grundriss und Isometrie.

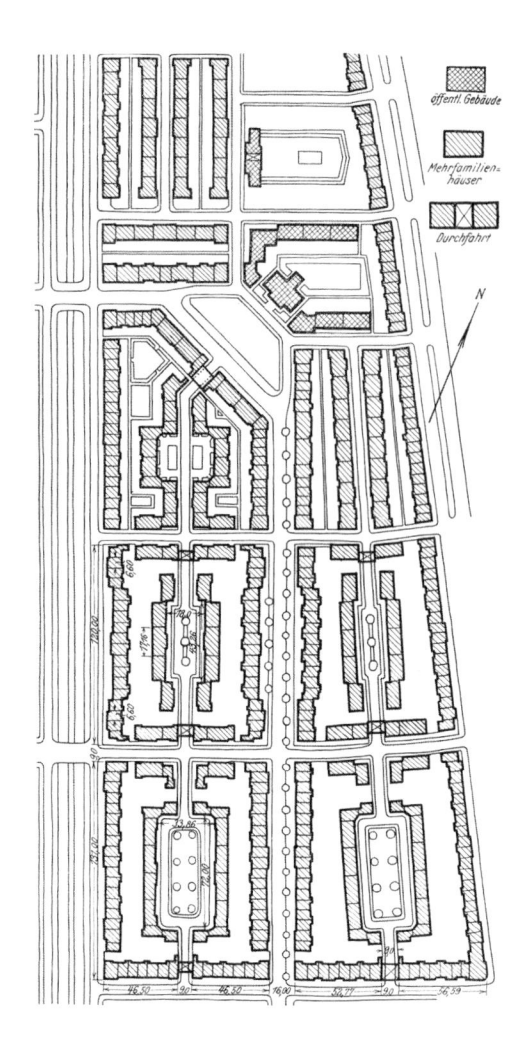

Justus-van-Effen-Komplex, Spangen, Rotterdam
Eine interessante Variante zeigt der Baublock Justus-van-Effen-Komplex im Rotterdamer Stadtteil Spangen von 1919 bis 1921 mit seinen ins Blockinnere gezogenen Wohnflügeln. Die vier geschossigen Gebäude des Architekten Michiel Brinkman bestehen aus übereinander gestellten Maisonettes, oben erschlossen durch einen großzügigen inneren Laubengang. Im Grunde ist Spangen also eine viergeschossige Kleinhaussiedlung.

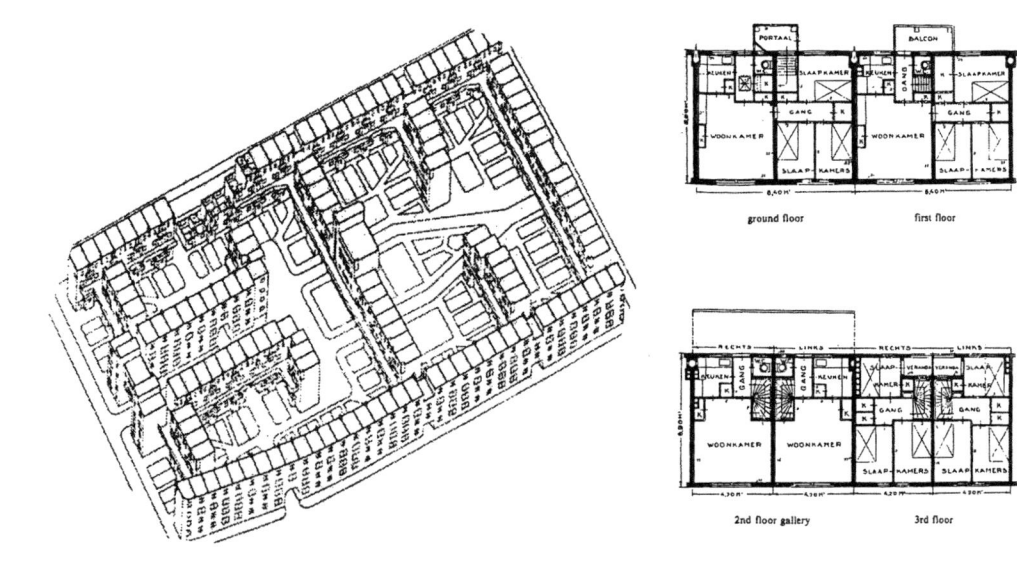

910–915. Rotterdam-Spangen, Justus-van-Effen-Komplex, Arch.: Michiel Brinkman, 1919–21, Lageplan, Hofblick, Durchgang, Isometrie, Wohnungsgrundrisse.

[194] Vergl. Architekten- und Ingenieur-Verein zu Berlin 1970, S. 496.

Germaniagarten, Berlin-Tempelhof
Auch im gemeinnützigen Wohnungsbau der 1920er Jahre in Deutschland finden wir das Block im Block-System in unterschiedlicher Ausprägung. Die Wohnanlage Germaniagarten von 1930 besteht aus insgesamt 863 Wohnungen von 1½, 2, 2½ und 3½ Zimmern.[194] Die einheitlich unter Verwendung sparsamer Mittel gestaltete Wohngruppe besteht aus viergeschossiger Randbebauung und zwei nach innen gezogenen, U-förmigen Blöcken, die an einer privaten Wohnstraße liegen. Eine sehr lebendige und auch wirtschaftliche Lösung im Geiste des Neuen Bauens mit interessanten Innenräumen.

Rundling, Leipzig-Lösnig
Als konsequente Kreisanlage baute Stadtbaurat Hubert Ritter in den Jahren 1928 bis 1929 den so genannten Rundling, auch Nibelungensiedlung genannt. Das Ensemble aus 24 Einzelbauten in drei konzentrischen Kreisen ist auch heute noch beeindruckend in einer vergleichsweise heterogenen Umgebung. *„Geschickt hat Ritter den Reiz der Bodenbewegung ausgenutzt, um auf dem leicht ansteigenden Gelände Wohnungen in drei parallelen Kreisen anzuordnen. Das Anschwellen des Bodens wird unterstrichen, indem die tiefer liegenden äußeren Ringe dreigeschossig ausgeführt sind, der innere Ring jedoch viergeschossig. Es scheint, als markierten die Hausringe die unsichtbaren Höhenlinien."*[195]

Die Kirche auf dem zentralen Platz wurde nicht gebaut, die Wohnungsgrundrisse entsprechend den Himmelsrichtungen variiert.

Garden City Letchworth, Herfortshire
Die Gegenreaktion zu den katastrophalen Wohnungsverhältnissen der Industriearbeiter wurde vor allem durch Ebenezer. Howards Gartenstadtbewegung bestimmt. *„Hier machten die Architekten Raymond Unwin und Barry Parker sehr neuartige Experimente mit geschlossener, halbgeschlossener und offener Bebauung und besonders mit der Auflösung der Baufluct zugunsten freiräumlicher Gruppierungen, die dem Vorort eine städtische und doch freie Form geben sollten [...]."*[196]
Der Planausschnitt zeigt frei gruppierte Reihen und Hofbildungen mit trotzdem streng begrenzten Innenräumen, gefasst durch den durchlässigen Blockrand.

Planungen nach dem Zweiten Weltkrieg
Der Wiederaufbau bzw. der Neubau von Wohnvierteln nach dem 2. Weltkrieg stand vielerorts in Deutschland unter dem Leitbild Nachbarschaft. So formulierte der Stadtplaner Rudolf Hillebrecht, der trotz erfolgreicher Nazi-Vergangenheit ab 1948 Stadtbaurat von Hannover wurde: „[Nachbarschaften] *sollen in sich selbst ruhen und einen Mittelpunkt, einen räumlichen Bereich von bestimmter Eigenschaft bilden und Vorzüge aufweisen, die nur noch die Kleinstadt besitzt. menschlicher Maßstab, äußere und innere Ruhe, Leben mit der Natur, Verbundenheit mit dem Nächsten ohne Hemmung durch soziale Unterschiede."* Was könnte für das Umsetzen dieser Vorstellung besser geeignet sein, als das geschützte Quartier im Block.

Kreuzkirchenviertel, Hannover
Das Viertel wurde zwischen 1949 und 1951 im Auftrag der Aufbaugenossenschaft rund um die Kreuzkirche errichtet – als ein frühes Aufbauprojekt in Deutschland nach dem Zweiten Weltkrieg. Sechs Architekten schufen ein eher kleinstädtisches Modellbeispiel für den innerstädtischen Aufbau, aber mit typisch Hannover'scher Atmosphäre. Wie ein schützender Wall legt sich die höhere Randbebauung um die in der Mitte geplanten zweigeschossigen Reihenhäuser mit ihren ruhigen Wohngärten.

„Das Quartier bestand vor dem Krieg aus vielen kleinen Parzellen, die für eine Neubebauung nicht mehr geeignet waren. Zum Zwecke einer Neuordnung gründeten Anfang 1950 alle 54 Grundstückseigentümer eine Aufbaugenossenschaft und einigten sich auf eine drei bis fünfgeschossige Randbebauung, die sich wie ein schützender Wall um einen Innenbereich mit niedrigen Reihenhäusern mit ruhigen Hausgärten legt"[197]

Das Quartier ist heute noch bemerkenswert und beispielhaft: einfach, bescheiden, harmonisch, grün und hoch begehrt.

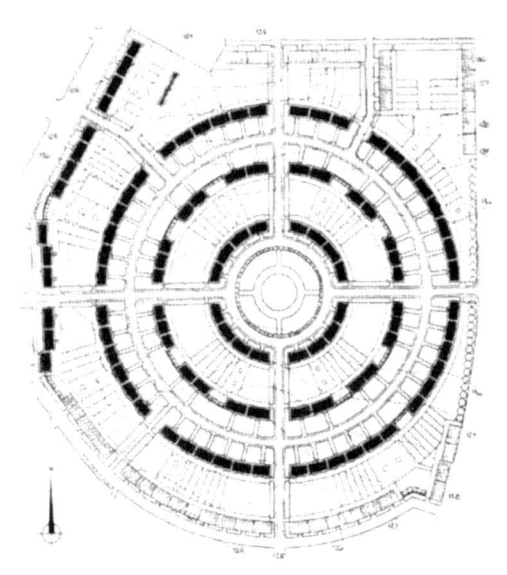

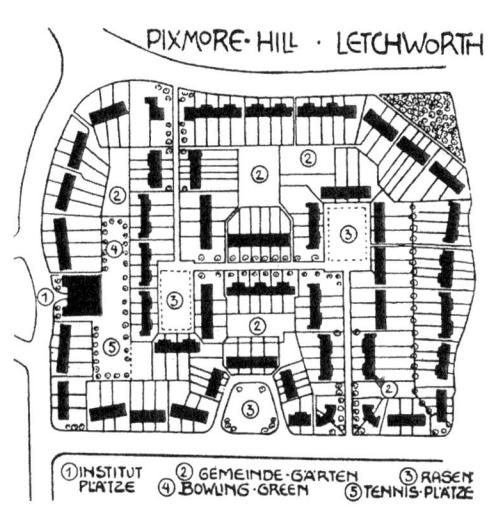

916. Germaniagarten, Berlin Tempelhof, Arch.: Gustav Hochhaus, 1930, Ansicht und Lageplan.
917+918. Leipzig-Lösnig, Rundling, Arch.: Hubert Ritter, 1928–29, Luftbild, Lageplan.
919. Letchworth, Pixmore Hill, Arch.: Richard Barry Parker und Raymond Unwin, ab 1903.

920+921. Hannover, Kreuzkirchenviertel, Arch.: G. Seewald, K. Gutschow, E. Zinsser, H.-G. Jaeckel, E. Töllner, Gebr. Siebrecht, E. Zenker, 1949–51.

[195] Hocquél 1983, S. 283.
[196] Howard 1968, S. 28.
[197] Urban et. al. 2013, S. 86.

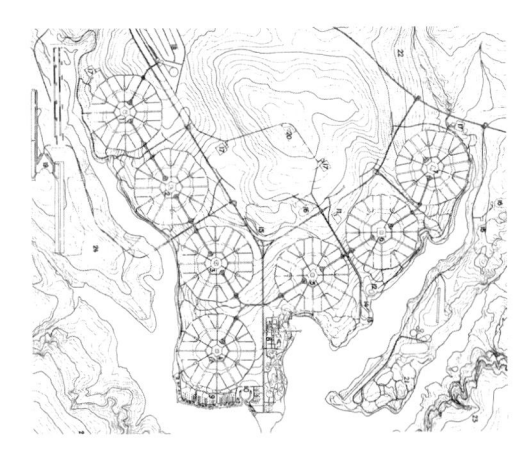

922+923. Brasilia, Wettbewerbsbeitrag, Roberto Brothers, 1957, Übersicht, Lageplan.

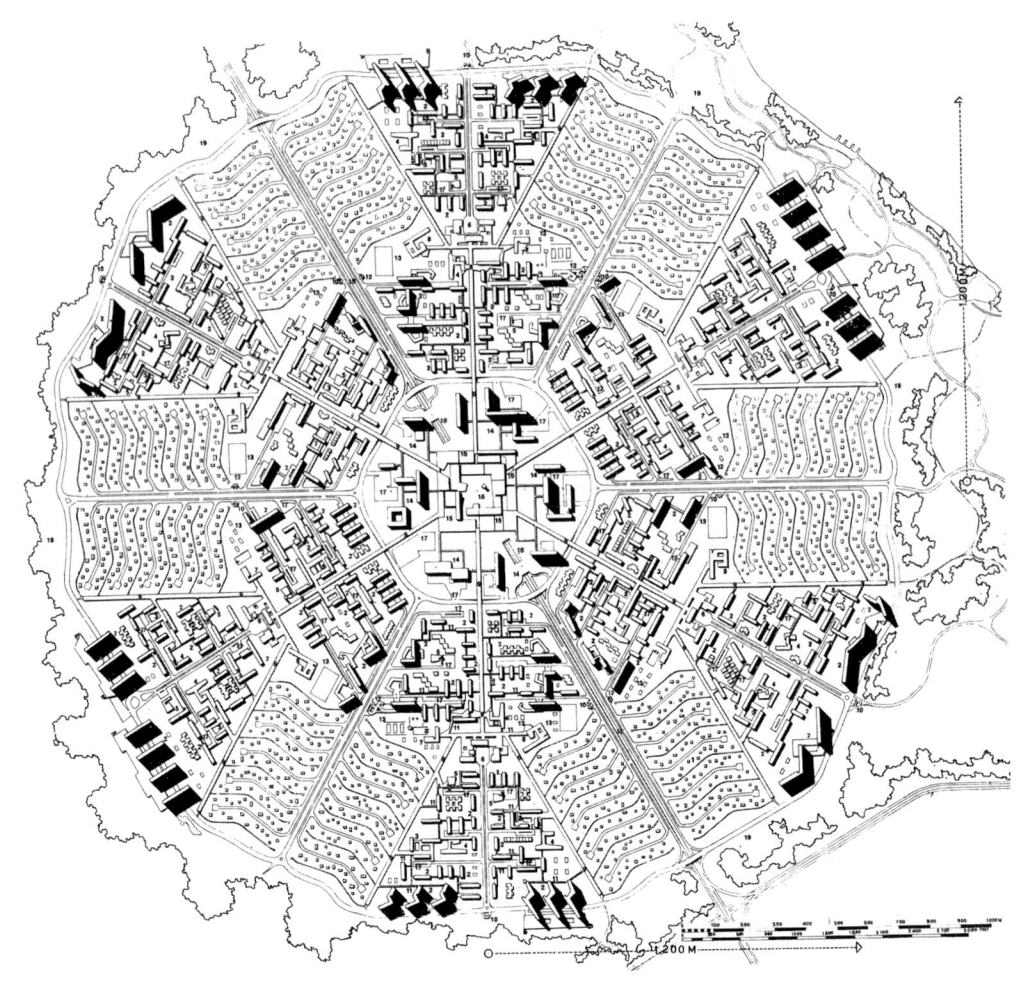

[198] von Gerkan 2013, S. 114.

Matruschka-Puppe, Wettbewerb Brasilia, Brasilien
Einen variierten Blockansatz, vielleicht als Puppe in der Puppe (Matruschka) zu charakterisieren, zeigt der Wettbewerbsbeitrag von 1957 der Roberto Brothers für die Planung von Brasilia. Sieben kreisförmige Stadteinheiten (jeweils für 72.000 Einwohner), im Winkel gruppiert zwischen Hügel und Stausee bilden zusammen die Quartiere der Hauptstadt. Im Detail besteht jede unabhängige Einheit aus den folgenden Grundfiguren: Dem sechseckigen Zentrum für (jeweils spezielle) Regierungsfunktionen mit orthogonal angeordneten Gebäuden. Einem umschließenden Ring mit streifenartigen höhergeschossigen Mischnutzungen. Daran anschließend nach außen quadratische niedriggeschossige Wohnbauflächen. In den verbleibenden Dreieckswinkeln sind Geschosswohnungen angeordnet. Insgesamt ergibt diese konzentrierte Verbindung von konzentrischer und orthogonaler Anordnung gute Entwicklungsmöglichkeiten, bei allerdings recht beschränkten öffentlichen Grünräumen im Inneren.

Lingang New-City, Shanghai, China (2012 in Nanhui umbenannt)
Besonders interessant die im Bau befindliche Planstadt Lingang New City südlich von Shanghai (Architektur: Gerkan, Marg und Partner in China) für 450.000 Einwohner am Meer und weitgehend auf künstlichem Boden. „*Bereits im Jahr 2003, also nur ein Jahr nach Gewinn des Wettbewerbs, wurde mit dem Bau begonnen. [...] man hat dem Meer 133 Quadratkilometer Land abgerungen (das entspricht ungefähr der Fläche des Stadtgebietes von Halle / Saale), es sind auf einer Fläche von rund 200 Quadratkilometern Gewerbegebiete entstanden, im Zentrum der Stadt wurde ein kreisrunder See von drei Kilometern Durchmesser angelegt. Die Stadt basiert auf einer ganz strengen Kreisgeometrie wie der einer analogen Uhr oder eines Kompasses. Die planerische Metapher ist die eines fallenden Tropfens, der bei seinem Auftreffen konzentrische Kreise auf der Wasseroberfläche hervorruft. Auf einem Satellitenfoto habe ich diese Kreise mit einem Bleistift eingezeichnet – und das ist wie eine Mao-Bibel verstanden und umgesetzt worden.*"[198]
Die Stadt besteht von Innen nach aussen aus den folgenden Bereichen: Im Zentrum der See mit seinen Kulturinseln. Um den See gibt es 8 km Seepromenade mit Badestrand (das mitten in einer Großstadt!). Daran anschließend vier Bauringe mit allen städtischen Einrichtungen und Blöcken

mit Wohnbebauung (neuer Bund). Dieser Innere Bebauungsring wird durch einen 500 m breiten Stadtparkring mit lebendig geformten Wasserläufen abgeschlossen. Außerhalb dann die stadtmauerartige Ringbebauung, die mit Öffnungen an den Grünverbindungen versehen sind. Die radialen Ausfallstraßen sind jeweils rechts und links mit quadratischen Stadtinseln für Wohnen und zum Teil Gewerbe versehen. Die entstehenden Zwickel der sich nach außen erweiternden Grünzonen verbinden das Zentrum mit dem Umland.

Hier entsteht die spannende Kombination von konzentrischer Innen- und orthogonaler Außenstruktur, verbunden durch großzügige Freiräume. So ist das einengende „Nur-Kreisschema" überwunden. Der Stadtgrundriss wird lebendig, anpassungs- und erweiterungsfähig, in diesem Ansatz liegt wohl eine mögliche Zukunft der Planstadt.

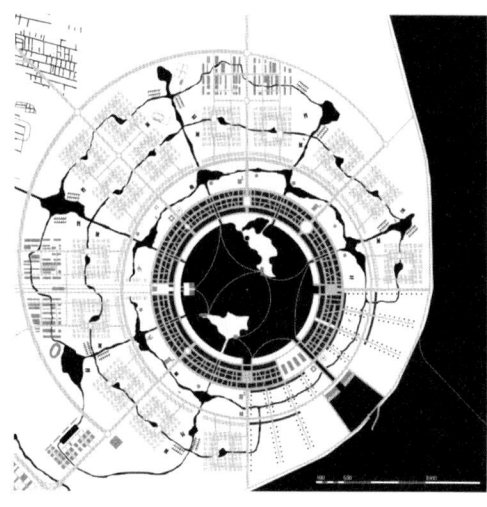

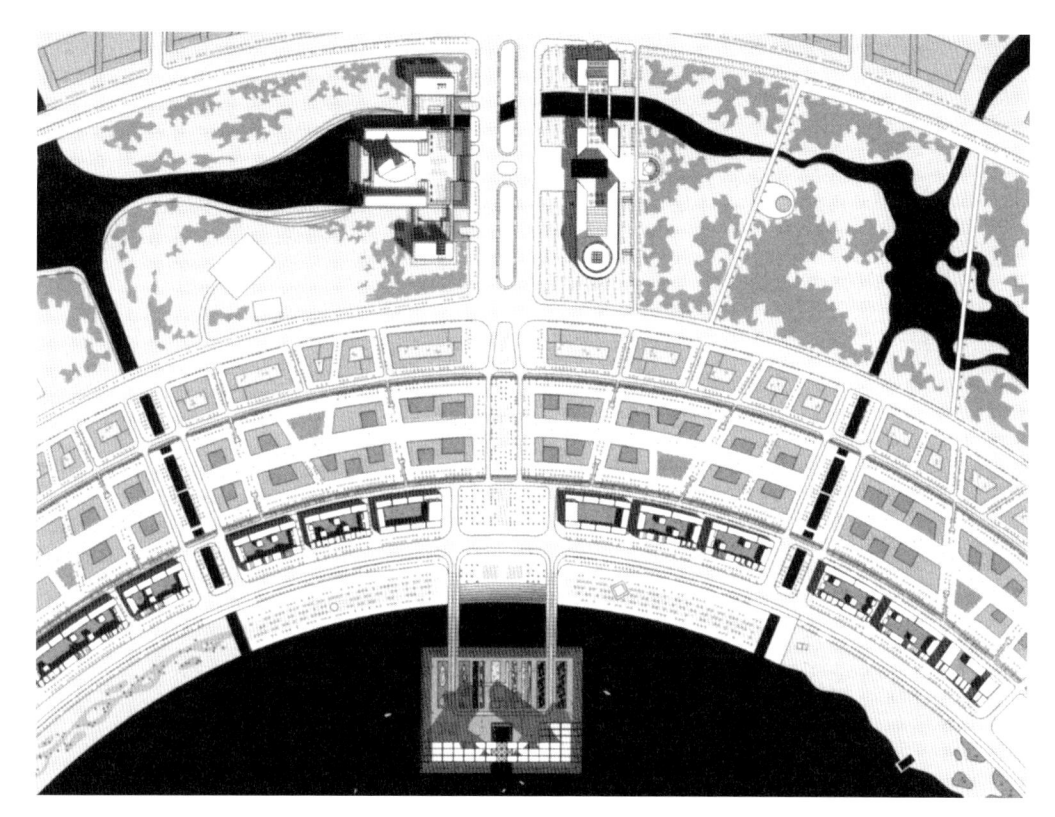

924+925. Planstadt Lingang New City, Arch.: gmp von Gerkan, Marg und Partner in China, ab 2003, Detailplan, Lageplan.

Stadt-Teile zu Stadt

Nach der Betrachtung der Blockstrukturen, die in der Addition ein Ganzes ergeben, folgt nun das Thema Stadt – Teile zu Stadt. Hier ist wohl der einleuchtende Ansatz, um das Wachstum, die Ausdehnung der Städte durch das Gruppieren begrenzter, ablesbarer Einheiten um eine Mitte überschaubar zu halten. So werden den Bewohnern Orientierung, Identifikationsmöglichkeiten in der Großstadt gegeben und durch möglichst selbständiges Ausbilden der Teile Erweiterungen und Entfernungen erträglich. Dadurch ist auch ein großes Maß von Gestaltungsfreiheit, von Möglichkeiten unterschiedlicher, unterscheidbarer lebendiger Ausformung gegeben.

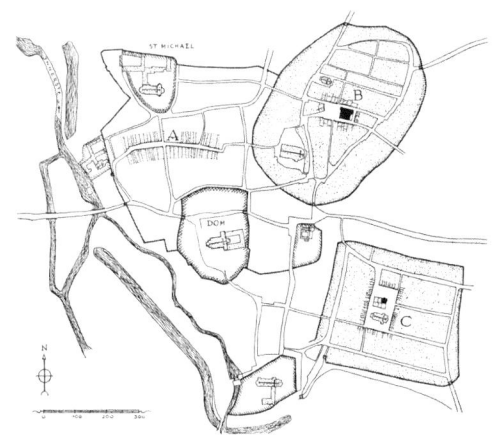

Im Mittelalter entwickelten sich Städte häufig aus den Anlagen selbständiger, meist deutlich gegeneinander abgrenzbarer Kerne an Verkehrsknoten.

Die Gründe dafür waren nicht Ästhetik oder überschaubare Raumgliederung, sondern getrenntes Etablieren unterschiedlicher konkurrierender Herrschafts- und Wirtschaftsformen wie der eines Bischofssitzes, eines Landesfürsten mit zugehörigen Adelssitzen, eines Klosters oder einer Marktgründung und Handwerkersiedlung.

926. Hildesheim, Gründungskerne, Lageplan.

Im Lauf der Entwicklung setzte sich dann meist eine Nutzung gegen die anderen durch und es kommt zum Zusammenwachsen der Kerne innerhalb eines Ringes.
Später notwendige Erweiterungen werden dann (oft heute noch ablesbar) als planmäßige „Vorstädte" vor- oder angelagert, wobei häufig aufgegebene Stadtmauern oder Festungsteile gliedernde Grünzonen ergaben.

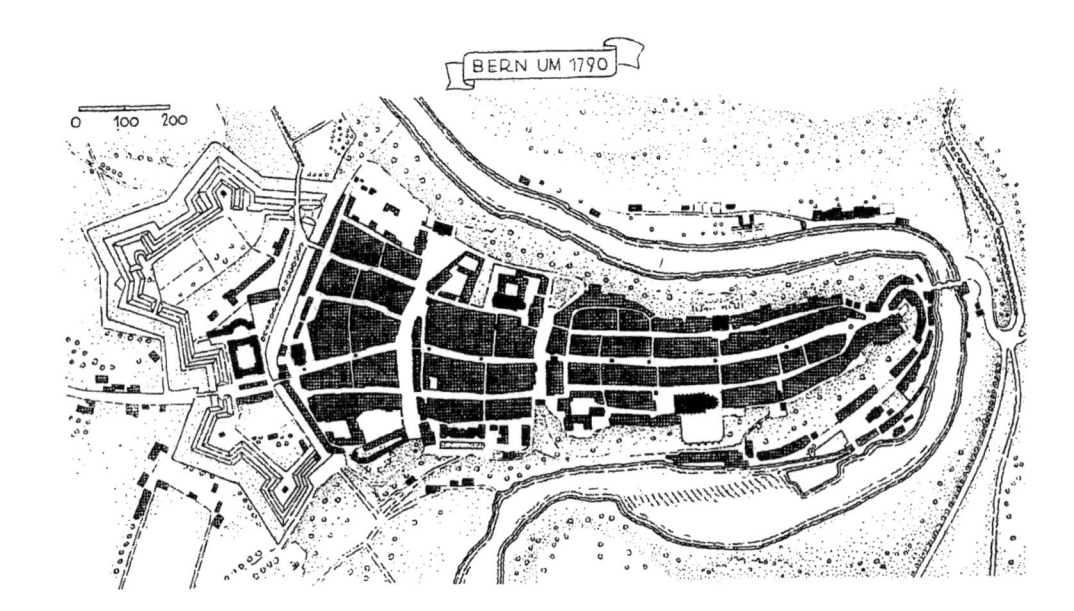

927. Bern, Lageplan um 1790.

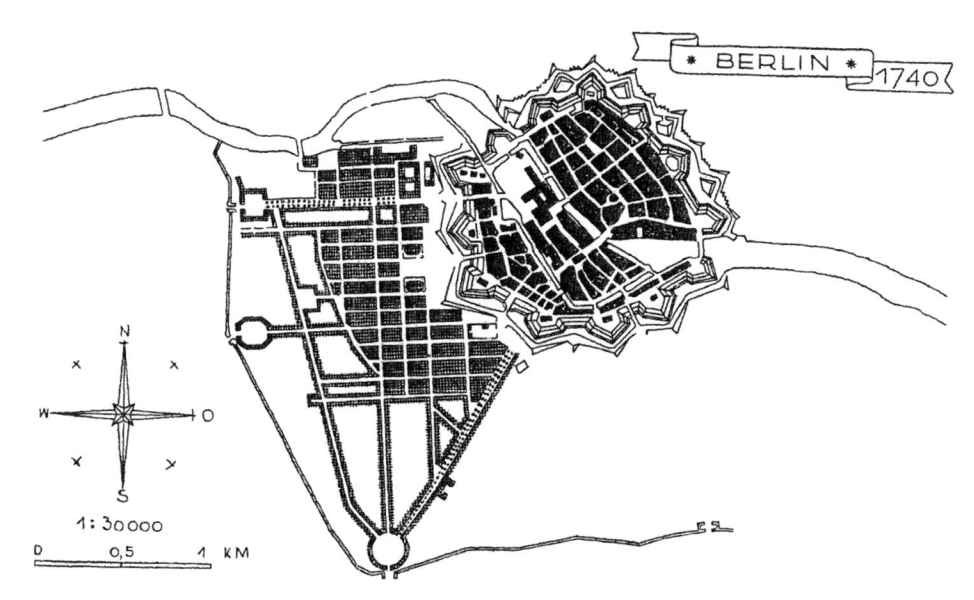

928. Berlin, Lageplan um 1740.

Es folgt die bekannte Entwicklung im 19. Jahrhundert: Im Zuge der Industrialisierung wachsen die Städte explosionsartig in die Fläche, auch innere gliedernde Freiflächen werden vielfach überbaut. Es entstehen unstrukturierte Flächenstädte, soweit nicht topographische Hindernisse dies verhindern.

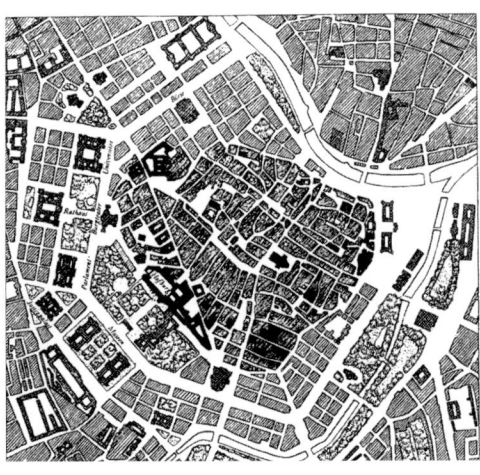

929+930. Wien, vor (1858) und nach (1914) der Bebauung des ehemaligen Befestigungsrings.

Dagegen regte sich natürlich auf die Dauer Widerstand. Es gab und gibt zahlreiche Planungen – von der Utopie bis zur Realität – die wachsenden bestehenden und neuen gründende Städte zu gliedern, „zu begrenzen" – überschaubarer zu machen. Das im Grunde selbstverständliche Mittel dazu: Aufteilen der Großstadt in abgegrenzte, aber in sich dicht bebaute und funktionsgemischte Stadtteile, diese gruppiert um eine Mitte. So entsteht aus (selbständigen) Teilen das große Ganze.

Dies ist auch ein wesentlicher Unterschied zum Konzept der *„gegliederten und aufgelockerten Stadt"*,[199] denn Gliedern und Auflockern zugleich bedeutet praktisch Auflösen, Zerfließen. Räumlich begrenzte Stadtteile sollten, um eine ausreichende Infrastruktur zu gewährleisten, genügend Einwohner haben. Das kann örtlich ja sehr unterschiedlich sein, sollte aber sicherlich mehr als ein Dorf haben, also etwa ab 10.000 Einwohner.

Der Ansatz „Stadt – Teile zu Stadt" wurde als Idealplanung zwar viele Male und für viele Situationen vorgeschlagen, leider selten konsequent realisiert bzw. als Korrektur bestehender Stadtlandschaften durchgesetzt.

Im Folgenden nun eine Übersicht unterschiedlicher Gruppierungsmöglichkeiten dieses Konzeptes, angewandt auf Neuplanungen und bestehende Städte, wobei natürlich die Durchdringung unterschiedlicher Konzepte möglich ist. Wichtig, bestimmend ist aber jeweils das individuelle Ausbilden dichter, eigenständiger Stadt-Teile.

[199] Der Begriff wurde erstmals von Göderitz, Rainer und Hoffmann 1957 als Titel ihres gleichnamigen Buches verwendet. Siehe auch: Kainrath 1997, S. 47.

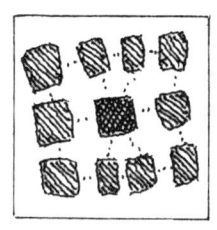

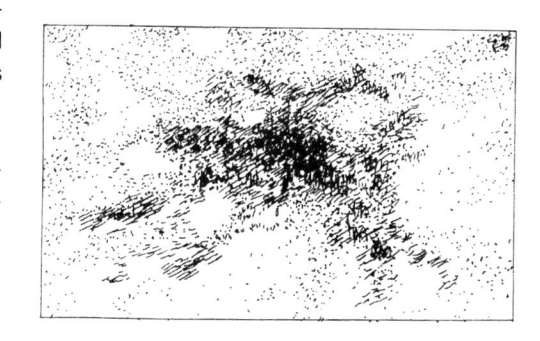

931. Das Bild der heutigen Stadt: Innen hoch und überdicht, außen niedrig und dünn besiedelt. Folge: Tod von Stadtleben, Zerstörung der Landschaft durch Zersiedlung, immense (Nah)verkehrsprobleme.

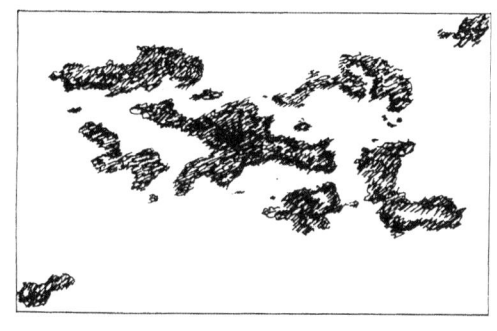

932. Das Bild der modernen „gut gebauten" Stadt: Gleichberechtigte, gleichmäßig verdichtete multifunktionale Stadtteile mit Stadthäusern umgeben den zentralen Kern. Die Landschaft gliedert und verbindet die Einzelteile, Schulen und Infrastruktur liegen fußläufig erreichbar als verbindende Inseln zwischen den Qaurtieren.

Orthogonales Anordnen von Stadtteilen
– Chandigarh
– Harlow

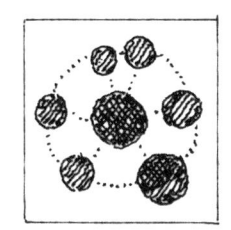

Gartenstadt
– Oberhausen

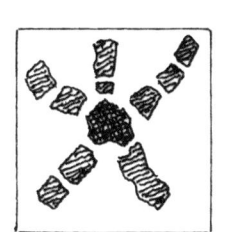

Stadtarme auf Zentrum ausgerichtet
– Wien
– Hamburg
– Amsterdam

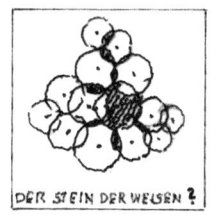

Sich überschneidende individuelle Stadtteile
– Canberra
– Lingang (VC)

Bandstadt senkrecht angelagert
– Aalter
– London 1938

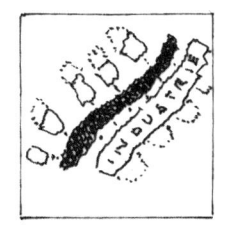

Bandstadtvariante mit Industrieband
– Stalingrad 1929

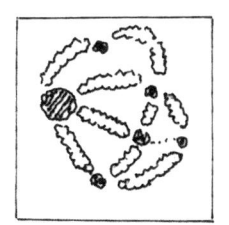

Netzbildung
– Witten Vormholz

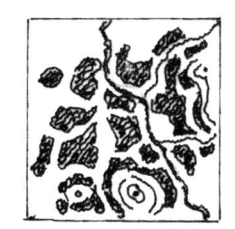

Verteilung bestimmt durch Topographie
– Stuttgart
– Bielefeld
– Wuppertal
– Schwerin

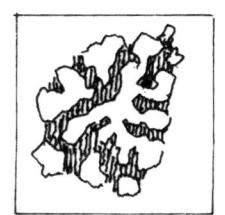

Freihalten von Grünzügen in bestehenden Städten
– Frankfurt a.M.
– Aachen

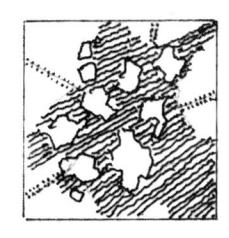

Stadt im Park
– Helsinki

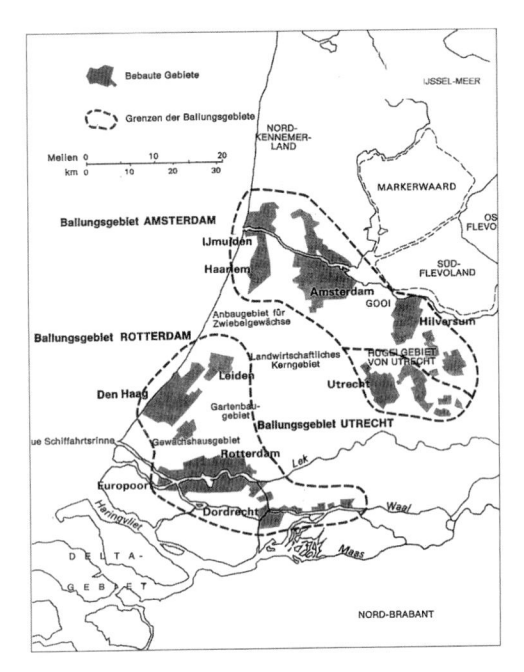

933. Die Randstad, Niederlande.
934. Das Ruhrgebiet, 1966.

Stadtlandschaften
Bei größeren durch Menschen geprägten Räumen mit mehreren städtischen Siedlungen spricht man von Stadtlandschaften. Zunächst einige Beispiele aus der größeren Maßstabsebene mit der Addition abgegrenzter Einheiten zu umfassenden, markanten Siedlungskonzepten mit großen Grünflächen dazwischen.

Die Randstad, Niederlande
An der dicht besiedelten Westküste der Niederlande wurde der Versuch unternommen, dem Wachstum benachbarter Städte und Siedlungskerne räumlich strenge Grenzen zu setzen, um so die Zersiedlung unter Kontrolle zu bekommen und dadurch die intensiv landwirtschaftlich genutzten Flächen zu schützen.

„Dort, wo Agglomerationen entstehen, die sich über weite Landstriche hinweg [...] erstrecken, bilden sich in den einzelnen Zentren bestimmte Schwerpunktnutzungen, ja Einseitigkeiten, in deren Folge Arbeitsteilung zwischen diesen Zentren entsteht. Ein Beispiel dafür ist die holländische Randstad, hier ist Den Haag der Regierungssitz, Rotterdam die Industrie- und Hafenstadt und Amsterdam die Fremdenverkehrs- und Vergnügungsstadt."[200] Interessanterweise ist es für die Identität der Bewohner heute wichtig, über die Zugehörigkeit zu historischen Städten und Orten hinaus sich als integrierte Angehörige der großen modernen Randstadt zu fühlen.

Das Ruhrgebiet
Der Siedlungsverband Ruhrkohlenbezirk (heute Kommulalverband Ruhrgebiet) versuchte ab den 1920er Jahren dem größten deutschen Ballungsraum eine ablesbare baulich-räumliche Struktur zu geben. Eines der Ergebnisse ist die Abfolge von Grünzonen in Nord-Süd-Richtung, die die einzelnen Siedlungskerne deutlich begrenzen und gut erreichbare, intensiv genutzte Erholungsräume bilden.[201]

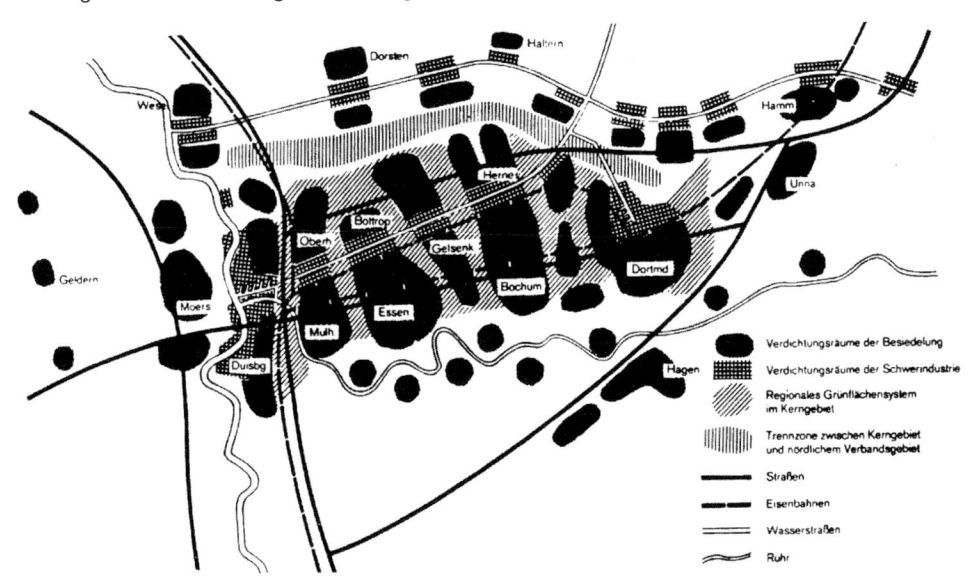

Orthogonales Anordnen der Teile
Hier folgen zwei exemplarische Beispiele von Städten, in denen die Stadtteile um oder an einem Zentrum, getrennt durch Grünbänder, annähernd orthogonal angeordnet und deutlich voneinander abgegrenzt sind. Sie können sich selbständig entwickeln, leben und bilden zusammen eine Einheit.

Chandigarh, Punjab, Indien
Der erste Bauabschnitt von Chandigarh umfasste Behausungen für 50.000 Einwohner, Endziel war mit dem erweiterbaren Grundschema der „Sektoren" die Schaffung von Lebensraum für 500.000 Einwohner, wobei Le Corbusier's Ansatz der Möglichkeiten zur traditionellen sozialen Differenzierung Rechnung trägt, dies aber innerhalb eines einheitlich strukturierten Stadtganzen. Die heutige Bevölkerungszahl beträgt ca. 1 Million Einwohner.

„Die Theorie der „Sektoren" findet in Chandigarh uneingeschränkt Anwendung. Jeder Sektor ist von verschiedenen Bevölkerungsklassen bewohnt, denen verschieden große Grundflächen zugeteilt wurden, von der größten bis zu kleinsten. Die kleinsten Grundflächen erhalten die Peones (Kleine Angestellte und Handwerker). Durch die besondere Gruppierung dieser Grundflächen ergeben sich [...] ausgezeichnete architektonische und städtebauliche Verhältnisse für die Zusam-

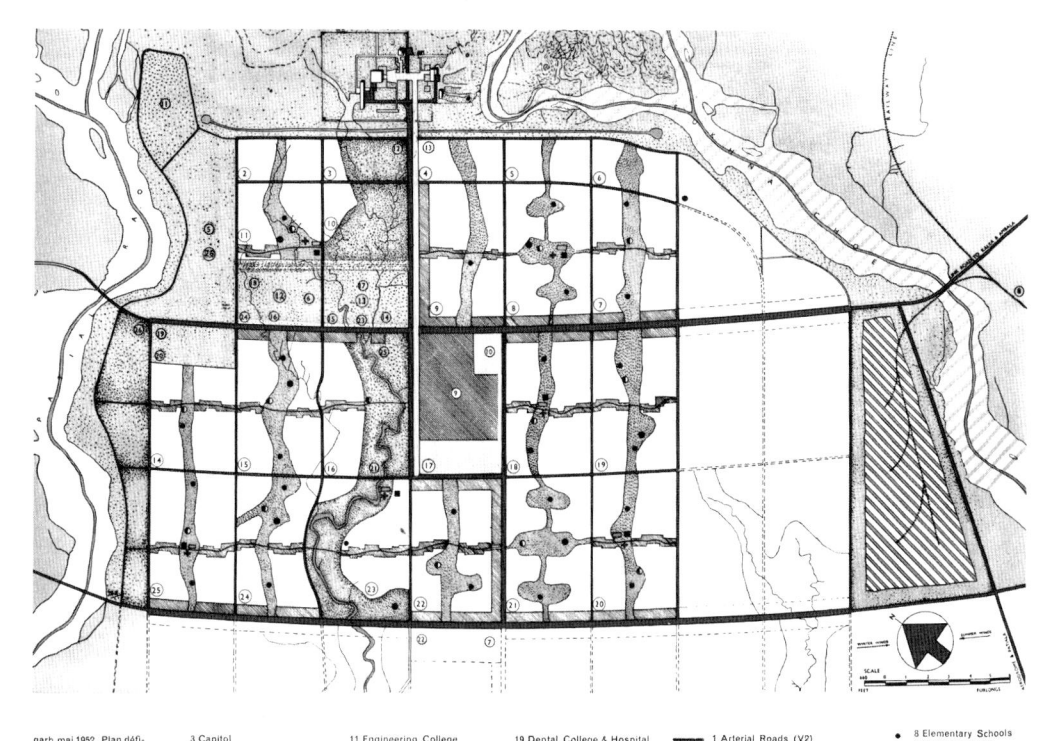

garh mai 1952. Plan défi-
irbanisme de la première
ie réalisation comprenant
bitations et services pour
habitants et le Capitol

mbly chamber
itariat

3 Capitol
4 High Court
5 University
6 Stadium
7 General Market reservation
8 Railway station
9 Main Commercial Centre
10 Town Hall

11 Engineering College
12 Chief Minister's Residence
13 Chief Justice's Residence
14 Public Library
15 Museum
16 School of Arts & Crafts
17 Govt.: College for Men
18 Govt.: College for Women

19 Dental College & Hospital
20 Hospital
21 Maternity Hospital
22 Sarai
23 Theatre
24 Polytechnic Institute
25 Red Cross Offices
26 Boy Scouts

1 Arterial Roads (V2)
2 Sub Arterial Roads (V3)
3 Local Roads (V5 + V6)
4 Open Spaces & Parks
5 Business & Commercial
6 Industrial Area
7 Pedestrians

8 Elementary Schools
9 Middle Schools
10 High Schools
11 Health Centres
12 Community Centres
13 Swimming Pools
14 Sectors Numbers
15 Internal Open Spaces

menfassung von je 750 Einwohnern zu einer Art kleinen Dorfes. Diese Lösung gilt überall, sowohl für die Quartiere der Reichen wie für die der Armen. Ein Sektor, dessen Ausdehnung 800 x 1200 m beträgt, kann eben sowohl 500 wie 20.000 Bewohner enthalten."[202] Ein eingeschnittenes Tal bildet die grüne Hauptachse der Stadt mit Kultur-, Versorgungs- und Erholungseinrichtungen; dieses Tal hat als Zielpunkt das ausserhalb liegende Capitol. Nach dem Tod Le Corbusiers entwickelt sich die Stadt ständig weiter. *„Entsprechend den sich gewandelten Stadtvorstellungen einer jüngeren Generation nahm Rodrigo Pérez de Arce in seiner gezeichneten Kritik die Bauteile Le Corbusier's als Ausgangspunkt von Transformationen und schlug eine engmaschige Bebauung vor, deren Größenordnung den Abmessungen historischer Stadtbilder entspricht."*[203]

Neue Stadt Harlow, GB

Harlow, ca. 30 Kilometer nordöstlich von London in Essex gelegen, ist eines der ältesten Beispiele aus der Reihe der „New-towns", die nach dem zweiten Weltkrieg in England entstanden. Entworfen wurde die Stadt 1947 bis 1948 von Frederick Gilbert. *„In Harlow besteht jeder Stadtteil mit 10.000 Einwohnern aus drei oder vier Einheiten, von denen jede über eine Grundschule und ein kleines*

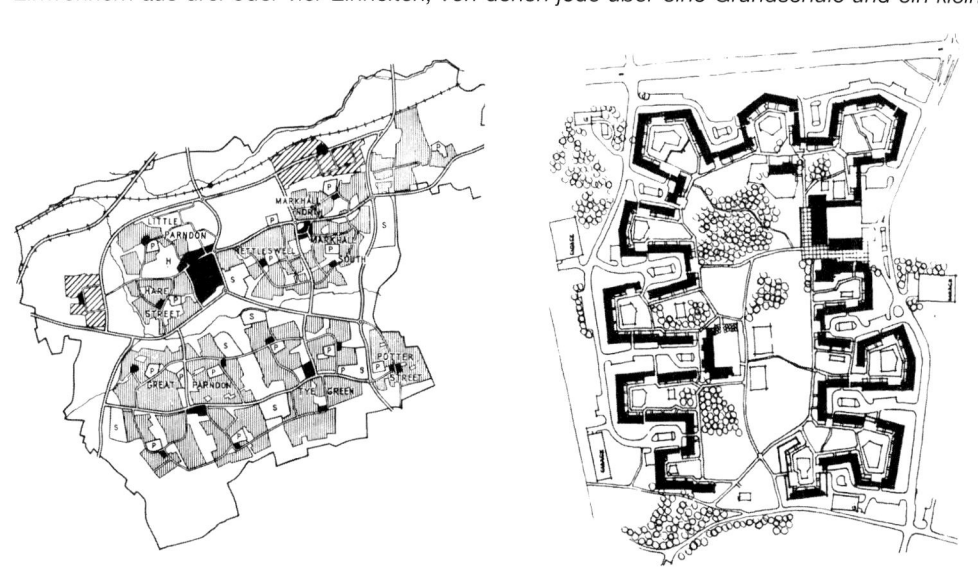

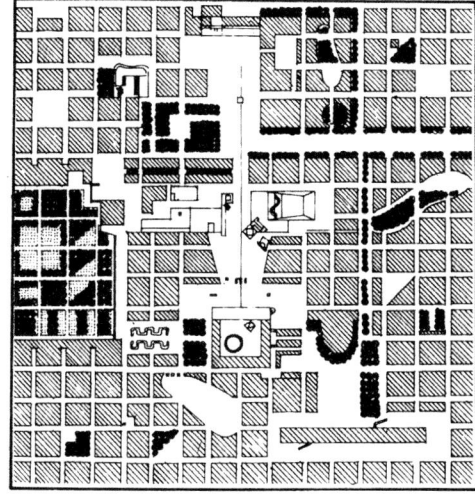

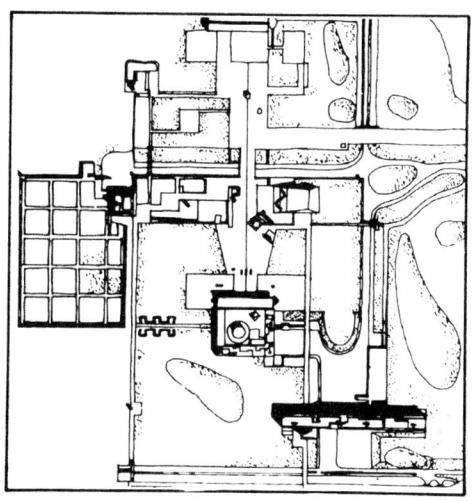

935–937. Chandigar, Indien, Le Corbusier, 1952 und Rodrigo Pérez de Arce, Entwurf 1987, Lageplan, Blockstruktur, Gebäude.

[201] Vergleiche hierzu Schalhorn; Schmalscheidt 1997, S. 132.
[202] Boesinger 1967, S. 119.
[203] Pehnt 1983, S. 209.

938. Neue Stadt Harlow, Arch.: Frederick Gilbert, 1947–1948, Lageplan
939. Baronbackarna, Örebro (S), Arch.: Ekholm und White, 1952, Lageplan.

[204] Benevolo 1991, S. 982.
[205] Schalhorn; Schmalscheidt 1997, S. 143.
[206] Kainrath 1997, S. 74.
[207] Vergleiche hierzu Schalhorn; Schmalscheidt 1997, S. 102.
[208] Vgl. hierzu Schalhorn; Schmaldscheidt 1997, S.134.

Zentrum verfügt. Die einzelnen Stadtteile sind so angelegt, dass sie direkt an die Grünanlagen grenzen, die sich wie Korridore durch die ganze Stadt ziehen. Die beiden Mittelschulen liegen inmitten dieser Grünanlagen. Außerdem gibt es zwei Industriegebiete in der Nähe der Bahnlinie."[204]

Baronbackarna, Örebro, Schweden
„Besonders günstig ist für eine bewohnte Stadtmauer wegen der großen Abwicklung und der interessanten Raumbildung eine mäanderartige Form, wie sie beim Projekt „Baronbackarna – Örebro" in Schweden von den Architekten Per-Axel Ekholm und Sidney White gewählt wurde. Die dreigeschossige Randbebauung enthält ca. 1.200 Wohnungen, der innere Freiraum bietet Platz für Spielflächen, Kindergärten. Er ist Reserve für Folgeeinrichtungen."[205]

Stadtarme, auf ein Zentrum ausgerichtet

Die folgenden Beispiele deuten an, wie das Wachstum großer Städte durch das Angebot konzentrischer Siedlungsarme mit dazwischen frei gehaltenen Landschaftsbereichen räumlich befriedigend gelenkt werden kann.
Voraussetzung hierfür ist allerdings der Anschluss an leistungsfähige Nahverkehrsbänder mit fußläufig zu erreichenden Stationen. Das Siedlungsbild wird nur dann erfolgreich gewahrt, wenn gleichzeitig das flächige Kernwachstum gebremst werden kann.

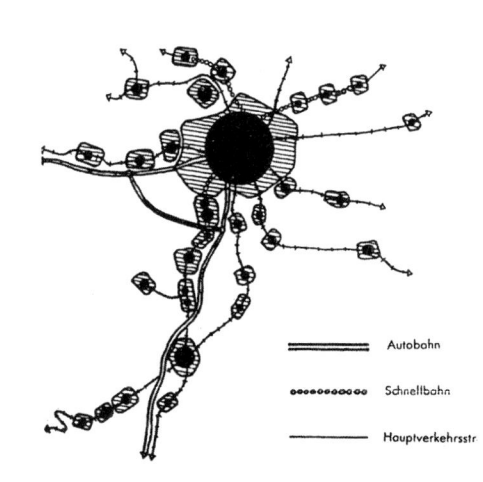

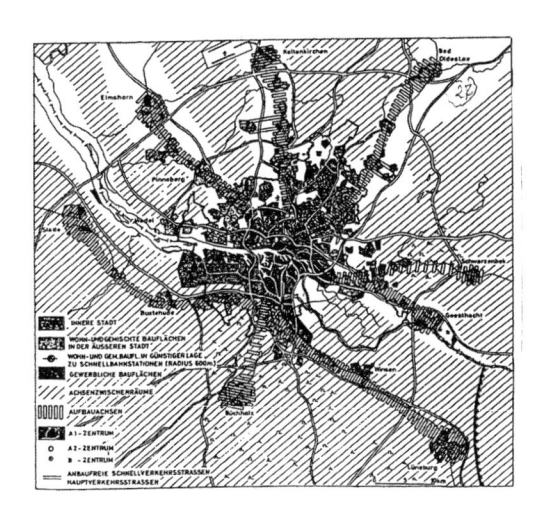

940. Wien, Achsen für die Entwicklung als konzentrische Regionalsstadt, 1970.
941. Hamburg, Entwicklungsschema und Dichtemodell, 1970.
942. London, Masterplan, M.A.R.S., A. Korn, 1938

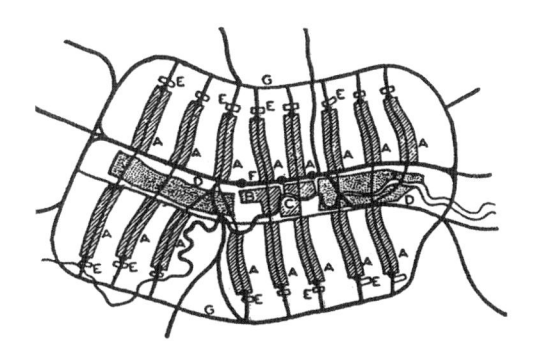

Bandstadt mit Querarmen

Wiederaufbauplan London, Großbritannien
Der wohl berühmteste Ansatz dieses Konzeptes ist der von der Gruppe M.A.R.S (Modern Architectural Research) als Grundlage für den Wiederaufbau des kriegszerstörten London entwickelte Plan. *„Ausgehend von den Londoner Verhältnissen schlägt die M.A.R.S.-Gruppe vor, ein Zentrumsband aufzubauen, das von den Hafenanlagen im Osten über City und Westend bis zu den Industriegebieten im Nordwesten reichen soll. Von diesem Zentrumsband zweigen Sekundärbänder mit Wohn- und Mischgebieten ab, deren Rückgrat je eine U-Bahn bildet. Zwischen diesen Siedlungsbändern führen breite Grünzungen bis zum Zentrumsband heran."*[206] Interessant bei diesem Konzept ist – bedingt durch die Lage des Flusslaufes – die zentrale Lage der Industrieflächen rechts und links von City und Westend zwischen den Wohnarmen, ein ungewöhnlicher Ansatz.

Projekt Erweiterung Aalter, Belgien
Rob Krier schlägt 1968 für die Erweiterung der bandartigen Stadt Aalter in Flandern „dicht gepackte" verkehrsfreie Wohnarme senkrecht zur bestehenden Bebauung vor. Dadurch entstehen für die einzelnen Bewohner kurze Weg in die offene Landschaft. Die Verkehrserschließung liegt jeweils zwischen den Wohnstraßen. Der detaillierte Entwurf bietet einen reizvollen Kontrast zwischen gewachsener Bausubstanz und strenger Neuplanung, beide sind zu einer feinmaßstäblichen Einheit verbunden.[207]

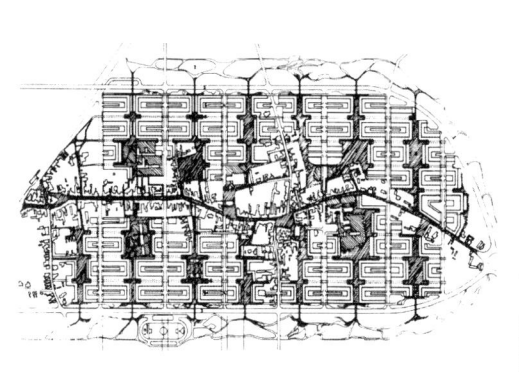

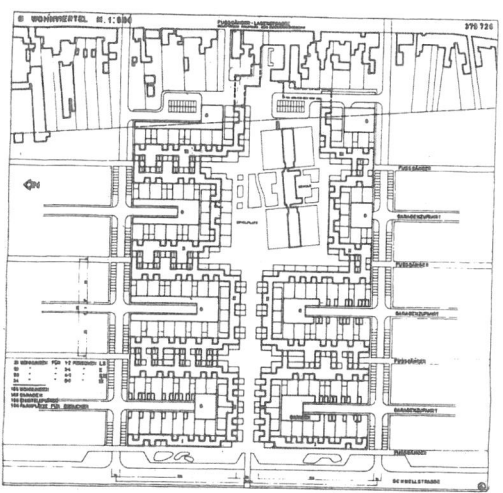

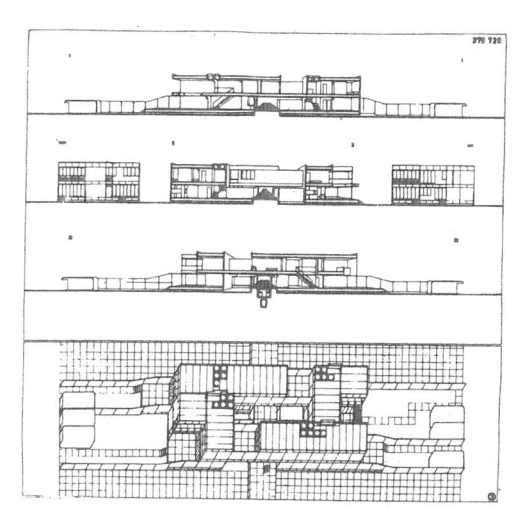

Konzentrisches Anordnen unabhängiger Stadt-TEILE
Diagramm der „Social City" Gruppe von Gartenstädten um eine Zentralstadt
Berühmtestes, aber vielfach missverstandenes Beispiel dieses Konzeptes ist Ebenezer Howards Gartenstadtmodell mit dem zentralen dicht bebauten Kern und den umgebenden – ebenfalls dichten – Ergänzungsstädten. Insgesamt sollte eine solche Stadt ca. 200.000 Einwohner haben. Eingebettet in die offene Zone der dazwischen liegenden landwirtschaftlich genutzten geschützten Landschaft geht es hier um die die Versöhnung von Stadt und Land. Nach den Garden Cities Letchworth und Welwyn (die Howards Konzept nur bedingt erfüllen) wurde sein Ansatz nach dem 2. Weltkrieg zum Begrenzen des Wachstums von London mit dem Gründen zahlreicher New-Towns. (s. Beispiel Harlow S. 231) Wichtig ist es, nochmals darauf hinzuweisen, dass Howards Konzept keine aufgelockerten Siedlungen vorsieht, sondern dicht bebaute Stadt-Teile.

943–945. Aalter, Erweiterungsplanung, Rob Krier, 1967, Übersicht, Lageplan, Grundriss, Schnitte.

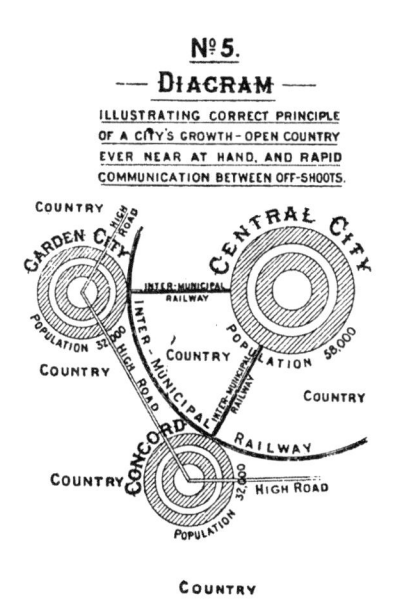

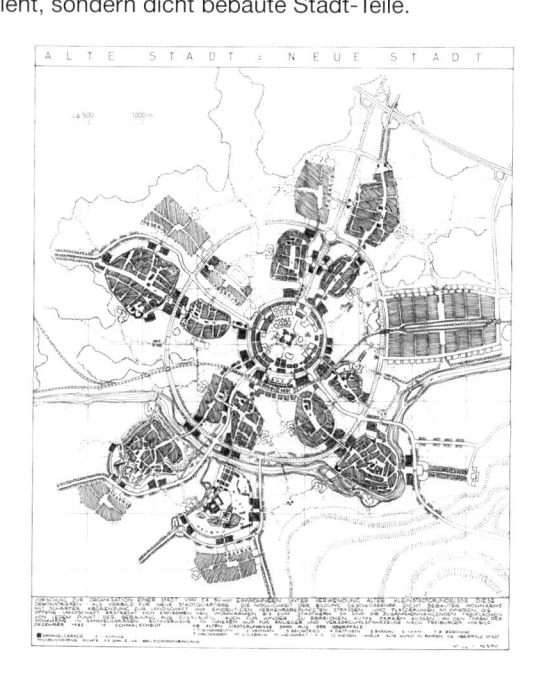

Entwurf Stadt-Collage „Alte Stadt = Neue Stadt"
Vorschlag zur Organisation einer Stadt von ca. 30.000 Einwohnern unter freier Verwendung alter Kleinstadtgrundrisse: Diese zeigen – als Anregung für neue Stadt-Teile – die Möglichkeit dicht bebaute Quertiere zu bilden, die jeweils einen eigenen Charakter haben. Dabei scharfes Abgrenzen zur Landschaft und Ausbilden räumlich begrenzter verkehrsberuhigter Straßen und Plätze im Inneren wichtige Entwurfskriterien. Die offene Landschaft erstreckt sich zwischen den Wohnarmen bis an den ringförmigen Stadtkern (nach dem Vorbild der Garden-Cities). Dadurch wird eine gute Belüftung gewährleistet. Gleichzeitig sind die zusammenhängenden Freiflächen von jedem Punkt der Bebauung fußläufig zu erreichen. Autos parken außen an den Toren in Sammelgaragen. Die Vorbilder der Stadtgrundrisse sind alle aus der Oberpfalz, u.a.: Tirschenreuth, Beilngries, Cham, Berching, Neumarkt und Weiden.[208]

946. Ebenezer Howard, Gartenstadtdiagramm.
947. Collage für eine neue Stadt mit 30.000 Einwohnern. Entwurf: Hans Schmalscheidt, 1982.

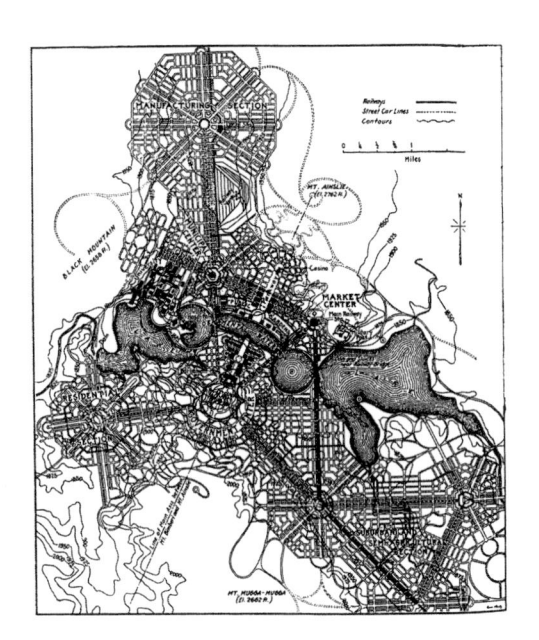

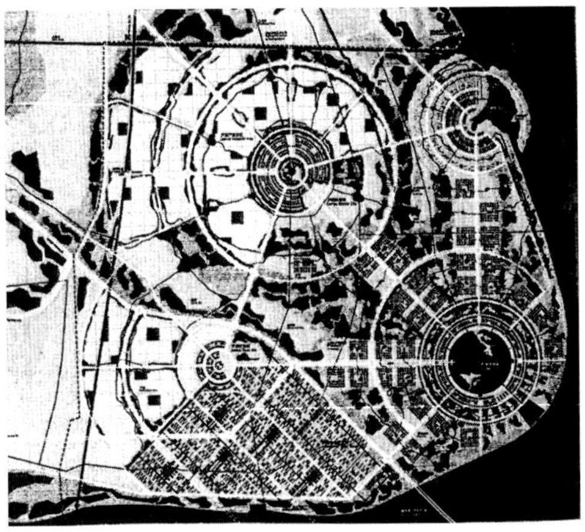

Konzentrische Modelle mit Überschneidungen
Wettbewerb Canberra, Australien

Als Kompromisshauptstadt zwischen Melbourne und Sidney beschlossen, wurde Canberra ab 1913 nach den Plänen der Architekten Walter Burley Griffin und Marion Mahony Griffin gebaut, die zuvor den Architekturwettbewerb für sich entscheiden konnten. *„In dem Spitzengewebe der Stadt erscheinen die verschiedenen Zentren einmal als Kreisplätze, dann als achtseitige Figuren, dann als Sechsecke, die sich in diesem Sinne auf ihre Umgebung auswirken: freie Flächen zwischen ihnen, sei es als Wasserflächen oder als großräumige Parkflächen, sorgen dafür, daß sich jedes Element ungestört vom benachbarten ausbilden ließ. [...] Der Plan Canberras ist deshalb von besonderem Wert, weil er eines der frühesten Beispiele der Stadtplanung ist, der sich der Landschaft als grundlegender Tatsache der Gestaltung bewußt war. [...] Weder wächst die Stadt, wie in Rio de Janeiro, allmählich in die Landschaft hinein, noch ist sie, wie in barocken Beispielen, ein einem Teil der Landschaft aufgezwungenes geometrisches Ornament."*[209]

Lingang New City

Der Kern der Stadt wurde bereits beschrieben. Die Erweiterung und Komplettierung erfolgt durch drei weitere, unterschiedlich dimensionierte, kreisförmige Stadt-Teile, diese getrennt und verbunden durch geschützte Landschaftsteile. Achsen mit großflächigen, freikörperlichen Bauinseln verknüpfen die Stadt-Teile. Eine Stärke des Konzeptes sind die unterschiedlichen, jeweils situationsbezogenen Ausformungen der Einzelbereiche, das Prinzip Kreis ist je nach Lage variiert und bleibt dadurch lebendig. Im Südwesten ist darüber hinaus ein orthogonaler Stadt-Teil integriert. *„Diese neue Stadt basiert auf geometrischen Prinzipien, die seit der Antike in vielen Kulturen zugrunde lagen, allerdings mit einem entscheidenden Unterschied: Die Stadtmitte wird nicht mit einem Machtzeichen besetzt, sondern von der Natur geformt."*[210]

Wohnarme

Wohnarme umschließen zu schützende Landschaftsteile, verbinden vorhandene Kerne und bilden ein Netz.

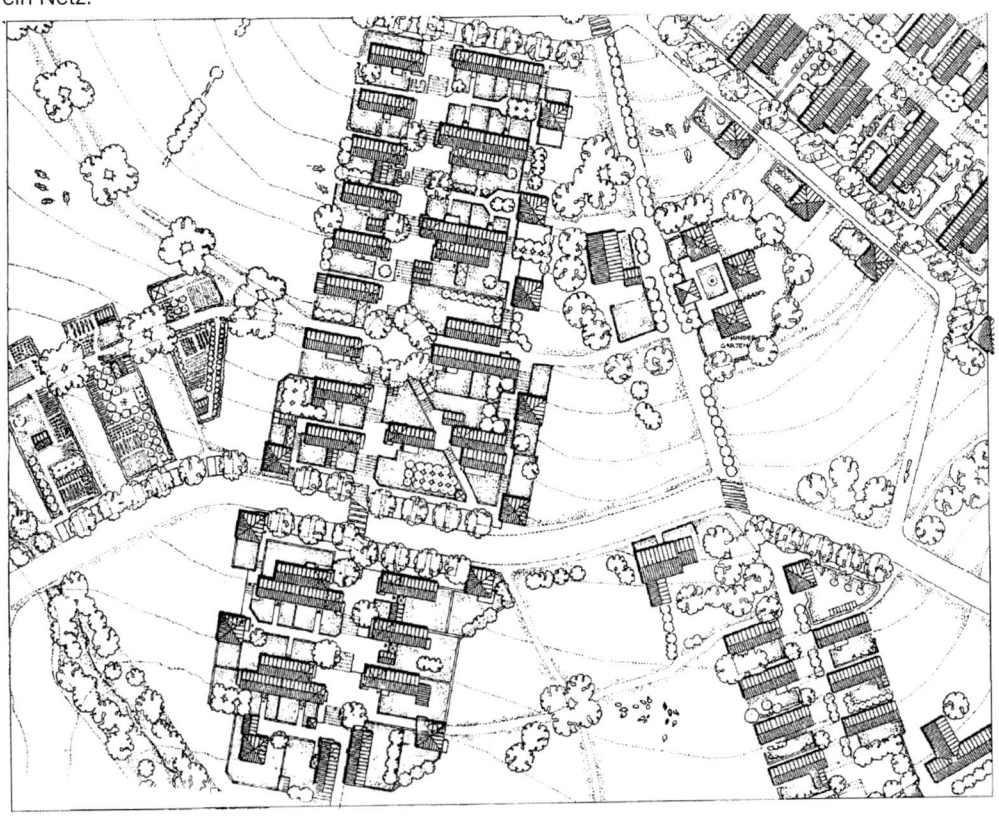

948. Canberra, Planung für die neue australische Hauptstadt, Arch.: Walter Burley Griffin, Marion Mahony Griffin, 1913.
949. Lingang, New City, Arch.: gmp von Gerkan, Marg und Partner, ab 2001, Gesamtstadt.
950. Witten Vormholz-Süd, Arch.: Hans Schmalscheidt, Dachaufsicht.

Ortserweiterung, Witten Vormholz-Süd

Diese Siedlungserweiterung im Außenbereich hat als ein Ziel, die Freiflächen weitgehend zu erhalten. Deshalb die Planung netzartiger, dicht bebauter, aber durchlässiger Bandstrukturen. Die Haus-Hofbebauung bietet längs der Straßenachse ein geschlossenes Raumbild. Quer dazu ist der Blick in die Landschaft möglich.

---

[209] Egli 1967, S. 347.
[210] Nerdinger 2005, S. 39.
[211] Kainrath 1997, S. 75.
[212] Zitiert nach Lampugniani 2010, S. 512.

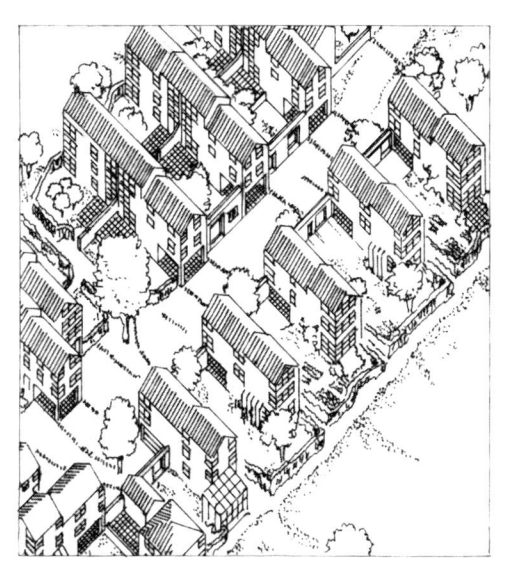

951+952. Witten Vormholz-Süd, Arch.: Hans Schmalscheidt, Modell (von B. Kaerkes), Isometrie.

953. Siedlungsbänder als Verbindung bestehender Regionalstädte um Northampton.

954. Berlin, Grünflächenplan für Groß-Berlin, Arch.: Eberstadt, Möhring, Petersen, 1910.

Siedlungsbänder

Verbindung bestehender Regionalstädte in Großbritannien

„Entlang von Regionalbahnen werden kontinuierliche Siedlungsbänder ausgewiesen, die, je nach lokalen Gegebenheiten, überwiegend Industrie, Verwaltungs- oder Wohngebiete umfassen. Jede Siedlungseinheit ist für 15.000 bis 20.000 Einwohner dimensioniert, jedoch sind auch stärkere Konzentrationen vorgesehen. Die Siedlungsbänder verknüpfen die großen, in dieser Region bereits bestehenden Städte und sollen deren Wachstum kanalisieren."[211] Durch diese Art der Bebauung entsteht ein ganz neues Landschaftsbild, da sich als Folge von Landschaftsplänen charakterisieren lässt.

Freihalten und Freilegen von Grünzügen

Dieses vielfach angewendete Prinzip vereint viele Vorzüge: Durch die dichte Frequenz an Grünzügen entstehen überschaubare Stadtteile. Es entsteht ein dichtes Angebot wohnungsnaher Grün- und Erholungsflächen. Die Grünzüge sind gleichzeitig Frischluftschneise. Leider ist dieser selbstverständliche, und für Ringstädte reizvolle Ansatz in vielen Städten nur ansatzweise entwickelt oder durch Immobilienspekulationen gefährdet.

Grünflächenplan für Groß-Berlin

Bekannt – und wohl auch vorbildlich ist der Grünflächenplan von Eberstadt, Möhring, Petersen für den Großraum Berlin aus dem Jahre 1910.

Stadt-Teile gruppiert in Parks

Seit dem 19. Jahrhundert arbeiten Stadtplaner an der Lösung des explosionsartigen Wachstumsproblems der modernen Großstadt. „1918 legten Eliel Saarinen und Bertel Jung gemeinsam den Vorschlag eines Generalplans für Helsinki vor, den so genannten „Pro-Helsingfors-Plan", in dem Parkareale die Stadt durchdringen und die neuen Vororte zwar kompakt bebaut, aber durch Grünbereiche voneinander getrennt sind. Der zentrale Bereich liegt außermittig.[212] Die Grünräume weiten und verengen sich zu einer rhythmischen Folge von Landschaftsplätzen. Das Motto dieses Konzeptes könnte lauten: „Nicht mehr Parkanlagen in die Städte, sondern Städte in die Parks."

Frankfurter Grüngürtel-Flussufer-Konzeption

Ende der 1960er Jahre versuchte der Architekt Till Behrens für das ausufernde Frankfurt am Main durch Weiterführung und Korrektur der Planungen der 1920er Jahre durch Ernst May und Leberecht Migge vorhandene Grünbereiche systematisch zu erhalten, erweitern und zu verbinden. Richtschnur dafür ist ein Konzept mit drei Grünringen und einem Mainuferpark (entgegen Mays Radialkonzept). So entstehen überschaubare Stadt-Teile mit kurzen Wegen ins Grüne. Zur Finanzierung und Pflege schlägt Behrens auch einen land-, forst- und wasserwirtschaftlich gepflegten Grüngürtel vor, der die Bürger wenig kostet und gleichzeitig landwirtschaftliche Existenzen einbindet. Grüngürtelbereich mit Kleingärten für das Niddabecken zwischen Grünheim und Rödelheim. *„Prof. Dr. Ing. Till Behrens hat mit seinem Stadtentwicklungskonzept „Grüngürtel mit grüner*

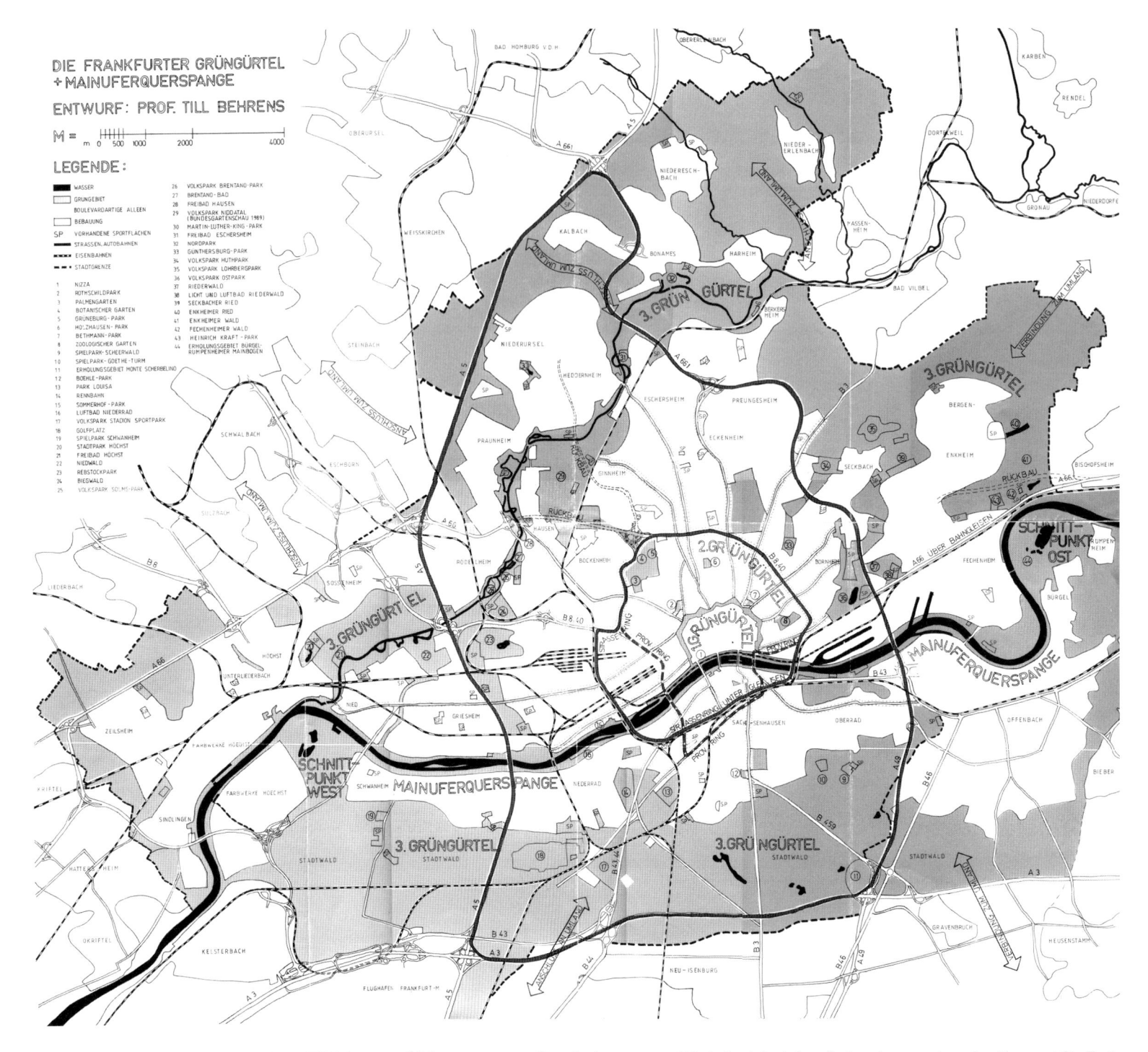

955. Frankfurt, Planung Grüngürtel, Arch.: Till Behrens, 1988.

Mainquerspange, Randbebauung und Verkehrsbündelung" ein rahmengebendes Konzept für Fortschritt erarbeitet, das nicht der Theorie verhaftet ist, sondern praxisorientierte Realisierungsvorschläge macht."[213]

Isolierte Stadt-Teile
Wettbewerb Ratingen-West
Im Gegensatz zu Saarinen und Jung für Helsinki stellt Stefan Wewerka in dem Wettbewerbsentwurf für Ratingen-West von 1966 jeweils mit einer Mauer aus Wohnhochhäusern abgeschnittene großflächige Wohninseln – vielleicht besser bezugslose Wohnburgen ohne Mitte – in die Landschaft. Hier werden Stadtteile nicht zu Stadt sondern bleiben jeweils als Teilbereich isoliert. Sie sind einzeln zu klein, um Stadtqualität, Mannigfaltigkeit bieten zu können. Stadt als Einheit der einzelnen TEILE ist hier nicht zu erkennen, ist wohl auch nicht gewollt.

[213] Würdigung anlässlich einer Preisverleihung 1991 durch das Hessische Ministerium des Inneren. Behrens 1988, S. 27.
[214] Vergl. Lampugnani 2010, S. 707.

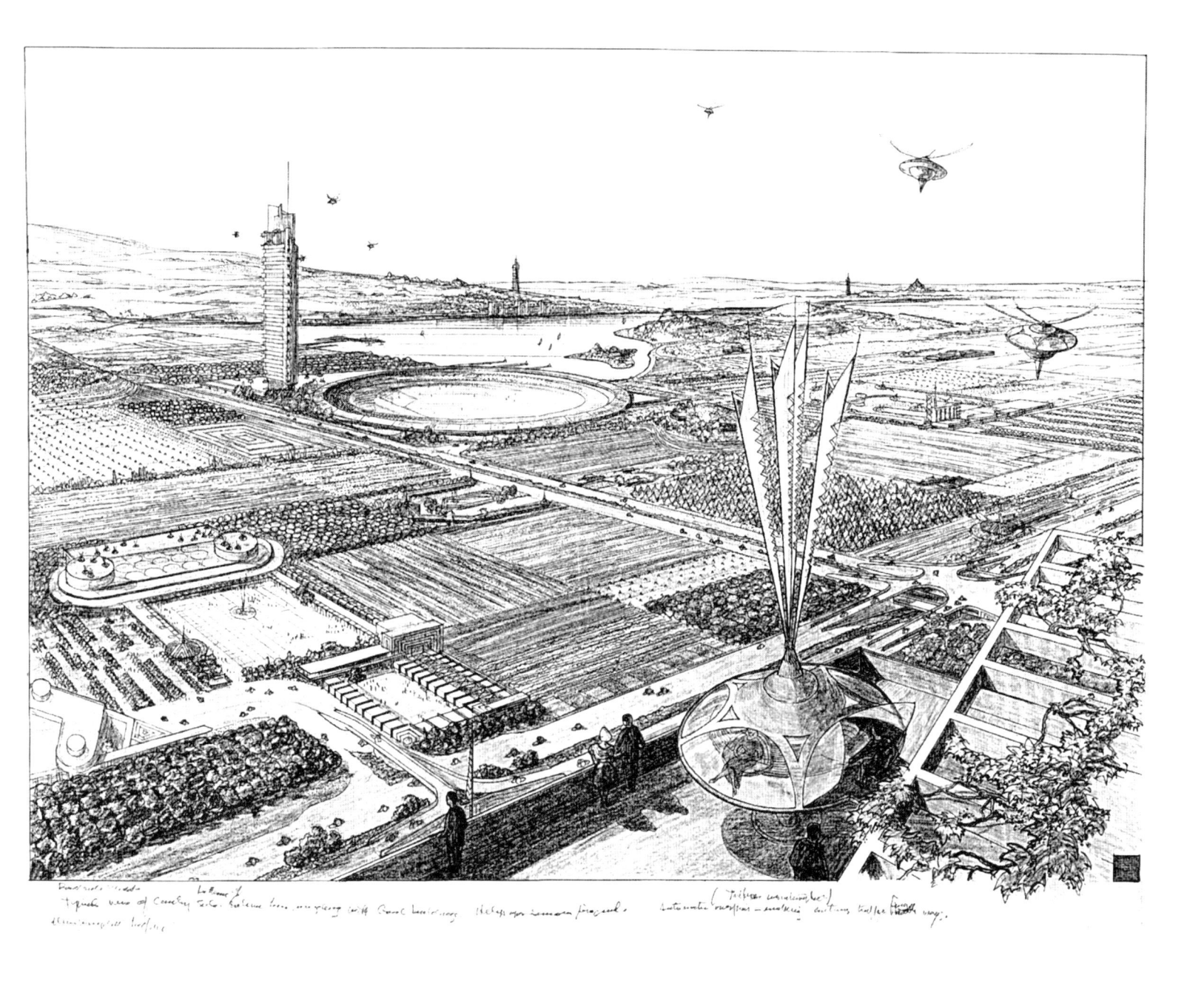

956. Projekt Broadarcre City, Arch.: Frank Lloyd Wright, 1935, Vogelperspektive.

Broadacre-City

„*Die bestehende Stadt hat keinerlei Daseinsberechtigung mehr, sie ist ein bösartig gewordenes Geschwür [...] eine Bedrohung der Zukunft der Menschheit*",[214] so Frank Lloyd Wright in seiner Autobiografie *The Disappearing City*.

Sein Gegenmodell ist die Broadacre-City: Das unbegrenzte schachbrettartige Aufteilen des Landes in unterschiedlich große Grundstücke für alle denkbaren Funktionen, erschlossen durch ein großgängiges Netz von Autostraßen. Jedem Amerikaner sollte bei seiner Geburt ein Grundstück von mindestens einem Acre (ca. 9.000 m²) als Lebensgrundlage zugewiesen werden. Das Auto ist dabei das Maß aller Dinge. So werden die Wohnhäuser unterschieden in „one car houses" bis „five car houses", die über das Land verteilt sind. Konsequenterweise ist persönliche Kommunikation nur mit dem Auto vorgesehen und möglich.

Diese Pläne zum Auflösen der Stadt ins Unendliche (in ihrer Großzügigkeit wohl zu unterscheiden von der heute üblichen kleinparzellierten Zersiedlung) konnten sich aber wegen des fehlenden Realitätsbezuges nirgends durchsetzen. „*In der kommenden Stadt wird der Einzelne zu Hause weit unmittelbarer mit der Landschaft, dem Transport, der Güterverteilung, der Öffentlichkeit und mit jedem kulturellen Geschehen in Verbindung stehen, als sich im Augenblick vorstellen lässt. Aber es ist das Einzelheim, das die Demokratie zuerst erbauen wird, das Freiheit und Lebensur-*

957. Projekt Broadarcre City, Arch.: Frank Lloyd Wright, 1935, Verwaltungszentrum.

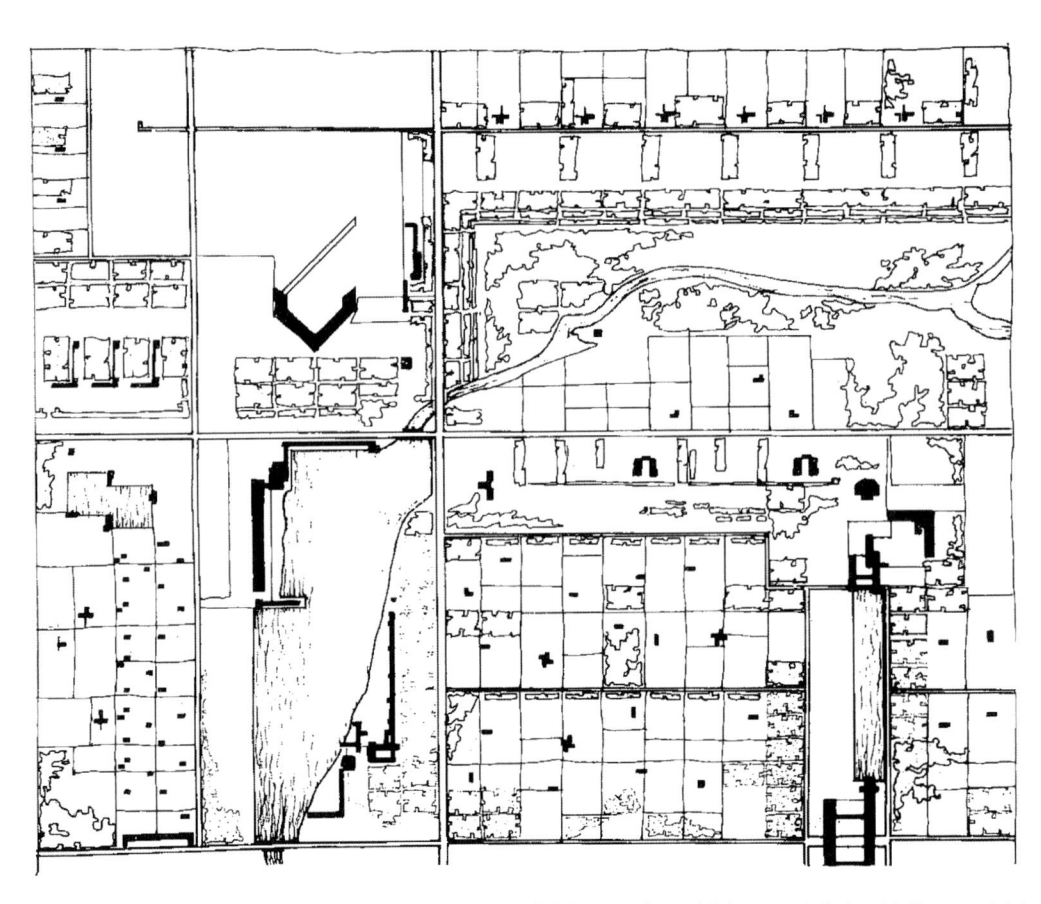

sprünglichkeit von innen her in einem Maße gewährleistet, wie es bisher noch keine Kultur erreicht hat oder zu erreichen die Möglichkeit hatte.“[215]

Diesem Optionismus Frank Lloyd Wrights entgegnet James Marston Fitch: *„Ein einziges Mal, in seinem Project for Broad Acres Town (1935) ließ er sich auf soziale Utopien und utopische Pläne ein. Was die Bauten angeht, hätte dieses Projekt eine hübsche Vorstadtbesiedlung ergeben können, in sozialer Hinsicht war es ein typisches Produkt der Wirtschaftskrise: ein kleinbürgerliches Utopia, eine sonderbare Mischung aus Landwirtschaft zur Sicherstellung des Existenzminimums, Heimarbeit und Pendelverkehr von Büroangestellten zwischen der Siedlung und einer namentlich nicht genannten Großstadt.“* Um keinen falschen Eindruck zu erwecken. Fitch schätzt Wright außerordentlich: *„Das Durchschnittsniveau der amerikanischen Architektur, vor allem des Wohnhausbaus ist unvergleichlich höher, als es ohne das Wirken Wrights wäre.“* [216] Seine Beurteilung der Broadcare-City scheint jedoch durchaus zutreffend: Stadt ist die Summe dicht gebauter funktionsgemischter Teile, nicht das Nebeneinander verstreuter Einzelbauten auf dem Acker.

Stadtrückbau, eine Chance für lebendige Stadt?
Dazu ein frühes Beispiel:

Städtearchipel Berlin
Für West-Berlin verfasst Ungers 1977 zum Abschluss einer Sommerakademie der Cornell University Ithaca in Berlin, organisiert mit Hand Kollhoff und Arthur Ovaska, das Konzept „Die Stadt in der Stadt – Berlin, das grüne Städtearchipel." An der Publikation haben maßgeblich Rem Koolhaas und Peter Riemann mitgewirkt. Die Unmöglichkeit einer Stadtreparatur, die anhaltende Abwanderung und der spezifische Charakter der artifiziellen Stadt ermutigte zu einem radikalen Umdenken. In elf Thesen wurde ein polyzentrisches Stadtmodell entworfen, in dem eine „selektive Tabula rasa" (Wilfried Kühn) der schrumpfenden Bevölkerung West-Berlins und dem zu erwartenden Verfall der Stadt entgegenwirken sollte. Erhaltenswerte Gebiete, meist geschlossene Strukturen mit einprägsamem Charakter, sollten erhalten und komplettiert werden. Schlecht funktionierende Stadtteile würden hingegen zurückgebaut und in ein „System modifizierter Natur," ergänzt durch moderne Verkehrsinfrastrukturen, verwandelt werden. Die Auswahl fiel schließlich höchst unterschiedlich aus: vom Märkischen Viertel bis zur Museumsinsel. Als ergänzende Typo-

[215] Wright 1950.
[216] Fitch 1966, S. 218.
[217] Züger 2006, S. 2–3.

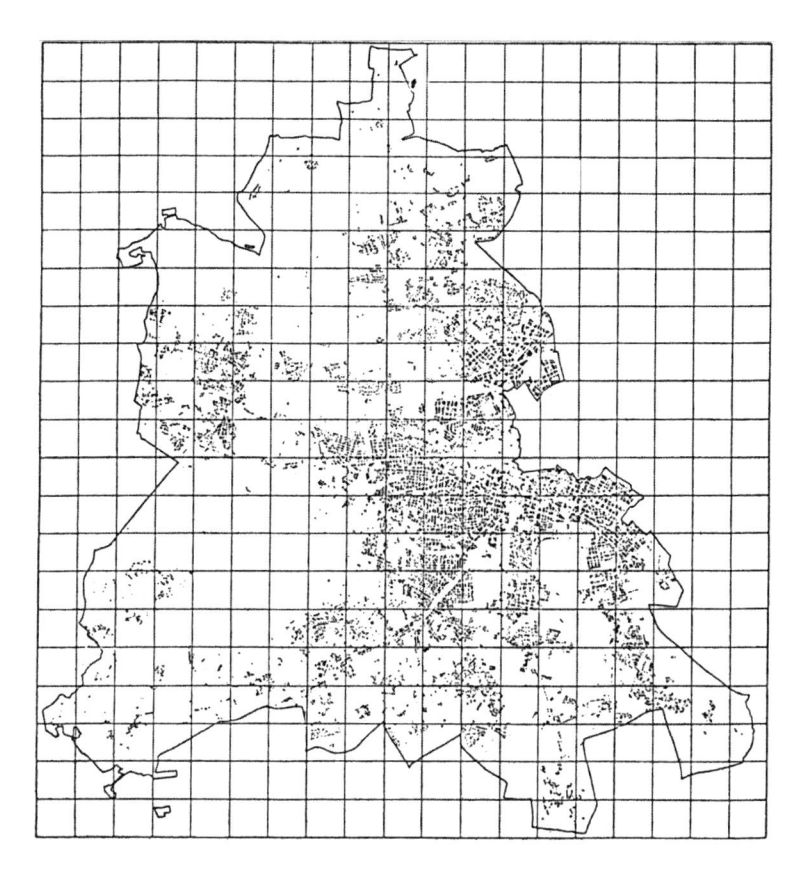

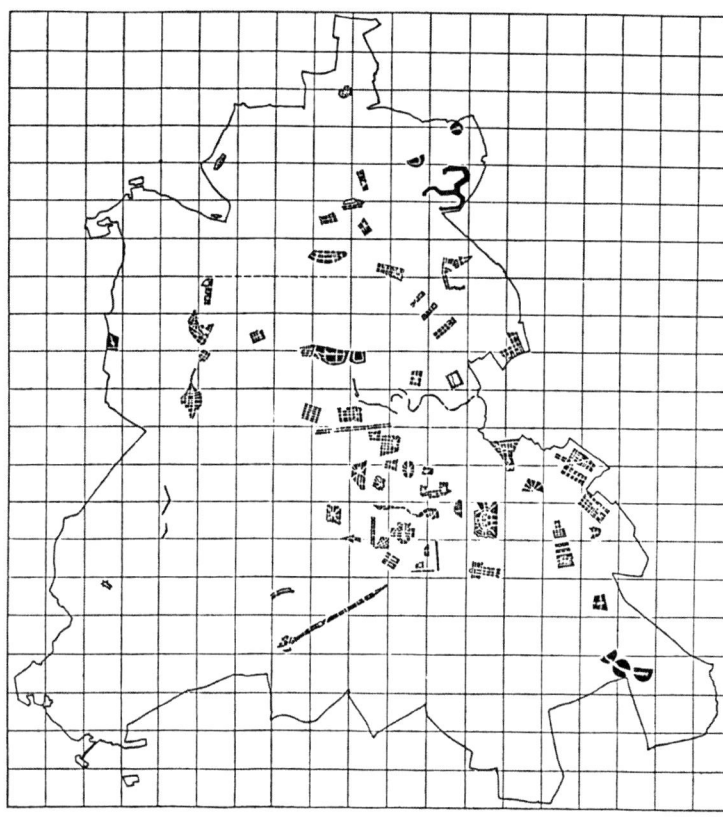

logie der fragmentierten Stadtinseln zu einer Collage verschiedenartiger Stadteinheiten wird die „Urban Villa" vorgeschlagen.

> „Gezielt entwickelte Ungers das Städtearchipel als Stadtmodell für die IBA in den 80er Jahren. Nach seinem Ausscheiden als Planungsdirektor nahm die Geschichte einen anderen Verlauf, mit Ausnahme von Ungers' Adaptierung des Stadtvilla-Typus. Die enzyklopädische Sicht auf die Stadt, die Betonung von Konflikt, Gegensätzlichkeit und unaufgelösten Widersprüchen, fügte sich der homogenisierenden Rekonstruktion. […] Aber insbesondere als Modell einer expandierenden polyzentrischen Metropolis ist das Städtearchipel denkbar. In seinem landschaftlichen Impetus verbindet es gegensätzliche Leitbilder von kompakter Stadt und Stadtlandschaft in einem regionalistischen Stadtmodell. Als elastisches Stadtmodell vermag das Städtearchipel zudem auf vielfältige Transformationsprozesse einzugehen – eine Elasticity."[217]

So sollte beim Schrumpfen etwa der ostdeutschen Städte das Modell Ungers Vorbild sein. Nicht planloser hektischer Abriss, „Rückbau" hier und da, sondern die Chancen zum planmäßigen Durchgrünen, zum Abrunden, zum Schaffen überschaubarer, aber dichter Stadt-Teile sollten genutzt werden.

Von der großen Zahl der Städte aus Stadt-Teilen in Deutschland im Folgenden eine Auswahl in idealisierter Darstellung, um die verbindenden und trennenden und die zu schützenden Freiräume zur lebendigen Gliederung der Stadt deutlich zu machen.

Zu Ungers „Archipel" ist nachzutragen, dass das Prinzip des Gruppierens um Leerräume schon immer sein architektonisches Schaffen bestimmt hat. So sind die Wohnungsgrundrisse des Wettbewerbs „Neue Stadt" 1962 in Köln in der Anordnung von „Positiv-" um „Negativ-"Räume gewissermaßen ein Stadtmodell – Teile ergänzen sich zum Ganzen.

Fazit:
Alles in Allem: Ein Festhalten an der „gut gebauten" (europäischen) Stadt mit ihren lebendigen Stadt-Teilen scheint mir unverzichtbar. Die Abkehr, die Auflösung ist ein Angriff auf die Wurzeln unserer Kultur, auf die lebendige Organisation unseres Zusammenlebens. Etwas Anderes sind dagegen der wohl überlegte Rückbau, die Reduzierung überfrachteter, überdimensionaler Stadtstrukturen. Das kann zum Rückgewinnen grüner Freiflächen, zum Reduzieren des Verkehrs, zu

958. Berlin, Karte der Baustruktur, 1977.
959. Berlin, Plan der selektiven Stadt-Insel, 1977.
960. Wettbewerb: „Neue Stadt", Arch.: O. M. Ungers, 1962.

einer sparsamen Infrastruktur, vor allem auch zum Identitätssteigern von Stadtbezirken bzw. der Gesamtstadt führen.

Durch politischen Missbrauch wird der Ansatz Stadt-Teile zu Stadt vielfach umgekehrt durch erzwungene Teilungen und Trennungen. Die Teilung Berlins mit all ihren negativen Folgen steht uns doch noch vor Augen. Aber der Virus politisch erzwungener Trennungen breitet sich trotzdem weiter aus: Nikosia, Bagdad, Jerusalem… Wann entsteht in diesen willkürlich geteilten Städten wieder eine friedliche Einheit aus individuellen, aber zusammengehörenden Stadt-Teilen?

8. Grün – lebendiger Baustein der Architektur

Grün – lebendiger Baustein der Architektur

Grün als ein Grundbaustein lebendigen Bauens. Zum Schluss werde ich versuchen, wichtige Aspekte dieses unerschöpflichen Themas exemplarisch darzustellen. Einerseits kann Grün ein lebendes, schmückendes Element von und für Architektur sein, es kann aber auch in Form eines selbständigen „Bauwerkes" auftreten.

Selbständige Grünarchitektur

Bestimmendes wichtigstes Element dabei ist hier vor allem der Baum. Er bietet Schutz, spendet Schatten, verbessert das Klima, setzt Zeichen, gibt Baumaterial – kurz er ist uralter Freund und Gefährte des Menschen, ist lebensnotwendig. Eine Aussage Erich Kühns – in den 1960er Jahren Städtebauordinarius in Aachen – unterstreicht das. Kühn fordert: Von jedem Punkt einer gut gebauten Stadt müsse wenigstens ein Baum zu sehen sein. Hier prüfe jeder seine Umgebung.

Alleen

Die markanteste, auf der ganzen Welt anzutreffende Baumarchitektur ist wohl die Allee. Sie fungiert als Orientierungs- und Gliederungselement in Stadt und Land. Sie dient als Vorbild für einen gleichzeitig geschlossenen und doch offenen Straßenraum. Das Bild »Ansicht einer Lichtquelle« von Agnes Auffinger aus dem Jahre 1970 verdeutlich besonders eindrücklich die Idee.

Eine Abwandlung der geradlinigen Allee zeigen die Ende des 19. Jahrhunderts in baumbestandene Grünringe umgewandelten Befestigungen alter Städte. Diese können ein Vorbild für moderne grüne Lungen sein.

Baumarchitekturen

Das Holz des Baumes ist für die Entwicklung der menschlichen Kultur lebenswichtig. Aber darüber hinaus ist der einzelne Baum noch viel mehr: Wegzeichen in der Stadt und auf dem Land, schützende (gestaltete) Hülle für Versammlungen, zum Feiern, ja sogar zum Wohnen. Eine einfache Urform: Der Tanz unter der Linde. „Linden werden „geleitet" also zu Bauwerken geformte Bäume. [...] *Aus der einfachen Dorflinde entwickeln sich mit der Zeit Lindenbauten und Lindenanlagen mit einer Vielfalt gärtnerischer und baulicher Lösungen. Die Vielfalt betrifft die Formgebung der Baumkrone, die Stützkonstruktionen unter und in der Krone, die Einbauten in der Krone, die Ummauerungen von Baum und Platz, die architektonische Anlage, die Ausbildung von Typen wie Ge-*

961. Agnes Auffinger, Ansicht einer Lichtquelle 1970.
962. Zittau, Ring, 19. Jh.
963. Formvarianten geleiteter Linden.
964. Hyronimus Bock: „Tanz unter der Linde", Straßburg 1546.

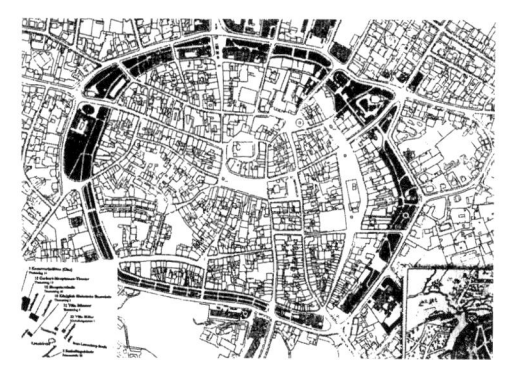

965. Altötting, Die große Linde, Ausschnitt aus: Matthäus Merian, 1644.
966. Peesten Oberfranken, Tanzlinde, Rekonstruktion des ursprünglichen Zustandes.
967. Baumhäuser im Orinoko-Delta, Venezuela.
968. Baumhäuser auf einer Südseeinsel.

richts-, Tanz- und Schützenlinde, die Einbindung in die Ensembles von Dorf, Stadt, Schloss und der Übergänge zur Architektur."[218]

Altötting, Die große Linde, Ausschnitt aus: Matthäus Merian, 1644.
Eine der ältesten bekannten Linden mit einer begehbaren Ebene war die dreistöckige Linde in Atötting. Sie scheint schon um das Jahr 1000 n. Chr. bestanden zu haben und war damit bedeutend älter als die Gnadenkapelle, deren Eingang auf die Linde hin ausgerichtet war. Leider wurde die Linde im Zuge von Erweiterungsplanungen im 17. Jahrhundert abgerissen.

Tanzlinde, Peesten, Oberfranken
„In Peesten steht ein regelrechtes Baumhaus. Keine andere Tanzlinde kommt dem Bild einer lebenden Architektur so nahe wie dieser Baum."[219]

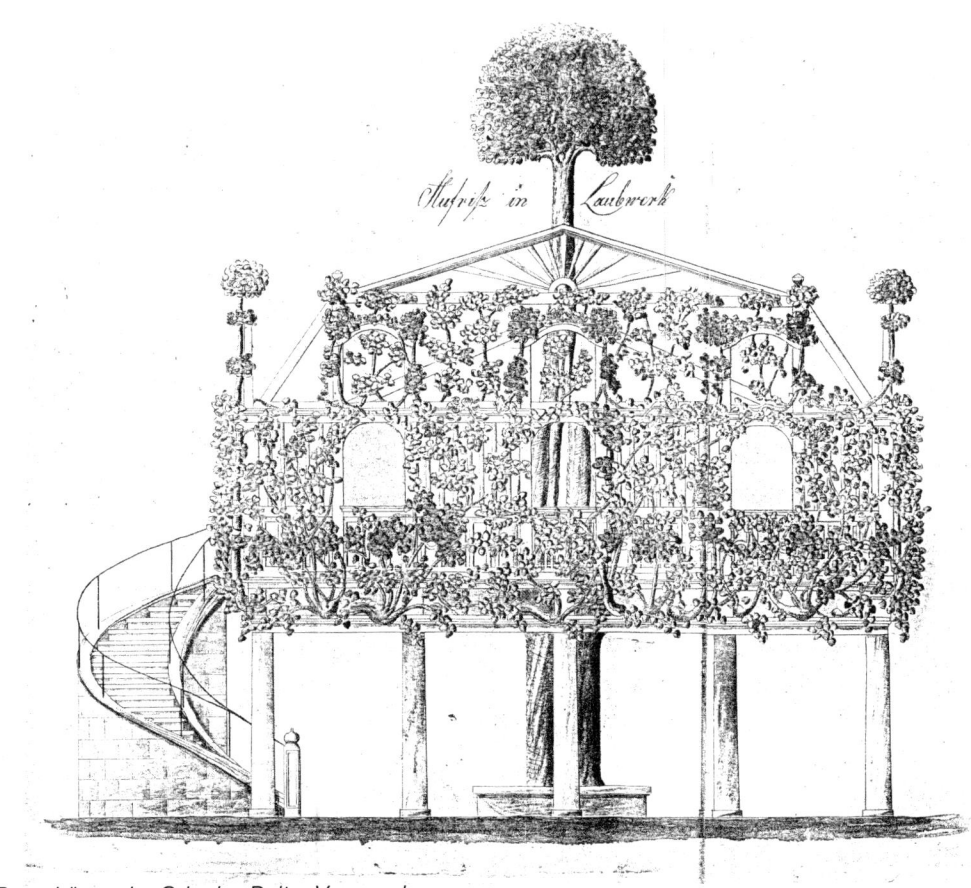

Baumhäuser im Orinoko-Delta, Venezuela
Die Stämme der Itá-Palmen bieten sich als tragfähige Pfosten für die Fußböden und Dächer der luftigen Behausungen der Bewohner des Orinoko-Deltas in Venezuela an."[220]

Baumhäuser auf einer Südseeinsel
Aus einer chinesischen Zeitschrift des 19. Jahrhunderts."[221]

Künstliche Bäume

Von der lebenden Baumarchitektur zu den modernen künstlichen Bäumen der heutigen Architektur ist es nur ein kleiner Schritt. So genannte Supertrees sind die Hauptattraktion einer futuristischen Parklandschaft in Singapur. Die 25 bis zu 50 Meter hohen Konstruktionen aus Stahl und Beton sind Mammutbäumen nachempfunden und imitieren die Funktion eines echten Baumes. Farne, Orchideen, Lianen und andere Pflanzen wuchern als vertikale Gärten über lila Skelette, die Superbäume sammeln Regenwasser und leiten es durch den Park. Solarzellen in den Bäumen liefern Strom und in einigen Bäumen sind Abgangsschächte für unterirdische Biomassekessel versteckt, mit denen Gewächshäuser beheizt werden. Wer mag, kann die Besucherbrücke erklimmen, die die beiden größten der 18 Bäume miteinander verbindet, und von oben den Ausblick auf den gigantischen Techno-Garten genießen, der die neue grüne Lunge Singapurs werden soll. Sie sind ein eindrucksvoller Schritt zum Verbessern des Klimas.

969. Singapur, Supertrees mit Besucherbrücke.

Baumhäuser, Rotterdam

Die berühmten Baumhäuser des Architekten Piet Blom in Helmond und Rotterdam nehmen die Baumform mit Stamm und Krone auf und bilden ineinandergreifende Ringe mit Innenhöfen. Die mehrgeschossigen „Kronen" bieten interessante Durch- und Ausblicke.

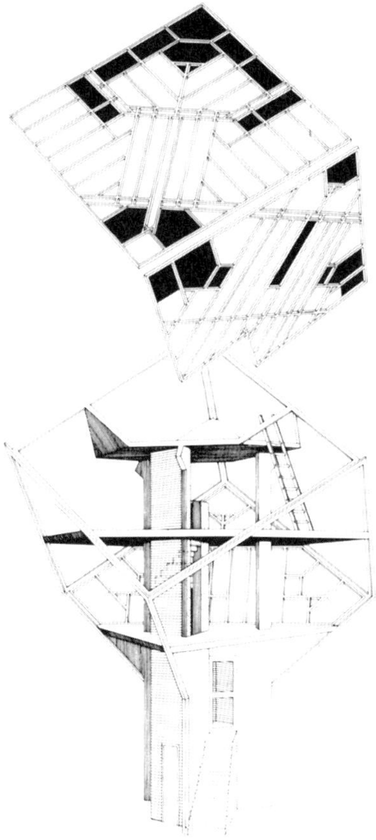

970. Helmond, Baumhäuser Isometrie.

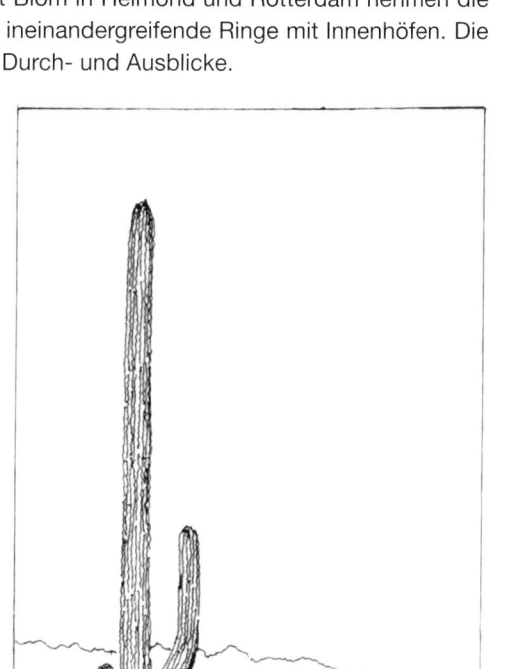

971. Funkbaum als Kaktur getarnt.

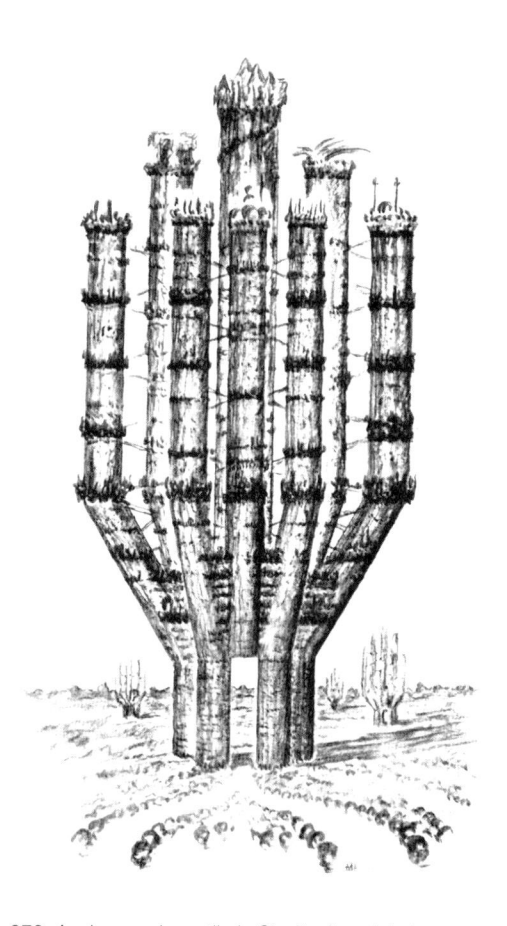

972. Auskragende vertikale Stadt mit realisierten Projekten der Familie Böhm, 2012.

Funkbäume

Als Kaktus oder Palme getarnt passt sich der Funkmast seiner Umgebung an und gibt sich als natürlicher Teil der Landschaft. Erst auf den zweiten Blick bestätigt sich das Gefühl: Hier stimmt was nicht.

Auskragende vertikale Stadt mit realisierten Projekten der Familie Böhm, 2012

Neun runde Hochhaustürme im Kreis. Dieses Agglomerat bildet eine vertikale Stadt. In der Ferne sind noch weitere solcher Städte zu sehen. Die Türme sind untereinander durch Brücken und konstruktive Elemente verbunden. Wie in vielen anderen Zeichnungen dieser Serie werden die Spitzen durch Gebäude gekrönt, die teilweise in ähnlicher Form von Gottfried Böhm und seinen Söhnen realisiert worden sind.

[218] Graefe 2014, S. 35.
[219] Graefe 2014, S. 95.
[220] Gollwitzer 1980, S. 168.
[221] Gollwitzer 1980, S. 173.

Garten und Haus
Es gibt die unterschiedlichsten Verbindungen von Grün und gebauter Architektur. Allen Beispielen gemeinsam ist das gestaltete Wechselspiel zwischen Innen und Außen.

Hakenhäuser, Projekt 1931
Bei diesem Projekt für L-förmige Atriumhäuser entsteht in den intimen Innenhöfen zwischen den einzelnen Häusern ein grünes Wohnzimmer.

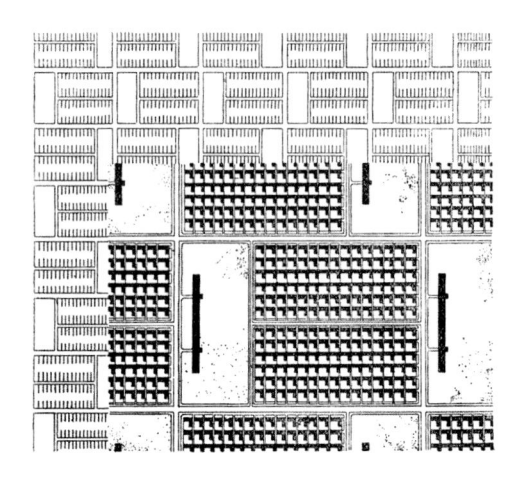

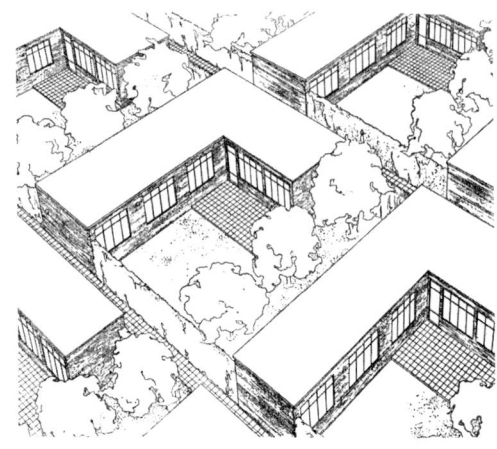

973+974. Hakenhäuser, Projekt, Arch.: Ludwig Hilberseimer, 1931, Lageplan, Isometrie.

Wohnhaus CASA 1014, Granollers, Barcelona
Das Wohnhaus Casa 1014 von H Arquitectes steht auf einem extrem schmalen Ost-West-Grundstück mit einer historischen Fassade im Nordosten von Barcelona. Das Wechselspiel von Innen- und Außenräumen im warmen mediterranen Klima führt zu spannenden Raumfolgen und einer abwechslungsreichen Architektur.

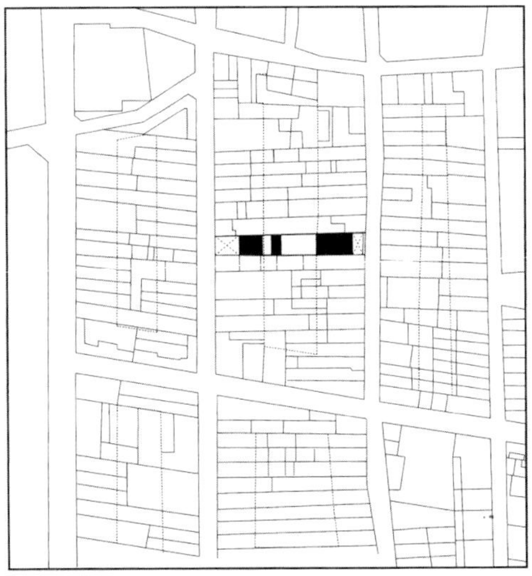

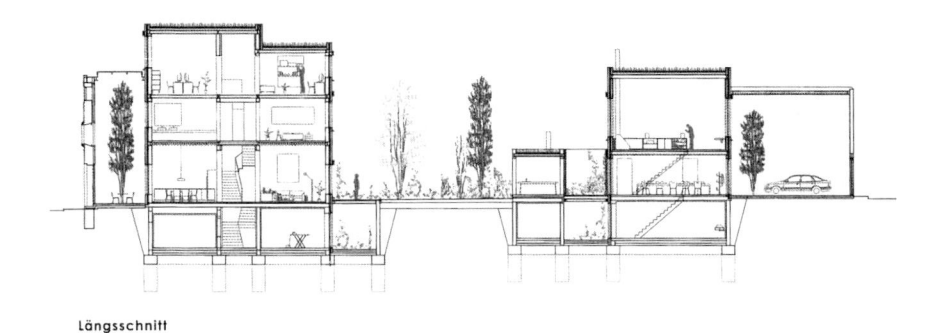

975–979. Granollers, Barcelona, Wohnhaus CASA 1014, H Arquitectes, 2014, Schnitt, Grundrisse.

Längsschnitt

M 1:400

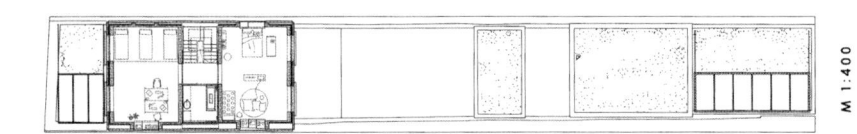

2. Obergeschoss

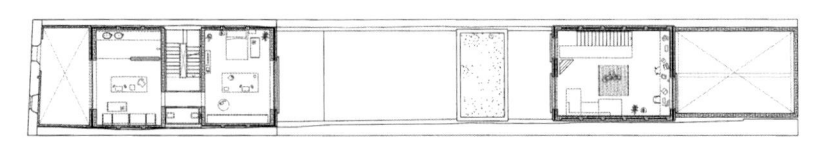

1. Obergeschoss

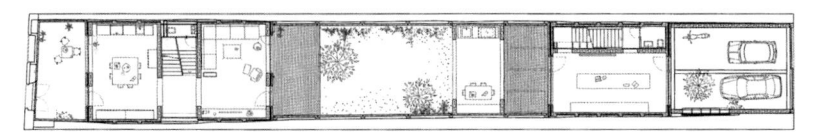

Erdgeschoss

INNENHOF MIT ARKADE

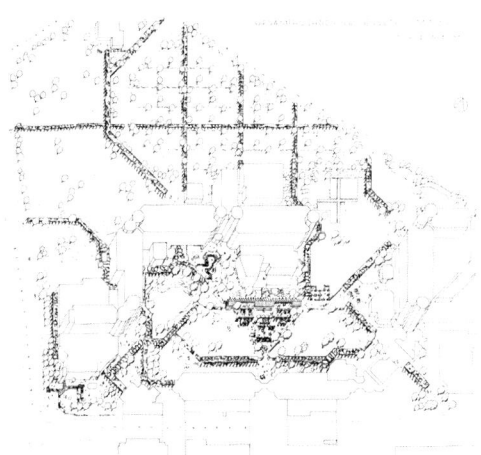

INNENHOF OHNE ARKADE

980–983. Essen, Gesamthochschule, Gestaltung Innenbereich, Arch.: Hans Schmalscheidt, 1982. Lageplan, Perspektiven, Isometrie.

Grünanlagen, große bepflanzte Innenbereiche

Ein wichtiger Aspekt beim Thema lebendige Grünarchitektur sind bepflanzte Innenbereiche. Hier exemplarisch ein eigenes preisgekröntes Beispiel: Wettbewerb Innenbereich Gesamthochschule Essen unter dem Motto „Kunst und Gestaltung."

Aus der Aufgabenstellung: *„Der Auslober erwartet Vorschläge zur künstlerischen Gestaltung des Außenbereiches der Hochschule. Dabei ist der Schwerpunkt der Bearbeitung auf die Innenzone mit dem Fußgängernetz zu legen. Es ist das Ziel des Wettbewerbs, eine überzeugende Integration und Verbindung der Hochschulgebäude [...] durch eine erlebnisreiche Fußgängerzone zu erreichen."* [222] Ganz wichtiges Mittel, um diese Aufgabe zu lösen, war die Abgrenzung und damit die Raumbildung für das innere Wegenetz. Durch Hecken und Pergolen wurden die Wege in Gassen verwandelt, streng, aber durchlässig gefasst. Den ortstypischen Bezug bilden „grüne" Bergmannshäuser aus Hecken und Rasenboden. Der ehemals undifferenzierte Freibereich wird in überschaubare Einzelräume aufgeteilt und dadurch der Maßstab verbessert.

Grün und Geschosswohnungsbau

Schon immer haben die Architekten, die Bauherren, die Bewohner den Traum der engen Verbindung von Grün und hohen Häusern gehabt.

Die Hängenden Gärten der Semiramis, Babylon

Eines der berühmtesten Beispiele für die Verknüpfung von Grün und Architektur sind die Hängenden Gärten der Semiramis. Die terrassenförmige Anlage hat eigentlich „schwebende" Parterres über einer abgedichteten Gewölbekonstruktion, die künstlich bewässert werden konnten. Neben Beschreibungen existieren auch aus Rekonstruktionen aus verschiedenen Jahrhunderten.

[222] Schalhorn; Schmalscheidt 1997, S. 128.

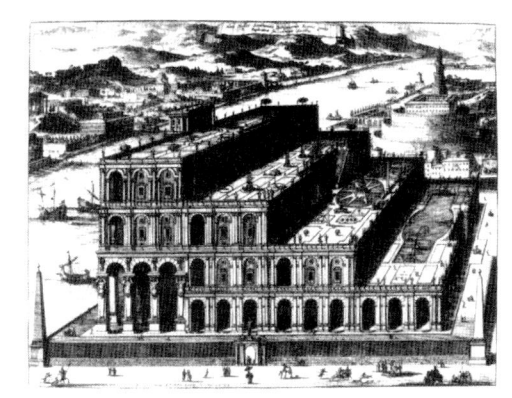

984. Babylon, Die Hängenden Gärten der Semiramis, Zeichnung von Athanasius Kircher, 17. Jh.

[223] Schalhorn / Schmalscheidt 1997, S. 114.
[224] vergleiche hierzu Seiß 2014.
[225] Seiß 2014, S. 66.

Lindenstraße, Berlin, Wettbewerb
„*Fünfgeschossige Wohnbebauung mit offener Erschließung: Eine geradläufige Treppe mit Glasdach führt vom Erdgeschoss ins vierte Obergeschoss. Jede Wohnung hat am Podest einen kleinen grünen Vorhöfchen und eine eigene Haustür. Vorteil dieser Lösung: Unabhängigkeit, direkte Kontaktmöglichkeit vom Öffentlichen Straßenraum zu jeder Wohnung. Der Einschnitt für die offene Treppe bringt zusätzliches Licht in die Tiefe des Wohnungsgrundrisses. Die oberste Wohnung ist als Maisonettewohnung ausgebildet, Haustüren sind also nur auf vier Ebenen nötig.*"[223]

985. Berlin, Lindenstraße, Wettbewerb, Arch.: Konrad Schalhorn, Hans Schmalscheidt,

Bosco Verticale, Mailand
„Gut eingewachsen" wirkt das Hochhaus-Duo „Bosco Verticale" in Mailand aus den Jahren 2008 bis 2014 wie ein „Vertikaler Wald". Damit die 800 Terrassenbäume und 20.000 Sträucher in natura so wachsen, wie im Rendering des Architekten Stefano Boeri, bedarf es einigen Aufwands: Vor den Terrassen sind 1,30 Meter tiefe Balkonkästen mit Pflanzgittern angebracht, aus denen die Bäume bis zu neun Meter herausragen. Brauchwasser wird elektronisch gesteuert hochgepumpt, drei Gärtner sind rund ums Jahr im Haus beschäftigt. Den Bewohnern der 113 Luxuswohnungen ist jeder Eingriff in die Pflanzkästen vertraglich verboten.

Der Wohnpark Alt-Erlaa, Wien
Es ist kaum möglich, sich dem überwältigenden Eindruck dieses Ensembles aus den Jahren 1973 bis 1985 zu entziehen. Die Folgerung: Die geläufigen Vorurteile gegen das Wohnen im Hochhaus in einer unmenschlichen Umgebung aus Beton müssen doch wohl überdacht werden. Es kommt immer darauf an, wie es gemacht ist. Und wie hat es der Architekt Harry Glück gemacht? „*Ungeachtet ihrer Maßstäblichkeit bietet die Anlage offenbar die Qualitäten einer im besten Sinne – ländlichen Kleinstadt und somit das, was viele Großstädter suchen.*"[224]

986. Mailand, Wohnhochhaus „Bosco Verticale, Arch.: Boeri Studio, Gianandrea Barreca und Giovanni La Varra, 2014, Ansicht.

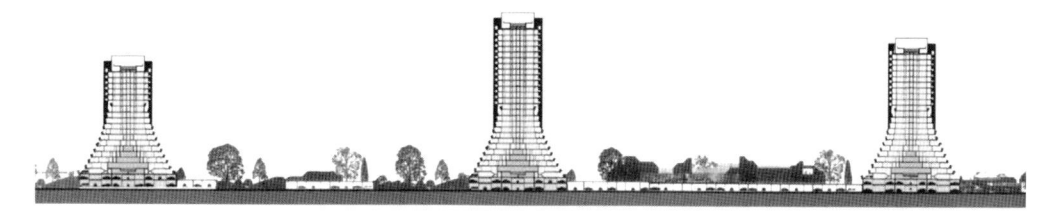

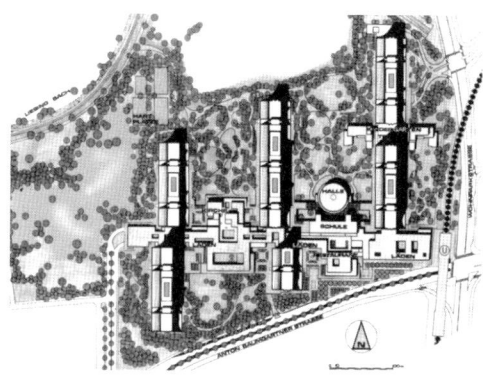

„Die unmittelbare Erfahrung von „Landleben in der Stadt" stellt für rund die Hälfte aller Mieter aber ihr „eigener Garten" dar, den Harry Glücks Konzept des Terrassenhochhauses ermöglicht hat. Im Bestreben vielen Großstädtern eine leistbare Alternative zum Häuschen im Grünen zu bieten, hat der Architekt die unteren zwölf Etagen seiner sich nach oben hin verjüngenden Bauten Stock für Stock zurückgesetzt und jeder der ost- bzw. westorientierten Wohnungen eine großzügige bepflanzbare Terrasse unter freiem Himmel vorgelagert.

„In den ersten beiden Geschossen, wo Glück Maisonette-Wohnungen vorsah, erreicht die Größe der privaten Freiräume bis zu 57 Quadratmeter, was durchaus der Gartenfläche eines Reihenhauses in einer dicht bebauten Siedlung entspricht. Jede der einheitlich breiten Terrassen ist entlang der gesamten Brüstung mit zwei voluminösen Pflanzträgern ausgestattet, die mit einer Erdfläche von knapp vier Quadratmetern für deutlich mehr als ein paar Balkonblumen Platz bieten – erst recht im Fall größerer Wohnungen, die mitunter zwei bis drei Terrassen und somit vier bis sechs Tröge besitzen. In der Vegetationszeit setzt sich die Landschaft im Wohnpark so die Fassaden entlang bis in eine Höhe von 40 Metern fort. […] Unsere Pflanzentröge sind zusammen genommen eine ganze Arche Noah. […] Ich kenne kein heimisches Gewächs, das ich auf den Terrassen noch nicht gesehen habe. […] (S. Röser)"[225] Die Gemeinschaftseinrichtungen erfüllen wohl alle Wünsche und sollen das Gemeinschaftsgefühl stärken. Es gibt sieben Dachschwimmbäder mit Saunen. Im breiten Sockelbereich befinden sich unter anderem weitere sieben Hallenbäder, elf Saunen, sechs Solarien, ein Fittness-Center, acht Kinderspielräume sowie zahlreiche Hobbyräume auch für Vereine. Quer zu den Wohnzeilen ist die Infrastrukturachse angelegt, die mit einer

987–990. Wien, Wohnpark Alt-Erlaa, Arch.: Harry Glück, 1976–1985, Systemschnitt, Lageplan, Balkonperspektive, Freibereich.

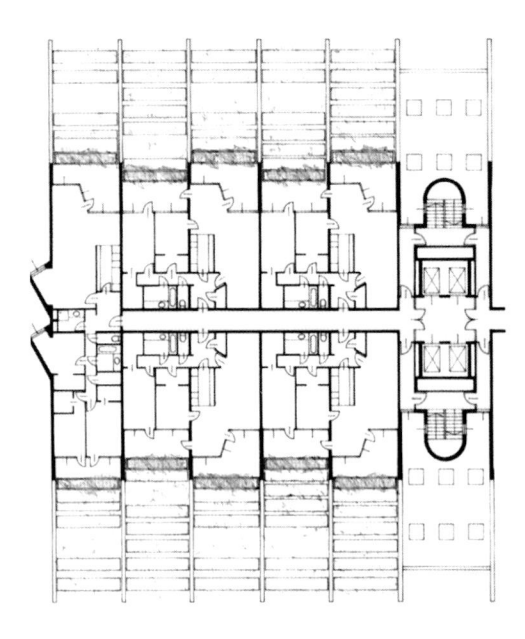

991+992. Wien, Wohnpark Alt-Erlaa, Arch.: Harry Glück, 1976–1985, Grundriss, Fassade.

Kirche, zwei Volksschulen, einer Fachmittelschule, drei städtischen Kindergärten, einem Einkaufszentrum mit 45 Geschäften, neun Gastronomen, zwei Arztzentren, Verwaltung, Büros und mehrere Sporthallen die Infrastruktur einer kleinen Stadt bereitstellt. Um die Häuser herum liegt ein großer, parkartiger Freiraum. Alle Autos parken in unterirdischen Garagen, die ganze Anlage ist damit verkehrsfrei und direkt an die U-Bahn angeschlossen. Der Anspruch „Wohnen wie die Reichen" erfüllt sich spätestens, wenn man in rund 90 Metern Höhe aus dem Wasser steigt und einem ganz Wien zu Füßen liegt.

Fazit:
Der Dom zu Aachen

Fazit: Der Dom zu Aachen

Aus vielen Teilen und doch ganz,
der Dom stahlt heute in vollem Glanz,
Vollendet wird „Os Münster" nie,
folgt man des Buchs Philosophie.
Vollendet kann kaum etwas werden,
das gibt es nicht auf Gottes Erden.
Und: was vollendet – ist beendet,
das Leben davon sich bald wendet.
Also: „Fertig und unfertig" zugleich.
Dies Motto macht das Bauen reich.

Zum Schluss möchte ich den Aachener Dom unter dem Aspekt des „Weiterbauens" betrachten. An diesem Gebäude ist besonders eindrucksvoll zu erleben, wie das Zusammenfügen unterschiedlicher, im Grunde eigenständiger Bauteile im Laufe der Zeit einen großartigen Organismus geschaffen hat, der fertig und unfertig zugleich bis heute immer lebendig geblieben ist.

Die Ambivalenz des Bauwerks zeigt sich schon in den verschiedenen, nebeneinander gebrauchten Bezeichnungen: Neben dem korrekten Begriff „Marienkirche", hört und liest man auch „Pfalzkapelle", „Münster", „Münsterkirche", und von den Aachener Bürgern ganz einfach „Der Dom". Die verschieden Bezeichnungen reflektieren die unterschiedlichen Aufgaben und Nutzungen des Gebäudes über die Epochen hinweg.

Oktogon

Ausgangspunkt ist um 800 der Bau der karolingischen Pfalzkapelle als übereinander angeordnete Doppelkirche auf römischen Bauresten. Die erste Bauphase präsentiert uns die Pfalzkapelle „wie aus einem Guss", nach Osten geschlossen durch den rechteckigen kleinen Chor, ergänzt durch das repräsentative Atrium im Westen und den Annexbauten (wohl für die Reichsverwaltung) im Norden und Süden. Dazu schreibt der ehemalige Dombaumeister Buchkremer: *„Fragt man nach dem Grunde, weshalb diese zweigeschossige Zentralanlage, die auch bei Pfalzkirchen ganz ungewöhnlich ist, gewählt wurde, so muss auf den Zweck der Kirche hingewiesen werden. [...] Der Baumeister hatte die Aufgabe, zwei Kirchen in einem Gebäude zu vereinigen und darin einen Thron für den Erbauer, Karl den Großen, derart aufzustellen, dass von ihm aus die beiden Chöre überschaut werden konnten. Die beide Kirchen waren die Pfalzkirche, die so genannte Capella – daher der französische Name für Aachen „Aix la Chapelle" – und die Pfarrkirche für die Gemeinde. In der Unterkirche war die Capella eingerichtet. Im Oktogon, das gegen die Umgänge durch Schranken abgeschlossen war, hatten die „Capellari" ihre Sitze. Hier stand außer dem Petrusaltar der hohe Altar der Mutter Gottes. Im Obergeschoss, genau oberhalb dieser Stelle, war der Altar des Erlösers als Pfarraltar für die Gemeindekirche. Hier befand sich auf und steht noch heute in alter Form der ehrwürdige Thron Karls des Großen. Er steht vor der westlichen Säulenstellung und beherrscht dadurch die ganze Anlage."*[226] Das ganze Bauwerk scheint für diesen Thron gebaut zu sein. Durch seine Aufstellung im Hochmünster, und noch sechs Stufen höher als dessen Fußboden, hat der Sitzende einen Blick, der ihm ein Raumbild in der ganzen Anlage präsentiert, das alle Bauteile ohne perspektivische Verzerrung zeigt.

Hier sind zwei Kirchen übereinander angeordnet (als Zentralbauten mit kurzen Blickentfernungen zu beiden Altären), die im durchgehenden Raum des Oktogons unter der Kuppel verbunden sind: Eine exemplarische Lösung für das Prinzip 1 + 1 = 1.

Sichtlinien vom Thron aus.
„Der Thronende sieht die Mitte des Kuppelmosaiks zwischen den Linien 1 und 2 [ehemals mit dem Lamm (?); die staufische (?) Christusdarstellung zwischen den Linien 2 und 3 ist durch die Dreibogenbrücke zwischen den Säulen verdeckt] und dem Altar im Obergeschoss gegenüber (4). Durch das geöffnete Throngitter sind der Altar im Untergeschoss (5) und der Ambo (6) zu sehen."[227]

In diesem Additiven System sind Erweiterungen und Anpassen an neue Bedingungen – trotz perfekter, fertiger Urform – gewissermaßen vorgeprägt. Dabei behält das Zentrum aus Oktogon und Sechzehneck immer seine Bedeutung, wird aber durch umgreifende neue Bauteile bereichert und gesteigert.

993. Aachen, Marienkirche vom Katschhof aus gesehen.

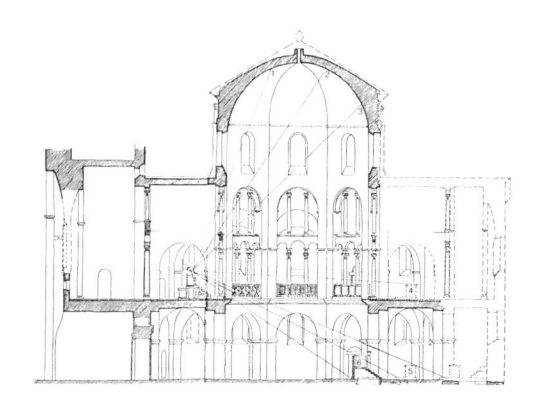

994. Aachen, Marienkirche, Sichtbeziehungen in karolingischer Zeit nach Kreusch.

[226] Buchkremer 1899, S. 137ff.
[227] Maas / Woopen 1984, 29.

995. Aachen, Marienkirche, Grundriss des Sechzehnecks und seiner Anbauten.
996. Aachen, Marienkirche. Blick vom Oktogon in Richtung Vorhalle.

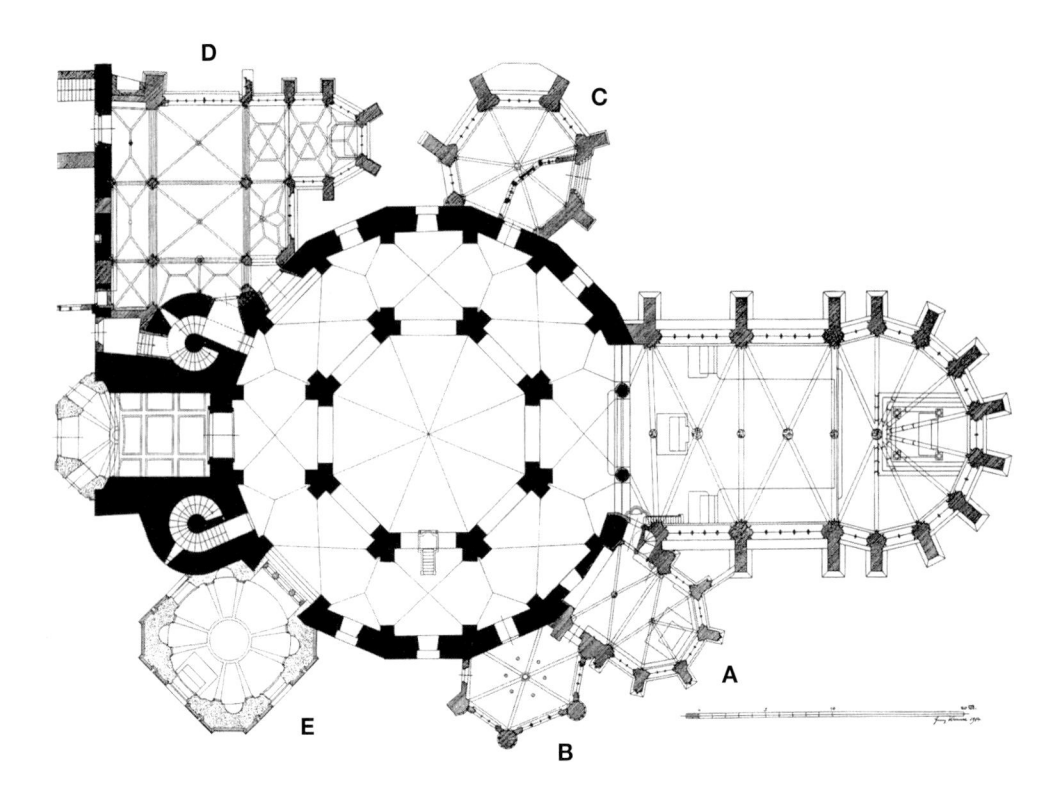

Erweiterungen

Chorhalle

„Der Glanz der Krönungen und der Heiligtumsfahrten verlangte in der auch wirtschaftlich aufstrebenden Stadt nach einer Erweiterung der Pfalzkapelle. So entstand in der Zeit von 1355–1414 der gotische Chor, der sich im Osten an den Zentralbau anschließt. Der zweigeschossige Karolingische Chor wurde entfernt."[228] Stattdessen wurde die Chorhalle mit ihren vom Erdgeschoss bis zum Gewölbe durchgehenden Fensterkranz errichtet, und dient fortan als großartiger Rahmen für die Grablege des Kaisers, den Karlsschrein und den nicht minder kostbaren Marienschrein.

Kapellenkranz

Die dem heiligen Matthias geweihte Doppelkapelle entstand während der Bauzeit des Chores um das Jahr 1375 an der Südseite des Oktogons (A). Die Annakapelle wurde im Jahr 1449 neben der Matthiaskapelle angebaut (B). In den Jahren von 1455 bis 1471 entstand an der Nordseite des Oktogons die Karlskapelle mit dem Obergeschoss Hubertuskapelle (C). Anstelle der romanischen Nikolauskapelle wurde im 15. Jahrhundert eine gotische Doppelkapelle errichtet, die Emporenkapelle wurde dem heiligen Michael geweiht (D). [...] Die gotische Ungarische Kapelle wurde 1736 durch einen barocken Zentralbau ersetzt (E). 1955 wurde an der Nahtstelle Dom – Kreuzgang die Begräbniskapelle der Bischöfe eingerichtet (F). Dieser Kapellenkranz mit jeweils speziellen Funktionen bereichert und belebt den Zentralbau.

Marienkapelle

Ein besonders markantes Bauwerk bildete die Marienkapelle. Sie wurde um 1450 unter der Nahtstelle Sechzehneck-Chorhalle erbaut als Haus im Haus als Schutz des dort stehenden Marienaltars, der gleichzeitig Krönungsaltar und Wallfahrtsziel der Pilger war.

Die Zeit der Krönungen ging 1531 zu Ende, die Zahl der Pilger sank in der Nachreformationszeit. So brach man 1786 die Kapelle ab, um mehr Raum und Bequemlichkeit um den Marienaltar zu haben. Es ist sehr zu bedauern, dass dieser räumliche Schleier zwischen dem Oktogon und der Chorhalle als räumliche Bereicherung und Element des Geheimnisvollen nicht mehr existiert.

Bildnerische und liturgische Ausstattung

Teile zum Ganzen, Leben, dabei ist auch die bildnerische und liturgische Ausstattung des Domes anzusprechen. Nach langer Vernachlässigung dieses Baukörpers war nämlich der ursprüngliche Glanz der alten Mosaikgemälde verschwunden. Und 1710 wurde der italienische Bildhauer-Architekt J.B. Artari beauftragt, das Münster ganz neu im Zeitgeschmack aufzuschmücken: in Weiß

---

[228] Vergl. Schoenen 1958.

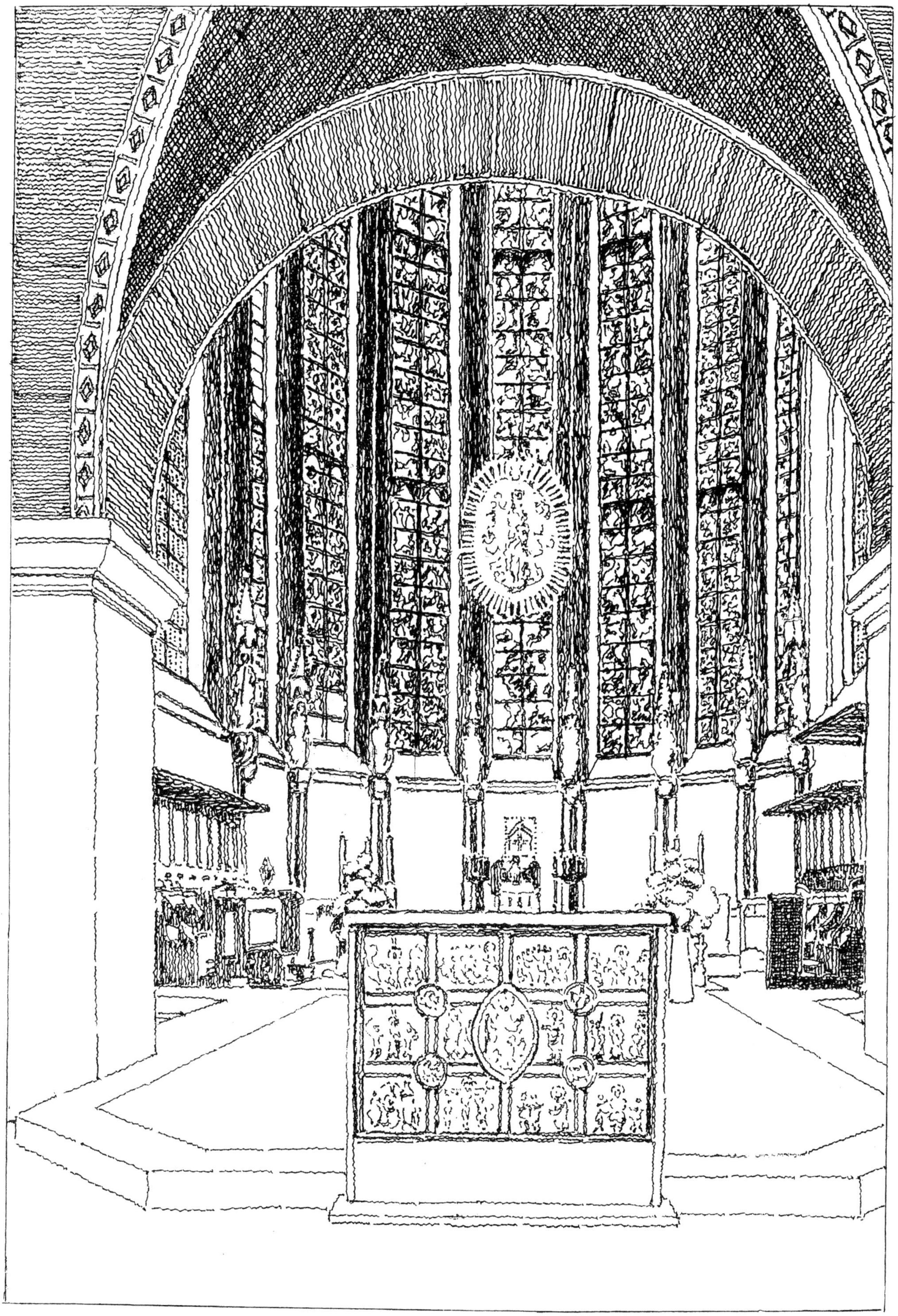

und Gold mit stark plastischem Schmuck. Das für uns erstaunliche Ergebnis: Ein völlig veränderter Charakter der bisher strengen Münsterarchitektur als heller, vom Rokoko bestimmter Raum. Das Innere war in einen prächtigen Prunkbau verwandelt worden.[229]

Aber auch dies hat der karolingische Bau mit Würde ertragen. Die barocke Ausstattung wurde dann aber in den Jahren nach 1860 beseitigt. Zwischen 1880 und 1913 erhielt der Dom nach jahrzehntelangem Streit sein heutiges neobyzantinisches Aussehen. Wenn diese eindrucksvolle Dekoration auch nicht „echt" im Sinne von karolingisch ist, erweckt sie beim heutigen Betrachter doch diesen Eindruck.

Die Architektur des Domes ist stark genug, auch einschneidende Änderungen der dekorativen Ausstattung zu ertragen. Sie kann – wenn man so will – wechselnden Moden Raum geben, ohne den eigenständigen Charakter aufzugeben. Das gilt auch für die zahlreichen liturgischen Neuordnungen vor allem im Chorbereich.

Altäre, Schreine

Die unterschiedlichen Räume des Domes werden auch belebt, gesteigert durch Ausstattungsteile wie Altäre, Schreine und Reliquiare, die im Einklang mit der gebauten Hülle vorwiegend als Kleinarchitekturen ausgebildet sind. Dabei ist das bestimmende Element der Karlsschrein. Zunächst ist er an der Ostseite des Oktogons aufgestellt über dem Petrusaltar in der Blickachse vom Kaiserthron her, dahinter im karolingischen Thron der Marienschrein. Nach dem Bau der gotischen Chorhalle wird der Karlsschrein dorthin versetzt. Kernstück der Altarretabels war die Pala d'Oro an die um 1481 die zwölf silbervergoldeten, getriebenen Platten mit Reliefbildern des Apostel angefügt wurden.

Den Hauptschmuck des Choraltars bildete indes der Karlsschrein, der über dem Altar in Längsrichtung aufgestellt war, auch er von einer innen und außen reich bemalten Holzlade umgeben.

Nach der Umwandlung des Aachener Münsters in eine Bischofskirche (unter französischer Herrschaft 1803) wurden der Karls- und Marienschrein in die Sakristei verbannt und der gotische Hochaltar durch einen pseudobarocken Marienaltar ersetzt. 1875 wich dieser einem neugotischen Baldachinaltar. Auch dieser Altar verkörpert ein Haus im Haus, gerahmt von vier antiken Säulen. Bei der Neugestaltung der Chorhalle 1951 wird der Karlsschrein wieder Zielpunkt im Chorende.

Der wohl markanteste Teil der Ausstattung des Münsters ist der sechzehneckige Radleuchter im Zentrum des Oktogons (eine Stiftung Friedrich Barbarossas), der als Symbol des himmlischen Jerusalems Gotteshaus und heilige Stadt zusammen bindet und auch heute noch bei feierlichen Anlässen im festlichen Glanze erstrahlt.

Äußeres

Beim Dom ergänzen sich die deutlich ablesbaren Hauptbaustufen zum unverwechselbaren Umriss, bestimmt vom eingebundenen Turm im Westen, der Kuppelbekrönung in der Mitte und der hoch ragenden Chorbedachung im Osten. Turm und Kuppeldach – verbunden durch eine Brücke zum Zeigen der Heiligtümer – sind mehrfach verändert worden, bilden jedoch ein auf- und abschwingendes eigenwilliges Ganzes.

Städtebau

Der Dom ist nicht nur das räumliche Zentrum der Stadt, er ist auch voll eingebunden in die umgebenden Höfe und Plätze. Das Oktogon bildet den feierlichen Zentralraum. Verbindung zur Stadt schaffen dann die „Vorhöfe" Domhof und Katschhof. Darum entfaltet sich dann der Kranz der Stadtplätze, die meist spezielle Nutzungen haben. Im Sinne von 1 + 1 ergänzen sich das geistliche und das weltliche Zentrum der Stadt – verbunden durch den Katschhof – zum räumlichen Mittelpunkt Aachens unter Selbständigkeit beider Gruppen.

Resumee

Weiterbauen der Teile zum (unvollständigen) Ganzen, lebendige Architektur: Beides ist beim Aachener Dom geprägt vor allem durch Komponenten in der nebenstehenden Tabelle (zum Teil mit Doppelnennungen):

997. Aachen, Marienkirche, Chorraum nach der Neugestaltung 1951.

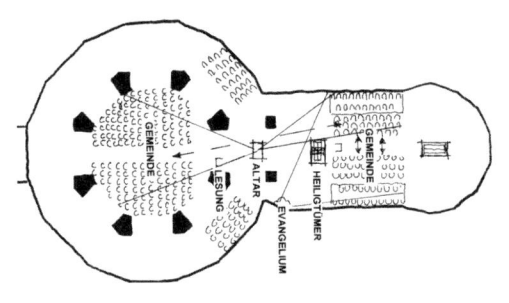

998. Aachen, Marienkirche, Chorraum bis 2014.

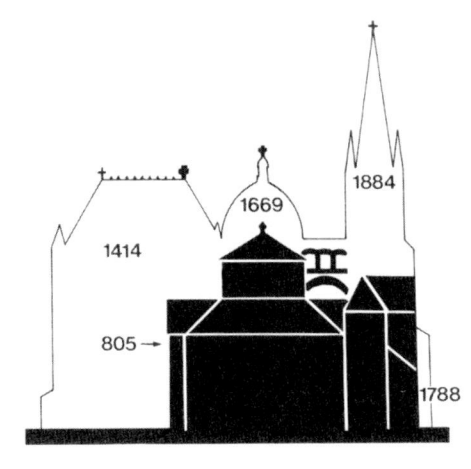

999. Aachen, Marienkirche, Veränderung der Silhouette zwischen 800 und 1884.

[229] vergl. hierzu Faymonville 1916, S. 163.

Verbinden zur Gruppe aus eigentlich selbständigen Bauteilen:	(architektonische) Umsetzung Innen: Atrium – Vorhalle – Oktogon – Chor – Kapellenkranz außen: Turm – Oktogonkuppel – hohes Chordach Stadt: Dom – Katschhof (Verbindungsgänge) – Rathaus (Pfalz)
Anlagern, in die Tiefe durchdringen	Oktogon – (Schleier Marienkapelle) – Chor
Verbinden von oben und unten: doppelbödige Einheit	Hochmünster und Unterkirche, verbunden durch Mittelöffnung
Innenplatz	Das Oktogon
Haus im Haus architekturbezogene Ausstattung	(Marienkapelle) – Barbarossaleuchter als himml. Jerusalem – Schreine – Reliquiare
markanter Umriss	Turm – Verbindungsbrücke (Zeigen der Heiligtümer) Kuppel – hohes Chordach
Parasitäres	angelehnte Bauten mit Wohnungen, Läden, Gewerbe … (weitgehend entfernt)
neue Techniken	kühner ganz früher Kuppelbau und Chorbau ohne Strebepfeiler – karolingischer Ringanker – statisches Verbinden von Chor und Oktogon (alt und neu)
lebendiges Nutzen	belebter Andachts-, Kult- und auch Konzertraum für viele Aachener bis heute, Heiligtumsfahrten, Pilgerzentrum – immer wieder liturgische Neuordnungen. Bezeichnendes Detail: als Zeichen lebendiger Verehrung Neueinkleidung des Gnadenbildes im Sechzehneck jeden Monat
Raumwirkung, Geheimnis	Paradox: trotz der großartigen räumlichen Wirkung (Steigerung Sechzehneck-Chorhalle) durch die vielen sonstigen selbständigen Raumteile eine Atmosphäre des lockenden Geheimnisvollen, ja, einer gewollten Unübersichtlichkeit, dabei durch die riesigen Chorfenster nur gedämpftes Licht, das die Raumgrenzen verschwimmen lässt

1000. Aachen, Vielfalt der Höfe und Plätze zwischen Marienkirche und Rathaus.

Mit der nebenstehenden und abschließenden Gegenüberstellung versuche ich das Thema des Buches nochmals deutlich zu machen. Die erste Skizze zeigt als Phantasie: So hätte der Aachener Dom „fertig", formvollendet geplant sein können. Die karolingische Ursprungsgruppe, erweitert um den gotischen Chor zur vollendeten Kreuzgestalt.

Das zweite Bild zeigt den tatsächlich gebauten Zustand. Diese, durch lange Zeit gewachsene, „unfertige", aber lebendige Gruppe verbindet mit unterschiedlichsten Formen und Details das Gestern mit dem Heute und lässt sicherlich auch Möglichkeiten für Morgen: Weiterbauen als Prinzip des (unvollständigen) lebendigen Ganzen.

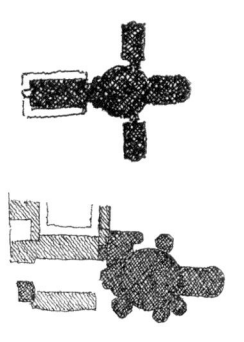

Anhang

Literatur

Adler, Michael: „Elementare Architektur", in: *Archithese 1.1980*.

Ahrens, Dieter (Hg.): *Johann Anton Ramboux: Ansichten von Trier*. Trier 1991.

Altrogge, Gudrun: *Hamburg*, München 2010.

Aminde, Hans-Joachim: *Plätze in der Stadt*, Stuttgart 1984.

Andrianakis, Michaelis: *Das heilige Kloster Preveli*. Rethymno 1996.

Anheißer, Roland: *Das mittelalterliche Wohnhaus in deutschstämmigen Landen. Eine Schönheit im Stadtbild, in Aufbau und Einzelheit*, Stuttgart 1934

Anheißer, Roland: *Das Deutsche Elsass. Kunst und Landschaft in ihrer malerischen Schönheit*, Darmstadt 1941.

Anheißer, Roland: *Flandern und Brabant. Hennegau und Lande an der Maas*, Darmstadt 1943.

Architekten- und Ingenieur-Verein zu Berlin (Hg.): *Berlin und seine Bauten Teil IV Wohnungsbau. Band B, Die Wohngebäude – Mehrfamilienhäuser,* Berlin, München, Düsseldorf 1974.

Aregger, Hans; Glaus, Otto: *Hochhaus und Stadtplanung*, Zürich 1967.

Arata, Giulio Ulisse: *Leonardo Architetto e Urbanista*. Mailand 1953.

Aravena, Alejandro; Iacobelli, Andrés: *Elemental. Incremental housing and participatory design manual*, Ostfildern 2016.

Arnold, Eduard Phillipp: *Das Altaachener Wohnhaus. (Aachener Beiträge für Baugeschichte und Heimatkunst. Herausgegeben von Albert Huyskens. Heft 2)*, Aachen 1930.

Bacon, Edmund N.: *Stadtplanung von Athen bis Brasilia*, Zürich 1967.

Bacon, Roseline: *Piranesi*, Berlin 1974.

Badstübner, Ernst; Gertler, Carljürgen: *Der Dom zu Brandenburg an der Havel*, Regensburg 2006.

Baer C. H.: *Kleinbauten und Siedlungen*, Stuttgart 1918.

Balzar, Georg: *Goethe als Gartenfreund*, München 1966.

Barral I Altet, Xavier: *Romanik. Städte, Klöster und Kathedralen*, Köln 2001.

Baupflegeamt Westfalen (Hg.): *Pommern, Bauernhofaufmasze,* Münster 1961.

Bauwelt 40/41.1981.

Bazin, Germain: *Paläste des Glaubens. Die Geschichte der Klöster vom 15. bis zum Ende des 18. Jahrhunderts*. 2 Bände, München 1980.

BDA Köln (Hg.): *Bauten Kölner Architekten 1948–1963*, Darmstadt, 1963.

BDA; DB AG; DAZ; Gerkan, Meinhard von (Hg:): *Renaissance der Bahnhöfe – Die Stadt im 21. Jahrhundert*. Braunschweig / Wiesbaden1996.

Beeren, Wim; Dettingmeijer, Rob; et. al.: *Het Nieuwe Bouwen in Rotterdam 1920–1960*. Ausstellungskatalog, Delft 1982.

Behrens, Till: *Grüngürtel. Wachstumsorientierte Stadtpolitik und zusammenhängende Grünräume*, Frankfurt 1988.

Benevolo, Leonardo: *Die Geschichte der Stadt*, Frankfurt am Main ^{6}1991.

Bernt, Adolf: Deutsche Bürgerhäuser, Tübingen 1968.

Biscogli, Luigi: „Oswald Mathias Ungers". In *Rassegna dell'Istituto di Architettura e Urbanistica*. Anno I/3. Roma 1965.

Bock, Friedrich: *Rheinlands Baudenkmale des Mittelalters. Ein Führer zu den merkwürdigsten mittelalterlichen Bauwerken am Rheine und seinen Nebenflüssen*, Köln 1869.

Böhm, Gottfried; Böhm, Markus: *Visionen*, Berlin 2013.

Boesiger, Willy; Girsberger, Hans: *Le Corbusier 1910–65*, Zürich 1967.

Boll, Walter: *Regensburg*. Berlin 1969.

Bollerey, Franziska; Hartmann, Kristiana: *Wohnen im Revier. 99 Beispiele aus Dortmund*, München, 1975.

Bouffard, Pierre: *Genève*, Bâle 1970.

Braunfels, Wolfgang (Hg.): *Abendländische Klosterbaukunst*, Köln 1969.

Braunfels, Wolfgang: *Abendländische Stadtbaukunst. Herrschaftsform und Baugestalt*, Köln 1976.

Bredekamp, Horst: *Sankt Peter in Rom und das Prinzip der produktiven Zerstörung. Bau und Abbau von Bramante bis Bernini*, Berlin 2000.

Breitling, Peter; Gebhard, Helmut; Schmidt, Hans-Ulrich: *Alte Stadt heute und morgen. Gestaltwert und Nutzen alter Stadtkerne. Eine Dokumentation über Grundlagen und Merkmale der Stadtqualität dargestellt am Beispiel Dinkelsbühl (Bayern). Bayer. Staatsministerium des Innern, Oberste Baubehörde*, München 1975.

Briese, Heinz-Gerold: *Görlitz Führer*, Berlin, Leipzig 1988.

Buchheit, Gert: *Rom im Wandel der Jahrhunderte*. Nürnberg 1931.

Buchkremer, Josef: „Der Königstuhl der Aachener Pfalzkapelle und seine Umgebung", in: Zeitschrift des Aachener Geschichtsvereins, Band 21, Aachen, 1899, S. 135–194.

Burckhardt, Lucius: *Leberecht Migge 1881–1935. Gartenkultur des 20. Jahrhunderts*, Lilienthal 1981.

Burk, Meike: „Raum – abfolge", in: *Baumeister 5/2015*.

Busch, Harald, Lohse, Bernd (Hg.): *Vorromanische Kunst uns ihre Wurzeln. Buchreihe: Monumente des Abendlandes*, Frankfurt am Main 1965.

Bußmann, Klaus: *Burgund. Kunst, Geschichte, Landschaft*, Köln 1977.

Chagall, Marc: *Mein Leben*, Stuttgart 1959

Ciano, Angela: „L'Aquila, drei Jahre danach", in: *Bauwelt 14.2012*.

Clemen, Paul (Hrsg.): *Kunstdenkmäler der Rheinprovinz IX/2, Landkreise Eupen und Aachen*. Düsseldorf 1912.

Coarelli, Filippo: *Rom. Ein archäologischer Führer*, Mainz 1974.

Conrad, H. E.: *England. Ein Führer*, München 1977.

Conrads, Ulrich, Sperlich, Hans G.: *Phantastische Architektur*, Stuttgart 1960.

Craemer, Ulrich: *Das Hospital als Bautyp des Mittelalters*, Köln 1960.

DAM (Hrsg.): *Architektur Jahrbuch 2000*. München, London, New York, 2000.

Daniel, Andreas; Kemper, Heinrich; Ringbeck, Birgitta: *Heimstätten sind besser als Heilstätten*. Ausstellungskatalog, o.O. 1993

Dehio, Georg: *Handbuch der Deutschen Kunstdenkmäler.Baden-Würtemberg*, Darmstadt 1964.

Dehio, Georg: *Handbuch der Deutschen Kunstdenkmäler. Rheinland-Pfalz. Saarland*, Darmstadt 1972.

Dehio, Georg: *Handbuch der Deutschen Kunstdenkmäler. Der Bezirk Halle,* München / Berlin 1976.

Dehio, Georg: *Die Kunstdenkmäler Österreichs. Burgenland*, Wien ^{2}1980.

Dehio, Georg: *Handbuch der Deutschen Kunstdenkmäler. Bayern II: Niederbayern*, Berlin, München 1988.

Dehio, Georg: *Handbuch der Deutschen Kunstdenkmäler. Bayern V: Regensburg und die Oberpfalz*, Berlin, München 1991.

Dehio, Georg: *Handbuch der Deutschen Kunstdenkmäler. Bayern I: Franken*, Berlin, München ^{2}1999.

Dehio, Georg: *Handbuch der Deutschen Kunstdenkmäler. Bayern IV: München und Oberbayern*, Berlin, München ^{2}2002.

Dehio, Georg: *Handbuch der Deutschen Kunstdenkmäler. Sachsen-Anhalt I. Regierungsbezirk Magdeburg*, Berlin, München 2002.

Dehio, Georg: *Handbuch der Deutschen Kunstdenkmäler. Thüringen*, Berlin, München 2003.

Dehio, Georg: *Handbuch der Deutschen Kunstdenkmäler. Nordhein-Westfalen I. Rheinland*, Berlin, München 2005.

Delft University Press (Hg.): *Het Nieuwe Bouwen in Rotterdam 1920–1960*. Delft 1982.

Detlef, André: „Zustand und Zukunft der Lübecker Wohn- und Stiftshöfe", in: *Bauwelt 40.1972*.

Dischinger, Gabriele; Peter, Franz (Hg.): *Johann Michael Fischer 1692–1766*, Tübingen 1995.

Dransfeld, Agnes: „Nichts für Kontrollfreaks", in: *Bauwelt 35.2013*.

Dubrau, Dorothee: *Architekturführer Berlin-Mitte. Band 1*, Berlin 2009.

Durm, Josef: *Handbuch der Architektur. Zweiter Teil: Die Baustile. 5. Band: Die Baukunst der Renaissance in Italien*, Leipzig ²1914.

E+P 17: *Entwurf und Planung. Wohnungen für alte Menschen. Altenheime Wohnstifte Seniorenzentren*, München 1973.

Eberle, Sandra: *Schloss Rastatt*, Berlin, München 2010.

Eberstadt, Rudolf: *Die Kleinwohnungen und das städtebauliche System in Brüssel und Antwerpen*, Jena 1919.

Eberstadt, Rudolf: Handbuch des Wohnungswesens und der Wohnungsfrage, Jena ⁴1920.

Egg, Erich; Erich Hubala: *Oberitalien Ost (Reclams Kunstführer Italien Band II)*, Stuttgart 1965.

Egli, Ernst: *Geschichte des Städtebaues. 3. Band – Die Neue Zeit*, Erlenbach, Zürich, Stuttgart 1967.

Eichhorn, Ernst: „Die Baumeisterfamilie Dientzenhofer". In: *Fränkische Schweiz (HB Kunstführer 17)*. Hamburg 1986.

Ellenberg, Heinz: *Bauernhaus und Landschaft in ökologischer und historischer Sicht*, Stuttgart 1990.

Engels, Friedrich: *Über die Umwelt der arbeitenden Klasse (Bauwelt Fundamente 27)*, Gütersloh 1970.

Erdmannsdörffer, Karl: *Das Bürgerhaus in München*, Tübingen 1972.

Ernst Stephan: *Das Bürgerhaus in Mainz*, Tübingen 1974.

Étienne, Robert: *Pompeji. Das Leben in einer antiken Stadt*, Stuttgart 1974.

Faymonville, Karl: *Der Dom zu Aachen*, München 1909.

Faymonville, Karl: *Die Kunstdenkmäler der Stadt Aachen. Band X. Das Münster zu Aachen*, Düsseldorf 1916.

Fehl, Gerhard (Hg.): *Werksiedlungen im Aachener Revier. Dokumentation zur Wanderausstellung*, Aachen 1988.

Finke, Werner; Popp, Frank; Schalhorn, Konrad; Schmalscheidt, Hans: *e+p 31: Entwurf und Planung – Der Baublock – Straße Wohnung Hof*, München 1977.

Fischer, Volker; Gleiniger, Andrea: *Stefan Wewerka. Architekt, Designer, Objektkünstler*, Stuttgart / London 1998.

Fitch, James M.: *Vier Jahrhunderte Bauen in den USA. (Bauwelt Fundamente 23)*, Berlin 1966.

Frank, Annette: „Drei Religionen unter einem Dach, Bet- und Lehrhaus auf dem Petriplatz in Berlin", in: *Bauwelt 37. 2012*.

Friebe, Wolfgang: *Architektur der Weltausstellungen 1851 bis 1970*, Stuttgart 1983.

Friedrich, Arnd: *Kloster Haina. (Die blauen Bücher)*, Königstein im Taunus 1987.

Friedrich, Jan: „Learning from Wilhelmsburg", in: *Bauwelt 35. 2013*.

Friedrich, Jan: „Europäische Schule", in: *Bauwelt 14.2015*.

Freckmann, K.: „Der Kölner Beichtstuhl", in *Jahrbuch für Hausforschung, Bd. 43*, Marburg, 1999.

Gabler, Christiane: „Ineinander verzahnt", in: *Bauwelt 3.2012*.

Gallas, Klaus: *Sizilien. Insel zwischen Morgenland und Abendland*, Köln 1978.

Ganzer, Klaus; Nesselrath, Arnold: *Barock im Vatikan*. Leipzig 2005.

Geist, Johann Friedrich: *Passagen, ein Bautyp des 19. Jahrhunderts*, München 1969.

Gerkan, Meinhard von: *Renaissance der Bahnhöfe. Die Stadt im 21. Jahrhundert*, Braunschweig / Wiesbaden 1996.

Gerkan, Meinhard von: *Black Box BER. Vom Flughafen Berlin Brandenburg und anderen Großbaustellen. Wie Deutschland seine Zukunft verbaut*, Berlin 2013.

Gesamthochschule Kassel (Hg.): *Leberecht Migge 1881–1935*. Kassel 1981.

Girouard, Mark: *Die Stadt. Menschen, Häuser, Plätze. Eine Kulturgeschichte*, Frankfurt / New York 1985.

Goer, Michael et al. (Hg.): *Hausbau in Holland Baugeschichte und Stadtentwicklung (Jahrbuch für Hausforschung, Band 61)*, Marburg 2010.

Gollwitzer, Gerda: *Bäume. Bilder und Texte aus drei Jahrtausenden*, Herrsching 1980.

Gorys, Erhard: *Das Heilige Land. Historische und religiöse Stätten von Judentum, Christentum und Islam in dem 10.000 Jahre alte Kulturland zwischen Mittelmeer, Rotem Meer und Jordan*, Köln 1984.

Graefe, Rainer: *Bauten aus dem Lebenden Bäumen. Geleitete Tanz- und Gerichtslinden. (Arbeitsblätter zur Baugeschichte. Band 4)*, Aachen / Berlin 2014.

Greco, Emanuele; Pelosi, Adelia; Pontrandolfo, Angela; Prisco, Gabriella: *Italien. Archäologischer Führer*, Freiburg, Breisgau 1991.

Grinberg, Donald I.: *Housing in the Netherlands 1900–1940*, Rotterdam 1977.

Groenendijk, Piet; Vollard, Piet: *Gids voor modern Architectuur in Nederland*. Rotterdam 1987.

Großmann, G. Ulrich: *Östliches Westfalen. Vom Hellweg zur Weser. Kunst und Kultur zwischen Soest und Paderborn, Minden und Warburg*, Köln ⁴1989.

Grote, Ludwig: *Deutsche Stilfibel*, Leipzig 1953.

Gruber, Karl: *Die Gestalt der deutschen Stadt. Ihr Wandel aus der geistigen Ordnung der Zeiten*, München ²1976.

Gruber, Karl: *Der heilige Bezirk in der zukünftigen Stadt*, Regensberg / Münster 1949.

Grundmann, Günther (Hg.): *Die Bau- und Kunstdenkmale der Freien und Hansestadt Hamburg. Band II. Altona, Elbvororte.* Bearbeitet von Renata Kleé Gobert, Hamburg 1959.

Günter, Roland: *Kunstwanderungen Rheinland*, Stuttgart / Zürich 1979.

Hecht, Konrad: *Der St. Galler Klosterplan*, Wiesbaden 1997.

Heckmann, Oliver; Schneider, Friederike (Hg.): *Grundriss Atlas Wohnungsbau*, Basel ⁴2011.

Hegger, Manfred; Pohl, Wolfgang; Reiß-Schmidt; Stephan: *Vitale Architektur. Tradition – Projekte – Tendenzen einer Kultur des gewöhnlichen Bauens*, Braunschweig 1988.

Helas, Volker; Bunse, Jochen: *Denkmaltopographie Bundesrepublik Deutschland, Stadt Kassel I.* Braunschweig / Wiesbaden, 1989.

Hennig-Schefold; Monica, Schmidt-Thomsen, Helga: *Transparenz und Masse. Passagen und Hallen aus Eisen und Glas 1800–1880*, Köln 1972.

Henze, Anton: *Rheinlande und Westfalen. Baudenkmäler. (Reclams Kunstführer. Band III)*, Stuttgart 1959.

Henze, Anton: *Rom und Latium. Baudenkmäler und Museen. (Reclams Kunstführer Italien Band V)*, Stuttgart 1974.

Hertweck, Florian: Marot, Sebastian: *Die Stadt in der Stadt. Berlin: Ein grünes Archipel. Ein Manifest (1977) von Oswald Mathias Ungers und Rem Koolhaas mit

Peter Riemann, Hans Kollhoff, Arthur Ovaska*, Zürich 2013.

Herzberg, Hans-Henning: *Stadt Hückelhoven. (Rheinische Kunststätten, Heft 315)*, Neuss 1987.

Hilger, Claus-Peter: *Dom St. Blasien im Südschwarzwald.* Lindenberg, 2012.

Hocquél, Wolfgang: *Leipzig*, Leipzig, 1983.

Hoff, August; Muck, Herbert; Thoma, Raimund: *Dominikus Böhm*, München 1962.

Hoffmann, Ot; Repenthin, Christoph: *Neue urbane Wohnformen. Gartenhofhäuser. Teppichsiedlungen. Terrassenhäuser*, Gütersloh und Berlin 1965.

Hoh-Slodczyk, Christine; Huse, Norbert; Kühne, Norbert; Tönnesmann, Andreas: *Hans Scharoun – Architekt in Deutschland 1893–1972*, München 1992.

Hotz, Walter: *Pfalzen und Burgen der Stauferzeit. Geschichte und Gestalt*, Darmstadt 1981.

Howaldt, Gabriele: „Die Arbeiterwohnkolonie Gmindersdorf in Reutlingen". In: *Denkmalpflege in Baden-Württemberg, 3. Jg. 1973, Heft 3*, S. 26–33.

Howard, Ebenezer: *Gartenstädte von morgen. Das Buch und seine Geschichte herausgegeben von Julius Poesener. (Bauwelt Fundamente 21)*, Berlin / Frankfurt am Main / Wien 1968.

Hüter, Karl-Heinz; Schulrabe, Siegward; Dallmann, Wilfried; Zießler, Rudolf: *Architekturführer DDR. Bezirk Erfurt*, Berlin 1979.

Huyskens, Albert; Pohl, Bernhard: *Das alte Aachen. Seine Zerstörung und sein Wiederaufbau*. Aachen 1953.

Janson, Alban; Tigges, Florian: *Grundbegriffe der Architektur. Das Vokabular räumlicher Situationen*. Birkhäuser, Basel 2013.

Jenny, Hans: *Kunstführer durch die Schweiz. Band 1*, Wabern ⁵1971.

Jetter, Dieter: *Das europäische Hospital. Von der Spätantike bis 1800*, Köln 1986.

Jobst, Gerhard: *Musterpläne für ländliche und städtische Kleinwohnungshäuser*, München, 1921.

Jobst, Gerhard: *Kleinwohnungsbau in Holland*, Berlin 1922.

Johnston, Norman J.: *Cities in the round*, Seattle / London 1983.

Jonas, Carsten: *Die Stadt und ihr Grundriss. Zu Form und Geschichte der deutschen Stadt nach Entfestigung und Eisenbahnanschluss*, Tübingen, Berlin 2006.

Jones, Peter Bundell: *Hans Scharoun. Eine Monographie,* Stuttgart 1980.

Kabel, Erich: *Baufreiheit und Raumordnung. Die Verflechtung von Baurecht und Bauentwicklung im deutschen Städtebau*, Ravensberg 1949.

Kainrath, Wilhelm: *Die Bandstadt. Städtebauliche Vision oder reales Modell der Stadtentwicklung?* Wien 1997.

Kaspar, Fred: *Behelfsheime für Ausgebombte*, Petersberg, 2011.

Kauffmann, Georg: *Florenz. (Reclams Kunstführer Italien Band III)*, Stuttgart 1962.

Kauffmann, Georg: *Emilia-Romagna. Marken, Umbrien. (Reclams Kunstführer Italien. Band IV)*, Stuttgart 1987.

Kempf, Julius: *Alt-Passauer Architektur*, München 1912.

Kieren, Martin: *Oswald Mathias Ungers*, Zürich 1994.

Kirschenmann, Jörg C., Muschalek, Christian: *Quartiere zum Wohnen. Wohnquartiere aus dem 3. Viertel des 20. Jahrhunderts als Stadtumbau, Stadterweiterung, Stadtneubau mit Analyse der Wohnbaustrukturen. Bauliche und sozial-räumliche Entwicklung des Wohnens*, Stuttgart 1977.

Klapheck, Richard: *Eine Kunstreise auf dem Rhein von Mainz bis zur holländischen Grenze. Zweiter Teil: Von Koblenz bis Bonn*, Düsseldorf 1920.

Klapheck, Richard: *Siedlungswerk Krupp*, Berlin 1930.

Klüver, Hartmut: *Spaniens Südosten. Die Mittelmeerküste von Amposta über Valencia und Alicante bis Cartagena*, Köln 1987.

Knocke, Helmut; Thielen, Hugo: *Hannover. Kunst- und Kultur-Lexikon. Handbuch und Stadtführer*, Hannover 1995.

Knopp, Gisbert; Heckner, Ulrike: *Die gotische Chorhalle des Aachener Doms und ihre Ausstattung. Baugeschichte – Bauforschung – Sanierung. (Arbeitsheft der rheinischen Denkmalpflege 58)*, Petersburg 2002.

Kocher, Hans: *Der Flarz. Heimarbeiter- und Kleinbauernhaus im Zürich Oberland*, Pfäffikon, Zürich ²1988.

Koepf, Hans: *Deutsche Baukunst. Von der Römerzeit bis zur Gegenwart*, Stuttgart 1956.

Koepf, Hans: *Baukunst in fünf Jahrtausenden,* Stuttgart ⁹1985.

Koepf, Hans: *Bildwörterbuch der Architektur,* Stuttgart ³1999.

Kok, A.A.: *Amsterdamsche Woonhuizen (Heemschut-Serie, deel 12)*, Amsterdam 1943.

Königs, Karl: *St. Maria und St. Clemens. Schwarzrheindorf*, Bonn 2001.

Kräftner, Johann: *Bürgerhäuser. Ensembles, Einzelbauten, Details*, Wien 1984.

Krahe, Friedrich-Wilhelm: *Burgen des deutschen Mittelalters. Grundriss-Lexikon*, Würzburg 1994.

Kreusch, Felix: *Neue Kirchen im Bistum Aachen 1930–1960*, Mönchengladbach 1961

Krier, Rob: *Gemeente Aalter – Eine Städtebaustudie*, o. O. 1967.

Kriss, Rudolf: *Wallfahrtsorte Europas*, München 1950.

Kriss-Rettenbeck, Lenz; Möhler, Gerda (Hg.): *Wallfahrt kennt keine Grenzen. Themen zu einer Ausstellung des Bayerischen Nationamuseums und des Adalbert Stifter Vereins*, München / Zürich 1984.

Kühn, Margarete: *Karl Friedrich Schinkel: Lebenswerk, Ausland: Bauten und Entwürfe*, München 1989.

Kuhn, Waldemar: *Kleinsiedlungen aus Friderizianischer Zeit*, Stuttgart 1918.

Kunst- und Ausstellungshalle der Bundesrepublik Deutschland (Hg.): *Barock im Vatikan. Kunst und Kultur im Rom der Päpste 1572–1676*. Ausstellungskatalog, Bonn, 2005.

Künstler, Gustav; Münz, Ludwig: *Der Architekt Adolf Loos.* Wien und München 1964.

Kürth, Herbert; Kutschmar, Aribert: *Baustilfibel. Bauwerke und Baustile von der Antike bis zur Gegenwart*, Berlin 1982.

Lampl, Sixtus: *Dominikus Zimmermann (wie ihn kaum jemand kennt)*, München, Zürich, 1987.

Lampugnani, Vitorrio Magnagno: *Architektur unseres Jahrhunderts in Zeichnungen. Utopie und Realität,* Stuttgart 1982.

Lampugnani, Vittoro Magnago: *Die Stadt im 20. Jahrhundert. Visionen, Entwürfe, Gebautes*. 2 Bände, Berlin 2010.

Ledoux, Claude Nicolas: *L'architecture consideree sous le rapport de l'art, des moers et de la legislation. Tome Premier*. Nachdruck, Nördlingen 1994.

Leistikow, Dankwart: *Hospitalbau in Europa aus zehn Jahrhunderten*. Ingelheim, 1967.

Leon, Christoph F.: *Peloponnes*, Bern / Stuttgart 1981.

Letz, Franz: *Sächsische Burgen in Siebenbürgen*, München 1974.

Löffler, Fritz: *Die Stadtkirchen in Sachsen*, Berlin 1973.

Lohf, Paul: *Türme und Tore*. o.O. 1943

Loose, Gisela; Voigt, Rainer: *Tessin: Kunst und Landschaft zwischen Gotthard und Campagna Adorna*, Köln 1986.

Lübke, Wilhelm: *Geschichte der Architektur von den ältesten Zeiten bis zum Ende des 19. Jahrhunderts*, Essen ³1889.

Lützeler, Heinrich: *Vom Sinn der Bauformen. Der Weg der Abendländischen Architektur*, Freiburg 1953.

Lustenberger, Kurt: *Adolf Loos*. Zürich, München, London, 1994.

Maas, Walter; Woopen, Herbert: *Der Aachener Dom*, Köln 1984.

Mader, Günter; Neubert, Laila: „Nederlandse Hofjes – alte Wohnform mit neuer Zukunft", in: *Bauwelt 5.1978*.

Marasović, Jerko; Marasović, Tomislav: *Der Palast des Diokletian*, Wien / München 1969.

Mathbout, Mohammed Maher: *Kunst und Gestaltung. Ein Wettbewerb für die Universität Essen*, Karlsruhe 1982.

Meischke, R; Zantkuijl,H.J.; Rosenberg, P.T.E.E.: *Huizen in Nederland. Zeeland en Zuid-Holland. Architectuurhistorische verkenningen aan de hand van het bezit van de Vereiniging Hendrick de Keyser*, Zwolle. Amsterdam 1997.

Metzinger, Fritz: „Wohndorf Les Paletuviersin Rif bei Salzburg", in: *Arch+ 92*.

Mielke, Friedrich: *Die Geschichte der deutschen Treppen*, München / Berlin 1966.

Mielke, Friedrich: „Das Bürgerhaus in Potsdam", in: Binding, Günther (Hg.): *Das Deutsche Bürgerhaus XV*, Tübingen 1972.

Mielke, Friedrich: „Treppen der Gotik und Renaissance", in: *Scalalogia. Schriften zur internationalen Treppenforschung*. Band IX, Fulda 1999.

Migge, Leberecht: *Die wachsende Siedlung*. Stuttgart 1932.

Miljutin, Nikolai A.: *Sozgorod. Die Planung der neuen Stadt 1930*, Basel, Berlin, Boston 1992.

Miller, Toni: *Die Siedlungen des 18. Jahrhunderts im mittleren Donautal. (Schriftenreihe der Forschungsgemeinschaft Hochschule Weimar. Heft 5.)*, Weimar 1947.

[Der] Minister für Landes- und Stadtentwicklung des Landes Nordrhein-Westfalen (Hg.): *Kunst und Gestaltung. Ein Wettbewerb für die Universität Essen*. O.O. 1982.

Moholy-Nagy, Sibyl: *Die Stadt als Schicksal – Geschichte der urbanen Welt*, München 1968.

Muirhead, Findlay: *Southern Spain and Portugal*. London / Paris, 1929.

Müller, Hans: *Dome Kirchen Klöster. Kunstwerke aus zehn Jahrhunderten*, Berlin 1986.

Müller, Peter: *Die Kuppeln von Rom. Meisterwerke der Baukunst aus zwei Jahrtausenden*, Köln 2001.

Münz, Ludwig; Künstler, Gustav: *Der Architekt Adolf Loos. Darstellung seines Schaffens nach Werkgruppen / Chronologisches Werkverzeichnis*, Wien / München 1962.

Murphy-o'Connor, Jerome: *Das Heilige Land. Ein archäologischer Führer*, München / Zürich 1981.

Muthesius, Stefan: *Das englische Reihenhaus*, Königstein i.T., 1990.

Nappo, Donato; Vairelli, Stefania: *Homes on the Move. Mobile Architektur*, Potsdam 2013.

Nayhauss, Hans-Christoph Graf von: *Jerusalem und die Heiligen Stätten*. Pforzheim 1988.

Nerdinger, Winfried (Hg.): *Ideale Stadt – Reale Projekte. Architekten von Gerkan, Marg und Partner in China*. Ausstellungskatalog, Ostfildern-Ruit 2005.

Osten, Gert von der (Hg.): *Johann Anton Ramboux. Maler und Konservator 1790–1866*. Ausstellungskatalog Wallraf-Richartz-Museum, Köln, 1991.

Ott, Wolfgang: *Bauernhof und Bürgerhaus im Werdenfelser Land*, Glentleiten 1993.

Palladio, Andrea: *Die vier Bücher zur Architektur*, Zürich und München 1983.

Pastor, Ludwig von: *Die Stadt Rom zu Ende der Renaissance*, Freiburg im Breisgau 1925.

Pehnt, Wolfgang: *Das Ende der Zuversicht. Architektur in diesem Jahrhundert. Ideen – Bauten – Dokumente*, Berlin 1983.

Pehnt, Wolfgang: *Gottfried Böhm*, Basel 1999.

[Stadt] Perleberg (Hg.): *Auf den Spuren des mittelalterlichen Perleberg*. Berlin 2014.

Petzholdt, Hans (Hg.): *2000 Jahre Stadtentwicklung Trier. Katalog zur Ausstellung*, Selbstverlag des Baudezernates der Stadt Trier 1984.

Pevsner, Nikolaus: *Europäische Architektur von den Anfängen bis zur Gegenwart*, München, 1957.

Pfankuch, Peter: *Hans Scharoun. Bauten, Entwürfe, Texte. (Schriftenreihe der Akademie der Künste. Band 10)*, Berlin 1974.

Pfaud, Robert: „Das Bürgerhaus in Augsburg", in: Binding, Günther (Hg.): *Das Deutsche Bürgerhaus XXIV*, Tübingen 1976.

Pfeifer, Wolfgang: *Etymologisches Wörterbuch des Deutschen*. Akademie-Verlag, Berlin 1989.

Pfister, Rudolf: *Theodor Fischer. Leben und Wirken eines deutschen Baumeisters*, München 1968.

Pieper, Jan: *Pienza – Der Entwurf einer humanistischen Weltsicht*, Stuttgart / London, 1997.

Pieper, Jan; Naujokat, Anke; Kappler, Anke: *Jerusalemskirchen. Mittelalterliche Kleinarchitekturen nach dem Modell des Heiligen Grabes*. Aachen 2011.

Pieper, Jan: *Das Ziborium der Abteikirche Maria Laach. Form und Konstruktion, Funktion und Bedeutung*, Aachen / Berlin, 2016.

Pinder, Wilhelm: *Das Straßburger Münster*, Bremen 1941.

Piper, Otto: *Burgenkunde. Bauwesen und Geschichte der Burgen zunächst innerhalb des Deutschen Sprachgebiets*, Frankfurt am Main ³1967.

Pippke, Walter; Pallhuber, Ida: *Die Eifel. Entdeckungsreise durch Landschaft, Geschichte, Kultur und Kunst – Von Aachen bis zur Mosel*, Köln 1984.

Pizzi, Emilio: *Mario Botta*. Barcelona, 1991.

Platz, Gustav Adolf: *Die Baukunst der neuesten Zeit*, Berlin 1927.

Poche, Emanuel: *Böhmen und Mähren. Kunstdenkmäler in der Tschechoslowakei. Ein Bildhandbuch*, München / Berlin 1986.

Posener, Julius: „Vorlesungen zur Geschichte der Neuen Architektur II. Die Architektur der Reform (1900–1924)", in: *Arch+ 53*.

Prak, Niels L.: *Het Nederlandse woonhuis van 1800 tot 1940*, Den Haag 1991.

Presse- und Informationsamt des Landes Berlin: Berliner Forum 1/71.

Projektgruppe Eisenheim mit Jörg Boström und Roland Günter: *Rettet Eisenheim. Gegen die Zerstörung der ältesten Arbeitersiedlung des Ruhrgebietes,* Bielefeld 1973.

Prokop, Eva; Rothfuß, Sabine: *Bauen im Grenzland. Wegweiser für landschaftsschonende und charakteristische Siedlungs- und Hausformen im deutsch-belgischen Grenzraum um Aachen*, Aachen 1989.

Raev, Svetlozar (Hg.): *Gottfried Böhm. Bauten und Projekte 1950–1980*, Köln 1982.

Rainer, Roland: *Ebenerdige Wohnhäuser*, Wien 1948.

Rainer, Roland: *Anonymes Bauen: Nordburgenland*, Salzburg 1961.

Rainer, Roland: *Lebensgerechte Außenräume*, Zürich 1972.

Rasmussen, Stehen Eiler: *Towns and buildings*, Liverpool 1951.

Rauda, Wolfgang): *Raumprobleme im europäischen Städtebau. Das Herz der Stadt-Idee und Gestaltung*, München 1956.

Rauda, Wolfgang: *Lebendige städtebauliche Raumbildung. Asymmetrie und Rhythmus in der deutschen Stadt*, Stuttgart 1957.

Reichel, Dietmar (Hg.): *Der Zittauer Ring: phantasievoller Städtebau des 19. Jahrhunderts.* Ausstellungskatalog, Görlitz / Zittau, 2000.

Reifenrath, L. R.; Böhm, Gottfried: *Wallfahrtskirche Neviges. (Kleine Kunstführer Nr. 920)*, München / Zürich 1969.

Reiners, Heribert: *Die Kunstdenkmäler des Landeskreises Aachen*, Düsseldorf 1912.

Reinhardt, Robert: *Palast-Architektur von Ober-Italien und Toscana vom XV. bis XVII. Jahrhundert. Genua*, Berlin 1886.

Reitzenstein, Alexander; Brunner, Herbert: *Baudenkmäler Bayern (Reclams Kunstführer Band 1.2)*, Stuttgart 1970.

Revolutionsarchitektur: Boullee, Ledoux, Lequeu, Ausstellungskatalog Kunsthalle Baden-Baden 1970.

Riemann, Gottfried, Heese, Christa: *Karl Friedrich Schinkel. Architekturzeichnungen*, Berlin 1991.

Rietdorf, Alfred: *Gilly. Wiedergeburt der Architektur*, Berlin 1940.

Rothstein, Fritz: *Schöne Plätze. Formenreichtum und Formenandel einer städtebaulichen Aufgabe*, Leipzig 1967.

Schäfer, Dietrich: *Das Bauernhaus im Deutschen Reiche und in seinen Grenzgebieten*, Hannover 1974.

Schalhorn, Konrad: *e+p 17, Entwurf und Planung – Wohnungen für alte Menschen – Altenheime Wohnsitze Seniorenzentren*, München 1973.

Schalhorn, Konrad, Schmalscheidt, Hans: *Raum – Haus – Stadt. Grundsätze stadträumlichen Entwerfens*, Stuttgart 1997.

Schild, Erich: *Zwischen Glaspalast und Palais des Illusions. Form und Konstruktion im 19. Jahrhundert. (Bauwelt Fundamente 20)*, Frankfurt am Main / Berlin 1967.

Schild, Ingeborg: *Mit Messband und Kamera am Ufer der Inde.* Ausstellungskatalog, Aachen 1986.

Schindler, Susanne: „Kalkbreite", in: Bauwelt 39.2014.

Schinkel, Karl Friedrich: *Sammlung architektonischer Entwürfe. Sämtliche Texte und Tafeln der Ausgabe Potsdam 1841–1845. Einführung, Tabellen und Register von Alfons Uhl*, Nördlingen, 2005.

Schlombs, Wilhelm: *Die Entwicklung des Beichtstuhls in der katholischen Kirche. Grundlagen und Besonderheiten im alten Erzbistum Köln. (Studien zur Kölner Kirchengeschichte. Hrsg. Historisches Archiv des Erzbistums Köln)*, Düsseldorf 1965.

Schmalscheidt, Hans: „Haus und Hof. Versuch der Anknüpfung an einer alte Bauweise", in: *Bauwelt 22.1980*.

Schmalscheidt, Hans: I + I = I. Teile und Ganzes, Tübingen / Berlin 2010.

Schmidt, Hans-Dieter: „Gänge und Stiftshöfe in Lübeck" in: *Baumeister 10/1979*.

Schmidt, Marion: *Auf der Straße der Romanik Der offizielle Kunstreiseführer durch Sachsen-Anhalt,* Werningerode 2015.

Schmittgen, Peter: *Das Winkelhaus in der Nord-West-Eifel. Ein Beitrag zur Hausforschung in Rahmen der Volkskunde. Band 3*, Siegburg 1960.

Schnell, Hugo: *Der Kirchenbau des 20. Jahrhunderts in Deutschland*, München (1973)

Schomann, Heinz (Hg.): *Rubens, Peter Paul: Pallazi di Genova*, Dortmund 1982.

Schomann, Heinz: *Piemont – Ligurien – Aosta – Tal. Kunstdenkmäler und Museen. (Reclams Kunstführer Italien Band I, 2)*, Stuttgart 1982.

Schomann, Heinz: *Kunstdenkmäler im westlichen Oberitalien. Lombardei – Piemont – Ligurien – Aostatal*, Darmstadt 1987.

Schoenen, Paul: *Dom zu Aachen. Rheinische Kunststätten 2-3*, Neuss, 1958.

Schotes, Paul: *Spätgotische Einstützenkirchen und zweischiffige Hallenkirchen im Rheinland.* Dissertation, Aachen 1970.

Schreiber, Ulla: M*odelle für humanes Wohnen. Moderne Stadtarchitektur in den Niederlanden*, Köln (1982.

Schulten, Walter: Die heilige Stiege auf dem Kreuzberg zu Bonn. Ein Beitrag zur Kunst- und Frömmigkeitsgeschichte der Barockzeit, Düsseldorf 1964.

Schultz, Anne-Catrin: Real and *Fake in Architecture – Close to the Original, Far from Authenticity?*, Stuttgart / London, 2020.

Schulz, Joachim; Gräbner, Werner: *Architekturführer DDR. Berlin – Hauptstadt der Deutschen Demokratischen Republik,* Berlin ²1976.

Schulze, Walter: *Die Treppe im Wohnungsbau*. Leipzig 1953.

Schüller-Piroli, Susanne: *2000 Jahre Sankt Peter. Die Weltkirche von den Anfängen bis zur Gegenwart*, Olten 1950.

Schumpp Mechthild: *Stadtbau-Utopien und Gesellschaft (Bauwelt Fundamente, Band 32)*, Gütersloh 1972.

Schürings, Hans: „Das „Gladbacher Haus" – Arbeiterwohnungsbau in Mönchengladbach", in: *Denkmalpflege im Rheinland 2011–2012, 28. Jg. Heft 4/2011*.

Schuster, Max Eberhard: *Das Bürgerhaus im Inn- und Salzachgebiet*, Tübingen 1964.

Schweizerischer Ingenieur- und Architektenverein (Hg.): *Das Bürgerhaus in der Schweiz. Band II: Kanton Gen*f, Zürich und Leipzig ²1940.

Schwippert, Gerdamaria, Werhahn, Charlotte (Hg.): *Hans Schwippert*, Köln 1984.

Seewald, Richard: Zu den Grenzen des Abendlandes. Aufzeichnung eines Malers, München ³1948.

Seewald, Richard: *Reise nach Rückwärts. Das Herz der Polis*, München ²1974.

Seiß, Reinhard (Hg.): *Harry Glück. Wohnbauten*, Salzburg / Wien 2014.

Siebigs, Hans-Karl: Der Zentralbau des Domes zu Aachen. Unerforschtes und Ungewisses, Worms 2004.

Sitte, Camillo: *Der Städtebau nach seinen künstlerischen Grundsätzen*, Braunschweig / Wiesbaden (¹1889) ⁴1983.

Slasten, Tanja: „Für Raser und Schleicher", in: *Bauwelt 9.2014*.

Slawik, Bergmann; Buchmeier, Tinney (Hg.): Container Atlas. *Handbuch der Container Architektur*, Berlin. ²2012.

Speidel, Manfred: „Ein herrschaftlicher Saal", in: Voigt 1999. (a)

Speidel, Manfred: „Die heilige Stadt unter den Menschen", in: Voigt 1999. (b)

Stabenow, Jörg: *Architekten wohnen. Ihre Domizile im 20. Jahrhundert*, Berlin 2000.

Stein, Rudolf: „Das Bürgerhaus in Schlesien", in: Bernt, Adolf (Hg.): *Das Deutsche Bürgerhaus VII,* Tübingen 1966.

Stein, Rudolf (1970): „Das Bürgerhaus in Bremen", in: Binding, Günther (Hg.): *Das Deutsche Bürgerhaus XIII*, Tübingen 1970.

Stephan, Ernst: „Das Bürgerhaus in Mainz", in: Binding, Günther (Hg.): *Das Deutsche Bürgerhaus* XVIII, Tübingen 1974.

Stierlin, Henri: *Islam. Von Bagdad bis Córdoba. Früher Bauwerke vom 7. Bis 13. Jahrhundert*, Köln 2009.

Street, George Edmund: Gothic Architecture in Spain, New York / London 1969.

Summerson, John: *Georgian London*, London 1988.

t'*Karregat in Eindhoven*, in: Bauwelt 13.1974, aus „Bouw", Heft 52/1973; Übersetzung aus dem Niederländischen von Günther Kühne.

Taut, Max: *Berlin im Aufbau. Betrachtungen und Bilder des Architekten Max Taut*, Berlin 1946.

Taut, Max: „Hans Scharoun", in: Pfankuch 1974.

Thein, Florian: „Jauch raus – Wohnungen rein", in: *Bauwelt 14.2015*.

Tietz-Strödel, Marion: *Die Fuggerei in Augsburg. Studien zur Entwicklung des sozialen Stiftungsbaus im 15. Und 16. Jahrhundert*, Tübingen 1982.

Tilman, Harm: „Der Bücherberg", in: *Bauwelt 4.2013*.

Touring Club Italiano (Hg.): *Italia seltentrionale Bd. 1*. Mailand 1983.

Tzonis, Alexander; Lefaivre Liane: *Architektur in Europa seit 1968*, Frankfurt / New York 1992.

Unger, Alexander: *Die Ruster Fischerkirche. (Christliche Kunststätten Österreichs, Nr. 218)*, Salzburg 1992.

Ungers, Oswald M.; Borchers. Günther: *Planungsbeispiel. Siedlung Hochlarmark. Recklinghausen. (Dortmunder Architekturhefte Nr. 11)*, Dortmund 1978.

Urban, Andreas; Auffart, Sid: *Stadtbilder, Zerstörung und Aufbau. Hannover 1939-1960*, Ausstellungskatalog, Hannover 2013.

Valdenaire, Arthur: *Friedrich Weinbrenner. Sein Leben und seine Bauten*, Karlsruhe 1919.

Van Heuvel, Wim J.: *Structuralism in Dutch architecture*, Rotterdam, 1991.

Vetter, Ewald M.: *Der Oberrhein von Mainz bis Basel. (Das christliche Deutschland Band 2)*, Düsseldorf 1958.

Vogts, Hans: *Das Kölner Wohnhaus bis zur Mitte des 19. Jahrhunderts*, Neuss 1966.

Voigt, Wolfgang: *Heinz Bienefeld 1926–1995*, Tübingen, Berlin 1999.

Voigt, Wolfgang (Hg.): *Gottfried Böhm. Aus der Sammlung des DAM Deutsches Architekturmuseum Frankfurt am Main*, Berlin 2006.

Völckers, Otto: *Das Grundrißwerk*, Stuttgart 1941.

Völckers, Otto: *Dorf und Stadt. Eine deutsche Fibel*, Leipzig 1944.

Völckers, Otto: *Wohnraum und Hausrat. Eine Fibel*, Bamberg 1949.

Völckers, Otto: *Deutsche Hausfibel*, Bamberg 1949.

Wang, Wilfried; Meseure, Anna (Hg.): *DAM, Architektur Jahrbuch Architecture in Germany*, München / London / New York 2000.

Weeber, Carel; Bolten, Jetteke; Luning Prak, Niels: *Bauen '20–'40. Der Niederländische Beitrag zum Neuen Bauen*. Ausstellungskatalog Amsterdam 1971.

Weichardt, Carl: *Pompei vor der Zerstoerung. Recostructionen der Tempel und ihrer Umgebung,* München [6]1909.

Wetzel, Heinz: *Stadt Bau Kunst. Gedanken und Bilder aus dem Nachlaß*, Stuttgart 1962.

Weyres, Willy: *Neue Kirchen im Erzbistum Köln 1945-1956*, Düsseldorf 1957.

Weyres, Willy; Bartning, Otto: *Kirchen. Handbuch für den Kirchenbau*, München 1959.

Wiesel, Johann (Hrsg.): *Rom – Veduten des 14.–19. Jahrhunderts*. Selbstverlag Rom, 1959.

Winands, Klaus: *Zur Geschichte und Architektur des Chores und der Kapellenbauten des Aachener Münsters*, Recklinghausen 1989.

Winkler, Oszkár: *Alvar Aalto*, Berlin 1987.

Winter, Fritz Gottlieb: *Kleinkirchen*, Krefeld 1960.

Wörner, Martin; Mollenschott, Doris; Hüter, Karl-Heinz: *Architekturführer Berlin*, Berlin [3]1991.

Wundram, Manfred (Hg.): *Reclams Kunstführer Italien. Südtirol, Trentino, Venezia Giulia, Friaul, Veneto. Baudenkmäler und Museen. Band II, 2*, Stuttgart 1965.

Wright, Frank Lloyd: *Usonia. When democracy builds*, Berlin 1950.

Youngson, A.J.: *The Making of classical Edinburgh 1750–1840*. Edinburgh 1966.

Zehnhoff, Albert am: *Portugal. Ein Begleiter zu den Kunststätten von Porto bis zur Algarve-Küste*, Köln 1974.

Utopia – Visionärer Städtebau gestern und heute. DU – Kulturelle Monatsschrift 32. Jahrgang. Januar 1972.

Zimmermanns, Klaus: *Das Veneto. Verona – Vicenza – Padua, Städte und Willen, Kultur und Landschaft Venetiens*, Köln 1990.

Zollinger, Jakob: *Zürcher Oberländer Flarzhäuser,* Wetzikon 1979.

Züger, Roland: „Oswald Mathias Ungers zum 80. Geburtstag" in: *Bauwelt 27.2006*.

Register

Aachen 49, 188, 227, 241, 251ff
- Alexanderstraße 27
- Augustastraße 38, 68
- Dom siehe Marienkirche
- Haus Heusch 68
- Haus zum Ackermann 23
- Jakobstraße 35 68
- Kongressstraße 19 138
- Marienkirche (Pfalzkapelle) 11, 185, 189, 253ff
- Pfalz 66, 67, 252f.

Aalter (B) 227, 230
Aalto, Alvar 110
Abu Mena (EGY), Basilika des Menas Heiligtums 156-157
Acquarossa (CH), Kirche San Carlo di Negrentino 97
Alicante (E), Puma-City 20
Almere (NL), Campus 20
Altomünster, St. Alto und St. Birgitta 152f.
Altötting 242
- Wallfahrtskapelle St. Maria 154

Amsterdam (NL) 218, 227, 228
- Beginenhof 219
- Börse, Der gläserne Musiksaal 165
- Haus Bartolotti 23
- Haus „De Dolfijn" 24
- Rathaus 184
- Siedlung Landlust 205
- Siedlung Zaanhof 221

Angerdorf 66
Angers (F), Hospital St. Jean 163f
Antonin (PL), Jagdschloss der Fürsten von Radziwill 192
Apeldoorn (NL), Centraal Beheer 16f
Aravena, Alejandro 135
Arbon (CH), Unter-Neusätz 183-184
Arc-et-Senans (FR), Chaux, Salinenstadt 80
Architektengruppe 4. AG 39
Argeplan Projekt 212
Arup Ingenieure 83
Athen (GRC) 85
- Akropolis 84, 85
- Palast auf der Akropolis 138
- Stoa des Attalos 12

Auffinger, Agnes 241
Augsburg 68, 128
- Fuggerei 44, 196, 217–218
- Obstmarkt 6 144
- Elias-Holl-Platz 2–10 144

B.V. Zaanen Spanjers CS Architecten BNA/BNI Amsterdam 165
Babylon, Hängende Gärten der Semiramis 245
Bad Tölz 28
- Heilig-Kreuz, Kalvarienberg 207

Bagdad (IRQ) 238
Balerna (CH), Handwerkszentrum 193
Bamberg, Dom 177
Ban, Shigeru 21
Bangert, Dietrich 194
Barcelona, Wohnhaus CASA 1014 244
Barragán, Luis 80
Barrière, Dominique 160
Bartning, Otto 90, 112, 115, 119, 156, 177
Basilius, Dieter 184
Bath (GB) 43f., 47
- Queen's Square 45
- Royal Crescent 45, 47
- The Circus 45, 47

Baufrösche Architekten, Kassel 39
Baumewerd, Dieter Georg 98
Baumgarten, Paul 140
Behrens, Till 233, 236
Beilngries 231
BeL Sozietät für Architektur 134
Berching 231
Bergamo (I) 81
Berganski, Nicole Kertin 22
Berger + Parkkinen Architekten 77
Bergisch Gladbach-Bensberg, Rathaus 140
Berlage, Hendrik 165
Berlin 120, 129, 139, 172, 220, 233, 236-238
- Bahnhof Ostkreuz 78
- Charlottenburg Nord 90f
  - Heilmannring 91
- Getraudenkirche, Projekt 108f
- Hauptbahnhof 78
- Hohenzollerndamm 89
- Kaufhaus Peek und Cloppenburg 204
- Köpenicker Straße 131
- Köthener-/ Bernburger Straße 195
- Lankwitz, Haus Hesse 119
- Landgericht I 203
- Lindenstraße 246
- Lützowplatz 19 77
- Märkisches Viertel 121, 236
- Museumsinsel 236
- Neukölln
  - Fuldastraße 55–56 130
  - Weichselstraße 8 130
- Nordische Botschaften 77
- Nürnberger Hof 130
- Paul-Löbe-Haus 76-77
- Petriplatz, House of One 86f.
- Rauchstraße 19-20 194
- Reichstag 86, 140, 206
- Schöneberg 170-171
- Siemensstadt 90f.
- Spittelmarkt 108-109
- St. Hedwig 8, 185, 190
- St. Petrikirche 118
- Tempelhof
  - Germaniagarten 222
  - Tiergarten 50, 213
  - Treptow 221
- Universität der Künste 170
- Zabel-Krüger-Damm 93
- Wedding
  - Versöhnungs-Privatstraße 130
  - Wilhelmstraße 119-120 130-131
- Wilmersdorf
  - Wohnblock Paulsborner-Eisenbahnstraße 89

Bernhardt, Anne-Julchen 134
Bernkastel-Kues 60
Bernt, Adolf 143
Bielefeld 227
Bienefeld, Heinz 101, 155
BIG Bjarke Ingels Group 21, 136
Birken, Westerwald 100
Blom, Piet 15, 16, 243
Bochum-Hordel, Siedlung Dahlhauser Heide 35
Bödecker, Richard 129
Boeri, Stefano 248
Böhm
- Dominikus 100, 164, 177ff.
- Gottfried 50, 59, 61, 71, 109ff., 114, 139f., 154f., 180, 181, 184, 205-206, 243
- Peter 140, 204, 206

Bollinger, Friedrich Wilhelm 26
Bologna (I) 51, 81
Bonn
- Prager Höfe 195
- Heilige Stiege auf dem Kreuzberg 206, 208

Boscero, (CH), Kapelle San Remigo 98
Botta, Mario 193
Bramante, Donato 149
Brandenburg an der Havel, Dom St. Peter und Paul 173
Forst (Lausitz), Marktplatz 43
Brasilia (BRA) 224
Braunfels, Stephan 76, 85
Braunschweig
- Neue Knochenhauerstraße 143
- Technische Universität 171

Bremen
- An der Herrlichkeit 14, 15, 16 25
- Flüchtlingsunterkunft, Hemelingen 22

Bremerhaven 88, 146
Breslau (PL: Wroclaw) 145
- Albrechtstraße 31 24
- Schuhbrücke 54 25
- Werkbundausstellung Wohnung und Werkraum 89f., 182

Brinkman, Michiel 222
Broadacre-City Projekt 235
Buckminster Fuller, Richard 169
Bundsen, Axel 40
Bureau des Mésarchitectures 20
Burgenland 66
St. Andrä 66
Trausdorf 67

265

Busch, Julius 114
Buxheim, Kloster Reichskartause 58
Byrne, Barry 102
Canberra (AUS) 227, 232
Cham 231
Chandigarh (IND) 227f.
Cheb (CZ), Doppelkapelle 186
Conant, Kenneth John 105
Constitucion (CHL), Villa Verde 135
Coop Himmelb(l)au 7, 137
Córdoba (E), Mezquita Kathedrale 154
Cortese, Tomás 135
Coventry (GB), Kathedrale 74,
Cues an der Mosel siehe Bernkastel-Kues

D'Ixnard, Pierre Michel 108
Danzig (PL: Gdańsk) 12, 13, 143
De la Cerda, Emilio 135
De Sanctis, Francesco 200
De Toledo, Juan Bautista 62
Dehio, Georg 116, 207
Den Haag (NL) 228
– Kneuterdijk 24
Dendera (EGY), Hathor-Tempel 147
Derossi, Pietro 131
Dessau, Bauhaus 37
Didyma (TUR), Apollontempel 147
Dientzenhofer, Georg 153, 199
Dierschke, Werner 223
Dijon (FR), Saint-Bénigne 104, 105
Döhmen, Heinz 129
Dornbirn (A) 137
Dübendorf, UMAR (Urban Mining and Recycling) 12
Dubois, Georges-Pierre 183f.
Duchamp, Marcel 134
Duisburg, Siedlung Dickelsbach 37
Dülmen, Heilig Kreuz 179
Düren, St. Anna 101
Düsseldorf 133
– Kreuzherrenkirche 102
– Terraingesellschaft Ostend 48
Eastfields Projekt 212
Ebersbach 162
Eberstadt, Rudolph 220, 221, 233
Edinburgh (GB) 44f., 219
Eger (CZ) 185, 186
Eichstädt
– Heilig Kreuz 148
– Heiliges Grab 149
Eiermann, Egon 119
Eifel 66, 113
Eindhoven (NL), t'Karregat 171
Einsiedeln (CH), Kloster 106f.
Ekholm, Per-Axel 230
ELEMENTAL Gruppe 135
Emmerich
– Anna Katharina 179
– St. Martin 113

Engels, Friedrich 220
Erfurt
– Dom 76, 160
– St. Severikirche 76
Eschweiler, Kolonie Wetterschacht 35
Essen
– Agathenstraße 60
– Münsterkirche 71
– Pfarrkirche Heilig Geist 109
– Siedlung Altenhof 61
– Siedlung Margarethenhöhe 35, 60
– Wettbewerb Kunst und Gestaltung 245
Éveux (FR), Kloster Sainte-Marie de la Tourette 59
Faustino, Fiúza Didier 20
Feinhals, Georg 50, 213, 214
Feldschnieders + Kister, Architekten 22
Ferris, Hugh 82
Finke, Werner 50, 63, 140, 184, 213, 214
Fischer, Horst 38, 68
Fischer, Johann Michael 152
Fischer, Theodor 48, 109
Fischingen-Thurgau (CH), Benediktinerstift 113
Fitch, James Marston 236
Florenz (I) 81
– San Miniato al Monte 175
Fontenay (FR), Kloster 57
Forbát, Fred 90
Frank, Charlotte 76
Frank, Wilhelm 91f.
Frankfurt am Main 12, 82, 83, 227, 233
– Architekturmuseum 164
– Goethehaus 12
– Europäische Schule, Frankfurt-Niederrad 22
Freiburg an der Unstrut, Schloss Neuenburg 185, 186
Freiburg im Breisgau 68, 181
Freudenstadt, Stadtkirche 115f.
Friedmann, Yona 169, 184
Friedrich II. 25
Fugger, Jakob 44, 217
Galli da Bibiena, Giuseppe 200
Garmisch-Partenkirchen
– Höllentalstraße 5 und 5a 30
– Sonnenbergerstraße 6 30
Geilenkirchen-Hünshoven, St. Johann-Baptist 114
Genf (CH)
– Place de la Fusterie 54
– Rue du Marché 54
Genua (I), via XX Settembre 56
Gernrode, St. Cyriakus 174
Gies, Ludwig 154
Giornico (CH), San Nicolao 175, 176
Glück, Harry 246f
gmp Architekten von Gerkan, Marg und Partner 78, 197, 224, 225, 232

Goch, St. Maria Magdalena 98, 100
Göderitz, Johannes 227
Goecke, Theodor 220
Goeritz, Mathias 80
Goetsch, Rainer 206
Görlitz (PL: Zgorzelec) 51
– Biblisches Haus 145
– Tuchhallenhäuser 145, 162
– Untermarkt 2 145
– Untermarkt 5 145
– Untermarkt 25 145
Gotha 51
Grael, Johann Friedrich 118
Granollers (E)
Grieshammer, Jochen 184
Gropius, Walter 37, 90
Großenhain, St. Marien 118f.
Großweil, Freilichtmuseum Glentleiten 162
Gruber, Karl 85-86
Gruhl & Partner Architekten 138
Grundbau und Siedler Projekt 134
Gulbransson, Olaf Andreas 114
Günter, Roland 100
Gutiérrez, Rafael Bergamín 119
Hagen
– Emil Schumacher Museum 2
– Osthaus Museum 2
H Arquitectes Área Productiva 244
Haarlem (NL)
– Proveniershuis 219
Burg Rapperswil 163
Hamburg 40, 197, 227
– Billwerder-Allerhöhe 212
– Dreehuus 32
– Fischerhaus 32
– Tweehuss 32
– Inselpark 11 134
– Säulenhaus 40
Hanau 73
Hannover 223
– Argeplan Projekt 212
– Expo 2000 169f
– Kreuzkirchenviertel 223
Häring, Hugo 90
Harburg, Freilichtmuseum am Kiekeberg 40
Harlow (GB) 227, 229, 231
Hartmann, Wilhelm 114
Havelberg, Dom Sankt Marien 157
Hebel, Dirk 11, 12
Heidelberg, Thor zur Alten Brücke 80
Heinrich II. 160
Heiss, Th. 70
Helmond (NL) 16, 243
Helsinki (FIN) 227, 233, 236
Hengelo (NL), Kasbah 15
Henning, Paul Rudolf 90
Herne-Sodingen, Akademie Mont-Cenis 170
Hertzberger, Herman 15
Herzog, Thomas 169, 170

Highrise of Homes Projekt 134
Hillebrecht, Rudolf 223
Hindenburg O.S. (PL: Zabrze)
– Altersheim 164
– Kloster 164
– St. Josef 179
Hoff, Carsten 133
Hoffmann, Hubert 227
Hollabrunn (A) 133
Höller & Klotzner Architekten 114
Holzkirchen 27
Hörvik, Carl 121
Howard, Ebenezer 223, 231
Hückelhoven, St. Lambertus 114
Hunsrück 66
Iacobelli, Andrés 135
IBA Hamburg 134, 195
Iquique (CHL)
 Quinta Monroy 135
Isa Stürm Urs Wolf SA 120
Jacobsen, Arne 122
Jacqueline + Benno Fosco-Oppenheim und Klaus Vogt 39
Jaeger, Manfred 184
Jaenecke, Fritz 119
Jansen, Bernd 194, 212
JDS 136
Jerichow, Klosterkirche 173
Jerusalem (ISR) 154, 238, 255
– Heiliges Grab Christi 148, 150, 160
– Pilatushaus 206
Jones, Peter 89-93
Jourda, Françoise-Hélène 170
Jung, Bertel 233–236
Kaden-Klingbeil Architekten 120
Kaintoch, Günter 140
Karlsruhe
– Lange Straße 54
Karolewo (PL) 33
Karsten, Charles Jean François 205
Karthago (TUN) 181
Kassel
 Königstraße 55
 Martinskirche 112
Kaufmann, Hermann 137, 175
Kilian, Wolfgang 128
Klampenborg (DK), Søholm II 122
Kobern-Gondorf, Matthiaskapelle 150
Kohl, Horst 80
Kollhoff, Hand 236
Köln 140, 143, 161f., 237
– Belvederstraße 77
– Diözesanmuseum 154–155
– Hauptbahnhof 167
– Doppelhaus „Zur Bretzel" und „Zum Dom" 24
– Haus eines Malers 120
– Haus in der Stadtmauer 129
– Rodenkirchen, Haus Loosen 119

– St. Gereon 104
– St. Kolumba 110f, 154f.
– St. Marien 116-117
– St. Severin 160
Kom-Ombo (EGY), Doppeltempel 147
Koolhaas, Rem 236
Kopenhagen
– Jugendzentrum Sjakket 21
– Mountain Dwellings Parkgarage 136
Kornelimünster, Abteikirche 99f.
Krawczyk, Andreas 22
Krefeld-Stahlsdorf, St. Bonifatius 117
Kreta (GRC), Kloster Preveli 159
Krickerhau (SVK: Handlová) 115
Krier, Rob 230
Kuehn Malvezzi Architekten 86-87
Kühn, Erich 241
Kühn, Wilfried 236
Kulm (A) 33, KZ-Gedenkstätte Neuengamme 40
La Cittá Nuova Projekt 80
Landsberg 185
St. Crucis 187
Laon (FR) 79
Lausitzer Seenland, Schwimmendes Haus 20
Le Corbusier 59, 82, 180ff, 211
Ledoux, Claude Nicolas 193
Leeser, Jörg 134
Leifers (I), Kirche zu den Heiligen Antonius Abt und Nikolaus 114
Leipzig 145
– Kochshof 144
– Lösnig, „Rundling" 223
– Markt 144
– Reichsstraße 144
Lenggries, Sankt Dionysoskapelle, Kalvarienberg 206
Léon (E), Kathedrale 157
Letchworth Gartenstadt (GB) 223, 231
Lincoln (GB), Kathedrale 157
Lindner, W. 204
Linescio (CH), Ferienhaus 164f.
Linthal (CH) 31
Lissitzky, El 80
Loiretal (FR), Schloss Chambord 204–203
London 219, 227, 229-231
– Bedford Square 44
– Belgravia 219
– Chester Terrace Regent's Park 44
– Container City 18
– Genesta Road 120
– Kristallpalast 167f.
– Pigatt Street Housing 212
– Porchester Terrace 3–5 40
– Raines Court 19
– Regent Streat 44
Loos, Adolf 132
Loreto (I), Basilika vom Heiligen Haus 150, 151

Loudon, John Claudius 40
Löwen (B), St. Peterskirche 158
Lübeck 13, 80, 81, 143
– Alfstraße 9 143
– Heilig-Geist-Hospital 163
Lubetkin, Berthold 120
Lucca (I) 81
LVR-Freilichtmuseum Kommern 40
Lünen, Geschwister-Scholl-Gymnasium 93f.M.A.R.S. (Modern Architectural Research) 230
Madrid (E),
– Haus des Architekten Rafael Bergamin Gutiérrez 119
– Klosterpalast El Escorial 62
Madsen, Freddy 136
Magdeburg, Dom, Heiliges Grab 148
Mailand (I) 196
– Bosco Verticale 246
Mainz, Haus zum Widder 23
Mandern-Waldweiler, St. Willibrord 155
Manderscheid Partnerschaft Freie Architekten 38
Marburg, Ritterstraße 77
Marg, Volkwin 78, 224
Maria Laach, Benediktinerabtei 79
– Grabmal Heinrichs II. 160
Marseille (FR)
– L'Unité d'Habitation 183
May, Ernst 233
Meisenheimer, Wolfgang 129
Merian
– Caspar 126
– Matthäus 81, 242
Merkelbach, Benjamin 205
Merkstein, Siedlung Streitffeld 34
Merzhausen, Ziegelei 181
Metz (FR), Place St. Louis 51
Metzendorf, Georg 35
Mexiko City (MEX) 80
Michelangelo 72, 199
Mielke, Friedrich 201
Migge, Leberecht 132, 233
Mittenwald 30
– Gröbalmweg 31
Moe & Brødsgaard 136
Möhring, Bruno 220–221, 233
Moissac (FR), Kloster St. Pierre 58
Mönnich, Rudolf 203
Montero, Alfonso 135
Montreal (CAN)
– Expo 1967 169
– Habitat 67 17
Morin, Christine 134
Moskau 80
– Pokrovkathedrale „Vassily" 154
Mühldorf am Inn, Stadtplatz 25
Mühlhausen (FR), Cité Ouvrière 33
Müller Sigrist Architekten 215

267

München 25, 60, 193
- Paschihaus 14
- Franziskaberg
- Herberge 13, 15
- Lohnstraße 21 14
- Marienplatz 26
- Paulaner Str. 6 und 7 14
- Paulanerplatz 12 14
- Planegg, Waldkirche 109
- Residenzstr. 10 26
- Rindermarkt 19–21 26
Münster, Roggenmarkt 51
Murcia (E), Santo Domingo 116
MVRDV Rotterdam 166

Nagasaki (JPN), Nakagin Capsule Tower 19
Neresheim, Klosterkirche 154
Neubrandenburg 129
Neumann, Balthasar 113, 154, 200, 208
Neumarkt 231
Neuss, Am Obertor 80
Neviges, Wallfahrtskirche 180
New York 82
- Nomadic Museum 21
Nikosia (CY) 238
NKBAK Architekten 22
Nolli, Giambattista 75, 127, 143
Nové Město (CZ) 53
Nürnberg 80, 81, 185
- Burgkapelle 187
- Theresienstraße 144Oberhausen 163, 227
Altstaden 129
Siedlung Eisenheim 34
Oberwesel 158
Oorth, Josef Op Gen 120
Oppenheim, St. Katharina 105f.
Örebro (S), Baronbackarna 230
Orinoco-Delta (YV), Itá-Palmen 242
Ottmarsheim 185, 189
Otto, Frei 169
Ovaska, Arthur 236
Paestum (I)
- Basilika 147
- Ceres-Tempel 147
- Poseidon-Tempel 147
Palladio, Andrea 191-192, 204
Palma, Andrea 126
Pannini, Giovanni Paolo 127
Paris 79
- Avenue des Champs-Élysées 169
- Galerie des Machines 168f.
- Palais Royal 196
- Palais de l'Industrie 168-169
- Passage Jouffroy 196
- Place Royal (Place des Vosges) 53
- Plan Voisin 82
- Ringboulevard 82
Parker, Barry 223

Parsons Brinckerhoff 83
Paxton, Josef 167f.
Peloponnes (GRC), Apollotempel bei Bassae 172
Peraudin, Gilles 170
Perleberg, St. Jakobi 127
Perret, Auguste 82
Peesten, Tanzlinde 242
Peteresen, Richard 220, 233
Pienza (I), Piazza Picolomini 75-76
Pieper, Jan 50
Pierre, Süddakota (USA), SS. Peter and Paul Church 102
Piranesi, Giambattista 90, 198
Pisa (I)
- Baptisterium 85
- Campanile 85
- Dom 85
- Piazza dei Miracoli 85
- Piazza del Duomo 85
Planegg, Waldkirche 109
Platsa (GRC), Agios Nikoloaos 98
PLOT = BIG + JDS Architekten 21
Pollards Hill Projekt 212
Pompeji
- Forum 52
- Jupitertempel 52
- Markthalle 52
Pooels, A. 204
Popp, Frank 50, 61
Potsdam
- Breite Straße 3, 3a, 4 25
- Holländisches Viertel 43
Prenzlau 46, 88
Preziger, Karl 37
Prokop, E. 50
Püttlingen-Saar, Liebfrauenkirche 114
Rading, Adolf 89
Rainer, Goetsch 206
Rastatt, Hl. Kreuz 176-177
Ratingen 236
Rauda, Wolfgang 84-85
Regensburg, St. Ulrich 185, 188
Reims (FR) 79
Reutlingen 38
- Siedlung Gmindersdorf 48
Rheda 185
- Kapelle im Schloss 187
Rheinberg, Stadthaus 205
Rheinfelden 70
Rhodos (GRC), Johanniter-Hospital 60
Richter, Johann Moritz Heinrich 117
Riemann, Peter 236
Rings, Josef 48
Ritter, Hubert 223
Roberto Brothers Architects 224
Roetgen 70
Rom
- Alt St. Peter 72, 159

- Forum Romanum 125
- Kapitolplatz 199
- Lateranbasilika, Heilige Stiege 206
- Marcellustheater 11, 126
- Petersdom, Peterskirche 72, 147, 185, 190
- Petersplatz 52
- Piazza del Popolo 75
- Piazza di Spagna 200
- Piazza Navona 127
- San Pietro in Montorio 149
- Sankt Laurentius vor den Mauern 103
- Santa Maria dei Miracoli 75
- Santa Maria in Montesanto 75
- Spanische Treppe 200
- Stadion des Domitian 127
- Tempel der Venus und der Roma 71, 74
- Tempel des Augustinus und der Faustina 125
- Tempietto di Bramante 149
Rosiny, Nikolaus 139
Rotterdam (NL)
- Batersloot 159 23
- Baumhäuser 243
Spangen, Justus-van-Effen-Komplex 222
Ruhla, St. Concordia 116f.
Ruhnau, Werner 129
Rüst (A)
- Fischerkirche 98
- Marienkapelle 98
- St. Ägidius 98
- St. Pankratius 98
s-Gravenhage (NL), Papaverhof 37
Saarbrücken, Schloss 139
Saarinen, Eliel 233, 236
Naumburg, Dom 157
Safdie, Moshe 17, 83
Salamanca (E), Kathedrale 72
Salzburg (A), Wohndorf Les Paletuviers 194
Salzwedel, St. Marien 161
Sammarei, Mariä Himmelfahrt 152
San Antonio, La Palma (TEX) 18
San Gimignano (I) 81
Sant'Elia, Antonio 80
Santa Catarina (BR), Kathedrale von Tubarão 59
Santorin (GRC) 13
Unter-Neusätz, Arbon, Saurer-Wohnhochhaus 183
Schalhorn, Konrad 50, 61213, 214, 246
Scharosch (RO) 67
Scharoun, Hans 88–94, 180, 182
Schaufelberg, Hinwil (CH) 30
Schedel, Hartmann 81
Schenk, Peter 126
Schickhardt, Heinrich 116
Schilling, Hans 129
Schinkel, Karl Friedrich 108, 109, 118, 138, 192

Friedrichstadt 143
...heidt, Hans 50, 61, 140, 184, 213, 246
..t, Johan Georg 118, 119
...hl, Robert 35, 61
...eider, Roland 170
...eider + Schumacher Architekten 156
...önberg (PL: Sulików) 51
...rade, Hanns Jörg 170
...hultes Frank Architekten 76, 87
...chultes, Axel 194, 212
Schulz, Mirco 129
Schulze-Fielitz, Eckhard 169
Schumacher, Hans 119
Schwäbisches Bauernhofmuseum Illerbeuren 40
Schwäbisch-Gmünd, Forum „Gold und Silber" 166
Schwanden (CH) 31
Schwartzkopff, Ernst 130
Schwarz, Jean-Joël 170
Schwarz, Rudolf 101, 115
Schwarzrheindorf, Doppelkapelle 185, 188
Schwebheim, Auferstehungskirche 114
Schwerin 227
Schwippert, Hans 190
Segovia (E) 185
Shanghai (CHN), Lingang New-City 224, 225, 232
Siebenbürgen 66
Siegen, Autobahnkirche 156
Siena (I) 81
Singapur 243
– Marina Bay Sands 82-83
SITE Gruppe 134
Sitte, Camillo 56f.
SLA 136
Slawik, Han 20
Sobek, Werner 11, 12
Sonnenmauer Projekt 132
Spence, Sir Basil 74
Spijkenisse (NL), Bücherberg 166
Split (HR), Diokletianspalast 216
St. Blasien, Abteikirche 108
St. Gallen (CH), Benediktinerabtei 57, 107
Stabenow, Jörg 28
Stalingrad (RUS) 227
Steffann, Emil 116ff.
Steidle, Otto 131
Steinbach, Rudolf 80, 101
Steingaden, Wieskirche 158
Steinigeweg, Friedrich 140, 206
Sterzing (I), Hauptstraße 26
Steyr (A), Stadtplatz 27
Stockholm (S) 121
Stralsund 82f.
Straßburg 78
– Münster 198
Stüler, Friedrich August 127

Stürm, Isa 120
Sturm, Leonhard Christoph 115
Stuttgart 227
– Fasanenhof
– Salute Wohnhochhaus 92f.
– Museum für moderne Kunst 206
– Romeo und Julia, Wohnhochhäuser 91f.
– Schloss Solitude 200
Syrakus (I), Dom, Santa Maria delle Colonne 11, 125f.
Taut
– Bruno 167, 169
– Max 55f.
Terlinden, W. 204
Thoemer, Paul 203
Eicha, Thüringen 66
Hildburghausen 136
Tirschenreuth 231
Tomar (P) 62
Tösstal (CH) , Siedlung Dillhaus 39
Tournai (B), Rue Barre St. Brice 24
Treworgy, Dean 134
Trier 150
– Dom 71
– Porta Nigra 11, 126–127
Troyes (FR), St. Madeleine 158
Tschernobyl (UKR), Kernkraftwerk 172
Tucholsky, Kurt 7
Uelner, Hanns 129
Ueß, St. Lucia 113
Uhl, Ottokar 133
Undel, Bauma (CH) 30
Ungers, Oswald Mathias 77, 121, 164, 195, 236f.
Untergrainau, Eibseestraße 30
Unwin, Raymond 223
Ussing, Susanne 133
van der Rohe, Mies 7
van Effen, Justus 222
van Eyck, Aldo 15
van Klingeren, Frank 171
Vaterländischer Bauverein eG 130
Verona (I), San Zeno Maggiore 175
Vetera (Xanten), Valetudinarium 59-60
Vetschau, Wendisch-Deutsche Doppelkirche 102
Vianden (L) 185
– Burgkapelle 189
Vicenza (I), Villa Rotonda 191, 196
Vigevano (I)
– Piazza Castello 53
– Piazza Ducale 53
Viollet-le-Duc, Eugène 58
Vogel, Henrich Otto 112
Völckers, Otto 60
von Beulwitz, Dietrich 130, 131
von Clairvaux, Berndhard 57
von Gerkan, Meinhard 78
von Kaenel, Adrian 170

Vvon Schmalensee, Kurt 121
von Seidl, Gabriel 28
Vuoksenniska (FIN), Kirche 110
Waldsassen, Kappl Wallfahrtskirche der Heiligsten Dreifaltigkeit 79, 153
Walenkamp, Herman 221
Wallerstein, St. Alban 102
Warschau (PL) 12
Washington (USA), C320S 18
Weiden 231
Weinbrenner, Friedrich 54
Wellington (NZ), Container House 18
Welwyn, Gartenstadt (GB) 231
Werdenfels 30
Werderau, Gartenvorstadt 48
Werkbund NRW 129
Werney, A.S. 105
Wermatswil, Uster (CH) 30
Wesseling-Keldenich, St. Andreas 101
Wettbewerb Messopferkirche 177f.
Wewerka, Stefan 236
White, Sidney 230
Wien 227
– Falkenstraße 137
– Röntgengasse 132
– Universitätsstraße 56
– Votivkirche 56f.
– Währingerstraße 56
– Wohnpark Alt-Erlaa 246
Wils, Jan 37
Witten Vormholz 69, 180f., 227, 232
Wolkenbügel Projekt 80
Wright, Frank Lloyd 235f.
Wurdak, R. 70
Würzburg, Kirche Mariä Heimsuchung 113
Yangyang (KOR), Sky is the limit 20
Zaanen, Pieter 165
Zumthor, Peter 111, 154
Zürich (CH)
– Kalkbreite 215
– Siedlung Mettmenstetten 39
– Siedlung Röntgenareal 120
– Zürcher Oberland 29

Bildnachweis

Alle Zeichnungen stammen vom Autor und sind teilweise nach Bildvorlagen angefertigt. Folgende Abbildungen stammen aus anderen Quellen:

Seewald 1948: 3
Erdmannsdorffer 1972: 6, 8, 9, 66, 67, 68
Van Heuvel 1991: 11, 17, 18, 19, 20
Kirschenmann, Muschalek 1977: 12, 13, 16
Fritz-Haendler in Daidalos 23 1987: 14, 984
Hoffmann, Repenthin 1965: 22, 23
Container Atlas 2012: 24, 25, 26, 27, 28, 29, 31, 34, 35, 37, 38, 39, 40, 41, 42
Bauwelt 21.2015: 44, 45, 46, 47
Deutsches Architektenblatt 01/2015: 48
Arnold 1930: 50, 225, 226
Ernst 1974: 51
Meischke, Zantkuijl, Rosenberg 1997: 52, 59
Jahrbuch für Hausforschung Band 61 2010: 54
Anheißer 1934: 55, 56, 70, 166, 169, 521, 612
Goer et. al. 2010: 57
Stein 1970: 60
Giersberg 1986: 61
Stein 1966: 62, 532, 533
Schuster 1964: 63, 64, 65
Stabenow 200: 79, 113, 114, 139
Zollinger 1979: 80, 81, 84
Kocher 1988: 82, 83
Ellenberg 1990: 85, 615
Ott 1993: 89, 90
Grundmann 1959: 93, 95
Kuhn 1918: 96, 97, 98, 142
Fehl 1988: 99, 104, 105, 106, 108
Projektgruppe Eisenheim 1973: 101, 102, 103
Klapheck 1930: 107, 205
Daniel / Kemper / Ringbeck: 109
Jobst 1921: 110, 111, 112
Prak 1991: 116, 117, 118
Archithese 1. 1980: 133, 134
Baufrösche Kassel: 136, 138
Kaspar 2011: 141
Völckers 1949: 143, 144, 620, 624, 625, 626, 627, 894
Summerson 1988: 145
Rasmussen 1951: 147, 148, 172, 176, 178, 256, 452, 811, 812
Youngson 1966: 149
Muthesius 1990: 151
Baer 1919: 156, 157, 160, 203, 204
Howaldt 1973: 159
Schalhorn / Schmalscheidt 1997: 161, 162, 207, 864, 905, 906, 909, 930, 931, 932, 934, 939, 943, 947, 950, 951, 952, 985

Finke, et. al. 1977: 163, 164, 481, 482, 483, 484, 862, 865, 868, 869, 870, 871, 872, 873, 874, 875, 916
Rietdorf 1940: 168
Etienne 1974: 170
Weichardt 1898: 171
Rotaract 1987: 174
Touring Club Italiano 1983: 175
Kürth / Kutschmar 1982: 177
Schweizerischer Ingenieur- und Architektenverein 1940: 179
Bouffard 1970: 180, 182
Taut 1946: 186
Sitte 1983: 188
Gruber 1976: 189, 294, 295, 296, 926
Braunfels 1969: 190, 191, 193, 194, 195, 196, 209
Raev 1982: 198, 199, 240, 383, 384, 512, 696
Jetter 1986: 200, 201
Craemer 1960: 202
Zehenhoff 1972: 208
Völckers 1944: 210, 211, 213
Miller 1947: 214, 215, 216, 217
Rainer 1961: 220, 221
Pfaud 1976: 227, 454, 455, 523, 524, 895
Prokop, Rothfuß 1989: 231, 232, 233, 234, 235, 236, 237
Koepf 1985: 171, 172, 173, 238, 251, 252, 270, 273, 274, 394, 447, 448, 543, 549, 578, 580, 582, 592, 597, 755, 756, 815, 816, 830, 831, 883
Henze 1959: 239
Dehio 2005: 242, 332, 364, 372, 390, 392
Street 1969: 244, 593
Bredekamp 2000: 245, 246, 247, 248, 249
Wiesel 1959: 250
Conrad 1977: 253
Bacon 1968: 255
Pieper 1997: 257
Rauda 1957: 259, 260
Dubrau 2009: 261
Kieren 1994: 264, 265, 790, 791, 792, 793, 794
Günter 1979: 275, 337, 339, 751
Baukunst und Werkform. Heft 10/11 1953: 276
DU: Utopia 1972: 278, 284
Conrads / Sperlich 1960: 279, 646, 647
Lohf 1943: 280
Girouard 1985: 281, 282
Lampugnani 2010b: 283, 956
Lampugnani 2010a: 285
Rauda 1956: 289, 290, 291, 822
Seewald 1974: 292, 293, 767
Bauwelt 37.2012: 298, 299, 300, 301
Jones 1980: 303, 317, 318, 708, 709, 710, 711, 712
Pfankuch 1974: 304, 305, 306, 307, 309, 311, 313, 314, 315, 316, 320, 321, 322, 327
Slodczyk et. al. 1992: 308, 310, 324
Loose, Voigt 1986: 330, 331, 678, 679
Unger 1992: 333
Leon 1981: 336

Clemen 1912: 340
Hoff / Muck / Thoma 1962: 341, 342, 398, 400, 685, 686, 687, 688, 689, 690, 692, 693, 694, 695
Voigt 1999: 343, 344, 345, 585, 586, 587
Kreusch 1961: 346, 347
Cemco 66 | Informes de la Construcción 1969: 349
Schotes 1970: 351, 393
Henze 1974: 353, 354, 355, 356, 765
Busch / Lohse 1965: 358, 361
Bußmann 1977: 359, 360
Jenny 1971: 367
Bazin 1980: 368, 369
Hilger 2012: 371
Riemann, Heese 1991: 373, 374, 375, 509, 510, 511, 775
Pfister 1968: 376
Weyres 1957: 378, 379, 380, 413, 414, 415
Winkler 1987: 382
Helas / Bunse: 1989: 387
Weyres, Bartning 1959: 388, 395, 401, 402, 403, 416, 417, 591, 607
Lampl 1987: 391
Herzberg 1987: 394
Baumeister 2/2007: 396, 397
Schnell 1973: 399
Klüver 1987: 407
Hüter et. al. 1979: 408
Löffler 1973: 418
Völckers 1941: 420, 421, 422, 423, 424, 426, 427, 428, 431, 432, 433, 434, 435, 436, 437, 784, 785
Heckmann / Schneider 2011: 425, 429, 430, 439, 466, 499, 500, 501
Berliner Forum 1/71: 438
Buchheit 1931: 440, 446
Gallas 1978: 443
Coarelli 1974: 444
Petzhold 1984: 449
Ahrens 1991: 450
Perleberg 2014: 453
Hegger, Pohl, Reiß-Schmidt 1988: 459, 479, 480, 485, 486
Berlin und seine Bauten 1974: 460, 461
Aedes Architekturforum: 462, 465
Wörner / Mollenschott / Hüter 1994: 463, 464, 786
Gesamthochschule Kassel 1981: 467
Migge 1932: 468, 469, 470, 471, 472, 473, 474, 475
Künstler / Münz: 476
Lustenberger 1994: 477, 478
Bauwelt 35.2013: 489, 490, 494, 495, 496, 497
Tsonis / Lefaivre 1992: 503, 505
Pehnt 1999: 513, 514, 515, 840, 848
Voigt 2006: 516, 517, 584, 845
Bernt 1968: 519, 526, 527, 528, 529, 530, 531
Baumeister 6.1984: 520, 525
Zeitschrift Häuser 1.1988: 537, 538, 539, 540, 541, 542
Greco 1991: 544, 545, 546, 547, 548

Nayhauss 1988: 550
Gorys 1984: 551
Murphy O'Connor 1981: 552
Pieper / Naujokat / Kappler 2011: 555, 556
Müller 2001: 557, 558, 559, 604
Bock 1869: 560, 606
Koepf 1956: 561, 562, 577, 738, 770, 771
Kaufmann 1987: 563
Kriss-Rettenbeck / Möhler 1984: 565
Dehio 1988: 566
Dischinger, Peter 1995: 569, 570, 571, 572
Eichhorn 1986: 575, 576
Dehio 2002: 581, 670
Muirhead 1929: 583
Bauwelt 9.2014: 588, 589
Schmidt 2015: 595
Grote 1953: 598, 608, 609
Anheißer 1943: 599, 600
Lübke 1889: 601
Andrianakis 1996: 603
Ganzer / Nesselrath 2005: 605
Freckmann 1999: 614
Schäfer 1974: 616
Leistikow 1967: 622
Bauwelt 4.2013: 633, 635, 636, 637
BDA / DB AG / DAZ / Gerkan: 640
Beutler 1973: 641, 642, 643, 644
Friebe 1983: 645, 648, 649
DAM 2000: 650, 651, 652, 653, 654, 655
Bauwelt 14.2015: 656
Bauwelt 13.1974: 657, 659, 660
www.archdaily.com: 658
Müller 1986: 666
Badstübner, Gertler 2006: 668
Zimmermanns 1990: 672
Barral i Altet 2001: 673
Kaufmann 1962: 675
Platz 1927: 681, 684
Boesiger, Girsberger 1967: 706, 713, 714, 715, 716, 717, 718, 719, 935
Lampugnani 1982: 707
Aregger, Glaus 1967: 720, 721
Piper 1967: 730, 731, 732
Hotz 1981: 735, 736, 737, 759
Dehio 1976: 739
Großmann 1989: 741, 742, 743, 744
Boll 1969: 745
Königs 2001: 749, 750
Maas /Woopen 1984: 752, 994
Schwippert / Werhahn 1984: 763, 764
Palladio 1983: 768, 769, 832, 841
Schinkel 2005: 772, 773, 774
Ledoux 1994.: 776, 777, 778, 779, 780, 781, 782
Pizzi 1991: 783
Arch+ Nov. 87: 787, 788, 789
Baumeister 11.2010: 795, 796, 798
Geist 1969: 799, 800, 801
Henning-Schefeld / Schmidt-Thomsen 1972: 802, 803
Bauwelt 40/41.1981: 804, 805, 806
Mielke 1966: 808, 809, 813, 817, 818, 820, 824, 825, 826, 827, 834

Pinder 1941
Dehio 1999: ℓ
Lützeler 1953: commons.wiki 892
DAB 12/99: 823,
Daidalos 9.1983: 6
Arata 1953: 839
Schulze 1953: 842
Bremer 1971: 843
Schulten 1964: 849, 8 860
Kabel 1949: 861
Baumeister 6.1989: 863
E +P 31: 866
Bauwelt 39.2014: 876, 877 878, 879
Marasović 1969: 882
Scheftel 1988: 885
Bauwelt 40. 1972: 886, 887, 888, 889, 890, 891
Bauwelt 5.1978: 899, 901
Tietz-Strödel 1982: 900
Benevolo 1991: 903, 938
Engels 1970: 904
Eberstadt 1920: 907
Grinberg 1977: 908, 911, 914, 915
Jobst 1922: 910
Delft University Press 1982: 913
Jonas 2006: 917, 918
Howard 1968: 919
Knocke / Thielen 1995: 920, 921
Johnston 1983: 922, 923
Nerdinger 2005: 924, 925, 949
Hess 1944: 927, 928
Moholy-Nagy 1968: 929
Kainrath 1997: 933, 940, 941, 942, 946, 953, 954, 957
Pehnt 1983: 936, 937
Krier 1967: 944, 945
Egli 1967: 948
Behrens 1988: 955
Hertweck / Marot 2013: 958, 959
Biscogli 1965: 960
Gollwitzer 1980: 961, 963, 964, 967, 968
Reichel 2000: 962
Graefe 2014: 964, 965, 966
Publik-Forum 11-2013: 969
Groenendijk / Vollard 1987: 970
Böhm 2013: 972
Rainer 1948: 973, 974
Baumeister 5.2015: 975, 976, 977, 978, 979
Minister für Landes- und Stadtentwicklung NRW 1982: 960
DAB 05/15: 986
Seiss 2017: 987, 988, 991
Schalhorn, Konrad: 993
Pippke / Pallhuber 1984: 995, 999
Huyskens / Pohl 1953: 997
Knopp / Heckner 2002: 998